LE PASSÉ D'UNE ILLUSION

FRANÇOIS FURET

Le Passé
d'une illusion

Essai sur l'idée communiste
au XXe siècle

ROBERT LAFFONT/ CALMANN-LÉVY

Sommaire

Remerciements 6

Préface 7

1. La passion révolutionnaire 15
2. La Première Guerre mondiale 61
3. Le charme universel d'Octobre 105
4. Les croyants et les désenchantés 165
5. Le socialisme dans un seul pays 213
6. Communisme et fascisme 261
7. Communisme et antifascisme 349
8. La culture antifasciste 439
9. La Seconde Guerre mondiale 515
10. Le stalinisme, stade suprême du communisme. 587
11. Le communisme de guerre froide 643
12. Le commencement de la fin 711

Épilogue 773

Index 811

Remerciements

Nouveau venu dans l'histoire du xxᵉ siècle, j'ai bénéficié pour écrire ce livre des conseils bibliographiques d'amis qui m'avaient précédé dans cette voie, sur tel ou tel point de mon sujet. Ceux-ci sont trop nombreux pour que je les cite tous. Stéphane Courtois, Christian Jelen, Georges Liébert, Jean-François Revel ont généreusement mis leur temps et leur savoir à ma disposition. Et je dois une reconnaissance particulière à Jean-Louis Panné, auteur d'un excellent *Souvarine*, pour m'avoir fait si constamment partager son érudition sur l'histoire du communisme.

Olivier Nora et Mona Ozouf ont gentiment relu ma copie et m'ont suggéré d'utiles corrections. Ils savent quel prix j'attache à leurs conseils. Enfin, je n'oublie pas ce que je dois à mes deux éditeurs, qui sont aussi des amis : Charles Ronsac, qui a couvé ce livre après en avoir eu la première idée, et Jean-Etienne Cohen-Séat, avec qui j'en ai tant parlé.

P.-S. : ce travail est un essai d'interprétation. Je n'y mentionne, en note, que les ouvrages ou articles qui m'ont été le plus directement utiles.

PRÉFACE

Le régime soviétique est sorti à la sauvette du théâtre de l'histoire, où il avait fait une entrée en fanfare. Il a tant constitué la matière et l'horizon du siècle que sa fin sans gloire, après une durée si brève, forme un surprenant contraste avec l'éclat de son cours. Non que la maladie de langueur dont l'U.R.S.S. était atteinte ne pût être diagnostiquée ; mais la désagrégation intérieure était cachée à la fois par la puissance internationale du pays et par l'idée qui lui servait de drapeau. La présence soviétique dans les affaires du monde valait certificat de la présence soviétique dans l'histoire du monde. Au reste rien n'était plus étranger à l'opinion que la perspective d'une crise radicale du système social instauré par Lénine et Staline. L'idée d'une réforme de ce système se trouvait bien un peu partout depuis un quart de siècle, et elle alimentait sous des formes très diverses un révisionnisme actif, mais respectueux toujours de la supériorité principielle du socialisme sur le capitalisme. Même les ennemis du socialisme n'imaginaient pas que le régime soviétique pût disparaître, et que la révolution d'Octobre pût être « effacée » ; moins encore que cette rupture pût avoir pour origine des initiatives du parti unique au pouvoir.

Pourtant l'univers communiste s'est défait lui-même. On peut le voir à un autre signe, en aval cette fois : il n'en reste plus que les hommes, qui, n'ayant pas été vaincus, sont passés d'un monde à l'autre, reconvertis dans un autre système, partisans du marché et des élections, ou encore recyclés dans le nationalisme. Mais, de leur expérience antérieure, il ne subsiste pas une idée. Les peuples qui sortent du communisme semblent obsédés par la négation du régime où ils ont vécu, même s'ils en héritent des habitudes ou des mœurs. La lutte des classes, la dictature du prolétariat, le marxisme-léninisme ont disparu au profit de ce qu'ils étaient censés avoir remplacé : la propriété bourgeoise, l'Etat démocratique libéral, les droits de l'homme, la liberté d'entreprendre. Rien ne subsiste des régimes nés d'Octobre que ce dont ils étaient la négation.

La fin de la Révolution russe, ou la disparition de l'Empire soviétique, découvre une table rase sans rapport avec ce qu'avaient laissé la fin de la Révolution française ou la chute de l'Empire napoléonien. Les hommes de Thermidor avaient fêté l'égalité civile et le monde bourgeois. Napoléon avait bien été tout au long ce conquérant insatiable, cet illusionniste de la victoire, jusqu'à la défaite qui avait anéanti finalement tous ses gains de joueur heureux. Mais, au jour où il avait tout perdu, il laissait, en Europe, une vaste traînée de souvenirs, d'idées et d'institutions dont même ses ennemis s'inspiraient pour le vaincre. En France, il avait fondé l'Etat pour les siècles à venir. Au contraire, Lénine ne laisse pas d'héritage. La révolution d'Octobre clôt sa trajectoire sans être vaincue sur le champ de bataille, mais en liquidant elle-même tout ce qui s'est fait en son nom. A l'heure où il se désagrège, l'Empire soviétique offre ce caractère exceptionnel d'avoir été une superpuissance sans avoir incarné une civilisation. Le fait est qu'il a groupé autour de lui des affidés, des clients et des colonies, qu'il s'est construit un arsenal militaire et donné une politique étrangère aux dimensions du monde. Il a eu tous les attributs de la puissance internationale, qui l'ont fait respecter par l'adversaire, sans parler de ceux du messianisme idéologique, qui l'ont fait adorer par ses partisans. Et pourtant sa dissolution rapide ne laisse rien debout : ni principes, ni codes, ni institutions, ni même une histoire. Comme les Allemands avant eux, les Russes sont ce deuxième grand peuple européen incapable de donner un sens à son XXe siècle, et par là incertain sur tout son passé.

Aussi rien ne me paraît-il plus inexact que de baptiser du terme de « révolution » la série d'événements qui a conduit, en U.R.S.S. et dans l'Empire, à la fin des régimes communistes. Si un peu tout le monde l'a fait, c'est qu'aucun autre mot de notre vocabulaire politique ne paraissait convenir mieux à l'effondrement d'un système social ; celui-là avait l'avantage de comporter l'idée, familière à la tradition politique occidentale, d'une rupture brutale avec le régime passé. Pourtant, cet « Ancien Régime » était lui-même né de la Révolution de 1917 et continuait à s'en réclamer, de sorte que sa liquidation pouvait aussi bien s'apparenter à une « contre-révolution » : ne ramenait-elle pas ce monde bourgeois détesté par Lénine et par Staline ? Surtout, ses modalités n'ont pas eu grand-chose de commun avec un renversement ou avec une fondation. Révolution et contre-révolution évoquent des aventures de la volonté, alors que l'enchaînement des circonstances préside à la fin du communisme[1]. Et ce qui suit ne donne guère plus de place à l'action délibérée. Dans les ruines de l'Union soviétique n'apparaissent ni leaders prêts à la relève, ni vrais partis, ni nouvelle société, ni nouvelle économie. On n'y aperçoit qu'une humanité atomisée et uniformisée, au point où il n'est que trop vrai que les classes sociales y ont disparu : même la paysannerie, en U.R.S.S. au moins, a été détruite par l'Etat. Les peuples de l'Union soviétique n'ont pas non plus gardé assez de force pour chasser la Nomenklatura divisée, ou même pour peser fortement sur le cours des événements.

Ainsi le communisme se termine-t-il dans une sorte de néant. Il n'ouvre pas la voie, comme tant d'esprits l'ont à la fois souhaité et prévu depuis Khrouchtchev, à un

---

1. L'affirmation demanderait à être nuancée selon les pays, et elle est par exemple moins vraie en Pologne qu'en Hongrie. J'ai dans l'esprit ici le cas de l'U.R.S.S., d'où finalement tout a dépendu, puisque c'est de Moscou que s'est propagée l'onde de désagrégation de l'Empire soviétique.

meilleur communisme, effaçant les vices de l'ancien en conservant ses vertus. Un communisme que Dubček avait pu incarner quelques mois au printemps 1968, mais non pas Havel depuis l'automne 1989. Gorbatchev en a fait resurgir l'ambiguïté à Moscou, depuis la libération de Sakharov, mais Eltsine l'a dissipée au lendemain du « putsch » d'août 1991 : rien d'autre n'est visible dans les débris des régimes communistes que le répertoire familier de la démocratie libérale. Dès lors est transformé jusqu'au sens du communisme, aux yeux même de ceux qui furent ses partisans. Au lieu d'être une exploration du futur, l'expérience soviétique constitue l'une des grandes réactions antilibérales et antidémocratiques de l'histoire européenne au XXᵉ siècle, l'autre étant bien sûr celle du fascisme, sous ses différentes formes.

Elle révèle ainsi un de ses traits distinctifs : d'avoir été inséparable d'une *illusion* fondamentale, dont son cours a longtemps paru valider la teneur avant de la dissoudre. Je ne veux pas dire simplement par là que ses acteurs ou ses partisans n'ont pas su l'histoire qu'ils faisaient, et qu'ils ont atteint d'autres objectifs que ceux qu'ils s'étaient assignés — ce qui est le cas général. J'entends plutôt que le communisme a eu l'ambition d'être conforme au développement nécessaire de la Raison historique, et que l'instauration de la « dictature du prolétariat » a été revêtue par là d'un caractère scientifique : illusion d'une autre nature que celle qui peut naître d'un calcul de fins et de moyens, et même d'une simple croyance en la justesse d'une cause, puisqu'elle offre à l'homme perdu dans l'histoire, en plus du sens de sa vie, les bienfaits de la certitude. Elle n'a pas été quelque chose comme une erreur de jugement, qu'on peut, à l'aide de l'expérience, repérer, mesurer, corriger ; mais plutôt un investissement psychologique comparable à celui d'une foi religieuse, bien que l'objet en fût historique.

L'illusion n'« accompagne » pas l'histoire communiste. Elle en est constitutive : à la fois indépendante de son cours, en tant que préalable à l'expérience, et sou-

mise pourtant à ses aléas, puisque la vérité de la prophétie tient dans son déroulement. Elle a son socle dans
l'imagination politique de l'homme moderne, et pourtant elle est sujette au réaménagement constant que les
circonstances lui imposent, comme condition de sa survie. Elle fait de l'histoire son aliment quotidien, de façon
à intégrer sans cesse tout l'advenu à l'intérieur de la
croyance. Ainsi s'explique qu'elle n'ait pu disparaître que
par la disparition de ce dont elle nourrissait sa substance : croyance au salut par l'histoire, elle ne pouvait
céder qu'à un démenti radical de l'histoire, qui ôtât sa
raison d'être au travail de ravaudage inscrit dans sa
nature.

C'est ce travail qui forme le sujet de ce livre : non pas
l'histoire du communisme, et moins encore de
l'U.R.S.S., proprement dits, mais celle de l'illusion du
communisme, aussi longtemps que l'U.R.S.S. lui a
donné consistance et vie. A vouloir en peindre les figures
successives au cours du siècle, on n'est pas forcément
conduit à n'y voir que les produits d'un genre dépassé par
le mouvement de la démocratie libérale : j'avoue ne pas
bien voir les raisons de substituer une philosophie de
l'histoire à une autre. L'utopie d'un homme nouveau est
antérieure au communisme soviétique, et elle lui survivra sous d'autres formes — débarrassée, par exemple, du
messianisme « ouvrier ». Au moins l'historien de l'idée
communiste dans ce siècle est-il sûr aujourd'hui d'avoir
affaire à un cycle entièrement clos de l'imagination politique moderne, ouvert par la révolution d'Octobre, fermé
par la dissolution de l'Union soviétique. En plus de ce
qu'il était, le monde communiste s'est toujours fait gloire
de ce qu'il voulait et par conséquent allait devenir. La
question n'a été tranchée que par sa disparition : il tient
aujourd'hui tout entier dans son passé.

Mais l'histoire de son « idée » reste plus vaste que celle
de son pouvoir, même à l'époque de sa plus large expansion géographique. Comme elle est véritablement universelle, touchant des populations, des territoires et des
civilisations que même le christianisme n'avait pas péné-
trés, il faudrait pour en suivre partout la séduction un

savoir que je n'ai pas. Je me limiterai à l'étudier en Europe, là où elle est née, là où elle a pris le pouvoir, là où elle a été si populaire à la fin de la Seconde Guerre mondiale ; là enfin où elle a mis trente ans à mourir, entre Khrouchtchev et Gorbatchev. Marx et Engels, ses « inventeurs », n'avaient pas imaginé qu'elle pût avoir d'autre avenir proche qu'en Europe : au point que de grands marxistes, comme Kautsky, ont récusé la Russie d'Octobre 17 comme trop excentrique pour un rôle d'avant-garde. Une fois au pouvoir, Lénine n'a vu de salut que dans la solidarité révolutionnaire des vieux prolétariats formés plus à l'ouest de l'Europe, à commencer par l'allemand. Staline, après lui, a tourné à son profit toute la dimension du fait russe dans l'idée communiste, mais sans renoncer à l'idée, qui prend au contraire un nouveau bail avec la victoire antifasciste. Bref l'Europe, mère du communisme, est aussi son principal théâtre. Le berceau et le cœur de son histoire.

En outre, elle offre à l'observateur l'avantage d'un examen comparatif. Car l'idée communiste peut y être étudiée dans deux états politiques, selon qu'elle occupe le pouvoir par l'intermédiaire de partis uniques, ou qu'elle est diffuse dans l'opinion publique des démocraties libérales, canalisée surtout par les partis communistes locaux, mais répandue aussi au-delà d'eux, sous des formes moins militantes. Les deux univers sont en relation constante, bien qu'inégale, le premier secret et fermé, le second public et ouvert. L'intéressant vient de ce que l'idée communiste vit mieux dans le second, malgré le spectacle que donne le premier. En U.R.S.S., puis dans ce qu'on appellera après 1945 le « camp socialiste », elle forme l'idéologie et le langage de la domination absolue. Instrument d'un pouvoir à la fois spirituel et temporel, ce qu'elle possède d'émancipateur ne survit pas longtemps à sa fonction d'asservissement. A l'Ouest, elle est également soumise, par l'intermédiaire des partis frères, aux contraintes étroites de la solidarité internationale ; mais comme elle n'y est jamais un moyen de gouvernement, elle conserve quelque chose de son charme originel, mêlé à une dénégation du caractère qu'a pris, à l'autre bout de l'Europe, l'Empire soviétique. A ce dosage instable entre ce qu'elle garde d'utopique et ce qu'elle a désormais d'historique, les circonstances allaient donner, au prix de remaniements successifs, la force de durer jusqu'à nous. L'idée communiste a vécu plus longtemps dans les esprits que dans les faits ; plus longtemps à l'ouest qu'à l'est de l'Europe. Son parcours imaginaire est ainsi plus mystérieux que son histoire réelle : voilà pourquoi cet essai cherche à en retracer les tours et les détours. Cet inventaire est peut-être la meilleure manière d'œuvrer à l'élaboration d'une conscience historique qui soit commune à l'occident et à l'orient de l'Europe, après qu'ils ont été si longtemps séparés, à la fois par la réalité et par l'illusion du communisme.

Un dernier mot enfin sur l'auteur, puisque tout livre d'histoire a aussi son histoire. J'ai avec le sujet que je traite une relation biographique. « Le passé d'une illusion » : je n'ai pour le retrouver qu'à me retourner vers ces années de ma jeunesse où j'ai été communiste, entre 1949 et 1956. La question que j'essaie de comprendre aujourd'hui est donc inséparable de mon existence. J'ai vécu de l'intérieur l'illusion dont j'essaie de remonter le chemin à une des époques où elle était la plus répandue. Dois-je le regretter au moment où j'en écris l'histoire ? Je ne le crois pas. A quarante ans de distance, je juge mon aveuglement d'alors sans indulgence mais sans acrimonie. Sans indulgence, parce que l'excuse qu'on tire souvent des intentions ne rachète pas à mes yeux l'ignorance et la présomption. Sans acrimonie, parce que cet engagement malheureux m'a instruit. J'en suis sorti avec un début de questionnaire sur la passion révolutionnaire, et vacciné contre l'investissement pseudo-religieux dans l'action politique. Ce sont des problèmes qui forment encore la matière de ce livre ; ils m'ont aidé à le concevoir. J'espère qu'il contribuera à les éclairer.

1

LA PASSION RÉVOLUTIONNAIRE

Pour comprendre la force des mythologies politiques qui ont empli le XXᵉ siècle, il faut revenir au moment de leur naissance, ou au moins de leur jeunesse ; c'est le seul moyen qui nous reste d'apercevoir un peu de l'éclat qu'elles ont eu. Avant d'être déshonoré par ses crimes, le fascisme a été un espoir. Il a séduit non seulement des millions d'hommes, mais beaucoup d'intellectuels. Quant au communisme, nous touchons encore de près à ses beaux jours puisqu'il a survécu longtemps à ses échecs et à ses crimes, comme mythe politique et comme idée sociale, surtout dans les pays européens qui n'en subissaient pas directement l'oppression : mort chez les peuples d'Europe de l'Est dès le milieu des années cinquante, il est encore florissant vingt ans après en Italie ou en France, dans la vie politique et intellectuelle. Survie qui donne la mesure de son enracinement et de sa capacité de résistance à l'expérience, et qui forme comme un écho de ses belles années, à l'époque de son rayonnement conquérant.

Pour en saisir la magie, il faut consentir à l'effort indispensable de se situer avant les catastrophes auxquelles ont présidé les deux grandes idéologies ; au moment où elles ont été des espoirs. La difficulté de ce regard rétrospectif tient à ce qu'il mêle à travers une durée très courte l'idée d'espérance et celle de catastrophe : il est devenu presque impossible, depuis 1945, d'imaginer le national-socialisme de 1920 ou de 1930 comme une promesse. Du communisme, le cas est un peu différent, non seulement parce qu'il a duré plus longtemps, grâce à la victoire de 1945, mais parce que la croyance a pour support essentiel l'emboîtement d'époques historiques successives, le capitalisme étant supposé ouvrir la voie au socialisme puis au communisme. La force de cette représentation est telle qu'elle permet bien de comprendre ou de faire revivre les espoirs dont l'idée communiste était porteuse au début du siècle, mais au prix d'une sous-estimation ou même d'une dénégation de la catastrophe finale. Le fascisme tient tout entier dans sa fin, le communisme conserve un peu du charme de ses commencements : le paradoxe s'explique par la survie de ce fameux sens de l'histoire, autre nom de sa nécessité, qui tient lieu de religion à ceux qui n'ont pas de religion, et qu'il est donc si difficile, si douloureux même, d'abandonner. Or, il faut faire ce travail du deuil pour comprendre le XXe siècle.

L'idée de nécessité historique y a connu ses plus beaux jours parce que le duel entre fascisme et communisme, qui l'a rempli de son tumulte tragique, lui offrait un habillage sur mesure : la Seconde Guerre mondiale figura l'arbitrage entre les deux forces qui prétendaient à la succession de la démocratie bourgeoise, celle de la réaction et celle du progrès, celle du passé et celle de l'avenir. Mais cette vision s'est défaite sous nos yeux, avec la fin du deuxième prétendant après le premier. Ni le fascisme ni le communisme n'ont été les signes inverses d'une destination providentielle de l'humanité. Ce sont des épisodes courts, encadrés par ce qu'ils ont voulu détruire. Produits de la démocratie, ils ont été mis en terre par la démocratie. Rien, en eux, n'a été nécessaire, et l'histoire de notre siècle, comme celle des précédents, eût pu se passer autrement : il suffit d'imaginer par exemple une année 1917 en Russie sans Lénine, ou une Allemagne de Weimar sans Hitler. L'intelligence de notre époque n'est possible que si nous nous libérons de l'illusion de la nécessité : le siècle n'est explicable, dans la mesure où il l'est, que si on lui rend son caractère imprévisible, nié par les premiers responsables de ses tragédies.

Ce que je cherche à en comprendre, dans cet essai, est à la fois limité et central : c'est le rôle qu'y ont joué les passions idéologiques, et plus spécialement la passion communiste. Car ce trait met à part le XXe siècle. Non que les siècles précédents aient ignoré les idéologies : la Révolution française en a manifesté la force d'attraction sur les peuples, et les hommes du XIXe siècle ne cessent d'inventer ou d'aimer des systèmes historiques du monde où ils trouvent des explications globales de leur destin, qu'ils substituent à l'action divine. Pourtant, il n'y a pas, avant le XXe siècle, de gouvernement ou de régime idéologique. On peut dire, peut-être, que Robespierre en a esquissé le dessein au printemps de 1794, avec la fête de l'Etre suprême et la grande Terreur. Encore cela n'a-t-il duré que quelques semaines ; encore la référence à l'Etre suprême est-elle de type religieux, alors que j'entends ici par idéologies des systèmes d'explication du monde à travers lesquels l'action politique des hommes a un caractère providentiel, à l'exclusion de toute divinité. En ce sens, Hitler d'une part, Lénine de l'autre ont fondé des régimes inconnus avant eux.

Régimes dont les idéologies ont suscité non seulement l'intérêt, mais l'enthousiasme d'une partie de l'Europe d'après-guerre ; et non seulement dans les masses populaires, mais dans les classes cultivées, quelle que soit la grossièreté des idées ou des raisonnements. Sous ce rapport, le national-socialisme est imbattable, amalgame fumeux d'autodidacte, alors que le léninisme possède un pedigree philosophique. Pourtant, même le national-socialisme, pour ne rien dire du fascisme mussolinien, a parmi les intellectuels penchés sur son berceau de monstre quelques-uns des grands esprits du siècle, à commencer par Heidegger. Que dire alors du marxisme-léninisme, bénéficiant de son privilège d'héritier, et veillé de sa naissance à sa mort par tant de philosophes, tant de savants et tant d'écrivains ! Ceux-ci, c'est vrai, lui font un cortège intermittent, selon la conjoncture internationale et la politique du Komintern. Mais en mettant ensemble tous les auteurs européens célèbres qui ont été au XXe siècle, à un moment ou à un autre, communistes ou procommunistes, fascistes ou profascistes, on obtiendrait un Gotha de la pensée, de la science et de la littérature. Pour mesurer l'emprise du fascisme et du communisme sur les intellectuels, un Français n'a d'ailleurs qu'à regarder vers son pays, vieille patrie européenne de la littérature, où la *N.R.F.* de l'entre-deux-guerres donne encore le ton : Drieu, Céline, Jouhandeau, d'un côté, Gide, Aragon, Malraux de l'autre.

L'étonnant n'est pas que l'intellectuel partage l'esprit du temps. C'est qu'il en soit la proie, au lieu de tenter d'y ajouter sa touche. La plupart des grands écrivains français du XIXᵉ siècle, surtout dans la génération romantique, ont fait de la politique, souvent comme députés, parfois comme ministres ; mais ils y ont été autonomes, et d'ailleurs généralement inclassables, pour cette raison même. Ceux du XXᵉ se soumettent aux stratégies des partis, et de préférence des partis extrêmes, hostiles à la démocratie. Ils n'y jouent qu'un rôle, accessoire et provisoire, de figurants, manipulés comme tout un chacun, et sacrifiés quand il le faut à la volonté du parti. Si bien qu'on ne peut échapper à la question du caractère à la fois général et mystérieux de cette séduction idéologique. Il est plus facile de deviner pourquoi un discours de Hitler a touché un Allemand rescapé de Verdun, ou un bourgeois berlinois anticommuniste, que de comprendre la résonance qu'il a eue chez Heidegger, ou chez Céline. Même chose pour le communisme : la sociologie électorale, quand elle est possible, nous indique les milieux réceptifs à l'idée léniniste, mais ne nous dit rien du charme universel qu'elle exerce. Le fascisme et le communisme ont dû beaucoup de leurs succès aux hasards de la conjoncture, c'est-à-dire à la chance : il n'est pas difficile d'imaginer des scénarios où Lénine est retenu en Suisse en 1917 et où Hitler n'est pas appelé à la Chancellerie en 1933. Mais le rayonnement de leurs idéologies eût existé même sans leur succès, indépendamment des circonstances particulières qui les ont portés au pouvoir : et c'est ce caractère inédit de la politique idéologique, son enracinement dans les esprits, qui en fait le mystère. Dans la partition théologico-politique du siècle, le plus énigmatique est que cette brocante intellectuelle ait croisé des sentiments si forts et nourri tant de fanatismes individuels.

Le mieux, pour le comprendre, est moins d'inventorier ce bric-à-brac d'idées mortes que de repartir des passions qui lui ont prêté leur force. De ces passions, filles de la démocratie moderne acharnées à dévaster leur terre nourricière, la plus ancienne, la plus constante, la plus puissante est la haine de la bourgeoisie. Elle court tout au long du XIXe siècle avant de trouver son point d'orgue à notre époque, puisque la bourgeoisie, sous ses différents noms, constitue pour Lénine et pour Hitler le bouc émissaire des malheurs du monde. Elle incarne le capitalisme, pour l'un fourrier de l'impérialisme et du fascisme, pour l'autre du communisme, pour l'un et l'autre origine de ce qu'ils détestent. Assez abstraite pour abriter des symboles multiples, assez concrète pour offrir un objet de haine qui soit proche, la bourgeoisie offre au bolchevisme et au fascisme leur pôle négatif, en même temps qu'un ensemble de traditions et de sentiments plus anciens sur quoi prendre appui.

Car c'est une vieille histoire, aussi vieille que la société moderne elle-même.

La bourgeoisie est l'autre nom de la société moderne. Elle désigne cette classe d'hommes qui a progressivement détruit, par son activité libre, l'ancienne société aristocratique fondée sur les hiérarchies de la naissance. Elle n'est plus définissable en termes politiques, comme le citoyen antique ou le seigneur féodal. Le premier avait seul le droit de participer aux débats de la Cité, le second avait très exactement le *quantum* de domination et de subordination que lui donnait sa place dans une hiérarchie de dépendances mutuelles. Or, la bourgeoisie n'a plus de place attribuée dans l'ordre du politique, c'est-à-dire de la communauté. Elle tient tout entière dans l'économique, catégorie que d'ailleurs elle invente en venant au monde : dans le rapport avec la nature, dans le travail, dans l'enrichissement. Classe sans statut, sans tradition fixe, sans contours établis, elle n'a qu'un titre fragile à la domination : la richesse. Fragile, car il peut appartenir à tous : celui qui est riche aurait pu ne pas l'être. Celui qui ne l'est pas aurait pu l'être.

En effet, la bourgeoisie, catégorie sociale définie par l'économique, affiche sur ses drapeaux des valeurs universelles. Le travail définit non plus les esclaves, comme dans l'Antiquité, ou les non-nobles, comme dans les aristocraties, mais l'humanité tout entière. Il constitue ce qui est possédé par l'homme le plus élémentaire, l'individu dans sa nudité première en face de la nature ; il suppose la liberté fondamentale de chacun de ces individus, et égale chez tous, de se faire une existence meilleure en agrandissant ses propriétés et ses richesses. Ainsi le bourgeois se pense-t-il comme libéré de la tradition, religieuse ou politique, et indéterminé comme peut l'être un homme libre et égal en droit à tous les autres. C'est par rapport à l'avenir qu'il règle sa conduite, puisqu'il doit s'inventer lui-même, en même temps que la communauté dont il est membre.

Or l'existence sociale de ce personnage historique inédit est problématique. Le voici brandissant sur le théâtre du monde la liberté, l'égalité, les droits de l'homme, bref l'autonomie de l'individu, contre toutes les sociétés de la dépendance qui ont paru avant lui. Et quelle est l'association nouvelle qu'il propose ? Une société qui ne mette en commun que le minimum vital, puisque son principal devoir est de garantir à ses membres le libre exercice de leurs activités privées et la jouissance assurée de ce qu'ils ont acquis. Quant au reste, c'est leur affaire : les associés peuvent avoir la religion de leur choix, leurs propres idées du bien et du mal, ils sont libres de poursuivre leurs plaisirs et les fins particulières qu'ils assignent à leurs existences, pourvu qu'ils respectent les termes du contrat minimal qui les lie à leurs concitoyens. La société bourgeoise est ainsi détachée par définition de l'idée de bien commun. Le bourgeois est un individu séparé de ses semblables, enfermé dans ses intérêts et ses biens.

Séparé, enfermé, il l'est d'autant plus que son obsession constante est d'accroître cette distance qui l'éloigne des autres hommes : qu'est-ce que devenir riche, sinon devenir plus riche que le voisin ? Dans un monde où aucune place n'est plus marquée d'avance, ni acquise pour toujours, la passion inquiète de l'avenir agite tous les cœurs, et ne trouve nulle part d'apaisement durable. L'unique repos de l'imagination est dans la comparaison de soi avec autrui, dans l'évaluation de soi-même à travers l'admiration, l'envie ou la jalousie des autres : Rousseau [1] et Tocqueville sont les plus profonds analystes de cette passion démocratique, qui forme le grand sujet de la littérature moderne. Mais ce repos même est par nature précaire, s'il est vrai que, tenant à des situations provisoires et constamment menacé dans son fondement, il doit sans arrêt chercher des réassurances dans un surcroît de richesses et de prestige.

De ce fait, la société est animée par une agitation corpusculaire qui ne cesse de la jeter en avant. Mais cette agitation approfondit les contradictions inscrites dans son existence elle-même. Ce n'est pas assez qu'elle soit formée d'associés peu enclins à s'intéresser à l'intérêt public. Il faut encore que l'idée d'égalité-universalité des hommes, qu'elle affiche comme son fondement, et qui est sa nouveauté, soit constamment niée par l'inégalité des propriétés et des richesses, produite par la compétition entre ses membres. Son mouvement contredit son principe, son dynamisme, sa légitimité. Elle ne cesse de produire de l'inégalité — plus d'inégalité matérielle qu'aucune société connue — alors qu'elle proclame l'égalité comme un droit imprescriptible de l'homme. Dans les sociétés antérieures, l'inégalité avait un statut légitime, inscrit dans la nature, la tradition ou la providence. Dans la société bourgeoise, l'inégalité est une idée qui circule en contrebande, contradictoire avec la manière dont les individus s'imaginent eux-mêmes ; et pourtant elle est partout dans la situation qu'ils vivent et les passions qu'elle nourrit. La bourgeoisie n'invente pas la division de la société en classes. Mais elle fait de cette divi-

---

1. Je parle ici avant tout de l'auteur du *Discours sur l'origine et les fondements de l'inégalité parmi les hommes.*

sion une souffrance, en l'enveloppant dans une idéologie qui la rend illégitime.

De là vient que dans ce cadre la Cité est si difficile à constituer, et, une fois constituée, si fragile, si instable. Le bourgeois moderne n'est pas, comme le citoyen antique, un homme inséparable de sa petite patrie. Il ne trouve pas de statut durable, comme le seigneur de l'aristocratie, au croisement du social et du politique. Il est riche, mais son argent ne lui marque aucune place dans la communauté : peut-on d'ailleurs encore appeler communauté ce lieu dégradé de l'être-ensemble qui n'est plus qu'un produit aléatoire du mouvement de la société ? Privée d'un fondement extérieur aux hommes, amputée de sa dimension ontologique, affectée d'un caractère second par rapport au social, et dès lors pourvue d'attributions limitées, la Cité du bourgeois est une figure problématique. Puisque tous les hommes sont égaux, comment ne participeraient-ils pas tous également à la souveraineté sur eux-mêmes ? Mais comment organiser cette souveraineté ? Comment y admettre des millions d'hommes, sinon par procuration ? Pourquoi y faire entrer les illettrés et les pauvres, ceux qui ne savent pas et ceux qui ne peuvent pas vouloir librement ? Comment « représenter » la société ? Quels pouvoirs donner à ces représentants, selon les différents corps où la volonté des associés les a placés ? Etc. On n'en finirait pas d'inventorier les questions ou les impasses inséparables de la constitution politique de la société bourgeoise, puisqu'il faudrait parcourir toute l'histoire de l'Europe depuis le XVIIIᵉ siècle : c'est assez pour mon propos d'en avoir indiqué l'origine, puisque les effets s'en font plus que jamais sentir sur toute la durée du XXᵉ siècle.

Car, une fois constituée à grand-peine en volonté politique, la société bourgeoise n'a pas terminé son odyssée. Privée d'une classe dirigeante légitime, organisée par délégation, formée de pouvoirs divers, centrée sur les intérêts, soumise à des passions violentes et petites, elle réunit bien des conditions pour faire paraître des chefs médiocres et multiples, des enjeux démagogiques et une agitation stérile. Sa dynamique tient dans la contradiction entre la division du travail, secret de sa richesse, et l'égalité des hommes, inscrite au fronton de ses édifices publics. Ensemble, les deux choses forment sa vérité, comme on l'a vu : c'est le rapport à la nature par le travail qui définit l'universalité des hommes. Mais le travail, réalité historique et sociale, se trouve être à la même époque la malédiction du prolétariat, exploité par la bourgeoisie, qui s'enrichit à ses dépens. Il faut donc briser cette malédiction pour accomplir la promesse de l'universalité. Ainsi l'idée d'égalité fonctionne-t-elle comme l'horizon imaginaire de la société bourgeoise, jamais atteint par définition, mais constamment invoqué comme une dénonciation de ladite société ; de plus en plus lointain d'ailleurs au fur et à mesure que l'égalité progresse, ce qui lui assure un interminable usage. Le malheur du bourgeois n'est pas seulement d'être divisé à l'intérieur de lui-même. C'est d'offrir une moitié de lui-même à la critique de l'autre moitié.

Au reste, existe-t-il vraiment comme l'homme d'une classe consciente d'elle-même, comme démiurge de la société moderne, ce bourgeois dont le concept est si cher à tous ceux qui le détestent ? Défini à travers l'économique, sa dimension essentielle, il n'est qu'un rouage dans le mouvement qui le porte, et qui prend ses héros un peu partout, pour les renouveler souvent. Le capitalisme a moins été la création d'une classe que d'une société, au sens le plus global du terme. Sa patrie par excellence, les Etats-Unis, n'a pas eu de bourgeoisie, mais un peuple bourgeois, ce qui est tout différent. Ce que la France moderne, par contre, a eu de très consciemment bourgeois s'explique avant tout par des réactions politiques et culturelles. La morgue aristocratique ne suffit pas à en rendre compte, étendue comme elle l'était à toute la nation. Il y a fallu aussi la Révolution française, non pas fille, mais mère de la bourgeoisie : pendant tout le XIXe siècle, les possédants s'inquiètent d'un recommencement de 1793, spectre qui nourrit leur effroi des classes populaires et des idées républicaines ou socialistes. Cette bourgeoisie, qui se distingue avec tant de passion du haut et du bas de la société, justifiant comme nulle part ailleurs son autre nom de « classe moyenne », n'entretient pourtant aucun projet économique particulier : elle n'aime pas l'aristocratie, mais elle l'imite. Elle craint le peuple, mais elle en partage la prudence paysanne. Le peuple américain a été possédé par l'esprit capitaliste sans avoir de bourgeoisie. La société politique française a créé une bourgeoisie qui n'avait pas l'esprit capitaliste.

Ainsi les mots de « bourgeois » et de « bourgeoisie » ont-ils besoin, pour être clairs et utiles, de spécifications qui en réduisent le champ. Car, s'ils sont destinés à signifier un peu tout de ce qui fait la nouveauté, et les contradictions, de la société moderne, il vaut mieux leur substituer des termes plus généraux, qui ne tranchent pas d'avance la question du pourquoi, et forment plutôt des constats que des explications de la nouvelle condition de l'homme social à l'époque moderne. De cette apparition d'une période inédite de l'histoire, tous les grands esprits de l'Europe ont eu conscience à la fin du XVIIIᵉ et au début du XIXᵉ siècle ; ils l'ont baptisée selon la pente de leurs génies respectifs, « société commerciale » chez les Ecossais, « fin de l'histoire » chez Hegel, « démocratie » chez Tocqueville. Mais si, en mettant la bourgeoisie au centre de la définition du moderne, Guizot en a fourni l'interprétation appelée à devenir la plus courante, ce n'est pas seulement parce qu'il a été, en cela, suivi par Marx. C'est parce que lui comme Marx, le bourgeois comme le « prolétaire », ont offert aux générations qui les suivaient le héros et le vilain de la pièce.

En effet, la force que possède leur reconstruction du miracle européen à travers le rôle de la bourgeoisie tient à ce que l'histoire y a non seulement un sens, mais un acteur. Acteur que Guizot célèbre, et dont Marx fait la « critique », mais qui dans les deux cas occupe la scène de sa présence innombrable, et la meuble de sa volonté collective. Guizot termine la lutte des classes au nom de la bourgeoisie et Marx la poursuit au nom du prolétariat ; ainsi se trouvent personnalisées les conditions et la nécessité de leur action. La lutte des classes balise un

vaste champ où les lois de l'histoire trouvent providentiellement à s'incarner dans des volontés et dans des
passions. Du coup, le bourgeois, *deus ex machina* de la
société moderne, se trouve incarner le mensonge de la
société moderne. Il offre à la politique démocratique ce
dont celle-ci a par-dessus tout besoin, un responsable ou
un bouc émissaire. Il vient juste à point pour y figurer
une volonté maléfique. Si Guizot l'a célébré comme tel,
Marx peut l'incriminer comme tel. D'ailleurs, les hommes du XIXe siècle n'ont pas attendu Marx pour le faire :
la haine du bourgeois est aussi vieille que le bourgeois
lui-même.

Dans ses commencements, il est vrai, cette haine du
bourgeois s'alimente de l'extérieur, par référence à
l'ancienne société encore proche. Elle vient soit des partisans de ce que les révolutionnaires français ont appelé
l'« Ancien Régime », soit de ceux qui savent l'irréversibi-
lité de l'histoire mais conservent un sentiment tendre
pour l'univers perdu de leur enfance. Bonald, Chateaubriand : l'un déteste les auteurs de la destruction
révolutionnaire, l'autre ne les aime pas trop, bien qu'il les
sache vainqueurs, parce qu'il les croit incapables
d'atteindre jamais à la vraie grandeur, celle des temps
aristocratiques. Mais tous deux critiquent la bourgeoisie
par comparaison avec ce qui l'a précédée, comme c'est le
cas de tant d'écrivains romantiques.

Pourtant, la Révolution française, déjà, a montré la
force d'une critique, ou d'une passion à la fois comparable et différente ; dirigée contre le même adversaire,
mais provenant d'une autre source : la dénonciation du
bourgeois de l'intérieur du monde bourgeois. Les hommes de 1789 ont aimé, proclamé l'égalité de tous les
Français et ils ont privé beaucoup d'entre eux du droit de
vote, et d'autres du droit d'être élus. Ils ont aimé, proclamé la liberté et ils ont maintenu l'esclavage « aux
îles », au nom de la prospérité du commerce national.
Ceux qui leur ont succédé ont pris appui sur leurs timi-
dités ou leurs inconséquences pour pousser en avant la
Révolution, au nom de l'égalité vraie : mais c'est pour

découvrir que ce drapeau cache une surenchère sans limites, inscrite dans le principe de la démocratie. Si les hommes doivent se penser comme égaux, que va dire le pauvre du riche, et l'ouvrier du bourgeois, et le moins pauvre du très pauvre ? Les jacobins de 1793 sont des bourgeois partisans de la liberté de produire, c'est-à-dire de l'économie de marché ; ce sont aussi des révolutionnaires hostiles à l'inégalité des richesses produite par le marché. Ils attaquent ce qu'ils appellent l'« aristocratie des riches », utilisant le vocabulaire du vieux monde pour dénoncer le nouveau : si l'inégalité démocratique recommence sans cesse l'inégalité aristocratique, à quoi bon vaincre l'Ancien Régime ?

C'est ce soupçon qui donne à la Révolution française ce caractère incontrôlable et interminable, qui la différencie tant de la révolution américaine qu'on peut à bon droit hésiter à employer le même mot pour désigner les deux événements. Tous les deux, pourtant, sont animés par les mêmes idées et des passions comparables ; ils fondent presque ensemble la civilisation démocratique moderne. Mais l'un se clôt par l'élaboration et le vote d'une Constitution qui dure encore, devenue l'arche sacrée de la citoyenneté américaine. L'autre multiplie les constitutions et les régimes, et offre au monde le premier spectacle d'un despotisme égalitaire. Elle fait exister durablement l'idée de révolution non pas comme le passage d'un régime à un autre, une parenthèse entre deux mondes, mais comme une culture politique inséparable de la démocratie, et comme elle inépuisable, sans point d'arrêt légal ou constitutionnel : nourrie par la passion de l'égalité, par définition insatisfaite.

Tocqueville a cru que la violence de cette passion, dans la Révolution française, tenait encore à ce qu'elle renversait ; et que le bourgeois ne recevait ce surcroît de détestation que comme héritier involontaire de l'arrogance des nobles. Sans Ancien Régime à vaincre, les Américains ont aimé l'égalité comme un bien dont ils ont toujours joui. Les Français, au moment où ils l'ont conquise, craignent de la perdre et l'adorent exclusivement, tant le spectre de l'aristocratie se profile toujours derrière le spectacle de la richesse. Analyse profonde et vraie en ce qui concerne les deux peuples et les deux révolutions, à la fin du XVIIIe siècle, mais qui ne doit pas conduire à méconnaître, sur l'exemple américain d'alors, la similitude profonde des passions de l'égalité dans les deux pays : car, en cette fin du XXe siècle, la critique de la démocratie au nom de la démocratie n'est pas moins obsessive aux Etats-Unis qu'en France ou en Europe. Loin que l'égalité consensuelle des Américains ait fait école dans les pays européens, c'est plutôt l'égalité obsessive des révolutionnaires français qui a gagné la société américaine.

Mais à cette passion mère de la démocratie moderne, les Américains, même ceux d'aujourd'hui, n'ont jamais donné en aliment la haine du bourgeois : cette figure n'existe pas, ou si peu, dans leurs affrontements politiques, qui empruntent d'autres voies et qu'animent d'autres symboles. Omniprésente au contraire dans la politique européenne depuis deux siècles, c'est elle qui permet de donner une cible commune à tous les mal-heureux de la modernité : ceux qui incriminent la médiocrité du monde bourgeois, comme ceux qui lui reprochent son mensonge. La littérature française, particulièrement dans le demi-siècle qui suit la Révolution, est pleine d'une haine du bourgeois commune à la droite et à la gauche, au conservateur et au démocrate-socialiste, à l'homme de la religion et au philosophe de l'histoire. Aux yeux du premier, le bourgeois est cet homme faux qui se prétend libéré de Dieu et de la tradition, émancipé de tout, mais esclave de ses intérêts ; citoyen du monde, mais égoïste féroce dans sa patrie ; tourné vers l'avenir de l'humanité, mais obsédé des jouissances du présent ; la sincérité en bandoulière, mais le mensonge au fond du cœur. Or, le socialiste souscrit à ce jugement. Mais il ajoute à l'exposé des motifs, lui qui croit au véritable universalisme, délivré des intérêts de classe, un considérant supplémentaire : le bourgeois est infidèle à ses propres principes, puisqu'en refusant le suffrage universel il trahit la Déclaration des droits de l'homme.

N'en concluons pas trop vite que le socialiste est un démocrate plus avancé que le libéral. Ce type d'argument, si souvent brandi aujourd'hui pour colmater la barque socialiste qui fait eau, repose sur une confusion ou un contresens. Car le monde du libéral et celui du démocrate sont philosophiquement identiques ; la critique socialiste le sait, qui les vise ensemble. Le bourgeois du XIXᵉ siècle peut bien refuser le suffrage universel, il se met par là hors de ses propres principes, auxquels il doit d'ailleurs bientôt céder. Au contraire, ce que le socialiste critique, de Buchez au jeune Marx, dans le monde bourgeois, c'est l'idée même de droits de l'homme comme fondement subjectif de la société, simple couverture de l'individualisme qui commande l'économie capitaliste. Le drame est que la même règle préside à la fois au capitalisme et à la liberté moderne : celle de la liberté, donc de la pluralité, des idées, des opinions, des plaisirs, des intérêts. Les libéraux et les démocrates la partagent, puisqu'elle est au fondement de leurs conceptions. Les réactionnaires et les socialistes la récusent, au nom de l'unité perdue de l'homme et de l'humanité. D'ailleurs il n'est pas rare, à cette époque, de voir des écrivains qui ont commencé à l'extrême droite, comme La Mennais, finir à l'extrême gauche ; ou des philosophes socialistes, comme Buchez, mêler le catholicisme à une philosophie messianique de l'histoire. Tous les matériaux culturels sont bons à qui veut combattre la malédiction du déchirement bourgeois. La question de Rousseau, réactualisée par l'expérience révolutionnaire si proche, est au cœur des philosophes de droite comme de gauche, et on la trouve omniprésente aussi bien chez Bonald que chez Louis Blanc : si nous sommes tout juste des individus, quelle espèce de société formons-nous ?

Je cherche moins à analyser des concepts qu'à faire revivre une sensibilité et des opinions. Les hommes du XIXᵉ siècle ont beaucoup cru que la démocratie libérale moderne mettait la société dans un péril constant de dissolution, par suite de l'atomisation des individus, de leur indifférence à l'intérêt public, de l'affaiblissement de l'autorité et de la haine des classes. Fils de l'individualisme absolu instauré le 4 août 1789, et rescapés d'une révolution populaire à laquelle ils n'avaient pu mettre fin, provisoirement d'ailleurs, que par un despotisme plus absolu que l'ancienne monarchie, les Français l'ont cru tout particulièrement, plus que les Anglais par exemple. Ils n'ont jamais célébré l'utilitarisme comme garantie philosophique du lien social. De ce fait, le bourgeois, en France et en Europe, s'il est vraiment bourgeois propriétaire, craint la révolution. Il partage les craintes de ses ennemis, il s'aligne sur leurs hantises. Il craint le recommencement du désordre d'autant plus que l'Europe de l'époque est fascinée par l'expérience politique française plus que par l'exception constitutionnelle anglaise, comme en témoignent l'extension de l'idée révolutionnaire et les flambées de 1830 et de 1848. Ainsi le bourgeois tend-il à concentrer sur lui les mépris de l'époque ; il est le parvenu chez Balzac, le « coquin » chez Stendhal, le « philistin » chez Marx : fils d'un événement immense, qui intimide encore ceux qui en ont été les victimes et fascine ceux qui s'en voudraient les continuateurs, mais qui sont trop peureux pour en assumer l'héritage. Ce que son passé a de grand rend d'autant plus voyant ce que son présent a de misérable.

Voici donc le bourgeois devenu traditionaliste par crainte : négation de lui-même qui ne lui donne pas pour autant une tradition. Il déteste la révolution, mais il est adossé par force à la révolution. Hors d'elle, il n'a plus que la tradition des autres, celle de l'aristocratie ou celle de la monarchie, qui lui fait des habits d'emprunt. Il abdique ses titres historiques, et il n'en a pas d'autres. De même, il a cessé d'incarner la liberté, pour devenir le père de famille autoritaire et tyrannique, maniaque de son confort, obsédé par ses propriétés : le Chérubin Beyle d'*Henry Brulard*, contre lequel son fils dresse les images associées de son ego aristocratique et de la fraternité jacobine. Bref, tout ce que le bourgeois a inventé s'est retourné contre lui. Il s'est élevé par l'argent, qui lui a permis de dissoudre de l'intérieur le « rang » aristocratique ; mais cet instrument de l'égalité l'a transformé en aristocrate d'un nouveau type, plus captif encore de la richesse que le noble l'était de sa naissance. Il a porté sur les fonts baptismaux les Droits de l'homme, mais la liberté l'effraie, et l'égalité plus encore. Il a été le père de la démocratie, par quoi tout homme est l'égal de tous les hommes, associé à tous dans la construction du social, et par quoi chacun, en obéissant à la loi, n'obéit qu'à lui-même. Mais la démocratie a dévoilé la fragilité de ses gouvernements, en même temps que la menace du nombre, c'est-à-dire des pauvres : le voilà plus réticent que jamais sur les principes de 1789, par lesquels pourtant il a fait cette entrée fracassante dans l'histoire.

Si le bourgeois est l'homme du reniement, c'est qu'il était l'homme d'un mensonge. Loin d'incarner l'universel, il n'a qu'une obsession, ses intérêts, et qu'un symbole, l'argent. C'est à travers l'argent qu'il est le plus haï ; c'est l'argent qui rassemble contre lui les préjugés des aristocrates, la jalousie des pauvres et le mépris des intellectuels, le passé et le présent, qui l'expulsent de l'avenir. Ce qui fait sa puissance sur la société explique aussi sa faiblesse sur les imaginations. Un roi est infiniment plus vaste que sa personne, un aristocrate tient son prestige d'un passé plus ancien que lui, un socialiste prêche la lutte pour un monde où il ne sera plus. Mais l'homme riche, lui, n'est que ce qu'il est : riche, c'est tout. L'argent ne témoigne pas de ses vertus ni même de son travail, comme dans la version puritaine ; il lui est venu au mieux par chance, et dans ce cas il peut le perdre demain par malchance ; au pis, il a été acquis sur le travail des autres, par ladrerie ou par cupidité, ou les deux ensemble. L'argent éloigne le bourgeois de ses semblables, sans lui apporter ce minimum de considération qui lui permette de les gouverner paisiblement. C'est au moment où le consentement des gouvernés est devenu explicitement nécessaire au gouvernement des hommes qu'il est le plus difficile à réunir.

De ce déficit politique et moral qui afflige le bourgeois de toutes parts, il n'y a pas de meilleure illustration que

son abaissement esthétique : le bourgeois commence au
XIXe siècle sa grande carrière symbolique comme antithèse de l'artiste. Mesquin, laid, ladre, borné, pot-au-feu,
alors que l'artiste est grand, beau, généreux, génial,
bohème. L'argent racornit l'âme et l'abaisse, le mépris de
l'argent l'élève aux grandes choses de la vie : conviction
qui ne touche pas seulement l'écrivain ou l'artiste « révolutionnaire », mais aussi le conservateur ou le réactionnaire ; non seulement Stendhal, mais Flaubert. Non seulement Heine, mais Hölderlin. Lamartine a vécu avec
elle, et quand il était légitimiste, et quand il fut devenu
républicain. Le bourgeois recueille ainsi un peu partout
dans la culture européenne cette élection de mépris mêlé
de haine qui est le prix payé à la nature de son être même,
et à la manière dont il a fait son entrée sur la scène
politique. Il est d'une part cet homme nu en face de la
nature, n'ayant que son travail productif en guise d'art,
appliquant tout son esprit à son projet utilitaire, sans
pensée pour la beauté de ce qu'il détruit ou de ce qu'il
construit. D'autre part, il a renversé l'aristocratie par la
révolution, et frappé avec éclat les trois coups de son
règne, ce qui eût pu constituer une circonstance de
rachat. Mais il s'est bientôt révélé si incapable d'assumer
l'annonciation démocratique de 1789 que l'idée révolutionnaire elle-même est passée chez ses adversaires. Il a
dévoilé sa vraie ambition, qui est d'instituer un marché,
non une citoyenneté. De là vient qu'il n'incarne, du
moderne, que la mauvaise part : il est le symbole du
capitalisme, et non de la démocratie.

Cette dissociation pourtant n'est pas inévitable, et elle
ne va pas de soi. La liberté de produire, d'acheter et de
vendre fait partie de la liberté tout court ; elle s'est affirmée comme telle contre les entraves et les privilèges de
l'époque féodale. L'égalité contractuelle des individus
n'est pas moins indispensable à l'existence d'un marché
qu'à l'autonomie physique et morale des personnes.
D'ailleurs, ces deux faces de la société moderne ne sont
pas dissociées dans la culture la plus démocratique
qu'ait produite l'Europe, celle de son rameau américain :
libre entreprise, liberté et égalité des hommes y sont

pensées comme inséparables et complémentaires. Enfin, cette dissociation n'a rien à voir avec les progrès ou les maux objectifs de l'économie capitaliste : elle reçoit sa forme classique, et extrême, très tôt au XIXe siècle, dans deux pays où la production des biens est restée traditionnelle, si on la compare à l'essor du capitalisme industriel anglais à la même époque : en France et en Allemagne. Deux pays dont la vie intellectuelle est plus effervescente que l'économie, et où la Révolution de 1789 a laissé une trace ineffaçable, qui n'existe point en Angleterre à une profondeur comparable. C'est dans la floraison française de l'idée socialiste, et dans l'hégélianisme de gauche d'où sortira Marx, que se fabrique la critique radicale du bourgeois ; là s'opère le dévoilement de son essence néfaste, qui en fait l'opprobre des deux siècles qui suivent.

Dans l'histoire de l'Europe, les circonstances ont fait (et dans cette formule anodine gît le principal mystère de la Révolution française) que l'écroulement soudain de la plus grande monarchie et le surgissement extraordinaire d'un régime neuf succèdent à la lente émergence d'une classe moyenne, située quelque part entre la noblesse et le peuple. *Post hoc, propter hoc* : crédité de cet actif presque divin, par une époque qui a désormais besoin d'expliquer tout événement par une volonté, le bourgeois n'en finit pas de décevoir les promesses inséparables de son avènement supposé. Le cours de la Révolution, déjà, l'a forcé à passer la main, d'abord à Robespierre, puis à Bonaparte. Le XIXe siècle le rend à ses activités de fourmi, au milieu de souvenirs trop grands pour lui. L'époque lui avait offert le rôle dont il était le plus incapable : celui d'une classe politique.

Naissant de la démocratie, prospérant en son sein, la haine du bourgeois n'est qu'en apparence la haine de l'autre. En son centre, elle est la haine de soi.

L'apparence en effet, c'est que cette société d'individus adonnés à la poursuite de leurs intérêts et de leurs plaisirs reçoit son ordre politique de l'extérieur, comme une conséquence fatale de l'inégalité des richesses qui s'y est développée. La lutte des classes met face à face les riches et les pauvres, les possédants et les non-possédants, ceux qui profitent de la société bourgeoise et ceux qui campent sur ses marges, les bourgeois et les prolétaires. Les uns et les autres possèdent une conscience variable de leur antagonisme, assez forte cependant pour structurer toute la vie politique de la société. A travers la pauvreté ou la colère des ouvriers, comme hier à travers les rebuffades de la noblesse, la haine de la bourgeoisie reçoit de l'extérieur son fondement rationnel.

Pourtant, le sentiment s'alimente aussi, notamment dans ses manifestations les plus violentes, à des sources internes. On le trouve un peu partout, on l'a vu, chez les écrivains et les artistes, même chez ceux, comme Stendhal, qui ne sont ni des aristocrates ni des socialistes. Il nourrit souvent les conflits à l'intérieur des familles, la révolte des fils contre les pères au nom de la liberté contre la nature. Son principal ressort est à l'intérieur de l'univers bourgeois, dans ce qui constitue cet univers comme contradictoire. Au cœur de la passion antibourgeoise se trouve aussi le remords constant du bourgeois, ou sa mauvaise conscience.

Comment pourrait-il vivre dans la paix de l'âme ? Il n'a pas vaincu l'aristocrate seulement par sa richesse, mais par le vaste ébranlement des consciences auquel il s'est adossé. Si tant de jeunes nobles, d'ailleurs, se sont joints à lui au siècle précédent pour mettre fin à l'« Ancien Régime », c'est que l'idée d'un homme universel, émancipé par la raison des prédestinations séculaires, leur paraissait meilleure, au sens intellectuel et moral, que la fidélité à la tradition. Mais le voici désormais, lui le soidisant vainqueur de l'histoire, aux prises avec les effets de la croyance à l'universalité des hommes. La liberté, l'égalité : promesses illimitées dont la Révolution a montré le caractère problématique, une fois qu'on veut les faire tenir dans l'état social, sans pourtant en diminuer le moindrement la flamme dans les esprits. Car ces promesses abstraites créent un espace infranchissable entre les attentes des peuples et ce que la société peut leur offrir. Elles rendent *ipso facto* caduc tout débat ou tout accord sur les limites de la démocratie. Elles en infirment même le concept, qui impliquerait un avenir fermé et des associés satisfaits.

Le bourgeois est condamné à vivre dans ce système ouvert, qui met en mouvement des passions contradictoires et puissantes. Il est pris entre l'égoïsme calculateur, par quoi il s'enrichit, et la compassion, qui l'identifie au genre humain, ou au moins à ses concitoyens. Entre le désir d'être égal, donc semblable à tous, et l'obsession de la différence, qui le jette à la poursuite de la distinction la plus minime. Entre la fraternité, horizon d'une histoire de l'humanité, et l'envie, qui forme son ressort psychologique vital. Rousseau avait exploré les deux extrémités de cette condition : la solitude des *Rêveries du promeneur solitaire* et la logique démocratique du *Contrat social*. Mais lui, le bourgeois, doit se contenter d'exister dans cet entre-deux, où la moitié de lui-même déteste l'autre moitié, et où, pour être un bon citoyen, il doit être un mauvais bourgeois, ou bien être un mauvais citoyen, s'il veut rester un vrai bourgeois.

Le pire, c'est qu'il connaît son malheur, et l'examine, et l'expose, à la recherche fiévreuse de son « moi », centre de l'univers mais centre incertain de sa place dans le monde et de son rapport avec les monades qui l'entourent. Autonome, ce moi doit se faire lui-même, mais pour devenir quoi ? Il ne connaît que son dédoublement sans fin, qui lui donne la matière d'une grande littérature, mais ne lui ouvre ni le secret d'un bon gouvernement ni le chemin d'une réconciliation avec lui-même. Le bourgeois ne sait ni organiser sa vie publique ni trouver la paix intérieure : et la lutte des classes et le malaise de son moi sont inscrits dans son destin. Affichant l'universel sur son drapeau, il est aussi porteur d'un doute sur la vérité de ce qu'il proclame : une partie de lui-même donne raison à ses adversaires, puisque ceux-ci parlent au nom de ses propres principes.

De là vient ce trait sans doute unique de la démocratie moderne dans l'histoire universelle : cette capacité infinie à produire des enfants et des hommes qui détestent le régime social et politique dans lequel ils sont nés, haïssant l'air qu'ils respirent, alors qu'ils en vivent et qu'ils n'en ont pas connu d'autre. Je ne parle plus ici de ceux qui, au lendemain d'une révolution démocratique, regrettent l'ancien monde où ils ont grandi et où ils conservent des souvenirs et des habitudes. J'ai au contraire dans l'esprit cette passion politique constitutive de la démocratie elle-même, cette surenchère morale de fidélité aux principes qui fait d'un peu tout le monde, dans la société moderne, y compris du bourgeois lui-même, l'ennemi du bourgeois. La scène fondamentale de cette société n'est pas, comme l'a cru Marx, la lutte de l'ouvrier contre le bourgeois : en effet, si l'ouvrier ne rêve que de devenir bourgeois, cette lutte est simplement partie du mouvement général de la démocratie. Beaucoup plus essentielle est la haine du bourgeois pour lui-même, et cette déchirure intérieure qui le retourne contre ce qu'il est : tout-puissant sur l'économie, maître des choses, mais sans pouvoir légitime sur les hommes, et privé d'unité morale dans son for intérieur. Créateur d'une richesse inédite, mais bouc émissaire de la politique démocratique. Multipliant partout les monuments de son génie technique et les signes de son infirmité politique. Le XXe siècle allait le faire savoir.

*

En matière de haine du bourgeois, le XIXe et le XXe siècle présentent ce contraste que j'ai déjà noté à propos d'autres sentiments ou d'autres représentations démocratiques. En un sens, tout est dit très tôt. Et pourtant, tout reste gouvernable au XIXe, et ne l'est plus au XXe siècle. En effet, les éléments, les ingrédients de la passion antibourgeoise sont visibles dans la culture et la politique européenne dès le début du XIXe siècle, et même avant, si on songe au génie si prémonitoire qu'est Rousseau. Les jacobins français de 1793, censés ouvrir le règne de la bourgeoisie, offrent le premier exemple massif de bourgeois qui détestent les bourgeois au nom de principes bourgeois. S'ils sont si admirés, si imités par la gauche européenne du siècle qui suit, c'est qu'ils ont donné très tôt une forme inoubliable au déchirement de l'esprit bourgeois.

Pourtant, tout au long du XIXᵉ siècle, l'adversaire d'hier, l'aristocrate, montre encore de beaux restes : c'est Bismarck qui fait l'unité allemande et Cavour l'unité italienne. Dans une grande mesure, les rois et les nobles de l'Europe conservent la haute main sur une évolution dont ils redoutent le sens. Même en France, où l'ancienne société a été juridiquement détruite de fond en comble, et l'égalité civile instaurée de manière irréversible dès le 4 août 1789, la noblesse connaît de bien beaux jours après la chute de Napoléon. Elle règne sur la bonne société et prend une part importante au gouvernement du pays, même après 1830. Ainsi s'est plus ou moins enracinée *de facto*, à travers l'Europe du XIXᵉ siècle, une version dégradée de ce que la pensée politique classique avait appelé le « gouvernement mixte », faisant sa part à la monarchie, à l'aristocratie et à la démocratie. Dans cet état politique bâtard, la passion antibourgeoise a trouvé ses limites.

En effet, l'aristocrate n'aime pas le bourgeois, annonciateur du monde de l'argent et de la confusion des rangs. Mais il a vu s'écrouler un monde, et il se sait immergé sans retour dans le monde bourgeois : l'idée contrerévolutionnaire offre un asile à ses souvenirs, une littérature à ses nostalgies, mais il se garde d'en faire un programme à son habitude d'agir. A trop haïr le bourgeois, il s'interdirait de peser sur les affaires publiques ; ou, pis, il pourrait croiser des sentiments jacobins, faire le jeu des républicains, comme c'est la pente de Chateaubriand après 1830. Ainsi les survivants du monde ancien dans le nouveau ont-ils intérêt à contenir leur mépris du bourgeois dans la vie sociale. Fidèles à leurs mœurs, ils conservent sans peine ce magistère des manières qui oblige le bourgeois à s'incliner devant leur passé. Mais, soumis comme tous leurs contemporains au Dieu nouveau de la nécessité historique, ils ajustent leur action politique à l'esprit du temps. En somme, c'est parce qu'il craint la révolution que l'aristocrate du XIXᵉ siècle n'est pas contre-révolutionnaire.

Or, c'est pour la même raison que le bourgeois est modéré en politique. Sur l'exemple de 1789, il a mesuré les difficultés de son gouvernement. Il connaît les dangers de sa situation historique, inscrits à la fois dans le caractère problématique de sa prépondérance et dans les promesses de l'égalité démocratique. Il est « juste-milieu », résigné à supporter les hauteurs de la noblesse et les hasards de la royauté pour gouverner le peuple sous leur aile. Sa pusillanimité politique, qui a tant indigné Marx, est faite de la conscience de son incapacité à maîtriser les forces qu'il a déchaînées. D'un côté, elle nourrit bien la passion antibourgeoise, par ce qu'elle offre de reniement de la tradition révolutionnaire : réfugié dans une sagesse médiocre et de petits sentiments, le bourgeois français, par exemple, est d'autant plus haïssable que ses pères ont fait 1789 ou 1793. Mais, d'un autre côté, cette pusillanimité le tient constamment en éveil sur les risques de la tradition révolutionnaire. Elle ne cesse de l'alerter sur la « gouvernabilité » incertaine des sociétés démocratiques. Elle le porte à régner par procuration, pour éviter les aléas inséparables de la politique démocratique.

Ainsi la politique au XIXᵉ siècle a-t-elle été dominée par une sorte de compromis constant entre deux mondes, destiné à conjurer le coup de tonnerre qui avait marqué la chute de l'Ancien Régime français. Le bourgeois doit accepter les rebuffades de l'aristocrate, mais il gouverne avec ou à travers lui. Il doit consentir à devenir la cible de la littérature et de l'art, mais il n'a encore à subir que l'agressivité de ses fils. Il vit dans la crainte de la multitude, mais il a plus à redouter des siens que du peuple. Bien que les idées de la démocratie traversent le siècle de part en part et qu'elles y creusent un sillon de plus en plus profond, celui-ci n'est pas encore démocratique : les masses populaires n'y jouent qu'un rôle mineur restreint au répertoire écrit par les élites. La partition antibourgeoise, quand elle est aristocratique, appartient plus à la littérature qu'à la politique ; quand elle est socialiste,

plus à l'histoire des idées qu'à la subversion sociale.
L'échec des révolutions de 1848 en Europe illustre bien
ce théâtre d'époque.

Sans doute la situation se modifie-t-elle rapidement à
la fin du siècle. Ni le développement du nationalisme, ni
l'explosion d'un antisémitisme « démocratique », ni la
croissance de partis de masse comme la social-
démocratie allemande ne sont intelligibles si l'on n'y voit
les signes d'une intégration inédite des masses populaires dans la politique des Etats modernes. Mais c'est à
partir de la fin de la guerre de 1914 qu'on prend le mieux
la mesure du phénomène.

Le temps a peu à peu réduit la distance qui sépare le
bourgeois de l'aristocrate. Il a rapproché les idées et les
goûts, les genres de vie même. Le culte de la nation, dont
la guerre montre l'incroyable force, les a soudés en une
volonté politique commune. Or, tout juste au même
moment, par son cours et par sa fin, cette guerre offre
aussi un renouvellement formidable à l'idée révolutionnaire. Non seulement elle donne le pouvoir en Russie aux
bolcheviks, qui trouvent enfin l'occasion de succéder aux
jacobins et à la Commune. Mais, à droite aussi, elle offre
un nouveau et vaste champ à la passion antibourgeoise,
en l'émancipant de la tutelle aristocratique. Dans l'Italie
frustrée, dans l'Allemagne vaincue, cette passion n'est
plus le monopole des classes nostalgiques ou résiduelles.
Enveloppée dans le drapeau de la nation malheureuse,
elle est passée au peuple, haine de la démocratie devenue
démocratique, interprétée par des acteurs inédits
jusque-là sur la scène publique, Mussolini, Hitler.

Là est la nouveauté de la situation politique européenne créée par la guerre : dans cette brusque reprise
du feu révolutionnaire, que les hommes du XIXe siècle
avaient cru maîtriser. Même à gauche, même à l'intérieur
des partisans du socialisme, même chez les marxistes,
l'idée de révolution avait fini par prendre, avant la guerre
de 14, une sorte d'air de sagesse. Le blanquisme était
à peu près mort en France, et la social-démocratie
allemande, phare du mouvement ouvrier, bastion du

marxisme, n'agissait que pour faire mûrir plus vite les conditions du renversement de l'économie capitaliste. Ni Jaurès ni Kautsky n'attendaient plus le « grand soir ». Pourtant, c'est tout juste cette idée de la révolution que les bolcheviks font revivre en s'emparant du pouvoir en Russie. Improbable, leur succès souligne d'autant mieux leur audace et leur volonté. Ce qu'il a d'extraordinaire souligne ce qu'il a d'universellement possible.

Mais le plus surprenant, dans la situation née de la guerre, est la reprise de l'idée de révolution à droite. Car cette idée n'y trouve a priori que des ennemis. La droite européenne du XIXe siècle déteste la révolution d'abord comme une machination, ensuite comme une fatalité, enfin comme une menace. Elle n'aime ni les hommes qui l'ont voulue, ni l'air de nécessité qu'elle a pris, ni la fragilité dont elle affecte après coup l'ordre social retrouvé. C'est pourquoi, comme on l'a vu, si elle est bien antirévolutionnaire en esprit, elle n'est généralement pas contre-révolutionnaire en politique : car une contre-révolution serait encore une révolution. Cette double disposition morale permet aux anciennes noblesses de s'agréger aux partis conservateurs, même libéraux, en même temps qu'elle réduit à droite la portée de l'hostilité à la bourgeoisie.

Ce qu'on voit en revanche tout juste à la fin de la guerre, c'est l'extension à droite de ce sentiment, devenu d'autant plus violent qu'il n'est plus manié avec la prudence aristocratique du siècle précédent, mais par des hommes sortis du rang, au nom de l'égalité et de la nation. Comme la passion antibourgeoise de gauche, la passion antibourgeoise de droite s'est démocratisée. Elle est passée au peuple. Elle s'alimente à la première, réagit contre elle, surenchérit sur elle, inséparable d'elle. L'idée contre-révolutionnaire s'est libérée de son mariage avec l'aristocratie et les belles dames. Elle avoue ses conséquences. Elle aussi porte une révolution.

*

L'ordre chronologique fournit un bon point de départ à l'analyse : bolchevisme et fascisme sont les enfants de

la Première Guerre mondiale. Il est bien vrai que Lénine
a fourbi ses conceptions politiques dès le tout début du
siècle, et que bien des éléments qui formeront, une fois
mis ensemble, l'idéologie fasciste préexistent à la guerre.
Il reste que le Parti bolchevique prend le pouvoir en 1917,
grâce à la guerre, et que Mussolini et Hitler constituent
leurs partis dans les années qui suivent immédiatement
1918, comme des réponses à la crise nationale produite
par l'issue du conflit. La guerre de 1914 a tout changé à
la vie de l'Europe, frontières, régimes, dispositions
d'esprit, mœurs même. Elle a labouré si profond dans la
plus brillante des civilisations modernes qu'elle n'en
laisse aucun élément qui ne soit transformé. Elle marque
le début de son déclin comme centre de la puissance du
monde en même temps qu'elle inaugure ce siècle féroce
dont nous sortons, tout empli de la violence suicidaire de
ses nations et de ses régimes.

Comme tout grand événement, elle révèle ce qui s'est
passé avant elle autant qu'elle invente les figures — en
l'occurrence, les monstres — de l'avenir. Ce qu'elle révèle,
à l'époque, est devenu pour nous le plus difficile à imaginer : un adolescent d'aujourd'hui en Occident ne peut
même plus concevoir les passions nationales qui portè-
rent les peuples européens à s'entre-tuer pendant quatre
ans. Il y touche encore, par ses grands-parents, et pourtant il a perdu leurs secrets ; ni les souffrances subies ni
les sentiments qui les rendirent acceptables ne lui sont
compréhensibles ; ni ce qu'ils eurent de noble ni ce qu'ils
comportèrent de passif ne parlent encore à son cœur ou
à son esprit comme un souvenir, même transmis. Or,
quand il cherche à reconstituer ce monde disparu, l'historien n'est guère mieux loti. L'Europe d'avant 1914 est-
elle vraiment l'Europe d'où est sortie la guerre ? Elle
apparaît comme un monde si civilisé et si homogène,
comparée au reste de l'univers, que le conflit déclenché
par l'assassin de Sarajevo prend comme un air absurde :
une guerre civile, menée pourtant entre des Etats souverains au nom de passions nationales. Si bien que la première guerre du XXe siècle, dans la mesure où elle opère
une formidable rupture avec ce qui la précède, reste un

des événements les plus énigmatiques de l'histoire moderne. Son caractère ne peut se lire dans l'époque où elle commence, et ses suites moins encore ; c'est la différence avec la seconde, presque inscrite à l'avance dans les circonstances et les régimes de l'Europe des années trente, et du coup tristement riche de cet écho si durable, qui la continue jusqu'à la chute du mur de Berlin, c'est-à-dire jusqu'à nous. De cette Seconde Guerre mondiale qui fut le tissu de nos existences, nous possédons le tableau complet des causes et des conséquences. Mais la Première n'existe pour nous que par ses conséquences. Déclenchée par un accident, dans un monde de sentiments et d'idées à jamais disparu de nos mémoires, elle possède ce trait exceptionnel de certains événements, de n'être plus qu'une origine. Celle du monde où nous touchons encore parce qu'il vient tout juste de se clore sous nos yeux.

Des deux grands mouvements qui « sortent » de la guerre de 1914-1918, le premier est celui de la révolution prolétarienne. Il resurgit alors comme un torrent recouvert en 1914, mais grossi quatre ans plus tard des souffrances et des désillusions, individuelles et collectives, dont la guerre a été si incroyablement prodigue. Souffrances, désillusions, visibles chez les peuples vainqueurs, comme la France. Que dire alors des vaincus ! Or le bolchevisme, maître accidentel et fragile de l'Empire des tsars à l'automne 1917, se trouve fort en Europe de son opposition radicale à la guerre, dès 1914. Il a l'avantage de donner un sens à ces années terribles grâce au pronostic précoce qu'il a porté sur elles et qui semble l'avoir conduit, lui, à la victoire révolutionnaire d'Octobre. Au caractère féroce de la guerre il offre une explication et des remèdes non moins féroces. Ce que l'hécatombe a eu d'inouï trouve à travers Lénine des responsables et des boucs émissaires à l'échelle du massacre : l'impérialisme, les monopoles capitalistes, la bourgeoisie internationale. Peu importe que cette bourgeoisie internationale soit difficilement concevable comme chef d'orchestre d'une guerre qui met au

contraire aux prises ses différents rameaux nationaux.
Par là, les bolcheviks récupèrent à leur profit l'universel,
sous ses deux aspects : objectivement, puisque la guerre,
produit de l'impérialisme, sera aussi son tombeau ; subjectivement, puisque l'ennemi est une classe transnationale, qui doit être vaincue par le prolétariat mondial.
Août 14 avait consacré la victoire de la nation sur la
classe. 1917 et 1918 amènent la revanche de la classe sur
la nation. Ainsi la guerre tout entière a-t-elle été traversée
par les deux figures de l'idée démocratique, le national
et l'universel, dont elle a inscrit le travail dans le sang
versé, au plus profond de l'expérience collective des
Européens.

Avec l'universalisme démocratique revient l'idée révolutionnaire, forte dans toute l'Europe continentale du
précédent français. Il est vrai que l'exemple de 1789 et
des jacobins a surtout nourri, au XIXᵉ siècle, le mouvement des nationalités et que, de la tension entre l'universel et le particulier qui marque toute la Révolution française, les révolutionnaires en Europe ont privilégié le
second aspect, comme l'ont fait voir les événements de
1848. Mais, justement, la guerre de 1914 vient de montrer à quels massacres peut conduire l'esprit national
porté à l'incandescence. Elle se termine par un retournement des peuples vers l'idée universaliste. Non que les
vainqueurs, Clemenceau par exemple, n'aient pas un
regard cynique (d'ailleurs superficiel) sur les forces et sur
les frontières. Mais eux-mêmes enveloppent le principe
des nationalités dans les garanties d'un nouvel ordre
juridique international : l'abc du wilsonisme. Reste que
l'autre visage de l'universel démocratique est celui de la
révolution sociale, qu'Octobre 1917 vient incarner. Là est
le secret de son rayonnement.

Les événements de l'année 1917 en Russie, dès l'année
suivante, au moment où les peuples d'Europe sortent de
la guerre, ne sont quasiment plus des événements russes.
Ce qui compte est l'annonciation bolchevique de la révolution universelle. D'un putsch réussi dans le pays le plus
arriéré d'Europe par une secte communiste, dirigée par
un chef audacieux, la conjoncture fait un événement

modèle, destiné à orienter l'histoire universelle tout comme le 1789 français en son temps. De par la lassitude générale de la guerre, et la colère des peuples vaincus, l'illusion que Lénine s'est forgée sur sa propre action est partagée par des millions d'individus. Le chef bolchevique croit qu'il ne peut pas vaincre durablement sans le soutien d'autres révolutions, et d'abord en Allemagne. Dans toute l'Europe, les militants révolutionnaires revenus de l'« union sacrée » ou simplement remobilisés par la situation politique pensent qu'il leur offre un modèle. Ainsi s'opère un peu partout la première bolchevisation d'une partie de la gauche européenne, bolchevisation qui échoue à porter ses partisans au pouvoir, mais qui laisse des partis et des idées taillés sur un modèle unique à travers toute l'Europe, et bientôt dans le monde entier. La révolution russe va reculer, s'entourer de murailles, se résigner à vivre comme une île dans l'océan capitaliste ; mais sans rien abandonner pour autant de son ambition universaliste, dont elle se servira au contraire comme de sa séduction principale. Ce qu'elle a de russe se fait oublier par ce qu'elle a d'universel. Sur l'immense palais oriental des tsars, l'étoile rouge du Kremlin incarne depuis Octobre 17 l'idée de révolution mondiale : les péripéties de l'histoire réduiront ou dilateront à chaque génération le rayonnement de ce mythe originel, sans jamais l'éteindre, avant que les successeurs de Lénine s'en chargent enfin eux-mêmes.

Or, le fascisme naît comme une réaction du particulier contre l'universel ; du peuple contre la classe ; du national contre l'international. Il est à ses origines inséparable du communisme, dont il combat les objectifs tout en imitant les méthodes. L'exemple classique est celui de l'Italie, à demi victorieuse seulement au sortir de la guerre, frustrée dans ses ambitions nationales ; premier terrain de développement du fascisme, et cas démonstratif s'il en est, puisque communisme et fascisme grandissent sur le même terreau, celui du socialisme italien. Fondateur des *fasci* en mars 1919, Mussolini a appartenu en effet à l'aile révolutionnaire du mouvement socialiste, avant d'apporter son soutien à l'entrée en guerre de l'Italie, puis de se trouver en conflit violent, juste après, avec les leaders bolchevisants de son ancien parti. Il soutient la surenchère nationaliste de D'Annunzio à Fiume, mais ses groupes de combat paramilitaires ne prennent une extension nationale en 1920-1921 que dans la bataille contre les organisations révolutionnaires d'ouvriers agricoles en Italie du Nord : véritable guerre civile que le gouvernement de Giolitti est incapable de maîtriser, et qui montre pour la première fois dans le siècle la faiblesse de l'Etat libéral en face des deux forces qui se disputent avec férocité l'occasion de lui succéder.

Dans le cas de Hitler, le « Parti ouvrier allemand » existe avant lui. Mais ce groupuscule politique bavarois ne prend un peu de consistance à partir de la fin de 1919 que lorsqu'il le rejoint et l'anime de son éloquence. Lui n'a pas de passé socialiste. Mais, admirateur de Mussolini, il s'en donne un dans l'adjectif qui va faire sa fortune : national-socialiste. Dans ce jumelage tient au fond la même alliance paradoxale, eu égard à la tradition politique européenne, entre nationalisme et anticapitalisme. L'association des deux thèmes a comme fonction de mettre en valeur la communauté du peuple allemand, la nation, qu'il faut protéger contre les intérêts particuliers des capitalistes et contre les visées nihilistes du bolchevisme. Dans l'Allemagne d'après 1920, comme dans la Bavière dominée par la Reichswehr, le discours nationaliste est sans vrai rival, car la « république des Conseils » n'est déjà plus, à Munich, qu'un mauvais souvenir, juste assez pour y faire vivre l'anti-bolchevisme. Mais l'innovation de Hitler, par rapport à Mussolini, est la détestation des Juifs, symboles tout à la fois du capitalisme et du bolchevisme ; puissance cosmopolite et démoniaque acharnée à la perte de l'Allemagne, le judaïsme alimente chez Hitler une haine œcuménique, qui réunit deux détestations généralement distinctes, puisqu'elles s'excluent même chez la plupart, la haine de l'argent et celle du communisme. Donner à détester ensemble le bourgeois et le bolchevik à travers le Juif, telle est l'invention de Hitler, qui l'a trouvée en lui-même avant d'en faire une passion d'époque.

Ainsi le fascisme a-t-il reconstitué, avec des thèmes renouvelés, la passion nationaliste qui avait été le mauvais génie par excellence des grands pays d'Europe à la veille de 1914. Le curieux est naturellement que la guerre elle-même n'en ait pas montré le caractère néfaste à ceux au moins des peuples qui l'avaient terminée en vaincus, comme les Allemands. De cela le traité de Versailles porte sans doute une part de responsabilité, en n'ouvrant à l'Europe aucune histoire commune. Mais encore faut-il noter que la porte de sortie internationaliste de la guerre est occupée depuis 1917 par les militants bolcheviques. On le voit en 1918. Aussitôt le dernier coup de canon tiré, défendre la nation contre la révolution communiste est devenu plus pressant que de lui réapprendre à vivre dans un ordre international où elle est affaiblie. La priorité du bolchevisme crée la priorité de l'antibolchevisme. Le fascisme n'en est qu'une des formes, particulièrement virulente là où les Etats et les classes dirigeantes d'hier sortent discrédités de la guerre. Sans complexes pour emprunter ce qu'il faut à l'idée de révolution, il exalte sans mesure la nation trahie contre la menace bolchevique. Cocktail inédit d'éléments connus réemployés dans un contexte inédit, cette idéologie n'est neuve que par juxtaposition.

Bolchevisme et fascisme entrent donc presque ensemble sur le théâtre de l'histoire, comme les derniers-nés du répertoire politique européen. Il est un peu difficile d'imaginer aujourd'hui que ce sont des idéologies si récentes, alors qu'elles nous paraissent, selon les cas, désuètes, absurdes, déplorables ou criminelles. Pourtant, elles ont empli le siècle ; l'une contre l'autre, l'une portant l'autre, elles en ont fait la matière. A la fois très puissantes, très éphémères et très néfastes, comment ont-elles pu mobiliser tant d'espoirs ou tant de passions chez tant d'individus ? Ces astres morts ont emporté leurs secrets avec eux. Il faut pour les interroger retourner à l'époque de leur rayonnement.

Ce qui rend inévitable une analyse comparée n'est pas seulement leur date de naissance et leur caractère à la fois simultané et météorique à l'échelle de l'histoire. C'est aussi leur dépendance mutuelle. Le fascisme est né comme une réaction anticommuniste. Le communisme a prolongé son bail grâce à l'antifascisme. La guerre les a mis aux prises, mais après les avoir associés. L'un et l'autre ne veulent voir qu'un néant dans l'espace qui les sépare ; quitte, si cet espace pourtant leur est utile, à se l'annexer dans leur marche vers le pouvoir absolu qui est leur règle et leur ambition communes. En somme, ce sont des ennemis déclarés puisqu'ils recherchent leur liquidation réciproque ; mais aussi des ennemis complices qui ont besoin pour s'affronter de liquider d'abord ce qui les sépare. Ainsi, même la soif de se combattre les unit quand l'existence d'un adversaire commun n'y suffit pas : ce qui pourrait être une définition de l'attitude de Hitler entre août 1939 et juin 1941.

Le plus grand secret de complicité entre bolchevisme et fascisme reste pourtant l'existence de cet adversaire commun, que les deux doctrines ennemies réduisent ou exorcisent par l'idée qu'il est à l'agonie, et qui pourtant constitue leur terreau : tout simplement la démocratie. J'entends ici le terme dans ses deux significations classiques ; la première désigne un type de gouvernement, fondé sur le libre suffrage des citoyens, la compétition périodique des partis pour l'exercice du pouvoir et des droits égaux garantis à tous ; la seconde renvoie plutôt à la définition philosophique des sociétés modernes, constituées par des individus égaux et autonomes, libres de choisir leurs activités, leurs croyances ou leurs types d'existence. Or, de ces deux têtes de chapitre de la modernité, fascistes et communistes manifestent non pas le même rejet, car les considérants philosophiques sont différents, mais un rejet aussi radical.

On n'en finirait pas de citer dans l'un et l'autre camp des textes dénonçant le régime parlementaire ou la mise en œuvre du pluralisme politique comme autant de tromperies bourgeoises. Le thème, d'ailleurs, est aussi vieux que le gouvernement représentatif et a pris mille formes plus subtiles aux XVIIIe et XIXe siècles, de la dénonciation des élections anglaises jusqu'à la critique de la dérive oligarchique des régimes démocratiques, en passant par l'immense débat sur les Anciens et les Modernes. Au début du XXe siècle, avec Lénine et Mussolini, pour ne rien dire de Hitler, le sujet a perdu sa profondeur et son intérêt philosophique, au profit de sa valeur de propagande. Il n'est plus traité que comme un dérivé de la fatalité capitaliste, selon laquelle l'argent, le tout-puissant argent, domine aussi la politique. Il est mis en avant pour plaire, non plus pour savoir. Du paradoxe moderne, retourné dans tous les sens par Marx, notamment dans ses livres sur la France, que la bourgeoisie est une classe économique dont la domination politique est par nature instable et menacée, Lénine ne veut plus rien savoir. Il ne voit que des apparences ou des duperies dans les affrontements politiques des partis bourgeois, qu'il s'agit de briser par la révolution prolétarienne dont il a forgé l'instrument.

Anticapitalisme, révolution, parti, dictature du parti au nom du peuple, autant de thèmes qui se retrouvent dans le discours fasciste. La différence tient naturellement à ce que les deux discours n'ont pas la même ascendance intellectuelle. Lénine, héritier ou disciple de Marx, voit dans la révolution qu'il prépare l'accomplissement d'une promesse démocratique, par l'émancipation des travailleurs exploités. Prisonnier de son marxisme simpliste, il est convaincu que la dictature révolutionnaire du prolétariat et des paysans pauvres — la recette russe de la prise du pouvoir — sera « mille fois plus démocratique », comme il l'écrit, que la plus démocratique des républiques parlementaires. Comment pourrait-il en être autrement, puisque le capitalisme n'y existera plus ? Une fois disparues l'exploitation du travail et l'aliénation du travailleur, un pas décisif aura été fait vers la véritable liberté des hommes.

L'avantage intellectuel du discours léniniste sur le discours fasciste est ainsi de retrouver, au-delà de la critique de la démocratie bourgeoise, le socle de la philosophie

libérale : s'il a fallu renverser les régimes qui se récla-
maient d'elle pour accomplir ses promesses, il reste que
l'autonomie de l'individu est à l'horizon du communisme comme il était au centre du libéralisme. Grand
avantage, en effet, parce qu'il permet au militant communiste de situer son action dans la suite de l'histoire, et
de se penser lui-même comme un héritier et un conti-
nuateur du progrès, alors que le militant fasciste doit au
contraire imaginer son rôle comme destiné à briser
l'enchaînement fatal du cours de l'histoire moderne vers
la démocratie.

Non qu'on puisse, de ce qu'elle est réactive, déduire
que la pensée fasciste est contre-révolutionnaire, comme
par exemple l'est celle de Bonald. Car elle aussi, tout
comme la pensée démocratique, a perdu l'ancrage religieux du politique, et ne peut prétendre à la restauration
d'une communauté humaine conforme à l'ordre naturel
ou providentiel. Elle aussi, comme le léninisme, est plongée dans l'immanence ; elle ne nie pas l'individualisme
moderne comme contraire à l'ordre divin, puisqu'elle y
voit au contraire le fruit du christianisme ; si elle souhaite passionnément le déraciner, c'est aussi à travers
des figures de l'histoire, comme la nation, ou la race. En
ce sens, la détestation des principes de 89 par le fascisme
n'empêche pas celui-ci d'être révolutionnaire, si l'adjectif renvoie à la volonté de renverser la société, le gouvernement et le monde bourgeois au nom de l'avenir.

Entre ces deux théories séculières de la politique, la
supériorité du marxisme-léninisme tient à deux choses.
D'abord, à ce qu'il affiche sur son drapeau le nom du plus
puissant et du plus synthétique philosophe de l'histoire
qui ait paru au XIX⁰ siècle. En matière de démonstration
des lois de l'histoire, Marx est inégalable. Il offre de quoi
plaire aux esprits savants comme aux esprits simples,
selon qu'on lit *Le Capital* ou le *Manifeste*. A tous, il semble
donner le secret de la divinité de l'homme, succédant à
celle de Dieu : agir dans l'histoire sans les incertitudes de
l'histoire, s'il est vrai que l'action révolutionnaire dévoile
et accomplit les lois du développement. La liberté et la

science de cette liberté tout ensemble : il n'y a pas de plus enivrant breuvage pour l'homme moderne privé de Dieu. Que pèse, en regard, l'espèce de post-darwinisme hitlérien, ou même l'exaltation de l'idée nationale ?

Car l'autre séduction capitale du marxisme-léninisme est bien sûr dans son universalisme, qui l'apparente à la famille des idées démocratiques, avec le sentiment d'égalité des hommes comme ressort psychologique principal. Le fasciste ne fait appel, pour briser l'individualisme bourgeois, qu'à des fractions d'humanité, la nation ou la race. Celles-ci, par définition, sont exclusives des hommes qui n'en font pas partie, et même se définissent contre eux, comme le veut la logique de ce type de pensée. L'unité de la communauté n'est refaite qu'au prix de sa supériorité supposée sur les autres groupes, et d'un constant antagonisme à leur égard. A ceux qui n'ont pas la chance de faire partie de la race supérieure ou de la nation élue, le fascisme ne propose que le choix entre la résistance, sans espoir, et l'asservissement, sans honneur. Au contraire, le militant bolchevique, fidèle à l'inspiration démocratique du marxisme, se donne pour objectif l'émancipation du genre humain. Dans le cortège de souvenirs historiques qui parlent à son imagination, la Révolution française n'est jamais loin. Elle figure une première tentative, audacieuse, héroïque même, pour lever contre l'Europe des rois le drapeau de cet affranchissement universel, mais elle n'a pu dépasser les limites « bourgeoises » que lui assignait l'histoire. Jacobins du prolétariat, Lénine et ses amis seront, eux, en mesure d'en accomplir le programme. Ils arrivent à l'heure.

A l'heure ? Pas vraiment. L'universalisme bolchevique butte très tôt contre les conditions concrètes qui ont entouré son succès. Voici ses hommes au pouvoir dans le pays le plus arriéré, donc le plus improbable, d'Europe. Compte tenu des particularités de leur situation, ils n'ont aucune chance de mettre la vieille Russie à la tête du progrès humain, de pouvoir soulever son poids de pauvreté et d'inculture. Les mencheviks le leur ont dit. Et Kautsky, le plus grand augure du marxisme. Léon Blum

aussi, dans son discours du Congrès de Tours : à vouloir
violenter le mouvement de l'histoire, ils substituent un
putsch blanquiste à ce que le vieux Marx avait appelé la
dictature du prolétariat. Aucun avertissement issu du
marxisme européen n'aura manqué à Lénine. Lui, en
retour, possède deux réponses, l'une doctrinale, l'autre
circonstancielle. La première, qu'on trouve notamment
dans sa riposte à Kautsky, invoque le caractère par
essence démocratique de la dictature du Parti bolchevique, destinée à supprimer le capitalisme, c'est-à-dire la
dictature de l'argent. L'autre fait un sort aux circonstances particulières qui ont fait triompher la première révolution prolétarienne en Russie, le maillon le plus faible
de l'impérialisme en Europe : la révolution bolchevique
à Moscou, dit Lénine, n'est que la première des révolutions prolétariennes. D'autres vont suivre, en chaîne, qui
attesteront l'universalité du mouvement. Au printemps
de 1919, Zinoviev, président du Komintern, commente
ainsi la situation internationale dans le premier numéro
de *L'Internationale communiste* : « A l'heure où nous
écrivons ces lignes, la IIIᵉ Internationale a comme bases
principales trois républiques de soviets : en Russie, en
Hongrie et en Bavière. Mais personne ne s'étonnera si, au
moment où ces lignes seront publiées, nous avons déjà
non pas trois mais six républiques de soviets ou davantage encore. La vieille Europe court à folle allure vers la
révolution prolétarienne. »

Or ces illusions ne durent pas longtemps. Lénine devra
faire face, avant de disparaître de la scène publique, au
caractère décidément russe de la première révolution
prolétarienne. Staline substituera aux espoirs révolutionnaires des années d'après-guerre l'idée du socialisme
dans un seul pays, mais dès lors l'universalisme d'Octobre 1917, dont il prend grand soin d'entretenir l'héritage,
est fragilisé par son incarnation territoriale unique. La
Révolution française n'avait cessé d'être écartelée entre
son ambition universelle et sa particularité nationale. La
révolution russe à ses débuts a cru échapper à cette
impasse en vertu de son caractère prolétarien, et grâce à
sa diffusion à travers l'Europe. Mais une fois rentrée à

l'intérieur des frontières de l'ancien Empire des tsars, elle est prise dans une contradiction beaucoup plus manifeste encore que celle qui a déchiré l'aventure française de la fin du XVIIIe siècle.

Elle s'est voulue plus universelle que 1789, vraiment universelle, parce que prolétarienne et non plus bourgeoise, affranchissant une classe qui n'avait à perdre que ses chaînes, et libérée dès lors de ce qui a fait l'abstraction des principes de 89 par rapport à la situation sociale réelle de l'époque. Mais le prolétariat dont elle se réclame est si problématique qu'il n'exerce son rôle supposé qu'à travers une série d'équivalences abstraites : la classe ouvrière est représentée par le Parti bolchevique, lui-même dirigé par un petit cercle de militants, où l'avis du premier d'entre eux est presque toujours prépondérant. Cette vision et ce dispositif sont mis en place par Lénine dès avant la Première Guerre mondiale, dans ses multiples combats à l'intérieur du Parti, et s'affirment comme de plus en plus intangibles après Octobre : le renvoi de l'Assemblée constituante, l'interdiction des autres partis, puis l'interdiction des fractions à l'intérieur du Parti bolchevique substituent à celui des lois le pouvoir absolu du Politburo et du secrétaire général.

Peu importe au fond que Lénine ait d'un pareil régime perçu les dangers, juste avant de mourir : c'est lui qui en a mis en place les règles et la logique. Ce qui cimente en dernière instance le système de la Révolution est l'autorité de la science, la connaissance des lois de l'histoire. Autorité et connaissance, détentrices par définition de l'universel, et qui manquaient à la Révolution française. Mais quelle plus grande abstraction que la science ? Et quoi de plus abstrait, par rapport aux intérêts réels de la société, que cette autorité ? Les jacobins français avaient voulu que les principes de 1789 fassent de la France la patrie de l'humanité. Les bolcheviks russes attendaient cette faveur exceptionnelle de leur prétention à posséder les lois de l'histoire. Mais le pays où ils avaient vaincu, l'héritage qu'ils avaient à gérer, la société qu'il leur fallait transformer, les conceptions politiques qu'ils mettaient en avant rendaient l'idée qu'ils se faisaient d'eux-mêmes

et l'image qu'ils voulaient en donner encore plus clairement contradictoires que l'ambition philosophique des
révolutionnaires français. Ces philosophes de l'histoire
se heurtaient à l'histoire réelle avant même d'avoir commencé vraiment à agir. L'incarnation russe de la praxis
marxiste par Lénine ôtait beaucoup de sa vraisemblance
à la prédication marxiste de la société sans classes.

L'étonnant, dans ces conditions, n'est pas que l'universalisme bolchevique ait suscité dès l'origine tant d'adversaires, et de si féroces. C'est plutôt qu'il ait trouvé tant de
partisans, et de si inconditionnels. Avant même d'avoir
développé ses conséquences sur le terrain, il a été
dénoncé comme illusoire et dangereux non seulement
par la « réaction », mais par la majorité du socialisme
européen, par les autorités en matière de marxisme, et
même de marxisme révolutionnaire. Pourtant, déjà, rien
que par son succès, et le mythe qu'il en a construit, il a
largement réussi à inscrire Octobre 1917 dans la gauche
européenne comme une date clé de l'émancipation du
travail dans le monde ; et le recul de la révolution russe
en Europe à partir de 1920 n'entamera que faiblement la
portée de ce triomphe initial.

Il existe à cet égard comme un mystère du succès
idéologique initial du bolchevisme en Europe, mystère
qui n'est pas sans analogie avec celui qui entoure le
développement des idées fascistes, à la même époque.
Car les deux mouvements sont liés comme action et
réaction, ainsi que l'indiquent la chronologie, les intentions des protagonistes, les emprunts réciproques auxquels ils se livrent. Peut-être cette relation de dépendance permet-elle de former une hypothèse : que les
effets de simplification et de grossissement auxquels procèdent les deux idéologies sont le secret de leur séduction. En effet, toutes les deux poussent à la caricature les
grandes représentations collectives de l'être-ensemble
dont elles sont porteuses : l'une est une pathologie de
l'universel, l'autre une pathologie du national. Et pourtant, l'une et l'autre vont dominer l'histoire du siècle. En
prenant corps dans le cours des événements qu'elles

contribueront à former, elles ne cesseront d'aggraver leurs effets en fanatisant leurs partisans : l'épreuve du pouvoir, au lieu d'en arrondir les angles, en multipliera les méfaits et les crimes. Staline exterminera des millions d'hommes au nom de la lutte contre la bourgeoisie, et Hitler des millions de Juifs au nom de la pureté de la race aryenne. Il existe un mystère du mal dans la dynamique des idées politiques au XXᵉ siècle.

Si l'on veut explorer cette énigme de l'extrême grossièreté des idéologies politiques du XXᵉ siècle, jointe à leur tragique emprise sur les esprits, on peut commencer à en prendre la mesure par une comparaison avec le siècle précédent. La Révolution française et plus généralement la naissance de la démocratie lui avaient fait don, partout en Europe, de trésors d'idées. Peu d'époques ont été aussi riches en débats intellectuels de type politique, en doctrines et en idéologies destinées à organiser la cité libérale, démocratique ou socialiste. A vrai dire, l'ancien monde politique survit, qui voit le fondement de cette cité dans l'ordre transcendant et nourrit des nostalgies des luttes et même des systèmes d'idées. Mais, au fur et à mesure que s'avance le siècle, les Européens ne pensent plus la scène publique qu'à travers la mort de Dieu, comme une création pure de la volonté des hommes, destinée à assurer enfin la liberté de tous et l'égalité de chacun avec chacun. Ils élaborent avec raffinement l'extraordinaire éventail de régimes que rendent possibles de pareilles prémisses. Obsédés par la maîtrise d'un futur qui ne leur est plus donné, ils perçoivent, de la condition de l'homme moderne, la grandeur et les périls inédits. Conscients du caractère problématique de la démocratie moderne, ils ont beaucoup d'hommes politiques de grande classe : les débats parlementaires ou les polémiques de presse du XIXᵉ siècle font accéder le lecteur d'aujourd'hui à un type de discours incomparablement plus intelligent que celui de notre époque. Même les révolutions, pourtant si pleines du précédent français, n'y sont jamais prisonnières du récitatif jacobin, ou calquées sur le langage pauvre d'un parti ou d'un chef.

Quant à la célébration de l'idée nationale, Dieu sait que les hommes du XIXe siècle s'y livrent avec passion, puisqu'ils en font le centre de l'historiographie moderne en même temps que le ressort le plus puissant de l'activité politique. La fierté de l'appartenance nationale pénètre toute la vie intellectuelle et sociale de l'Europe. La Révolution française y a tracé son chemin surtout à travers elle, ce qui explique qu'elle ait été admirée, mais aussi crainte, au nom des principes nouveaux qu'elle avait fait paraître : ce qu'elle avait eu de particulier autorisait chaque nation, selon les cas, à l'imiter ou à la combattre au nom de ce qu'elle avait eu d'universel. Pourtant, aucune des guerres du XIXe siècle — d'ailleurs peu nombreuses — ne présente le caractère monstrueux de celles du XXe. Même en Allemagne, où elle fait voir avec le plus d'intensité ce qu'elle comporte d'aveugle et de dangereux, l'idée nationale reste encadrée dans celle de culture. Elle n'affirme pas comme se suffisant à elle-même sa pure substance, l'élection particulière des Allemands, leur supériorité comme êtres humains. Elle exalte la contribution de l'Allemagne à la moralité, aux arts, à la pensée, à la culture.

Dans les deux siècles d'histoire démocratique qu'ont parcourus les nations européennes, l'esprit est ainsi porté à imaginer une ligne de partage qui les sépare en gros par moitié. Bien que tous les éléments constitutifs de la philosophie et de la condition démocratique soient pensés au XIXe siècle, et avec une extraordinaire profondeur, puisque nous n'y avons rien ajouté depuis, ils n'ont pourtant pas encore dévoilé tous leurs effets politiques potentiels. Tocqueville, auteur inquiet, à l'affût de l'avenir, analyse bien le lien secret qui unit l'individualisme moderne et la croissance illimitée de l'Etat administratif, mais il ne prévoit pas le fascisme, moins encore sous sa forme nazie. Nietzsche, annonciateur de la mort de Dieu, prophète de la misère morale et intellectuelle de l'homme démocratique, n'imagine pas les régimes totalitaires du siècle qui le suit de si près — et moins encore qu'il leur servira parfois de caution. C'est au XIXe siècle que l'histoire remplace Dieu dans la toute-puissance sur le destin des hommes, mais c'est au XXᵉ siècle que se font voir les folies politiques nées de cette substitution.

Il est commode de faire de la guerre de 1914 la ligne de partage des eaux : elle ouvre l'âge des catastrophes européennes. Mais elle découvre aussi des forces qui lui ont donné naissance : le chaudron des mauvaises passions de l'Europe — antisémitisme en tête — commence à bouillir dès la fin du siècle, à Saint-Pétersbourg, à Berlin, à Vienne et à Paris. Pourtant, la guerre est plus grande que ses causes. Une fois advenue, elle conduit tant d'hommes à la mort, elle bouleverse tant d'existences, elle déchire si profond le tissu des nations, après l'avoir resserré, qu'elle est la scène primitive d'une nouvelle époque. Ce qui en sort en témoigne assez.

Le titre d'un recueil d'articles d'Ortega y Gasset[1] décrit assez bien l'état des esprits et des cœurs au lendemain des combats : *La Révolte des masses*. Mais il faut entendre la formule dans un sens analytique aussi. L'écrivain espagnol veut dire que la guerre a rendu les hommes plus susceptibles de sentir et d'agir à l'identique, tout en affaiblissant les hiérarchies sociales ; qu'elle a produit en grande série un sujet politique à la fois réactif et moutonnier, enclin aux grandes émotions collectives plus qu'à l'examen des programmes ou des idées. Bref, elle a démocratisé à sa manière la vieille Europe, soumise déjà depuis des décennies à la toute-puissance cachée de l'opinion publique. Le nouveau, dans ce type d'analyse familier à la pensée libérale après la Révolution française, et renouvelé à la fin du XIXᵉ siècle, c'est la découverte que cet « homme des masses » n'est pas, ou pas forcément, un être illettré et sans éducation. L'Italie du Nord, vulnérable la première à la propagande mussolinienne, est la partie éclairée du pays. L'Allemagne où Hitler remporte ses premiers succès d'éloquence est la nation la plus cultivée de l'Europe. Ainsi le fascisme trouve son berceau dans des sociétés non pas archaïques

---

1. José Ortega y Gasset, *La Révolte des masses*, Paris, 1961 (a commencé à paraître en Espagne en 1926, sous forme d'articles dans une revue de Madrid, publiés en volume en 1930).

mais modernes, dont l'encadrement politique et social
traditionnel a subitement perdu beaucoup de sa légitimité. L'après-guerre les a laissées dans cette situation
d'atomisation égalitaire où Hannah Arendt[1] a vu une des
explications de la victoire de Hitler.

L'éducation ou l'enrichissement n'induisent donc pas
nécessairement des comportements politiques plus
rationnels. Inscrite à l'agenda de la démocratie, l'entrée
des masses dans la politique moderne ne s'opère pas
dans l'Europe d'après la guerre sur le mode de l'intégration aux partis démocratiques, mais sur l'air de la nouveauté révolutionnaire. A cet égard, l'Octobre russe a
joué un rôle important, bien que survenu dans une
société tout à fait différente, en rajeunissant l'idée de
révolution, en lui rendant une sorte d'actualité qu'elle
avait plus ou moins perdue un peu partout dans la
deuxième moitié du XIXe siècle. Ce que celle-ci a de
puissant sur l'esprit des masses peut fort bien être disso-
cié du contenu de son programme, si l'on conserve ce
qui en elle parle le plus à l'imagination des modernes, et
qui est un mode d'accomplissement du temps historique.

La révolution est une rupture dans l'ordre ordinaire
des jours en même temps qu'une promesse de bonheur
collectif dans et par l'histoire. Invention récente des
Français à la fin du XVIIIe siècle, devenue depuis figure
centrale de la scène publique européenne puis universelle, elle marque d'abord le rôle de la volonté dans la
politique : que les hommes peuvent s'arracher à leur
passé pour inventer et construire une nouvelle société,
elle en est l'illustration et même la garantie. Elle est le
contraire de la nécessité. Malgré ce que l'idée a de fictif
dans sa radicalité, elle survit à tous les démentis des faits
parce qu'elle donne sa forme pure à la conviction libérale
et démocratique de l'autonomie des individus. Elle
affirme en même temps que l'histoire est désormais le
seul forum où se joue le sort de l'humanité, puisqu'elle

---

1. Hannah Arendt, *Le Système totalitaire* (3e partie des *Origines
du totalitarisme)*, éd. américaine, 1951 ; trad. : Le Seuil, 1972.

est le lieu de ces surgissements ou de ces réveils collectifs qui manifestent sa liberté. Ce qui est une négation supplémentaire de la divinité, si longtemps maîtresse unique du théâtre humain, mais aussi une manière de réinvestir les ambitions de la religion dans la politique, puisque la révolution elle aussi est une quête du salut. Elle offre l'occasion unique de contrebattre le penchant des individus au retrait dans les jouissances privées, et de refaire des citoyens antiques dans la liberté moderne. De la politique démocratique, elle exprime enfin la tension intrinsèque, s'il est vrai que la liberté et l'égalité des hommes constituent des promesses absolues porteuses d'attentes illimitées, donc impossibles à satisfaire.

La passion révolutionnaire veut que tout soit politique : par où elle entend à la fois que tout est dans l'histoire, à commencer par l'homme, et que tout peut être gagné avec une société bonne, à condition de la fonder. Or la société moderne se caractérise par un déficit du politique par rapport à l'existence individuelle privée. Elle ignore l'idée du bien commun, puisque tous les hommes qui la composent, plongés dans le relatif, ont chacun la leur ; elle ne peut la penser qu'à travers le goût du bien-être, qui divise les associés plus qu'il ne les unit, et détruit de ce fait la communauté qu'on prétendait construire en son nom. L'idée révolutionnaire est l'impossible conjuration de ce malheur.

C'est la grandeur unique de la Révolution française d'avoir illustré, en même temps que la naissance de la démocratie en Europe, les tensions et les passions contradictoires liées à cette condition inédite de l'homme social. L'événement a été si puissant et si riche que la politique européenne en a vécu pendant presque un siècle. Mais l'imagination des peuples, bien plus longtemps : car ce que la Révolution française a inventé est moins une nouvelle société, fondée sur l'égalité civile et le gouvernement représentatif, qu'un mode privilégié du changement, une idée de la volonté humaine, une conception messianique de la politique. Du coup, ce qui

fait la séduction de l'idée révolutionnaire après la guerre
de 1914 doit être séparé de ce qu'ont pu accomplir, en
matière de changement historique, les Français de la fin
du XVIIIᵉ siècle. Les bolcheviks ont voulu détruire la
société bourgeoise, les fascistes veulent effacer les principes de 1789. Mais les uns et les autres restent
des zélotes de la culture révolutionnaire : des hommes qui ont divinisé la politique pour n'avoir pas à la
mépriser.

Il n'y a donc pas de raison d'exclure le fascisme du
privilège ou de la malédiction de l'idée révolutionnaire,
sous le prétexte qu'il combat sous le drapeau de la
nation ou de la race. Au contraire, l'originalité des doctrines fascistes a tenu dans une réappropriation de
l'esprit révolutionnaire, au service d'un projet anti-
universaliste. Ce fut probablement un des secrets de leur
succès. En effet, l'infirmité des philosophies ou des pres-
criptions politiques hostiles aux principes de 89 n'avait
cessé d'être, tout au long du siècle précédent, leur incapacité à s'inscrire dans l'histoire qu'elles prétendaient
réfuter. Suspendant tout à la Providence, elles niaient le
surgissement de liberté vécu dans l'expérience du peuple. Nostalgiques de l'ordre ancien, elles étaient impuissantes à rendre compte de ce que la révolution s'était
formée en son sein. Quel Ancien Régime rétablir, si celui
dont elles vantaient les vertus avait produit les hommes
et les idées de 1789 ? Et comment gommer la révolution
sans refaire une révolution ? A ces impasses de la pensée
et de la politique contre-révolutionnaires, le fascisme
apporte une solution en plantant sa tente dans le camp
de la révolution : lui aussi est sans Dieu, et même hostile
à la religion chrétienne ; lui aussi substitue à l'autorité
divine la force de l'évolution historique ; lui aussi
méprise les lois au nom de la volonté politique des masses ; lui aussi ne cesse de combattre le présent sous le
drapeau d'un avenir rédempteur.

Tout cela paraît loin de nous, et pourtant c'était hier.
Les peuples européens rescapés des horreurs de la
guerre sont entrés dans le XXᵉ siècle avec la tentation de

se refaire une aurore ; ils ont voulu réinventer leur monde politique sur les deux grandes figures de la culture démocratique, l'universel et le national. Avec ces religions complémentaires et antagonistes, ils fabriqueront une catastrophe.

se réfère une auteur. Ils ont voulu réinventer leur monde politique sur les deux grandes forces de l'anti-utilitarisme pratique, l'universel et le naturel. Avec nos poétiques conceptions sont et comportées, ils fabriquèrent une catastrophe

2. LE COMPLEXE CHIMICO-MONDIAL

2

LA PREMIÈRE GUERRE MONDIALE

Plus un événement est lourd de conséquences, moins il est possible de le penser à partir de ses causes. La guerre de 14 n'échappe pas à la règle. Personne n'a réussi à montrer vraiment qu'elle était inscrite comme une fatalité dans les rivalités économiques des grandes puissances. Nul ne croit davantage que les peuples européens l'ont accueillie avec des transports d'enthousiasme tels qu'elle peut apparaître comme provoquée par leurs sentiments nationalistes respectifs. Aucune des séries causales qui ont rendu la guerre possible n'en explique le déclenchement, sauf l'intrigue diplomatique et politique qui enveloppe les cours européennes entre l'assassinat de l'archiduc Ferdinand, le 28 juin 1914, et les premiers jours d'août, quand tous les gouvernements acceptent la guerre, devenue de ce fait inévitable. Le débat des historiens sur les responsabilités des uns et des autres dans ces semaines cruciales n'ôte rien à la légèreté de chacun, si on rapporte leurs décisions à ce qu'elles allaient provoquer : non seulement ce massacre sans précédent en dimension et en durée, mais un gigantesque écroulement dans l'histoire de l'Europe.

Rien de comparable, à cet égard, avec le déclenchement de la Seconde Guerre mondiale. Celle-ci est inscrite dans l'arrivée de Hitler au pouvoir, dès 1933. Peut-être peut-on objecter à cette idée que le Hitler de janvier 1933 reste en partie imprévisible du fait que, selon la vieille sagesse des nations, le pouvoir est censé « assa-

gir » les hommes, et que c'est le contraire qui se produit.
Mais au moins est-il évident, dès les deux premières
années, entre le vote des pleins pouvoirs par un Parlement terrorisé et la Nuit des longs couteaux, que Hitler
au pouvoir est resté le Hitler de *Mein Kampf*. Et comment
pourrait-on l'ignorer encore en 1938, après l'Anschluss ?
La Seconde Guerre mondiale n'est pas, comme la Première, le produit finalement improbable, en tout cas
imprévu, de rivalités internationales qui eussent pu être
gérées avec davantage de sagesse. Elle est préparée et
voulue par Hitler comme un nécessaire accomplissement de l'histoire, et à partir de 1936-1938, toute
l'Europe la voit venir, impossible à apprivoiser par des
procédures d'arbitrage, puisque celles-ci ne constituent
que des concessions successives à l'agresseur. De ce fait,
elle est aussi plus idéologique que la première, s'il est vrai
que Hitler a juré la mort de la démocratie et inscrit à son
programme la domination d'une race. Non que la guerre
de 14 ait ignoré les enjeux idéologiques et celle de 1939
les passions nationales, mais le dosage est différent dans
les deux cas. Seule la Seconde Guerre mondiale a eu ce
caractère d'un inévitable affrontement entre deux idées
de l'homme en société, celle du nazisme et celle de la
démocratie. Le sens en est donné dès que l'auteur de
Mein Kampf arrive au pouvoir, et montre dans les premiers mois qu'il est resté l'homme de son livre.

Non seulement le déclenchement, mais la conduite de
la guerre de 1939 obéissent à une logique de l'idéologie.
Hitler fait d'abord un accord, qui est presque une
alliance, avec l'U.R.S.S. : après tout, les communistes,
dont l'Occident se méfie, sont comme lui des adversaires
de la démocratie bourgeoise. Staline le croit si bien qu'il
est surpris par l'invasion allemande du 22 juin 1941. Il a
fait la même erreur que Chamberlain trois ans plus tôt
sur la fidélité de Hitler à ses projets : l'opération Barbarossa n'est pas autre chose que la poursuite de *Mein
Kampf* par les armes. Cette fidélité est d'ailleurs ce qui va
sauver Staline. Car, moins prisonnier de ses « idées »,
Hitler aurait pu avoir, dans la Biélorussie et l'Ukraine
rapidement conquises, une autre politique que celle de

l'extermination ; au lieu de rassembler contre l'Allemagne nazie les peuples de l'Union soviétique, il aurait pu les amadouer en les divisant. Et je ne vois pas d'autre explication à cet aveuglement que l'idéologie. Ce faisant, d'ailleurs, Hitler restitue aussi à Staline le drapeau qui avait été le sien entre 1934 et 1939 : celui de l'antifascisme, qui va bientôt envelopper dans ses plis la coalition hétérogène des démocraties anglo-saxonnes et de l'Union soviétique. Plus que jamais, la Seconde Guerre mondiale s'inscrit dans l'histoire en termes idéologiques. Quel que soit le rôle qu'y aient joué les circonstances, l'assassinat massif des Juifs européens par les armées nazies entre 1942 et 1944 sort avant tout d'une « théorie » sur l'inégalité des races, et non pas d'une simple passion nationale, ou nationaliste.

A contrario, la guerre de 1914 tire son origine et sa substance des rivalités entre nations européennes, et du seul patriotisme de leurs citoyens [1]. Elle commence même, à Paris, à Berlin, à Londres et à Saint-Pétersbourg, par un renoncement des hommes de la IIe Internationale à mettre l'universalisme socialiste au-dessus du dévouement à la patrie. Partout les adversaires politiques d'hier se rassemblent pour faire front ensemble contre l'ennemi, chacun sous son drapeau. Ils mettent entre parenthèses leurs idées politiques pour servir ensemble leurs pays respectifs, dans un conflit que personne n'a vraiment prévu ni vraiment voulu, mais que tout le monde a accepté d'avance. Il est vrai que tous partent pour une guerre courte, sur le modèle de celles d'hier. Ils ne savent pas qu'ils entrent dans une guerre inédite, affreuse, interminable. Mais alors même qu'elle va s'avérer telle, au fil des mois et des années, ils vont en accepter les souffrances. L'étonnant n'est pas que des mutineries aient lieu dans l'armée française en 1917 ; c'est qu'elles n'aient pas été plus précoces et plus massives.

C'était une autre époque. Les peuples qui sont entrés

1. James Joll, *The Origins of the First World War*, Longman, 1984.

dans la guerre de 1914 ne sont pas encore ces peuples démocratiques décrits d'avance par Benjamin Constant ou Auguste Comte, et que nous voyons vivre sous nos yeux dans l'Europe riche de cette fin de siècle, mettant la vie humaine au-dessus de tout, préférant les plaisirs du bien-être aux servitudes militaires et la poursuite de la richesse à la grandeur inutile du sacrifice. Les soldats qui partent se battre les uns contre les autres en août 1914 n'aiment pas trop la guerre. Mais ils la respectent, à la fois comme une fatalité inséparable de la vie des nations et comme le terrain du courage et du patriotisme, le test ultime de la vertu civique. Au surplus, ils n'ont pas une existence civile si confortable qu'ils refusent d'avance les aléas et les peines du soldat comme insupportables. Ces paysans, ces artisans, ces ouvriers, ces bourgeois ont été élevés, en famille et à l'école, comme des patriotes. Ils appartiennent à une vieille civilisation morale qui conserve beaucoup de traits aristocratiques à l'intérieur de la démocratie. L'héroïsme militaire a trouvé une justification nouvelle dans le service de la nation.

Ce monde d'hier n'est pas loin de nous. Les hommes de mon âge y touchent encore à travers leurs parents et leurs souvenirs d'enfance. Pourtant il a disparu si complètement qu'il est devenu presque inintelligible à un jeune homme d'aujourd'hui. S'il est curieux de l'avenir, celui-ci interroge une Europe en train de naître, passionnée de bien-être et non plus de grandeur nationale, cultivant les droits de l'homme et non plus le métier des armes. De cette trajectoire morale qui marque l'histoire de l'Europe au XXᵉ siècle, les hommes qui déclenchent la guerre de 14 ne savent pas qu'ils signent le commencement, et ils ignorent encore plus le prix terrible dont elle va être payée. Ils voient cette guerre comme un malheur, mais un malheur connu, répertorié, contrôlable, compatible avec un calcul ou un pari sur les gains et les pertes. Ils escomptent à juste titre le patriotisme des citoyens, cette vertu la plus naturelle aux habitants des vieux Etats-nations de l'Europe. Ce faisant, ils entrent au nom de ce qu'ils savent dans une histoire qu'ils ne savent pas, ce qui est le cas habituel. Mais, dans le leur, un abîme sépare l'univers politique auquel se rattachent leurs décisions et celui qui va si vite naître de cette guerre dont ils n'ont pas imaginé la nature révolutionnaire. Ils ont cru rester chacun dans le fil de leur histoire nationale. Ils signent en réalité la fin d'une époque ; ils ouvrent le premier épisode de la tragédie européenne.

Quand elle éclate, pourtant, la guerre semble consacrer la défaite de l'idée révolutionnaire, par le triomphe de la nation sur la classe. Les partis socialistes renoncent à mettre en œuvre la stratégie de grève générale prévue par la IIe Internationale, et ils ajournent à la fin du conflit la reprise de la guerre sociale. L'heure est partout à l'unité nationale. Celle-ci n'exclut pas les sentiments démocratiques. Au contraire. Elle les mobilise au profit de la patrie. L'ouvrier français va combattre l'impérialisme allemand au nom de la République ; l'ouvrier allemand, le tsarisme russe au nom de la civilisation. Répertoire connu : une fois de plus, dans l'histoire de l'Europe, c'est la nation qui cristallise les sentiments et les fidélités, même quand ces sentiments et ces fidélités s'alimentent à une source qui lui est postérieure dans le temps, comme la démocratie.

Aussi bien rien n'est-il plus trompeur que de voir août 1914 sous le jour de la politique partisane, par exemple comme une victoire de la droite sur la gauche, ou encore de la contre-révolution sur la révolution. Il est exact que la guerre met en sommeil l'internationalisme ouvrier, mais elle ne l'éteint pas. D'abord parce que l'idée survit, intacte, comme une promesse ajournée ; ensuite parce que la passion nationale qui l'a provisoirement repoussée est inséparable dans beaucoup d'esprits d'une image universelle de l'homme et de l'histoire. Depuis la Révolution française, les progrès de la démocratie en Europe n'ont cessé d'être accomplis et vécus sur le double mode de la révolution et de la nation. De cette dialectique inépuisable la guerre de 1914 n'abolit pas les contraintes. Elle les porte au contraire à un point d'intensité extrême en les inscrivant dans la vie quotidienne de tous, par les risques, les souffrances, les privations qu'elle impose à tous. L'*épreuve* universelle que déclenche la déclaration de guerre d'août 1914 finit par mettre en question l'idée de la nation qui a donné et légitimé la guerre dans l'esprit des peuples. En durant, en affichant au fil des jours son prix exorbitant en vies humaines, le conflit laboure en profondeur le sol de la politique européenne. Il ramène par force le plus simple des combattants à ce qu'il y a de plus élémentaire dans ses idées sur le monde. De la tension constitutive de la démocratie moderne, la nation et la révolution, le particulier et l'universel, il refait la matière d'un choix inévitable et urgent.

*

La guerre de 1914 a été la première guerre démocratique de l'histoire. L'adjectif ne renvoie pas à ses enjeux, ou aux passions qu'elle a mobilisées, s'il est vrai que depuis l'époque de la Révolution française, au moins, les sentiments nationaux des peuples, et l'idée de la patrie, ont été inséparables de tous les conflits armés. Ce qui distingue celui de 1914 de ceux qui l'ont précédé est ailleurs : c'est qu'il touche l'universalité des citoyens, dans chacun des pays concernés, c'est-à-dire dans l'Europe entière.

En effet, la Première Guerre mondiale ne met pas aux prises davantage de pays que les guerres napoléoniennes ; ni des conflits d'idées plus aigus que l'interminable affrontement de la Révolution française avec les monarchies européennes. Mais elle précipite dans un malheur inouï des millions d'hommes, pendant plus de quatre années pleines, sans aucune de ces intermittences saisonnières que présentaient les campagnes militaires de l'époque classique : comparé à Ludendorff ou à Foch, Napoléon a fait encore la guerre de Jules César. Celle de 1914 est industrielle et démocratique. Elle a meurtri tout le monde, au point qu'il est peu de familles, en Allemagne ou en France, qui n'y aient perdu un père ou un fils. A ceux qui ont survécu, elle a laissé des souvenirs inoubliables, destinés à hanter leur activité de citoyens dans les années qui allaient suivre.

Or ces souvenirs n'ont pas été faciles à maîtriser tant ils étaient à la fois puissants et contradictoires.

La guerre n'est pas moralement familière au citoyen moderne, comme elle l'était au citoyen de l'Antiquité ou au chevalier du Moyen Age. La course à l'enrichissement, le goût de la liberté individuelle, l'obsession du bonheur privé sont si caractéristiques de la société moderne que beaucoup des meilleurs esprits de l'Europe ont salué la naissance de cette société, voici cent cinquante ou deux cents ans, comme l'annonce de la fin des guerres. « Le but unique des nations modernes, écrit par exemple Benjamin Constant, c'est le repos, avec le repos l'aisance, et comme source de l'aisance l'industrie. La guerre est chaque jour un moyen plus inefficace d'atteindre ce but. Ses chances n'offrent plus, ni aux individus ni aux nations, des bénéfices qui égalent les résultats du travail paisible et des échanges réguliers... La guerre a donc perdu son charme comme son utilité. L'homme n'est plus entraîné à s'y livrer, ni par intérêt ni par passion [1]. » C'est ce que pensent aussi les saint-simoniens, et Auguste Comte, et tant d'autres, au début du XIXe siècle, libéraux aussi bien que socialistes. Et la situation qu'ils décrivent ou qu'ils imaginent est effectivement proche de celle que connaît l'Europe occidentale d'aujourd'hui, tout entière affairée dans les travaux de la paix et de la prospérité, obsédée par l'économie, la croissance, l'enrichissement, l'emploi, ayant construit à partir du marché ce qu'elle possède de volonté et d'institutions communes. Les peuples riches d'aujourd'hui sont si éloignés de l'esprit militaire que, mis par les circonstances en face d'un conflit armé, ils demandent pour y entrer qu'il n'y ait pas, de leur côté au moins, de victimes : l'hiver de la guerre du Golfe l'a montré.

Pourtant, l'histoire des pays démocratiques n'a donné raison à Constant — et pour combien de temps ? — qu'au terme d'un siècle qui a connu deux guerres gigantesques,

---

1. Benjamin Constant, *De l'esprit de conquête et de l'usurpation dans leurs rapports avec la civilisation européenne*, 1814, in *De la liberté chez les Modernes*, textes choisis et annotés par Marcel Gauchet, coll. Pluriel, Hachette, 1980, p. 118-119.

inédites et par leur dimension et par leurs ravages matériels et humains. L'observateur d'aujourd'hui est frappé
et par la vérité de l'analyse de Constant et par la fausseté
des implications qu'il en tire. L'Européen moderne est en
effet animé depuis deux siècles par l'obsession du travail,
de l'enrichissement et du bien-être. Mais il est aussi
l'homme du 4 août 1914.

Il existe une manière toute simple de tirer au clair cette
espèce d'énigme. Elle consiste à affirmer que, loin
d'obéir ou de conduire à une logique de paix entre les
hommes et les nations, la société capitaliste porte la
guerre dans ses flancs, « comme la nuée porte l'orage »,
selon la formule de Jaurès. De cette idée commune à la
tradition socialiste, Lénine a fait le centre de sa théorie
de « l'impérialisme, stade suprême du capitalisme [1] ». A
l'en croire, le capitalisme européen, de plus en plus
concentré en grands monopoles, à la recherche constante de nouveaux marchés à taux de profit élevés, avait
achevé au début de ce siècle l'universalisation du monde
par la colonisation ; dans un univers désormais fermé, la
compétition devenue féroce entre les grands Etats capitalistes pour l'appropriation de territoires et de marchés
devait et allait conduire inexorablement à la guerre mondiale.

Cette « théorie » a mal vieilli avec le siècle. Si elle
éclaire bien quelque chose des origines de la guerre de
14, les rivalités coloniales des grandes puissances, l'antagonisme anglo-allemand en tête, on en distingue plus
mal l'utilité pour comprendre le conflit de 1939 et ses
péripéties : l'ambition hitlérienne de domination mondiale est davantage inscrite dans *Mein Kampf* que dans
les projets du capitalisme allemand, et l'aventure impérialiste où sombre finalement le Troisième Reich ressemble davantage à une folie politique qu'à une nécessité
économique. Depuis, d'ailleurs, nous avons appris à dis-

---

1. V.I. Lénine, *L'Impérialisme, stade suprême du capitalisme*,
Petrograd, 1917, Paris, 1923. Rééd. *Œuvres complètes*, t. XXII, Edi-
tions sociales et Editions du progrès, 1960. L'étude a été écrite à
Zurich au printemps 1916.

tinguer les firmes capitalistes des Etats qui les abritent ; nous savons que le capitalisme international est largement indépendant des formes étatiques de la colonisation territoriale, et qu'il a même prospéré sur les ruines de ladite colonisation ; enfin, nous avons fait l'expérience, en trente ans, d'un double phénomène impensable en termes léninistes : d'une part, le plus rapide développement capitaliste qu'ait connu l'histoire de l'Occident, et de l'autre une coopération croissante entre les nations de cet Occident, dont les habitants n'ont jamais été aussi proches les uns des autres. Au point qu'à isoler l'histoire de l'Europe de l'Ouest depuis la fin de la guerre on serait tenté de retourner la formule de Jaurès, et de voir dans la croissance du capitalisme non pas l'annonce de l'orage, mais celle de la paix entre les nations.

En réalité, ni l'un ni l'autre ne sont vrais. La nature et la marche de l'économie ne constituent qu'un des éléments à prendre en considération pour interpréter l'évolution des relations internationales, celle des mœurs, des sentiments ou des esprits. L'*homo œconomicus* joue bien un rôle central sur la scène de la société moderne, dont il est l'acteur premier. Mais il ne s'ensuit ni qu'il en soit le seul personnage ni qu'il ne puisse avoir d'autres passions, ou d'autres calculs, que ceux de l'intérêt. Le Capital a sa place marquée dans les malheurs du XXe siècle. Il ne doit pas en être le bouc émissaire.

Comment ne pas voir, en août 1914, que, si la guerre a bien parmi ses origines la compétition des grandes puissances pour le contrôle de marchés et de colonies, elle n'est consentie par les peuples, toutes classes mêlées, que pour des raisons d'un autre ordre, nationales ou même nationalistes, tirées d'un fond plus ancien ? Partout, l'idée dominante de ceux qui partent à la guerre est celle du service de la communauté nationale. Elle prend des formes diverses, et des intensités différentes selon les situations et les ancrages qu'elle trouve ou qu'elle invente, accrochée à l'Alsace-Lorraine chez les Français, à l'habitude de la prépondérance chez les Anglais, au dynamisme d'une revanche sur le passé chez les Allemands, ou encore à l'espoir d'une émancipation collective chez les petites nations sans Etat. Mais elle constitue à travers l'Europe entière comme un plébiscite de cette invention européenne par excellence qu'est la nation. Plébiscite tranquille, vécu sur le moment non pas dans la contradiction, mais comme une décision simple, évidente presque. C'est l'historien qui après coup, puisqu'il connaît la suite, y réintroduit l'angoisse d'un choix. En réalité, l'ouvrier socialiste n'a pas en 1914 le sentiment de trahir sa classe en répondant à l'appel de la nation, même si, quatre ou cinq ans après, il a vu août 1914 sous un autre jour. Mais justement, la guerre avait eu lieu. Au moment où elle commence, l'appartenance nationale reste le sentiment le mieux partagé de l'humanité européenne : sentiment qui n'est pas forcément belliciste, bien qu'il puisse l'être, mais qui porte en tout cas au consentement donné d'avance à la guerre, pour peu que celle-ci ait un enjeu intelligible par tous.

S'il en est ainsi, c'est d'abord que la nation, en Europe, est antérieure à la « société commerciale » ; antérieure aussi à la démocratie. Elle est l'œuvre des siècles et des rois. Les siècles ont fait la langue, les mœurs, l'habitude de vivre ensemble. Les rois ont peu à peu constitué l'autorité publique qui a donné un corps à la nation naissante. Les peuples se sont rassemblés autour d'un pouvoir qui les émancipait du seigneur. Les aristocraties se sont ralliées lentement à leurs souverains, qui finissent par inscrire la hiérarchie vassalique à l'intérieur de ce qui devient un Etat. Ainsi les sociétés aristocratiques de l'Occident médiéval sont-elles devenues des nations monarchiques, au prix d'un abandon de leur origine féodale : le service du roi a primé sur tous les autres devoirs. Ces « anciens régimes », dont la France et l'Angleterre offrent deux versions différentes mais comparables, ont hérité des temps qui les ont précédés l'amour de la guerre comme véritable test de la valeur. A leur tour, ils se sont beaucoup fait la guerre, une autre guerre, entre souverains, entre Etats, cette fois. Et ils ont reconverti la vertu chevaleresque en honneur militaire.

Or il n'est pas difficile de voir, dans l'histoire de France, par exemple, combien cette passion de l'honneur militaire a survécu à la société qui l'avait nourrie, et à quel point la démocratie l'a faite sienne au moment même où elle croyait rompre les amarres avec la société aristocratique. C'est un des ressorts des guerres révolutionnaires, avant d'être le secret de gloire des armées napoléoniennes. La France bourgeoise est restée militaire : l'héroïsme du soldat n'a rien perdu à être aussi un titre à la promotion sociale. Notre XIXe siècle, qui s'ouvre sur la défaite sans appel de Waterloo, porte tout au long la marque indélébile de cette humiliation nationale, qui affecte tous les milieux et tous les pouvoirs. Il est bien vrai que le nationalisme de compensation affecte plus la gauche dans la première moitié du siècle, et plus la droite après le second Empire. L'observation n'est pas fausse pour être devenue classique ; mais une fois qu'il a fait sa part à la division canonique de la politique française, l'historien doit comprendre aussi la généralité, la durée et la force, chez les Français de cette époque, des sentiments et des passions nés de la défaite de Napoléon. On les trouve aussi bien chez Stendhal que chez Chateaubriand ou, à l'autre bout du siècle, chez Clemenceau que chez Barrès. Les ultras de la Restauration font une guerre d'Espagne pour effacer celle de l'Empereur ; Louis-Philippe discrédite son régime dans l'opinion parce qu'il veut la paix en Europe ; le neveu Bonaparte liquide le sien pour avoir tenté de redonner du lustre aux armes françaises en Europe ; et la Troisième République ne se sent vraiment dans ses meubles que lorsqu'elle a gagné au nom de la patrie la guerre de 1914.

Je n'oublie pas, bien sûr, que, dans le cas français, le culte ou la nostalgie de la gloire militaire s'alimentent non seulement à la passion nationale, mais aussi, pour le plus grand nombre, à l'idée démocratique. Les hommes de la Révolution française ont vu dans la nation renouvelée l'avant-garde de l'humanité et, dans son interminable guerre avec l'Europe des rois, une mission émancipatrice. Mais cette superposition du particulier et de l'universel n'a pas fait longtemps illusion aux peuples

européens, comme le montre la fin des guerres napoléoniennes. Si elle a fait des idées de 1789 des moyens
universels de renaissance collective, toutes les nations
ont bien pu s'en saisir, mais chacune à son profit, et
éventuellement contre la France. L'héritage de la Révolution se distribue par priorité sur le mode national. En
intégrant les masses à l'Etat, par la citoyenneté moderne,
il leur offre la nation à aimer, avant la démocratie, plus
que la démocratie. C'est une passion moins abstraite,
plus ancienne, plus spontanée, et qui peut être partagée
par tous, amis ou ennemis de la démocratie. Même les
Français républicains de la fin du XIXᵉ siècle, qui imaginent leur pays comme la patrie universelle, sont à leur
manière des nationalistes.

Ainsi l'opinion publique, en général, partage l'idée
d'une élection particulière de la nation. Ainsi tous les
citoyens restent sensibles à l'appel aux armes, qui a été le
cri de leurs rois et de leurs Républiques. Le « salut
public » touche aussi bien les nostalgiques de Louis XIV
que les admirateurs de Robespierre ; il mobilise
l'héroïsme aristocratique comme la vertu démocratique.
Non que les Français partent tous à la guerre la fleur au
fusil, comme on l'a trop longtemps prétendu [1]. Mais
aucun ne se soustrait au devoir envers la patrie, même
parmi ceux qui avaient juré de ne jamais se battre contre
leurs frères, les prolétaires allemands. A l'heure de vérité,
la nation fait oublier la classe. Et la guerre de 14 fait voir
des sentiments et des passions qui sont des débris de tous
les âges.

Que dire alors du camp d'en face, de l'autre côté du
Rhin ? Le premier Reich allemand est aussi une « société
commerciale », en plein développement capitaliste.
Mais il obéit moins que tout autre pays européen à la
fameuse logique qui doit éteindre en son sein la passion
des armes au profit de celle des échanges. Au contraire,

---

1. Jean-Jacques Becker, *Comment les Français sont entrés dans la
guerre. Contribution à l'étude de l'opinion publique (printemps-été
1914)*, Presses de la Fondation nationale des sciences politiques,
1977.

l'esprit mercantile et l'esprit militaire y règnent ensemble et se confortent l'un l'autre. L'Allemagne n'est pas, comme l'Angleterre, une vieille patrie en forme d'île dont la puissance a reçu le calme assentiment des habitudes ; ou comme la France, un Etat ancien peu à peu construit par la monarchie, et un peuple dont même la grande aventure révolutionnaire n'a pas modifié durablement l'assiette territoriale. Unifiée tardivement, au contraire, et par les victoires de la Prusse, la nation allemande est plus vaste que son Etat. Elle a des fils au sud et à l'est de ses frontières. Patrie charnelle et idéale à la fois, elle croit aux vertus particulières de son peuple et de son armée plus qu'à l'équilibre des Etats européens ou au génie universel de la démocratie. Monarchie militaire et industrielle, tard venue à la puissance mondiale, elle se cogne un peu partout dans le monde aux intérêts et au drapeau anglais. Ainsi l'Allemagne est-elle encore au début de ce siècle un Etat-nation incertain sur son territoire et même sur sa nature ; elle rassemble des citoyens conscients de leur puissance collective, mais subjectivement soumis à l'idée qu'ils s'en font, et tentés d'en abuser. La patrie européenne des philosophes et des musiciens a nourri une formidable puissance économique et une aristocratie de soldats. De ce mélange des genres, l'idée de la supériorité nationale forme le ciment, jointe à celle d'une échéance de l'histoire enfin advenue. La plus forte puissance militaire de l'Europe est aussi la plus exposée aux risques de la pathologie nationale.

L'exaltation littéraire ou philosophique de la particularité allemande a atteint au début du XXe siècle des sommets. Elle se nourrit depuis le romantisme de l'extraordinaire éclat de l'art et de la pensée germaniques, témoignage d'un peuple exceptionnel tourné vers la recherche de la véritable vie morale, par opposition à l'autonomie illusoire de l'individu démocratique. L'« esprit allemand » est opposé à l'Occident comme la profondeur à la légèreté, le devoir à la licence, la communauté à la société, l'organique au critique, l'Etat porteur du bien commun à l'Etat libéral : la « *Kultur* » à la « *Zivilisation* ». Il n'a pas d'adversaires à l'Est, car la Russie,

dans ses meilleurs moments, n'a jamais été qu'une imi-
tatrice de la Prusse, avant d'être contaminée par les idées
démocratiques. Son conflit historique est avec l'Occident. Au temps où elle était morcelée, menacée, humiliée, l'Allemagne a conçu cette idée d'elle-même comme
le refuge aristocratique de sa faiblesse. Devenue une,
puissante, ambitieuse, elle l'a entretenue comme le
secret de sa force : sa nationalité illustre une autre voie
historique vers la modernité, qui ne présente pas les vices
de la démocratie libérale à l'occidentale. C'est cet ensemble que Thomas Mann liera en gerbe, pendant la guerre,
pour l'offrir en hommage aux sacrifices consentis par les
combattants : ses *Considérations d'un apolitique* opposent les « idées de 1914 » aux idées de 1789 [1]. Le miracle
d'août 1914 est de faire apparaître l'esprit allemand dans
une apothéose de sacrifice et d'unité en face de son vieil
adversaire, la « civilisation » à la française : « La différence entre esprit et politique implique la différence
entre esprit et civilisation, entre âme et société, entre
liberté et droit de vote, entre art et littérature ; et la
germanité, c'est la culture, l'âme, la liberté, l'art, ce n'est
pas la civilisation, la société, le droit de vote, la littérature [2]. »

Le nationalisme a coûté si cher en vies humaines et en
désastres de tous ordres, au long de ce siècle, que nous en
avons oublié la séduction pour ne plus en retenir que les
méfaits. Ce qu'il a eu de si fort, à l'époque, est pourtant
visible non seulement en Allemagne, mais un peu partout en Europe, par exemple à Paris, ou à Vienne : c'est
qu'il mêle les promesses de la modernité aux réassurances de la tradition. En mettant son propre Etat-nation
au-dessus des autres, le citoyen en fait encore une incarnation privilégiée de la puissance, de la prospérité et de
la culture. Mais en subordonnant tout, jusqu'à sa vie, à
cette image de la collectivité dont il est membre, il
retrouve des émotions qui lui font oublier sa solitude

---

1. T. Mann, *Betrachtungen eines Unpolitischen* ; trad. française :
Considérations d'un apolitique, Grasset, 1975.
2. *Ibidem*, p. 35.

d'homme privé. Le culte du national conjure le déficit civique de la démocratie. Il culmine d'ailleurs au moment où l'Etat moderne, dans les grands pays d'Europe, est en passe d'intégrer en son sein les masses populaires par le suffrage universel, la solidarité sociale et l'école pour tous. Par là l'idéologie nationaliste, bien qu'elle exalte le particulier contre l'universel, et le terroir natal contre l'abstraction des droits, est encore, malgré qu'elle en ait, fille de la démocratie, inséparable d'elle, à la fois son produit et sa négation. Elle offre aux individus séparés qui peuplent ces sociétés modernes de l'Europe un ciment de leur être-ensemble infiniment plus fort que leur représentation élue.

Par la pente de son histoire politique et intellectuelle, l'Allemagne du tournant du siècle est le meilleur laboratoire où observer le phénomène, qui va peser si fort sur son destin, et par ricochet sur celui de l'Europe entière. Là se développe et prend racine dans toutes les couches de la population cet ensemble d'idées inédit qui prend vite le nom de « pangermanisme » : version quasiment tribale du nationalisme, et pourtant moderne, par où l'appartenance à la nationalité allemande se mue en fanatisme de la supériorité germanique sur tous les peuples. Le Reich est moins défini par une souveraineté juridique sur un territoire que par une vocation à abriter un jour tous les Allemands, et devenir ainsi le fer de lance du germanisme en Europe et partout dans le monde. Les anciens souverains en Europe tenaient leur couronne de Dieu, mais n'avaient pas de devoirs envers l'histoire. Ceux d'entre eux qui ont survécu à la révolution démocratique, comme le dernier Hohenzollern de Berlin, reçoivent avec la couronne cette charge quasi divine de conduire un peuple élu : tâche si écrasante que la pauvre tête de Guillaume II y résiste mal. La souveraineté du peuple est plus lourde à porter que le droit divin. Elle a substitué le jugement de l'histoire à celui de Dieu.

Le pangermanisme absolutise le particulier. Rejet radical de l'universalisme démocratique, il a pourtant grandi sur le même sol : c'est une religion de l'immanence, mise au service d'un seul peuple. Il a reçu une caution scientifique de l'évolutionnisme darwinien, par l'intermédiaire de l'idée de race, pensée sur le mode de la sélection des espèces les plus fortes. Avec la race, le nationalisme s'enveloppe dans la science, le plus grand substitut religieux du XIXe siècle ; et il en reçoit aussi une force d'exclusion que la seule idée de supériorité nationale ne comporte pas : si les peuples sont séparés par des différences raciales, et si la race germanique est appelée à dominer le monde, il n'existe plus qu'un peuple de vainqueurs et des peuples désespérés. Les Etats, et même l'Etat allemand, ne sont plus que des apparences juridiques provisoires, ballottés au hasard du conflit des peuples-races.

A preuve, les Juifs. Ils constituent par excellence dans le regard de l'antisémite ce peuple sans Etat, errant depuis deux mille ans hors de son territoire, et pourtant intact au milieu des Gentils, resté plus que jamais lui-même hors de chez lui. S'ils sont si solidaires, si habiles à tisser leurs intrigues de profit et de domination dans les différentes nations où ils campent, c'est qu'ils tirent ce génie cosmopolite de leur extraordinaire cohésion ethnique, ou raciale. De là, leur mensonge et leur perversité : car ils masquent sous l'universalité abstraite de l'argent et des droits de l'homme la volonté de puissance d'une race que rien n'a pu briser. Ils veulent empêcher leurs victimes de percer le secret de leur force, en se cachant sous le masque de la démocratie. Ainsi apportent-ils malgré eux la preuve vivante de l'idée de race, en même temps qu'ils confirment l'obligation positive pour les peuples qu'ils trompent de se réapproprier cette idée à leurs dépens.

La première séduction de cet antisémitisme est de prendre le relais de la tradition séculaire qui, dans toute l'Europe chrétienne, a retourné contre les Juifs l'idée juive de l'élection. Du peuple choisi par Dieu, l'Eglise catholique a fait le peuple maudit par Dieu, en inversant le sens de sa particularité. Dans le peuple errant émancipé par la démocratie, les nations modernes voient encore l'adversaire caché, mais formidable, de leurs identités. Le Juif conserve son étrangeté maudite dans l'univers où l'histoire a remplacé la divinité. Son élection dans l'ordre du malheur n'a pas cessé avec l'avènement de l'égalité citoyenne et le confinement du religieux au for privé des individus. Elle en reçoit au contraire une nouvelle force, comme d'un redoublement de haine où les nations chrétiennes de l'Europe retrouvent des sentiments familiers.

Mais ce qui donne à l'antisémitisme moderne son véritable caractère reste son insertion et son rôle dans les passions nouvelles de la démocratie. La Cité moderne, détachée de tout fondement divin, est construite sur la volonté de ses membres. Elle n'a de légitimité que par leur consentement public. Mais, du même coup, elle ne cesse de s'interroger sur ce qu'elle veut, et même sur la possibilité d'extraire une volonté collective d'une multitude d'individus séparés. Ses citoyens ne croient plus qu'en l'action historique, au moment même où ils sont incertains sur les moyens qui leur restent d'agir ensemble, comme un seul homme. L'idée de nation conjure cette angoisse, en suggérant cette unité. Idée ancienne, redéployée dans le contexte moderne : elle a cessé d'être simplement donnée par la tradition, comme un legs du passé. Elle aussi est tissée de volontés, comme le veut le credo démocratique. Volontés positives, celles de tous les patriotes, et bientôt du peuple entier. Mais aussi volontés négatives, maléfiques, étrangères, et c'est à ce point qu'intervient le complot juif.

Pourquoi complot ? Parce que, si toute action politique est délibérément voulue, celle-là, qui vise à saper l'unité de la nation, doit être aussi, par définition, cachée : autrement, elle ne posséderait pas cette capacité à tromper, au moins un temps, une grande partie de l'opinion. C'est son caractère clandestin qui explique son efficacité et sa puissance. La Révolution française a illustré l'emprise de cette représentation du complot, comme antagoniste de la volonté du peuple, sur les imaginations démocratiques. L'antisémitisme moderne en offre une version renouvelée, en substituant les Juifs aux « aristocrates ». Pourquoi les Juifs ? Ils forment un contre-modèle sur mesure à la passion nationaliste : peuple errant, éparpillé, sans Etat, et pourtant resté debout autour de sa religion et de ses traditions, conservant un peu partout, à doses variables, quelque chose d'une identité, offrant par conséquent la matière idéale à la rationalisation d'un complot à l'échelle du monde. Après avoir incarné l'ennemi du Dieu chrétien, le Juif présente à l'antisémite des temps démocratiques le matériau imaginaire d'une autre image-repoussoir : l'ennemi de la nation.

Il suffit de le considérer, même dégagé de la religion qui l'a confiné au ghetto, même « émancipé » par l'égalité citoyenne, comme resté étranger dans toutes les nations où il vit. D'ailleurs, cette intégration même, en le rendant moins visible, l'a rendu plus suspect ; sa particularité, éclatante aux temps chrétiens, est désormais cachée. Le Juif n'a plus d'autre attache au monde que l'argent, et d'autre identité que cette équivalence abstraite avec tous, dont il fait son déguisement et son drapeau. Il est le bourgeois pur, dégagé de sa gangue, séparé de son sol, le bourgeois ramené à son essence, qui est la soif d'être riche. Après avoir été persécuté par les nations chrétiennes pour sa particularité, il est haï par les peuples modernes comme un être de nulle part. Au vrai, les deux accusations cumulent leurs effets puisque, dans les deux cas, il est en dehors de la collectivité. Et la seconde, qui s'installe dans les traces de la première, peut n'être pas moins globale qu'elle, en dépit du pluralisme des opinions : car le bourgeois n'est pas moins détesté à gauche qu'à droite.

A cet égard, il n'y a pas de hasard à ce que l'antisémitisme se soit répandu dans toute l'Europe comme une des passions les plus fortes des opinions publiques à la fin du XIXe siècle. C'est le temps d'un développement rapide du capitalisme, et de l'entrée des peuples dans la politique démocratique, par le suffrage universel. Les luttes pour le pouvoir perdent ce qu'elles avaient gardé d'aristocratique dans la première moitié du siècle, et même un peu après. Elles ont désormais pour arbitre un plus vaste public. Or le Juif, cette incarnation du bourgeois, cette essence de bourgeois, ce bourgeois *racial*, fournit un bouc émissaire idéal aux exclusives nationalistes comme au ressentiment des pauvres. Il permet à lui seul de jouer sur l'air de la détestation toute la gamme des passions démocratiques, de la nostalgie d'une communauté perdue à l'anticipation d'une société nouvelle, nationale ou socialiste, ou les deux ensemble.

De là vient l'extension de l'antisémitisme, dans la vie politique des grands pays d'Europe avant 1914. Ce qu'il a de particulier à Vienne et à Berlin est d'être adossé déjà à une théorie raciste des peuples, à travers l'affirmation de la supériorité germanique. Mais il existe aussi bien en France, où il survit à la victoire des dreyfusards, comme un sentiment profond que le va-et-vient des circonstances n'atteint pas. Pourtant la République en France conserve au patriotisme du plus grand nombre sa vocation démocratique, héritée de 89. En Autriche-Hongrie, c'est la structure de la double monarchie — et l'effervescence des nationalités sans Etat — qui explique le succès du pangermanisme auprès des foules. Dans le Reich de Guillaume II, tout y contribue autrement, mais aussi fort : le passé et le présent, le retard et la puissance, au point que la plupart des Juifs eux-mêmes sont enivrés par leur mariage germanique. En mettant sac au dos, les soldats allemands d'août 1914 n'hésitent pas davantage que les soldats français. Dans la guerre qui commence, ils investissent le même courage, nourri par des sentiments comparables, bien que le dosage des traditions politiques n'y soit pas le même. A Berlin comme à Paris, c'est l'heure de l'Union sacrée, qui réunit non seulement toutes les classes, mais toutes les époques de la nation. Les intellectuels en témoignent comme les peuples, ni plus ni moins inconscients de l'avenir qu'ouvre la guerre. On trouve dans les bellicistes d'août 14, plus ou moins prononcés, du côté français, Barrès et Péguy, Bergson et Durkheim. De l'autre côté, Thomas Mann et Stefan George, Freud et Max Weber.

Ainsi, la guerre de 14 a eu ce premier caractère démo-cratique : bien que tout le monde, dans l'été 14, l'ait vue venir, tout le monde l'a laissée venir, les gouvernements comme les opinions publiques. Entre l'attentat de Sara-jevo et les décisions d'ordonner la mobilisation générale, dans ce mois de juillet 1914 où le sort de l'Europe s'est joué, il était à tout moment possible d'arrêter la marche de l'engrenage déclenché par l'Autriche-Hongrie. Per-sonne ne l'a voulu, ni l'Allemagne, ni la Russie, ni la France, ni l'Angleterre. Quel que soit le dosage des res-ponsabilités qu'on tienne pour le plus vraisemblable entre les Empires centraux d'une part, la coalition franco-anglo-russe de l'autre, reste qu'aucun des grands Etats n'a vraiment cherché à éviter une guerre que l'ulti-matum autrichien à la Serbie avait rendue seulement probable. Mais si l'éclatement du conflit est dû, en ter-mes techniques, à un déficit d'action diplomatique, il s'explique en profondeur par un consentement des peu-ples escompté par les pouvoirs publics. Ledit consente-ment n'eût pas suffi, par définition, à déclencher la guerre. Mais il a suffi à rendre les opinions publiques des différents pays solidaires de leurs gouvernements, quand ces gouvernements jouaient l'un par rapport à l'autre, et quasiment comme des personnes, la grande scène du point d'honneur. Provoquée par un attentat nationaliste, la guerre de 14 commence comme une guerre de nationalités, portant à leur point d'incandes-cence des passions collectives qui ont rempli le siècle précédent. Les Etats et les peuples qui s'y engagent y investissent non seulement leur puissance et leur gloire, mais le préjugé de leur rang et de leur histoire. L'éclipse soudaine de l'internationalisme socialiste en porte témoignage à sa manière.

Par sa nature même, la guerre est un pari dont les modalités et les effets sont particulièrement imprévisi-bles. Elle rompt un équilibre que les deux belligérants espèrent modifier à leur profit, sans qu'aucun d'eux sache à l'avance s'il en aura vraiment les forces, et même si le caractère ou la durée du conflit n'aura pas trans-formé, à l'heure de la victoire, ce qu'il en attendait. De cette règle générale, la guerre de 1914 pourrait être l'illustration par excellence. Sa nouveauté radicale bouleverse, dans les deux camps, tous les calculs des militaires et des politiques, en même temps que les sentiments des peuples. Aucune guerre du passé n'a eu un déroulement et des conséquences aussi imprévus.

Nouveauté technique, d'abord, qui tient en quelques chiffres. Alors que Français et Allemands comptaient remporter des succès décisifs dans les premières semaines, à l'aide de leurs réserves d'armements accumulées, ils épuisèrent en deux mois leurs stocks de munitions et de matériel, tant la nouvelle puissance de feu des deux armées s'était avérée sans commune mesure avec les prévisions [1]. L'Europe de 1914 payait ainsi le prix des progrès intervenus dans la production des armes depuis le dernier grand conflit franco-allemand, celui de 1871. Ce qui rendait la guerre plus meurtrière, mais n'eût pas forcément contribué à l'allonger, si l'un des belligérants avait su prendre l'avantage. Mais, après la Marne, c'est le contraire qui se produit : les deux armées forment à l'infini deux lignes de retranchement qui se font face, et se pilonnent à coups de canon. La courte phase est close où a parlé l'art des stratégies et des combinaisons savantes. Voici le temps de cet interminable front, de la Somme aux Vosges, selon les termes du fameux communiqué du début septembre 1914, qui annonce sans le savoir l'industrie du massacre routinier et de la « sortie » inutile, de tranchée à tranchée. On fait trente mille morts pour gagner deux cents mètres. Jamais encore guerre n'avait enterré face à face des millions d'hommes surarmés, la masse active de deux peuples, avec la seule mission de s'entre-tuer, de loin ou de près, sans l'espoir d'un coup décisif, sans calendrier de victoire, mais aussi sans morte-saison et sans quartiers d'hiver. Nulle différence d'un régime à l'autre. La République française n'est pas moins prodigue du sang de ses fils que l'Empire alle-

---

1. La meilleure analyse de cette nouveauté de la guerre de 14-18 se trouve dans Raymond Aron, *Les Guerres en chaîne*, Gallimard, 1951, chap. 1, « La surprise technique ».

mand. La rencontre de l'industrie et de l'équilibre des forces, jointe au nombre des combattants, a produit cette mêlée affreuse dont la bataille de Verdun restera le symbole. Les mêmes obus qui tuent les soldats enfouissent aussi leurs corps. Les morts à la guerre sont des « disparus » du combat. Le plus célèbre d'entre eux, sous l'Arc de triomphe, sera tout justement honoré par les vainqueurs comme « inconnu » ; l'échelle du massacre et l'égalité démocratique devant le sacrifice ont additionné leurs effets pour n'envelopper les héros que dans une bénédiction anonyme.

Démocratique, la guerre de 1914 l'est ainsi parce qu'elle est celle du nombre : nombre des combattants, des moyens, des morts. Mais, de ce fait, elle est aussi l'affaire de civils, plus que de militaires ; une épreuve subie par des millions d'hommes arrachés à leur vie quotidienne, plus qu'un combat de soldats de profession. Un peu plus d'un siècle auparavant, les batailles de la Révolution française et de l'Empire contre l'Europe des rois avaient ouvert l'époque de la guerre démocratique. Mais elles n'avaient jamais mobilisé l'ensemble de la population et des forces du pays, même du côté français, où d'ailleurs tant de soldats avaient fini par faire de leur départ à l'armée un métier et des hasards courus des galons supplémentaires. Le « grognard » de Napoléon était un soldat, le « poilu » de 14-18 est encore un paysan, un artisan, un boutiquier, un bourgeois (moins souvent un ouvrier, à cause des nécessités de la production d'armements). La guerre est faite par des masses de civils enrégimentés, passés de l'autonomie citoyenne à l'obéissance militaire pour un temps dont ils ne connaissent pas la durée, et plongés dans un enfer de feu où il s'agit davantage de « tenir » que de calculer, d'oser ou de vaincre. Jamais la servitude militaire n'a été parée de moins de noblesse qu'aux yeux de ces millions d'hommes transplantés, tout juste sortis du monde moral de la citoyenneté.

Il n'y a pas de meilleur témoin de cette situation qu'Alain, dans les lettres qu'il a écrites du front à son ami

Elie Halévy entre août 1914 et le début de 1917 [1]. Philosophe et moraliste de l'humanisme démocratique, Alain n'aime ni la guerre ni son cortège de valeurs aristocratiques. S'il s'est engagé le 3 août 1914, à quarante-six ans, pour servir comme simple artilleur, c'est pour n'être pas étranger à l'histoire qui cerne son existence ; comme il le dira un peu plus tard, « j'ai toujours le besoin d'aller à la misère avec les autres, afin d'être heureux [2] » Mais la guerre est à ses yeux l'état politique le plus étranger au citoyen, et celle-là échappe moins encore que toute autre à la règle. Ce qui fait sa nécessité est de l'ordre des passions, sans rapport avec celui des intérêts, qui transige, et moins encore avec la raison, qui rapproche. Or l'affaire d'honneur a été réglée en quelques semaines, et l'honneur est sauf, des deux côtés, depuis la Marne. Dès lors, la guerre n'est plus que corruption des esprits et des mœurs : sa vérité peut être dite en inversant les vertus démocratiques. Elle tient dans l'esclavage des hommes mis sous le pouvoir absolu de leurs chefs [3] ; dans la peur universelle, qui donne à l'action militaire un caractère mécanique ; dans la mort des meilleurs, comme par une sélection à l'envers. L'armée en guerre constitue un ordre social où l'individu n'existe plus, et dont l'inhumanité même explique la force d'inertie presque impossible à briser.

A l'arrière, la situation n'est pas plus brillante. Au contraire. La guerre, faite stoïquement par des civils en uniforme, y forme aussi un spectacle mis en scène par les « patriotes de métier » qui vocifèrent loin du front. Alain déteste le conformisme organisé de l'opinion, le chauvinisme, la censure. Il n'a pas de mots assez sévères pour les surenchères bellicistes des intellectuels, des journalistes et des politiciens. Il ne croit pas à la guerre du Droit.

1. Alain, *Correspondance avec Elie et Florence Halévy*, Gallimard, 1957.

2. *Ibid.* lettre du 31 janvier 1917, p. 251.

3. *Cf.* cette note du 17 octobre 1917 sur *Le Feu* de Barbusse, qui vient de paraître : « *Le Feu* me paraît ennuyeux. C'est une vue d'officier. Le mal le plus sensible à la guerre, c'est l'esclavage » (*ibid.*, p. 255).

Il est favorable dès la fin de 1914 à une paix de compromis, et il suit d'ailleurs de près, à travers la *Tribune de Genève* que lui envoie le ménage Halévy, tout ce qui ressemble à une amorce de négociation, si fragile qu'en soit la trace. Mais il ne se fait guère d'illusions : précisément parce qu'elle est si affreuse, si meurtrière, si aveugle, si entière, la guerre est très difficile à terminer. Elle n'appartient pas, ou plus, à cette catégorie de conflits armés que des princes cyniques peuvent arrêter s'ils jugent que le coût en dépasse les gains possibles, et que le jeu n'en vaut plus la chandelle. Elle est dirigée par des patriotes, d'honnêtes gens élus par le peuple [1], enfermés chaque jour davantage dans les suites des décisions de juillet 1914. Les souffrances ont été si dures, les morts si nombreuses que personne n'ose agir comme si elles n'avaient pas été nécessaires. Et comment s'avancer, sans se désigner comme traître ? Plus la guerre dure, plus elle va durer. Elle tue la démocratie, dont elle reçoit pourtant ce qui perpétue son cours.

Après la voix d'Alain, celle d'Halévy. Les réponses aux lettres d'Alain ont été perdues. Mais on peut connaître les pensées d'Halévy, pendant la guerre, d'après la correspondance qu'il a échangée avec d'autres amis, tout particulièrement le philosophe Xavier Léon [2]. Il n'est pas trop difficile, à lire cette correspondance, de comprendre ce qui le rapproche et le sépare de son ami l'artilleur.

Il est moins lié à la tradition spécifiquement française du radicalisme républicain. Né dans une grande famille de bourgeoisie intellectuelle [3], d'ascendance juive et pro-

1. Alain, lettre du 15 mars 1915, p. 193. « Malheureusement nous sommes gouvernés, et en des temps pareils, par d'honnêtes gens ; un souverain cynique aurait bientôt la paix. »
2. Une petite partie de cette correspondance, destinée surtout à Xavier Léon, est éditée avec la *Correspondance* d'Alain avec Elie et Florence Halévy, *op. cit.*, à partir de la page 322. J'ai pu consulter le reste des lettres d'Elie Halévy pendant la guerre de 1914-1918 dans les papiers Elie Halévy, grâce à la gentillesse de Mme Guy-Loë. Qu'elle en soit ici remerciée.
3. Elie Halévy est le fils de Ludovic Halévy, le célèbre librettiste d'opéra, et de Louise Breguet, fille d'une dynastie d'horlogers pro-

testante, c'est un esprit plus cosmopolite qu'Alain. Son attachement à la République se nuance d'une passion pour la civilisation politique anglaise, à laquelle il consacre son travail d'historien [1]. Démocrate, et non moins libéral, il n'est pas pacifiste comme Alain. Non qu'il ait la moindre sympathie pour la guerre, mais il ne voit pas comment l'éviter, dans l'état où sont les nations et les opinions publiques européennes. Il a lui aussi, comme son ami, des mots très sévères pour les criailleries bellicistes de l'arrière et pour l'hystérie de l'antigermanisme culturel en France ; mais la guerre n'en a pas moins à ses yeux des fondements dans les rivalités des puissances et les passions nationales. Elle est moins la conséquence d'intrigues politiques que de l'affrontement du pangermanisme et du panslavisme au centre et à l'est de l'Europe ; et les opinions publiques ont fait le reste. Halévy est un esprit plus politique qu'Alain. Et l'habitude des revers lui a donné, comme à tout grand libéral français, les vertus du pessimisme actif. Il a prévu la guerre de longtemps, la voici. Il faut l'assumer lucidement.

Trop vieux déjà pour être mobilisable, il s'est porté volontaire comme infirmier, et on l'a affecté à Chambéry, où il vit « dans le cléricalisme d'ambulance [2] ». Il comprend tout de suite — un des premiers, sans doute, en Europe — que la guerre a pris après la bataille de la Marne un caractère inédit et désespérant : « Je considère — et voilà la source de mon ennui — toute offensive comme étant devenue, d'un côté comme de l'autre, impossible, dans les conditions de la stratégie moderne... Je ne vois pas que l'on puisse sortir de là,

---

testants. Il est le frère de Daniel. Les deux enfants ont été élevés dans la religion de leur mère, selon la règle de la famille.

1. Elie Halévy a consacré ses deux principaux ouvrages à l'histoire anglaise : *La Formation du radicalisme philosophique*, 3 vol., F. Alcan, Paris, 1901-1904 ; *Histoire du peuple anglais au XIXe siècle*, 4 vol., Hachette, 1912-1932, rééd. Hachette littérature, 1973-1975, 5 vol. Voir aussi les « Rhodes Memorial Lectures » qu'il a prononcées à Oxford en 1929 : *The World Crisis of 1914-1918, an Interpretation*, Oxford, Clarendon Press, 1930, texte français in *L'Ere des tyrannies*, Gallimard, coll. Tel, p. 171-199

2. Lettre du 17 novembre 1914 à Xavier Léon. Inédite.

pendant des mois et des mois. Je ne vois pas que l'on puisse s'arrêter. C'est une guerre de races, assez sordide, sans grande idée, sans plan de génie [1]. » Ainsi la guerre est interminable moins par suite de ses enjeux objectifs que par le caractère qu'elle a pris, la situation militaire qu'elle a créée. C'est son cours qui a révélé sa nature ; il a fonctionné comme un piège. La guerre a perdu toute fin prévisible au moment même où elle a cessé d'être populaire chez les combattants. Elle n'est plus que le terrain sinistre de la résignation à la fatalité : les soldats se battent comme machinalement, sans réclamer la paix, puisqu'ils n'en voient plus la possibilité. Halévy rencontre ici Alain dans ses craintes que cette condition inhumaine et pourtant durable ne brise l'autonomie du citoyen. Il fait dans une lettre à Xavier Léon cette remarque prophétique : « L'influence que la guerre peut avoir sur les destinées du socialisme mérite une étude. Défavorable probablement au progrès des formes *libérales* du socialisme (syndicalisme, etc.), elle renforce au contraire, et considérablement, le socialisme d'Etat [2]. »

La grande énigme politique de la guerre de 14 est celle de la paix, puisque les conditions de la bataille en cachent l'horizon. Halévy ne prête aucun crédit aux professions de foi simplistes de l'extrême gauche révolutionnaire ou des intellectuels de la paix immédiate [3]. Il ne croit pas à un compromis entre les belligérants, dont la rumeur se répand de temps en temps. A ses yeux, la seule voie de la paix passe par une défaite militaire de l'Allemagne : voie longue, très longue, tant la bataille est opaque et l'Allemagne forte. Halévy voit dans l'Allemagne à

1. Lettre du 27 janvier 1915 à Xavier Léon. Inédite.
2. Lettre inédite à Xavier Léon, 3 juillet 1915. On trouve la même idée un peu plus de deux ans plus tard, dans une lettre du 18 septembre 1917, inédite elle aussi, adressée au même destinataire : « ... La Guerre et le Socialisme. L'état de guerre favorise directement le Socialisme d'Etat ; et, par réaction, le socialisme révolutionnaire ou anarchique. »
3. Lettre inédite à Xavier Léon, 29 novembre 1915. « Que des prolétaires veuillent la paix à tout prix et sans phrases, je comprends ces convictions brutales et incultes. Mais la frivolité politique des hommes de l'école de Challaye m'étonne toujours... »

la fois une menace pour l'équilibre de l'Europe, et une des formes les plus puissantes du génie européen. Il nourrit son pessimisme aux deux sources : toute l'affaire ne peut avoir d'issue durable que par la défaite allemande, qui sera aussi une défaite européenne, après un interminable conflit.

« Et l'avenir ? C'est, suivant moi, une bataille sans fin dans le temps et dans l'espace, où le temps travaille pour nous [1]... » Et un mois plus tard, le 26 novembre 1914, dans une lettre au même Xavier Léon, il prévoit que « nous avons devant nous 10 ou 15 ans, ou 30 ans de guerre. Donc la deuxième, la dernière partie de nos existences, ne ressemblera guère à la première [2] ».

Que veut-il dire ? Non pas que la guerre en cours durera dix, quinze ou trente ans. Mais qu'elle inaugure une époque nouvelle d'instabilité européenne — instabilité des rapports de puissance, des frontières nationales, des régimes — par quoi le XXᵉ siècle s'annonce sous de mauvais augures. Il me faut citer longuement une lettre du 27 octobre 1915, toujours à Xavier Léon [3].

« Je dis :

« 1. que cette guerre ne pourra être considérée comme finie que le jour où il y aura défaite constatée des empires du centre. — Je ne vois pas dans le détail en quoi consistera cette défaite. Je ne vois guère un dépècement de l'Allemagne ; je vois mieux un dépècement de l'Autriche, mais suivi par l'absorption dans un seul bloc de la fraction occidentale de l'Autriche avec l'empire de Guillaume II. N'importe. Je m'entends ;

« 2. que le temps nécessaire pour atteindre ce résultat doit s'évaluer non par semaines ou par mois, mais par années. Quand j'ai parlé de 25 ans, je n'ai pas si mal parlé ;

« 3. que, quand j'ai envisagé la possibilité d'une guerre aussi prolongée, j'ai toujours considéré qu'elle

---

1. Lettre inédite à Xavier Léon, 21 octobre 1914.
2. Lettre à Xavier Léon, 26 novembre 1914, *op, cit.*, p. 342.
3. Lettre à Xavier Léon, 27 octobre 1915, *op, cit.*, p. 355.

serait suspendue par de fausses paix, des paix précaires, des trêves ;

« 4. que, par suite, ces trêves, devant intervenir avant la défaite de l'Allemagne, devront enregistrer nécessairement un état de choses temporairement favorable à l'Allemagne, donc constituer, momentanément, pour l'Allemagne, des paix victorieuses. »

Halévy ajoute *in fine* qu'il n'oublie pas qu'un prophète doit s'envelopper toujours « d'une certaine obscurité » : ce sourire sur lui-même, en guise d'avertissement au lecteur, n'enlève pourtant rien à l'extraordinaire prescience du drame européen dont la guerre de 14 constitue l'ouverture. Le script exact du scénario échappe à sa prédiction, comme il est naturel, mais non pas la matière de la tragédie. L'historien du peuple anglais dans son époque la plus heureuse a senti que disparaissait sous ses yeux, détruite par ses propres enfants, la civilisation libérale de l'Europe [1].

Finalement, c'est par le pessimisme qu'Alain et Halévy se rejoignent : tous deux voient dans la Première Guerre mondiale une catastrophe majeure de l'histoire, après quoi rien ne sera plus comme avant. Ils s'accordent pour voir dans le régime des grandes puissances européennes en guerre un retour inattendu du despotisme au milieu des temps modernes. Le contrôle croissant de l'économie en fonction des besoins du front donne aux Etats un pouvoir extraordinaire sur les citoyens, en même temps qu'il suggère un exemple à des tyrans potentiels. Le poids exclusif de l'idée nationale sur les esprits, le chauvinisme des élites, le conformisme des foules, la censure enfin ont éteint toute vie démocratique [2]. Les populations civiles

---

1. Lettre inédite à Xavier Léon, 24 mars 1916 : « J'en reviens toujours à ma thèse. Le jour où Jaurès a été assassiné et s'est allumé l'incendie de l'Europe, une ère nouvelle de l'histoire du monde s'est ouverte. C'est une sottise de croire que, dans six mois, cela pourra s'éteindre... »

2. Tocqueville, *Démocratie en Amérique*, 2e partie, livre III, chap. 32 : « La guerre ne livre pas toujours les peuples démocratiques au gouvernement militaire ; mais elle ne peut manquer

ne sont occupées que du courrier, qui apporte la lettre des survivants ou le nom des morts ; et des communiqués de l'état-major, qui leur mentent sous prétexte de ne pas les démoraliser. Le soldat pourrait être plus libre que l'arrière, puisqu'il est l'acteur de la tragédie, mais il est perdu dans cette violence innombrable ; il ne peut rien voir ni comprendre au-delà de l'obéissance aux ordres : cette guerre est un vaste chaos où l'esprit n'a pas de part. Seule compte, comme à Verdun, la volonté animale de résister à l'anéantissement par l'artillerie ennemie. Par quel acharnement exceptionnel les combattants ont-ils tenu ? Alain, dès avant les mutineries françaises du printemps 1917, a compris la fragilité de cet héroïsme obligé. « Tout cela se paiera, croyez-moi, chacun retrouvera ses vrais ennemis [1] », écrit-il le 13 novembre 1915.

C'est d'ailleurs le sens qu'il donne, dès qu'elle se produit, à la révolution russe de Février, le 3 août 1917 : « Je ne sais quels soldats tu as vus ; peut-être affaiblis par le sang perdu ; pour moi, je n'ai vu que des révoltés d'esprit, qui roulent sans cesse des moyens de finir ce massacre, et qui, faute d'en trouver, méditent des vengeances. Il ne faut pas dire que ce n'est rien. La révolution russe est quelque chose [2]. » D'une phrase, Alain indique le sens universel pris par les événements russes : moins la chute du tsarisme que la révolte des soldats et du peuple contre la guerre. Nicolas II, qui s'en soucie ? Par contre, les malheurs de la guerre sont devenus l'obsession de l'Europe entière. L'expérience militaire du philosophe-artilleur le fait entrer d'emblée dans les sentiments de bien des combattants. A la même époque, Halévy exprime sur la révolution de Février un point de vue tout à fait différent [3]. Il se préoccupe avant tout, comme le

d'accroître immensément, chez ces peuples, les attributions du gouvernement civil ; elle centralise presque forcément dans les mains de celui-ci la direction de tous les hommes et l'usage de toutes les choses. Si elle ne conduit pas tout à coup au despotisme par la violence, elle y amène doucement par les habitudes. »

1. Lettre à Xavier Léon, 13 novembre 1915, p. 217.
2. *Ibid.*, lettre du 3 avril 1917, p. 252.
3. *Ibid.*, 17 et 28 mars 1917, p. 363.

gouvernement français, des conséquences du changement de régime sur la conduite de la guerre à Saint-
Pétersbourg, et souhaite que Milioukov mette fin au
chaos russe, pour le plus grand bien des Alliés. Il ajoute
à cet espoir un constat plus désintéressé et plus mélancolique, tiré de son génie libéral : « Tout cela dit, n'est-ce
pas un soulagement, pour tout Occidental digne de ce
nom, de ne plus être responsable du tsar et de sa cour ? »
Tout le monde « sent cela en Angleterre, en Italie, si
conservateur soit-on. Faudra-t-il que la France soit toujours pour l'observateur politique une énigme ? Ne
pourra-t-on jamais dire si elle est libérale jusqu'à l'anarchisme ou follement réactionnaire [1] ? ».

Ainsi Alain et Halévy sont-ils fort éloignés l'un de
l'autre dans l'appréciation de ce qui se passe au printemps de 1917 à l'autre bout de l'Europe. L'un aime l'idée
des Conseils d'ouvriers et de soldats [2] comme l'expression d'une révolte contre la guerre. L'autre se félicite de
la chute d'un « ancien régime » tout en faisant des vœux
pour que la révolution russe n'aille pas à une paix séparée
avec l'Allemagne. Pourtant, l'interrogation qu'ils partagent sur l'avenir, même immédiat, les réunit dans une
même inquiétude : presque trois ans après le fameux
été 1914, le futur de l'Europe est plus opaque que jamais.
La seule chose claire est que les hommes ont perdu dans
la guerre ce qu'ils avaient de contrôle sur leur histoire. De
cette aventure qu'ils croyaient connaître, ils n'ont prévu
ni le cours ni le caractère. Ils n'ont pas su la conduire. Ils
ne peuvent y mettre fin. Les événements de Février 1917
en Russie, suivis des mutineries du Chemin des Dames,
montrent à qui veut le voir de quoi sera payée l'incapacité
des classes dirigeantes et des gouvernements à imaginer
une issue organisée à la guerre des nations européennes :
tout simplement de la révolution, cette vieille divinité
mère de la démocratie en Europe.

*

1. Elie Halévy à Xavier Léon, lettre du 28 mars 1917, *op, cit.*,
p. 363.
2. *Idem*, lettre du 30 juin 1917, p. 253.

De 1814 à 1914, les cent ans du XIXe siècle, aucune des guerres européennes n'a bouleversé durablement l'ordre international ; aucune n'a mis en cause le régime, économique ou social, des nations en guerre. Il est vrai que le second Empire en France est mort de la défaite de Sedan, où Napoléon III a été fait prisonnier. Mais sa chute n'a pas transformé en profondeur les données de la politique intérieure française. Et si la fondation de l'Empire allemand à Versailles modifie les rapports de puissance en Europe, elle n'altère pas, pour l'essentiel, l'économie générale du système imaginé par les liquidateurs de l'entreprise napoléonienne : un équilibre entre les grandes puissances, Autriche, Russie, Prusse, France, horlogerie diplomatique sur laquelle veille l'Angleterre, jalouse de tout ce qui ressemblerait à une tentative d'hégémonie continentale. Les révolutions de 1848 ont menacé cet équilibre, qui a pourtant retrouvé son assiette quelques années après : car l'invention de l'Autriche-Hongrie puis l'unité allemande sous Guillaume II en modifient les frontières mais non l'esprit. A l'intérieur de cet ensemble organisé, les guerres qui ont eu lieu ont été limitées, à la fois par les enjeux en cause, les ressources engagées, la taille des armées. Elles n'ont mis face à face que des soldats volontaires ou professionnels, et non des peuples entiers. Elles ont été courtes. Elles n'ont pas encore inventé le croisement de l'industrie et de la démocratie à l'ombre des héritages militaires du passé.

La guerre de 14 change tout cela. Son déclenchement, pourtant, tient encore au XIXe siècle : l'alliance anglo-russe prend en tenaille, comme au temps de Napoléon, la puissance continentale en mal d'expansion. Le risque vient désormais de l'Allemagne et non plus de la France. Mais la guerre une fois déclarée échappe à ses « raisons » et à ses protagonistes. De celles qui l'ont précédée, le poète peut bientôt parler comme du bon vieux temps :

> *Où sont-ils ces beaux militaires*
> *Soldats passés Où sont les guerres*
> *Où sont les guerres d'autrefois* [1].

En effet, la guerre « totale » [2] a ôté à la guerre ce qu'elle mobilisait d'intelligence, de vertu et de prévoyance. Elle a confirmé à sa manière une observation de Constant, faite à propos des guerres napoléoniennes, et à laquelle elle offre d'ailleurs un meilleur champ d'application. Dans la mesure même où « la situation des peuples modernes », selon notre auteur, « les empêche d'être belliqueux par caractère », la guerre quand elle a lieu a changé de nature : « La nouvelle manière de combattre, le changement des armes, l'artillerie ont dépouillé la vie militaire de ce qu'elle avait de plus attrayant. Il n'y a plus de lutte contre le péril ; il n'y a que de la fatalité. Le courage doit s'empreindre de résignation ou se composer d'insouciance. On ne goûte plus cette jouissance de volonté, d'action, de développement des forces physiques et des facultés morales, qui faisait aimer aux héros anciens, aux chevaliers du Moyen Age, les combats corps à corps [3]. » Admirable prescience des grands esprits ! La guerre de 1914, Constant la décrit d'avance, comme le règne de la fatalité et de la résignation. Elle a fait des hommes les esclaves de la technique et de la propagande : double anéantissement des corps et des esprits.

Ernst Jünger ne dira pas autre chose quand, en 1930, avec le recul du temps, il voudra analyser le caractère unique de la guerre de 1914 dans l'histoire de l'huma-

1. Guillaume Apollinaire, « C'est Lou qu'on la nommait », in *Calligrammes*, 1917.
2. L'expression est tirée du vocabulaire politique postérieur à la guerre. Par exemple, Ernst Jünger, « Die Total Mobilmachung », in *Krieg und Krieger*, 1930 ; trad. : « La Mobilisation totale », in *Recherches*, n° 32-33, septembre 1978. Repris dans *L'Etat universel*, Gallimard, 1990, coll. Tel, p. 97-140.
3. Benjamin Constant, *De l'esprit de conquête et de l'usurpation*, 1814, in *Œuvres*, Gallimard, la Pléiade, chap. 2, « Du caractère des nations modernes relativement à la guerre » (citation p. 961).

nité [1]. Celle-ci n'est plus soumise aux limites des guerres
« monarchiques », dans lesquelles les Couronnes, mobilisant leurs armées fidèles, mais non toutes les forces du
royaume, luttaient pour arrondir leurs patrimoines. Les
rois pouvaient être battus sur le champ de bataille et
garder leur trône. Avec 1914-1918, finies les castes guer-
rières et les armées professionnelles, et fini tout calcul de
coût et d'avantage. Le conflit s'est étendu des Couronnes
aux nations, des armées aux peuples ; sans enjeu définissable, il est devenu en même temps un affrontement
entre des capacités nationales de *travail*. Toute l'activité
de production se trouve subordonnée aux impératifs de
la guerre, et tout l'ordre civil aligné sur l'ordre militaire.
C'est l'Allemagne de Hindenburg-Ludendorff, la France
de Clemenceau, puis le communisme de guerre de
Lénine, le plan quinquennal de Staline, demain Hitler...
Aux guerres partielles des aristocrates et des rois succède
la « mobilisation totale » des Etats et des « travailleurs »,
dernier mot de l'esprit de progrès et de l'humanisme
« technique » ; de là vient le caractère inédit, rationnel et
impitoyable du premier affrontement du XXe siècle. De
là aussi son issue, puisque beaucoup de nations européennes restaient trop étrangères à la « civilisation »
pour vaincre : la Russie et l'Italie bien sûr, engluées dans
leur retard, mais aussi l'Autriche, et même l'Allemagne,
pour des raisons d'ordre intellectuel et moral, puisque
les Empires centraux mêlent la tradition absolutiste à un
esprit « libéral » constamment bridé. Par là, Jünger
étend la portée de l'opposition « *Kultur-Zivilisation* » à
l'interprétation de tout l'après-guerre...

Revenons à ces foules d'hommes plongés pendant des
années dans cette bataille « totale ». Ils ont tout sacrifié à
cette immense machine qu'est la guerre moderne :
celle-ci a fauché des millions de vies humaines à la fleur
de l'âge ; elle a laissé des peuples amputés et des nations
veuves. Son caractère interminable a tenu à l'équilibre
des forces, joint à la puissance des armes, à l'enterrement
des combattants dans les tranchées, au caractère à la fois

1. E. Jünger, *La Mobilisation totale, op. cit.*

meurtrier et insignifiant des avancées et des reculs. Les soldats, pendant la bataille, ont accusé la « fatalité » : ils n'ont pas d'autre choix. « Les émotions de la guerre sont semblables aux émotions du jeu. L'homme attend tout de la chance. (...) Ils (les soldats) sont partis pour défendre la civilisation. Mais le mot commence à s'user. La guerre le tue d'elle-même. Il eût fallu qu'elle fût rapide pour que les notions du début persistassent malgré la guerre, pour qu'on les retrouvât comme après une bouffée de délire. Réduits à la vie de troupeau, les hommes ont perdu le pouvoir de réfléchir. Plus de nuances dans leur vie, plus de nuances dans leurs pensées. Leur volonté meurt aussi. Ils s'abandonnent à la discipline qui les mène ici ou là, s'abandonnant au hasard qui leur donne la vie ou la mort. Ils ont le sentiment d'être dans la fatalité. Cela est le contraire de la civilisation, même s'ils se battaient pour la civilisation, la guerre suffirait à leur enlever le sentiment de la civilisation [1]. » La paix transforme cette hébétude en colère. Les survivants, à l'heure où se taisent enfin les canons, se retournent vers ces années de cauchemar pour en découvrir le sens et y peser le rôle des gouvernements. La politique a repris ses droits, lourde de l'interrogation unanime sur la violence et la durée de ce massacre immobile.

La guerre a eu pour origine immédiate la question des nationalités dans les Balkans. Mais chacune des puissances qui s'y est engagée avait des objectifs plus clairs. Les deux monarchies germaniques affrontaient la Russie en Europe centre-orientale. L'Autriche-Hongrie luttait pour sa survie, la Russie pour son influence slave, la France pour l'Alsace-Lorraine, l'Allemagne pour des colonies, l'Angleterre pour conserver une prépondérance centenaire. Les sentiments de patriotisme qui ont conduit les soldats au front en août 14 ont brouillé ces enjeux dans l'exaltation de la nation. La férocité de la guerre, de son côté, a moins conduit les combattants à se

---

1. Léon Werth, *Clavel soldat*, roman, Ed. Viviane Hamy, Paris, 1993, p. 100 et 265.

haïr que les « arrières » à surenchérir sur leurs sacrifices. Les buts du conflit se sont agrandis et perdus dans son immensité. Comme le champ de bataille, ils sont devenus sans fin.

De là vient que les tentatives de négociations ou les propositions de compromis aient été si timides, et si vite disqualifiées, en dépit du coût des combats et de leur incapacité à forcer le destin. A la fin de 1916, alors qu'aucune des puissances en guerre n'a remporté de victoire décisive ni subi de revers irréparables, l'idée d'une paix sans annexion ni indemnité, qui chemine au Parlement allemand [1], ne fait pas même l'objet d'un échange secret un peu approfondi. La note des Alliés du 10 janvier 1917, en avançant l'idée d'une libération des Tchèques, implique indirectement le démembrement de l'Autriche-Hongrie. D'ailleurs, les négociations entamées par les princes de Bourbon au nom de l'empereur Charles restent sans suite [2].

L'année 1917 est probablement celle où, faute d'objectifs précis, la guerre trouve son assise idéologique durable. La révolution de Février en Russie libère les Alliés de l'hypothèque tsariste, brandie par les puissances centrales comme une preuve de l'hypocrisie des Franco-Anglais. En avril, le président Wilson entraîne l'Amérique dans la guerre, en affirmant la solidarité des nations démocratiques. Il salue la révolution russe et pose la question des régimes allemand et autrichien : « L'autocratisme prussien n'est pas et ne pourra jamais être notre ami... Nous sommes heureux de combattre pour la libé-

1. Le 19 juillet 1917, le Reichstag vote par 212 voix contre 126 une motion dans ce sens, adoptée par les socialistes, le centre et le parti progressiste, contre les conservateurs et les nationaux libéraux.

2. Au début de 1917, Charles Ier d'Autriche charge le prince Sixte de Bourbon-Parme, son beau-frère qui sert du côté allié, d'une mission en faveur de la paix. Grâce à ses contacts avec Jules Cambon, le prince est reçu par Raymond Poincaré en février. Mais la tentative d'ouvrir des négociations se heurte à la double opposition de l'Allemagne et de la France, liée par ses engagements envers ses alliés roumains et serbes. Début juin, une nouvelle mission du prince Sixte échoue.

ration des peuples. » La grande entrée des Etats-Unis dans la politique européenne se fait, conformément au génie américain, sur l'air de la croisade démocratique. Les deux grands universalismes démocratiques nés à la même époque unissent leurs messages autour de la cause des nationalités européennes. Cette union ne durera pas plus que celle des deux révolutions à la fin du XVIIIᵉ siècle. Mais la surenchère du moralisme wilsonien sur le jacobinisme clemenciste suffit à donner à la guerre un sens plus vaste que l'Alsace-Lorraine ou le tonnage de la flotte allemande ; si vaste, en vérité, et si peu négociable, que la paix ne peut désormais être atteinte que par la capitulation de l'adversaire. Les enjeux du conflit sont ainsi portés à la hauteur de l'hécatombe qu'il a entraînée. Mais ils sont formulés de telle sorte qu'ils impliquent, au jour de la victoire, l'écroulement des trônes et des Empires comme prix des Républiques nouvelles, et des nations humiliées à côté de nations émancipées.

L'Allemagne paye le prix fort de la défaite. Elle est depuis Bismarck la plus grande puissance européenne, et elle le restera d'ailleurs tout au long du XXᵉ siècle, à l'état réel ou virtuel : ruinée deux fois, réduite, occupée, et même divisée, elle retrouvera deux fois ce rôle dominant en Europe que lui donnent ensemble sa position géographique et les capacités productives de son peuple. Le traité de Versailles sonne l'heure du premier abaissement. L'Empire n'a pas résisté à la capitulation sans condition. Il perd des territoires à l'ouest et à l'est, abandonnant de plus en plus d'Allemands à des Etats non allemands. Il doit payer d'énormes réparations, en argent et en nature. Il est déclaré l'unique responsable du conflit, condamné à en expier le crime : jugement moral trop catégorique pour ne pas apparaître dicté par la victoire, et qui exaspère les vaincus sans rassurer ou unir les vainqueurs.

En ce sens, Raymond Aron n'a pas eu tort d'écrire que « le traité de Versailles est, beaucoup plus que ses critiques ne l'ont admis, la conséquence logique de la guerre, considérée à la fois dans ses origines et dans la signification idéologique qu'elle a progressivement acquise au cours des hostilités [1] ». Les négociateurs de Versailles (et des traités annexes) sont en effet les garants des promesses nées dans le cours du conflit. Les voici cernés par les querelles des « nationalités » et les souvenirs de 1848, faisant revivre des passions à demi oubliées, multipliant les Etats slaves sur les ruines du germanisme vaincu, créant un peu partout, de Varsovie à Prague, et de Bucarest à Belgrade, d'improbables Républiques parlementaires où les bourgeois radicaux français croient replanter leurs traditions alors qu'ils exportent leur régime. Plus qu'une paix européenne, les traités de 1919-1920 constituent une révolution européenne. Ils effacent l'histoire de la deuxième moitié du XIXe siècle au profit d'un redécoupage abstrait de petits Etats multi-ethniques qui ne reproduisent que les défauts de l'Empire d'Autriche-Hongrie. Tout aussi divisés à l'intérieur de leurs frontières nouvelles que dans les anciennes, et séparés les uns des autres par des sentiments encore plus hostiles que ceux qu'ils avaient portés à la domination germanique ou hongroise. Les Alliés ont miniaturisé les haines nationales au nom du principe des nationalités.

De ces Etats improvisés, pauvres et divisés, où d'ailleurs de vastes poches de population allemande subsistent presque partout, ils ont voulu faire la ceinture orientale de la prépondérance anglo-française en Europe. Car la révolution d'Octobre 1917 a liquidé le rôle traditionnel de la Russie comme élément de l'équilibre européen ; loin de jouer désormais le gendarme de la famille slave et la grande puissance de l'Est, avec la bénédiction de Londres, la Russie des Soviets est devenue le pôle de la révolution communiste. Si bien qu'à peine nées ces nouvelles patries composites tout juste découpées en Europe centrale et orientale sont investies d'une double fonction historique, beaucoup trop lourde pour elles : monter la garde à l'Est, du côté du messianisme soviétique, et à l'Ouest, du côté de l'Allemagne

---

1. Raymond Aron, *Les Guerres en chaîne, op. cit.*, p. 33.

vaincue, désarmée, brisée, mais redoutée toujours, et
plus centrale que jamais dans le jeu européen.

Enfin, dernier élément du tableau, les trois grands
vainqueurs n'ont pas de conception commune sur le
nouvel ordre international qu'ils sont en train d'imposer.
Rien à voir avec les négociateurs de Vienne qui avaient,
un siècle auparavant, refait un équilibre européen destiné à durer ; mais eux partageaient une même philosophie conservatrice et, pour redonner à l'Europe postna-
poléonienne une assiette stable, ils s'étaient fiés aux
vieilles recettes de la Realpolitik [1]. A Versailles, les Alliés
imposent une paix carthaginoise sans s'accorder ni sur
ses fins, ni même sur ses moyens. L'entrée des Etats-Unis
dans le conflit a été décisive, mais Wilson n'a que des buts
de guerre abstraits, presque impossibles à traduire en
termes politiques, et peu propres à l'arbitrage entre des
rivalités territoriales, même si ses partenaires les avaient
partagés. Les Français n'ont d'yeux que pour l'Alsace-
Lorraine et un démantèlement allemand, alors que
l'Angleterre n'a pas combattu quatre ans pour substituer
une prépondérance française à une domination allemande en Europe.

Jacques Bainville [2] a été, sur le moment, le critique
lucide des négociateurs de Versailles, dont on peut aussi
comprendre les personnages à travers une amusante
page de Keynes [3]. Pour m'en tenir à un seul des protago-

---

1. L'argument est développé par Henry Kissinger in *Diplomacy*,
Simon and Schuster, New York, 1994, chap. 9, « The new face of
diplomacy : Wilson and the treaty of Versailles », p. 218-245.

2. Jacques Bainville, *Les Conséquences politiques de la paix*,
Librairie A. Fayard, 1920 ; rééd. 1941.

3. John M. Keynes, *Les Conséquences économiques de la paix*,
Gallimard, 1920, et *Essays in Biography*, New York, 1951. Le premier de ces essais (« Le Conseil des quatre ») est consacré à un
portrait des négociateurs de Versailles, où Keynes a été un des
membres de la délégation anglaise. Sur Clemenceau : « Il avait
pour la France les sentiments de Périclès pour Athènes — elle seule
était grande, rien d'autre ne comptait ; mais sa conception de la
politique était celle de Bismarck. Il avait une illusion, la France ; et
une désillusion, l'humanité, y compris les Français, sans parler de
ses trois collègues. »

nistes, le culte que les Français ont consacré à Clemenceau m'a toujours paru un parfait exemple des injustices de la mémoire collective. Car peu d'hommes auront été, autant que ce vainqueur légendaire, incapables de s'élever jusqu'à la vision de la paix. A Versailles, le vieux jacobin de Vendée est ignorant, étroit, chauvin, prisonnier de son personnage de « père la Victoire ». L'obstination du chef de guerre a fait place à l'aveuglement du vainqueur. L'esthète de la politique est devenu le greffier de la paix. Le négociateur ne sait pas abandonner sa férocité du temps de guerre. Vieillard sarcastique et passionné, exaspéré par la théologie politique de Wilson, Clemenceau mêle dans son plus grand rôle cynisme et naïveté. Que comprend-il au paysage de ruine et de révolution que découvre la fin du conflit à travers toute l'Europe ? A peu près rien. Que veut-il faire de cette Europe ? Il n'en a pas de conception d'ensemble. L'œil fixé sur Strasbourg, il aime dans la victoire la chute des trônes ennemis : la fuite de Guillaume II et la fin de l'Empire de Vienne. Il célèbre d'un même cœur la victoire des nationalités et l'humiliation de l'Allemagne. Il donne à un instrument diplomatique qu'il veut fondateur d'un nouvel ordre le caractère d'un verdict contre un peuple coupable.

Ainsi l'Europe qui sort des mains des puissances victorieuses, en 1919, est-elle encore plus follement conçue que la guerre qui lui a donné naissance. Des quatre puissances qui se partageaient au XIXe siècle l'outre-Rhin — l'Empire ottoman, la Russie, l'Autriche-Hongrie, l'Allemagne — une seule subsiste, l'Allemagne, vaincue, disqualifiée par la défaite, et pourtant renforcée à terme par la disparition de ses anciens rivaux et la faiblesse de ses nouveaux voisins. La France, devenue la principale puissance militaire du continent, n'a qu'en apparence les moyens de cette prépondérance provisoire. Les Anglais d'ailleurs la lui refusent. L'Amérique est rentrée chez elle. Tout condamne cette Europe à la fragilité, même du côté des nations victorieuses. Que dire alors des autres !

Le conflit a mobilisé plusieurs dizaines de millions d'hommes ; plusieurs millions y sont morts, plusieurs millions en sont revenus mutilés ou infirmes. Ces chiffres n'avaient pas alors d'équivalent dans l'histoire des guerres. Ce volume monstrueux de tragédies individuelles, rapporté aux enjeux et aux résultats, a peu à peu ébranlé les sociétés et les régimes : moins les peuples sous l'uniforme voyaient la fin de l'épreuve, avec la récompense de leurs souffrances, plus ils étaient portés à en interroger le sens. En enrôlant tous les hommes valides sous ses drapeaux, en exigeant de tous le sacrifice suprême, la guerre de 14 a fait de chacun, fût-il le plus humble, le juge du contrat social ; elle a constitué à sa manière un test démocratique élémentaire et universel.

Le premier régime qui a cédé est aussi celui qui était le plus faible, le plus incapable de supporter le poids matériel et moral de la guerre totale : la dernière monarchie absolue de l'histoire européenne, son dernier Ancien Régime, l'autocratie russe, menacée depuis 1905. La guerre russo-japonaise de 1904-1906 avait ouvert la crise, et la guerre de 14 enterre le tsarisme. Nicolas II a bien tenté de s'en faire une arme pour réinventer contre les bourgeois et les ouvriers une monarchie charismatique et paysanne. Mais, en s'improvisant commandant suprême d'une armée battue très tôt, il a accéléré la dévaluation de son autorité. Son trône est devenu trop fragile pour recevoir un sursis de l'union nationale d'août 14. La défaite militaire accroît au contraire son isolement et précipite sa chute, au début de cette terrible année 1917 où la guerre s'essouffle même à l'Ouest avant de repartir de plus belle. Les traits essentiels de la révolution russe s'expliquent par l'effondrement national et social qui en forme le cadre, et qui est lui-même une conséquence de la désintégration des forces armées. De Février à Octobre, aucun homme, aucun parti ne parvient à maîtriser l'anarchie ; de crise en crise, le pouvoir dérive toujours plus à gauche, jusqu'à ce que les bolcheviks le ramassent dans les rues de Saint-Pétersbourg à l'automne. Encore ne l'exercent-ils pas vraiment, à l'intérieur, avant l'été 1918, quand ils instaurent la terreur, le communisme de guerre, l'Armée rouge et les commencements du Parti-Etat.

De là vient que ce qui donne si vite à la révolution russe de 1917 — Février et Octobre mêlés — un caractère universel soit moins son caractère propre, ou ses ambitions successives, de toute façon mal connues, que son cri contre la guerre. Que les moujiks se saisissent de la terre n'est pas de nature à éblouir les paysans-soldats de l'Ouest, enterrés dans les tranchées : ils sont propriétaires depuis des siècles. Que le tsar soit tombé, remplacé par un gouvernement provisoire où siègent les représentants de différents partis, n'est pas à leurs yeux inédit : c'est au contraire écrit par avance dans l'histoire de l'Occident. Mais que le peuple russe exige la paix, voilà par où il indique une sortie de l'impasse tragique dans laquelle les gouvernements de l'Ouest se sont laissé enfermer et s'obstinent. Car Paris et Londres, pariant sur Milioukov puis sur Kerenski, tentent bien quelques mois d'ignorer la passion centrale de la révolution de Février ; mais, dès avril, la débandade militaire russe est irrésistible, et le message qui vient de l'est vers l'ouest s'avère chaque jour davantage celui de la paix.

Il est vrai que, si les gouvernements bourgeois en ont sous-estimé la force en Russie, les bolcheviks finalement vainqueurs en surestiment le pouvoir révolutionnaire en Europe. Avant de se résigner au réalisme de Lénine, Trotski et la majorité d'entre eux attendent le soulèvement des peuples sous l'uniforme, et d'abord des soldats allemands. Ces espoirs utopiques se terminent à Brest-Litovsk, en mars 1918, par la cession à l'Allemagne d'un tiers de la Russie d'Europe. Sur l'autre front, à l'ouest, la crise morale de 1917 dans l'armée française a été enrayée. Le gouvernement Clemenceau, formé à la fin de l'année, a fait son programme de la guerre totale. Le « défaitisme révolutionnaire » prôné par Lénine depuis 1914 n'est toujours pas à l'ordre du jour. Il n'aura d'ailleurs jamais son heure, même dans l'Allemagne

vaincue. Ce qu'a montré aux peuples européens l'année
1917 en Russie est d'un ordre un peu différent, mais non
moins important. 1917 a donné à l'idée de révolution
moins un contenu doctrinal que le sens universel de la
paix retrouvée, ou reconquise. Faute d'une sortie négociée de la guerre, les événements russes, si confus, chao-
tiques, lointains qu'ils apparaissent en Occident, possèdent au moins cette clarté : ils ont rompu le maléfice qui
enchaînait les volontés à une tuerie sans fin.

Quand la guerre se termine, un an après, ce n'est ni à
travers une négociation, ni par une révolte des peuples ;
c'est par la capitulation des Empires centraux, à la veille
de la débandade militaire. Jusqu'au bout, la pure force
des armes aura eu le dernier mot. Mais si le défaitisme
révolutionnaire n'a pas vaincu la guerre, la paix par la
défaite, elle, fait revivre l'idée révolutionnaire, qui a fait
sa rentrée l'année précédente dans l'Empire des tsars [1].
La république des Conseils prend figure de revanche sur
une désastreuse domination des généraux [2]. Le bolche-

---

1. *Cf.* Elie Halévy, *Une interprétation de la crise mondiale de 1914-
1918* (il s'agit des trois « Rhodes Memorial Lectures » prononcées
à Oxford en 1929), in *L'Ere des tyrannies*, Gallimard, coll. Tel, 1990,
p. 197 : « ... la question est de savoir si une guerre révolutionnaire
pouvait s'achever autrement que par un traité révolutionnaire. »
2. L'empereur Guillaume II abdique le 9 novembre 1918. Dans la
nuit du 9 au 10, le socialiste Friedrich Ebert conclut un pacte secret
avec les chefs de la Reichswehr contre la menace d'une révolution
d'inspiration bolchevique qui semble possible avec le chaos permanent (grèves, manifestations, conseils d'ouvriers et de soldats). Les
militants de la Ligue Spartakus qui fondent le Parti communiste
allemand les 29 décembre 1918-1er janvier 1919 envisagent de prendre le pouvoir. En destituant le 4 janvier le préfet de police de Berlin
qui a organisé une sorte de police révolutionnaire, les autorités
engagent l'épreuve de force. Le général Noske obtient les pleins
pouvoirs et réprime impitoyablement l'insurrection communiste.
Rosa Luxemburg est assassinée en même temps que Karl Liebknecht le 15 janvier par des officiers.
En Hongrie, le gouvernement social-démocrate de Mihály Károlyi (formé en octobre 1918) s'allie en mars 1919 avec le Parti
communiste hongrois créé à Moscou par Béla Kun. La république
des Conseils née, Béla Kun met en œuvre un programme calqué sur
celui des bolcheviks : nationalisation des entreprises et des ban-
ques, confiscation des grandes propriétés au profit de coopératives,

visme, avant même d'exister clairement comme philosophie politique ou comme modèle révolutionnaire, est
fort de l'exemple donné par l'arrêt des hostilités. Dans
l'Allemagne vaincue, Kurt Eisner s'empare du pouvoir à
Munich ; à Berlin, Liebknecht paraît devoir jouer le rôle
de Lénine. Dans l'Autriche-Hongrie qui part en que-
nouille, Béla Kun triomphe à Budapest.

La paix a mis la révolution à l'ordre du jour.

création d'une police politique. Impopulaire en Hongrie, l'expérience succombe le 1er août 1919 sous l'intervention des troupes
roumaines, après cent trente-trois jours d'existence.

En Bavière, le socialiste Kurt Eisner dirige le gouvernement à
partir du 8 novembre 1918. Il est assassiné le 21 février 1919. En
avril, une république des Conseils est proclamée par les anarchistes
et des sociaux-démocrates. Le 1er mai, l'entrée des troupes envoyées
par le gouvernement de Berlin y met fin.

3

LE CHARME UNIVERSEL D'OCTOBRE

Ainsi la Première Guerre mondiale ramène l'idée de révolution au centre de la politique européenne. Car il s'agit bien d'un retour. La démocratie, en Europe, avait eu son berceau dans la Révolution française, tremblement de terre dont les hommes politiques du XIXe siècle avaient tant peiné à apprivoiser les ondes de choc. Elle était loin, au début du XXe, d'avoir montré tous ses effets, puisque ses principes victorieux un peu partout coexistaient avec le maintien d'institutions antérieures, et ses idées avec des idées plus anciennes. Par là, les Européens de 1914, avant d'entrer en guerre les uns contre les autres, formaient bien une civilisation politique mixte, à l'intérieur même de chaque nation : le travail de l'idée démocratique, universellement à l'œuvre, y avait composé, diversement selon les cas, avec les traditions et les résistances. Mais cette mixité ne portait plus les esprits à la révolution. Même les partis ouvriers, brandissant la lutte des classes et l'avènement du prolétariat, étaient entrés, en France et en Allemagne par exemple, dans l'arène parlementaire bourgeoise.

A cette situation, il y avait une exception : la Russie des tsars, dont l'année 1905 avait fait éclater la fragilité. Or c'est par elle que la révolution revient pendant la guerre dans l'histoire européenne, de son point le plus lointain. Evénement excentrique, donc, mais non pas improbable dans sa modalité première : car avec la chute de Nicolas II et l'instauration d'un gouvernement provisoire, en attendant une Constituante, les Européens, Français en tête, reconnaissent leur histoire. Et ils y sont d'autant plus attentifs, malgré la distance, que la Russie est dans la guerre, alliée des uns, adversaire des autres, importante pour tous. L'improbable n'est pas dans Février 17, mais dans Octobre, qui suit de si près.

Avec Octobre et les bolcheviks, la révolution assume en effet un rôle inédit. Elle porte non plus le drapeau de la bourgeoisie, mais celui de la classe ouvrière. Au moins est-ce sous ces couleurs-là qu'elle s'avance, comme l'accomplissement de la démonstration de Marx sur le renversement de la bourgeoisie et du capitalisme. La difficulté de l'affaire tient à ce que ce capitalisme a eu à peine le temps d'exister : la révolution prolétarienne éclate dans le plus arriéré des grands pays européens. Le paradoxe a nourri par avance un interminable débat à l'intérieur du mouvement socialiste russe, et même la prise du Palais d'Hiver par les hommes de Lénine ne règle pas la question, car Octobre peut n'avoir été qu'un putsch rendu possible par l'occasion, et par conséquent privé de véritable dignité « historique » : c'est ce que pensera, après les mencheviks, le pontife du marxisme, Karl Kautsky. Ainsi, ce que la révolution bolchevique dit d'elle-même n'est pas facile à croire. Sa prétention à inaugurer une époque nouvelle dans l'histoire de l'humanité par l'avènement des producteurs n'a pas beaucoup de vraisemblance, qu'on la rapporte à l'histoire de la Russie ou aux circonstances si exceptionnelles qui entourent la dérive politique de la révolution de Février.

Mais la puissance d'Octobre sur les imaginations vient aussi d'une reprise, à plus d'un siècle de distance, de la plus forte représentation politique de la démocratie moderne : l'idée révolutionnaire. Cette reprise a été intériorisée depuis longtemps par les bolcheviks, qui discutent depuis le début du siècle du précédent jacobin. Lénine et ses amis ne sont avant la guerre de 1914 qu'un petit groupe extrémiste de l'Internationale socialiste. Quand ils sont projetés sur l'avant-scène de l'actualité, à l'automne de 1917, ce n'est pas seulement parce qu'ils sont victorieux. C'est parce qu'ils ornent du charme irrésistible de la victoire un mode d'action historique où la gauche européenne reconnaît ses ancêtres, et la droite ses ennemis. Rencontre qui se renouvellera tout au long du XXᵉ siècle, et grâce à laquelle aucun territoire, aucun pays, si lointain, si exotique, si improbable soit-il, ne sera tenu pour incapable d'être le soldat de la révolution universelle.

Qu'y a-t-il de si fascinant dans la révolution ? C'est l'affirmation de la volonté dans l'histoire, l'invention de l'homme par lui-même, figure par excellence de l'autonomie de l'individu démocratique. De cette réappropriation de soi, après tant de siècles de dépendance, les Français de la fin du XVIIIᵉ siècle avaient été les héros ; les bolcheviks prennent le relais. Le caractère étrange de cette succession imprévue ne tient pas simplement dans la dignité nouvelle d'une nation qui n'a jamais été qu'aux marges de la civilisation européenne. Il tient aussi à ce que Lénine fait la révolution d'Octobre au nom de Marx, dans celui des grands pays d'Europe qui est le moins capitaliste. Mais, inversement, cette contradiction entre une croyance à la toute-puissance de l'action et l'idée des lois de l'histoire peut bien être ce qui donne à Octobre 17 une part de son rayonnement sur les esprits : au culte de la volonté, héritage jacobin passé au filtre du populisme russe, Lénine joint les certitudes de la science, tirées du *Capital*. La révolution récupère dans son arsenal idéologique ce substitut de religion qui lui a tant manqué, à la fin du XVIIIᵉ siècle, en France. En mêlant au mépris de la logique ces deux élixirs par excellence modernes, elle compose une boisson assez forte pour enivrer des générations de militants.

Ainsi la Révolution russe n'eût pas été ce qu'elle a été dans l'imagination des hommes de cette époque si elle ne s'était pas inscrite dans le prolongement du précédent français ; et si cette rupture dans l'ordre du temps n'avait pas été revêtue déjà d'une dignité particulière dans l'accomplissement de l'histoire par la volonté des hommes. Comme si l'idée de la table rase et du recommencement absolu tirait bizarrement une partie de son pouvoir d'avoir déjà eu son jour dans l'histoire. Ce qui rend nécessaire un regard sur cette analogie si puissante, avant d'interroger la séduction de l'événement proprement dit.

*

Pour comprendre comment le léninisme s'articule sur la tradition révolutionnaire française, on peut partir du traitement de la Révolution française par les bolcheviks. L'essentiel est pour eux d'en choisir les phases qui sont censées préfigurer Octobre, sans cesser d'en critiquer les illusions universalistes, inséparables de la nature « bourgeoise » de 1789. L'épisode « jacobin » — au sens large du terme, qui recouvre la dictature du salut public, en 1793 et 1794 — a leur préférence. C'est le moment le plus volontariste, le moins libéral aussi, de la Révolution. Il présente en plus ce caractère particulier, unique jusqu'en 1917, de tenir tout entier dans la seule ambition révolutionnaire, comme si celle-ci se suffisait à elle-même : en effet, à partir du milieu de 1793, la Convention a renoncé à mettre en application la nouvelle Constitution tout juste votée. La Révolution n'a plus d'autre fin qu'elle ; elle constitue à elle seule toute la sphère politique. Encore les conventionnels n'ont-ils consenti à ce pouvoir sans loi qu'à titre temporaire, et jusqu'à la paix. Les bolcheviks, eux, ont fait de ce gouvernement d'exception une doctrine ; ils ont pris comme règle le pouvoir sans règle [1].

Au moins peuvent-ils revendiquer comme ancêtres, même imparfaits, ces bourgeois français de 1793 qui ont mis, même provisoirement, la révolution au-dessus de tout. Ils trouvent un réconfort jusque dans l'analogie chronologique : l'an II a effacé 1789 comme Octobre a effacé Février.

Or, cette généalogie bricolée pour la circonstance prend racine dans la culture européenne, où elle trouve rapidement ses lettres de noblesse. En France, par exem-

---

1. « La dictature est un pouvoir qui s'appuie directement sur la force et qui n'est soumis à aucune loi » Lénine, *La Révolution prolétarienne et le renégat Kautsky,* Paris, Bibl. com., 1921, p. 18.

ple, la Ligue des droits de l'homme organise entre le 28 novembre 1918 et le 15 mars 1919 une série d'auditions sur la situation en Russie [1]. La Ligue a ses titres de noblesse dans l'affaire Dreyfus, elle est donc irréprochable à gauche. Elle rassemble une bourgeoisie intellectuelle qui va de la gauche républicaine au parti socialiste, avec beaucoup de grands noms de l'Université — Paul Langevin, Charles Gide, Lucien Lévy-Bruhl, Victor Basch, Célestin Bouglé, Alphonse Aulard, Charles Seignobos : car porter jugement sur la toute jeune Russie des Soviets est une affaire de la gauche — la droite, elle, n'a guère besoin d'information pour détester Lénine. Comment pourrait-elle avoir la moindre indulgence pour cette surenchère défaitiste, drapée dans la pire tradition nationale, celle de la Terreur ? La gauche, au contraire, chérit l'idée de révolution comme inséparable de son patrimoine. Il est vrai qu'au XIXᵉ siècle, pour établir enfin la Troisième République, les républicains ont eu besoin de conjurer les souvenirs de la Première. Mais une bonne partie d'entre eux n'a cessé de les cultiver, et en 1917 le temps n'est pas si loin où Clemenceau a proclamé devant la représentation nationale que la Révolution française est un « bloc [2] »... D'ailleurs, en même temps qu'un souvenir, la révolution désigne un futur. Chez un peuple qui en a fait une fois l'expérience inoubliée, son emprise est d'une élasticité durable, comme celle d'un tribunal d'appel des injustices du présent. Avant les bolcheviks, bien des familles du socialisme français se sont réclamées du précédent jacobin : Buonarroti, Blanqui, Buchez, Louis Blanc, Jules Guesde, pour ne citer que des noms célèbres.

---

1. *Bulletin des droits de l'homme*, 10ᵉ année, n° 3, 1ᵉʳ février 1919, n° 5-6, 1ᵉʳ-15 mars 1919, « Enquête sur la situation en Russie ». Ces débats ont été portés à la connaissance des historiens par le livre de Christian Jelen, *L'Aveuglement, les socialistes et la naissance du mythe soviétique*, préface de Jean-François Revel, Flammarion, 1984.

2. « La Révolution est un bloc » : la formule se trouve dans un discours de Clemenceau, prononcé le 29 janvier 1891 lors du débat parlementaire qui a suivi l'interdiction de *Thermidor*, la pièce de Victorien Sardou.

Le retour de ces souvenirs et de ces espoirs est d'autant plus vif que la vie politique d'avant 1914 les avait en général assoupis. La révolution, chez Jaurès, reste bien l'horizon de l'histoire, le passage nécessaire par l'émancipation de la classe ouvrière, préalable à la société sans classes. Mais elle n'est plus guère qu'un horizon. Elle n'empêche pas les stratégies ouvertes de rassemblement des gauches ou les alliances tacites. L'idée républicaine et l'idée socialiste ne sont pas les mêmes, mais elles peuvent cheminer ensemble, pourvu qu'on privilégie le chemin plutôt que l'objectif. Or la victoire de Lénine en octobre marque le triomphe de la conviction inverse, la primauté de l'objectif sur le chemin, la préférence donnée à la révolution sur ce qui la rend utile. Elle s'accompagne d'un rejet ouvert, violent, haineux même, de tout réformisme. En même temps qu'elle ramène la gauche française — républicaine et socialiste — à son origine, elle lui fait honte de son passé. De l'exaltation de la volonté jacobine, elle tire une condamnation de ses héritiers : chantage puissant à la fidélité, qui n'a cessé depuis de prendre en tenaille lesdits héritiers.

Par où je reviens à ces jours de fin d'automne 1918, où les augures de la gauche intellectuelle française se penchent sur le berceau de la toute jeune révolution soviétique, sous les auspices de la Ligue des droits de l'homme. Les témoins convoqués connaissent la question de première main, pour avoir vécu en Russie à la période cruciale. Il s'agit d'un certain Patouillet, le dernier directeur de l'Institut français de Petrograd ; de l'économiste Eugène Petit, proche des socialistes-révolutionnaires, qui a vécu en Russie de septembre 1916 à avril 1918 ; du journaliste Charles Dumas, socialiste, ancien chef de cabinet de Jules Guesde, qui a passé quatre mois en Russie, entre décembre 1917 et mars 1918 ; de l'ex-consul général de France à Moscou en 1917 et 1918, Grenard [1] ; d'un certain nombre de citoyens russes, comme Soukhomline et Slonim, ex-députés à l'Assem-

---

1. Fernand Grenard est l'auteur de *La Révolution russe*, Armand Colin, 1933.

blée constituante mort-née, Delevsky, Avksentiev, mem- -
bres de la Ligue républicaine russe, ou encore du général
Savinkov, ancien ministre de la Guerre de Kerenski. Tous
ces témoins décrivent longuement, devant l'aréopage
républicain de la Ligue, la situation dramatique de la
Russie sur le mode des « choses vues ». Aucun d'entre
eux n'a des opinions politiques de droite. Les Français,
sauf Grenard, peut-être [1], sont des démocrates et des
socialistes ; les Russes ont été acteurs de la révolution de
Février, plusieurs d'entre eux sont des socialistes-
révolutionnaires et ont accompagné les bolcheviks après
Octobre, jusqu'à la dissolution de l'Assemblée constituante. Or ils dénoncent tous les conceptions antidémocratiques des bolcheviks, Lénine et Trotski en tête, la
dictature absolue d'une petite minorité d'activistes, le
mensonge des « Soviets » et du pouvoir ouvrier, le début
de la Terreur. Craignant la pente réactionnaire des généraux « blancs », comme Koltchak, ils appellent à l'intervention des Alliés, à des élections nouvelles, en agitant
l'idée wilsonienne, toute neuve, de la « Société des
Nations ». Dans ce concert angoissé, une seule voix dis-
cordante, mais elle se trouve là « en mission » : celle de
Boris Souvarine, qui plaide l'héritage du tsarisme,
excipe du rôle néfaste de la contre-révolution pour justifier la lutte des classes, la démocratie « réelle » des
Soviets contre la dictature bourgeoise, la nécessité de la
Terreur. « La Révolution prolétarienne russe s'est trouvée en 1918 dans la situation de la Révolution bourgeoise
en 1793. Contre elle, à l'extérieur, une coalition mondiale, et à l'intérieur la contre-révolution (complots,
sabotages, accaparements, insurrections), et plusieurs
Vendées. Les mêmes causes ont produit les mêmes effets.
Les ennemis de la Révolution sont responsables de la
Terreur [2]. »

Ainsi Souvarine défend déjà l'Octobre soviétique, un
an après, moins par ce que les bolcheviks ont fait que par

1. C'est en tout cas ce qu'on peut déduire des accusations d'antisoviétisme acharné que Pierre Pascal porte contre lui dans son
Journal en 1918.
2. *Bulletin des droits de l'homme, op. cit.,* p. 148.

ce qu'ils ont l'intention de faire ; moins par leur capacité à inventer la nouvelle démocratie des Soviets que par la nécessité de combattre ses ennemis de l'intérieur et de l'extérieur. Comme en 1793, la Révolution tient tout entière dans l'idée révolutionnaire. Elle dépasse, et même elle dévalue le sens de ce qu'elle est censée accomplir, dans le premier cas l'avènement de la bourgeoisie, dans le second celui du prolétariat : deux contenus contradictoires, qui sont pourtant enveloppés dans une geste commune, et dans une épopée comparable de la volonté. Chez ces intellectuels français de gauche qui viennent d'entendre ces tout premiers témoignages « antisoviétiques » de l'histoire, la gêne vient justement de cette comparaison, que Souvarine leur a jetée comme une évidence, mais qui allait presque de soi avant même qu'il ne l'évoque. Car ils retrouvent non seulement l'événement de l'histoire nationale qui leur est le plus familier, mais la manière même dont ils l'expliquent, ou l'enseignent. Les violences et les crimes de la Terreur de 1793-1794, en France, le coup d'Etat antiparlementaire du 31 mai-2 juin [1] n'ont-ils pas eux aussi l'habitude d'en rejeter toute la responsabilité sur les circonstances de l'époque, la guerre extérieure, la contre-révolution intérieure, la Vendée ? Pourquoi refuser cette excuse absolutoire aux bolcheviks, qui en réclament expressément le bénéfice ?

Il y a dans ce « jury » de la Ligue des droits de l'homme le plus fameux spécialiste de la Révolution française : Alphonse Aulard, titulaire depuis 1886 de la première chaire universitaire consacrée au sujet, à la Sorbonne. Républicain, radical-socialiste, franc-maçon, Aulard est précisément l'historien de la Révolution française qui a fait le plus vaste usage de l'absolution par les « circonstances ». Dans son œuvre, ce que la dictature jacobine comporte de terroriste est imputable à la contre-révolution ; ce qu'elle annonce du socialisme lui vient de

---

1. Ce sont les deux « journées », 31 mai et 2 juin, au cours desquelles la Convention se purge elle-même de ses éléments « girondins », sous la pression des sections parisiennes.

sa fidélité à son message d'égalité. Le militant républicain qu'il est n'aime pas ce qu'il flaire de fanatisme chez les bolcheviks. Mais l'historien de la Révolution française se méfie d'une condamnation trop rapide de ces jacobins russes, qui le lierait à la « réaction ».

Les audiences durent depuis la fin novembre 1918. Le 28 mars 1919 [1], dans la septième et dernière réunion du Comité, sous la présidence de Ferdinand Buisson, le témoin du jour est Avksentiev, ancien ministre socialiste-révolutionnaire du gouvernement provisoire, qui fait le point de la situation à la fin de 1918 : le pouvoir bolchevique, né d'un putsch, est une dictature antidémocratique, mais dans l'opposition à cette dictature, les éléments de droite, regroupés par l'amiral Koltchak, tendent à dominer. La seule solution est à ses yeux la constitution d'une « Ligue des nations », qui ferait pression politiquement, et même, le cas échéant, militairement, sur les bolcheviks pour les contraindre à accepter une Constituante.

L'idée d'une intervention de ce type, même sous cette forme nuageuse, suscite plus que des réserves chez les auditeurs français, et c'est Aulard, silencieux jusque-là, qui décrit le mieux le partage de son cœur. Il vaut la peine de l'écouter :

« ... Mon cœur, je vous le dis, n'est pas bolcheviste, mais je raisonne. Les bolchevistes, nous dites-vous, ne sont pas démocrates puisqu'ils n'établissent pas le suffrage universel. Y a-t-il vraiment en Russie une proportion d'illettrés qui monte à 85 % ? Je n'en sais rien, vous-même ne le savez pas, personne ne peut le savoir. Ce dont on est certain, c'est que les illettrés sont en très grand nombre chez vous. Or, que disent les bolchevistes ? Ils disent — du moins on nous dit qu'ils disent — qu'on ne peut pas remettre les destinées du pays à une masse en cet état, que ce serait trahir le pays que les leur remettre. J'avoue que je suis intéressé par ce raisonnement. La Révolution française, elle aussi, a été faite par une minorité dictatoriale. Elle n'a pas consisté dans les gestes de

---

1. *Bulletin des droits de l'homme*, n° 5-6, 15 mars 1919, p. 230.

cette Douma à Versailles, mais c'est sous la forme de Soviets qu'elle s'est développée, et pas seulement à ses débuts. Les comités municipaux en 1789, puis les comités révolutionnaires, chez nous comme chez eux, ont employé des procédés qui faisaient dire partout, en Europe et même dans le monde, en ce temps-là, que les Français étaient des bandits. Nous avons réussi ainsi. Toute révolution est l'œuvre d'une minorité. Quand on me dit qu'il y a une minorité qui terrorise la Russie, je comprends, moi, ceci : la Russie est en révolution.

« Je ne sais pas ce qui se passe ; mais je suis frappé de voir que, dans notre Révolution française, nous avons eu comme vous à repousser une intervention armée, nous avons eu des émigrés comme vous. Je me demande alors si ce n'est pas tout cela qui a donné à notre Révolution le caractère violent qu'elle a eu. Si, dans l'Europe de ce temps-là, la réaction n'avait pas décidé et pratiqué l'intervention que vous savez, nous n'aurions pas eu la Terreur ; nous n'aurions pas versé le sang peut-être ou nous en aurions peu versé. C'est parce que l'on a voulu empêcher la Révolution française de se développer que la Révolution française a tout brisé. Je suis forcé de constater que plus on intervient militairement, plus le bolchevisme semble devenir fort. Je sais des gens qui se demandent si le bolchevisme, laissé tranquille, et s'étendant, ne se serait pas dilué ? Ne serait-il pas devenu moins dangereux ? D'ailleurs, qu'est-ce que le bolchevisme ?... »

Aulard, emporté par son propos, est allé un peu loin. Les rescapés de la démocratie russe de Février, qu'il a en face de lui, prennent mal d'être virtuellement assimilés à des émigrés. Le professeur à la Sorbonne fait un pas en arrière, leur exprime sa sympathie, mais ce qui est dit est dit. Il a exprimé d'ailleurs des idées, ou des doutes, que partagent visiblement certains de ses collègues, et non des moindres, comme Ferdinand Buisson, ou Victor Basch, si l'on en juge par leurs rapides interjections. Entre les rescapés de la gauche de Février et leurs vainqueurs d'Octobre, le parti n'est pas pour eux facile à prendre.

Pourquoi est-ce si difficile ? Pour les raisons qu'a dites Aulard. Parce qu'ils sont les héritiers d'une tradition révolutionnaire toute-puissante sur leurs esprits, et pourtant ambiguë par rapport à la liberté.

Ils n'ont pas de sympathie pour le bolchevisme. C'est vrai qu'ils n'en savent pas encore grand-chose. Comme ils ne sont pas socialistes, et n'ont pas appartenu au monde de la IIe Internationale, ils n'ont pas de raison d'avoir eu connaissance, avant la guerre, des polémiques fratricides menées par Lénine à l'intérieur de la social-démocratie russe. Comme ils ont été de grands patriotes en 1914, des intellectuels mobilisés contre le militarisme allemand, ils sont sans indulgence pour le « défaitisme révolutionnaire » léniniste ; ils ont déploré la défection russe officialisée à Brest-Litovsk. D'une façon plus générale, rien ne les porte à l'extrême gauche, et moins encore au marxisme doctrinaire. Ce sont des notables de la gauche française, fortement enracinés et dans la notabilité et dans la gauche. Il faut insister sur les deux appartenances, d'autant qu'elles paraissent s'exclure. Rien ne serait plus inexact que de faire de ces militants chevronnés des droits de l'homme, anciens combattants de l'école laïque et de l'affaire Dreyfus, des politiciens opportunistes du centre gauche. Ce sont des « républicains », comme on appelle dans la France de l'époque ces héritiers tardifs des Lumières qui ont marié en eux la vertu civique, la religion du progrès par l'école, la laïcité et le régime d'Assemblée : ensemble de convictions disparates mais fortes qui les ancre si fort à gauche qu'ils n'aiment pas l'idée d'avoir des ennemis de ce côté-là. Mais, du même coup, ils sont aussi « arrivés », installés dans les institutions de la République, professeurs, avocats, fonctionnaires, des bourgeois à leur manière, bien qu'ils n'aiment pas trop la bourgeoisie et l'argent. Comment pourraient-ils, ou auraient-ils pu, à condition qu'ils l'aient connue, se sentir proches d'une idéologie comme celle des bolcheviks ? Ils aiment la Révolution française, mais ils connaissent le prix du temps. Leur République a mis un siècle à prendre racine en France, et elle a encore beaucoup d'ennemis.

De fait, leur conception du progrès humain ne jette pas l'interdit sur l'idée socialiste. Elle l'ajourne plus qu'elle ne l'exclut. Ouvrons l'*opus magnum* d'Aulard, tout juste consacré à l'« histoire politique de la Révolution française [1] ». Aux yeux de son historien, la Révolution de 1789 figure l'avènement de la démocratie politique. Elle tient dans deux textes fondateurs, la Déclaration des droits de l'homme et du citoyen de 1789 et la Constitution montagnarde de 1793 : en les associant, Aulard renoue les deux « moments » de la Révolution si violemment disjoints par tant de ses prédécesseurs, pour proclamer l'unité du grand événement. Ces deux chartes posent les principes de l'avenir, dont disposent ensuite les circonstances. Les hommes de 1789 rédigent la fameuse Déclaration, mais gardent la monarchie et instaurent le suffrage censitaire. Ceux de 1793 décrètent la République et le suffrage universel, mais établissent leur pouvoir sur la dictature et sur la Terreur. Il a fallu près d'un siècle pour que les Français fondent enfin la République démocratique dont leurs ancêtres avaient imaginé les traits. Or l'idée socialiste se trouve aussi, selon Aulard, dans les principes de 89, à travers l'idée d'égalité : idée sociale, et non plus politique, si « voilée » par ceux qui la craignent qu'« aujourd'hui encore il n'y a qu'une minorité de Français qui aient déchiré ce voile [2] ». La conséquence, « c'est qu'on a tort d'opposer au socialisme les principes de 1789. C'est toujours cette erreur qui consiste à confondre la Déclaration des droits de 1789 avec la Constitution monarchique et bourgeoise de 1789. Oui, le socialisme est en contradiction violente avec le système social établi en 1789, mais il est la conséquence logique, extrême, dangereuse (si l'on veut) des principes de 1789, dont se réclamait Babeuf, le théoricien des égaux [3] ».

Aulard n'est donc pas marxiste. Il s'inscrit en faux

---

1. Alphonse Aulard, *Histoire politique de la Révolution française. Origines et développement de la démocratie et de la République,* Armand Colin, 1901 (rééd. 1926).
2. *Ibid.,* p. 46.
3. *Ibid.,* p. 47-48.

contre la dénonciation des principes formels de 1789 au nom de l'égalité réelle des individus. Il voit dans les droits de l'homme la promesse à terme d'une émancipation sociale, après l'émancipation politique, et au prix d'une égalisation des propriétés. Quant au calendrier, il n'est pas pressé, et le « si l'on veut » mis entre parenthèses dit assez ses hésitations sur les bienfaits éventuels d'une révolution égalitaire. Mais il a perçu que l'esprit de la Déclaration du 26 août 1789 fait ou peut faire une place aux enchères de l'égalité sociale, et que l'idée socialiste est en ce sens fille de la Révolution française, comme le montre l'exemple de Babœuf. Il n'a donc besoin ni de la dialectique ni de la lutte des classes pour concevoir le socialisme : c'est une extension de l'égalité démocratique. Sa philosophie de l'histoire ne va guère plus loin, mais en disposant les sociétés et les régimes le long d'une ligne de pente de ce genre, elle en dit assez sur la partition commune à toute la gauche intellectuelle. Aulard est socialiste comme Jaurès était républicain, en mineur. Mais ces nuances dans l'accent unissent les hommes de progrès plus qu'elles ne les divisent.

Or Lénine a construit son personnage politique par une lutte féroce contre cet œcuménisme. Sous sa direction, le Parti bolchevique a pris le pouvoir en Russie au nom d'une rupture radicale avec toute la gauche, même et surtout socialiste, même et surtout menchevique, ou encore socialiste-révolutionnaire. Le socialisme a frappé à la porte de l'histoire européenne sous la forme la plus propre à scandaliser des Français « républicains », incarné qu'il est par la faction la plus extrémiste de l'ex-IIe Internationale. A cette époque, tout juste la fin de la guerre, les pontifes de la Ligue des droits de l'homme ignorent l'univers dans lequel s'est formé le marxisme de Lénine : c'est au moins ce qui apparaît à la lecture de ses comptes rendus de séances. Mais les actes du nouveau pouvoir surgi en Octobre sont de nature à troubler leurs convictions républicaines, et, plus que tout, la dissolution de l'Assemblée constituante et sa dispersion par des gardes rouges en janvier : abus d'autorité qui devrait évoquer plutôt, pour des Français de gauche, le 18 Brumaire que la réunion des états généraux, et la mise au tombeau de la Révolution plus que son commencement. D'ailleurs, les Russes réunis autour d'eux pour les éclairer sont des hommes du début de la Révolution, c'est-à-dire de Février. Ils ne cessent de plaider qu'ils ne sont pas des Girondins vaincus par des républicains plus énergiques, plus dévoués au salut public, mais des démocrates et des socialistes brisés par un nouveau pouvoir autocratique. Que Lénine et Trotski soient sur le moment des ennemis jurés de la démocratie, les professeurs de la Ligue des droits de l'homme n'ont pas besoin pour le savoir d'avoir lu leurs diatribes contre le « crétinisme parlementaire » ; il leur suffit d'écouter ces rescapés de la révolution de Février raconter l'acharnement des bolcheviks à éliminer tout ce qui reste de la démocratie révolutionnaire.

Pourquoi, dès lors, ne sont-ils qu'à moitié convaincus, et comme incertains sur le jugement à porter ? L'intervention d'Aulard le fait comprendre : parce qu'ils pensent que l'Octobre bolchevique ressemble davantage au 31 mai-2 juin qu'au 18 Brumaire, et que Lénine appartient à l'épopée révolutionnaire. Dans l'ignorance de ses conceptions en matière d'organisation du futur régime politique, ignorance que même la lecture de ses *Œuvres complètes* [1] n'eût pas comblée, ils le voient plus facilement en leader montagnard qu'en nouveau Bonaparte. Même s'il fait dissoudre l'Assemblée constituante, il est à l'extrême gauche de la révolution russe, c'est-à-dire le plus révolutionnaire des révolutionnaires, livrant une guerre civile que menace d'aggraver une intervention étrangère. L'analogie avec 1793 reçoit encore plus de force si on songe à la manière dont Aulard interprète la Révolution française, constamment écartelée entre ses principes et les circonstances dans lesquelles ceux-ci travaillent la matière historique. C'est dans cet *écart* que se situe pour lui le cours des événements révolutionnaires, écart largement étranger aux principes de la Révo-

---

1. Le premier des grands textes de Lénine traduit en français est *La Maladie infantile du communisme*, à la veille du Congrès de Tours.

lution, et fait tout justement de l'inertie des choses mais, plus encore, de la résistance des adversaires.

Ainsi la Révolution est tout entière bonne dans ce qu'elle annonce, quand ce qu'elle comporte de néfaste est dû à ce qui n'est pas elle : mécanisme de disculpation qui fonde l'interprétation « républicaine » de la dictature et de la Terreur de l'an II par les « circonstances », mais dont on peut aussi bien étendre le bénéfice à la révolution d'Octobre, en proie aux inerties du passé russe (l'analphabétisme), à la guerre civile et bientôt à la guerre étrangère. L'argument est même encore plus précieux pour Aulard en ce qui concerne les bolcheviks, dans l'incertitude où il est sur ce qu'il doit penser au juste de leurs idées et de leurs objectifs. Faute de ce jugement, qu'il réserve, il les défend pourtant au nom de l'analogie de leur situation avec celle de la Révolution française, comme si leurs intentions finalement comptaient moins que les obstacles dressés sur leur route et les menaces mortelles dont ils sont entourés.

Extraordinaire retournement, chez un historien qui a célébré dans la Révolution française la naissance de la démocratie politique, que cette interrogation presque complice sur une révolution qui a supprimé la démocratie politique, au nom d'une analogie supposée des situations et des moyens ! Aulard a cru revoir dans les républicains russes de Février les émigrés français appelant l'Europe réactionnaire à l'aide. Le voici ressaisi par la dialectique des deux camps, la révolution et la contre-révolution, et professant la nécessité des dictatures révolutionnaires de minorités. On voit renaître dans sa comparaison l'idée de l'exemplarité de la Révolution française, non plus comme ensemble de principes, mais comme mode d'action. Le militant de la Ligue des droits de l'homme dit le contraire de ce qu'a écrit l'historien de la Révolution française : les « circonstances » ont pris le pas sur les idées. Ce qu'il compare, ce qu'il défend dans les deux révolutions, la française et la soviétique, n'est plus qu'elles soient philosophiquement comparables. C'est tout simplement qu'elles sont des révolutions. Du coup la Russie lointaine n'est plus le laboratoire d'une aventure particulière, au nom de principes dangereux, hostiles à la démocratie républicaine à la française. C'est la nouvelle patrie d'une expérience de changement radical dont les Français ont donné l'exemple, et où Octobre n'est que la suite quasi naturelle de Février.

Si l'historien républicain se laisse prendre au charme de la comparaison, que dire alors de son rival socialiste ! Aulard et Mathiez se détestent publiquement depuis 1908. Ils sont séparés par une de ces haines féroces de voisinage que nourrit le partage d'un même objet d'études, interprété dans les deux cas « à gauche » ; l'un est radical, l'autre socialiste. L'un a sculpté la statue de Danton, l'autre s'est voué à Robespierre.

Pourtant, quand arrive la guerre de 1914, ils sont en politique moins éloignés l'un de l'autre qu'ils ne l'ont cru. Mathiez se révèle en effet un Français aussi ardent que son aîné. Il écrit des articles patriotiques et même nationalistes, en exaltant le grand précédent jacobin. Il ne cesse d'exhorter le Parlement à plus d'autorité, et la République à une fidélité plus exacte aux jacobins. La révolution russe de Février le plonge dans l'enthousiasme, comme Aulard. Le psychodrame universitaire se poursuit, drapé dans l'histoire universelle. Tandis que son vieil adversaire donne à la Douma de Saint-Pétersbourg l'exemple de Mirabeau et de Danton, Mathiez s'indigne qu'on puisse mettre en avant « ces deux hontes de la Révolution française [1] » et contre-attaque avec son propre panthéon, Robespierre, Saint-Just et Couthon. Octobre trouve son appui fervent, avec la distribution de la terre aux paysans : voici qu'à une phase modérée de la révolution russe succède une vraie phase sociale, sous la direction des bolcheviks-jacobins, contre « le Girondin » Kerenski. Mais le traité de Brest-Litovsk, qui fait sortir la Russie de la guerre, coupe net son enthousiasme, car Mathiez n'a pas plus aimé qu'Aulard cette défection dans la lutte contre le germa-

1. La controverse est analysée par James Friguglietti dans *Albert Mathiez, historien révolutionnaire (1874-1932)*, Société des études robespierristes, 1974 (citation p. 136, note 58).

nisme — preuve qu'il est toujours un bon socialiste jacobin, et pas du tout un léniniste.

Pourtant, trois ans plus tard, à la fin de 1920, il adhère
au Parti communiste français qui naît à Tours. Il
retrouve entier son écart politique avec Aulard, en ralliant la IIIᵉ Internationale. Il a passé l'éponge sur Brest-
Litovsk, qui a sauvé la Révolution sociale des bolcheviks,
et qui n'a pas conduit à la victoire de l'Allemagne. Il
déteste la droite arrogante de l'après-guerre en France, et
la Chambre « bleu horizon » de novembre 1919. Il a
retrouvé avec la guerre civile et l'intervention étrangère
les caractères de l'épopée montagnarde. Il partage, lui, à
la différence d'Aulard, les objectifs révolutionnaires
d'Octobre, il aime l'idée du renversement violent de la
bourgeoisie. Il n'est pas plus marxiste qu'il ne l'a été
avant et qu'il ne le sera après, mais sa haine de Danton et
du bourgeois lui tient lieu de conscience « prolétarienne ». Oublié, le Lénine défaitiste de 1914. Le chef
bolchevique est devenu Robespierre ! Car le plus étonnant dans cette évolution est que Mathiez, quand il en
vient à célébrer la révolution soviétique, ne trouve pas
d'arguments plus forts que de la comparer... à la Révolution française [1]. Il ne discute pas seulement des moda-

1. Témoin les deux articles qu'il publie au début de 1920, l'un
consacré à une comparaison entre bolchevisme et jacobinisme,
l'autre à un parallèle entre Lénine et Robespierre. Le premier, qui
est le plus important, retraite un thème déjà abordé par lui en
novembre 1917, dans un journal de Franche-Comté, et dont on a vu
qu'il est aussi dans l'esprit d'Aulard. Bolchevisme et jacobinisme
sont « deux dictatures, nées de la guerre civile et de la guerre
étrangère, deux dictatures de classe, opérant par les mêmes
moyens, la terreur, la réquisition et les taxes, et se proposant en
dernier ressort un but semblable, la transformation de la société ; et
non pas de la société russe ou de la société française, mais de la
société universelle ». Comme il arrive souvent, les contraintes du
genre comparatif ont entraîné l'historien à des approximations. Car
la dictature bolchevique, effectivement exercée au nom d'une
classe, inscrite depuis longtemps au programme de Lénine, provoque la guerre civile et étrangère plus qu'elle ne les suit ; alors que
celle de l'an II, plus circonstancielle, peu à peu constituée au nom
du salut public, s'instaure dans le contexte d'une guerre civile et
d'une guerre extérieure, et par référence à elles.

lités des deux événements. Il les juge comparables aussi par ce qu'ils ont tous deux d'universel. Il aime que la révolution d'Octobre ait, comme celle de 1789, l'ambition d'émanciper toute l'humanité. Notation profonde, qui touche à la fascination particulière d'Octobre par rapport à Février sur l'opinion publique. Car le renversement du tsar et de l'autocratie n'a été encore qu'un événement russe, mettant l'antique Russie à l'heure européenne, alors que la révolution d'Octobre s'est donné pour objectif la fin du capitalisme et la libération du prolétariat. Lénine, surgissant après Kerenski, n'est pas seulement la Montagne après la Gironde, Robespierre après Brissot. C'est aussi le chef politique par qui la Révolution russe devient universelle, alors que la Révolution française l'avait été dès 1789.

Il y a quelque chose d'extraordinaire et même d'un peu mystérieux dans la facilité avec laquelle a pris, si tôt, cette idée de l'universalisme de la Révolution soviétique. Car si Février est salué le plus souvent comme inévitable, c'est comme une manière de rattraper un jour l'Europe civilisée. La chute du tsar et l'avènement d'une République font partie de ces choses qui se sont déjà produites en Europe, et que le cas si particulier de la Russie fait voir à nouveau. Or, huit mois plus tard, c'est au contraire la transformation de la société universelle que la révolution russe annonce avec Octobre ; voici que la Russie passe du rôle de lanterne rouge à celui d'éclaireur de l'histoire ; et une partie de l'opinion publique européenne la croit bientôt sur parole. L'article de Mathiez permet de comprendre certains des cheminements par où s'opère cette conversion qui n'a rien à voir avec la connaissance des événements. Si l'historien français admire les bolcheviks, c'est parce que ceux-ci imitent la Révolution française, et notamment cette partie de la Révolution française qu'il entoure d'un véritable culte. Ils l'imitent subjectivement, ayant choisi de l'imiter, et objectivement, ayant réussi à l'imiter. Du coup, la révolution russe perd de son excentricité, quels que puissent être ses traits particuliers, et même si elle a signé la malheureuse paix séparée de Brest-Litovsk. Elle accède à la dignité successorale de sœur cadette ou de fille de la Révolution française, dramatique comme son aînée, universelle comme elle, redevenue par analogie familière à l'imagination des intellectuels et des peuples européens.

Universelle, qu'est-ce à dire au juste ? Si l'adjectif implique une parenté philosophique avec la Révolution française, de quelle nature est cette parenté ? Mathiez n'est pas un vrai marxiste, et n'a donc pas dans son arsenal d'idées le concept hégélien de « négation-dépassement » de 1789 par 1917. D'ailleurs, il admire trop Robespierre pour en faire le héros malgré lui d'une révolution bourgeoise ; il ne met rien au-dessus de l'idéal démocratique qu'il déduit des discours de l'Incorruptible. De telle sorte qu'à ses yeux l'universalisme de la révolution russe est de la même nature que celui des Montagnards, dont il est un simple redoublement, une manifestation nouvelle, plus d'un siècle après l'échec de la première : c'est l'universalisme démocratique des Lumières, tel qu'on le trouve dans le *Contrat social*. « En remettant aux soviets toutes les fonctions de l'Etat, écrit Mathiez dans un article de septembre 1920, Lénine espère éviter les inconvénients de la bureaucratie et du parlementarisme, et réaliser autant que possible ce gouvernement du peuple par le peuple qui est pour lui, comme pour Jean-Jacques et pour Robespierre, le propre de la démocratie véritable [1]. »

Rousseau, Robespierre, Lénine : la filiation est doublement extravagante, et par les philosophies qu'elle compare, et parce qu'elle mêle comme interchangeables des idées et des événements ; mais elle montre comment le bolchevisme s'installe au plus profond de la tradition démocratique. Même ses actes les plus dictatoriaux — la dissolution d'une Assemblée élue, l'illégalité devenue système, la terreur comme instrument de pouvoir — peuvent être affectés du signe inverse et mis au bénéfice

---

1. Cité par James Friguglietti, *Albert Mathiez...*, op, cit., p. 165. L'article est paru dans *Le Progrès civique*, 11 et 18 septembre 1920.

de ses intentions démocratiques, puisqu'ils ont des précédents dans la Révolution française. Le retard russe sur
l'Occident a fait que Lénine et ses amis ne s'attaquent à
leur ancien régime que plus de cent ans après les Français ; mais ils le font avec la même violence, les mêmes
méthodes, et au nom des mêmes valeurs que les jacobins
de 1793. La particularité russe ne tient qu'à ce décalage
dans le temps : autant dire qu'elle est facilement réduite
par le discours de la répétition historique, qui donne aux
bolcheviks le bénéfice de l'universalisme jacobin.

L'interprétation de Mathiez prend appui sur des citations de Lénine, qui n'a jamais été avare de la comparaison avec les révolutionnaires de l'an II. Et on n'aurait
aucun mal à montrer à quel point l'exemple français est
présent à l'esprit des acteurs de la révolution bolchevique ; c'est tout particulièrement vrai à partir de l'été
1918, quand se met en place l'appareil de la terreur
rouge, après la rupture finale avec les socialistes-
révolutionnaires[1]. Mais l'analogie efface pourtant un
trait de la révolution russe qui n'a pas d'équivalent dans
la Révolution française, à savoir l'irruption, dans le
cours des événements, d'un parti qui procède à une
confiscation absolue du pouvoir au nom de principes
inverses à ceux des débuts de la Révolution. L'argumentation de Mathiez assimile le 10 août 1792 ou le 31 mai-
2 juin 1793 français (déjà cette hésitation sur les dates est
significative) à l'« Octobre » russe. Comme si le Club des
jacobins était identique au Parti bolchevique. Comme si
la réglementation économique par l'Etat au nom du
salut public pouvait être assimilée à l'interdiction de la
propriété privée des usines. Comme si les esquisses de
programme social de la Convention étaient comparables
à l'expropriation de la bourgeoisie au nom de la classe
ouvrière... La liste des « comme si » pourrait être interminable !

Elle traduit en réalité deux choses. D'abord l'obsession, chez l'historien français, de la tradition révolution-

---

1. Dmitry Shlapentokh, « The Images of the French Revolution
in the February and Bolchevik Revolutions », *Russian History*, 16,
n° 1 (1989).

naire nationale, qui l'absorbe tant qu'elle lui fait voir par réfraction toute l'histoire. Ensuite et surtout, l'ignorance où il se trouve du léninisme, qui est un corps de doctrine constitué : car en même temps que le leader bolchevique s'est réclamé souvent du précédent jacobin, pour dire qu'il en imiterait volontiers la violence et le jusqu'au-boutisme, il n'a cessé de dénoncer le mensonge de l'universalisme démocratique, même sous sa forme révolutionnaire. Il a construit au fil des ans, à force d'excommunications, une petite avant-garde de militants, censément porteurs des lois de l'histoire, et supposés être, sous sa direction, les interprètes et les agents uniques de la dictature d'une classe sociale embryonnaire. Il a inventé le parti idéologique à fidélité militaire, mêlant à doses fortes l'idée d'une science de l'histoire d'une part, celle de la toute-puissance de l'action de l'autre, et promettant ainsi aux initiés le pouvoir absolu au prix de leur obéissance aveugle au Parti. Autant d'éléments qui font du moment où le pouvoir lui échoit, plus par accident que par nécessité, une rupture dans le cours de la révolution russe, et dans l'histoire européenne. Loin d'être une répétition, Octobre 1917 est une pure nouveauté. Les traits que l'événement a en commun avec la dictature jacobine (le fait d'avoir été couvé par une révolution antérieure, l'établissement d'un pouvoir exercé par une petite oligarchie militaire sur un peuple terrorisé, enfin le déploiement d'une violence sans règles contre les adversaires) masquent sous la comparabilité des situations des pouvoirs révolutionnaires qui ne se ressemblent guère.

L'avenir d'ailleurs le montrera, puisque le Parti bolchevique va garder soixante-quatorze ans le pouvoir absolu dans l'ancienne Russie des tsars, alors que Robespierre et ses amis n'ont véritablement « régné » sur la France révolutionnaire que pendant quatre mois [1]. La comparaison avec la Révolution française deviendra

---

1. Entre l'exécution des dantonistes et la chute de Robespierre, soit entre le 3 avril et le 27 juillet 1794.

ainsi de plus en plus intenable au fur et à mesure que la
dictature du parti de Lénine s'avérera plus interminable.
Pourtant, elle ne cessera jamais. On la verra réapparaître, en dépit de son absurdité croissante, comme élément
d'interprétation ou de justification des événements
soviétiques. La N.E.P. évoquera Thermidor, bien que la
nouvelle politique économique ne touche en rien à la
nature de la dictature, alors que le Thermidor français
tire tout, à commencer par son nom, de la chute de
Robespierre et de la fin de la Terreur [1]. Les purges des
années trente opérées par Staline dans le Parti bolchevique au nom de la lutte contre les complots contre-
révolutionnaires seront comparées à la liquidation des
hébertistes et des dantonistes [2], comme si ces « complots » recevaient une crédibilité supplémentaire d'avoir
été mis en scène d'abord par les robespierristes ; l'argument sera repris pour justifier les grands procès des
années cinquante dans les « démocraties populaires » de
l'Europe centre-orientale. En règle générale, le précédent de la Révolution française, et plus spécifiquement
de sa période jacobine, a servi depuis 1917 d'absolution
générale à l'arbitraire et à la Terreur qui ont caractérisé
toute l'histoire soviétique, avec des intensités variables
selon les périodes.

Cet usage intéressé du passé s'est d'ailleurs accompagné d'un gauchissement constant, au long du siècle, de
l'histoire de la Révolution française elle-même, de plus
en plus accaparée par des spécialistes communistes ou
communisants : puisque le plus important de l'événement français était, caché en son cours, ce qui annonçait
son dépassement ultérieur, dès lors son vrai centre
n'était plus 1789, mais 1793 ; non plus les droits de
l'homme et l'élaboration d'une Constitution, mais la
situation sociale et politique des classes populaires et la
dictature de salut public. Mathiez a montré la voie, mais
n'est pas allé jusqu'au bout. Il a tenu encore la balance
égale entre l'universalisme jacobin et l'universalisme

---

1. Tamara Kondratieva, *Bolcheviks et jacobins*, Bibliothèque historique Payot, Payot, 1989.
2. Voir *infra*, p. 390-391.

bolchevique. Après lui, la Révolution française reste prisonnière de sa condition bourgeoise, qui lui permet tout au plus, dans sa période la plus « avancée », des « anticipations » de ce qui la suivra. Elle annonce l'émancipation des hommes sans pouvoir l'entreprendre vraiment. De cette promesse abandonnée, Octobre 1917 est l'héritier, cette fois pour l'accomplir, puisque la bourgeoisie vaincue ne vient plus se mettre au travers des conquêtes du peuple. Ainsi l'ordre successif des deux révolutions dévoile-t-il le travail de l'histoire, au bénéfice de l'événement russe. Les jacobins ont eu des anticipations, et les bolcheviks des ancêtres. A la faveur de cette dévolution imaginaire, l'Union soviétique de Lénine s'est installée au poste de pilotage du progrès humain, dans la place que lui a gardée toute chaude, depuis la fin du XVIIIe siècle, la France de la Révolution.

Je ne crois pas qu'il existe avant notre siècle d'autres exemples de cette promotion subite d'une nation, dans l'imagination des hommes, de la situation de pays arriéré au statut d'Etat phare. Par contre, il en existe plusieurs en notre siècle. Quand les révélations de Khrouchtchev auront terni l'image de l'Union soviétique, la Chine de Mao la relaiera un moment dans ce rôle, pour ne rien dire de Cuba sous Castro. Cette cascade de modèles lointains n'exprime pas seulement le rétrécissement de l'espérance révolutionnaire au long du siècle. Sa constance et sa durée, sa survie aux démentis de l'expérience, en disent aussi la profondeur. Privé de Dieu, notre temps a divinisé l'histoire comme un avènement de l'homme libre. De cette histoire devenue sinon un substitut du salut, du moins le lieu de la réconciliation de l'homme avec lui-même, la révolution d'Octobre a été le moment mythologique par excellence.

Il n'est pour s'en persuader que de voir avec quelle rapidité Octobre a éclipsé Février, et avec quelle lenteur le mythe d'Octobre a cédé devant l'expérience des faits. A l'origine, en effet, les événements d'Octobre sont imbriqués dans ce qui a commencé avec la chute du tsar huit mois auparavant : Mathiez par exemple l'entend bien ainsi, qui compare Kerenski à un « Girondin » et Lénine à Robespierre. Pourtant, la République de Février perd bientôt de son importance relative au bénéfice de la prise du pouvoir par les bolcheviks, ou mieux elle est presque absorbée par ce qui l'a suivie, coincée entre Nicolas II et Lénine, au point de perdre toute identité historique. A se placer au contraire à l'autre extrémité de la même histoire, dans les décennies où le rayonnement d'Octobre décline avant de disparaître, c'est-à-dire depuis Khrouchtchev, la révolution des bolcheviks survit longtemps dans l'imaginaire de la gauche occidentale à la détestation dont elle est l'objet chez les peuples qui en ont subi les conséquences. Sursis qui s'alimente à un redécoupage historique comparable en aval à celui qui a effacé la révolution de Février en amont : il suffit de séparer Lénine de Staline pour réinventer un Octobre purifié. Le procédé est si tentant qu'on ne jurerait pas qu'il ne resservira pas demain à la réanimation posthume d'une mythologie « soviétique ».

Car la force de cette mythologie est d'être adossée, dès sa naissance, à un précédent, et de concilier ainsi les privilèges de l'absolument neuf avec les habitudes mentales d'une tradition.

Privée de la référence française, la révolution d'Octobre eût conservé beaucoup de son étrangeté objective. Elle a certes l'avantage de s'inscrire dans un contexte où bien des anciens combattants de la guerre s'interrogent après coup sur le sens de tant de souffrances consenties. Le défaitisme léniniste d'août 1914, qui a été à contrecourant pendant les années de guerre, peut toucher d'importants secteurs de la gauche européenne après 1918. D'ailleurs, le Parti bolchevique se pense lui-même comme le détachement d'avant-garde de la révolution mondiale, et rien de plus. Lénine et Trotski n'imaginent pas, à l'époque, que leur pouvoir puisse survivre longtemps s'il n'est pas relayé par la classe ouvrière européenne ; ils ont les yeux fixés sur l'Allemagne. Pourtant, ni l'interrogation sur le sens de la guerre ni l'appel à la révolution universelle n'eussent suffi à enraciner le bolchevisme à l'Ouest dans de larges couches de l'opinion.

La Russie est loin de l'Europe. La révolution d'Octobre est doublement excentrique, géographiquement et chronologiquement. Elle succède au renversement du tsarisme, qui a exprimé cette distance : c'est la dernière des monarchies absolues qui a été renversée au début de l'année 1917. Comment penser qu'à un événement symbole du retard russe succède, tout juste quelques mois après, au même endroit, un autre événement qui préfigure l'avenir de l'Europe et du monde ? Les marxistes, Kautsky en tête, ont été les premiers à dénoncer l'invraisemblance d'une pareille ambition, au regard de leur conception de l'histoire. Proclamer la vieille Russie, à peine sortie de l'autocratie, patrie de la classe ouvrière internationale, c'est le monde à l'envers.

Tout change pourtant si on regarde Octobre à la lumière du cours de la Révolution française. En apprivoisant l'inconnu avec du connu, on réintègre d'abord l'histoire russe dans la matrice occidentale, ce qui permet d'en oublier ou d'en conjurer les pesanteurs. Révolution, contre-révolution, partis, dictature, terreur, économie dirigée, autant d'idées abstraites qui fonctionnent comme des équivalences. Octobre après Février, c'est la Montagne après la Gironde : la dissolution de l'Assemblée constituante par les bolcheviks prend des allures d'évidence, si on se reporte à la purge de la Convention le 2 juin 1793. Il s'agit plus de contraintes de situation que d'une démonstration de doctrine. Ainsi va le raisonnement analogique, qui débarrasse l'historien, et l'opinion après ou avec lui, de l'examen du particulier, à la fois dans les événements et dans les intentions des acteurs. Il leur donne encore un privilège plus extraordinaire, qui consiste à abolir le poids du passé dans l'analyse de l'une et l'autre des révolutions. Si elles sont en effet si comparables, qu'importent les « anciens régimes » qui les ont précédées !

Constitutive de l'idée révolutionnaire, l'illusion de la « table rase » aide aussi à l'universaliser. Elle exprime le « constructivisme » spontané de l'opinion à l'époque démocratique, sa tendance à imaginer le social comme un produit de la volonté ; elle dit le refus de la tradition, l'obsession du présent, la passion de l'avenir. Sa force déborde ce que Lénine dit, ce qu'il veut, ce qu'il peut. Elle l'enveloppe dans la séduction d'une autre histoire du grand recommencement, celle des Français, qui a fait rêver toute l'Europe du XIXᵉ siècle. Il importe peu que le chef bolchevique soit un doctrinaire de la dictature d'un seul parti, déteste le suffrage universel et le régime représentatif, croie au communisme comme à la société future déduite d'une science de l'histoire ; et moins encore qu'il soit un populiste autant qu'un marxiste, et doive peut-être plus à Tchernichevski qu'à Marx. Car l'abolition du passé opérée par la révolution l'a libéré du même coup, lui aussi, des déterminations particulières du passé russe. La gauche européenne voit la révolution russe de 1917 moins comme russe que comme révolutionnaire ; de là vient, plus que du marxisme, ce qui est ressenti comme son universalité.

Voilà pourquoi c'est Octobre, et non Février, qui parvient à bénéficier de ce privilège. Le renversement du tsarisme en février est encore un phénomène local, le dernier épisode de ce rattrapage de l'Occident qui est une des obsessions russes depuis Pierre le Grand. Le grand pays à demi barbare, resté sous la botte d'un souverain d'Ancien Régime, se met à nouveau à l'heure de l'Europe. Il n'invente pas une histoire nouvelle, il se hausse jusqu'à une histoire connue [1]. Allié aux démocraties parlementaires de l'Ouest, en guerre à leurs côtés contre l'Allema-

---

1. Dans cet ordre d'idées, on ne peut manquer de réfléchir à ce passage du *Contrat social*, où Rousseau s'interroge sur le caractère de l'œuvre de Pierre le Grand, et sur le penchant russe pour l'emprunt et pour la copie : « Les Russes ne seront jamais policés, parce qu'ils l'ont été trop tôt. Pierre avait le génie imitatif ; il n'avait pas le vrai génie, celui qui crée et fait tout de rien. Quelques-unes des choses qu'il fit étaient bien, la plupart étaient déplacées. Il a vu que son peuple était barbare, il n'a point vu qu'il n'était pas mûr pour la police ; il a voulu le civiliser quand il ne fallait que l'aguerrir. Il a d'abord voulu faire des Allemands, des Anglais, quand il fallait commencer par faire des Russes ; il a empêché ses sujets de devenir jamais ce qu'ils pourraient être, en les persuadant qu'ils étaient ce qu'ils ne sont pas » (livre II, chap. 8).

gne depuis 1914, il trouve dans sa révolution démocratique des justifications supplémentaires à sa politique extérieure. La France et l'Angleterre saluent de leur côté la nouvelle République comme la dernière venue sur une route qu'elles ont balisée. Février est bien encore une révolution russe.

Qu'Octobre soit une autre affaire, c'est ce que montrent non seulement le décret sur la terre aux paysans, mais la volonté des bolcheviks de sortir de la guerre, et bientôt Brest-Litovsk (mars 1918). D'un côté, Lénine ferme la révolution russe en confisquant le pouvoir en quelques mois ; de l'autre, il en ouvre une nouvelle contre la bourgeoisie au nom du bolchevisme. Discontinuité fondamentale qui est masquée à Aulard [1] et Mathiez par la comparaison avec la Révolution française. Pour les deux grands historiens français, Lénine est moins l'inventeur d'un régime social inédit que l'homme politique le plus à gauche d'une révolution démocratique commencée huit ou neuf mois plus tôt. Il incarne moins une doctrine neuve que la fidélité au cours de la révolution, donc à l'idée révolutionnaire elle-même.

De là vient son universalité, la même que celle de Danton, ou celle de Robespierre. Il est l'homme par excellence de cet *esprit* qui a habité la France dans ces années extraordinaires et qui a réapparu en Russie en 1917 : de cet esprit qu'on nomme faute de mieux « la révolution ». Le définir avec précision est difficile, presque impossible, puisqu'il n'a pas de point fixe ou d'aboutissement clair, comme dans l'histoire américaine, et qu'il ne s'incarne que dans un insaisissable flux d'événements. En effet, la Révolution française n'a jamais été qu'une succession de « journées » et de batailles autour d'une seule idée : que le pouvoir soit au peuple, principe unique et incontesté, mais incarné dans des hommes et dans des équipes qui s'en approprient tour à tour la légitimité, sans jamais pouvoir l'inscrire dans des insti-

---

1. En 1918-1920 à tout le moins. Dans ses interventions postérieures à 1920, Aulard reconnaîtra cette discontinuité, et opposera la Révolution bolchevique à la Révolution française, au bénéfice de la seconde. Celle-ci a instauré la démocratie, l'autre la dictature.

tutions durables. En sorte que sa vérité finit par être dite en 1793, sous la dictature montagnarde, par la formule que le gouvernement de la Révolution est « révolutionnaire ». Tautologie qui exprime aussi bien que possible la nature exceptionnelle de ce pouvoir sans règles, et pourtant plus légitime que s'il était légal. Là est le mystère de fascination qui auréole le pouvoir bolchevique plus de cent ans après le pouvoir jacobin.

La révolution n'est donc pas seulement un mode privilégié du changement, un raccourci pour aller vers l'avenir. C'est à la fois un état social et un état des esprits, où s'opère le dévoilement des abstractions juridiques au service des puissants par la dictature du peuple réel, au-dessus des lois puisque origine des lois. De là vient qu'elle a tant d'ennemis, et des ennemis si forts ; et qu'elle n'en finit pas de les réduire. L'heure de la loi ne sonne jamais, sauf à être aussi celle de la « réaction », comme en Thermidor. Les bolcheviks, en 1920, en sont encore à Robespierre : si, comme événement, la révolution ne peut être qu'un *cours*, sans jamais avoir de fin consentie, comment ne pas voir qu'ils continuent à en illustrer l'esprit, contre leurs ennemis de l'intérieur et de l'extérieur ? Les révolutionnaires de 1793 en France avaient voulu eux aussi être fidèles aux promesses de l'égalité démocratique, descendre du politique au social, instituer une société où l'individu des intérêts et des passions égoïstes eût cédé le pas au citoyen régénéré, seul acteur légitime du contrat social. Cette intention avait été leur seul titre au pouvoir, mais quel titre ! Eminent, autosuffisant, supérieur à toute Constitution. Voici que Lénine en avait recueilli l'héritage, qui le mettait du coup aux prises avec les mêmes ennemis. Voici qu'il se trouvait, comme les Français de 1793, dans la situation révolutionnaire par excellence, tout entier possédé par la passion de poursuivre l'interminable émancipation des hommes, et menacé par ceux qui voulaient au contraire l'empêcher, ou simplement la retarder.

Pour filer la comparaison entre 1793 et 1917, nul besoin, par conséquent, d'instaurer un ordre hiérarchique entre les deux événements, et de croire celui d'après supérieur à celui d'avant. Que la révolution communiste soit vraiment universelle, réellement émancipatrice, à l'inverse de la révolution bourgeoise, c'est ce que dit Lénine. Que la première « accomplisse » enfin les « anticipations » de la seconde, ce sera plus tard la thèse de l'historiographie marxiste-léniniste, un peu partout dans le monde. Mais à Aulard, en 1918, il suffit que la Russie bolchevique des années 1918-1920 « ressemble » à la France de 1793 ; et à Mathiez que Lénine réincarne Robespierre. L'un n'est pas du tout communiste, c'est un républicain bon teint. L'autre s'inscrit au jeune Parti communiste français dès sa fondation, mais n'y restera pas, très vite allergique au centralisme dictatorial de la IIIe Internationale. A ses yeux, la Révolution soviétique a donc tourné court, comme avant elle la Révolution française. Mais les deux événements ne conservent pas moins en commun ce caractère grandiose d'avoir été des révolutions.

On peut donc aimer « Octobre » sans être communiste. Même cesser d'être communiste et continuer à aimer « Octobre ». Grâce à Lénine, la révolution russe a été arrachée à son étrangeté russe, réunie au précédent jacobin, réintégrée dans l'histoire universelle. 1793 n'avait pas fait oublier 1789, mais Octobre a effacé Février. Dans le premier cas, les deux grands épisodes de la Révolution française n'ont cessé d'être remémorés et retraités à la fois comme distincts et comme formant la trame du même événement. L'analyse de leur interdépendance et le jugement sur leur portée respective ont été au centre des interprétations. Rien de pareil dans le second cas : Octobre relègue Février dans sa particularité russe, et accapare à son profit l'universalisme révolutionnaire. Le succès de cette confiscation n'est pas dû seulement au but que se propose Lénine, qui est de construire une société nouvelle, et aux appels multipliés à la solidarité internationale des prolétariats. Comme le montrent les réactions de la gauche intellectuelle en France, il tient aussi à ce que la Russie bolchevique d'Octobre, par le relais jacobin, s'installe dans l'héritage de la Révolution française, resté ouvert depuis Thermidor. Paradoxalement, c'est au moment même où Lénine casse la Constituante, liquide toute opposition, insulte ses critiques sociaux-démocrates, dénonce le pluralisme politique, instaure l'arbitraire de la Terreur qu'il prend place dans la tradition démocratique de l'Europe continentale, via 1793. Mais ce paradoxe a été celui de Robespierre avant lui.

Toute seule, l'idée léniniste n'eût pas pénétré aussi profond dans l'opinion de gauche de l'époque : elle est, elle restera étroite, fanatique, presque primitive. Mais en croisant l'idée jacobine, elle acquiert par fusion sa force mythologique en même temps que sa crédibilité « bourgeoise ». Cette capacité de synthèse est l'un des secrets de son aptitude à survivre aux catastrophes qu'elle provoquera en traversant le siècle.

*

Reste à considérer la révolution d'Octobre dans ce qui lui appartient en propre.

En effet, ce formidable supplément au chapitre des révolutions n'entre pas toujours facilement dans l'héritage qui lui sert de moule. Il prend forme plus d'un siècle après, dans un autre pays, en d'autres circonstances. Il s'orne d'un drapeau tout neuf, celui du prolétariat victorieux. Le legs de la Révolution française était riche, varié, diffus, comme la démocratie elle-même : de là les appropriations si diverses dont il a été l'objet. L'attraction de la révolution d'Octobre implique une fidélité plus étroite : ce qui rend son universalité plus extraordinaire, mais aussi plus problématique. Des bourgeois peuvent la reconnaître. Mais des marxistes peuvent la contester.

A peine le bolchevisme a-t-il fait son entrée dans l'histoire qu'il déborde de toutes parts les circonstances singulières de sa victoire dans l'ancien Empire des tsars. Inconnu hier, il emplit le monde de sa promesse, depuis Octobre 1917, renouvelant plus d'un siècle après le mystère d'universalité de 1789. Encore le message de la Révolution française s'était-il arrêté longtemps aux frontières de l'Europe. Celui de la révolution russe passe très vite au-delà, en vertu d'un privilège d'extension qu'il conservera au long du siècle. Théorie ésotérique avant 1914, le marxisme de Lénine constitue très vite un vaste système de croyance, mobilisant des passions extraordinaires chez les adeptes et chez les adversaires : comme si la révolution la plus excentrique de l'Europe possédait à travers son corps d'idées un pouvoir de séduction si général qu'elle était capable de toucher par son exemple, au-delà de l'Europe et des Amériques, des humanités où ni le christianisme ni la démocratie n'avaient jamais pu vraiment pénétrer.

Cette bénédiction donnée par l'histoire à un événement qui n'en méritait pas tant est due pour une grande part à la conjoncture exceptionnelle de 1917-1918. Octobre 1917 à Petrograd a couronné l'année où se sont fait jour les premières manifestations collectives des soldats contre la guerre. Signal d'émancipation des peuples par rapport à la fatalité du massacre mutuel, la révolution russe de l'automne a fait ce que les hommes de Février n'ont pas osé faire : rendue inévitable par des paysans-soldats beaucoup plus que par la « classe ouvrière », elle a retourné la guerre contre la guerre, et les hommes de 1918 contre leurs souvenirs de 1914. Ainsi reçoit-elle son éclat le plus vif de l'éclat de la tragédie qui l'a précédée : le pays le plus primitif de l'Europe montre la voie aux pays les plus civilisés de l'Europe, dont il n'a cessé d'imiter l'histoire, sans avoir pu trouver jusque-là une occasion de la précéder. Bref, à l'idée révolutionnaire, inséparable depuis 1789 de la démocratie, le bolchevisme victorieux offre le prestige supplémentaire de la paix et de la fraternité internationale.

La Révolution française, elle aussi, s'était réclamée du genre humain et de la paix universelle. Mais elle avait fait la guerre, elle avait conduit ses armées au-delà de ses frontières ; elle avait fini même par mettre à sa tête un pur conquérant, le plus glorieux de ses soldats. D'ailleurs, ses héritiers au XIXe siècle, en Europe et en Amérique latine, avaient aimé son legs national plus encore que son enseignement de liberté. Et les canons d'août 1914 avaient un peu partout en Europe, au propre et au figuré, enterré la liberté au nom de la patrie. Les bolcheviks l'avaient prédit ; ils n'avaient pas cédé au courant. Du conflit, ils offraient en plus une explication, tirée des contradictions du capitalisme, cette réalité ultime, cachée sous les figures jumelles de la démocratie et de la nation. Aussi leur internationalisme n'apparaissait-il pas après coup comme une simple déclaration de principe, mais comme une stratégie d'action finalement victorieuse : Octobre avait lié comme une gerbe la révolution et la paix.

Sans doute la révolution russe n'a-t-elle pas tiré ces bénéfices de rayonnement dès 1917, au moment où elle a eu lieu. En février, les opinions publiques ont réagi un peu comme les chancelleries. Du côté allié, partagées entre la satisfaction de voir tomber le dernier des « anciens régimes » et la crainte que les armées russes ne fassent défection ; avec des sentiments inverses du côté allemand, qui a intérêt désormais au maximum d'anarchie du côté russe, et apporte sa contribution au « défaitisme révolutionnaire » de Lénine. En octobre, la saisie du pouvoir par les bolcheviks avive ces craintes et ces calculs. La Russie est entrée dans l'inconnu, et elle signe bientôt la paix avec les Allemands à des conditions incroyablement dures. Mais pourtant la petite secte léniniste a devancé un vaste mouvement d'opinion, sensible depuis 1917, notamment à travers les mutineries dans l'armée française, et qui s'épanouit à l'automne 1918 : la fin de la guerre aiguise chez les survivants la conscience rétrospective de leurs souffrances et sème le doute sur le sens de leurs sacrifices. Elle donne après coup à la stratégie radicale de Lénine, si peu suivie, et même si peu comprise, en août 14, le retentissement immense du pacifisme, sentiment plus naturel que l'enthousiasme guerrier aux peuples démocratiques. De ce fait, la paix de Brest-Litovsk, signée en mars 1918, cesse bientôt d'être une défection bolchevique pour apparaître comme la première annonce de la fin du conflit. Parce qu'elle a voulu faire la paix à tout prix, comme sa première tâche, la révolution d'Octobre révèle et incarne par excellence le profond travail par lequel les peuples sous les armes ont fini par interroger la guerre sur ses raisons. La Russie communiste est ainsi devenue un des pôles de la conscience européenne.

Elle est aussi, plus que jamais, dans l'histoire européenne. Car elle ne se voit pas d'avenir en dehors d'une extension victorieuse des soviets d'ouvriers et des soldats au-delà de ses frontières, et d'abord dans l'Allemagne vaincue. Immense différence avec les révolutionnaires français de 1789 : les hommes d'Octobre 1917 n'imaginent pas le succès de leur entreprise en dehors d'un relais venant d'ailleurs. Lénine, Trotski, les hommes du Parti bolchevique n'aperçoivent pas de succès durable sans le passage dans leur camp du plus grand pays d'Europe, qui est aussi la patrie de Karl Marx. L'idée allemande n'est pas à leurs yeux une hypothèse, un vœu, ou seulement une stratégie ; c'est à la fois une certitude et une nécessité de survie. Commencée en Russie, au point le plus faible du système de l'impérialisme, la révolution prolétarienne est condamnée à terme si elle ne s'étend pas aux peuples européens rescapés de la guerre impérialiste, les vaincus en premier lieu. Lénine ne doute pas que le sort d'Octobre 17 se joue hors de Russie, avec l'engagement politique total de la Russie communiste. Rien à cette époque ne lui eût paru plus étrange, et plus absurde, que l'idée de fonder une stratégie durable sur le « socialisme dans un seul pays ».

A cette disposition transnationale des forces, les puissances victorieuses de la guerre apportent d'ailleurs leur contribution par le soutien qu'elles offrent dès la fin de 1918 aux armées contre-révolutionnaires qui se sont mobilisées dans l'ancien Empire des tsars [1]. Guerre dite

1. Dans un premier temps, l'attitude des Alliés envers les bolcheviks est subordonnée aux impératifs de lutte contre l'Allemagne. Des contingents symboliques sont envoyés à Mourmansk, Arkhangelsk et Vladivostok pour renforcer le blocus. A partir de l'été 1918, ils aident sous conditions l'amiral Koltchak en Sibérie et le général Denikine en Russie méridionale. La capitulation allemande modifie la situation, mais aucune politique cohérente n'est décidée. Comme G. Clemenceau, W. Churchill est partisan d'une intervention tandis que Lloyd George penche pour la négociation. Un coup d'arrêt est donné à l'intervention française à Odessa et sa région

d'« intervention » qui n'est jamais conduite avec assez
d'esprit de suite pour être victorieuse, mais suffit à donner corps à l'idée de la bipolarisation de l'Europe d'après-
guerre, en y ranimant des souvenirs : révolution et
contre-révolution s'affrontent une fois encore à travers
l'Europe entière, comme au temps de la Révolution française. Mais les peuples de 1918 détestent la guerre, dont
ils sortent tout juste ; ils ne sont pas à l'unisson de ces
Français de 1792, qui sont partis à la croisade. De là vient
que l'intervention alliée en Russie est frappée d'un discrédit particulier, comme déshonorée d'avance, et
conduite le plus possible à l'insu des opinions publiques.
Le drapeau de la paix sous lequel s'est produite la révolution d'Octobre continue à protéger même l'action de
l'Armée rouge contre les troupes blanches, qu'elles
soient autochtones ou étrangères. Par leur ingérence, les
puissances victorieuses montrent une nouvelle fois la
pente qui mène le capitalisme à la guerre. Elles offrent
une vérification supplémentaire à la théorie de l'impérialisme selon Lénine.

Ainsi les années de l'immédiat après-guerre se
passent-elles, entre 1918 et 1921, sous le signe du bolchevisme, qui pourrait s'écrire ainsi : de la guerre à la
révolution. Devise radicale, qui peut mettre en avant un
modèle à chérir et à imiter, et qui croise par là même les
attentes de millions de soldats rescapés. Elle leur donne
un point de cristallisation. C'est dans l'Allemagne vaincue qu'on peut en observer le plus clairement les effets :
dans cette Allemagne de Guillaume II où, comme dans la
Russie de Nicolas II, *mutatis mutandis*, les prodromes de
la défaite militaire amènent à l'automne 1918 des révoltes de marins et de soldats, suivies très vite de la désagrégation de l'armée et du Reich impérial. La capitulation de novembre plonge la nation dans l'anarchie. Elle
paraît faire revivre la situation russe de l'année précé-

(environ quarante-cinq mille hommes) lors des mutineries de
la flotte en mer Noire (avril 1919). En septembre, Arkhangelsk
puis Mourmansk sont évacuées, à l'été les Britanniques quittent le
Caucase.

dente, et mettre à l'ordre du jour une révolution conduite par des groupes de l'extrême gauche socialiste, au nom de conseils d'ouvriers et de soldats. Les choses ne tournent pas dans ce sens, du fait de la radicalisation du camp adverse, regroupant l'état-major et le gros de la social-démocratie. Mais par ce premier surgissement, la révolution allemande s'est avérée l'horizon de la révolution russe. D'un peu partout naissent d'ailleurs en Europe des promesses de subversion, dans la Hongrie de Béla Kun, dans l'Italie des conseils d'usine, même dans la France victorieuse, où les Soviets ont trouvé un écho dans l'ultra-gauche syndicaliste et politique. Le ressentiment contre la guerre, passé au filtre d'Octobre 1917, a donné un formidable élan à la révolution anticapitaliste.

Cet élan est si visible, touchant à doses diverses pays vaincus et vainqueurs, qu'il doit être inscrit au chapitre des conséquences générales de la guerre sur l'état des esprits. La hantise de cette guerre est d'autant plus forte que les armes se sont tues, selon l'espèce de loi qui veut que les peuples ne combattent jamais tant les catastrophes qu'après y avoir consenti ; une fois que celles-ci ont dévoilé leurs méfaits, le souvenir d'y avoir participé prend la forme du : jamais plus ! Et c'est dans ce « jamais plus » que la révolution d'Octobre trouve son audience, joignant à la force d'un espoir l'obsession d'un remords. L'interminable guerre elle-même a porté les esprits à la révolution, à la fois par l'accoutumance à la violence absolue et les contraintes de la soumission militaire. Mais elle les y a conduits aussi par un chemin plus secret : celui du retour sur soi. Des millions de soldats rendus à la vie civile sont pris dans le remords collectif d'avoir fait ou laissé faire août 14.

C'est tout particulièrement vrai de ceux qui votaient socialiste, électeurs ou militants fidèles à une Internationale qui avait à son programme, dans les années d'avant 1914, d'empêcher la guerre par l'action internationale des ouvriers. Or la guerre avait éclaté, accompagnée non pas de la grève générale, mais de l'Union sacrée. Ce ralliement de fait, qui ouvrait un abîme doctrinal et politique à l'intérieur de la IIᵉ Internationale, ni Zimmerwald

(1915), ni Kienthal (1916) [1] ne l'avaient effacé. Les deux réunions avaient rassemblé les petits noyaux de militants restés fidèles aux résolutions de la IIe Internationale, sans parvenir à mobiliser des forces autour de ces engagements passés, témoins d'une autre époque. De l'Union sacrée, c'est Octobre 1917 qui constitue le démenti massif, évidence difficile à réfuter par les chefs socialistes : la victoire de la révolution prolétarienne a été trouvée dans une lutte contre la guerre.

Il y a bien dans ce constat quelque chose de fallacieux : car s'il est vrai que l'ancien régime russe s'est avéré incapable de conduire la guerre, et s'est désagrégé devant l'épreuve, il ne s'ensuit pas que s'y est substituée une révolution « prolétarienne » : de fait, la Russie n'est pas la terre d'accueil la plus vraisemblable d'un événement de ce type. Mais ce qui le donne à croire, en dehors de la parole de Lénine, c'est la séquence Février-Octobre, qui ressemble à une dévolution du pouvoir en deux temps, de la bourgeoisie au prolétariat, et c'est la rupture avec les Alliés de l'Occident capitaliste, la paix de Brest-Litovsk. Dans le premier de ces traits, la gauche européenne retrouve en raccourci, ou plutôt en accéléré, les périodes de l'évolution historique que sa formation doctrinale lui a rendues familières. Avec le second, elle retombe sur les résolutions solennelles d'avant 1914, de la IIe Internationale, donc sur sa foi jurée. Dans les deux cas, l'événement d'Octobre constitue des retrouvailles avec sa tradition. Son étrangeté géographique et historique est gommée par ce qu'il rend de crédibilité au corps d'idées socialiste, mis à mal en août 14. La guerre a donné au maximalisme bolchevique les avantages inattendus de l'orthodoxie et de la continuité.

Aussi bien est-ce cette familiarité paradoxale qui dis-

---

1. La conférence de Zimmerwald (5-8 septembre 1915) rassemble les socialistes partisans de la paix « sans annexion, ni indemnités », alors très minoritaires dans les différents partis socialistes. Présent, Lénine défend l'idée de la création d'une nouvelle Internationale. La seconde conférence des « minoritaires » a lieu à Kienthal les 24-30 avril 1916. Lénine y préconise le retrait des socialistes de tous les gouvernements et le refus des crédits militaires.

pense la révolution russe de la charge de la preuve. Que celle-ci ait eu lieu, à l'époque où elle a eu lieu, c'est assez pour confirmer sa nécessité, inscrite noir sur blanc dans les vieilles résolutions de la IIe Internationale. Qu'importent l'endroit et les conditions où elle s'est produite ? Si tant d'hommes se tournent vers elle à l'heure où la paix leur rend la liberté de corps et d'esprit, c'est moins pour sa réalité particulière que parce qu'elle leur restitue le lien, brisé par la guerre, entre leur tradition et leur imagination du futur. La révolution prolétarienne était bien nécessaire, puisqu'elle a eu lieu ; c'est dans ce constat naïf, éclairé par un regard rétrospectif sur la trahison de 14 et les souffrances de la guerre, que le bolchevisme inscrit non seulement sa victoire sur le social-démocrate, mais son rayonnement dans l'Europe de 1918.

Dès cette époque, la magie du phénomène soviétique est donc d'exercer un pouvoir d'attraction puissant sur les imaginations, indépendamment de la réalité du régime. De ce que son plus grand titre à passionner les hommes a été d'avoir lieu, et de ce que sa seule durée lui a conféré si vite un statut presque mythique, la révolution d'Octobre échappe à l'observation et à l'étude, objet seulement d'amour et de haine. Car Dieu sait qu'elle est aussi détestée, attaquée, vilipendée. Mais ces paniques réactionnaires portent avec elles leur contrepoison : dans la virulence de ses adversaires, les admirateurs de la Russie soviétique voient encore une confirmation de leurs sentiments. L'idéologie marxiste-léniniste englobe et par conséquent réfute d'avance le discours du contradicteur. Commence alors la longue carrière de l'argument absurde selon lequel la droite ne peut rien dire sur l'expérience soviétique qui ne soit disqualifié par définition.

La gauche échappe mieux à ce soupçon, dont la propagande bolchevique cherche pourtant à l'accabler aussi, pour peu qu'elle soit mal-pensante. Elle dispose elle aussi d'un espace restreint de discussion, par suite de la polarisation des passions qui s'opère tout juste autour de la révolution russe, non seulement entre la droite et la gauche, mais entre la gauche et la gauche. Pourtant la querelle de famille se trouve, et de loin, plus intéressante à suivre, plus riche en arguments que l'affrontement renouvelé du répertoire ancien entre révolution et contre-révolution. La gauche européenne, socialiste ou libertaire, qui veut résister à l'entraînement communiste se trouve en première ligne : c'est sa survie qui est en jeu à court terme, avec son identité. Sa maison — la « vieille maison » de Léon Blum — brûle, et il lui faut faire la part du feu, tracer dans les ruines une ligne qui la sépare et l'abrite des frères ennemis. Il ne lui suffit pas de maudire, comme peut s'en contenter la droite ; de brandir la propriété, l'ordre, la religion. Il lui faut combattre au nom du corps de doctrine qui lui est commun avec les révolutionnaires d'Octobre, donc discuter, réfuter, argumenter, porter le plus loin possible la frontière de ce qui lui appartient encore.

Entreprise difficile, puisque à chaque tournant, dans sa critique de l'Octobre russe, cette gauche réticente ou hostile au bolchevisme s'expose à l'accusation de passer à l'ennemi : procès d'intention destiné à interdire tout débat sur le communisme à l'intérieur de la gauche et qui est, lui aussi, destiné à un long avenir. Pourtant, l'argument n'intimidera ni Rosa Luxemburg, ni Karl Kautsky, ni Léon Blum. Leurs exemples montrent que, une fois surmonté ce chantage politique et moral, ce sont les leaders de la gauche européenne qui sont le plus capables de construire une critique rationnelle du bolchevisme. Non qu'ils aient beaucoup plus d'informations que les autres. Mais ils connaissent l'histoire du socialisme et sont capables d'y repérer la généalogie de Lénine, en même temps que la leur. A la familiarité émotive de tant de militants avec la révolution, ils opposent un inventaire des textes et la tradition démocratique du socialisme.

*

Rosa Luxemburg est la première à critiquer Octobre au nom du marxisme révolutionnaire. Quand elle s'inquiète sur la révolution russe, avant de mourir assassinée par les hommes des corps francs, elle est plus que jamais la militante à l'indomptable indépendance qui a possédé, dans la IIe Internationale, cette voix si particulière, faite de véhémence libertaire mêlée de théorie marxiste. Sa vie entière, sans parler de sa mort, témoigne du véritable culte qu'elle voue à l'idée révolutionnaire. Mais elle s'effraie devant Octobre. Elle a peur d'un monstre naissant, qui priverait de sens son existence.

Jeune Juive polonaise, elle a grandi à Varsovie. Puis elle a fait ses années d'université à Zurich, piochant l'histoire, l'économie politique, et *Le Capital*. Elle s'est installée, en 1898, à Berlin, comme au centre du mouvement ouvrier européen, dans un socialisme moins fractionnel que celui de sa Pologne natale, et promis aux premiers rôles de l'histoire. Sa jeunesse annonce ainsi la violence avec laquelle elle voudra toute sa vie conjurer les passions nationales, comme un piège tendu par les bourgeois aux ouvriers : elle n'appartient pas aux patries, mais tout entière à la révolution.

A Berlin, elle a fait brillamment ses classes de militante, tout de suite, dans la réfutation du « révisionniste » Bernstein, où elle gagne l'estime de Bebel et de Kautsky. Toute une partie d'elle appartient à la social-démocratie allemande, dont elle est la fille un peu bohème, mais aussi un des orateurs les plus doués, et un des esprits les plus sérieux. Pourtant elle a un tempérament trop « gauchiste » pour le milieu. Femme dans un monde d'hommes, Polonaise en terre germanique, libertaire au sein d'une vaste organisation disciplinée, elle ne cessera de camper aux marges du socialisme allemand, bientôt en froid avec le « professeur » Kautsky, sans pourtant chercher à fonder un autre noyau militant.

Elle a compris dès 1905 que quelque chose d'historique était en cours dans la Russie des tsars : quelque chose comme un déplacement d'ouest en est de la révolution européenne, par où elle entre dans le débat entre mencheviks et bolcheviks, et plutôt du côté de Lénine. Mais non pas jusqu'à lui. Car si elle ne vit, comme lui, que pour la révolution prolétarienne, elle n'est pas prête, comme lui, à y sacrifier un marxisme qu'elle a appris dans Marx et dans Kautsky. Elle a flairé très tôt, dans son esprit de secte, la dictature du parti substituée à ce qu'elle appelle le mouvement des masses.

Jeune militante, elle n'a pas hésité, dès 1904, à exprimer son désaccord, dans l'*Iskra*, avec les conceptions exprimées par Lénine dans *Un pas en avant, deux pas en arrière* : conceptions trop autoritaires, trop centralistes, qui apparentent selon elle le chef bolchevique à Blanqui plus qu'à Marx. L'extrême centralisation du Parti risque de mettre le prolétariat sous la coupe d'une oligarchie d'intellectuels [1]. Rosa Luxemburg aura d'autres sujets de désaccord avec Lénine, notamment sur la question nationale. Mais celui-là est le plus important, tant ce qu'elle dit si tôt est prémonitoire. Il refait surface quinze ans après, à peu près dans les mêmes termes, au moment de la révolution. Mise en prison par le gouvernement allemand en 1917 pour son action contre la guerre, elle a suivi les événements russes comme elle a pu, à travers des récits de visiteurs, des fragments de journaux. Mais elle en sait assez pour s'inquiéter de la liberté et l'écrire [2]. D'ailleurs, à peine sortie de prison, le 10 novembre 1918, et dans les quelques semaines qui précèdent son assassinat, à la mi-janvier, en pleine révolution, elle ne partage non plus aucune des illusions bolcheviques sur cette révolution allemande. Plutôt qu'une rupture ou une modification décisive du rapport de forces européen en faveur du prolétariat, elle y voit un chaos social d'où tout peut sortir, même une contre-révolution victorieuse.

1. Son article de 1904, originellement titré « Problèmes d'organisation dans la social-démocratie russe », a été republié en anglais sous le titre « Leninism or Marxism », introduction de B. Wolfe, University of Michigan Press, 1961. Rosa Luxemburg, *Questions d'organisation de la social-démocratie russe*, Nouveau Prométhée, 1934 ; rééd. Spartacus, 1946. Il s'agit d'une critique de la brochure *Un pas en avant, deux pas en arrière* que Lénine écrivit en 1904 en réponse aux critiques de P. Axelrod.

2. Cet écrit de prison sur la révolution russe sera publié fin 1921 par Paul Levi au moment de la rupture de ce dernier avec Lénine. La première traduction française est due, dès 1922, à Alexandre Bracke-Desrousseaux. « La Révolution russe », in *Œuvres II*, petite collection Maspero, 1969.

Aussi bien se méfie-t-elle de l'optimisme exagéré des bolcheviks et de leur inclination à vouloir prendre le pouvoir dans n'importe quelles conditions, quitte à accepter le risque d'isoler et donc d'exposer l'avant-garde du prolétariat. Elle prêche aux spartakistes un effort d'organisation et de conquête de la classe ouvrière allemande, condition préalable au renversement du gouvernement social-démocrate d'Ebert.

Dans ses craintes sur la tournure que prend la révolution russe, dans ses admonestations aux militants allemands, il n'y a rien de moins qu'une répudiation de la conception léniniste de la révolution, selon laquelle le pouvoir est bon à prendre, et à conserver, par tous les moyens, quand les circonstances de l'histoire l'offrent à une avant-garde même toute petite, mais bien organisée et convaincue d'incarner les intérêts des masses. Car, en cette fin d'année 1918, il y a déjà presque un an que les bolcheviks ont dispersé par la force l'Assemblée constituante élue, où ils n'avaient pas la majorité. S'en sont suivis rapidement, dans le courant de l'année, la censure de la presse, la dictature du parti unique, la terreur de masse et même le camp de concentration. Autant de signes, aux yeux de Rosa Luxemburg, du caractère oligarchique de la révolution russe. Son petit livre, écrit sur une information de fortune, montre le gouffre qui la sépare déjà de Lénine au pouvoir depuis quelques mois. Au milieu de janvier 1919, elle meurt de ce qu'elle avait lucidement craint, tuée par un homme des corps francs, trop tôt pour assumer le rôle où elle s'avance dans ses derniers écrits : celui d'un témoin critique de la révolution bolchevique au nom de la liberté populaire. Elle y eût été incomparable, forte de son génie libertaire et d'un passé sur lequel la compromission ou le remords n'avait pas de prise. Mais j'incline à penser que même sa grande voix n'eût pu se faire entendre contre le courant, puisque même sa mort, qui confirmait pourtant ses analyses et ses avertissements, ne l'a pas empêchée d'être si durablement oubliée. Dès Lénine, le bolchevisme quand il est vainqueur impose silence à ses critiques, même s'ils sont morts, et surtout s'ils ont participé à ses combats.

Deuxième exemple : Kautsky. Après l'héroïne, le professeur. Le pape de la IIe Internationale, l'ami et l'héritier d'Engels, le plus célèbre théoricien marxiste avant la guerre. L'homme qui a été le principal défenseur de l'orthodoxie contre le « révisionnisme » de Bernstein, et qui s'est retourné un peu plus tard contre les chefs de la gauche ultra-révolutionnaire de la IIe Internationale. Contre le premier, il a défendu la nécessité d'une révolution, niant que Marx ait jamais prévu que le capitalisme allait s'effondrer de lui-même [1]. Des seconds — Rosa Luxemburg en particulier —, il a critiqué l'illusion volontariste selon laquelle une succession de grèves de masse, telle qu'en a connu la Russie de 1905, peut et doit constituer la rupture révolutionnaire vers l'État prolétarien [2]. Il insiste de plus en plus, dans les années qui précèdent la guerre, sur les facteurs objectifs de la vie sociale en général et des révolutions en particulier. Le prolétariat renversera la bourgeoisie, tel est bien le mouvement de l'histoire ; mais c'est un mouvement qui doit être soigneusement préparé, puisqu'il passe par l'organisation politique des ouvriers en partis, et la conquête du pouvoir par les voies démocratiques, jusqu'à ce que ce pouvoir tombe, comme un fruit mûr, aux mains du ou des partis de la classe ouvrière. La révolution prolétarienne selon Kautsky n'a plus grand-chose à voir avec

---

1. Je fais allusion aux réfutations de Bernstein que Kautsky publie en 1899 dans le *Neue Zeit*, ainsi qu'à son ouvrage, la même année, sur la question agraire. *Cf.* Peter Gay, *The Dilemma of Democratic Socialism. Eduard Bernstein's Challenge to Marx*, New York, Columbia University Press, 1952. En 1899, Eduard Bernstein, l'exécuteur testamentaire de Marx, publie *Les Présupposés du socialisme et les tâches de la social-démocratie* (Le Seuil, 1974), livre dans lequel il remet en cause les canons du marxisme en matière d'évolution du capitalisme, mais aussi l'idée de rupture révolutionnaire comme préalable à l'instauration du socialisme. Karl Kautsky répond au « révisionnisme » de Bernstein en publiant *Bernstein und das sozialistische Programm*, 1899 (*Le Marxisme et son critique Bernstein*, Stock, 1900). Les analyses de Bernstein seront rejetées par la plupart des sociaux-démocrates.

2. *Karl Kautsky, Rosa Luxemburg, Anton Pannekoek. Socialisme, la voie occidentale*, présenté et annoté par Henri Weber, traduit par Alain Brossat, P.U.F... 1983.

cette grande explosion qu'a constituée à la fin du XVIIIᵉ siècle la révolution bourgeoise du type français : événement qui déborde de toutes parts les intentions de ses acteurs, vite abandonné à la violence sauvage des improvisations. Le mieux à quoi puisse aboutir un événement de cet ordre — 1905 en Russie — est, précisément, l'instauration d'un ordre bourgeois, démocratique, succédant à un ancien régime despotique. La révolution prolétarienne doit au contraire sa force à une conscience claire de l'histoire, et Kautsky n'en voit les prodromes qu'à l'ouest de l'Europe, en Allemagne en premier lieu.

Mais voici Octobre 1917 ; la révolution réapparaît par la porte où Kautsky ne l'attendait pas, habillée à neuf par Lénine dans la théorie de l'« impérialisme ». Passée à l'ordre du jour d'une histoire transformée par le conflit mondial, elle n'est plus la figure la plus civilisée de l'Occident, mais l'enfant d'une Europe ensauvagée, le produit d'un massacre sans précédent, surgi des conflits du capitalisme avancé. Loin de l'avoir fait naître, comme l'escomptait Kautsky en 1909 [1], dans les pays démocratiques du prolétariat nombreux et organisé, l'impérialisme en a déplacé la flamme en Russie, dans la nation européenne la plus arriérée ; c'est par ce maillon le plus fragile du système impérialiste que transite la révolution mondiale, seule issue à la barbarie sanglante du capitalisme. Or Kautsky ne croit pas en 1918 à la révolution mondiale, ne serait-ce que parce qu'il mesure depuis longtemps la force de la bourgeoisie et de l'armée en Allemagne ; que dire alors de la situation dans les pays vainqueurs, la France et l'Angleterre ? Il a diagnostiqué dans l'acceptation de la guerre par les peuples, en 1914, un recul du mouvement socialiste, et il n'attend pas de son cours la transformation d'un échec en un triomphe. Octobre 17 n'est pour lui, dans son fond, comme pour les mencheviks, que le couronnement de 1905, ou l'aboutissement de Février : l'explosion si longtemps retardée d'une révolution aux tâches démocratiques dans un pays

---

1. Karl Kautsky, *Le Chemin du pouvoir*, Giard et Brière, 1910.

despotique. Mais une explosion dont le petit Parti bolchevique, le plus radical de l'ex-IIe Internationale, a pris
les commandes et prétend transformer le caractère. C'est
ce que Kautsky ne peut toujours pas croire.

Il écrit en 1918 et 1919 deux longs essais consacrés à la
nature de la révolution russe : *La Dictature du prolétariat*,
dès août 1918, et *Terrorisme et communisme* [1], l'année
suivante. Une part de son effort est consacrée, comme
toujours, à mettre Marx dans son camp : car Kautsky,
comme Plekhanov, ne se départit jamais d'un recours
aux textes fondateurs. En l'occurrence, le petit bout de
phrase de Marx sur la dictature du prolétariat, qui se
trouve dans la lettre sur la critique du programme de
Gotha [2], est assez ambigu pour se prêter à des interprétations contradictoires. Lui n'y voit qu'une définition
très vaste de l'hégémonie sociale du prolétariat pendant
la phase intermédiaire qui s'étend du capitalisme au
socialisme, et pas du tout la recommandation d'un gouvernement dictatorial fondé sur le monopole politique
d'un parti. Or, telle est la réalité de la Russie de Lénine,
derrière le masque de plus en plus transparent du pouvoir des Soviets : les bolcheviks ont dissous l'Assemblée
constituante, combattu et bientôt interdit les mencheviks et les socialistes-révolutionnaires, instauré dès le
milieu de 1918 le règne de la Terreur. Plus ils se coupent
des grandes masses de la population, plus ils traitent en
ennemis leurs ex-alliés, plus ils s'isolent, et plus ils penchent vers une dictature terroriste : dialectique infernale
qui risque de s'aggraver avec l'inévitable opposition au

1. Karl Kautsky, *La Dictature du prolétariat*, Vienne, 1918 (traduction 1922) ; rééd. U.G.E., « 10/18 », 1972 ; *Terrorisme et communisme. Contributions à l'histoire des révolutions*, 1919 ; J. Pololzky et
Cie, 1921.
2. Karl Marx, *Critique du programme de Gotha*, dans Œuvres :
Economie I, Gallimard, la Pléiade, 1977. La citation se trouve
p. 1429. « Entre la société capitaliste et la société communiste se
situe la période de transformation révolutionnaire de l'une à l'autre.
A cette période correspond également une phase de transition politique, où l'Etat ne saurait être autre chose que la *Dictature révolutionnaire du prolétariat*. »

socialisme des paysans russes, une fois assurés de la propriété privée de leurs terres.

En un sens, Kautsky réitère la critique de sa vieille adversaire de gauche Rosa Luxemburg : comme elle, il dénie aux bolcheviks le privilège de représenter toute une classe sociale. Mais elle au moins partage avec Lénine l'idée qu'une révolution prolétarienne se déroule en Russie. Lui, non. Il pense, comme les mencheviks, que non seulement Février 17, mais Octobre ne peuvent échapper à leur détermination historique : la vieille Russie liquide l'Ancien Régime. Ce qui s'y passe n'est pas la première révolution socialiste, mais la dernière révolution bourgeoise. Le court-circuit par lequel Lénine et Trotski, depuis 1905, veulent faire faire à la Russie l'impasse sur toute une époque historique ne peut qu'aboutir au despotisme d'un parti sur un peuple ; il ramènera à l'ordre du jour une expérience de volontarisme politique absolu dont le jacobinisme français a illustré déjà l'échec fatal.

En ce sens, la critique de Kautsky s'apparente à l'analyse de la Terreur de 1793 par Benjamin Constant, à la fin du XVIIIe siècle [1]. Sous le Directoire, le jeune écrivain suisse avait proposé, de l'énigme du gouvernement par la guillotine dans le pays le plus civilisé de l'Europe, une interprétation par l'anachronisme : alors que la Révolution française avait pour sens l'avènement du régime représentatif et de l'individu moderne, Robespierre et ses amis croyaient au contraire travailler au retour de la démocratie directe à l'antique, fondée sur la vertu civique. De là, leur acharnement à plier l'histoire à leurs volontés, et la tragédie de la Terreur. Le Lénine de Kautsky, lui, ne regarde pas vers le passé ; mais il est au contraire si tendu vers l'avenir qu'il ne voit pas non plus ce qu'il fait, de par les contraintes objectives qui pèsent sur son action. Il fait un saut, non plus en arrière mais en avant, anachronisme de sens inverse, aux effets probablement pires, parce que plus durables : les retrouvailles

---

1. Benjamin Constant, *De la force du gouvernement actuel et de la nécessité de s'y rallier*, 1796 ; *Des effets de la Terreur*, 1797.

imaginaires avec un passé révolu ne peuvent être qu'une illusion passagère, alors que la poursuite d'un avenir écrit d'avance entretient la certitude d'une conviction. La Terreur jacobine et la Terreur bolchevique sont inscrites au même registre de la volonté égarée, mais la seconde présente des risques de durée plus longue, puisqu'elle est mieux protégée contre les démentis de l'expérience, et d'intensité plus forte, parce qu'elle est par définition soumise à la tentation de la « fuite en avant ».

Ce type d'interprétation suppose, chez Kautsky comme chez Constant, une vision des étapes et du sens de l'histoire, sans laquelle le concept d'anachronisme n'a pas de support. C'est par là aussi qu'il offre une prise à une réfutation logique : car si l'histoire a un sens, et obéit à une nécessité, l'idée d'une révolution qui se situe en dehors de son mouvement, et même contre lui, devient difficile à penser. Elle est d'autant plus problématique que l'interprète et l'acteur partagent la même philosophie de l'histoire, ce qui est le cas pour Kautsky et Lénine, tous les deux fervents marxistes. Il ne reste plus à l'un qu'à penser que l'autre est en avance sur la révolution qu'il dirige, quand l'autre reproche à son critique d'être en retard sur l'événement qu'il juge. Jamais les deux concepts de « révolution bourgeoise » et « de révolution prolétarienne », si centraux dans la théorie marxiste après Marx, n'ont paru aussi vagues et aussi incertains que dans cette polémique entre Kautsky et Lénine, où chacun fait grief à l'autre de ne pas savoir de quoi il parle. Par son implausibilité, et par son caractère ambigu, la révolution d'Octobre a fait voler en éclats les catégories canoniques de la doctrine. Car ce que Kautsky veut exprimer, en parlant de révolution bourgeoise faite par les bolcheviks, n'est pas seulement la contradiction entre le sens objectif de la révolution et son acteur. Il veut dire aussi que Lénine ne sait pas plus que Robespierre l'histoire qu'il fait ; et qu'il retrouve, au milieu du volontarisme le plus forcené, l'incertitude de l'action historique. La découverte amère du professeur de marxisme de la IIe Internationale, qui avait si bien réglé en théorie le passage du capitalisme au socialisme, c'est que les révolutions surgissent là où elles peuvent et non pas là où elles doivent arriver, et que ni leur sens ni leur cours ne sont déterminés d'avance.

En ce sens, Lénine a bien raison, dans la réponse féroce qu'il écrit aussitôt [1], d'accuser Kautsky de reculer comme un petit-bourgeois « philistin » — l'injure suprême entre marxistes — devant la situation révolutionnaire, dont pourtant les résolutions de la IIᵉ Internationale n'avaient cessé de prévoir et de préparer l'échéance ! Lui a pris l'événement comme il vient, et il se trouve qu'il rédige sa riposte dans les premiers jours de novembre 1918, au moment où éclate la révolte des marins et des soldats allemands : voici donc la révolution mondiale en marche... Tandis que Kautsky a théorisé ses craintes, lui donne une doctrine à son impatience : l'amusant est que la même philosophie de l'action politique sert aux deux antagonistes. Lénine vaticine sur la démocratie des Soviets, mille fois plus démocratique, à l'en croire, que la plus démocratique des constitutions bourgeoises, alors qu'elle est, à la fin de 1918, déjà éteinte. Kautsky tient à se réclamer encore de l'idée de révolution, mais pour récuser celle qui se passe sous ses yeux comme non conforme à ce qu'elle devait être. La contradiction qui est au cœur du marxisme s'est incarnée dans les deux plus grands marxistes de l'époque, qui en figurent les deux versions extrêmes : celle du subjectivisme révolutionnaire et celle des lois de l'histoire.

A terme, Kautsky porte sur l'expérience soviétique un jugement moins absurde, ou moins illusoire, que Lénine ; d'ailleurs, il en affinera les termes au fil des ans, sans rien ôter au diagnostic initial. Mais, dans le très court terme, il manifeste un aveuglement à peu près total devant les passions qui agitent ses contemporains. Il ne dit rien de la guerre ; ni de son éclatement, où la IIᵉ Internationale a sombré, ni de son cours, qui a tout changé à la situation du monde. D'un événement qui a bouleversé l'Europe, tué des millions d'hommes, déra-

---

1. Lénine, *La Révolution prolétarienne et le renégat Kautsky*, 1918 (trad. : Bibliothèque communiste, 1921) ; rééd. Moscou, Éditions sociales, 1971.

ciné les autres, il n'a qu'une vue abstraite, la même qui, dans les années d'avant-guerre, la lui faisait considérer comme devant provoquer la grève générale des prolétaires. Il ne sent, il ne connaît ni les sentiments collectifs qui ont porté les peuples à prendre les armes les uns contre les autres, ni les passions qui ont retourné des masses de soldats contre la guerre au nom de la révolution, ni cette interrogation qui monte de partout sur le sens de ces morts innombrables. Il fait bien comprendre l'impasse où se trouve le socialisme européen, la IIe Internationale, et la social-démocratie allemande en particulier, à la sortie de la guerre. Guerre qu'ils ont acceptée collectivement en août 1914, bien qu'un peu contre leur gré, en tout cas contre leur doctrine et contre leurs promesses, et qu'ils n'osent ni revendiquer, comme les nationalistes, ni maudire, comme les bolcheviks. Ainsi la social-démocratie allemande est-elle étrangère aux deux discours de la nation et de la révolution, suspendue dans un état d'apesanteur politique, condamnée à servir l'un ou l'autre de ses adversaires. Elle n'a rien à dire aux survivants de la guerre. Ses chefs sont incapables de s'adresser à la nation pour lui parler de ce qu'elle vient de vivre, alors qu'elle a tant souffert et qu'elle y a tout perdu.

Que leur reste-t-il ? Un marxisme qui fait partie de leur identité historique, et qui est souvent, en soi, de bonne qualité, mais qui est démonétisé par la faillite d'août 14. A côté de cet astre mort a surgi l'étoile nouvelle du léninisme, marxisme renaissant de ses cendres, et fort de sa victoire dans l'histoire « réelle ». Du coup, ce marxisme vaincu, reculant un peu partout devant le marxisme vainqueur, constitue plus pour le socialisme européen un handicap qu'un avantage. Ce qu'il conserve de commun avec son vainqueur l'expose au chantage à l'unité ouvrière, et lui rend plus difficile qu'aux partis « bourgeois » la participation à des coalitions démocratiques de gouvernement. Le marxisme social-démocrate n'eût pas survécu si longtemps, au XXe siècle, à son écroulement d'août 14, s'il n'avait pas eu à se proclamer sans cesse, en face du défi bolchevique, fidèle à ses origines.

Je prendrai mon troisième exemple en France, dans un débat de nature différente : celui qui accompagne le ralliement du gros des militants socialistes à la révolution d'Octobre et à ses « conditions ». Le socialisme français n'a jamais eu de théoricien marxiste dont l'autorité ait été, même de loin, comparable à celle de Kautsky dans la IIe Internationale. Il est plus hétérogène, doctrinalement et socialement, que son équivalent allemand, moins ouvrier, moins marxiste, plus petit-bourgeois, plus mâtiné de républicanisme jacobin. La bataille d'idées et de pouvoir entre Guesde et Jaurès n'y a jamais été véritablement tranchée avant 14. A côté de lui existe un courant ouvrier autonome, le syndicalisme révolutionnaire, teinté d'anarchisme, jaloux de son autonomie : c'est là que sont nées en 1915 les premières oppositions à la guerre, ou au moins les plus hardies, après que le parti socialiste a massivement opté pour l'Union sacrée en août 14. A ce choix fondamental, il sera fidèle jusqu'en 1917, quand la crise sociale et militaire de cette année-là fait glisser la majorité sur des positions wilsoniennes, en opposition au jusqu'au-boutisme nationaliste de Clemenceau. Mais même alors, le socialisme français regarde sans plaisir particulier les événements russes, puisqu'ils risquent d'affaiblir les armées alliées : ce qui se produit à Brest-Litovsk.

Rien de tout cela ne fait du mouvement socialiste français un enfant chéri des hommes d'Octobre 1917. Au surplus, la France est la grande puissance victorieuse sur le continent européen, devenue de ce fait, à leurs yeux, le principal gardien des intérêts impérialistes. Son prolétariat est protégé par la victoire même contre les séductions du défaitisme révolutionnaire, qui ont fini par gagner, *in extremis* il est vrai, le prolétariat allemand ; il est plus que jamais, comme les ouvriers anglais, corrompu par l'impérialisme. Les politiciens qui prétendent défendre ses intérêts restent enchaînés aux délices du parlementarisme bourgeois. Ainsi, les bolcheviks ont leur réponse simple à la faiblesse du combat socialiste français contre la guerre : c'est de mettre l'ensemble du mouvement en accusation. Ce qui fait l'intérêt du débat politique entre Russes et Français autour des principes de la III⁰ Internationale fondée à Moscou en 1919 est précisément l'éloignement extrême de leurs positions de départ.

A la sortie de la guerre, Lénine ne peut compter dans la mouvance socialiste française que sur des individus et des noyaux de militants venus pour l'essentiel du syndicalisme révolutionnaire. Il peut disposer d'une sympathie plus large à la C.G.T., mais cette sympathie tiédit quand apparaît le rôle subordonné réservé aux syndicats dans les conceptions bolcheviques. Or, un peu plus de deux ans après, le Congrès de Tours donne une grosse majorité aux partisans de l'adhésion à la III⁰ Internationale, et aux « conditions » posées par celle-ci [1], qui prennent à revers toutes les traditions du socialisme français. Quelles que soient les pensées et les arrière-pensées qui entourent ce vote, il reste à juste titre le symbole du rayonnement de la révolution léniniste jusque dans le parti qui semblait le moins prêt à s'y rallier.

Je n'entrerai pas dans les intrigues de cette histoire complexe, où paraissent de multiples intermédiaires entre Moscou et Paris. Elles ont été minutieusement décrites et analysées par Annie Kriegel [2]. Ce qui m'intéresse ici est à la fois plus limité et plus vaste : c'est de comprendre le mouvement d'opinion qui a porté les militants français vers les thèses de Moscou.

On y trouve le sentiment, si répandu dans toute la gauche européenne de l'époque, de la fin imminente du capitalisme, condamné à mourir sous les ruines d'une guerre qu'ont provoquée ses contradictions. Dans sa préface à une brochure de Boris Souvarine qui paraît à la fin de 1919, le capitaine Jacques Sadoul [3], resté à Moscou pour prêcher de là la bonne cause à ses compatriotes

1. Boris Souvarine précise, dans son petit livre *Autour du Congrès de Tours* (Champ libre, 1981), qu'elles furent adaptées et modifiées pour tenir compte de la situation française.

2. Annie Kriegel, *Aux origines du communisme français*, 2 vol., Paris-La Haye, Mouton et Cie, 1964.

3. Jacques Sadoul, préface à Boris Souvarine, *La Troisième Internationale*, éditions Clarté, 1919.

français, donne ainsi le ton aux partisans de la IIIe Internationale : « ... La société capitaliste est définitivement condamnée. La guerre et ses conséquences, l'impossibilité de résoudre avec les ressources présentes les nouveaux problèmes ont déblayé la route pour la marche victorieuse de la IIIe Internationale [1]... » Suit une référence aux « grands aïeux » révolutionnaires des Français, dont il suffit de rallumer la flamme. Référence qu'on trouve un peu partout dans cette littérature militante, et à laquelle même le vieux Sorel a donné sa bénédiction un peu plus tôt, en ajoutant à la quatrième édition de ses fameuses *Réflexions sur la violence* (septembre 1919), lui qui n'était pas un admirateur inconditionnel de la Révolution française, un éloge de Lénine où on peut lire en note : « Les politiciens qui soutiennent avec Clemenceau que la Révolution française forme un *bloc* sont bien peu autorisés à se montrer sévères contre les *bolcheviks* ; le *Bloc*, admiré par Clemenceau, a pour le moins fait périr dix fois plus de gens que les *bolcheviks* dénoncés par les amis de Clemenceau comme d'abominables barbares [2]. »

Donc un Lénine-Robespierre, que nous avons déjà rencontré sous la plume de Mathiez ; mais le Lénine de Sorel et de Souvarine se consacre à une tâche plus universelle que Robespierre, puisqu'il s'agit d'abolir le capitalisme et la bourgeoisie. De surcroît, la guerre d'intervention des puissances alliées donne à son action un redoublement de nécessité, puisque, née pour arrêter la guerre, la révolution d'Octobre se trouve une deuxième fois dans la nécessité de la vaincre. Lénine se trouve ainsi au croisement de la Révolution et de la paix, offrant au socialisme français l'occasion d'une rédemption par rapport à août 14 : la guerre contre la guerre est à nouveau d'actualité en 1919, dans des conditions politiques moins difficiles.

1. Jean-Louis Panné, *Boris Souvarine, le premier désenchanté du communisme*, Robert Laffont, 1993, p. 136.

2. Georges Sorel, *Réflexions sur la violence*, préface de Jacques Julliard, Le Seuil, 1990, appendice III, « Pour Lénine », p. 296.

Ce qui est en cause au fond, même dans la France victorieuse des Allemands, c'est ce qui secoue tous les peuples d'Europe : la question du sens de la guerre de 1914. Ce qui taraude les militants socialistes, même français, c'est le bien-fondé de l'Union sacrée. La France a vaincu l'Allemagne ? Certes, mais Octobre 17 a fait réapparaître, derrière l'ordre des nations, la lutte des classes et les révolutions. Comment la gauche socialiste française pourrait-elle l'ignorer, quand c'est la droite qui capitalise dans l'immédiat après-guerre les bénéfices politiques de la victoire du 11 novembre ? Le cœur du débat sur les conditions d'adhésion à la III⁰ Internationale est moins la nature du régime instauré en Russie que le jugement du parti socialiste sur son passé, dans le procès instruit contre lui par Lénine. La force du bolchevisme ne vient pas de ce qu'il est, mais de ce que, ayant vaincu, il montre aux imaginations ce qu'aurait pu être une histoire du socialisme européen fidèle en 1914 à ses résolutions. Il incarne une autre histoire de la guerre, qui n'a pas eu lieu, rapportée à ce qui s'est produit : un cataclysme, même pour les peuples vainqueurs. Les hommes d'Octobre, ces révolutionnaires conspirateurs, soupçonnés d'être des blanquistes, peuvent plaider pourtant le succès et le respect des engagements pris. Ils symbolisent après coup les vertus et les missions qui ont été trahies en août 14.

Pour cette raison même, les délégations envoyées en Russie en 1920 par la gauche socialiste française, et censées éclairer sa lanterne, correspondent plus à des signes d'allégeance qu'à une volonté de savoir[1]. La prin-

---

1. En mai 1920, la commission administrative de la S.F.I.O. désigne comme délégués pour se rendre à Moscou Jean Longuet et Marcel Cachin, tous deux « reconstructeurs »(de la II⁰ Internationale). Longuet est remplacé par Louis Frossard. Ce dernier et Cachin partent le 31 mai et arrivent à Petrograd le 10 juin. Marcel Cachin s'était déjà rendu en Russie en avril 1917 comme envoyé de la commission des Affaires étrangères de la Chambre, avec l'aval du gouvernement.

Début avril 1920, Alfred Rosmer, membre du Comité de la III⁰ Internationale, se rend en Italie, à Vienne puis à Berlin d'où il gagne la Russie. Raymond Lefebvre (autre membre du Comité de la

cipale, celle de Cachin et Frossard, a surtout pour objet
de sceller à Moscou, devant l'Internationale, l'accord
intervenu entre la gauche et le centre du parti, le Comité
pour la IIIe Internationale et le gros des « Reconstructeurs ». Aussi bien l'enjeu de la discussion autour des
« 21 conditions » est-il plus vaste que le jugement porté
sur la Russie de Lénine : c'est l'adoption ou le refus des
principes bolcheviques dans la stratégie et l'organisation
du mouvement ouvrier international. Le ralliement des
vieux politiciens que sont déjà Cachin et Frossard aux
positions de Souvarine ne s'explique pas par leur voyage,
mais leur voyage par leur ralliement. Ils n'en savent
guère plus que les militants sur les réalités de la nouvelle
Russie. Mais ils ont compris, à l'enthousiasme révolutionnaire des militants, que cette nouvelle Russie
incarne à la fois leurs remords et leurs espoirs retrouvés.

C'est cette association mentale que Léon Blum cherche à briser dans son fameux discours de Tours. Son
effort consiste à dissocier la Russie bolchevique, expérience révolutionnaire particulière, et la prétention
qu'elle affiche à une valeur universelle. Sur le premier
point, il retrouve un type d'argumentation menchevique,
ou encore kautskyste : survenant dans la Russie des
tsars, la révolution a reçu du monde qu'elle bouleversait
une partie de ses traits. Faute d'un fort développement
capitaliste préalable, et d'une vraie société bourgeoise, la
prise de pouvoir au nom du prolétariat a pris le caractère
d'un putsch par un tout petit parti, militairement organisé, de révolutionnaires professionnels. De là les risques qu'une dictature du prolétariat instaurée de cette
façon ne soit que le masque de la dictature tout court,
exercée sur un peuple immense par une minorité sans
mandat. A cette expérience, dont il suggère les risques
sans en condamner l'occasion, Léon Blum n'oppose pas
une perspective « démocratique bourgeoise », légaliste,
électoraliste ou réformiste. Au contraire. Il veut arracher
la tradition socialiste, qu'il défend contre Lénine, au

IIIe) et les syndicalistes libertaires Marcel Vergeat et Jules Lepetit
parviennent en Russie fin juillet. A leur retour, début octobre, tous
trois disparaissent en mer.

soupçon d'abandonner le projet révolutionnaire pour un révisionnisme de la réforme. Il sait qu'il doit d'autant plus défendre la révolution qu'il critique celle qui vient de prendre le pouvoir à Moscou. La Révolution ? le mot, quasi sacré, signifie à la fois des moyens et une fin, la saisie violente de l'Etat par l'insurrection, et l'instauration d'un pouvoir « ouvrier », liquidant la domination bourgeoise. Deux convictions, deux piliers de la tradition socialiste que Blum salue quand il se déclare plus que jamais partisan de la « dictature du prolétariat », autre formule centrale des résolutions de la IIe Internationale. Celle-ci est aussi utilisée par les bolcheviks, qui s'en servent, on l'a vu dans la réponse de Lénine à Kautsky, pour en souligner le premier terme, contre les nostalgiques du pluralisme politique bourgeois. Léon Blum l'utilise dans une autre acception, plus jauressienne : la « dictature du prolétariat » est chez lui une manière de dire que, couronnant un long développement social et éducatif, la révolution prolétarienne met au pouvoir tout un peuple éclairé, qui n'a plus guère d'adversaires à briser. Par là, le leader français, comme Jaurès avant lui, veut restituer à la formule consacrée une dignité et presque une moralité compromises par l'aventure de Lénine, qui a fait de l'occasion une doctrine.

Pourtant, la faiblesse de sa position vient de ce que sa reprise en compte de la révolution prolétarienne et donc de la tradition n'a rien à dire sur la rupture de la tradition intervenue en août 14 ; rien à dire sur la guerre, dont le souvenir domine les esprits. La force des partisans de la IIIe Internationale est dans l'idée que la IIe a trahi en 1914 sa mission et ses engagements ; elle est dans l'expérience des tranchées et de la servitude militaire, dont les bolcheviks ont su briser l'enchaînement. En face, que pèse cette discussion de dogme, masquée dans une ambiguïté sémantique ? Si la grande majorité des militants se décide à Tours en faveur des thèses communistes, sans d'ailleurs bien en mesurer la portée, c'est qu'elle est prise dans l'énorme ébranlement de toute la vie publique provoqué par les années de guerre. C'est leur manière à eux de dire : « Plus jamais ça ! »

Encore ne faut-il pas sous-estimer l'éclat symbolique durable que peuvent prendre, dans le mouvement ouvrier, les débats de dogme inséparables des interprétations du marxisme. Celui-là est un de ceux qui fait le mieux comprendre comment le bolchevisme, tirant alors l'essentiel de son rayonnement européen d'une expérience et d'une conjoncture exceptionnelles, trouve aussi son enracinement dans la reprise d'un vocabulaire et d'une tradition. Car ce qui commence avec l'orthodoxie méticuleuse de Léon Blum, c'est une longue bataille défensive autour d'un patrimoine commun. Les socialistes qui refusent de se plier aux conditions d'adhésion à la IIIe Internationale ont pris soin de ne pas laisser prescrire leurs droits au trésor partagé du marxisme : précaution indispensable pour ne pas laisser aux bolcheviks et à leurs émules un peu partout l'espace entier de la tradition.

Mais, pour conjurer l'accusation de trahison, les socialistes s'accrochent d'autant plus à l'idée révolutionnaire. S'ils récusent la révolution bolchevique comme une déviation, c'est pour hâter le renversement du capitalisme, que celle-ci pourtant a accompli. Ainsi, ce qu'ils gardent de fidélité au marxisme, par conviction ou par nécessité, les rend vulnérables à la surenchère communiste. C'est la situation normale de toute gauche vis-à-vis de toute extrême gauche, il est vrai. Mais dans leur cas, en plus, le maintien intransigeant de la référence marxiste implique deux inconvénients. Il limite leur intelligence d'un régime difficile à penser dans les catégories de Marx, comme le régime soviétique. Et l'auto-affirmation révolutionnaire les coupe des partis du centre sans offrir beaucoup d'espace sur leur gauche, où campent les communistes. Même là et quand ils ont résisté à l'enchantement du bolchevisme, les partis socialistes l'ont payé cher en termes d'autonomie politique ou de liberté stratégique, condamnés qu'ils ont été à une attitude étroitement défensive ou à l'alliance inavouable avec les partis bourgeois. Souvent, déjà, leurs

militants les plus jeunes et les plus actifs font un
complexe d'infériorité vis-à-vis des « frères ennemis » :
sachant les périls que le bolchevisme comporte pour la
liberté, mais admirant aussi les capacités d'organisation
et l'esprit de sacrifice qu'il mobilise chez ses partisans.

*

Ainsi, la révolution bolchevique d'Octobre 1917 a tout
de suite acquis, dans les années de l'immédiat après-
guerre, le statut d'un événement universel. Elle s'est inscrite dans la filiation de la Révolution française, comme
quelque chose du même ordre, ouvrant une époque de
l'histoire de l'humanité. Malgré le caractère invraisemblable de son lieu de naissance, elle a comblé une attente
inséparable depuis la Révolution française de la culture
politique européenne : l'avènement d'une société souveraine sur elle-même par l'égalité enfin conquise de ses
associés. Attente nourrie par l'eschatologie socialiste
tout au long du XIXe siècle, et qui a puisé une force
renouvelée dans le malheur des peuples pendant la Première Guerre mondiale. Le privilège d'universalité du
bolchevisme provient à la fois de la tradition révolutionnaire de l'Europe et de l'exceptionnelle situation de
1918-1920.

On n'en finirait pas de recenser les déclarations célébrant la révolution soviétique à son berceau. Le XXe siècle s'ouvre sous cette grande lueur, où beaucoup de
contemporains saluent une rupture décisive et bienfai-
sante avec le capitalisme et la guerre, donnant par là leur
assentiment moins à une expérience réelle qu'à ce que
disent sur eux-mêmes les héros d'Octobre. A relire tous
ces textes, le lecteur d'aujourd'hui peut être frappé de
stupeur devant tant de jugements péremptoires rendus
sans information véritable. Pourtant l'explication est
toute simple, et vaut d'ailleurs en sens inverse, dans
l'autre camp : la Russie de Lénine est un symbole. Elle
canalise des passions plus encore que des idées. Elle
figure l'histoire universelle. Les efforts des théoriciens
sociaux-démocrates pour lui contester ce privilège n'ont
qu'un retentissement étroit. Ils obtiennent des résultats

conservatoires ; mais, entre leur marxisme et celui des vainqueurs d'Octobre, c'est le second qui parle à l'imagination des hommes de ce temps-là.

Pourtant, dès cette époque, la révolution russe n'est pas seulement un symbole ; c'est aussi une histoire. On peut même dire qu'en un sens — en un sens seulement, bien sûr — cette histoire se termine avec l'hiver 1920-1921. La guerre d'intervention est finie, la contre-offensive bolchevique a échoué devant Varsovie en août 1920, le communisme de guerre a ruiné l'économie et provoqué des famines ; le Parti est tout-puissant mais isolé, régnant déjà par la Terreur et la police. En mars 1921, l'insurrection des marins de Kronstadt, qui se réclament, contre les bolcheviks, de la révolution (« tout le pouvoir aux Soviets, et non aux partis ») est noyée dans le sang. En mars 1921 encore, Lénine met fin au communisme de guerre et instaure la N.E.P., contraint qu'il est de redonner un peu d'air à une production asphyxiée par le contrôle et les réquisitions. Ainsi la révolution russe entre-t-elle dans un « Thermidor » économique, au moment même où elle officialise et renforce l'appareil de dictature qui est son instrument de domination sur le pays. La Terreur n'a plus la guerre, civile ou étrangère, comme alibi ; elle devient le régime dans son fonctionnement quotidien. Au Xᵉ Congrès, toujours en mars 1921, Lénine bat l'« Opposition ouvrière », qui proteste contre l'identification de la classe ouvrière au Parti, en même temps qu'il fait voter l'interdiction des fractions à l'intérieur du Parti [1]. Les pires prédictions de Rosa Luxemburg prennent corps. La révolution d'Octobre est finie, car le peuple ouvrier et paysan est « rentré chez lui [2] », désormais soumis au pouvoir absolu d'une

1. Michel Heller et Aleksandr Nekrich, *L'Utopie au pouvoir. L'histoire de l'U.R.S.S. de 1917 à nos jours,* Calmann-Lévy, 1982, p. 109. Voir aussi, sur les premières années de la révolution russe en général : Richard Pipes, *The Russian Revolution.* Alfred A. Knopf, New York, 1990. Trad. : *La Révolution russe,* P.U.F., 1993.
2. J'emprunte l'expression à Michelet, au moment où il décrit l'état d'esprit des Français en 1792. *Cf.* Jules Michelet, *Histoire de la*

oligarchie. Mais elle ne l'est pas, à d'autres égards, s'il est vrai que cette oligarchie se proclame la gardienne de l'esprit d'Octobre et n'a pas d'autre définition que sa fidélité à l'idéologie où elle voit le secret de sa victoire.

De cette évolution, les intellectuels de l'Occident eussent pu connaître les lignes essentielles, malgré le mystère dont est entourée déjà la politique du tout récent Komintern. La preuve, c'est que certains d'entre eux ont fait cet effort d'observation, comme Bertrand Russell, qui publie à la fin de 1920 un des meilleurs livres sur le bolchevisme [1]. Le logicien de Cambridge, un des esprits illustres de l'Europe, est aussi tourné vers les questions sociales. Il appartient, en indépendant, à la vaste famille du socialisme anglais, étrangère au marxisme, philosophiquement éclectique, portée à l'exercice de la raison pratique. Il a été horrifié par la guerre, emprisonné même un temps pour l'avoir dit, et redoute son legs de « désenchantement et de désespoir », qui risque de conduire à ce qu'il appelle une nouvelle religion, dont le bolchevisme lui paraît l'incarnation. C'est pourquoi il décide d'y aller voir. Il fait donc un court séjour en Russie, entre le 11 mai et le 16 juin 1920, en même temps qu'une délégation du Labour anglais, mais à côté d'elle. Il visite Leningrad, Moscou, un bout de campagne dans le bassin de la Volga. Il discute avec Kamenev, il est reçu par Lénine pendant une heure, il a vu aussi ce qui reste de la gauche, les mencheviks, les socialistes-révolutionnaires. Bref, un vrai voyage d'études, fait par un bon observateur : juste le contraire de la visite Cachin-Frossard à Moscou, à la même époque, consacrée elle tout entière au remords et au ralliement.

Les jours du capitalisme sont comptés, Russell n'en doute pas une minute. Mais, sur ce qu'il a vu en Russie, il revient de Moscou avec la conviction que la voie bol-

Révolution française, Robert Laffont, Bouquins, 1989, tome II, livre IX, chap. 1, p. 127.

1. Bertrand Russell, *The Practice and Theory of Bolchevism*, Londres, G. Allen & Unwin, 1921. Trad. française : *Théorie et pratique du bolchevisme*, Paris, La Sirène, 1921 ; rééd. Le Mercure de France, 1969.

chevique vers un nouvel ordre social n'est pas la bonne. Dans la situation qu'il a observée, il fait la part des circonstances particulières de la révolution russe : le poids du passé et du retard sur l'Occident, en même temps que de la guerre d'intervention entreprise par les Alliés. Mais, cette déduction faite, il ne voit pas grand-chose de bon dans ce que l'expérience révolutionnaire russe comporte de neuf. Dans le domaine économique, le circuit villes-campagne est presque détruit, le ravitaillement urbain difficile, les paysans malheureux et hostiles, les ouvriers passifs. Il n'y a rien de plus sinistre que la description par Russell de la vie quotidienne en Russie dans ces années-là. Sur le plan politique, le verdict est plus sévère encore. Le voyageur anglais n'a pas été dupe un instant du mythe « soviétique » d'une démocratie directe de travailleurs. Il a vu la dictature du Parti derrière le drapeau des Soviets ; en se retirant, la révolution populaire n'a laissé debout que la toute-puissance d'un appareil. Russell en mesure l'isolement et l'impopularité, moins d'une année avant Kronstadt. Il note que le bolchevisme est plus acclamé à l'étranger que chez lui. C'est un régime détesté comme une tyrannie en Russie, espéré comme une libération hors de Russie. Un échec dans l'ordre des réalités, doublé d'un succès dans celui des croyances.

Le ton du petit livre n'est pas polémique, mais plutôt factuel. Il s'agit d'un constat qui rassemble récits et réalités vécues, plein de ce sens du concret et de ce bon sens supérieur qui sont un des charmes des intellectuels anglais. L'auteur n'est même pas devenu, après coup, un adversaire acharné du bolchevisme, certain toujours que le mouvement de l'histoire porte à la fin du capitalisme. Ce qu'il combat le plus du bolchevisme est sa prétention à l'universalité, son caractère messianique, qui risque de conduire le monde européen du travail à une impasse ; ces primitifs du socialisme n'ont rien à enseigner à l'Occident. Ils n'apportent qu'une substance illusoire, une fausse religion aux espoirs des hommes déboussolés d'après-guerre. Puisqu'il n'est pas marxiste, ce dont il s'explique dans la deuxième partie de son livre, Russell n'a pas, comme Kautsky ou Blum, à défendre une autre

version de la dictature du prolétariat, et à ouvrir au siècle
un horizon révolutionnaire d'un autre type. L'expérience
historique y pourvoira. La tâche de l'heure est d'une part
de faire l'analyse de l'échec russe, pour l'éviter aux autres
nations ; de l'autre, de combattre la propension à un
messianisme bolchevique que dévoile l'esprit du temps.

Russell, qui résistera plus mal, à la fin de sa vie, aux
séductions du front commun avec les communistes [1], n'a
pas eu de difficulté, au sortir de la Première Guerre, à
briser le charme du bolchevisme. De ce qu'était la Russie
soviétique, il a été curieux, à la fois comme un socialiste
et comme un pacifiste. Il y est allé, il a jugé sur pièces,
c'est-à-dire par l'observation, comme un homme de
science. Il n'y a pas de drame de la passion dans son
témoignage. En cela il n'est pas typique.

Car une histoire beaucoup plus fréquente, et d'un type
différent, commence alors, entre les hommes de progrès
et la Russie soviétique : celle de la croyance et du désenchantement. A sa naissance, la révolution russe a réuni
autour d'elle un monde d'admirateurs et de fidèles.
Saura-t-elle répondre, au fil des années, à ces attentes ?
entretenir cette ferveur ? Comment la foi de ses partisans
survivra-t-elle à son cours ?

---

1. Il l'explique ainsi dans son autobiographie (*The Autobiography of Bertrand Russell, 1944-1969*, New York, Simon and Schuster,
p. 10) : « A cette époque [1948], j'étais *persona grata* auprès du
gouvernement anglais parce que, bien qu'adversaire d'une guerre
nucléaire, j'étais aussi anticommuniste. Plus tard, j'ai été amené à
être plus favorable au communisme au moment de la mort de
Staline en 1953 et du test atomique à Bikini en 1954 ; et j'en vins à
attribuer de plus en plus le risque d'une guerre nucléaire à l'Ouest,
aux Etats-Unis d'Amérique, et moins à la Russie. Cette évolution fut
favorisée par des événements internes à la politique américaine,
comme le maccarthysme et les atteintes aux libertés des citoyens. »

4

LES CROYANTS ET LES DÉSENCHANTÉS

La Révolution française aussi a laissé une longue trace d'admirateurs. Elle a eu ses partisans et ses imitateurs dans toute l'Europe et même au-delà. Mais, bien que les deux événements soient enveloppés dans la magie révolutionnaire de la construction d'un monde nouveau, l'enthousiasme qu'ils ont provoqué ne présente pas les mêmes caractères.

Très différente est la situation historique des deux pays concernés. La France du XVIIIᵉ siècle est le pays le plus « civilisé » d'Europe, dont les esprits cultivés parlent la langue, et vers lequel ils sont accoutumés de se tourner : la Révolution de 1789 amplifie cette habitude, elle ne la rompt ni ne la crée. La Russie de 1917 reste, malgré les rapides progrès accomplis depuis le début du siècle, une nation récemment entrée dans la voie de ce que la pensée européenne a appelé la « civilisation ». Même l'« Ancien Régime », dans son histoire, est récent, s'il est vrai qu'il ne commence qu'avec l'émancipation des serfs par le tsar Alexandre II en 1864[1] . Or la révolution d'Octobre affiche la prétention de s'offrir en exemple à l'humanité, et d'abord à l'Europe. Prétention qui, prise en soi, n'est pas nouvelle dans l'histoire russe, mais dans une tout autre

---

1. Alain Besançon, « La Russie et la Révolution française », in *The French Revolution and the Creation of Modern Political Culture*, vol. 3 (éd. François Furet et Mona Ozouf), Pergamon Press, Oxford, 1989, p. 575-584.

acception : celle du messianisme slavophile. Ce qu'elle comporte au contraire de neuf sous sa forme léniniste est aussi ce qu'elle a de paradoxal : l'idée que la vieille Russie, à peine sortie du tsarisme, invente un régime social et politique qui puisse et doive servir d'exemple à l'Europe et au monde, tout en se situant dans la continuité avec l'histoire de l'Occident. Après avoir regardé si longtemps la Russie paysanne et despotique avec commisération, les ouvriers d'Allemagne et d'Occident manifestent désormais aux cris de : « Les Soviets partout ! » Cette brusque inversion efface la Russie des tsars et donne à celle de Lénine ses galons d'universalité à la française ; mais elle reste invraisemblable, et par exemple les chefs sociaux-démocrates refusent d'y donner leur assentiment. Elle n'aura jamais l'espèce d'évidence historique dont l'exemple français a joui en sens inverse, de l'ouest vers l'est, au XIXe siècle. Faute de généralisation des Soviets, pour peu que la Russie reste seule dépositaire de la marque, le modèle n'a rien de l'universalité multiple de l'héritage démocratique français. Que vienne l'heure du « socialisme dans un seul pays », il risque de retrouver une part de l'étrangeté russe en Europe, privant de substance historique concrète l'universalisme dont il réclame plus que jamais, par compensation, de conserver le bénéfice à son profit.

Car la Révolution française, lorsqu'elle étendait au XIXe siècle ses effets à l'Europe et au monde, constituait un événement du passé, avec un commencement et une fin. La particularité de la révolution russe au XXe siècle, c'est qu'elle n'a qu'un commencement, et qu'elle ne cesse d'avoir lieu. Je serais certes le dernier à prétendre que de la Révolution française le mot « fin » est facile à tracer, puisque le concept même de révolution, né avec elle, ne permet pas d'y donner un sens clair : ambiguïté qui domine la politique intérieure française jusqu'à la Troisième République au moins [1]. Mais enfin, vus d'Europe

1. Voir François Furet, *La Révolution (1770-1780)*, Hachette, 1988.

ou de plus loin encore, les événements qui ont commencé en 1789 se terminent en tout cas avec la chute de Napoléon, quand les rois vainqueurs et les princes revenus refont un ordre politique et social post- et anti-révolutionnaire. Dès lors, la Révolution française est terminée comme événement. Ce qui en subsiste est d'un ordre différent : c'est ce qu'on appelle à l'époque ses « idées », qui constituent un patrimoine intellectuel et politique librement utilisable par chaque peuple. Patrimoine apparemment un, si on l'oppose au monde de l'Ancien Régime. En réalité très divers, si on considère la multiplicité de ses legs : l'autonomie des individus, l'égalité devant la loi, le gouvernement représentatif, le droit des nations, la dictature démocratique, le socialisme.

Tous ces héritages ont leurs partisans et leurs exégètes. Certains sont compatibles entre eux, d'autres non. Aucun n'est lié à la magie d'un nom, pas même le bonapartisme, puisqu'il n'existe comme tel, et pour cause, qu'en France : la Révolution française a échappé à la volonté des hommes qui ont successivement prétendu la diriger. Evénement d'une formidable puissance unitaire et d'une extraordinaire richesse en contradictions, elle reste telle après avoir fini son cours, trésor d'idées irréductible à l'appropriation exclusive par un homme ou par un parti, filon constamment ouvert à la curiosité des modernes, sur le mode optimiste ou inquiet. Elle a empli le siècle qui l'a suivie de ses questions autant que de ses acquis.

Tout autres, le caractère et le destin de la révolution d'Octobre 1917. Ceux qui y prennent le pouvoir au nom du communisme le conservent au nom du communisme et le transmettent au nom du communisme. Mirabeau ou Robespierre ne savent pas en 1787 qu'ils vont faire la révolution. Lénine, lui, l'a toujours su, possédé par une seule idée, qu'il croit scientifique, et autour de laquelle il a construit un parti. Avec lui, en octobre 1917, c'est à la fois la science de l'histoire et le Parti qui s'approprient un pouvoir en déshérence. Octobre n'est pas, comme juin-août 1789 en France, l'explosion libertaire d'une société, mais la confiscation du pouvoir d'Etat par un parti qui n'en fait pas mystère, puisqu'il dissout aussitôt après l'Assemblée constituante.

J'ai écrit plus haut que la révolution russe est terminée dans l'hiver 1920-1921, avec la fin de la guerre d'intervention, la révolte de Kronstadt, le Xe Congrès et la N.E.P. Ce qui me paraît vrai si on entend par « révolution » la période de fondation plus ou moins héroïque d'un régime, avec la mise en œuvre d'idées radicales, comme le « communisme de guerre », un enrégimentement plus ou moins consenti des ouvriers, et un appel à la subversion internationale. En ce sens, avec le Xe Congrès et la N.E.P., la prose succède bien à la poésie ! Mais, sous un autre aspect, la révolution soviétique continue, puisque Lénine n'effectue qu'un repli tactique sans modifier le cap final ni la dictature du Parti. Dans cette apparente concession à ses adversaires, il est fidèle plus que jamais au monopole politique du parti, aggravé la même année par l'interdiction des tendances au sein dudit Parti. Le système instauré en 1917-1918 ne laisse pas de place à l'expérience du peuple, moins encore à son choix. C'est un régime sans sanction, où les politiques mises en œuvre peuvent changer, mais à condition d'être toujours décidées et conduites par le même Parti, les mêmes hommes. Ainsi se perpétue la révolution d'Octobre, puisque le pouvoir reste dans les mains de ceux qui l'ont faite.

Par là aussi apparaît le mensonge selon lequel la Terreur révolutionnaire n'est qu'une réponse forcée à la violence contre-révolutionnaire : mensonge qui a tant servi déjà aux défenseurs ou aux célébrateurs de la guillotine française. En 1921, l'intervention étrangère est terminée, les vieux adversaires des bolcheviks sont passés à l'étranger, la révolte de Kronstadt a été brisée dans le sang, la liberté est rendue aux paysans de produire et de vendre. C'est au moment où la dictature de la peur est apparemment devenue moins nécessaire qu'elle est réaffirmée avec le plus de force, au Xe Congrès du Parti, en 1921.

Les hommes de la Révolution française n'avaient cessé d'avoir les plus grandes peines du monde à apprivoiser l'idée de représentation politique, une des plus difficiles de la démocratie moderne. Ils avaient même flirté un temps avec une conception essentialiste de cette représentation, faite d'une pyramide d'identités : le peuple, la Convention, le Comité de salut public, l'Incorruptible. Encore cette conception n'a-t-elle jamais fait l'objet d'une véritable doctrine. En tout état de cause, elle avait disparu au 9 Thermidor, qui avait ramené l'idée démocratique d'un pouvoir à dévolution périodique, donc incertaine. Au contraire, les bolcheviks, quand ils évoquent Thermidor à propos de la N.E.P., n'ont dans l'esprit que le changement de politique économique. Prisonniers de leur propre philosophie de l'histoire, ils raisonnent comme si comptait seule l'économie. Leur intérêt recoupe leur doctrine. Ils sont au pouvoir, ils y restent. Ce faisant, ils ajoutent un chapitre inédit à la théorie des régimes révolutionnaires.

En effet, ils se considèrent, et eux seuls, comme les dépositaires du sort et du sens de la révolution d'Octobre, à travers le Parti qui les rassemble, sous l'autorité de Lénine. Ce qui fait la légitimité de ce Parti n'est pas l'élection par le peuple, mais la connaissance des lois de l'histoire, constamment enrichie par sa « praxis » : de là vient son caractère unique, incomparable, et la justification de son monopole. De là aussi, l'enchaînement de tautologies substitué aux incertitudes de la représentation politique sur le mode démocratique « bourgeois » : la classe ouvrière est l'émancipatrice du peuple, le Parti communiste est la tête de la classe ouvrière, Lénine est la tête du Parti. L'idée de science de l'histoire fonde à la fois le caractère irréversible de la révolution d'Octobre et la nécessité d'une oligarchie politique gardienne de ladite révolution. Lénine voit bien un peu, dans la dernière année de sa vie [1], les risques de tyrannie bureaucratique inséparables de cette conception du pouvoir. Mais c'est lui qui en a fait la théorie et en a guidé la mise en place, et il est trop tard pour s'inquiéter de ce qu'en feront ses successeurs. Sa fameuse « démocratie prolétarienne »,

1. Moshe Lewin, *Le Dernier Combat de Lénine*, Editions de Minuit, 1967.

tant célébrée contre Kautsky, n'est plus, à l'heure où les Soviets se sont tus, que le pouvoir absolu d'un Parti isolé au milieu d'un peuple recru d'épreuves.

Mais par son intermédiaire, la révolution continue, même et surtout si son esprit a disparu dans les masses populaires. Elle se poursuit donc, à l'intérieur de la Russie, comme une idéologie d'Etat, indispensable au maintien de la légitimité du Parti : il faut procéder au « recul stratégique » de la N.E.P., mais c'est pour mieux atteindre un jour le but final du communisme, dont les bolcheviks seuls peuvent maîtriser le chemin. Ainsi progresse l'idée d'orthodoxie, d'autant plus indispensable que la politique suivie paraît s'en éloigner. Même à l'intérieur du Parti, fini le temps des débats et des désaccords ouverts : le rôle de gardien de la révolution est incompatible avec des fractions et des factions, puisque le sens de la révolution n'y résisterait pas. De l'idée d'une science marxiste de l'histoire, qui a été confirmée par leur victoire de 1917, les bolcheviks passent, quand est venue l'heure morte du reflux, à la nécessité d'un dogme unanimement reçu : c'est la seule manière de continuer à tenir d'une poigne de fer ce qu'ils ne peuvent séparer, leur interprétation du passé et leur dictature sur le présent.

L'exercice est d'autant plus difficile que la révolution russe a, depuis l'origine, une vocation universelle. Ce qui ne veut pas seulement dire qu'elle a escompté pour survivre le soutien du prolétariat international, mais surtout qu'elle est une partie d'un mouvement plus vaste, l'avant-garde de l'humanité tout entière. De prémisses identiques, les révolutionnaires français avaient tiré en 1792 la justification d'une guerre avec l'Europe, qui allait avoir des significations et des conséquences multiples et imprévues. Les bolcheviks, eux, ont fait la révolution contre la guerre. Leur conception de l'internationalisme prolétarien les incite non pas à exporter le drapeau rouge par les armes, mais à organiser un peu partout des partis communistes à leur image : reprise de la tradition de la II⁰ Internationale, mais contre elle, la création de la III⁰ a répondu à cet objectif. Elle part du principe que l'idéologie et le type d'organisation du Parti bolchevique sont universalisables. Elle veut former l'état-major d'un mouvement révolutionnaire mondial centralisé, dont les hommes de Moscou sont les stratèges en chef, du fait qu'ils possèdent les secrets des révolutions victorieuses. Elle implique donc le dédoublement de la révolution russe et du Parti bolchevique : un versant national, un versant international. Mais, en réalité, ce dédoublement n'est opéré que par la division des bureaux et des organisations. Sur le plan politique, Lénine et les dirigeants du Parti bolchevique règnent aussi sur la IIIe Internationale, où dominent, présentées sous un autre angle, les questions nées de la situation en Russie.

En bref, la IIIe Internationale n'est que l'extension institutionnelle de la révolution d'Octobre en Europe et dans le monde. Par là, elle rencontre le même problème que la guerre révolutionnaire des Français à la fin du XVIIIe siècle : elle dévoile son caractère particulier au moment où elle cherche à donner une substance à l'universalité de sa mission. Les Français s'étaient abandonnés à la guerre, au risque d'oublier jusqu'au sens qu'ils lui avaient donné à l'origine. Les bolcheviks confient le destin universel de leur aventure à la recette qui a assuré leur succès dans leur pays : un mélange de militantisme quasi militaire, de réalisme politique radical et d'idéologie à haute dose. Ils impriment à la nouvelle Internationale ce caractère conspiratif inséparable du volontarisme extrême qui marque leur révolution, en l'habillant dans la science de l'histoire. Ce faisant, ils surestiment partout dans l'Europe d'après-guerre la probabilité de nouveaux Octobres, comme on le voit dans leur stratégie allemande ou bulgare de 1923. Mais ils implantent aussi partout des partis soumis à une autorité commune par la force d'une idéologie partagée, qui sera bientôt nommée : le marxisme-léninisme [1].

---

1. Le terme de léninisme apparaît immédiatement après la mort de Lénine (*cf.* Boris Souvarine, *Staline, op. cit.*, p. 307-309). Début avril 1924, Joseph Staline prononce une conférence à l'université Sverdlov, qu'il publie sous le titre : *Des principes du léninisme*. Courant 1925, Gregori Zinoviev écrit *Le Léninisme* (édition française, 1926). Dès le milieu des années trente, l'adjectif « marxiste-

Dans sa période initiale, la Révolution française avait eu à l'étranger le soutien de clubs et de cercles d'amis. Dans sa phase expansionniste, elle avait créé des Républiques sœurs, avec l'aide de groupes jacobins locaux : par exemple, en Italie. Mais son bagage d'idées, fait de sédimentations successives, n'avait jamais constitué une idéologie homogène et unifiée, moins encore le ciment d'une organisation internationale centralisée. Au contraire, la révolution d'Octobre est une : préparée, décidée, exécutée, gouvernée par Lénine et son Parti, qui en dirigent tout le cours, et en disent à chaque moment le sens. L'expérience soviétique est constamment passée au filtre marxiste de Lénine, intégrée dans le corps d'idées qui lui a donné naissance. Elle est moins universelle que celle de la Révolution française, mais elle est plus facile à universaliser. Moins universelle, dans la mesure où elle a pris racine dans un pays arriéré et n'offre à l'observateur qu'un contenu relativement pauvre, la dictature d'un parti après l'anarchie d'une nation. Mais plus facile à universaliser, puisque couchée chaque jour par ses acteurs dans le lit de Procuste de l'idéologie, munie ainsi d'un sens canonique préétabli, avant d'être diffusée à l'échelle du monde par l'Internationale. C'est par ce canal que le cours catastrophique de la révolution soviétique prend des allures d'accomplissement de l'histoire universelle.

L'inconvénient du système est qu'il est rigide. Si le Parti bolchevique est chargé non seulement de conduire la révolution, mais aussi de dire à chaque moment son sens, tout désaccord politique en son sein, ou à l'intérieur de l'Internationale, est aussi un désaccord sur son fondement : sa capacité à diriger les luttes de classes selon la science de l'histoire. Le prix de l'orthodoxie est de transformer les dissensions en hérésies. Mais, en

léniniste » fait partie de l'arsenal idéologique du P.C.F. (« Les faits confirment la théorie marxiste-léniniste du parti », Ecole élémentaire du P.C.F., V^e leçon, 1937). L'emploi du substantif marxisme-léninisme devient courant avec le pouvoir absolu de Staline qui l'impose avec son opuscule, *Matérialisme dialectique, matérialisme historique* (1938).

l'occurrence, le dogme est variable avec les circonstances, de sorte que l'orthodoxie n'a d'autre point de référence que le Parti, c'est-à-dire ses chefs. Fragilité qui donne au monde communiste, depuis qu'il a paru, l'allure d'une très vaste secte, peuplée de millions de fidèles, mais constamment secouée de crises politiques vécues sur le mode du schisme. Car être communiste, désormais, c'est moins être marxiste que de croire le marxisme incarné par l'Union soviétique, c'est-à-dire interprété par le Parti communiste bolchevique. Ce qui assure aux convaincus leur salut dans le monde, mais les expose aussi aux hasards d'une croyance investie dans un objet d'expérience : celui-là au surplus, une révolution, est d'un ordre par définition éphémère, alors qu'il doit être hypostasié en bienfait permanent pour fixer quelque chose comme une foi.

L'illusion d'universalité, consubstantielle à la croyance révolutionnaire du type jacobin ou léniniste, se déchire au spectacle du cours de la révolution : l'histoire du communisme n'échappe pas à la règle. Elle la met au contraire en évidence avec un relief particulier, puisqu'elle est d'une part à teneur idéologique très forte, et de l'autre si pleine de démentis tragiques à la promesse du bonheur collectif qu'elle affiche. Très tôt, dans la première jeunesse du mouvement, dès avant la mort de Lénine, la gauche européenne a déjà ses milliers d'anciens communistes, revenus de leurs illusions ou de leurs espoirs. Le communisme est une maison où, tout au long du siècle, on ne cessera d'entrer et de sortir, à chaque génération, au hasard des circonstances. Mais le mouvement saura aussi retenir, tout au long de leurs vies, des militants si inconditionnels qu'ils formeront comme une espèce politique particulière jusque tard dans le siècle : ceux-là n'abandonneront jamais le camp de l'Union soviétique, inséparable à leurs yeux de la révolution. Même dans les pires moments, même mis au rancart ou injustement soupçonnés, ils ne pourront concevoir d'autre sens à leurs existences que de servir la cause d'Octobre 17, comme si le nouveau monde y était vraiment né.

Je tenterai d'entrer dans les raisons des uns et des autres à partir de trois exemples : trois intellectuels venant d'univers très différents, mais nés à la politique révolutionnaire avec la guerre et avec Octobre ; puis réunis et séparés par cette expérience même. Pascal, Souvarine, Lukács.

*

Un des premiers témoins étrangers de la révolution russe est un jeune intellectuel français, Pierre Pascal, qui a tenu quotidiennement registre de ce qu'il a vu et pensé [1], depuis 1917 jusqu'à l'année cruciale 1927, qui marque l'exil de Trotski et le triomphe de Staline. Pierre Pascal appartient à une génération de jeunes Français passés par l'Ecole normale supérieure juste avant la guerre (promotion 1910). Etudiant en lettres, il est intéressé très tôt par la Russie, où il a fait son premier voyage dès 1911. Catholique fervent, il a lu Soloviev, qui l'a convaincu de la nécessité de « l'union des Eglises [2] » ; il tombe amoureux de Kiev et se penche avec beaucoup de curiosité sur la vie religieuse russe. Il prépare cette année-là, à Saint-Pétersbourg, un mémoire d'études supérieures sur « Joseph de Maistre et la Russie », avant de retourner l'année suivante à Moscou. Sa curiosité est donc fixée très tôt sur les choses russes, à travers des préférences intellectuelles et morales dont son sujet de mémoire laisse deviner l'orientation. Ce jeune catholique, proche de son condisciple Psichari à l'Ecole normale, veut rendre à l'esprit catholique sa vocation universelle, et le faire refleurir sous sa forme communautaire. Ce qu'il déteste le plus dans le monde moderne, c'est le règne de l'argent et son corollaire,

1. Pierre Pascal, *Mon journal de Russie, 1916-1918*, t. I, préface de J. Laloy, L'Age d'homme, 1975 ; *En communisme. Mon journal de Russie, 1918-1921*, t. II, 1977 ; *Mon état d'âme ; Mon journal de Russie, 1922-1926*, t. III, 1982 ; *Russie 1927 ; Mon journal de Russie*, t. IV, 1982.
2. Sur le catholicisme de Pierre Pascal, qui tient à la fois du Sillon et de l'« unionisme » cher au père Portal, voir Régis Ladous, *Monsieur Portal et les siens*, préface d'Emile Poulat, Ed. du Cerf, 1985.

l'individualisme bourgeois, dont les ravages ont épargné l'ancienne Russie des paysans et de l'Eglise orthodoxe. Aux mensonges des droits de l'homme ou du régime parlementaire, il préfère une monarchie chrétienne comme celle du tsar. Pierre Pascal est cet alliage rare : un slavophile français. Il aime la Russie comme La Mennais avait aimé la Pologne : pour ce qu'elle a gardé de communautaire, donc de chrétien. Il a déjà dans l'esprit un travail sur les « vieux-croyants », qu'il finira beaucoup plus tard [1]. S'il n'a pas attendu 1917 pour regarder vers l'Est, comme les pacifistes ou les socialistes, c'est qu'il vient d'un autre bord qu'eux, et de plus loin. Mais en cela même son témoignage est capital, puisqu'il permet de comprendre la séduction de la révolution d'Octobre sur une vaste famille d'intellectuels « catholiques » qui n'est à l'origine ni marxiste, ni à gauche, ni même démocrate. Pierre Pascal n'est que le premier d'entre eux ; Louis Althusser sera le dernier [2].

Gravement blessé sur le front en septembre 1914, Pascal combat ensuite aux Dardanelles, avant de se faire nommer, lui qui parle russe, à la mission militaire française à Saint-Pétersbourg en 1916. C'est là que vient le cueillir la révolution, qui va le fixer en Russie pour longtemps. La chronique quotidienne qu'il en tient pendant dix ans est un document qui n'a pas d'équivalent, tant sur le plan strictement documentaire que par ce qu'elle nous dit de son engagement, puis de son désenchantement.

Il est « bolchevik » avant octobre, dès février 1917 : d'un bolchevisme très particulier, non marxiste, mais russe et chrétien, reflétant l'espèce d'élection historique que possède la Russie, patrie par excellence du christianisme. Son rôle officiel est pourtant de combattre la propagande défaitiste de Lénine et ses amis, puisqu'il a

---

1. Pierre Pascal, *Avvakum et les débuts du raskol. La crise religieuse au XVIIe siècle en Russie*, Paris, librairie Honoré Champion, 1938 ; *La Vie de l'archiprêtre Avvakum écrite par lui-même...*, trad., introd. et notes de Pierre Pascal, Gallimard, 1960. Sur le raskol, voir Léon Poliakov, *L'Epopée des vieux-croyants*, Perrin, 1991.

2. Yann Moulier Boutang, *Louis Althusser. Une biographie*, Grasset, 1992.

pour fonction, comme ses collègues de la mission militaire, de maintenir la toute jeune République dans la guerre, aux côtés de la France. Il doit même consacrer une part de son activité à exhorter dans ce sens les soldats russes. Mais il fait passer déjà ce devoir professionnel, tout d'obéissance mécanique, après son credo de fraternité universelle ; en 1918, il refusera de rentrer en France pour rester le témoin de l'exceptionnelle aventure. Ce qu'il aime chez les bolcheviks, entre février et octobre, c'est qu'ils veulent redonner un sens à l'histoire russe en terminant la guerre, qui l'en a privée. « Le peuple russe a un sentiment aigu du caractère tragique de cette guerre, qu'il ne veut pas, qui est absurde, dont l'humanité ne doit pas vouloir, et dont elle ne peut se dépêtrer » (t. I, p. 127, 19 mai 1917). Le paysan russe, soldat de l'humanité contre la guerre : vision tolstoïenne qui pousse le lieutenant Pascal vers Lénine et ses camarades, au nom d'une eschatologie reprise d'Edgar Quinet : « La guerre échappe de plus en plus aux gouvernements. On marche à une révolution sociale universelle. Il y aura une confédération européenne » (t. I, p. 205, 21 août 1917).

Vient Octobre, les bolcheviks prennent le pouvoir. « Eux sont les théoriciens, commente Pascal, mais le peuple russe, qui n'est ni socialiste ni bolchevique que de nom, les suit, parce que lui aussi vit dans l'avenir. Il veut la cessation de l'injustice et du malheur présents sur terre. Maladroitement, tristement, en souffrant, il crée cependant cet avenir. La révolution russe, quelle que soit la réaction qui pourra suivre, aura une aussi énorme répercussion que celle de 1789, même bien plus grande : ce n'est pas un accident, c'est une époque, et Bossuet commencerait par là un chapitre de son *Histoire universelle* »(t. I, p. 247, 26 décembre 1917). Ainsi le bolchevisme « théorique » n'est que le signe de quelque chose de plus profond. Il n'est antichrétien qu'en surface, car il s'ignore lui-même. Le peuple russe l'a pris comme drapeau, alors qu'il a en tête la réalisation du christianisme sur terre, étape autrement importante de l'histoire que le 1789 français. Des différents chemins que l'idée chrétienne peut emprunter pour rejoindre le léninisme, Pascal a pris celui par lequel, au jour venu, les derniers seront les premiers : la victoire d'Octobre n'est pas inscrite dans une science de l'histoire, c'est une revanche des humiliés, c'est le jour du grand partage, où le peuple russe agit sous la main de Dieu. Le socialisme est une doctrine juste mais courte, car il ne sait pas — pas encore — ce qu'il est : l'instrument de l'esprit chrétien dans les affaires terrestres.

A l'automne 1918, donc, Pierre Pascal saute le pas. Contre les ordres reçus, il reste en Russie. Avec quelques autres, dont Jacques Sadoul est le plus connu [1], il forme le tout petit groupe des communistes français de Moscou, qui va jouer un rôle d'intermédiaire entre les bolcheviks et la gauche du mouvement ouvrier français dans les négociations d'adhésion à la IIIᵉ Internationale. Viennent alors les années militaires, qui sont aussi les années terribles — guerre civile, guerre étrangère, terreur à la ville et à la campagne — de la jeune Russie soviétique, coupée du monde extérieur par le « cordon sanitaire » des Alliés. Attaqué par la presse française comme déserteur, inquiet de ce que pensent de lui les siens, Pascal travaille à rédiger des bulletins d'information au Commissariat du peuple aux Affaires étrangères, tout en recueillant la documentation qu'il peut sur la Russie, ancienne et nouvelle. Le deuxième volume de son journal de Russie, qui va de 1919 à 1921, est intitulé *En communisme*, comme on dit, a-t-il commenté lui-même, « en religion » (t. II, p. 7). Cette période s'achève en mars 1921, avec la N.E.P., qui coïncide avec le début

1. Secrétaire de la fédération socialiste de la Vienne avant 1914, Jacques Sadoul (1881-1956) devient sous-secrétaire d'Etat à l'artillerie dans le cabinet Albert Thomas qui le fait détacher auprès de la mission militaire française en Russie. Sadoul tente alors de servir d'intermédiaire entre les Alliés et les bolcheviks, espérant que ces derniers continueraient la guerre contre l'Allemagne. Rallié au bolchevisme, il publie, sur les conseils de Lénine qui le tient en piètre estime, ses lettres à Albert Thomas. Condamné à mort en 1919 par le conseil de guerre de Paris, Sadoul revient en France en 1924 ; il est acquitté lors d'un nouveau procès. Très lié aux Soviétiques, il collabore aux *Izvestia*.

du désenchantement : la révolution est finie, et il faut vivre pourtant avec son cortège d'échecs et de souvenirs.

Le *Journal* de ces années-là est moins riche que le précédent en notations quotidiennes sur la vie à Moscou. Peut-être l'auteur a-t-il moins de temps à consacrer à ses carnets, à tout le moins vit-il dans des conditions matérielles précaires, assailli par le froid et les problèmes de ravitaillement. Les relations sociales ont été brisées par la révolution, et son monde est désormais presque exclusivement politique : d'un côté, les bolcheviks russes, qu'il voit peu ; de l'autre, la poignée de bolcheviks français qui se déchirent entre eux, destin habituel des petits groupes politiques en exil. Pascal a du mal à combattre l'accusation d'être catholique, dont Sadoul cherche à l'accabler auprès des chefs bolcheviques [1]. Il doit se soumettre à plusieurs examens de passage, dont l'un devant Lénine et son amie Inès Armand ! Mais ni ces soupçons de non-conformité ni la dictature sans partage du Parti n'entament le moins du monde son enthousiasme. Qu'aurait-il eu par exemple à faire avec une Assemblée constituante, lui qui a tant détesté en France le parlementarisme bourgeois ? Une pareille Assemblée, si elle n'avait pas été dissoute, n'eût abouti qu'à remettre en selle le parti « cadet », organe d'une bourgeoisie russe occidentalisée, flanquée des mencheviks et des socialistes-révolutionnaires, les premiers pusillanimes, les seconds inconsistants et sans idées. On retrouve intacte, à lire Pascal, la vieille distinction, si familière aux débats du socialisme français au XIXᵉ siècle, entre révolution sociale et révolution politique. Ce qui intéresse notre historien catholique bolchevisé, ce n'est pas tant le pouvoir, ou la manière de l'organiser, si sujette à des illusions ou si propice aux mensonges savants, que la révolution sociale, la fin du droit de propriété et des riches. Peu

---

1. Jacques Sadoul ambitionne de devenir le dirigeant exclusif du groupe communiste français. Pour écarter ses rivaux, il dénonce à Lénine Pierre Pascal comme favorable aux mencheviks. Une enquête est ouverte et Pascal doit se justifier devant la Tchéka. Sadoul dénonce à nouveau Pascal, cette fois-ci comme catholique. Voir Pierre Pascal, *Journal de Russie, op.cit.*, t. II, p. 111-114.

importe la liberté politique, si les hommes trouvent dans l'égalité rétablie et maintenue une morale nouvelle de la fraternité, annoncée par le Christ, et trahie par le monde de l'argent.

Le bolchevisme de Pascal est plus près de Buchez[1] que de Marx. Il suffit de transférer de la France à la Russie l'idée de l'élection historique pour retrouver chez le néophyte du léninisme les accents messianiques du prophète néo-jacobin et néo-catholique de la monarchie de Juillet. Témoin ce texte extraordinaire, qui veut décrire la Russie de la révolution et l'éclaire d'une lueur sombre d'apocalypse égalitaire : « Spectacle unique et enivrant : la démolition d'une société. C'est maintenant que se réalisent le quatrième psaume des vêpres du dimanche et le *Magnificat* : les puissants renversés de leur trône et le pauvre relevé de sa crotte. Les maîtres de maison sont confinés dans une pièce, et dans chaque autre pièce est logée une famille. Il n'y a plus de riches : simplement des pauvres et de plus pauvres. Le savoir ne confère plus ni privilège ni respect. L'ex-ouvrier promu directeur commande les ingénieurs. Les salaires, du haut et du bas, se rapprochent. Le droit de propriété est réduit aux hardes personnelles. Le juge n'est plus tenu d'appliquer la loi, lorsque son sens de l'équité prolétarienne la contredit. Le mariage n'est plus qu'une inscription à l'état civil, et le divorce peut être signifié par carte postale. Les enfants sont instruits à surveiller les parents. Les sentiments de générosité sont chassés par le malheur des temps : on se compte en famille les bouchées de pain ou les grammes de sucre. La douceur est réputée vice. La pitié a été tuée par l'omniprésence de la mort. L'amitié ne subsiste que comme camaraderie [2]. »

---

1. Philippe Joseph Benjamin Buchez (1796-1865), auteur avec Prosper-Charles Roux de la monumentale *Histoire parlementaire de la Révolution française,* en quarante volumes, parus en fascicules entre 1834 et 1838. Ancien carbonaro et ex-saint-simonien, Buchez est un interprète à la fois catholique et socialiste de la Révolution. Il exalte à ces deux titres le messianisme communautaire des jacobins qu'il oppose à l'individualisme bourgeois de 1789.

2. Pierre Pascal, *Journal, op. cit.,* t. II, p. 16.

Pascal a bien un peu peur, déjà, de l'ombre de la Tchéka qui se profile sur la vie quotidienne, de l'Etat qui s'appesantit sur cette société spartiate, règle unique de ce monde sans règles. Mais il se rassure à la pensée que c'est une police du peuple, un Etat prolétarien, quasiment un non-Etat, puisqu'il est ouvert à chaque « cuisinière », selon la prédiction de Lénine. La preuve, c'est qu'au mot de « citoyen », qui a la froideur juridique de l'individualisme bourgeois, le régime a substitué celui de « camarade », qui exprime la fraternité concrète du monde du travail, et le triomphe de l'égalité réelle. Le Pierre Pascal de 1919-1920 tient un peu de Péguy : « La tête rasée, une grosse moustache de cosaque, de bons yeux toujours souriants, habillé d'une blouse de paysan et s'en allant nu-pieds par la ville [1] » (Victor Serge). Son personnage fait bien comprendre à quel point le bolchevisme de cette époque rassemble à son profit des émotions et des traditions qu'il a dû combattre pour se constituer : l'égalitarisme des pauvres, le socialisme utopique, l'esprit chrétien de communauté. Lui, l'intellectuel français, les enveloppe dans un langage plus récemment appris, celui de Lénine ; ce qui ne fait pas un trop mauvais mélange, puisque ces éléments étrangers, sont, eux aussi, radicalement révolutionnaires et consolident plutôt l'idéologie du Parti au pouvoir. L'aventure intellectuelle et politique du lieutenant français est un des premiers exemples de la fascination exercée par le bolchevisme sur des esprits venus d'horizons tout différents et pourtant saisis, au sens fort du terme, par sa « présence » historique [2].

Comment cette présence se défait-elle ? Comment se rompt cette croyance ? Quand, comment, pourquoi cessent-elles de posséder leur magie ? La sortie du com-

---

1. Victor Serge, *Souvenirs d'un révolutionnaire*, Le Seuil, 1951, p. 153-154. Sur Victor Serge, *cf. infra*, note 3, p. 233.

2. Des matériaux de son *Journal*, resté si longtemps inédit, Pierre Pascal tira un petit livre d'édification communiste, publié à la fin de 1920, à la veille du Congrès de Tours, et intitulé *En Russie rouge*. *Lettres d'un communiste français*, Petrograd, Editions de l'Internationale communiste, 1920 ; Paris, Editions de la Librairie de l'Humanité, 1921.

munisme, dont Pierre Pascal inaugure l'expérience, appelée à devenir si fréquente au cours du siècle, comporte déjà chez lui les caractères de la fin d'une foi : à l'enthousiasme du croyant succède un beau jour le regard critique, et les mêmes événements qui illuminaient une existence ont perdu ce qui faisait leur lumière. Peut-être, dans son cas, vaudrait-il mieux parler de la fin d'une foi récente au profit d'une foi plus ancienne, s'il est vrai que, n'étant plus communiste, il est plus que jamais catholique, ce qui laisse les secours de la religion à son âme exaltée par la solitude et par l'exil. L'ennui est qu'il cesse de tenir son *Journal* en 1921, précisément au moment où se brise sa croyance communiste : cette rupture arrête sa plume, alors qu'elle poussera tant d'autres à écrire. Mais, par le peu qu'il en dit, on voit au moins les événements qui l'ont sinon provoquée, du moins nourrie, dans les premiers mois de 1921 : c'est la condamnation du groupe de l'« Opposition ouvrière [1] » par le Xe Congrès, l'interdiction des factions dans le Parti, la répression de Kronstadt. La révolution russe a désormais perdu pour lui sa pureté presque intemporelle d'accomplissement religieux. Elle est un pouvoir, intéressé non plus à se défendre, mais à régner. Le troisième tome du *Journal* de Pascal, consacré aux années 1922-1926, s'intitule sobrement *Mon état d'âme*.

L'auteur n'est plus communiste. Mais il aime toujours la Russie et le peuple russe, qui l'ont attiré si loin de sa patrie, bien avant les bolcheviks. Il lui arrive d'imaginer « quelle bonne révolution la Russie croyante aurait pu faire, sans la déformation marxiste » (t. III, p. 40, 2 février 1922), retrouvant ainsi la mythologie slavophile

---

1. Apparue en 1919, l'Opposition ouvrière est animée par Alexandre Chliapnikov et Alexandra Kollontaï qui défendent en mars 1921 leurs idées lors du Xe Congrès du Parti bolchevique, contemporain de l'insurrection de Kronstadt. L'Opposition ouvrière se voulait l'émanation de la « partie avancée du prolétariat qui n'a pas rompu sa liaison vivante avec les masses ouvrières organisées en syndicats... ». Ses thèses sur le rôle des syndicats furent rejetées par le congrès qui interdisait tout groupe d'opposition au sein du Parti. Voir Alexandra Kollontaï, *L'Opposition ouvrière*, Le Seuil, 1974.

sous les ruines de la mythologie communiste. La révolution bolchevique est morte, elle n'a produit qu'un Etat bureaucratique profiteur d'un nouveau capitalisme, mais le peuple russe reste l'espoir : car Pascal n'a pas aimé la révolution bien qu'elle fût russe, comme les communistes occidentaux, et même beaucoup de bolcheviks, mais parce qu'elle était russe et donc chrétienne. C'est ce qui lui donne la force de rester membre de la section française du Parti bolchevique, et de travailler à la fois pour le gouvernement soviétique et le Komintern. Il lui faut bien, de toute façon, continuer à « écrire communiste », même si le langage militant n'a pas atteint encore la pureté de la langue de bois.

Sa rupture avec la Russie soviétique est donc à la fois radicale et pourtant, par force, incomplète. D'un côté, il a fait le tour de la politique bolchevique, il s'est même instruit à son histoire : dans une lettre à Alfred Rosmer du 24 septembre 1925 [1], il fait remonter au IIe Congrès (le fameux Congrès de 1903 [2]) le caractère du Parti, fait d'intrigues féroces, de disputes byzantines et de goût de la force pure. Il aperçoit très clairement la supercherie de l'Etat prolétarien, la nullité politique des Soviets, et le mensonge qui enveloppe dès cette époque tout le régime : ce qui le préservera, dans les luttes de succes-

1. Lettre à Rosmer, 24 septembre 1925 ; *cf.* Pierre Pascal, *Mon journal de Russie, op. cit.*, t. III, 114-116. (Cette lettre, datée par erreur de 1923, fait explicitement allusion à des faits survenus en 1925.)

Ami de L. Trotski, Alfred Rosmer (1877-1964) appartient dès 1920 au Comité exécutif du Komintern. Membre du Comité directeur du P.C.F. en 1923-1924, il devait rompre en même temps que Monatte et participer en 1925 au lancement de *La Révolution prolétarienne*. Par la suite, il se rapprochera du courant trotskiste, se brouillant momentanément avec l'exilé en 1930. A. Rosmer est l'auteur d'une *Histoire du mouvement ouvrier pendant la guerre*, 2 tomes, 1936 et 1959.

2. Pierre Pascal fait allusion au Congrès de Londres de 1903, où le parti social-démocrate russe se scinda virtuellement en deux grandes fractions distinctes, celle des majoritaires (bolcheviks), menés par Lénine, et des minoritaires (mencheviks), dirigés par Martov.

sion qui ont commencé dès que Lénine a été mis hors de combat par l'aphasie, de prendre position pour l'un ou l'autre des clans qui se forment. Il se situe déjà, par exemple, trop à l'extérieur de la politique communiste pour devenir trotskiste : l'ancien chef de l'Armée rouge, l'homme qui a préconisé la militarisation des syndicats, n'est à ses yeux rival de Zinoviev ou de Staline que par ses ambitions, non par ses idées.

Mais d'un autre côté, où aller ? En élisant domicile à Moscou, au lieu de rentrer en France, il a brûlé ses vaisseaux. Revenu au pays, il lui faudrait ou bien mentir, ou bien apporter de l'eau au moulin de ces bourgeois et de ces politiciens qu'il déteste et qu'il a fuis. Il découvre l'impasse de celui qui a cru au communisme et qui n'y croit plus : en se retirant, la croyance laisse intacte la passion dont elle s'était nourrie. Que faire avec la haine du bourgeois si on pense comme lui sur le communisme ? La question va plus loin qu'une souffrance d'amour-propre, si douloureuse que celle-ci puisse être déjà ; elle met en jeu tout l'investissement psychologique moderne sur l'idée de révolution. De là vient que Pascal, en se détournant de la révolution bolchevique, prend bien soin de sauver du naufrage la conviction qui l'y avait porté, et d'en appeler de la révolution ratée de Lénine à la révolution future du peuple russe. Loin d'inventer un monde, les bolcheviks sont en train de restaurer l'argent et les riches : cette prédiction a l'avantage de réunir la déception récente à la haine plus ancienne du bourgeois. Elle libère la révolution d'une hypothèque, pour en ouvrir à nouveau le cours à l'imagination.

D'un côté, il y a le peuple russe, égalitaire, pauvre, religieux, chrétien, toujours capable d'un sursaut. Pascal reste fidèle à cet amour d'adolescence. Mais il témoigne aussi sur l'envers du tableau. Il décrit au jour le jour, en corrigeant la presse par les rumeurs et les conversations, la politique du Komintern et les remous qu'elle ne cesse de créer dans le jeune Parti communiste français. Il correspond avec Boris Souvarine, exclu de l'Internationale en 1924. Il reçoit de Paris *La Révolution prolétarienne* dont les fondateurs, Pierre Monatte [1] et Rosmer, ont été exclus l'année précédente du Parti communiste français. Il aime leur publication, bien qu'un peu trop « trotskiste »à son gré. Il y retrouve l'esprit libertaire, l'hostilité aux partis, parfois proche de l'anarchisme, des syndicalistes révolutionnaires. Il propose ses services pour des reportages de première main sur la situation russe. Mais il ne se sent pas concerné par la bataille qui fait rage, ces années-là (1925-1927), entre les factions et les chefs du Parti : il en parle sur le ton d'un commentateur neutre, c'est-à-dire hostile à tous. La vie politique soviétique est devenue à ses yeux aussi méprisable que le parlementarisme bourgeois. Il n'y joue plus aucun rôle, confiné dans des travaux de traduction de Lénine en français à l'Institut Marx-Engels. Mais cette disponibilité de l'esprit donne à ses notes de la dernière période une fraîcheur qui a gardé tout son charme. La prose du désenchanté conserve les qualités de celle du catéchumène, elle reste simple et variée, tournée vers le concret, riche en détails quotidiens. Et le divorce « soviétique » entre le mythe et le réel, une fois qu'il est repéré, donne un prix supplémentaire à ce style en coups de sonde, qui ressuscite la vraie vie russe en même temps qu'il peint déjà les rôles de la mystification communiste. Par exemple, celui du voyageur en terre promise, croqué sur le vif le 4 septembre 1927 : « Nul régime n'a jamais été à ce point le régime du mensonge. Le résultat est brillant : un jeune Français vient visiter l'Institut ; c'est un intellectuel enthousiaste, qui rappelle les "héros" Sadoul, Guilbeaux, Pascal ! et qui me regarde avec admiration. Il vient étudier l'édification socialiste à l'Académie communiste ! Il est ici depuis deux mois. Il est persuadé dur comme fer qu'on

---

1. Syndicaliste-révolutionnaire et fondateur de *La Vie ouvrière* (1909), Pierre Monatte (1881-1960) est l'un des tout premiers à soutenir la révolution bolchevique, animant la tendance révolutionnaire au sein de la C.G.T. jusqu'à la scission de 1921. Il entre à *L'Humanité* en mars 1922, mais n'adhère au Parti communiste qu'en mai 1923. Il en démissionne fin 1924 pour protester contre la « bolchevisation » puis fonde une nouvelle revue, *La Révolution prolétarienne*.

est sur la voie socialiste ; les maisons ouvrières, les fabriques à l'Etat... Il ne voit rien, rien des réalités. Un communiste de la Prombank lui a dit que notre accumulation annuelle dépasse celle des Etats-Unis, et cela lui suffit. Il assure qu'il y a une formidable persécution du communisme en France, et il le croit. Il le compare à la liberté dont on jouit ici, et il le croit [1]. »

Pierre Pascal reviendra en France en 1933. Réintégré dans la fonction publique en 1936, il y fera après cet étrange détour une carrière classique de professeur d'histoire de la Russie, qui se terminera à la Sorbonne. Rentré dans le monde bourgeois, il s'exilera plus que jamais dans son amour de l'histoire et du peuple russes. Mais il ne parlera plus guère de la révolution soviétique [2].

*

Boris Souvarine [3] est de la même génération que Pierre Pascal. Mais il n'appartient pas au même univers social et intellectuel. Il est né à Kiev, dans une famille de petits joailliers juifs, qui émigre et s'installe à Paris à la

1. Pierre Pascal, *Journal, op. cit.,* t. IV, p. 190, 4 septembre 1927.
2. En 1933, à peine revenu de Russie soviétique, Pierre Pascal s'associe à Boris Souvarine pour prendre la défense de Victor Serge qui venait d'être une nouvelle fois arrêté. En 1936, il donne une préface à la brochure de M. Yvon *(Ce qu'est devenue la révolution russe),* dont le titre, « Ceux qu'il faut croire », indique bien la valeur qu'il accorde au témoignage de cet ouvrier qui vécut onze ans en U.R.S.S. En mars 1952, il publie dans *Preuves* « La révolution russe et ses causes », article dans lequel il oppose « la plus généreuse des révolutions »à « l'odieux système qui a apporté à tous les espoirs de 1917 le plus brutal des démentis ». En 1967, il reprit cette distinction entre révolution et régime dans *La Révolution prolétarienne* (« Octobre et Février ne sont qu'une révolution », avril 1967) et participa également à un débat organisé par *La Table ronde* (n° 237-238, octobre-novembre 1967) avec Jean Bruhat, Stanislas Fumet et Pierre Sorlin sur le thème « Octobre 1917, la révolution russe et son destin ».
3. Le personnage de Boris Souvarine a fait l'objet d'une remarquable biographie, à laquelle les pages qui suivent doivent beaucoup. Jean-Louis Panné, *Boris Souvarine, le premier désenchanté du communisme,* Robert Laffont, 1993.

fin du siècle dernier, alors qu'il a deux ans. Courtes études primaires, précoce apprentissage d'artisan, lectures d'autodidacte, idées socialistes. Il fait ses débuts politiques en 1917, en commençant à écrire de petits comptes rendus pour *Le Populaire*, qu'il signe du nom qu'il allait se faire lui-même, Souvarine, en hommage à *Germinal*. *Le Populaire* n'est pas jusqu'au-boutiste, il n'est pas non plus défaitiste révolutionnaire. Il épouse et défend la ligne de la minorité du parti socialiste, à la recherche d'une paix de compromis, sans vainqueurs ni vaincus. Quand arrive Octobre 17, en Russie, le jeune Souvarine se prend de passion pour ce qui se passe dans son pays natal. Il soutient la volonté de paix des bolcheviks, craint leurs tendances dictatoriales, mais approuve la dissolution de l'Assemblée constituante [1], où Charles Rappoport, autre émigré russe, de la génération de ses parents, voit déjà l'échec de la révolution [2]. Mais, finalement, il se convainc que la dictature des bolcheviks est bien le pouvoir du prolétariat : le voici un des premiers bolcheviks français, dans les premiers mois de 1918. Il va être dès lors un des artisans essentiels du ralliement d'une majorité du parti socialiste à Lénine.

Petit, actif, intelligent, accrocheur, Souvarine mettra autant d'énergie dans ces années-là à fêter le bolchevisme qu'il en consacrera à le combattre pendant le reste de son existence. Il fait partie de cette catégorie d'esprits qui tire une joie sarcastique d'avoir raison contre le plus grand nombre : filon qu'on peut exploiter aussi bien dans le communisme que dans l'anticommunisme. Après la Première Guerre mondiale, il fait front à l'antisoviétisme général de l'opinion publique française, comme après la Seconde il combattra, presque tout seul, un prosoviétisme non moins général. C'est une intelligence moins romantique, moins embuée de sentiment que celle de Pascal. Lui aussi aime la Russie des petites gens, qui n'est

---

1. Jean-Louis Panné, *Boris Souvarine, op. cit.*, p. 60-61.
2. Charles Rappoport, *Une vie révolutionnaire, 1883-1940. Les Mémoires de Charles Rappoport*, texte établi par H. Goldberg et G. Haupt, présentation M. Lagana, Editions de la maison des Sciences de l'homme, 1991.

pas individualiste comme l'Occident, mais non pas parce qu'elle est chrétienne : parce qu'elle fait partie de son monde familial et de ce qui a entouré son enfance. Sa culture, acquise largement en dehors de l'école, est toute démocratique et rationaliste, moins vaste que celle d'un professionnel du savoir, beaucoup plus ouverte que celle d'un militant : il travaille d'arrache-pied, il ne cesse de s'informer, il croit aux documents et aux faits. Passion de vérité qui lui interdira très vite la carrière politique, mais qui restera fixée à l'objet de l'investissement originel : le bolchevisme. Si bien que Boris Souvarine traversera le siècle moins dans un exil intérieur, à la manière de Pierre Pascal, que comme un témoin désespéré par cela même qu'il avait aidé à naître.

On a déjà vu qu'il est de ceux qui excipent de l'exemple de la Révolution française pour défendre la dictature née d'Octobre 17. Il participe aussi aux rassemblements divers en faveur de la IIIᵉ Internationale et contre l'intervention militaire française en Russie. Sa fièvre militante le pousse bientôt à l'extrême gauche du parti socialiste, loin de ses camarades « minoritaires » qu'il juge trop tièdes dans leur soutien aux bolcheviks. Il quitte *Le Populaire* à la fin de 1919, décidé à mener la bataille non seulement contre les majoritaires, mais aussi contre eux, jusqu'à la scission. Le voici un vrai bolchevik, au contact, d'ailleurs, des « missi dominici » envoyés par l'Internationale communiste en France [1]. Il est l'un de leurs hommes à Paris. Il fonde bientôt (mars 1920) la toute première de ses revues éphémères, lui qui en publiera tant, tout au long de sa longue vie : c'est le *Bulletin communiste*, destiné à faire connaître au milieu socialiste français la politique et la pensée bolcheviques, et à servir de relais aux lettres d'information du groupe Sadoul-Pascal à Moscou ; bref, une sorte de nouvelle *Iskra* pour dénoncer les hommes de l'Union sacrée et rompre avec leurs complaisants du centre gauche.

Souvarine est tellement en pointe dans l'extrême gau-

---

1. Voir sur ce point Boris Souvarine, *Autour du Congrès de Tours*, Champ libre, Paris, 1981, addendum E : Les « missi dominici ».

che socialiste qu'il est arrêté en mai 1920, au moment où se termine dans l'échec la grande grève des cheminots, sous l'inculpation de complot et de menées anarchistes. Le gouvernement a mêlé dans une répression qu'il veut spectaculaire les leaders de la grève — Monmousseau, Midol — et les activistes du « soviétisme » : Monatte et Loriot avec Souvarine, soit l'état-major du Comité pour la IIIe Internationale. L'amalgame n'a guère plus de fondement que le chef d'accusation, mais tous deux indiquent bien un climat d'époque. A la mythologie communiste naissante s'oppose une mythologie anticommuniste qui la conforte en la combattant. La IIIe Internationale prétend incarner la révolution mondiale du prolétariat, et les gouvernements bourgeois lui donnent aussitôt quitus de cette prétention.

C'est donc de la prison de la Santé que Souvarine va suivre la préparation et les séances du Congrès de Tours. Il a raconté dans un petit livre [1] comment une noria de militants s'est constituée entre sa cellule et l'extérieur pour parvenir à un texte commun entre le groupe Cachin-Frossard et le Comité pour la IIIe Internationale, conformément aux vœux de Lénine, qui souhaitait à la fois un désaveu spectaculaire du passé (à travers le vote de « conditions » posées par l'Internationale) et un ralliement du gros de l'ancien parti à Moscou. C'est ainsi que fut obtenue à Tours, par la méthode traditionnelle d'une longue négociation entre les courants, la condamnation radicale de cette tradition. De ce pacte menteur naquit le P.C. (Section française de l'Internationale communiste), dont Boris Souvarine était l'un des principaux fondateurs, bien qu'un des moins connus.

Qu'un homme comme lui soit devenu un des chefs du Parti, à côté de vieux parlementaires chevronnés comme Marcel Cachin, donne la mesure de l'équivoque. Car il n'a rien du parlementaire à l'éloquence fleurie qui a fait les délices des banquets socialistes. C'est un mauvais orateur, mal à l'aise dans les campagnes électorales, un

---

1. Boris Souvarine, *Autour du Congrès de Tours, op. cit.*

tempérament peu porté à ce que la politique comporte de manipulation des hommes et de compromis en matière d'idées. L'ironie de l'histoire voudra que ce soit Cachin, politicien sans fermeté, incarnation par excellence de l'« Union sacrée », rallié de dernière heure à Moscou, qui devienne le symbole du tournant bolchevique du socialisme français, quand lui, Souvarine, aura été oublié après avoir été vilipendé par ceux-là même qu'il a servis avec tant de ferveur. C'est que son lien avec la IIIe Internationale est plus encore d'ordre intellectuel que politique. Ce qu'il aime chez les bolcheviks est aussi ce qui rend son engagement fragile, puisqu'il est entier, et non négociable. La politique révolutionnaire est une croyance autant qu'une pratique ; de plus, chez lui, cette croyance n'a pas éteint l'observation et l'analyse.

Quand Souvarine sort de prison, sur un acquittement, en mars 1921, il est toujours l'homme de l'Internationale : ni Kronstadt, ni le tournant de la N.E.P., ni le Xe Congrès du Parti bolchevique n'ont découragé ou atténué son enthousiasme. Il ne connaît pas de l'intérieur la vie russe, comme Pierre Pascal, ou la mainmise déjà absolue des bolcheviks sur le mouvement international, comme la vieille militante libertaire Angelica Balabanova, qui veut, depuis l'été 1920, quitter la Russie [1]. Ce qui frappe dans son comportement à Moscou, au IIIe Congrès de l'Internationale, tel que le décrit son biographe, c'est encore la dévotion à Lénine, mais aussi l'esprit d'examen : il s'informe, demande le programme de l'« Opposition ouvrière », discute avec Pascal, tient à visiter une prison, s'inquiète de la répression contre les anarchistes arrêtés par la Guépéou. De même, en 1922, il insistera pour que les socialistes-révolutionnaires qui passent en jugement aient les défenseurs de leur choix, sans toutefois s'indigner de l'iniquité du procès.

Cette attitude peu conformiste ne l'empêche pas d'être élu au Présidium de l'Internationale, en compagnie de

---

1. *Cf.* la lettre écrite postérieurement (1929) à Amédée Dunois, citée par Jean-Louis Panné, *Boris Souvarine op. cit.*, p. 220. Voir aussi Angelica Balabanova, *My Life as a Rebel*, Harper and Brothers, New York, 1938.

bolcheviks illustres comme Zinoviev, Radek, Boukharine ou Béla Kun. Il a vingt-six ans et le voici au sommet, secrétaire de l'Exécutif du mouvement, responsable du suivi des affaires, et notamment de celles du tout jeune Parti communiste français. Alors commence la grande période « politique » de sa vie, où il devient le familier des grands personnages du Gotha communiste, l'ami de Boukharine, le collaborateur de Zinoviev, un homme important, un militant « international », aux missions mystérieuses, dont la vie est accordée à la naissance d'un monde. Quand il écrit ou parle à ses camarades français, il est plus prosaïquement l'homme de Moscou, ou plutôt un des hommes de Moscou (car il y en a d'autres, et qu'il n'aime pas, comme l'ex-pasteur suisse Jules Humbert-Droz [1]). Il use de cette autorité déléguée comme un provincial de la Compagnie de Jésus à l'égard de subordonnés un peu lointains, sans prévoir que l'exemple se retournera contre lui. C'est la période finissante de l'offensive révolutionnaire bolchevique, que matérialise l'échec de l'Octobre 1923 allemand. Rien alors ne le distingue franchement des militants professionnels de l'Internationale. Il vit toujours sur l'élan de sa passion révolutionnaire, et dans l'ombre des grands camarades russes : plus heureux d'être à côté d'eux, sans doute, que dans les intrigues médiocres qui n'ont pour enjeu que la conquête du jeune Parti communiste français. Il est plus un homme d'influence qu'un homme de pouvoir, à l'exemple de beaucoup d'intellectuels égarés dans la politique.

La politique va prendre sa revanche quand l'aphasie de Lénine, en mars 1923, ouvre la crise de succession du régime. Cette crise, qu'il commente avec les nuances d'un expert dans son *Bulletin communiste*, Souvarine déplore qu'elle tende à séparer Trotski de l'état-major bolchevique, sous les efforts convergents de la « troïka » : Kamenev, l'ami le plus proche de Lénine,

---

1. Jules Humbert-Droz, *L'Œil de Moscou à Paris, 1922-1924*, coll. Archives, Julliard, 1964.

Zinoviev, le président de l'Internationale, et Staline, élu secrétaire général du Parti l'année précédente. D'une part, il plaide pour l'unité bolchevique, refusant d'admettre que Trotski ait constitué une « fraction ». Il appelle à l'esprit de conciliation dans la « question russe », où les conflits d'idées et de programme lui semblent mineurs. D'autre part, il cherche à dissocier « question russe » et « question française », de façon à éviter les conséquences de la première dans la seconde. Or les deux positions sont surprenantes d'ingénuité de la part d'un familier du Komintern comme lui. L'acharnement mis par les hommes de la troïka et leurs affidés à attaquer Trotski n'annonce pas l'heure d'une entente entre les héritiers de Lénine. Et comment peut-il penser, lui qui, de Moscou, a assiégé le Parti français de ses recommandations, à une neutralité dudit parti dans la bataille qui s'ouvre entre les chefs bolcheviques ? Ses espoirs sont vite déçus, sa position vite tournée. En France, il perd la bataille contre son rival Albert Treint [1], un ex-instituteur soutenu par les envoyés de Zinoviev à Paris. Sur le plan international, le voici catalogué comme un partisan caché de Trotski, et l'un des leaders d'une « droite » nouvelle manière, agissante dans toutes les sections du Komintern. Victorieuse à Moscou, la troïka veut toucher les bénéfices de cette victoire sur l'ensemble de son territoire, nettoyer son empire multinational de ses adversaires : nouveauté redoutable, qui pulvérise les positions fragiles de Souvarine.

En 1921, le groupe de l'Opposition ouvrière avait été isolé et battu dans le Parti bolchevique, mais ni Chliapnikov ni Kollontaï n'avaient été exclus. Lénine n'avait pas inventé une « opposition ouvrière » à l'échelon inter-

---

1. Instituteur, Albert Treint (1889-1971) termine la guerre comme capitaine. Rallié au bolchevisme, il appartient à l'aile gauche du Parti communiste. A partir de 1923, il est secrétaire du Parti communiste et membre du Présidium du Komintern. Lié à Zinoviev, il épouse la politique de ce dernier et s'oppose aux autres dirigeants du Parti lors de la « bolchevisation ». Il deviendra à son tour un opposant après la mise à l'écart de Zinoviev, animant de petits groupes avant de rejoindre la S.F.I.O.

national ; il n'avait pas imaginé d'amalgamer tous les opposants réels ou supposés pour les prendre dans le même filet. Trois ans après, alors que Lénine vient de mourir (janvier 1924), le débat de Moscou entre Trotski et la troïka, qui redouble, dans une grande mesure, celui de 1921 sur la « démocratie ouvrière », comporte des enjeux de pouvoir infiniment plus grands, à l'intérieur d'un parti encore plus isolé. Il est répercuté à tous les échelons de l'Internationale, ce qui lui confère un caractère extraordinairement abstrait, puisqu'il faut mettre des étiquettes identiques sur des débats divers qui reflètent des luttes pour le pouvoir plus que des idées. Souvarine est droitier, comme Brandler en Allemagne, ce qui peut se dire aussi en d'autres termes magiques : « révisionniste », « néo-menchevik », « social-démocrate ». Il suffit qu'il dise que Trotski ne lui paraît pas mériter ces qualificatifs — car c'est tout ce qu'il dit — pour qu'on les lui attribue aussi. L'Internationale, c'est-à-dire la troïka, possède déjà cette prérogative imparable d'être l'autorité qui définit le crime et désigne le criminel.

Devant ce tribunal truqué qu'est le XIIIe Congrès du Parti bolchevique, en mai 1924, Souvarine, invectivé par la salle, est perdu d'avance : même Trotski, qui a déjà reculé, n'a pas un mot pour lui dans son intervention. Le Ve Congrès de l'Internationale, qui suit en juin, instruit son cas, à la demande de ses adversaires de la délégation française, et l'Exécutif recommande une exclusion temporaire, aussitôt annoncée le 19 juillet par *L'Humanité*. Sans que l'intéressé le sache encore, la période communiste de sa vie est close. Elle aura duré un peu plus de cinq ans. Elle va fournir à son héros matière à une réflexion critique de plus de soixante ans, qui s'étendra jusqu'à Brejnev.

L'exclusion de Souvarine a un caractère plus officiel que la rupture de Pascal avec le communisme. Le jeune normalien, pris un peu par hasard dans l'aventure du bolchevisme, par amour des Russes plus que par conviction doctrinale, n'a jamais joué un rôle politique de premier plan, et d'ailleurs ne l'a jamais cherché. Le politique, et même le politicien, du groupe communiste français de Moscou, c'est Jacques Sadoul. Pascal est plus un témoin moral, qui aperçoit très tôt, dès la sortie de la guerre civile, que le régime n'est pas seulement un rêve déçu, mais un mensonge organisé. Souvarine au contraire a été tout jeune un militant socialiste. Il a joué un rôle essentiel dans le ralliement de la majorité du Parti français à la révolution russe. Il a été dans l'état-major de la IIIe Internationale. A ce titre, sa défaite de 1924 porte avant tout témoignage du système politique dont il a été partie prenante.

Système international centralisé à l'intérieur duquel le Parti russe joue le rôle dirigeant, le communisme l'a été depuis la fondation de l'Internationale, en 1919. L'interdiction des fractions par le Xe Congrès du Parti bolchevique, en 1921, jointe à la condamnation de l'Opposition ouvrière, a été un pas décisif vers le monolithisme. La nouveauté de 1924, dans la situation ouverte par la maladie puis la mort de Lénine, tient à ce que la crise interne au Parti bolchevique est automatiquement étendue à toutes les sections de l'Internationale, dans les termes fixés par le groupe dirigeant : aux « droitiers » de Moscou correspondent désormais les « droitiers » de Paris ou de Berlin. C'est le couronnement précoce de la langue de bois, qui n'a plus aucun rapport avec une réalité communément perçue, mais constitue le code à la fois ésotérique et grossier dans lequel s'expriment les rapports de force et l'obligation de s'y soumettre. Une fois le Parti hypostasié en divinité de l'histoire, sa direction bénéficie à son tour de ce privilège exorbitant, et elle règne en humiliant ou en excluant. Ayant accepté le premier point, les opposants éventuels sont désarmés devant le second : Trotski en donne le premier exemple en 1924.

Souvarine a-t-il été naïf en engageant un combat si inégal, ou bien, ayant mesuré les enjeux et les forces, a-t-il voulu, même battu, prendre date pour l'avenir ? Les deux hypothèses ne sont pas incompatibles. La question se posera d'ailleurs, tout au long de l'histoire du communisme international, à propos de chaque leader humilié ou exclu, pour ne rien dire des exécutés, sûrement les plus nombreux. Le Souvarine de 1923-1924 connaît bien, et pour cause, les mœurs politiques de l'Internationale. Il a lui-même trop régenté le P.C.F. de Moscou pour entretenir des illusions sur le caractère des débats et des décisions. Ce qu'il a fait à Frossard, en 1922, pourquoi Treint ne le lui ferait-il pas en 1924 ? A-t-il cru échapper aux règles ? A-t-il surestimé son influence ou sa « nécessité » auprès des Russes ? Voilà pour l'hypothèse naïveté. D'un autre côté, il peut avoir mesuré aussi ce que la première défaite de Trotski annonçait : la fin des « chefs historiques » d'Octobre, le Parti-bureaucratie substitué au Parti-guide, la glaciation définitive de la révolution, le règne du mensonge associé à la police. Il connaît depuis longtemps Pierre Pascal, auquel le lie un fonds plus ancien que son bolchevisme, l'anarcho-syndicalisme. Les arrestations d'anarchistes par la Guépéou, la persécution des socialistes-révolutionnaires ont inquiété de concert les deux Français. Voilà pour l'hypothèse d'un choix délibéré et conscient.

Quel que soit le dosage entre ces deux types d'explications, joignons-y les qualités d'esprit particulières de Souvarine. L'ancien artisan d'art, qui n'a pas reçu de formation classique, a la tournure d'esprit d'un historien. Il est passionné par le document, la précision, la vérité des petits faits. La passion révolutionnaire en reflux laisse paraître sa nature d'intellectuel, contrariée dans son précédent emploi. Je l'imagine battu et douloureux, mais aussi délivré, en cet été 1924 où il quitte Moscou pour rejoindre à Yalta, en Crimée, la petite « commune » libertaire [1] où il retrouve Pierre Pascal et sa compagne, le jeune anarchiste belge Nicolas Lazarevitch [2] et deux camarades italiens. Dès les premières

1. Boris Souvarine, « Pierre Pascal et le sphinx », *Mélanges Pierre Pascal, Revue des études slaves*, t. LIV, 1982. Repris dans Boris Souvarine, *Souvenirs sur Panait Istrati, Isaac Babel, Pierre Pascal*, éditions G. Lebovici, 1985.
2. Né en Belgique, Nicolas Lazarevitch (1895-1975) rejoint la Russie en 1919 puis est contraint de gagner la Roumanie à l'été 1919. A Milan au moment des occupations d'usines en 1920, il retourne en Russie où il travaille d'abord comme ouvrier puis

années du régime soviétique, ceux qui l'ont servi et qui lui disent adieu avancent déjà, pour expliquer leur rupture, l'argument par lequel Soljenitsyne brisera son emprise : le pire du communisme n'est pas l'oppression, mais le mensonge. C'est un constat qui réunit Pascal le chrétien et Souvarine le marxiste.

Pourtant, Souvarine ne sort pas d'un seul coup de l'orbite soviétique, inaugurant en cela le schéma de rupture appelé à devenir le plus courant. Comme la sortie du communisme peut être comparée à une espèce de désintoxication intellectuelle, elle est à la fois un moment précis dans une vie, définissant un avant et un après, et une récupération du regard critique qui, en s'étendant peu à peu à de plus en plus d'objets, s'étale sur une période plus longue, le temps de s'apprivoiser à sa propre audace. Souvarine, rentré à Paris en janvier 1925, reste obnubilé par le monde dont il vient d'être exclu. Il suit de très près la bataille d'appareil à l'intérieur du Bureau politique russe, et même reprend un peu d'espoir dans le courant de l'année 1925 avec l'éclatement de la troïka et le changement de front. Dans la défaite de Zinoviev, son persécuteur de l'année précédente, au XIVe Congrès (décembre 1925), il ne peut s'empêcher de voir la promesse d'une revanche, même si c'est aussi une victoire nouvelle de Staline, associé à Boukharine, contre Trotski, qu'il a défendu. Mais, dans le même temps, il élève sa pensée à une critique générale du système soviétique tel qu'il a dégénéré, non pas depuis la mort de Lénine, mais depuis Octobre. Bien qu'il soit sous le coup d'une exclusion temporaire, susceptible d'un appel prochain, et que les circonstances puissent lui paraître favorables à une réintégration, il n'est pas repentant le moins

comme traducteur auprès du Komintern. Dès cette époque, il critique le régime. Arrêté en 1924 pour avoir organisé un groupe d'ouvriers militant pour d'authentiques syndicats, il devait être expulsé en septembre 1926. Lié aux anarchistes russes exilés en France, il fut expulsé vers la Belgique où il continue de militer activement. En 1931, il se rend en Espagne dont il suivra avec attention le mouvement social. Il revient en France en 1936 et travaille comme correcteur. Après la guerre, toujours ami de Pierre Pascal et de Souvarine, il collabore avec Albert Camus.

du monde. Il ne cesse d'écrire, et dans son *Bulletin communiste*, qu'il a repris, et dans la *Révolution prolétarienne*, publiée par ses amis Monatte et Rosmer, en délicatesse aussi avec l'Internationale et le P.C.F. Qu'il ait retrouvé le plein exercice de son esprit critique et de son talent d'observation, on peut en juger sur cette analyse « pré-orwellienne » du langage de l'Internationale : « Pas un fait, pas une citation, pas une idée, pas un argument : des affirmations impudentes, avec une demi-douzaine de mots interchangeables, venant des "sommets" (car même *ça* est décidé en haut lieu)... Ainsi la phrase : "Pour l'unité bolchevique du Parti léniniste" ; intervertissez l'ordre des adjectifs, vous obtenez : "Pour l'unité léniniste du Parti bolchevique" ; intervertissez ensuite l'ordre des substantifs, vous réalisez : "Pour le Parti bolchevique de l'unité léniniste", et ainsi de suite. N'est-ce pas merveilleux [1]... »

L'homme qui écrit ces lignes est déjà sorti du système dans lequel il avait enfermé sa vie et sa pensée. Il n'a plus vis-à-vis de lui cette complicité fondamentale qui fait l'infirmité de la position d'un Trotski, d'un Boukharine ou d'un Zinoviev. A ses yeux, même le Parti peut se tromper, puisque c'est à travers la dictature du secrétariat général dans le Parti que s'est installée la dictature bureaucratique dans le pays. Quand l'exclusion définitive tombe comme un couperet à la fin de 1926, l'Exécutif du Komintern frappe bien un adversaire, qu'il baptise, dans son langage binaire, « contre-révolutionnaire » : soupçonnant qu'il a plus à en craindre que de ses ennemis traditionnels, et qu'il faut discréditer d'avance ses souvenirs et ses pensées.

De fait, l'originalité que présente la rupture de Souvarine avec le communisme soviétique est de tourner très vite à une rupture de combat. Certes, pendant quelques années encore, Souvarine parle en communiste « nonconformiste », fait de son *Bulletin* une tribune d'opposition à la politique du Komintern, appelle les « militants honnêtes » à réagir, et se réclame du legs de la révolution

1. Jean-Louis Panné, *Boris Souvarine, op. cit.*, p. 166.

des Soviets. Mais, en réalité, sa pensée suit très tôt une autre pente, qui l'amène à déborder le combat des factions pour prendre en compte toute l'histoire soviétique. On peut le voir au refus obstiné qu'il oppose aux propositions de soutenir Trotski, en 1927-1928, avant et juste après son exil. Il n'y entre pas seulement de l'orgueil, ou la passion de n'être plus le second de personne. Mais plus encore le sentiment que son combat n'est pas le même que celui de Trotski. L'ancien chef de l'Armée rouge, même exilé, est encore prisonnier de la superstition du Parti, dont il reproduit infatigablement la logique dans l'opposition « de gauche » qu'il veut réanimer à l'échelle du mouvement international. Or, de cette logique qui fait partie de l'héritage de Lénine, Souvarine ne veut plus être captif. Il est au-delà. Un témoin plus qu'un acteur. L'historien de la faillite du communisme soviétique.

Ainsi s'est mise en place très tôt, dans l'histoire du communisme, une histoire parallèle de la rupture avec le communisme, qui en est inséparable. Elle se reproduira jusqu'à nous, à chaque génération.

Ce phénomène touche toutes les espèces de communistes, les ouvriers et les intellectuels, les chevronnés comme les néophytes, les apparatchiks comme les activistes de la base, les compagnons de route comme les militants. C'est chez les intellectuels qu'il est le plus intéressant à observer, tout simplement parce que ceux-ci vivent la révolution communiste comme un choix pur, ou encore, si on préfère, une croyance séparée de leur expérience sociale, une négation d'eux-mêmes destinée à l'accomplissement d'eux-mêmes, sur le mode d'une ascèse religieuse. C'est chez eux que le plaisir masochiste de se perdre au service d'une cause trouve son expression la plus complète. C'est chez eux par conséquent que la récupération de soi prend sa forme la plus brutale. Et puis enfin, ils font profession d'écrire, ce qui donne à l'historien l'avantage de leur témoignage.

Parmi les militants qui quittent la IIIe Internationale, pendant la période que je considère, beaucoup partent comme on s'écarte d'un chemin qui n'était pas le sien, ou comme on dissipe un malentendu. Frossard avait été, au Congrès de Tours, un des hommes clés pour rallier au drapeau de Lénine une majorité du parti socialiste français. Mais il n'a jamais été converti au bolchevisme. Il a voulu canaliser la passion révolutionnaire d'après-guerre au profit d'un parti rajeuni, coupé de ses éléments les plus visiblement compromis dans l'Union sacrée. Quand l'Internationale le pousse dehors, en 1922, à l'instigation d'ailleurs de Souvarine, il fait un constat d'incompatibilité d'humeur plus qu'il ne vit une véritable rupture. Il retrouvera sans peine à la S.F.I.O. sa place et son existence antérieures. Dans le cours de ce siècle, des milliers et des milliers d'hommes referont cette expérience indolore. Plus ou moins proches du communisme selon les époques et les circonstances, ils s'en éloigneront sans crise majeure, parce qu'ils n'en connaissent que ce qui le rend comparable aux autres mouvements politiques : c'est le plus à gauche, voilà tout.

Au contraire, des hommes comme Pascal et Souvarine ont épousé le communisme comme une croyance, je n'ose pas dire une foi, puisque Pascal était aussi chrétien, et que Souvarine eût refusé le terme parce qu'il ne l'était pas. Mais tous les deux ont investi sur la révolution soviétique l'espoir d'y voir naître l'« homme nouveau », débarrassé enfin du malheur d'être bourgeois. Tous les deux en ont payé le prix fort. Pascal a quitté sa carrière et son pays, Souvarine a été en prison, avant de s'installer lui aussi à Moscou comme un militant sous les ordres des héros d'Octobre. Ils sont au cœur de la révolution, la seule place qui vaille à leurs yeux ; et c'est de là tout justement qu'ils observent la mort de la révolution. A lire les chroniques et les lettres qu'ils écrivent de Moscou, on s'étonne de ce qu'ils acceptent de subir déjà : la surveillance policière, les examens de conformité léniniste, la rétention de leurs passeports, l'ouverture de leur correspondance, l'extinction de toute pensée libre, bref un dispositif extravagant de tyrannie antérieur à la mort de Lénine. L'un et l'autre finissent par sortir de l'envoûtement, Pascal le premier, Souvarine ensuite, chacun à leur manière, mais chacun radicalement, et chacun dans la peine par la solitude et le retour sur soi, vaccinés qu'ils sont contre la tendance à réinvestir sur le champ et sur place leur rêve de l'homme nouveau.

A cet égard, on peut les comparer aussi à Trotski, pour lequel ils ont ou ont eu de la sympathie, mais qu'ils refuseront de suivre ou d'imiter quand celui-ci se dresse contre Zinoviev, puis contre Staline. Trotski combat Staline mais il se soumet d'avance au Parti, dépositaire d'Octobre 17. Il agit pour ouvrir une autre voie, mais il confirme à chaque occasion que la Russie bolchevique qui l'exile est un « Etat prolétarien ». Chassé d'U.R.S.S., il va se battre contre Staline avec une flamme que son rival victorieux ne pourra éteindre que par l'assassinat. Mais l'éclat même que son talent d'homme public et son existence de persécuté donnent à cette bataille perdue masque l'aveuglement où il se trouve lui-même sur ce qui donne sens à son combat. Au pouvoir, il n'avait jamais été en retard d'une mesure terroriste. Battu, déporté, expatrié par force, il partage encore avec son ennemi vainqueur l'idée d'une absolue dictature du Parti, ou celle d'une nécessaire liquidation des koulaks. Il ne combat le bolchevisme stalinien qu'au nom d'un bolchevisme d'exil : ce qui veut dire non que les deux versions soient identiques, mais qu'elles se ressemblent encore trop pour qu'il puisse vaincre l'une par l'autre. Indomptable, infatigable, et même flamboyant, il se bat pourtant à genoux devant ses bourreaux, dont il partage le système politique. Sans chance de vaincre, il prolonge la mythologie des Soviets à destination des déçus du soviétisme réel, en offrant un point d'appui fragile à l'idéalisation de Lénine contre Staline. Souvarine, lui, sort vite de la mythologie. Il s'expose d'avance, par cela même, à tous les conformistes qui lui reprocheront, au cours du siècle, d'avoir renié sa jeunesse, sans comprendre que c'est par là qu'il est intéressant et vrai.

*

Mon troisième homme illustre le cas inverse de celui de Pascal ou de Souvarine. Georg Lukács vient d'un autre horizon et parcourt un autre itinéraire. Né hongrois, dans l'empire de François-Joseph, il appartient à la culture allemande. Comme eux bolchevik de la première heure, il restera par contre bolchevik jusqu'à sa dernière heure, en 1971. Non qu'il n'ait pas aperçu ou mesuré les drames du mouvement communiste au long du siècle : au contraire, il n'a cessé d'en être à la fois la victime et le dialecticien, mais rien n'a jamais pu altérer chez lui la conviction qu'il réaffirme au seuil de la mort : que « le pire des régimes communistes est mieux que le meilleur des régimes capitalistes [1] ».

Lukács offre ainsi l'exemple type d'une croyance politique qui survit pendant plus d'un demi-siècle à l'observation et même à l'expérience, sans jamais cesser de se justifier au tribunal de la raison historique. Le plus grand philosophe contemporain de l'aliénation capitaliste est pris toute sa vie dans l'aliénation communiste. Je ne connais pas de meilleure définition de son cas que cette phrase de Saul Bellow : « Des trésors d'intelligence peuvent être investis au service de l'ignorance quand le besoin d'illusion est profond [2]. »

Il est né en 1885 dans l'aristocratie juive de Budapest : la famille est riche des deux côtés, la mère par héritage, le père par ses talents [3]. Elle descend d'une des plus vieilles branches du judaïsme de cour allemand ; lui, Joseph Löwinger, a appris le commerce sur le tas ; entré dans la banque à dix-huit ans, il est devenu à vingt-quatre le patron de la branche hongroise de la Banque anglo-autrichienne, et un des grands financiers de l'Empire ; anobli bientôt par l'empereur François-Joseph ; converti, il change de nom en 1910 et devient Joseph von Lukács. Ainsi le petit Georg a-t-il déjà trouvé dans son berceau beaucoup d'identités : juif et protestant, juif et noble, Löwinger et von Lukács. Enfant doué, précoce, tourné

---

1. Georg Lukács, interview publiée dans *New Left Review,* juillet-août 1971. Appendice à *Georg Lukács, Record of a Life,* par Istran Eörsi, Verso Editions, 1983, p. 181.

2. Saul Bellow, *To Jerusalem and Back*, New York, Avon, 1977, p. 162. Trad. Flammarion, 1977, p. 167.

3. Arpad Kadarkay, *Georg Lukács. Life, Thought and Politics*, Basil, Blackwell, 1991.

vers les livres, il va vite s'en inventer d'autres, élisant domicile dans la culture allemande d'où il rompt en esprit avec le philistinisme social de son milieu. En d'autres temps, il eût été le fils savant, le rabbin de la famille. Mais, à l'époque où il est né, et de là où sont parvenus les siens, le judaïsme embourgeoisé ne lui offre plus qu'un miroir grossissant devant lequel rejouer la scène classique du théâtre bourgeois : l'attaque des fils contre les pères. En l'occurrence, c'est sa mère qu'il déteste pour son conformisme caricatural ; son père, homme d'affaires libéral et mécène éclairé, offre moins de prise à ses sarcasmes ; mais ce que la réussite des Juifs assimilés peut comporter d'imitatif et de contraint offre une cible privilégiée à une haine de la bourgeoisie qu'il conservera toute sa vie. Témoin dans ses notes d'Heidelberg (1910-1913) cette phrase que le jeune Marx aurait pu signer : « Les Juifs sont la caricature du bourgeois [1]. » Lukács additionne deux haines de soi : celle du Juif et celle du bourgeois. La première est un héritage et la seconde un acquis. L'une et l'autre cumulent leurs effets.

Le refuge, c'est l'universel, mais non pas celui de la démocratie moderne : celui de la philosophie, de la littérature et de l'art. Lukács est un pur intellectuel, et restera tel toute sa vie, même quand il aura été happé par l'histoire. Au reste, il étend son mépris du bourgeois à tout ce qui lui apparaît très tôt comme les mensonges de la politique bourgeoise, de la souveraineté du peuple jusqu'au régime parlementaire. Enfin, la culture allemande, sa vraie patrie, le porte à arracher son âme au conformisme de la foule plus qu'à sauver l'humanité. Il vit dans Kant, Goethe, Hegel, Schopenhauer, Kierkegaard, Nietzsche, en même temps qu'il anime de petits cercles philosophico-littéraires d'avant-garde, à Budapest. Passionné de théâtre, il voue un culte à Ibsen à qui il rend visite. Grand lecteur de poésie, il flirte un moment avec le petit groupe d'élus autour de Stefan George. Imbibé de la grande tradition philosophique gréco-

1. *Ibid.*, p. 11.

allemande, il passe des années à Heidelberg, où il se lie
d'amitié avec Max Weber. Nul n'incarne mieux que ce
jeune Juif hongrois riche et malheureux l'inquiétude fiévreuse et abstraite qui enveloppe la vie intellectuelle de
l'Autriche-Hongrie au tout début de ce siècle. Dans la
société mi-féodale, mi-bourgeoise de Budapest, il est au
centre d'une petite bohème aristocratique qui cherche
son salut contre la menace du moderne, avant même
que ce moderne ait vraiment paru [1]. Mais la dénonciation de l'Occident démocratique et mercantile est un
thème commun aux livres qu'il aime, de Nietzsche à
Dostoïevski.

Comment passe-t-il de là, brusquement, en 1918, au
bolchevisme ? Pour lui comme pour tant d'autres, la
guerre va rompre l'ordre du temps. Pas tout de suite
pourtant, car à la différence de ses amis allemands, il ne
s'y sent pas engagé même du côté des empires centraux.
Il se fait réformer grâce à une intervention paternelle et
tâche de continuer sa vie. C'est l'époque où un premier
mariage très malheureux, qu'il vit de manière presque
sacrificielle, mobilise ses émotions. Même la révolution
d'Octobre ne le tire pas de son désintérêt pour la politique. Dans cette année 1917, sa « nouvelle vie » s'annonce
plutôt par un événement d'ordre privé qui lui donne une
compagne où adosser l'angoisse de sa vie. Mais il reste
encore hostile au bolchevisme pour des raisons morales,
et par un refus kantien de subordonner l'éthique à la
politique. C'est la situation hongroise de la fin 1918 qui le
pousse vers le communisme, puisqu'il est l'un des premiers adhérents au Parti hongrois en décembre. Comme
s'il était subitement mis en face d'un choix inévitable et
urgent, dont les termes et les enjeux sont le dénouement
de son interminable jeunesse.

La révolution bolchevique, le désastre allemand, toute
l'Europe centrale devant la table rase : telle est aussi la
toile de fond des fameuses conférences de Max Weber en

1. Sur le premier Lukács, le jeune esthète de Budapest : György
Markus, *The Life and the Soul : the Young Lukács and the Problem of
Culture*, in Agnès Heller (éd.) ; *Lukács reappraised*, Columbia Uni-
versity Press, 1983.

janvier 1919 [1] dans lesquelles le plus profond esprit politique allemand met en garde ses contemporains contre la tentation d'investir des fins absolues dans l'histoire, plaidant pour une éthique de la responsabilité. De fait, lui, patriote allemand, plongé dans la catastrophe nationale, garde la tête froide. Pesant le danger de la contagion russe, le rôle futur de l'Amérique [2], l'avenir de l'Allemagne. Mais son élève et ami hongrois, qu'il avait en vain tenté, les années précédentes, de faire élire professeur à Heidelberg, cède à la pente millénariste que favorisent les circonstances ; il remet son salut à l'histoire.

Ainsi la guerre de 14-18 a-t-elle séparé les deux hommes, mais non pas au même moment, non pas de la même façon et non pas pour la même durée. Quand elle se déclenche en 1914, Max Weber en épouse les raisons allemandes sans en peser les risques, alors que Lukács en craint de toute façon l'issue sans en éprouver les passions. Quand elle se termine en 1918, Max Weber en mesure les ravages dans l'histoire européenne alors que Lukács prend ce crépuscule pour une aurore.

Par la soudaineté du passage, son cas présente le caractère d'une conversion. Pascal avait été amoureux de la Russie avant de se rallier à Octobre. Souvarine avait eu partie liée avec l'extrême gauche révolutionnaire, avant de reconnaître Lénine pour chef. Lukács, lui, n'a aimé ni la politique ni la Russie. Lui n'est jamais sorti jusque-là d'un travail intérieur sur lui-même, ascèse esthétisante par où il cherche à conjurer la dérision constitutive du bourgeois. Quant à la Russie, elle n'est à ses yeux, comme à ceux des Allemands, qu'une copie primitive de l'histoire prussienne. Les grands écrivains que

---

1. Max Weber, *Politik als Beruf*, 1919 ; *Wissenschaft als Beruf*, 1919 [*La Politique comme vocation, la science comme vocation*], éd. : *Le Savant et le politique*, préface de Raymond Aron, Plon, 1959.
2. Max Weber écrit en novembre 1918 : « Nous avons évité le pire — le knout russe... La domination mondiale de l'Amérique est devenue aussi inévitable que celle de Rome dans l'Antiquité après les guerres puniques. J'espère qu'elle continuera à ne pas faire l'objet d'un partage avec la Russie... car le danger russe a été évité aujourd'hui, mais non pas pour toujours » cité *in* Arpad Kadarkay, *Georg Lukács*, *op. cit.*, p. 188.

son sol a fini par produire, comme Dostoïevski, ne disent pas, à leur manière, autre chose que le malheur moderne. Ainsi Lukács, en se ralliant au communisme léniniste, réaménage-t-il brusquement les termes philosophiques dans lesquels se pose le problème de sa vie. C'est ce qui apparente son geste à une illumination. Le soin de son âme ne se trouve plus dans la grandeur morale ou dans l'art, mais dans l'histoire et dans la politique. Choix héroïque et irrationnel, où le philosophe reconnaît le tragique de l'existence et où il investit aussi sans le savoir la violence masochiste qui le possède depuis son enfance. Le bolchevisme sera désormais son havre et sa prison.

Comme le dit un témoin de l'époque : « Le communisme a trouvé Lukács et non pas l'inverse [1]. » Il a constitué une issue à sa misère philosophique et donné une forme positive à son désespoir d'exister. La passion d'en appeler à l'histoire est dans l'air du temps. D'autres, pour briser le cercle allemand de la belle âme, s'orienteront vers le fascisme, à partir d'une fusion morale avec le « Volk » rédempteur. Mais ce Juif hongrois n'appartient au germanisme que par la culture, et le bolchevisme lui offre, avec Marx, une caution à la fois allemande et universaliste, plus appropriée à son attente. Il y vient comme à une philosophie médiatisée par l'Octobre russe et par la révolution hongroise. Les événements définissent l'urgence de son adhésion mais non pas sa raison, qui est tirée d'un autre ordre. Au moment même où il confie son destin à l'histoire, Lukács ne rejoint ni le peuple russe, comme Pascal, ni la révolution léniniste, comme Souvarine, mais deux de ses grands prédécesseurs, Hegel et Marx.

Il restera d'ailleurs toute sa vie étranger à la politique alors qu'il ne cesse d'en être le jouet — traversant toute l'histoire du communisme, dont il est le plus grand philosophe, sans en comprendre la nature, qui échappe à son champ de réflexion. Le plus souvent, les militants du bolchevisme présentent le cas contraire : médiocres phi-

---

1. Arpad Kadarkay, *Georg Lukács, op. cit.*, p. 203.

losophes, à commencer par Lénine, ils allient à ce simplisme idéologique beaucoup de savoir-faire dans les manœuvres d'appareil et la manipulation des hommes. Lukács, lui, connaît et travaille Marx comme son ange gardien au milieu des ténèbres de l'action, désespéré si cette référence ultime vient à s'obscurcir dans le cours du mouvement. Cet intellectuel fin de siècle s'improvise le relais entre Marx et Lénine ; tâche impossible déjà, mais qui n'est rien encore au regard de l'étape suivante : associer Marx et Staline.

De là vient que son existence communiste présente ce caractère littéraire, qui l'a probablement préservé sinon du malheur, du moins de la liquidation. Il est vrai qu'elle a commencé au contraire par des travaux pratiques, puisque, à peine devenu, à trente-trois ans, un catéchumène de l'Eglise bolchevique, et avant même d'avoir lu Lénine, Lukács est commissaire du peuple adjoint à l'Education dans l'éphémère République hongroise des Conseils, formée sur le modèle soviétique. Le fils est enfin entré dans une vraie guerre contre le père. Il sert même pendant six semaines sur le front, en face des armées tchèque et roumaine, comme commissaire politique auprès de la cinquième division de l'Armée rouge hongroise. On a des photographies extraordinaires de ce Lukács mi-civil, mi-soldat, haranguant les soldats « prolétariens », dans un long imperméable boutonné jusqu'en haut, d'où émerge un fin visage d'intellectuel, à mi-chemin entre Groucho Marx et Trotski. Je prie le lecteur de ne pas trouver le rapprochement désobligeant. Il exprime le caractère un peu irréel, en tout cas parodique, de ce premier et de ce dernier contact entre Lukács et la grande politique bolchevique ; un rôle qu'il n'aura effectivement joué qu'une seule fois. La pièce, il est vrai, n'était pas à la hauteur de sa conversion morale.

Née d'un mauvais accord au sommet, entre sociaux-démocrates et communistes, suivie par une démission socialiste, la République hongroise des Conseils [1], han-

1. *Cf. supra*, p. 103.

tée par le précédent soviétique, dirigée par un aventurier, Béla Kun, n'a jamais eu ni réalité ouvrière ni soutien populaire. Sa défaite militaire et politique a été saluée par un soulagement presque unanime de l'opinion. Suractif et intrépide tout au long de ces cent trente jours, Lukács en sort vaincu, menacé de mort, recherché, brouillé en plus avec Kun, et mal vu déjà à Moscou pour ses exagérations gauchistes.

Alors commence pour lui un très long exil, puisqu'il ne rentrera à Budapest qu'en 1945. Il vit à Vienne, puis en Allemagne, enfin à Moscou à partir de 1930. Bien que les années viennoises n'aient pas été faciles, celles de Moscou seront les pires. Les unes et les autres sont faites de batailles à la fois minuscules et acharnées à l'intérieur de l'émigration communiste hongroise, dont il finit par être exclu en 1929 ; mais, à Vienne, même tracassé par la police et par les soucis matériels, Lukács a pu terminer son grand livre, *Histoire et Conscience de classe* [1], publié en 1923 : à Moscou, il retrouve la police — celle des siens — et la misère de vivre, aggravées par l'impossibilité de publier et de parler, même entre soi. Il est cantonné, comme Pascal avant lui, dans cet « Institut marxiste » de Riazanov où le pouvoir confine les marxistes suspects. Il doit renier plusieurs fois son livre. Son beau-fils est bientôt expédié au goulag. Lui-même sera arrêté un moment en 1941, accusé d'être un agent de la police secrète hongroise. Victor Serge, qui l'admirait, l'a connu au début de ces années terribles ; il se souvient de l'avoir rencontré alors, en compagnie de sa femme, dans une rue de Moscou : « Il travaillait à l'institut Marx-Engels, on étouffait ses livres, il vivait courageusement dans la peur ; à peu près bien-pensant, il n'osa pas me serrer la main dans un endroit public, car j'étais exclu et connu comme opposant [2]. »

---

1. Trad. française 1960, Editions de Minuit. Trad. anglaise augmentée d'une préface de 1967 par Rodney Livingstone, The M.I.T. Press, 1968.
2. Victor Serge, *Mémoires d'un révolutionnaire*, Le Seuil, 1951, p. 198. Serge date cette rencontre de 1928 ou 1929. Elle a dû être en réalité plus tardive, puisque Lukács s'installe, avec sa femme, à

« A peu près bien-pensant », qu'est-ce à dire ? Victor Serge, qui a été si tôt un proscrit de l'intérieur, pense probablement au conformisme politique de Lukács, qui n'a jamais manqué de s'aligner sur le cours des événements à l'intérieur du Parti bolchevique. Il n'a pas eu de raisons de pencher vers Zinoviev, dont Béla Kun était l'ami. Il n'a pas été tenté de suivre Trotski, qu'il accuse d'antisoviétisme. Vainqueur, Staline incarne par là même la raison de l'histoire mondiale, dont le philosophe a fait la règle de son salut. De là vient qu'il n'est pas stalinien par cynisme, mais au contraire par sagesse ; et non pas par sagesse de résignation, mais par sagesse philosophique. Jeune, il avait pensé échapper à la fatalité du monde bourgeois par la voie de l'esprit. Au milieu de sa vie, il conserve le refus farouche de sa jeunesse, mais il y apporte une autre solution : le retour hégélien de la conscience de soi à l'unité, par l'action révolutionnaire du prolétariat, sous l'enseigne de Marx.

Le livre de 1923 qu'il lui faut renier à Moscou, où toute pensée libre, a fortiori sur Marx, est interdite, a présenté pourtant la théorie de ce fidéisme politique. *Histoire et Conscience de classe* retrouve en effet les accents du jeune Marx pour décrire les malheurs de l'aliénation capitaliste, la transformation des hommes en choses par l'argent. Si le prolétariat est seul capable, en tant que classe universelle, de mettre un terme à cette « réification », en rendant au travail sa valeur d'humanité, alors la conscience de classe de ce prolétariat forme le moyen nécessaire de cette réappropriation. Ce mouvement accomplit dans la réalité ce que Hegel a conçu comme la réunion du sujet et de l'objet, à la fin de l'histoire de l'Esprit. En la restituant telle que le jeune Marx l'avait pensée, Lukács critique implicitement la théorie de la conscience comme « reflet » de la réalité chez Lénine, ou la dialectique de la nature chez Engels. Mais, ce faisant, il valorise le rôle de l'agent subjectif dans l'émancipation

Moscou au printemps 1930. Lukács a noté lui-même l'erreur, dans ses éléments d'autobiographie rédigés dans les dernières années de sa vie (*cf. Gelebtes Denken Notes towards an Autobiography, in Georg Lukács, Record of a Life, op. cit.*, p. 143).

humaine et donne ainsi au « point de vue de classe » un pouvoir presque absolu.

Le marxisme de Lukács est trop hégélien pour ne pas exposer son auteur aux accusations d'idéalisme, de la part des chiens de garde du Kremlin ; c'est si vrai que Lukács écrit en secret, pendant ces années moscovites, ce *Jeune Hegel* qui ne pourra être publié qu'à Zurich en 1948[1]. Pourtant son interprétation de Marx est trop « subjectiviste » pour ne pas l'enchaîner définitivement au Parti bolchevique, une fois celui-ci attesté comme la conscience du prolétariat et identifié comme réalisant la totalité du mouvement historique. Aussi ne cessera-t-il jamais d'être ce personnage double aux yeux de l'extérieur ; d'un côté, un intellectuel cultivé et subtil[2], voyant dans le marxisme le moyen de dépasser la contradiction moderne telle que l'ont distinguée les meilleurs esprits de l'Europe. De l'autre, un esprit borné par la révolution bolchevique en guise de dénouement de l'histoire universelle. Lui-même ne ressent aucun dédoublement. Il ne cesse de creuser le sens du marxisme, sans jamais s'interroger sur le bolchevisme. Obsédé par le désir de donner au léninisme un fondement philosophique plus authentique que Lénine lui-même, il est indifférent à l'histoire de l'Union soviétique, et presque heureux d'en être en personne un souffre-douleur[3].

La formule de Victor Serge est parfaite : « à peu près bien-pensant ». Dans l'« à peu près », mettons les reproches mineurs (jamais exprimés avant 1956) faits à Staline, pour avoir trop surenchéri sur l'unité du Parti, trop méprisé les médiations nécessaires à l'action révolutionnaire, trop subordonné la culture à la propagande ; ce qui n'est rien par rapport à la construction du socialisme en U.R.S.S. et à la nécessité de la lutte antifasciste :

1. Edition française, parue en 1981 : *Le Jeune Hegel*, Bibliothèque de philosophie, Gallimard, 2 vol.

2. Andrew Arato, Paul Breine, *The Young Lukács and the Origins of Western Marxism*, New York, Seabury Press, 1979.

3. Sur la séduction du despotisme chez Lukács : Lee Congdon, *The Young Lukács*, Chapel Hill, University of North Carolina Press, 1983.

Lukács est un « bien-pensant ». Il a traversé l'histoire communiste en militant vaincu par l'adversaire et par les siens ; l'Union soviétique non pas en voyageur, mais en témoin constant. Depuis qu'il a voulu passer de l'air raréfié des cercles intellectuels à la fraternité avec les masses, il n'a guère connu que le désaveu et la solitude. Pourtant rien ne le fait renoncer à l'idée de la supériorité essentielle du socialisme stalinien sur la démocratie libérale et, moins encore, mettre en question les fondements idéologiques du bolchevisme. Sa vie ne compte pas au regard de son idée du communisme. Il ne cessera d'affirmer, jusqu'à sa mort, le caractère sincère de ses différentes autocritiques et il n'y a pas de raison de ne pas le croire. Son interprétation de Marx n'aurait pas de sens, à ses yeux, si elle devait se heurter au Parti qui guide l'émancipation du prolétariat mondial. Ce qu'il y a de plus subtil chez Lukács commande ce qu'il y a de plus aveugle. De là vient aussi le caractère inégal de son œuvre, profonde quand il s'agit de Hegel ou de Marx, souvent sommaire s'il s'agit d'illustrer le socialisme réel aux dépens de la décadence capitaliste [1]. Il est difficile de ne pas souscrire au jugement de Kolakowski, que Lukács n'a jamais critiqué le stalinisme qu'à l'intérieur du stalinisme [2].

La fin de sa vie illustrera aux yeux du monde cette captivité intérieure qui le fixe à une idée de l'Union soviétique assez puissante pour conjurer ce qu'il sait de son histoire. Bien qu'il ait activement participé à l'instauration de la dictature stalinienne en Hongrie après la guerre, Lukács a frôlé l'arrestation en 1949-1950 ; il s'en est tiré avec une nouvelle série d'autocritiques. C'est aussi l'époque où il fait paraître son plus mauvais livre, la *Destruction de la raison* (1954). Viennent les temps meilleurs, après la mort de Staline, quand il retrouve dans un Parti divisé une marge de manœuvre. Mais il ne

1. Je pense à la *Destruction de la raison*, 1954 ; et en général à l'esprit manichéen qui anime son esthétique.
2. Leszek Kolakowski, *Main Currents of Marxism*, vol. III, *The Breakdown*, Clarendon Press, 1978, p. 253-307.

prend ouvertement parti qu'en octobre 1956, en acceptant d'être ministre de la Culture dans le cabinet Nagy [1],
quelques jours avant l'intervention des chars soviétiques. Le ministre de la Culture de 1956 sera plus météorique encore que le commissaire à l'Éducation en 1919,
et encore plus malheureux. Il démissionne de son poste
à peine nommé, hostile à la fin du Parti unique et à la
sortie de la Hongrie de l'orbite soviétique. Ce qui ne
l'empêche pas d'être arrêté par les hommes du K.G.B., en
même temps que Nagy, au sortir de l'ambassade yougoslave où lui aussi avait trouvé refuge au moment de l'intervention soviétique. Stoïque, sarcastique, le vieil homme
partage un moment le sort d'une révolte populaire dont
il avait désapprouvé la dérive « bourgeoise ». Déporté
près de Bucarest, dans un des châteaux kafkaïens de la
Nomenklatura roumaine, il refuse d'être témoin à
charge dans l'instruction secrète contre Nagy, bien qu'il
soit politiquement plus près de Kádár que de son éphémère chef de gouvernement [2]. L'honneur est sauf, à
défaut de vertus plus « prolétariennes ». Rescapé de ce
dernier naufrage, qui conforte en Occident son aura révisionniste, le philosophe de la praxis passe la fin de sa vie
dans son Olympe, en réunissant les éléments d'une
« ontologie du marxisme ». Claude Roy, qui l'a rencontré
à cette époque dans son grand appartement des bords du
Danube, a peint d'une phrase son personnage immobile :
« Comme il avait esquivé les derniers maux de la Sibérie
ou de l'échafaud, le vieux *rabbi* hégélien gardait, à
quatre-vingts ans, le dernier mot [3]. »

Son exemple éclaire, bien qu'en sens inverse, le même
phénomène qu'ont révélé les ruptures de Pascal et de
Souvarine avec le Komintern : au comptoir des croyances politiques, qui tiennent une si vaste place dans
l'esprit des modernes, le communisme constitue une
liqueur particulièrement forte en teneur idéologique.
Non pas tant par sa résistance à l'expérience : ce trait est
commun à toutes les convictions militantes, largement

---

1. *Cf. infra*, p. 742-745.
2. *Cf.* Arpad Kadarkay, *Lukács, op. cit.*, chap.19, p. 434-438.
3. Claude Roy, *Somme toute*, Gallimard, Folio, 1976, p. 139-145.

imperméables aux faits. Ni par une exceptionnelle longévité : la foi communiste se perd, ou se casse, plus souvent peut-être qu'aucune autre croyance politique, si l'on en juge par les millions d'anciens communistes qu'a produits le siècle. Ce qu'elle a de particulièrement élevé, en degré d'investissement psychologique, vient de ce qu'elle paraît unir la science et la morale : deux ordres de raisons tirés d'univers différents et miraculeusement joints. Quand il croit accomplir les lois de l'histoire, le militant lutte aussi contre l'égoïsme du monde capitaliste, au nom de l'universalité des hommes. Il berce son action d'une bonne conscience nouvelle manière, exaltée comme une vertu civique, et comparable pourtant au philistinisme bourgeois qu'il déteste : l'angoisse de vivre n'a plus de prise sur lui. Mais la rupture la réveille, accompagnée d'un redoublement de solitude. Indépendamment de leurs « raisons » et de leurs cheminements, tous les communistes ont cru ou croient vivre par avance la réconciliation de l'homme avec lui-même. De cette assurance quasi divine, Lukács n'a jamais voulu quitter la peine et le plaisir.

5

LE SOCIALISME DANS UN SEUL PAYS

La première époque du soviétisme se clôt dans ces années où l'Internationale exclut Souvarine, et où Souvarine se sépare moralement de l'Internationale. J'ai mis le personnage comme symbole de la première diaspora bolchevique, qui allait être suivie par tant d'autres. Dans la tragédie générale que constitue la révolution russe, il donne le signal de la tragédie en mineur que vont être la bataille, la défaite, l'exil, la liquidation des bolcheviks d'Octobre 17. De sorte que, bien que cette première époque de l'expérience soviétique soit loin d'être homogène, comportant à la fois le communisme de guerre et la N.E.P., elle est pourtant facile à distinguer de ce qui la suit puisqu'elle est conduite d'un bout à l'autre par le fondateur du régime, l'homme sans qui la révolution d'Octobre n'aurait pas eu lieu, et même, si on remonte un peu plus avant dans le passé, celui sans qui le Parti bolchevique lui-même n'aurait pas existé.

Il importe donc peu que Lénine ait mis en œuvre des politiques contradictoires. Il apporte une unité existentielle, pratique et mythologique, à la révolution. Il bénéficie de ce formidable pouvoir d'incarner un des grands rôles de la démocratie moderne : conduire son peuple vers un avenir exemplaire et neuf, délivré des pesanteurs du passé. Cette image le dispense de la charge de la preuve, et étend ses bienfaits à tout le Parti bolchevique : quant à la terreur ou à la famine, la contre-révolution seule en est responsable. A qui veut comprendre com-

ment s'est formé le mythe soviétique, le personnage de
Lénine est essentiel. Il est d'ailleurs taillé sur mesure,
plus encore que Robespierre. Tout ce qu'il a d'abstrait
contribue à ce qu'il a d'universel.

Or sa disparition modifie tout dans cette économie de
l'imagination révolutionnaire. Elle ramène comme
naturellement ce qui hante toute croyance révolutionnaire : la fin de la révolution.

Une fin déjà évoquée plus tôt, du vivant de Lénine : dès
après la guerre d'intervention et l'échec de l'Armée rouge
devant Varsovie, ou encore dès après Kronstadt, dès
après la N.E.P. La retraite militaire signait le terme de la
contre-offensive soviétique en Europe. L'insurrection
des marins de Kronstadt et la répression qui suivit mar-
quaient le « crépuscule sanglant des Soviets [1] », mis en
scène par Lénine et Trotski. La N.E.P. faisait se lever le
fantôme de Thermidor. A l'intérieur même du Parti bolchevique, l'« Opposition ouvrière [2] » avait dénoncé déjà
le gel bureaucratique de la révolution : la défaite du
groupe, suivie de l'interdiction des fractions, brisait le
seul thermomètre qui restât sur l'état de la société et de
l'opinion. Lénine lui-même, qui avait bataillé toute sa vie
dans son petit parti pour y faire prévaloir sa ligne, impo-
sait à son Parti devenu grand et tout-puissant la soumission à son chef. Que cette évolution fût conforme à une
certaine logique dans sa conception du Parti comme
avant-garde, Rosa Luxemburg l'avait prédit de longtemps. Et dès 1920-1921, la vieille militante Angelica
Balabanova, le fidèle Pierre Pascal s'écartaient de cette
révolution pétrifiée.

Mais c'est un peu plus tard, en 1923, que la maladie
puis la mort de Lénine atteignent en profondeur l'illusion d'un Octobre universel. Car la disparition du chef
s'inscrit dans le reflux général du mouvement qu'il avait
su incarner.

Lui n'a jamais pensé que la révolution prolétarienne

---

1. J'emprunte l'expression à une brochure d'Ida Mett, *La Commune de Kronstadt, crépuscule sanglant des Soviets*, Spartacus,
1948.
2. Cf. *supra*, p. 181.

pût vaincre, ou même survivre un peu longtemps, dans la seule Russie arriérée. Il n'a imaginé Octobre 1917 que comme l'ouverture d'un vaste événement international, aussi international que la guerre qui en constituait l'arrière-plan : l'Europe « civilisée » allait suivre la Russie et, dans cette Europe, l'Allemagne avant tout autre pays. Prédiction qui avait été lente à prendre corps, puisque lui-même avait dû se battre au Comité central pour contraindre ses camarades à signer en mars 1918 la capitulation de Brest-Litovsk [1], mais à laquelle la fin de la guerre donnait en novembre quelque substance : par l'analogie que les révoltes de marins et de soldats allemands présentaient avec la débandade de l'armée russe l'année précédente, il semblait qu'une nouvelle révolution des Soviets commençait au centre de l'Europe, dans la patrie du marxisme, où le prolétariat allait racheter par son action la trahison de ses chefs en 1914. L'armée était vaincue, le Kaiser forcé d'émigrer, le pouvoir frappé d'illégitimité par la défaite. L'Allemagne allait être le grand relais de la révolution russe.

Mais l'Allemagne, une fois de plus, eut une révolution manquée, et plusieurs fois manquée : à la fin de 1918, entre janvier 1919 et avril 1920, enfin en 1923, en Allemagne centrale et à Hambourg. Encore la formule de « révolution manquée », tirée du précédent de 1848, cache-t-elle peut-être une erreur d'appréciation dans la mesure où elle fait l'hypothèse que la révolution était possible. Dans la guerre civile sporadique qui marque les premières années de la République de Weimar, deux partis extrêmes se combattent en dehors des lois, et, en se

---

1. Après avoir préparé de concert le putsch d'octobre, Lénine et Trotski s'opposent lors de la négociation avec les Allemands. Trotski s'en tient à l'alternative suivante : « Ou la révolution russe déterminera un mouvement révolutionnaire en Europe, ou les puissances européennes écraseront la révolution russe », tandis que Lénine invite plutôt à tenir en cédant aux exigences allemandes pour obtenir un répit. Lénine, qui est minoritaire au sein du Comité central, menace de démissionner pour imposer ses vues. Quant à Trotski, il prend une position médiane : ni guerre ni paix. La reprise de l'offensive allemande qui ne rencontre aucune résistance fait que le débat fut tranché en faveur de Lénine.

combattant, ont en commun l'ambition de détruire la République constitutionnelle. Or, tous deux, le communiste et le nationaliste, frappent l'historien par leur faiblesse plus que par leur force. Ils pourront faire des putschs éphémères, non gagner durablement le pouvoir. Encore le moins faible des deux est-il probablement celui de l'extrême droite, qui prend appui sur la haine du désordre, la peur du communisme, la tradition militaire et le malheur national. A l'autre bout, en face des corps francs et des groupes et groupuscules nationalistes, la révolution prolétarienne à la bolchevique ne rassemble jamais que des éléments très minoritaires de la classe ouvrière et des chefs divisés, même (peut-être surtout) après la naissance du Parti communiste allemand.

Tout au long de la période, en effet, le mouvement syndical et la grande majorité de la social-démocratie allemande restent résolument hostiles à la révolution bolchevique, et pratiquent une politique inverse de celle des bolcheviks dans la Russie de 1917 : ils veulent réussir Février et éviter Octobre. En bonne orthodoxie kautskyste, ils se battent pour fonder une République démocratique dans un pays où l'aristocratie militaire et la monarchie ont eu une longue survie. L'important pour eux est d'arrêter la désagrégation du Premier Reich à ce point précis où la dissolution du pouvoir pourrait créer des conditions favorables à un Octobre allemand. De là vient qu'ils n'hésitent pas à s'appuyer sur ce qui reste d'armée régulière, la Reichswehr, et même, de temps en temps, par son intermédiaire, sur les corps francs, pour briser les embryons de Soviets allemands. Mais l'inverse arrive aussi : la tentative de putsch militaire de Kapp [1], en mars 1920, soutenue par une partie de la Reichswehr, est brisée par la grève générale, à l'appel des syndicats.

---

1. Dès 1919, le journaliste nationaliste Wolfgang Kapp noue des relations dans les milieux militaires pour réaliser un putsch contre la République de Weimar. Avec l'appui du général von Lüttwitz, commandant des troupes de Berlin, et du corps franc Erhard, il passe à l'action le 13 mars 1920. Sa tentative échoue au bout de quatre jours. Lors de ces événements, le Parti communiste allemand reste neutre.

Les circonstances ont conduit les socialistes à prendre la tête de la résistance à un coup d'Etat de droite.

Pauvre social-démocratie allemande, prise entre deux feux, qui la privent l'un du vocabulaire national, l'autre du prestige révolutionnaire. Elle s'est laissé mettre sur le dos la responsabilité de la défaite et elle a endossé Versailles. Elle doit combattre les bolcheviks qui ont longtemps lutté sous le même drapeau qu'elle, et pour les mêmes idées. Muette sur la guerre, qu'elle a traversée sans l'aimer ni la combattre, hostile à une révolution qui lui arrive du mauvais côté de l'Europe, elle a reçu de l'histoire une mission paradoxale : fonder et défendre une République bourgeoise. Mission inédite, prosaïque, défensive, qui n'éveille aucun écho dans sa tradition, moins encore dans l'esprit du temps, et moins encore dans l'imagination politique allemande.

Pourtant, cette social-démocratie, spirituellement un peu démunie, prisonnière d'un marxisme embourgeoisé, et prise dans une situation si peu accordée à ses attentes, va gagner la partie : à la fin de 1923, l'échec de l'insurrection communiste à Hambourg, suivi de la faillite du putsch Ludendorff-Hitler à Munich, marque pour la République l'automne de la victoire. Même l'occupation de la Ruhr par les Français n'a pas transformé l'inégalité des forces ; en témoigne la facilité avec laquelle ont été vaincues les révoltes d'extrême gauche et d'extrême droite. Si les sociaux-démocrates, en dépit d'une situation politique si difficile, ont pu rester si forts, ce n'est pas, comme le veut l'interprétation communiste, parce qu'ils sont « passés au service » de la bourgeoisie : cette interprétation purement volontariste de l'échec bolchevique en Allemagne, à travers l'indignité des sociaux-démocrates, passe sous silence l'essentiel des raisons de cet échec. Non que des facteurs subjectifs n'y aient joué un rôle, comme tout justement la fidélité républicaine des socialistes à la Constitution de Weimar, ou l'irréalisme des politiques allemandes du Komintern, ou les divisions des chefs du K.P.D. Mais ils sont certainement moins importants que les éléments objectifs qui ont rendu inopérante l'idée d'étendre l'Octobre russe en Allemagne.

Lénine avait eu un sens très aigu du caractère exceptionnel des circonstances qui l'avaient porté au pouvoir. Si exceptionnel, à vrai dire, qu'avant son retour de Genève, et ses retentissantes *Thèses d'avril*, personne dans l'état-major bolchevique n'avait aperçu la possibilité de cette deuxième révolution russe, si tôt après Février. Et jusque dans les jours qui avaient précédé la prise du Palais d'Hiver par les soldats rouges, certains de ses plus proches camarades, comme Kamenev et Zinoviev, avaient pris position contre cette tentative aventureuse. Pourtant, Lénine avait gagné son pari, avec ce sens extraordinaire de l'occasion, ce flair pour le pouvoir caractéristique de son génie d'homme d'action. Mais il connaissait la fragilité de sa victoire, inséparable des circonstances qui l'avaient permise : sentiment qui le rendait à un marxisme plus orthodoxe que celui des « thèses d'avril », en restituant leur rôle aux lois du développement social. « C'est le fait d'être un pays arriéré qui nous a permis d'être en avance, dit-il dans un discours au Soviet de Moscou en avril 1918, et nous devons périr si nous ne tenons pas jusqu'au moment où notre révolution recevra une aide efficace des révoltés de tous les pays [1]. » Tout l'investissement allemand des bolcheviks et de l'Internationale tient dans cette phrase, que vient couronner en novembre de la même année, avec la défaite, la désagrégation du Reich.

Révolte des marins et des soldats, agitation ouvrière, démission du Kaiser, remplacé par un gouvernement bourgeois qui doit à la fois faire la paix et une Constitution : ces traits, qui semblent apparenter Novembre 1918 en Allemagne à Février 1917 en Russie, sont pourtant trompeurs. L'anomie allemande de l'automne 1918 n'est pas comparable à l'anomie russe de l'hiver 1917. Provoquée par un choc extérieur, elle est un produit de la défaite, alors que l'Empire russe s'est affaissé de et sur

1. Boris Souvarine, *Staline. Aperçu historique du bolchevisme*, Ivréa, 1993, p. 172.

lui-même, comme décomposé de l'intérieur. A l'Allemagne de Guillaume II, toute pénétrée de l'idée de son élection nationale, la capitulation militaire apporte la matière d'un tremblement de terre moral. Mais elle ne brise pas la société. Elle ne fait pas table rase des hiérarchies et des traditions. Elle n'abolit pas l'emprise des partis sur l'opinion. A preuve, la place qu'occupent au centre de l'échiquier politique les socialistes majoritaires, le Centre catholique et les démocrates libéraux ; plus encore, peut-être, le rôle joué par la Reichswehr ; plus encore, enfin, la remobilisation à l'extrême droite des corps francs, où l'esprit aristocratique et militaire resurgit de l'humiliation subie par la nation. La Russie de 1917 avait dérivé vers le bolchevisme sans jamais rencontrer de classes sociales, de partis ou de volontés assez fermes pour dominer l'anarchie et redonner de la substance au pouvoir de l'Etat. Rien de pareil ne se produit dans l'Allemagne d'après novembre 1918. La courte flambée des Soviets d'ouvriers et de soldats, plus luxemburgiste, d'ailleurs, que léniniste, y est écrasée dès la mi-janvier 1919. Et ce qui se forme d'extrême gauche léniniste dans les mois et les années qui suivent constituera plus un argument de tribune pour les nationalistes qu'une vraie menace révolutionnaire. Pour la jeune République allemande, atteinte dès sa naissance par la légende du « coup de poignard dans le dos », le plus grand danger reste à l'extrême droite. Le deuxième épisode de cette bataille triangulaire, entre 1930 et 1933, le fera bien voir.

Pourtant, Lénine n'a jamais cessé d'appeler à l'aide et de préparer la révolution allemande. Telle a été aussi la suprême pensée de la IIIe Internationale, fondée dès 1919 à Moscou malgré les avertissements de Rosa Luxemburg : l'universalisme du modèle d'Octobre 17 avait son premier test à Berlin. D'une part, l'analogie superficielle des situations portait à l'optimisme. De l'autre, le succès d'une deuxième révolution prolétarienne à l'épicentre de l'Europe cultivée allait alléger l'événement russe de ce qu'il avait eu d'exceptionnel, en le réintégrant dans une lame de fond de l'histoire, comme le premier d'une série. Enfin, la révolution russe était fidèle à son propre esprit en inspirant contre la République de Weimar un combat parallèle à celui des corps francs. Elle avait, elle, dissous l'Assemblée constituante après avoir abrégé au maximum la durée de l'épisode « bourgeois » qu'avait ouvert en février la chute du tsar. Et les bolcheviks se souvenaient tous que la tentative contre-révolutionnaire du général Kornilov [1], en septembre, leur avait ouvert la voie vers le pouvoir.

Indépendamment de ces considérations de circonstance, ils obéissaient à la logique révolutionnaire, qui réduit le champ politique à deux camps, et deux camps seulement. Qui n'est pas pour moi est contre moi. Qui n'est pas révolutionnaire est contre-révolutionnaire. Terrible simplification dont la Révolution française avait montré les dangers pour la liberté des individus, et dont celle d'Octobre 1917 aggrave les termes. En effet, la propension de la dictature jacobine à baptiser « aristocrate » le moindre bourgeois ou le plus modeste paysan, s'ils craignaient les réquisitions ou le départ du fils à la guerre, a reçu de Marx et de Lénine une bénédiction philosophique qui lui donne la force d'un dogme. Comme tous les combats politiques peuvent être déduits des luttes des classes, et que l'heure de l'après-guerre est à la révolution prolétarienne, la bataille pour le pouvoir dans les grands pays d'Europe met aux prises la bourgeoisie et la classe ouvrière, et il n'existe plus que des partis ouvriers et des partis bourgeois, les premiers révolutionnaires et les seconds contre-révolutionnaires. Que les bolcheviks se considèrent et se proclament les seuls vrais représentants de la classe ouvrière, la révolution d'Octobre l'a montré : dès la mi-1918, ils sont restés seuls en scène, ayant brisé même avec les socialistes-révolutionnaires de gauche, après avoir repris pourtant

---

1. Le 9 septembre 1917, le général Kornilov, commandant en chef de l'armée russe, est destitué par Kerenski. Refusant de se soumettre, il marche alors sur Petrograd. Pour lui faire échec, le gouvernement provisoire s'appuie sur les bolcheviks qui agissaient dans la clandestinité depuis les Journées de juillet. Ces derniers retrouvent alors une influence inespérée tandis que le général Kornilov est abandonné par ses troupes.

leur politique agraire [1]. Dès lors, toutes les forces politiques en dehors d'eux ne sont qu'autant de déguisements contre-révolutionnaires, des mencheviks aux gardes blancs. Pourquoi en serait-il autrement en Allemagne, des sociaux-démocrates aux hommes des corps francs ? La révolution léniniste tend à unifier tout ce qu'elle pense renverser.

Mais elle connaît aussi l'impératif tactique d'utiliser tel ou tel adversaire à ses fins propres, si celui-ci s'avance en ordre dispersé. L'Allemagne constitue à cet égard un terrain privilégié pour les stratèges du Komintern, auxquels elle offre plusieurs leviers d'action : les sociaux-démocrates au gouvernement, une force d'extrême droite hostile au régime républicain, une armée et une opinion publique d'autant plus nationalistes que la France de Poincaré occupe la Ruhr en janvier 1923. En effet, la social-démocratie, fragment « bourgeois » du mouvement ouvrier, occupe un terrain qui peut être reconquis par une stratégie de front unique. Et les éléments les plus réactionnaires de l'armée et des forces conservatrices peuvent être utilisés pour affaiblir à la fois la République de Weimar et l'impérialisme français. Car, dans le contexte de 1923, la convergence d'intérêts, l'alliance éventuelle entre la Russie communiste et l'Allemagne nationaliste, la grande humiliée de Versailles, sont constamment présentes dans les préoccupations des leaders du Komintern. Radek, qui est pendant cette année cruciale l'œil de Moscou à Berlin, ne se prive pas de chanter cet air-là, qui n'est plus tout à fait celui de l'internationalisme ouvrier. Mais au moins donne-t-il au communisme, déjà, l'avantage de ne pas miser tout son avenir allemand sur le pari de l'insurrection d'Octobre 1923. Si la révolution ouvrière est écrasée dans les rues

---

1. Le fameux décret sur la terre qui a suivi Octobre 1917 n'a pas créé une propriété sociale de la terre. Il a permis de redistribuer aux paysans la grande propriété foncière, par l'intermédiaire de comités locaux et de Soviets paysans régionaux. Il est tiré tout entier du programme socialiste-révolutionnaire, comme une concession bolchevique destinée à cimenter l'alliance entre paysannerie et classe ouvrière.

de Hambourg, l'Etat soviétique n'en continuera pas moins à tenter de séduire ceux qui en ont été les vainqueurs.

*

En 1923, lorsque les chefs bolcheviques, divisés sur leur stratégie allemande, voient disparaître leur dernier espoir de révolution européenne, Lénine est déjà hors jeu. Frappé en mai 1922 d'une première attaque cérébrale, il a assez récupéré pour retravailler à partir de l'été. Il rédige son fameux « testament » dans les derniers jours de l'année avant de retomber, en mars 1923, dans une aphasie cette fois définitive. Il mourra en janvier 1924. La révolution russe perd son chef au moment où s'éteint cette révolution allemande dans laquelle s'était investie la vocation universelle d'Octobre.

Ici commence aussi la bataille de succession qui va porter Staline, en cinq ans (1923-1927), au pouvoir absolu. Je laisse de côté les péripéties de cette bataille à la fois capitale et byzantine, où se fixe pour plus d'un demi-siècle le mensonge d'un langage d'initiés dans lequel la petite oligarchie des héritiers habille ses féroces rivalités. Ce qui m'intéresse est de mesurer en quoi la victoire de Staline par l'élimination successive de ses rivaux modifie le rapport du bolchevisme à l'universel, en déplaçant l'accent de l'international au national. Car, si ce rapport est relativement facile à comprendre, sous Lénine et dans la situation créée par la Première Guerre mondiale, il est naturellement plus menacé au moment où se constitue ce qu'on pourrait appeler le « second bolchevisme », celui de Staline : la guerre commence à s'oublier, le cycle révolutionnaire a terminé son cours, voici l'heure de la stabilisation économique et politique du monde capitaliste. Les circonstances qui ont porté la flamme d'Octobre hors de Russie ne sont plus, et Lénine est mort, qui l'incarnait à lui tout seul.

Pour inventorier sinon la transformation, du moins le déplacement que subit la relation de la jeune U.R.S.S. à l'universalisme révolutionnaire, on peut partir du symbolique, qui n'est pas le plus mauvais observatoire d'où étudier l'évolution du monde soviétique dans ces années. Lénine mort, on embaume son corps et on l'expose sous les murs du Kremlin à l'adoration des fidèles, en dépit des protestations de sa veuve. A la veille des funérailles nationales, Staline prononce au IIe Congrès des Soviets ce discours cérémoniel, en forme de prédication religieuse, qui se clôt sur les six serments solennels de fidélité au chef disparu : « En nous quittant, le camarade Lénine nous a ordonné de tenir haute et de conserver pure la grande appellation de membre du Parti. Nous te jurons, camarade Lénine, d'exécuter avec honneur ton commandement. » Etc. L'ancien séminariste géorgien se hausse à la hauteur de l'occasion en habillant le legs léniniste dans le langage liturgique resurgi de son adolescence. Par là il le rend à la fois plus sacré et plus rigide. sans que l'historien puisse doser la part qui revient, dans cette adaptation, à la traduction d'une certitude intérieure et celle qui relève d'un cynisme manipulateur. A l'intérieur de cette étroite aristocratie politique que sont les militants du Parti, il parle comme un clerc à d'autres clercs, en élevant l'orgueil de caste au partage d'une promesse. Fini le temps des controverses sur les textes de Marx, les débats de doctrine sur la nature des rapports entre le Parti et la classe ouvrière. Le Parti est désormais un clergé réuni autour d'une Eglise, donc unanime comme elle. Sous l'intimidation d'un langage emprunté à un monde antérieur à celui de la politique moderne, Staline veut aussi faire comprendre à Trotski, à Zinoviev et à tous les autres que l'unité du Parti est la règle du jeu ; et qu'il en est l'arbitre et le gardien.

Lénine avait consacré sa vie entière au Parti. Mais il ne l'avait pas déifié. C'est vrai qu'on lui doit la théorie selon laquelle le Parti marxiste est l'indispensable avant-garde de la classe ouvrière, sa conscience historique, sans laquelle le prolétariat ne pourrait dépasser le niveau syndical d'organisation collective. Vrai aussi qu'au Xe Congrès du Parti, en 1921, il avait fait voter l'interdiction des courants. Mais il avait vécu toute sa vie de militant dans des débats passionnés de doctrine et de politique. Il avait même été mis en minorité à des moments capitaux,

comme avant Brest-Litovsk [1]. L'autorité suréminente
qu'il avait acquise dans le mouvement bolchevique prove-
nait de ce qu'il avait conduit le Parti au pouvoir, et non de
ce qu'il s'était constitué un appareil à sa dévotion.
D'ailleurs, depuis Octobre 17, il avait passé une bonne
partie de son temps à corriger ce qu'il considérait comme
les multiples erreurs du Parti, dues pour beaucoup, à ses
yeux, à l'extraordinaire retard culturel de la Russie. On n'en
finirait pas d'énumérer ses dénonciations de ce retard, et
ses mises en cause de la barbarie russe, jusques et peut-être
surtout dans ses derniers écrits. Le paradoxe de Lénine est
d'avoir délibérément instauré la dictature de son Parti et
d'en avoir craint les conséquences. Ce dogmatique sectaire, cet homme d'action expéditif, n'a pas eu peur de
mettre l'Etat sous la coupe du Parti et de faire régner la
terreur, mais il a redouté avant de mourir la bureaucrati-
sation du régime qu'il avait fondé.

Staline, lui, est à l'aise dans la bureaucratie du Parti et
dans l'arriération russe. Il est depuis 1922 secrétaire
général, poste sans relief à l'origine, dont il a peu à peu
fait un formidable instrument de clientèle et de pouvoir.
Géorgien, il se fait plus russe que les Russes, comme un
homme né aux marges de l'Empire et parvenu en son
centre. Il a fait de pauvres études, il a peu lu. Lénine avait
une bonne dose de populisme russe dans son marxisme,
mais il avait un pied dans la culture européenne. Lui
connaît Marx à travers Lénine, superposant son ignorance à une interprétation déjà simpliste. Il a peu de goût
de toute façon pour les discussions, moins encore pour
les idées, mais il sait qu'elles font partie de la tradition
bolchevique : il n'y a pas de stratégie ou de tournant
politique qui ne doivent y être justifiés en « théorie ». Qui
veut être l'héritier de Lénine doit maîtriser aussi cet art
très particulier. C'est pourquoi il a publié les *Principes du
léninisme* [2], ouvrage fait d'une série de conférences rédi-

---

1. *Cf. supra*, p. 218.
2. Ce texte a fait l'objet ensuite de rééditions multiples, en russe
et dans toutes les langues. On l'a généralement fait figurer en tête
d'un livre élargi à des discours postérieurs de Staline, et intitulé

gées pour l'université communiste Sverdlov en avril 1924. Première apparition de cette prose granitique qui procède souvent par questions et réponses, comme dans les traités de dévotion, et qui s'attache moins à démontrer qu'à énumérer, en les affectant d'un premièrement, deuxièmement, etc., les différents éléments de la réponse canonique. C'est l'équivalent dans l'ordre doctrinal du mausolée de Lénine dans l'ordre symbolique. Staline a écrit le commentaire appelé à devenir sacré de la pensée de Lénine. Il coupe souvent son texte de longues citations, comme pour mieux s'approprier la substance du père fondateur disparu. De temps en temps, un sarcasme ridiculise l'erreur ou l'objection d'un adversaire passé ou présent, car l'exposé doit être lu à deux niveaux, comme imposition d'un dogme politique et comme règlement de comptes plus ou moins explicite. Le tout forme un traité pédagogique compact et sans grâce, mais clair : simplification du marxisme de Lénine, qui était une simplification du marxisme de Marx. Mais l'auteur de ce catéchisme paysan y a joint une contribution originale : il a pris soin de pimenter son texte d'hommages au génie du prolétariat et de la paysannerie russes qui eussent sûrement scandalisé Lénine. Le chef de la révolution d'Octobre s'était voulu révolutionnaire bien que russe. Staline le Géorgien a choisi d'être russe parce que révolutionnaire.

Les deux hommes s'étaient affrontés en septembre 1922, avant que Lénine soit condamné pour toujours au silence par la maladie, précisément à propos de la Géorgie. Lénine avait accusé Staline de vouloir restaurer la domination grand-russe sur la petite république où il était né : la soviétisation du pays s'y était faite, en 1921, contre les mencheviks locaux, par les baïonnettes de l'Armée rouge. Staline avait reculé, mais n'en pensait pas moins. La nouvelle « Union des républiques socialistes soviétiques » qui était alors à l'étude, comme devant se substituer à la « République socialiste fédérative soviétique de Russie », avait pour objet d'assurer l'égalité en droits des nations associées. Mais sa conception à lui reposait plutôt sur la « soviétisation » forcée des Républiques sœurs, préalable à leur absorption dans l'Union sous le couvert d'une libre association. Là comme ailleurs, l'uniformité de la dictature du Parti bolchevique vidait par avance de sa substance tout pluralisme national ou constitutionnel. Le chauvinisme grand-russe, si souvent vilipendé par Lénine, trouvait son instrument inattendu dans le Parti de Lénine devenu seul maître à bord au nom du prolétariat, selon une conception de Lénine. Et l'artisan non moins inattendu de cette résurrection-métamorphose était né à Tiflis.

La même évolution est à l'œuvre, à la même époque, à l'intérieur de la IIIᵉ Internationale. L'institution a été conçue par Lénine, en 1919, comme devant constituer le nouvel état-major de la révolution internationale, puisque le précédent a trahi sa mission en août 1914. Elle est donc à la fois conforme à la tradition du mouvement socialiste, et en rupture avec elle : c'est le modèle révolutionnaire d'Octobre 1917 qu'il s'agit d'universaliser, c'est le Parti victorieux en Octobre qui doit être généralisé, alors que la IIᵉ Internationale s'acharne au contraire à en nier la valeur d'exemple. De là vient que, dès l'origine, les bolcheviks jouissent d'un privilège de fait dans l'Internationale de Moscou, qui est leur enfant. Il suffit pour s'en convaincre de considérer les conditions d'adhésion qu'ils imposent aux partis candidats, et les négociations souvent difficiles qui s'ensuivent ; ou encore la répartition des responsabilités dans les différents organismes de l'institution, dont les bolcheviks tiennent les principaux leviers. Lénine en reste d'ailleurs l'autorité suprême, même s'il n'y est pas investi d'une fonction officielle. Mais cette autorité est plus politique qu'administrative.

Elle prend au contraire, au fil des ans, un caractère de plus en plus bureaucratique, et l'évolution commence sous Lénine. Dès 1921-1922, l'Internationale communiste intervient systématiquement dans les affaires des partis affiliés, comme jamais la IIᵉ Internationale ne l'avait fait. Elle multiplie non seulement les directives, mais les procédures de contrôle des militants. Elle envoie un peu partout ses agents clandestins, ses hommes de confiance, plusieurs parfois dans le même pays, munis soit de missions d'information, soit de recommandations d'action. Bref, le centralisme bolchevique répand son esprit aussi au niveau international.

Ce qui est nouveau avec la disparition de Lénine, c'est la volonté des différents prétendants à l'héritage d'utiliser à leur profit les différentes « sections » nationales du mouvement. Rien ne montre mieux la subordination où sont tombés les autres partis par rapport au Politburo du Parti russe, et rien d'ailleurs ne l'aggrave davantage que les retombées de la crise de succession à Moscou. La première défaite de Trotski en face de la troïka, en 1924, entraîne des purges dans les partis européens. On a vu qu'en France Souvarine y perd sa fonction, et même son appartenance à l'Internationale, non pas parce qu'il soutient Trotski, mais seulement parce qu'il défend l'idée d'un découplage entre les problèmes russes et ceux du mouvement international, à travers ses différentes sections. L'année suivante consacre l'abaissement de Zinoviev, que sa fonction de président de l'Internationale ne protège nullement contre son échec au Politburo. Du coup, ses protégés allemands, Maslow et Ruth Fischer, qui n'ont pas voulu trahir Zinoviev pour Staline, doivent quitter la direction du P.C allemand [1]. L'appellation contrôlée des déviations dont s'enveloppe la bataille entre vieux bolcheviks s'étend à toute l'oligarchie internationale du mouvement : néo-menchevisme, trotskisme, zinoviévisme, droitisme, gauchisme, social-démocratisme — autant d'étiquettes arbitraires auxquelles le gros du Parti bolchevique, manipulé par Staline, attache une signification d'autant plus universelle que la stratégie du mouvement est de plus en plus

1. Il y a peu de livres aussi instructifs sur les mœurs politiques du Komintern à cette époque, malgré ses partis pris et ses erreurs, que celui de Ruth Fischer, *Stalin and German Communism, a Study in the Origins of the State Party*, préface de Sidney B. Fay, Harvard University Press, 1948.

étroitement subordonnée à la seule puissance de l'Etat soviétique. Et le plus triste de la situation est de voir les oppositions successives à Staline combattre à l'intérieur des cadres idéologiques et politiques fixés par lui, acceptant l'idée qu'il y ait une orthodoxie du Parti, et ainsi battus d'avance.

Au milieu de cette bataille truquée, le mot clé finit pourtant par être prononcé à la fin de 1924 : le « socialisme dans un seul pays ». La formule a plusieurs utilités. Elle correspond d'abord à un sentiment d'époque, après la faillite de la révolution allemande : l'après-guerre est finie, et avec elle la contagion du soviétisme. Elle contient ensuite une polémique contre Trotski et sa vieille théorie de la « révolution permanente », selon laquelle la révolution démocratique-bourgeoise russe, une fois accomplie par le parti social-démocrate (nous sommes en 1905), dépasserait son horizon bourgeois, pour peu qu'elle rencontrât la révolution mondiale. Lénine avait en son temps discuté cette « théorie », pourtant assez proche de la sienne [1], avant qu'Octobre 17 ne mît les deux hommes d'accord. Or, en 1924, Staline récupère l'idée de la « révolution permanente » dans un tout autre contexte, pour en faire une doctrine d'impuissance, selon laquelle il serait impossible de construire le socialisme en Union soviétique, faute du soutien international indispensable. Il fait ainsi d'une pierre deux coups. Il reconstruit mensongèrement, au prix d'un anachronisme, une opposition scolastique entre « léninisme » et « trotskisme », alors que Lénine n'a cessé de répéter depuis 1917 que la révolution bolchevique avait absolument besoin pour vaincre de la révolution ailleurs. Et le voici du coup drapé non seulement dans le manteau du chef mort, mais aussi dans l'honneur historique du prolétariat et de la paysannerie russes !

1. Il y avait opposé, à l'époque, sa conception de la « dictature révolutionnaire du prolétariat et de la paysannerie ». Mais en fait, depuis Octobre 1917, Trotski et lui ont été en plein accord sur cette idée que le succès de la révolution prolétarienne en Russie est subordonné à la révolution sinon mondiale, du moins européenne.

Car le dernier sens du « socialisme dans un seul pays », et le plus fort, c'est bien celui par lequel Staline fait un clin d'œil au chauvinisme russe. En plaçant Trotski dans une position de double défaitisme, sur le plan à la fois national et révolutionnaire, il mobilise à nouveau cet « hubris » particulier au Parti bolchevique qu'il a déjà célébré à la mort de Lénine. Car il s'adresse moins au peuple, réduit au silence depuis longtemps, qu'au Parti, maître unique du pays, maître isolé dans le pays. Ce Parti n'est plus celui des vieux bolcheviks, ou plutôt, les vieux bolcheviks le dirigent encore, mais il est fait, dans sa masse, de militants récents, qui ont rejoint les vainqueurs par dizaines de milliers depuis Octobre. Tous sont par définition les cadres de la nouvelle administration du pays : la plupart, donc, des potentats locaux, corrompus par le pouvoir absolu, ivres d'une autorité sans limites, grisés par le discours bolchevique sur les bienfaits de la violence « prolétarienne ». Promus au surplus par Staline et ses hommes, depuis que le Géorgien occupe le sommet de l'appareil. Tenant de lui tout ce qu'ils ont, proches de lui par la grossièreté des idées et des mœurs, et prêts à tout pour le maintenir et l'encenser. Le Parti bolchevique a toujours été le théâtre d'empoignades, mais, à partir de 1924, Staline fait d'avance les salles, et ses partisans recourent plus à l'insulte et à la violence qu'aux arguments. C'est à ce type de militant que Lénine a pensé dans sa dernière année de lucidité, quand il s'est déclaré effaré par l'ignorance des cadres communistes, leurs vantardises (« com-vantardises ») et leurs mensonges (« com-mensonges ») : « Nous entendons tous les jours, moi surtout de par mes fonctions, tant de mensonges communistes doucereux, tant de com-mensonges, qu'on en a mal au cœur, atrocement parfois [1]. »

Or c'est à ce type d'hommes, à la fois serviles et tout-puissants, très ignorants et croyant savoir, que Staline sert son alcool idéologique, auprès duquel les débats d'avant la révolution font figure de discussions savantes,

1. Boris Souvarine, *Staline, op. cit.*, p. 269.

bien qu'ils aient ouvert la voie au concentré stalinien. Comme Marx est loin ! Deux systèmes sont face à face. Le léninisme, théorie scientifique de l'action, vérifiée par l'histoire, incarnée par le Parti bolchevique, mais menacée par ses ennemis de l'extérieur et de l'intérieur ; et de l'autre côté, le trotskisme, ennemi juré du léninisme, dans le passé et dans le présent, danger mortel pesant sur l'héritage de Lénine, discours de capitulation masqué dans une surenchère internationaliste. Tel est l'habillage nouveau du « socialisme dans un seul pays ». Il met l'accent sur un élément capital de la psychologie « léniniste », à savoir que la volonté peut tout faire si elle a le pouvoir. Il y joint un ingrédient inédit, caché sous l'appel à l'activisme, et que Staline manie en expert, pour ne pas s'exposer au reproche d'être infidèle à Lénine : c'est la passion nationale grand-russe. Tout comme les jacobins français, les bolcheviks tardifs sont pris au piège du pays élu par l'histoire, dont ils écrivent une version nouvelle, bien que plus primitive. La formule de Staline leur permet de réinvestir un chauvinisme traditionnel de nation dominante dans leur appartenance à un parti totalitaire.

Ils ne sont pas — pas encore ? — à la tête d'un Etat assez puissant pour imaginer s'étendre au-delà des frontières de l'Union. Mais à l'intérieur de ces frontières, ils ont interdit toute autonomie aux nationalités de façon bien plus efficace que les tsars : en prétendant associer tous les peuples de l'Union à la « construction du socialisme », ils les ont tous soumis uniformément à leur mensonge et à leur pouvoir. Quant à l'extérieur, l'Internationale communiste gère désormais les îlots résiduels d'un espace qui s'est rétréci avec le reflux de la révolution européenne. Son évolution est calquée sur celle du Parti bolchevique. Les leaders ou les factions des partis frères ne sont plus que des signes de l'algèbre politique russe, des pions déplacés ou manipulés au hasard des manœuvres de Staline, de sorte que toute l'aristocratie internationale du communisme est intégrée bon gré mal gré au système politique de Moscou. Privés d'autonomie, prisonniers de mots d'ordre de plus en plus abstraits, les partis communistes tendent à devenir des enclaves politiques russes dans leurs sociétés respectives. Ils sont, à leur manière, des partis-Etats miniatures, à ceci près que l'Etat dont ils reçoivent leur autorité n'est pas le leur, mais la Russie « socialiste », maîtresse en dernière instance de leurs destins. On y parle le même langage ésotérique qu'à Moscou, et on vit dans la peur d'y être convoqué. D'ailleurs, cette obsession imitative a reçu un nom dans le vocabulaire des initiés : c'est la « bolchevisation ». Ce qui évite de dire : russification. « Bolchevisation » évoque encore quelque chose de la vocation universelle des Soviets, alors que le mot ne renvoie plus, dans la réalité, qu'à un parti-Etat au pouvoir à Moscou.

J'ai employé après beaucoup d'autres le mot « totalitaire » pour le définir, parce que c'est le moins mauvais. L'adjectif désigne en effet quelque chose de neuf dans la politique moderne, qui va bien au-delà du monolithisme d'un parti ou d'un groupe. Il indique d'abord cette prétention d'un parti à être à soi-même sa propre fin, sans que les hommes qui le peuplent puissent avoir d'autre but dans l'existence que de le servir *perinde ac cadaver*. Prétention qui l'apparente à une secte religieuse, puisque c'est la vie tout entière de ses membres, publique et privée, leur salut, dont il se trouve être investi, alors que son activité pratique est d'ordre purement politique — prendre et exercer le pouvoir. Le lien entre les deux ordres de réalités est fourni par une idéologie partagée, que le chef du parti a pour charge d'interpréter et d'enrichir en fonction des circonstances. La politique doit être constamment traduite dans les termes de ce langage à la fois sacré et fictif, qui sépare chaque fois qu'il le faut les amis des ennemis. Les bolcheviks sont comme le clergé d'une idéocratie, et Staline devient le chef de ce clergé, destiné comme tel à être cru sur parole.

Cette analyse permet d'entrer dans la fameuse question de ce qui lie Lénine et Staline et de ce qui les sépare. Les amis de la révolution russe ont eu et auront (car il en restera) naturellement tendance à séparer Staline de Lénine ; ils feront la part du feu avec Staline pour mieux sauver l'inventeur et l'idée du régime. Les adversaires ont eu et auront la tendance inverse : mettre dans le même sac les deux figures successives du régime soviétique, le maître et le disciple. Mais rien n'empêche de les considérer à la fois comme unis et séparés. A Lénine appartient la dictature du Parti identifiée à la dictature du prolétariat : Rosa Luxemburg le lui a assez reproché ! A Lénine encore, la terreur, le mépris des lois, la confusion du Parti et de l'Etat. A Lénine toujours, la passion sectaire du débat idéologique, l'idée aristocratique du Parti, qui est à l'origine même des bolcheviks. Enfin, Lénine a fabriqué, soutenu, et promu Staline presque jusqu'à la fin, au moment où il fait à moitié, et trop tard, marche arrière. Pourtant on discute dans le Parti sous Lénine. Le Parti totalitaire, combinaison d'idéocratie et d'Etat terroriste, acharné à liquider sa vieille garde, c'est Staline.

Ruth Fischer a écrit [1], il y a presque cinquante ans, que celui qui veut comprendre les origines de l'Allemagne hitlérienne ne doit pas regarder seulement du côté de l'histoire allemande et de sa longue querelle avec l'Ouest. On y est certes porté par l'antagonisme entre le nazisme et les démocraties occidentales, mais on risque alors d'oublier la contribution du totalitarisme stalinien au développement du totalitarisme hitlérien. En effet, la victoire de Staline a doublement facilité celle de Hitler. Elle lui a offert, après Mussolini, un second exemple, étudié et retenu en dépit de toutes les imprécations publiques : en brutalité, en cynisme, en duplicité, Staline fraie la voie à l'homme de *Mein Kampf*. Mieux encore : pour gagner, il a dû injecter du nationalisme russe dans son léninisme, s'inventant ainsi une nouvelle parenté secrète avec Hitler au moment où il lui apporte, par la russification agressive du communisme, un surcroît d'audience dans la droite allemande [2].

*

1. Ruth Fischer, *Stalin and German Communism, op. cit.*, 1948, p. 641.
2. *Cf. infra*, p. 330-334.

Ainsi, le premier bolchevisme est mort avec la victoire de Staline. Le nouveau chef n'en a pas encore liquidé les vétérans, mais il les a mis à genoux, à sa merci ; il a chassé Trotski hors du pays. Sa victoire cristallise et vérifie les craintes formulées par Pierre Pascal dès 1921, ou par Souvarine quelques années après. Sur une société brisée et un pays frappé de crainte, le Parti d'Octobre 17 a fait rapidement régner une dictature terroriste coupée de tout contact avec le peuple, mais censée gouverner au nom et dans l'intérêt du prolétariat. Ce mensonge a constitué, sous Lénine déjà, qui l'a finalement aperçu, mais qui l'avait fondé, la condition d'appartenance à l'oligarchie toute-puissante. Il a produit un langage obligatoire et fictif où personne n'est autorisé à faire pénétrer le réel, et qui tend invinciblement à l'unité : le désaccord s'y apparente à l'hérésie, le débat se termine en autocritique ou en exclusion. Cette contrainte d'unité, inséparable de l'idéologie, a paralysé les oppositions et fabriqué un chef [1].

La révolution est morte. Aucun texte n'en fait un constat plus impitoyable que le triptyque littéraire publié à Paris en 1929 par l'écrivain roumain de langue française Panaït Istrati [2], les deux autres étant de la plume de ses amis Victor Serge [3] et Boris Souvarine.

1. Sur ce « premier bolchevisme », voir Richard Pipes, *Russia under the Bolshevik Regime*, A. Knopf, New York, 1993.
2. Panaït Istrati, *Vers l'autre flamme* I. *Après seize mois dans l'URSS*, Rieder, 1929 ; [Victor Serge], *Vers l'autre flamme* II. *Soviets 1929* ; [Boris Souvarine], *Vers l'autre flamme* III. *La Russie nue*. Le premier volume de la trilogie a été réédité en 1987 (Gallimard, Folio essais).
3. Fils de populistes russes réfugiés en Belgique, Victor Serge (1890-1947) fut mêlé à l'affaire de la bande à Bonnot. Après cinq années d'emprisonnement, il est expulsé vers l'Espagne où il participe au mouvement révolutionnaire. Ayant réussi à gagner la Russie, le libertaire rejoint les bolcheviks et travaille dans les services du Komintern. A partir de 1925, il prend ses distances en raison de l'évolution du régime et soutient l'Opposition de gauche. Arrêté une première fois en 1928, il est relégué à Orenburg en 1933 avec sa femme et son fils. Une campagne internationale lui permet de quitter l'U.R.S.S. en 1936. Il publie ensuite plusieurs ouvrages sur le régime soviétique. Réfugié à Marseille en 1940, il réussit à gagner

La part rédigée par Panait Istrati lui-même n'est pas la meilleure de l'ensemble. C'est le compte rendu larmoyant d'une déception : le romancier, invité à titre de sympathisant pour le dixième anniversaire de l'U.R.S.S., raconte un long voyage de seize mois, entre 1927 et 1929, à travers tout le territoire soviétique. L'intérêt principal du récit est de montrer, outre l'omniprésence de la dictature bureaucratique du Parti, le drame affectif de la rupture avec le communisme dans l'esprit du narrateur. Le second auteur a l'esprit plus politique, puisque c'est Victor Serge, vétéran des luttes révolutionnaires, beau-frère de Pierre Pascal, inquiet comme lui depuis long-temps du tour des événements, et bien trop fidèle au « ni Dieu ni maître » des anarchistes pour supporter cette glaciation post-révolutionnaire. De fait, son analyse est radicale : la démocratie des Soviets est un mensonge, la seule réalité du régime est la dictature d'un Parti cor-rompu, peuplé d'arrivistes cyniques, qui se sont substi-tués aux militants de la génération d'Octobre. Sur la manière dont s'opère la liquidation du trotskisme, Victor Serge écrit des lignes dignes de Custine : « L'atmosphère dans laquelle se déroule cette lutte ne peut être rendue. Tout est mystère, ténèbres, rumeurs, anxiétés, affirma-tions contradictoires, démentis, surprises, angoisses. Des hommes disparaissent mystérieusement en allant à leur travail ou en sortant de chez eux [1]... »

Le dernier chapitre du petit livre, touchant de lucidité triste, est consacré à Gorki, rentré l'année précédente dans son pays natal, après un long semi-exil au soleil de Sorrente. Hostile à la révolution d'Octobre, le plus célè-bre écrivain russe s'était à demi rallié au régime pendant la guerre civile, tout en conservant sa liberté de critique et d'intervention : de là d'ailleurs son départ de 1921 pour l'Italie. Son retour, objet d'une longue négocia-tion [2], a été méticuleusement organisé par le Parti :

---

les Antilles en 1941 puis le Mexique. Dans ses derniers écrits, il dénonce le « nouvel impérialisme russe ».

1. [Victor Serge], *Soviets 1929, op. cit.*, p. 132.
2. Sympathisant des bolcheviks avant la révolution d'Octobre, Maxime Gorki (1868- 1936) ne cesse de dénoncer leur entreprise

depuis la frontière soviétique, cortèges, députations, drapeaux accompagnent et saluent « le vieil homme aux dures mâchoires grises [1] » qui a accepté d'incliner sa gloire devant le mensonge des temps nouveaux. Le voici qui paie comptant, devenu en quelques semaines le propagandiste de la dictature. Lui qui s'est opposé à l'Octobre de Lénine bénit le bolchevisme de Staline. De ce naufrage, Victor Serge imagine une explication psychologique : la naïveté politique d'un vieil auteur pris dans le piège du pays natal et de la vanité. C'est ce qu'il appelle « la tragédie de Gorki ».

Souvarine, lui, commence sa longue carrière de chroniqueur du désastre soviétique. Sa contribution à cet étrange triptyque, anonyme aux deux tiers, tire l'essentiel de son information d'une lecture visiblement minutieuse de la presse soviétique, *Pravda* en tête, et du commentaire de statistiques : c'est le contrepoison utilisé par l'auteur contre les contes bleus du voyage soviétique,

dans son journal *Vie nouvelle* qui est définitivement interdit par Lénine en juillet 1918 (voir *Pensées intempestives*, Pluriel, 1977). En 1921, il s'exile à Berlin puis en Italie jusqu'en mai 1928. Dès 1924, dans *Lénine et le paysan russe*, il rend hommage au fondateur de l'Etat soviétique, première étape vers son ralliement. En 1928, les autorités soviétiques lui organisent un retour triomphal pour son soixantième anniversaire. Gorki commence alors une nouvelle carrière, celle d'un écrivain officiel qui préside l'Association des écrivains soviétiques et met sa plume au service du régime, en exalte les « conquêtes » et approuve la politique répressive ; il prône la réhabilitation par le travail et publie d'élogieux reportages sur le camp des îles Solovietski (1929) ou le percement du canal mer Blanche-Baltique qui coûte la vie à des dizaines de milliers de prisonniers. Il conserve la liberté de se rendre à l'étranger jusqu'en 1933, ensuite tout visa lui est refusé.

Corrompu par le succès, il demeure sous l'étroite surveillance des « organes » et joue un rôle essentiel auprès des intellectuels français, et de Romain Rolland en premier lieu, pour les amener à soutenir le pouvoir soviétique. Après l'assassinat de Kirov (décembre 1934), il appelle à « exterminer l'ennemi sans merci ni pitié », apportant ainsi sa caution aux purges sanglantes. Sur les dernières années de Maxime Gorki, voir le livre de Vitali Chentalinski, *La Parole ressuscitée. Dans les archives littéraires du K.G.B.*, Robert Laffont, 1993.

1. [Victor Serge], *Soviets 1929, op. cit.*, chap. 16, p. 196.

dont le genre commence à fleurir. Comme toujours dans la prose de Souvarine, rien ne vise à l'effet littéraire, et l'exposition des matières est organisée de manière assez scolaire, de l'économique au politique. Mais de l'accumulation des données et des faits surgit le tableau d'une société misérable à la ville et à la campagne, et qui n'a pas encore retrouvé son niveau de 1913 : ce qui ne serait rien, s'il s'agissait simplement d'un héritage du passé joint à la traversée de circonstances exceptionnellement difficiles. Mais Souvarine ne l'entend pas de cette oreille. Il incrimine au contraire la part du régime dans une sorte d'involution de la société, sans cesse meurtrie par l'autoritarisme bureaucratique, la corruption, l'obscurantisme idéologique, la dictature d'un Parti qui se confond avec la police d'Etat.

Cette *Russie nue* nous peint donc déjà ce qu'on appellera un peu plus tard une Russie « totalitaire ». Ce que Souvarine conserve de son passé si proche le porte à y voir plutôt une contre-révolution, un capitalisme d'Etat, menant à terme au capitalisme tout court : tentant à sa manière, comme Kautsky ou Blum, après les avoir combattus, de construire une analyse marxiste de la faillite d'une révolution marxiste. Mais cet aspect des choses l'intéresse beaucoup moins que le constat de faillite lui-même.

Jugement radical et lucide, donc, que celui de ces trois essais, qui n'ont eu pourtant à l'époque qu'une audience limitée. Le public de gauche, auquel ils sont destinés, n'est pas entré dans une condamnation aussi complète. Il a flairé l'exagération de l'amour déçu : soupçon classique, qui jouera tout au long du siècle en faveur du communisme soviétique, puisque l'histoire véritable en sera pour l'essentiel écrite par d'ex-communistes. Car si l'on ne peut croire ni les écrivains de droite, trop prévenus, ni les sociaux-démocrates, frères ennemis, ni les anciens communistes, trop désabusés, l'Union soviétique gagne à ces interdits une sorte d'invulnérabilité historique : il reste à prendre pour argent comptant ce qu'elle dit d'elle-même, tout en en retranchant à doses variables la part destinée à la « propagande ». Presque personne ne pensera que son discours tout entier est mensonger ; c'est son secret le mieux gardé, trop triste d'ailleurs pour qu'on le traque avec insistance. Au surplus, dans le cas du livre d'Istrati, il est trop tôt dans le siècle. L'Union soviétique a perdu Lénine. Son successeur doit bénéficier d'un sursis.

Or, voici que Staline, après avoir brisé l'opposition « de gauche », avec l'aide de Boukharine [1], se retourne aussitôt après, dès 1928, contre Boukharine et la « droite ». Boukharine : le dernier invaincu de l'état-major vieux bolchevique, et le plus jeune, qui a été le chouchou de Lénine. Mais cet aspect-là du retournement est secondaire (d'ailleurs Staline domine déjà sans partage le Parti) au regard des enjeux impliqués. Car à cette époque, dans le vocabulaire léniniste, sous les mots convenus « droite » et « gauche » se cache le sort de la paysannerie, puisqu'il y va de l'attitude que doit avoir à son égard la dictature du prolétariat. Vieille affaire, presque aussi vieille que le Parti lui-même, puisqu'elle n'a jamais quitté l'esprit de Lénine. En bonne doctrine, les intérêts des deux classes s'opposent, puisque la petite production paysanne, une fois émancipée des grands propriétaires, ne cesse d'alimenter les circuits d'une production capitaliste. Mais l'introduction dans la scolastique léniniste de la catégorie « paysannerie pauvre », par opposition aux « koulaks », permettait d'éviter au prolétariat l'impasse de ne pouvoir faire qu'une révolution bourgeoise : car, à travers la lutte des classes à la campagne, les ouvriers devaient trouver des alliés chez les

---

1. En 1925, Nicolas Boukharine (1888-1938) soutient que le développement économique de la Russie soviétique doit être fondé sur l'alliance du prolétariat et de la paysannerie. Il désire que soit garantie aux paysans la possibilité d'accroître leur production par la coopération et le développement du marché. Il lance à leur adresse son mot d'ordre : « Enrichissez-vous, développez vos exploitations... » Il reçoit alors le soutien de Staline et l'approbation de Nicolas Oustrialov. Voir le livre de Stephen Cohen, *Boukharine and the Bolshevik Revolution : a Political Biography 1888-1938*, A. Knopf, New York, 1973, trad. : *Nicolas Boukharine. La vie d'un bolchevik*, F. Maspero, 1979. *Cf.* Anna Larina Boukharina, *Boukharine ma passion*, Gallimard, 1990.

paysans pauvres autour d'un programme de transition vers le socialisme...

En 1917, ces abstractions se sont brisées sur la réalité russe. Quand les bolcheviks prennent le pouvoir, ils se bornent à reprendre le mot d'ordre des socialistes-révolutionnaires déjà en cours d'application : la terre aux paysans. Dans les années de la guerre civile, dites du « communisme de guerre », ils pratiquent une politique primitive d'extorsion forcée des produits agricoles au profit des villes. Cette politique terroriste, qui brandit déjà comme sa justification le sabotage du « koulak », aliène au régime toute la campagne et ruine la production : première grande famine en 1921, cinq millions de morts [1]. Lénine recule, invente la N.E.P., qui rouvre les circuits bloqués de l'économie, redonne un peu de vie à la campagne, sans la faire vraiment refleurir. Mais la N.E.P., pour indispensable qu'elle soit, reste suspecte dans le Parti. Simple recul tactique, imposé par la réalité, elle n'a pas de vraie dignité idéologique, malgré les efforts de Boukharine. Trotski, jamais en reste d'une erreur, n'a cessé de dénoncer les « défenseurs des koulaks », bientôt rejoint sur ce thème par Zinoviev. A l'intérieur du pays, des ralliements « bourgeois » au régime, comme celui d'Oustrialov [2], compromettent la nouvelle politique par leur soutien. A l'extérieur, les mencheviks y voient comme leur revanche intellectuelle et politique : la démonstration par les faits du caractère inévitable d'une Russie capitaliste et paysanne [3].

1. Michel Heller et Alexandre Nekrich, *L'Utopie au pouvoir*, *op. cit.*, p. 100.

2. Nicolas Oustrialov est un professeur de droit, personnalité du Parti cadet pendant la révolution de Février 17, puis combattant celle d'Octobre dans le gouvernement de Koltchak. Après s'être réfugié en Chine, il change d'attitude en 1920-1921 à l'égard de l'Union soviétique au nom du patriotisme russe. Il va animer, au-dehors et à l'intérieur de l'Union soviétique, un courant « national-bolcheviste ». Il élabore notamment l'idée d'un « Thermidor » soviétique. *Cf.* Tamara Kondratieva, *Bolcheviks et Jacobins. Itinéraire des analogies*, Paris, Payot, 1989, p. 90-109.

3. Voir M. Heller et A. Nekrich (*op. cit.*, p. 168), qui citent N. Valentinov. Bolchevik de la première heure, Nicolas Valentinov (1879-

C'est dans ces conditions qu'après avoir vaincu les chefs de l'opposition Staline entreprend à partir de 1928 de reprendre leur programme « antikoulak ». La volonté de briser Boukharine n'est probablement qu'un profit secondaire de l'opération, qui s'inscrit dans une perspective politique beaucoup plus vaste. Car il ne suffit pas d'avoir proclamé l'heure du « socialisme dans un seul pays » : encore faut-il donner de la substance à cette « ligne générale ». La formule n'indique qu'un abandon si elle n'est pas accompagnée d'une prescription. Paradoxalement, le renoncement à la révolution mondiale, au moins dans le court terme, fait à Staline obligation de radicaliser le cours du régime bolchevique en Russie : à défaut de quoi il se trouverait en déficit idéologique sur les deux fronts, et bientôt privé d'un des ressorts essentiels du système. La N.E.P. a été une concession à la société réelle, mais cette concession menace à la fois le pouvoir de l'idéologie et celui de Staline. Au contraire, le « socialisme dans un seul pays » va les porter ensemble à leur point de perfection.

« Construire le socialisme » en Union soviétique : la formule exprime bien ce par quoi Staline se rattache à la fois à la tradition révolutionnaire en général et au bolchevisme en particulier. L'idée de « construire » une société nouvelle sur les débris de l'ancienne, héritée du passé, fait en effet partie du legs révolutionnaire français. Elle en exprime même par excellence la nouveauté, qui a tant scandalisé Burke. Les hommes de 1789 ont possédé cette vertu d'exprimer par leur idée de la révolution, opposée à l'Ancien Régime comme le jour à la nuit, le fond de constructivisme qui hante la société moderne. Celle-ci est un contrat entre associés égaux en droits, contrat produit par leurs volontés, et donc second

1964) rompt en 1904 avec Lénine qu'il fréquenta assidûment lors de leur exil commun à Genève. En 1953, il expliquera ses désaccords philosophiques et politiques dans un livre essentiel : *Mes rencontres avec Lénine* (G. Lebovici, 1977). Devenu menchevik, il travaille au Conseil supérieur de l'économie nationale avant d'émigrer en France en 1930. Il devait publier de nombreux articles sur la question paysanne en U.RS.S. dans *Le Contrat social* de B. Souvarine.

par rapport à elles. La conception n'est pas incompatible avec la dictature de l'Etat révolutionnaire, pour peu que celui-ci soit conçu ou présenté comme l'agent collectif des volontés citoyennes, dressé contre les puissances du passé.

Or la version bolchevique du subjectivisme révolutionnaire est plus radicale encore que celle des jacobins, pour deux raisons. D'abord, parce que Lénine a élaboré en fait, tout en disant le contraire, à travers l'idée du Parti avant-garde de la classe, une théorie de la toute-puissance de la volonté politique : la preuve, c'est qu'il n'a pas reculé devant l'idée apparemment absurde, surtout chez un marxiste, de faire de la Russie le berceau d'une révolution prolétarienne. Ensuite, parce que chez lui, comme chez tout marxiste, la volonté reçoit l'appui inespéré de la science, au prix d'une aporie philosophique. Le parti est à la fois une oligarchie de savants et d'organisateurs, une réunion d'hommes qui changent le monde par leur volonté tout en obéissant aux lois de l'histoire. Au cours de la bataille de succession, Staline s'est peu à peu auto-investi de cette double mission, au fur et à mesure qu'elle devenait plus problématique, et plus imaginaire. « Construire le socialisme » est le mot d'ordre de la relance révolutionnaire.

Il y a comme un enchaînement et une gradation d'absurdités dans ces douze premières années du régime. Lénine instaure la dictature du prolétariat dans la société la plus paysanne d'Europe, et combine Guépéou et N.E.P. Staline hérite d'un pays terrorisé et tombé au-dessous de son niveau économique de 1914 ; il prétend lui faire « construire le socialisme ». Si bien qu'à côté de l'ambition affichée par le deuxième bolchevisme la politique menée par le premier peut presque passer pour réaliste ! En réalité, les deux sont conditionnées par l'idéologie. Mais la seconde constitue une surenchère sur la première par ce qu'elle a de purement idéologique, coupée de toute relation vraie avec la réalité économique et sociale. Et c'est précisément ce lien qu'elle conserve avec la promesse révolutionnaire originelle qui la rend crédible : la révolution est provisoirement morte en

France, ou en Chine, mais elle va reprendre sa marche en avant en Union soviétique. Le fantôme d'un Thermidor russe que comportait la N.E.P. sera définitivement conjuré.

L'opération a deux volets : agriculture et industrie ; collectivisation de la production agricole et plan quinquennal. Il s'agit de faire d'une pierre deux coups : prendre sur le travail des paysans l'accumulation de capital nécessaire à l'industrialisation, et supprimer ceux-ci, dans le même mouvement, comme classe de producteurs indépendants. Peindre son caractère cataclysmique, avant tout à la campagne, n'entre pas dans mon sujet ; au reste, cette histoire reste à écrire, tant elle a été travestie, tant elle est encore mal connue [1]. Elle a fait entrer l'Union soviétique dans une terreur de masse dont il n'existait à l'époque aucun précédent comparable (sauf, peut-être, le massacre des Arméniens par les Turcs, mais d'une nature différente). Elle a sonné l'heure de l'Etat totalitaire accompli, orwellien. L'étonnant est qu'elle ait pu apparaître aux intellectuels occidentaux ou à l'opinion publique internationale comme un épisode

1. La principale étude écrite à chaud sur la famine ukrainienne est celle d'un Balte allemand, Edwald Ammende, placé à l'époque à la tête d'une organisation interconfessionnelle de secours que le cardinal de Vienne : *Muss Russland hungern ? Menschen und Völkerschicksale in der Sowjetunion*, Vienne, 1935. Il existe également : *La Famine en Russie. Rapport adressé au gouvernement allemand par le Dr Otto Schiller*, expert pour les questions agricoles auprès de l'ambassade d'Allemagne à Moscou, 1933.

Parmi la littérature de témoignages ou de souvenirs : Malcolm Muggeridge, *Winter in Moscow*, Boston, 1934, et *Chronicles of Wasted Times*, t. I, New York, 1973. Victor Kravchenko, *J'ai choisi la liberté ! La vie publique et privée d'un haut fonctionnaire soviétique*, Self, 1947. Vassil Barka, *Le Prince jaune*, Gallimard, 1981. Miron Dolot, *Execution by Hunger. The Hidden Holocaust*, New York, W. W. Norton, 1985 ; trad. : *Les Affamés. L'Holocauste masqué, Ukraine 1929-1933*, Ramsay, 1986.

Parmi les études historiques : W. Hryshko, *The Ukrainian Holocaust of 1933*, Toronto, 1983. Robert Conquest, *Harvest of Sorrow : Soviet Collectivization and the Terror Famine*, New York, Oxford University Press, 1986.

familier, alors qu'elle était extravagante ; ou encore exemplaire, alors qu'elle était atroce.

La suppression de la paysannerie comme classe indépendante, au prix de l'assassinat ou de la déportation de plusieurs millions d'entre eux : énoncé de la sorte, un pareil projet ne trouve pas de partisans. Ce qui lui donne son sombre attrait est d'être enveloppé dans les abstractions de la « révolution » et du « socialisme » ; d'apparaître ainsi comme une extraordinaire épreuve de la volonté, jamais vue même dans l'histoire des révolutions, et porteuse d'une société non moins inédite. Mais il faut aussi à la révolution, pour qu'elle ait toute sa dignité d'événement nécessaire, de formidables ennemis à vaincre. Il faut au révolutionnaire des objets à haïr. La « grande rupture » de Staline, en 1929, n'échappe pas à la règle. Elle fait de la hantise de l'ennemi, de la peur de ses maléfices, un thème obsessionnel de sa propagande. En 1793, les jacobins français avaient vu partout la main du contre-révolutionnaire et absurdement étendu la catégorie de l'« aristocrate », mais ils étaient effectivement en guerre avec la contre-révolution intérieure et extérieure. En 1929, faute de noblesse, faute de bourgeoisie, et douze ans après Octobre 1917, l'ennemi de la révolution est un nouveau venu dans le genre : c'est le koulak, l'équivalent russe du bourgeois, et le successeur du grand propriétaire. En 1921, Lénine avait décidé la N.E.P. En 1929, Staline en transforme les bénéficiaires en boucs émissaires.

Si la catégorie n'a jamais été clairement définie, il importe peu. Le koulak, c'est l'adversaire de classe, voilà l'essentiel. Les qualifications varient au gré de l'égalitarisme : il emploie un ou deux salariés, il a une grande maison, il a deux vaches, etc. Et même, quand le paysan à déporter est tout aussi pauvre que les autres, il suffit de le déclarer « koulakisant [1] » pour étendre la malédiction sur sa tête. La catégorie vaut non par ce qu'elle englobe, mais par ce qu'elle autorise. Elle est le masque d'une guerre à la paysannerie : on tue ou on déporte les uns, on

---

1. M. Heller et Alexandre Nekrich, *L'Utopie au pouvoir, op. cit.*, p. 193.

asservit les autres dans de vastes fermes sous le contrôle du Parti, kolkhozes ou sovkhozes. Jamais auparavant aucun régime au monde ne s'était lancé dans une entreprise aussi monstrueuse, de dimension aussi gigantesque et d'aussi vastes conséquences : éliminer des millions de paysans, détruire la vie rurale jusqu'à sa racine. Quand l'historien rapporte le caractère de l'événement à l'indifférence qu'il a rencontrée à l'époque en Occident, et même aux éloges qu'il a souvent provoqués, il a le choix entre deux types d'explication, qui ne sont pas incompatibles : ou bien ce qui se passait réellement en Union soviétique était ignoré, parce que systématiquement caché, ou bien l'idée de la « collectivisation des campagnes » évoquait dans beaucoup d'esprits la mise en œuvre d'une utopie positive, jointe à un succès sur la contre-révolution. La capacité à mythologiser sa propre histoire a constitué une des plus extraordinaires performances du régime soviétique. Mais cette capacité eût été moins efficace, si elle n'avait croisé une tendance à la crédulité inscrite dans la culture européenne de la démocratie révolutionnaire.

Même en matière industrielle, Staline a besoin d'invoquer, au service de ses objectifs mirobolants, la lutte contre les saboteurs, les ennemis, les impérialistes et leurs agents. Le saboteur est le koulak de l'industrie : car si des retards se produisent dans l'exécution du plan, c'est qu'il y a encore des ennemis à vaincre, tapis à l'intérieur du régime. Le volontarisme bolchevique ignore la résistance des choses. Telle est la source des procès pour sabotage économique, qui se multiplient à partir des années trente, et où apparaît la confession publique des accusés, sous la houlette, déjà, de Vychinski [1]. Organisée avec le plus grand soin, longuement préparée, mise en scène au moyen d'une torture morale et physique des inculpés, cette procédure sinistre illustre l'univers idéologique du stalinisme, fait d'un conflit de volontés. Il y a

---

1. Robert Conquest, *La Grande Terreur. Les Purges staliniennes des années trente*, Stock, 1970 (trad. de l'anglais *The Great Terror*, Londres, McMillan, 1968), appendice F, p. 508, « Premiers procès soviétiques ».

les « bolcheviks » et les comploteurs, et même le monde
de l'économie, tout englué qu'il est dans le matériel, obéit
à cette dichotomie. Le procès, accompagné de la confession, a pour fonction de donner le maximum de publicité
à l'activité maléfique, secrète par essence, des ennemis
du « socialisme ». Comme l'a bien vu Orwell, le totalitarisme est inséparable d'une pédagogie constante du
soupçon et de la haine. De cette politique-fiction, l'économie n'est qu'un domaine d'application.

L'étonnant, avec le recul du temps, c'est que l'opposition, ou ce qui en reste, à l'intérieur du Parti bolchevique,
ne bronche pas. Les historiens de cette période soulignent qu'elle continue la bataille d'appareil, et qu'elle
forme même des intrigues nouvelles, en escomptant
l'échec de la politique de Staline [1]. Mais elle n'a pas un
mot sur la tragédie que traverse le pays. Trotski par
exemple, de son exil de Prinkipo, élève protestation sur
protestation contre les persécutions dont sont victimes
ses partisans dans le Parti ; mais il ne dit rien sur
l'affreuse famine de 1932 en Ukraine, entièrement due à
la terreur multiforme exercée contre les paysans.
Boukharine, le gentil Boukharine, le plus sensible au
monde extérieur en général, et au sort du paysan russe en
particulier, qualifie en privé ce dont il est le témoin d'« extermination massive d'hommes sans défense, avec leurs
femmes et leurs enfants [2] ». Mais lui aussi est pris dans la
dialectique infernale du Parti, bien qu'elle l'entraîne à sa
perte. Staline a défini la conjoncture qui forme la toile de
fond de la discussion politique : c'est le renforcement de
la lutte des classes à l'échelon international et intérieur.
L'opposition critique ce qu'elle appelle encore une
« ligne » en termes de scolastique marxiste, sans oser ou
pouvoir prendre argument de la réalité.

Mais il y a plus étonnant encore : c'est que cette anes-
thésie du jugement s'étende à tant d'esprits en dehors de
l'Union soviétique. Non que les faits ne soient pas
connaissables, au moins dans ce qu'ils ont de massive-

1. Robert Conquest, *La Grande Terreur, op. cit.*, chap. 1, p. 38-51.
2. *Ibid.*, p. 36-37.

ment atroce. L'histoire du génocide des paysans ukrainiens — cinq à six millions de morts, d'après Robert
Conquest —, où la folie idéologique n'est pas exclusive
d'une haine nationaliste, n'est pas encore connue dans le
détail, faute d'un accès aux documents. Mais elle n'a pu
être cachée complètement. Les journaux des émigrés
mencheviks et socialistes-révolutionnaires en parlent,
Souvarine [1] aussi. Un des bons livres sur la question est
publié par Kautsky [2] dès 1930 : il dénonce une fois de
plus la terreur, annonce la famine, prévoit la généralisation du travail forcé sous la main de fer d'un dictateur
primitif. Son analyse est d'autant plus intéressante à
relire aujourd'hui que, écrite cinquante ans plus tard,
elle aurait été prémonitoire de l'effondrement final
auquel nous venons d'assister. Car Kautsky, en bon marxiste, ne croit pas à la durée d'une dictature aussi réactionnaire, qui rétablit en l'aggravant la servitude féodale...

Donc, qui voulait savoir le pouvait. La question est que
peu de gens l'ont voulu. Le deuxième bolchevisme, le
national-bolchevisme, le bolchevisme stalinien, de quelque nom qu'on l'appelle, a rebondi sur l'échec du premier
sans rien perdre de son pouvoir mythologique, en dépit
de son repli national. Au contraire, son image a grandi
dans l'imagination des contemporains au moment de ses
pires crimes. De sorte que le mystère de cette fascination
s'est épaissi, au lieu de se dissiper.

*

A cette époque, l'Union soviétique est depuis longtemps sortie de l'isolement national de ses débuts. Elle a
retrouvé le rôle de la Russie comme l'un des grands Etats
de l'Europe, et elle l'a élargi comme centre du mouvement communiste international : politique à deux claviers qui lui offre un double espace de manœuvre, dont
elle use avec cynisme, ce qu'elle fait comme Etat étant
distinct de ce qu'elle est comme Révolution, alors qu'elle

1. Jean-Louis Panné, *Boris Souvarine, op. cit.*, p. 199.
2. K. Kautsky, *Le Bolchevisme dans l'impasse*, trad. par Bracke,
Paris, Alcan, 1931, rééd., P.U.F., 1982, préface d'Henri Weber.

soumet en fait les partis de la IIIe Internationale à ses intérêts d'Etat. Comme les autres, sa diplomatie est ouverte à des rapprochements circonstanciels avec tous les types d'Etats, selon les intérêts du jour. Mais elle a ceci de particulier que, les considérant tous comme également adverses, en tant que capitalistes, elle ne cesse de les dénoncer comme tels, même quand elle négocie ou met en œuvre des accords mutuels ; en revanche, elle leur demande toujours une reconnaissance de légitimité comme prix de tout rapprochement [1]. L'Etat soviétique impose sa puissance rénovée à l'appui de son régime ; il joint au mensonge de sa propagande, répandu par la IIIe Internationale, ses affidés et ses agents, cet autre instrument de persuasion qu'est la force nue.

En pleine tragédie ukrainienne, en 1932, Herriot, le vieux chef radical français, revenu aux affaires pour six mois, reprend la politique de rapprochement avec l'Union soviétique qu'il préconise depuis le début des années vingt : politique qui, en soi, n'a rien d'extraordinaire puisqu'elle s'inscrit au contraire dans une tradition du Quai d'Orsay antérieure à la guerre. Mais le régime du partenaire, lui, a changé. Alors que les républicains de la fin du XIXe siècle n'avaient pas eu à bénir l'autocratie tsariste pour contracter alliance avec Nicolas II, Herriot, lui, pousse en même temps les feux de l'accord diplomatique et ceux de la reconnaissance idéologique. Tout pourtant sépare sa vision du monde de ce qui se passe en Russie, sous le pouvoir absolu des communistes de la nouvelle époque. Il n'a pas non plus en tête, comme cela arrivera plus tard dans la politique intérieure française, de faire un geste vers le P.C.F., alors négligeable, par le biais d'une ouverture à l'Est. Il a pu obtenir son pacte de non-agression avec l'U.R.S.S., signé en novembre 1932, sans considérations sur les événements qui s'y passent. Mais l'année suivante, alors qu'il n'est plus président du Conseil, ce vieux cacique du parlementarisme français fait en Ukraine un voyage privé en compagnie de Gene-

---

1. Alain Besançon, *Court Traité de soviétologie à l'usage des autorités civiles, militaires et religieuses*, Paris, Hachette, 1976, chap. 2, p. 61-88.

viève Tabouis, une des journalistes en vue de l'époque. A son retour, voici sa déclaration : « J'ai traversé l'Ukraine. Eh bien ! je vous affirme que je l'ai vue tel un jardin en plein rendement. On assure, me dites-vous, que cette contrée vit à cette heure une époque attristée ? Je ne peux parler de ce que je n'ai pas vu. Pourtant, je me suis fait conduire dans des endroits éprouvés. Or, je n'ai constaté que la prospérité [1]... »

Nul doute que cette déclaration ne remplisse un but politique précis, puisque Herriot prend soin de démentir, à l'aide d'une litote de vieux latiniste, que cette « contrée », l'Ukraine, vive une « époque attristée ». D'ailleurs, il est allé à Kiev et Odessa, non à Moscou. Mais il n'est pas un pur et simple menteur pour des raisons de circonstance. Il a été bien sûr manipulé, comme l'atteste un témoignage [2]. Les Russes sont depuis des siècles passés maîtres dans l'art du « village Potemkine [3] », et ils lui ont mis sous les yeux un coin d'Ukraine sur mesure. Herriot est un bourgeois français de gauche, nourri de la tradition républicaine. Comme il est partisan de l'alliance russe, il se peut que ce choix diplomatique pèse sur le jugement qu'il porte sur l'Union soviétique : on verra au cours du siècle d'autres alliés occasionnels de Staline, comme Roosevelt, donner une caution démocratique à son régime. Mais ce qui reparaît chez Herriot, à cette époque, est plutôt comparable à ce que j'ai analysé

1. Fred Kupferman, *Au pays des Soviets, le voyage français en Union soviétique*, 1917-1939, Gallimard-Julliard, 1979, p. 87-90.
2. Jean-Louis Panné, *Boris Souvarine, op. cit.*, p. 200-202.
3. Le prince Grigori Potemkine (1739-1791) annexe la Crimée en 1783. Il y organise le voyage de Catherine II en 1787, faisant bâtir des villages fictifs peuplés de figurants déguisés en paysans pour faire croire qu'il a conquis une province fertile et riche. Assistant à une fête donnée au Palais d'Hiver de Saint-Pétersbourg, le marquis de Custine écrit : « Dans les pays despotiques tous les divertissements du peuple me paraissent suspects quand ils concourent à ceux du prince. Je ne puis oublier le voyage en Crimée de l'impératrice Catherine et les façades de villages figurées de distance en distance en planches et en toiles peintes, à un quart de lieue de la route, pour faire croire à la souveraine triomphante que le désert s'était peuplé sous son règne » (Custine, *Lettres de Russie*, préface de P. Nora, Gallimard, Folio, 1975, p. 142-143).

chez Aulard douze ans plus tôt, dans un autre contexte : l'idée, chez un radical de la Belle Epoque, que la révolution russe appartient bien à la catégorie des révolutions telle que l'histoire de France l'a répertoriée. Les communistes français de l'époque ont beau faire de la gesticulation gauchiste, brandir, sur ordre de l'Internationale, la tactique « classe contre classe », le vieux politicien radical, si représentatif de la bourgeoisie de tradition démocratique, n'arrive pas à dissocier la réalité soviétique du message originel de la révolution russe. A l'heure où Kautsky dénonce en Staline un dictateur nationaliste et contre-révolutionnaire, lui voit plutôt dans l'homme de la collectivisation un successeur éclairé de Lénine.

Cet aveuglement a d'ailleurs un fondement plus profond que le simple attachement à une tradition : c'est l'incapacité à jauger et à juger l'inédit. Le régime de l'Union soviétique sous Staline, quand il paraît, au début des années trente, n'a pas de précédent dans l'histoire. Il ne ressemble à rien de ce qui a existé. Jamais Etat au monde ne s'est donné comme but de tuer, de déporter ou d'asservir ses paysans. Jamais un parti ne s'est substitué si complètement à l'Etat. Jamais il n'a contrôlé si entièrement toute la vie sociale d'un pays, et les vies de tous les citoyens. Jamais une idéologie politique moderne n'a joué un pareil rôle dans l'établissement d'une tyrannie si parfaite que ceux qui la craignent doivent pourtant en saluer les fondements. Jamais un dictateur n'a eu un aussi grand pouvoir au nom d'un mensonge si complet, et pourtant si puissant sur les esprits. Aucun de ces traits du bolchevisme deuxième manière n'est intelligible à partir des exemples du passé, ou à l'intérieur d'un cadre conceptuel familier.

La même chose se reproduira à propos de Hitler et du nazisme. Les hommes de l'entre-deux-guerres ont eu beaucoup de peine à saisir le caractère unique, et par là même monstrueux, chacun dans leur genre, des régimes de Staline et de Hitler. Faute d'un précédent comparable dans l'expérience des peuples européens, ils ont été trompés par de fausses analogies, tirées de ce qu'ils pouvaient connaître. Combien leur faudra-t-il de temps par

exemple pour comprendre que Hitler n'est pas un politicien nationaliste un peu plus « autoritaire » que la
droite allemande classique, mais un politicien d'une
autre nature ? Chamberlain ne l'a pas encore compris à
Munich, en septembre 1938. Dans le cas de Staline, la
compréhension est plus difficile encore, puisque l'accès
en est obscurci par sa position d'héritier, qu'il veille à
affirmer et à réaffirmer. Il est le disciple de Lénine, le fils
de la révolution d'Octobre, elle-même fille du marxisme,
qui est le fruit de la démocratie européenne... Le dictateur géorgien a enveloppé son personnage shakespea-
rien dans ces armures successives, qui lui font autant de
remparts impénétrables. Au moment même où il lance la
vieille Russie des tsars dans un messianisme national
renouvelé, en déchaînant sur elle des violences inouïes,
Herriot, le député des petits propriétaires français, le
normalien de gauche, le spécialiste de Mme Récamier,
peut s'imaginer qu'il est de la même famille...

Mais, à cette époque, l'illusion soviétique trouve ses
principaux renforts dans l'économie politique plus
encore que dans la tradition démocratique révolutionnaire « à la française ». La Grande Dépression a plongé
les démocraties dans une vaste angoisse collective. Coïn-
cidant avec la collectivisation agraire et le premier plan
quinquennal soviétique, elle oppose l'anarchie capitaliste à l'organisation communiste comme le laisser-aller
à la volonté. Il n'y a probablement pas d'époque dans
l'histoire moderne de l'Occident où le libéralisme économique ait été l'objet d'une condamnation aussi universelle : on a du mal à imaginer, aujourd'hui où l'idée du
marché a reconquis même l'ex-Union soviétique, à quel
point elle a été, il y a un peu plus d'un demi-siècle, presque unanimement condamnée dans l'opinion.

On peut l'observer naturellement en France, où la critique du libéralisme économique est si enracinée : la
Grande Dépression y apparaît comme une confirmation
du pessimisme national sur les capacités du marché à
former la base d'une vraie société. D'un peu partout
montent les dénonciations de l'individualisme égoïste et

de l'anarchie qui en est le produit : la crise en offre comme une leçon de choses. Par contraste, l'idée de plan, nourrie par les chiffres chocs qu'annonce l'Union soviétique, est devenue la tarte à la crème de tous les réformateurs sociaux. Elle reçoit d'ailleurs un renfort de l'élection de Roosevelt à la présidence des Etats-Unis et de la mise en route du New Deal, en 1934 ; et chez tous ceux qui la mettent en avant, elle est inséparable aussi d'une certaine admiration pour le fascisme mussolinien et ses succès, car elle présuppose une renaissance de l'autorité politique et une réforme de l'Etat. Tel est le fond de l'air du temps, dans le Paris de ces années-là : commun à des familles intellectuelles aussi diverses que les catholiques de gauche qui fondent *Esprit* en 1932 [1], autour d'Emmanuel Mounier ; les socialistes dissidents qui finissent par former un nouveau parti en 1933 autour de Marcel Déat [2] ; ou encore du petit groupe qui s'intitule « l'Ordre nouveau », autour de Robert Aron et Arnaud Dandieu [3], et qui publie sa bible en 1933 : *La Révolution nécessaire*.

Il existe à la même époque une littérature beaucoup plus directement liée à l'expérience soviétique de l'industrialisation : celle d'une partie du patronat, pris d'enthousiasme devant les réalisations prévues ou pro-

---

1. Michel Winock, *Histoire politique de la revue « Esprit »*, Le Seuil, 1975.

2. En 1930, Marcel Déat (1894-1955) publie *Perspectives socialistes*, livre dans lequel il préconise l'alliance de la classe ouvrière et des classes moyennes pour permettre une socialisation progressive de l'économie sous l'égide de l'Etat. Ses thèses sont rejetées par la S.F.I.O. et Déat fonde en 1933 le Parti socialiste de France-Union Jean Jaurès. En 1935, il fait paraître *Le Plan français* par le Comité du plan qu'il a créé. Munichois, Déat fonde pendant l'Occupation le Rassemblement national populaire, parti collaborationniste dont il veut faire le parti unique soutenant la politique nazie. Voir à son sujet Philippe Burrin, *La Dérive fasciste. Doriot, Déat, Bergery*, Le Seuil, 1986, et Marcel Déat, *Mémoires politiques*, Denoël, 1989.

3. Robert Aron et Arnaud Dandieu, *La Révolution nécessaire*, Grasset, 1933. On peut lire dans la préface (p. XIII) : « La révolution, qui se prépare, et dont les mouvements russe, italien et allemand ne sont que les prodromes incomplets et imparfaits, sera réalisée par la France. »

clamées du plan quinquennal. Témoin Ernest Mercier [1],
l'un des grands chefs d'industrie français de l'époque,
classiquement à droite et même un peu plus, converti au
management soviétique par un voyage à Moscou à la fin
de 1935. Car ce qu'il admire en U.R.S.S., un peu à la
manière de la droite allemande cinq ou dix ans auparavant, n'est pas bien sûr l'émancipation du prolétariat,
mais l'énergie politique, d'une part, et la maîtrise de la
technique, de l'autre [2].

Le plus étonnant est que cet engouement pour la planification soviétique — dont personne n'a vraiment étudié ni les fonctionnements ni les performances réelles —
gagne même les opinions publiques anglo-saxonnes, si
peu préparées par leur tradition à aimer l'étatisme économique. Aux Etats-Unis, si durement frappés par la
crise, le plan quinquennal introduit l'expérience soviétique aux marges de l'opinion « libérale ». L'adjectif désigne, aujourd'hui encore, l'attachement à la tradition
démocratique et à l'égalité sociale. Les Américains n'ont
pas eu à lui en substituer un autre, comme en Europe,
pour désigner le camp du progrès, puisque la critique du
capitalisme n'a jamais pu réunir chez eux de vastes partis. Mais rien n'empêche de faire figurer à l'agenda de ce
libéralisme, au moment de la Dépression, un peu de ce
qui fait le succès de l'Union soviétique. Le New Deal de
Roosevelt est couramment analysé en ces termes, en
Europe d'ailleurs aussi bien qu'aux Etats-Unis, par ce
qu'il introduit d'intervention de l'Etat dans l'économie.
Les plus libéraux des libéraux — c'est-à-dire la gauche du
parti démocrate — ont souvent un faible pour l'imagerie
dont commence à bénéficier, à son échelle minuscule, le
petit Parti communiste américain, après le tournant

1. Polytechnicien, administrateur de la Banque de Paris et des
Pays-Bas, président de la Compagnie française des pétroles et de
l'Union d'électricité, Ernest Mercier est aussi, avant 1935, l'un des
partisans du colonel de La Rocque, et le fondateur d'un mouvement
au titre d'époque, « le Redressement français », *U.R.S.S. Réflexions
par Ernest Mercier, janvier 1936*, Editions du Centre polytechnicien
d'études économiques, février 1936.

2. Charles Beaurepaire, « M. Ernest Mercier fait l'éloge de Staline », in *Masses*, n°5-6, 25 février 1936.

« antifasciste » : une Amérique riche, mais devenue pauvre par impuissance à maîtriser son économie, opposée à une Union soviétique pauvre, mais organisant le progrès de sa production par un effort de la volonté et de la raison.

On comprend bien tout ce que cette vision du soviétisme comme une conquête planifiée de la nature par la technique peut évoquer de fraternel au caractère national américain. Mais, d'un autre côté, l'esprit tout collectiviste de cette conquête et la confiscation des libertés individuelles qu'il entraîne empêchent ce philosoviétisme « économique » de pénétrer dans l'opinion « libérale » autrement que sous la forme d'une sympathie prudente pour les objectifs du régime, accompagnée de réserves sur les moyens employés [1]. Le New Deal et l'antifascisme élargiront cette sympathie, sans modifier son caractère. Ils fourniront à la gauche américaine la dose de socialisme nécessaire à l'inflexion de sa tradition. Les intellectuels new-yorkais débattent de la révolution, de Lénine, Trotski, Staline ; mais Roosevelt reste la voix familière qui les lie à la tradition de Jefferson et de Lincoln.

Que le monde soit entraîné vers une économie socialiste dont l'U.R.S.S. montre le chemin, c'est une conviction beaucoup plus massive en Europe, où l'idée possède à la fois une réalité de classe et une consistance doctrinale ancienne, qui débordent largement le cadre de l'influence communiste. On peut le comprendre sur l'exemple de la gauche anglaise, étrangère à la tradition révolutionnaire de type français, plutôt réfractaire au marxisme, attachée à la défense des droits des individus, donc moins sensible qu'en France à la politique ou à l'idéologie bolcheviques ; et pourtant séduite par le plan quinquennal et ce qu'elle imagine être un succès conjoint de la raison expérimentale et de la liberté.

H.G. Wells incarne assez bien cet équilibre instable. C'est un vétéran de la société fabienne, avant la guerre, et

1. F.A. Warren, *Liberals and Communism. The « Red Decade » revisited*, Indiana University Press, 1966.

même d'un petit club fondé par les Webb, « the Co-Efficients », mêlant l'idée de progrès humain à celle de la réforme sociale : combinaison que l'Empire britannique peut aider à universaliser, à condition d'être réorienté. L'inévitabilité du socialisme, chez Wells, n'est jamais passée par la lutte des classes et la révolution ; l'écrivain la lie, après s'être éloigné des Fabiens [1], à une philosophie de l'évolution, dont l'éducation sera le véhicule naturel. Après la guerre, l'étoile du romancier brille d'un éclat moins vif au firmament de la littérature anglaise ; mais s'est levée celle du porte-parole de l'humanité, prophète de l'Etat mondial, chargé d'éclairer la seule voie de salut pour l'espèce humaine.

De là sa passion pour l'expérience soviétique. En 1934, quand Wells a son rendez-vous avec Staline, il est déjà un récidiviste du pèlerinage soviétique. Il vient voir Staline, mais il a vu Lénine, déjà, en 1920. Cet écrivain aussi passionné d'universel qu'un Français n'est pas étranger au snobisme qui pousse certains hommes de lettres vers les chefs d'Etat : pour la photographie, qui révélera leur rang. Lui, en plus, a des conseils à donner. A son premier voyage, en 1920, il avait trouvé la Russie dans un état effroyable, mais il n'avait inculpé que l'héritage du capitalisme ; il avait plutôt aimé les bolcheviks — en tout cas ceux d'entre eux qu'il désigne dans son petit livre [2] comme « libéraux », Lénine, Trotski, Lounatcharski. La

---

1. Fondée en 1884, autour de Sidney et Beatrice Webb, la Fabian Society se réfère à Fabius Cunctator dit le « Temporisateur » qui dirigea les armées romaines durant la IIe guerre punique. Ses membres s'opposent au marxisme et appellent de leurs vœux un socialisme réformiste qu'il s'agira d'installer progressivement. La société se fait connaître par la publication en 1889 des *Essais fabiens* de George B. Shaw. Les Fabiens entendent influencer le Labour Party et les Trade-Unions. Au début des années trente, ils subissent l'attraction de la Russie soviétique. G.B. Shaw y voyage en 1931 et déclare à son retour que « le système qui a été instauré en Russie est un système fabien ». Après un séjour en 1932, Beatrice et Sidney Webb (qui retourne seul en U.R.S.S. en 1934) publient une description élogieuse de l'U.R.S.S., *Soviet Communism : A New Civilization* ?, Longmans, Green and C°, Londres, 1935, 2 vol.

2. Herbert G. Wells, *Russia in the Shadows, 1920* ; trad. : *La Russie telle que je viens de la voir,* Editions du Progrès civique, 1921.

Russie soviétique lui a plu comme un démenti aux prédictions de Marx ; car comme Pierre Pascal, mais à
l'anglaise, Wells est un admirateur anti marxiste de
Lénine, qu'il célèbre comme un créateur d'utopie [1].

Il revient en 1934 sur les lieux où s'élabore l'avenir,
juste après un séjour dans l'Amérique de Roosevelt. C'est
qu'il a en tête la comparaison entre le New Deal et le plan
quinquennal : le rapprochement entre l'U.R.S.S. et les
Etats-Unis n'est pas seulement à ses yeux un fait de
circonstance, lié à l'avènement de Hitler et à la menace
japonaise ; il a sa source dans une évolution plus profonde, la crise mondiale du capitalisme, et la volonté de
réorganiser rationnellement la société. Idée que l'écrivain défend devant Staline, qui lui a fait l'honneur d'une
longue conversation. « Il me semble que je suis un peu
plus à gauche que vous, monsieur Staline ; je pense que
le vieux système est plus proche de sa fin que vous ne le
pensez [2]. » L'homme du Kremlin aimerait bien le croire,
mais *quid* des moyens pour y parvenir ? *Quid* des bourgeois, des capitalistes ? *Quid* de la révolution prolétarienne ? Wells plaide que la Royal Society, cette reine des
Académies, est elle aussi en faveur de la planification
scientifique de l'économie, et que la lutte des classes,
avec sa tonalité insurrectionnelle, appartient à une époque dépassée. Le socialisme est l'ordre du jour de tous les
hommes instruits, *educated* : le mot anglais dit mieux
que le français le prix attaché aux moyens éducatifs dans
la transformation de l'homme et de la société. En face,
Staline a dû s'amuser intérieurement, ce jour-là, de voir
son entreprise assimilée au New Deal ! Pince sans rire, il
a repris paisiblement l'abc du léninisme, expliqué le

---

1. Herbert G. Wells, *La Russie...*, *op. cit.*, chap. 6, p. 150 : « En
Lénine, je commençais à me rendre compte que le communisme
pouvait, malgré tout et *en dépit de Marx*, prendre une puissance
constructive énorme. »
2. « Staline-Wells Talk. The Verbatim Record and a discussion by
G. Bernard Shaw, H.G. Wells, J.M. Keynes, Ernst Toller », *The New
Stateman and Nation*, décembre 1934, rééd. : *The Detached Sympa-
thizers. Seeds of Conflict series 4*, Kraus reprint, 1975. L'entretien
Wells-Staline du 23 juillet 1934 est reproduit dans Joseph Staline,
Œuvres, vol. XIV, 1934-1940, Nouveau Bureau d'éditions, 1977.

caractère central du pouvoir politique, la lutte des classes, les capitalistes et les ouvriers, la nécessité de la violence révolutionnaire. Il a même donné à sa façon un cours élémentaire d'histoire d'Angleterre. Et la révolution anglaise ? Cromwell l'a-t-il faite en obéissant aux lois ? Est-ce qu'il a décapité Charles Ier au nom de la Constitution ? L'entretien se clôt sur des gentillesses de l'écrivain au tyran, qu'il déclare l'arbitre, avec le président américain, du bonheur social de l'humanité.

Wells, pourtant, sait qu'il n'existe aucune liberté d'expression en U.R.S.S. Il y est venu aussi pour établir un pont entre l'Union des écrivains soviétiques et le PEN Club international, et il a mesuré la servitude absolue des premiers à l'égard du pouvoir [1]. Mais ce mal, probablement provisoire, est à ses yeux second par rapport à l'ambition qu'il prête à Staline de forger une société rationnelle : curieux déplacement sur les bolcheviks, chez un auteur qui déteste Marx, de l'idée d'une science du développement de l'homme. Elle lui suffit à passer l'éponge, au nom de la fin du capitalisme, sur le statut politique de la société soviétique.

L'entretien avec Staline, une fois publié, suscite des commentaires acides d'une autre star de la littérature anglaise, admirateur lui aussi du Guide, mais pour d'autres raisons, qui illustrent la diversité de la filiation « fabienne ». A la différence de son grand compatriote Burke, irlandais comme lui, Bernard Shaw est un adversaire constant du parlementarisme anglais. Adversaire à sa manière, qui est loin de lui faire la condition de maudit qu'aiment les écrivains modernes, puisqu'il est comblé par l'immense succès public de son œuvre dramatique. Mais il a gardé intacts sa haine de l'hypocrisie victorienne, et son mépris du système politique anglais, déguisement civilisé de la domination. Il a formé contre eux une partie de son fameux « esprit ». Ses paradoxes

---

1. Wells a déclaré dans un meeting, à son retour, qu'il n'existait aucune liberté intellectuelle en U.R.S.S. Ce commentaire lui est reproché par le communiste allemand Ernst Toller, alors émigré à Londres, dans la discussion sur l'entretien Staline. « Staline-Wells Talk », *op. cit.* p. 27-28.

les ont constamment pris pour cible. Son socialisme
« fabien » s'alimente autant à cet état d'esprit qu'à une
doctrine proprement dite. Il connaît Wells depuis toujours, admire son génie littéraire, se moque de sa vanité
de réformateur universel. Il n'a pas, comme lui, de préjugés contre la violence, puisqu'il se pique au contraire
de réalisme. Ce qui a provoqué sa conversion à l'Union
soviétique de Staline en 1931 est de même nature que ce
qui l'a poussé à soutenir Mussolini, et demain Hitler : un
gouvernement efficace au service de la nation. Staline, à
ses yeux, a rompu avec l'absurde internationalisme de
Lénine. Il a eu le mérite de battre Trotski, l'homme de la
Révolution mondiale. Le voici à pied d'œuvre pour mettre en route, « à la fabienne », avec le plan quinquennal
et la réforme agraire, une économie et une société socialistes.

Bernard Shaw est devenu un national-bolchevique de
l'espèce la plus improbable : de la nuance réformiste.
« Staline est un bon Fabien [1], dit-il à cette époque, et c'est
ce qu'on peut dire de mieux de quiconque. » Lénine
incarne (avec Trotski) les impasses de la révolution. Staline reconstruit graduellement une Russie socialiste, par
l'union d'une dictature éclairée et d'une société de
producteurs-consommateurs. Ce que le Labour anglais
s'avère impuissant à réaliser [2], ce dont la crise du capitalisme montre la nécessité a donc été entrepris par le
successeur de Lénine. C'est dire en quelle estime l'auteur
dramatique le plus célèbre de l'univers tient la nouvelle
recrue du mouvement fabien.

Il n'a rien perdu du comique de l'échange entre le
grand homme d'action qu'est Staline et le chercheur
d'utopie qu'est Wells. Et comme lui aussi a fait sa visite à
Staline en juillet 1931 [3], et qu'il y a pris son idée du

---

1. Cité dans David Dunn, « A Good Fabian fallen among the
Stalinists », *Survey*, hiver 1989, p. 15-37, p. 28.
2. Le gouvernement MacDonald a dû démissionner en 1931,
montrant l'impuissance des travaillistes devant la crise économique et sociale.
3. Bernard Shaw a passé dix jours en U.R.S.S., à la fin de juillet
1931, en compagnie de Lord et Lady Astor, et répondant à une vieille

personnage, il imagine l'amusement caché qu'a eu le dictateur bolchevique à écouter les leçons de l'intarissable Wells sur l'inutilité de la lutte des classes et plus généralement de la politique : « Je n'ai jamais rencontré un homme aussi capable de bien parler et pourtant si peu pressé de le faire que Staline. Wells est un grand parleur ; mais c'est aussi l'homme au monde le moins apte à écouter. Et c'est heureux : car sa vision est si vaste et si assurée d'elle-même que la moindre contradiction le jette dans une fureur aveugle d'éloquence et de vitupération. A un accès de ce genre, Staline aurait pu être moins indulgent que les amis plus intimes d'H.G. en Angleterre [1]. » La suite du commentaire, une fois posés les personnages de ce dialogue de comédie, est consacrée à donner raison au réalisme de Staline sur l'utopie wellsienne : « Il est évident que Staline est un homme qui sait faire aboutir les choses, y compris, si nécessaire, écarter Trotski et la Révolution mondiale des affaires en cours. Avec son Etat mondial sans Révolution, Wells sort de l'ordre du jour du présent [2]. »

Admirable plasticité du mythe soviétique. Wells et Shaw aiment l'Union soviétique de Staline comme patrie d'un ordre économique anticapitaliste, mettant fin à l'anarchie du profit. Mais le premier vante sa paix civile, le second la rudesse de sa dictature. Le premier radicalise la tradition « gradualiste », le second l'ignore. Shaw ridiculise l'angélisme antipolitique de Wells, mais son cynisme n'est pas moins naïf, qui salue comme un triomphe de la raison la déportation, l'assassinat ou la famine organisée de plusieurs millions de « koulaks ».

Il appartient à Keynes, l'une des intelligences les plus brillantes de l'époque, et vrai réformateur, lui, du capitalisme, de renvoyer dos à dos les deux hommes de lettres, « nos deux vieux grands instituteurs, Shaw et Wells, les maîtres d'école de la plupart d'entre nous, tout au long de nos vies, le maître en théologie et le maître en

---

invitation de l'Union des écrivains. Il y a reçu l'accueil somptueux réservé aux grandes célébrités intellectuelles de l'Occident.

1. « Staline-Wells Talk... », *op. cit.*, p. 22.
2. *Ibid.*, p. 26.

sciences naturelles. Je nous en souhaite seulement un troisième, aussi bon qu'eux, pour les humanités ». Et voici son arbitrage : « Le communisme, leur dit-il, présenté comme un moyen d'améliorer la situation économique, est une insulte à notre intelligence. C'est comme moyen de l'aggraver qu'il trouve le secret subtil, presque irrésistible, de son charme [1]. » Pourquoi ? Parce qu'il constitue un idéal, dans un monde obsédé d'économie. « Quand les étudiants débutants [*undergraduates*] de Cambridge font l'inévitable voyage à la terre sainte du bolchevisme, est-ce qu'ils sont déçus de la trouver affreusement démunie ? Bien sûr que non. C'est ce qu'ils sont venus chercher [2]. » Si l'économie politique soviétique suscite un tel engouement, ce n'est pas seulement parce qu'elle forme un contraste presque providentiel avec le spectacle donné par l'effondrement du capitalisme. C'est qu'elle découvre une idée morale, un homme régénéré, délivré de la malédiction du profit.

Le plus intéressant, peut-être, dans l'exemple anglais, est l'aisance avec laquelle la tradition réformiste du socialisme national habille l'expérience soviétique à la fois dans la science et dans la morale, sous le couvert de l'homme nouveau. Les deux idées ne sont pas compatibles, et c'est en somme l'argument de Bernard Shaw : pour soutenir l'expérience stalinienne, il faut assumer le nihilisme moral du marxisme-léninisme au nom de la nécessité. La fin justifie les moyens. Wells explique au contraire à Staline la véritable nature de son entreprise, pour ramener celle-ci dans le droit chemin de la liberté des individus, qui est l'état moral d'une humanité réconciliée. L'année suivante, les deux ancêtres du socialisme

1. J.M. Keynes, *in* « Staline-Wells Talk... », *op. cit.*, p. 35.
2. *Id.* (les traductions sont faites par mes soins). A noter que Keynes a fait lui-même, en 1925, le voyage soviétique, à l'occasion du bicentenaire de l'Académie des sciences de Saint-Pétersbourg (devenu Leningrad). Il en a ramené une courte étude, fort critique, publiée par ses amis du « Bloomsbury Group ». *Cf.* John M. Keynes, *A Short View of Russia*, The Hogarth Press, 1925.

fabien, les Webb eux-mêmes [1], vont plus loin encore
dans cette direction, en donnant leur auguste bénédiction au « socialisme dans un seul pays », comme si l'individu économique de la société moderne avait enfin
trouvé les moyens scientifiques de sa vie collective dans
la liquidation des « koulaks » et le plan quinquennal.

Les Webb n'ont pas loin de quatre-vingt-dix ans. Mais
eux aussi ont fait le voyage. Optimistes professionnels,
ils couronnent une existence obsédée par le bien public
avec cette vaste compilation sur l'U.R.S.S., faite de
découpages de journaux, d'ouvrages académiques, surtout américains, de littérature de voyage, enfin de documents officiels. Ceux-ci, ils n'ont pas l'air de soupçonner
qu'ils puissent être truqués ; ils les prennent tels quels, au
pied de la lettre, qu'il s'agisse de la Constitution, de
l'appareil judiciaire, des organisations politiques, de la
collectivisation agraire, du plan quinquennal. Ils écrivent comme si le pays réel pouvait être décrit et analysé
sur ce qu'il dit de lui-même, inaugurant une tradition
universitaire qui aura une longue vie. Ils ne citent ni
Russell, ni Souvarine, ni Victor Serge, ni aucun texte qui
sent le fagot à Moscou. Il en résulte un livre qui, à force
de gentillesse d'âme et de crédulité, est un des plus extra-
vagants jamais écrits sur le sujet, riche pourtant dans ce
registre. Il n'y manque rien, pas même la justification du
parti unique au nom de la démocratie, puisque ce parti
n'agit que par persuasion, à travers une pyramide
d'assemblées où la population exprime sa volonté, et que
Staline « n'a même pas le vaste pouvoir que le Congrès
des Etats-Unis a temporairement conféré au président
Roosevelt ; il n'est que le secrétaire général du Parti [2] ».
L'U.R.S.S. est une démocratie de producteurs associés,
débarrassés du propriétaire et du capitaliste, et fabriquant ensemble, au nom de la science, une civilisation
inédite, un homme nouveau.

Ces deux gros volumes devenus illisibles forment ainsi

---

1. Sidney et Beatrice Webb, *Soviet Communism : a New Civilization ?*, *op. cit.* Dans la seconde édition du livre, publiée en 1937,
les auteurs ont supprimé le point d'interrogation.
2. *Ibid.*, dernier chapitre, « Is the Party a Dictator ? », p. 431.

l'illustration la plus parfaite des séductions du communisme stalinien sur la tradition la moins révolutionnaire du socialisme européen. Comme Shaw, et d'ailleurs sur ses instances [1], les Webb ne commencent à voir dans l'Union soviétique un exemple qu'à partir de 1931 : ils sont trop radicalement étrangers à la tradition jacobine pour s'être intéressés au bolchevisme et à Octobre 1917. Mais, en Staline, ces théoriciens du « gradualisme » et ces enthousiastes du socialisme municipal aperçoivent une revanche des experts sur le marxisme révolutionnaire ; désenchantés du socialisme anglais, ils croient voir leur univers prendre forme en Russie. Ils sont convaincus par leur ami Bernard Shaw avant même que d'y aller. Mais, par rapport à lui, ils ajoutent à leur conversion une touche supplémentaire d'illusion, qui tient au fond à ce qu'ils gardent sans le savoir de l'optimisme utilitariste dans leur socialisme : ils ont vu en Union soviétique le début du dépérissement de l'Etat ! Mirage commun, après tout, à l'utopie manchestérienne, à l'utopie réformiste et à l'utopie bolchevique, et qui vaut à Staline la bénédiction des fondateurs de la « Société fabienne ».

A l'âge du « socialisme dans un seul pays », l'idée soviétique n'a donc rien perdu de sa capacité mythologique. Au contraire. Ce sont les débuts de l'ère stalinienne, marqués par l'extermination des paysans, l'asservissement absolu de tous sous l'autorité d'un seul, et la gesticulation révolutionnaire des partis du Komintern contre les social-fascistes. Mais, la Dépression aidant, l'U.R.S.S. du premier plan quinquennal figure encore en tête au répertoire de l'humanisme utopique.

---

1. David Dunn, « A Good Fabian... », art. cité, p. 32.

6

COMMUNISME ET FASCISME

Sous leurs deux aspects de mouvements et de régimes, le communisme et le fascisme ont habité la même époque, la nôtre. Avant notre siècle, ils sont inconnus au répertoire des types de gouvernements. Au sortir de la Première Guerre, ils emplissent de leur nouveauté toute la politique européenne. Porteurs d'ambitions immenses, à la fois comparables et inverses, ils nourrissent l'annonce de l'homme nouveau, qui leur est commune, d'idées antagonistes qui les opposent. De mouvements, ils deviennent rapidement régimes par leurs victoires, et dès lors ils impriment à l'histoire de l'Europe des traits absolument nouveaux. L'investissement politique total qu'ils réclament et qu'ils célèbrent ensemble ne rend que plus formidable le combat qu'ils se livrent comme successeurs incompatibles de l'humanité bourgeoise. Ce qui les unit aggrave ce qui les oppose.

De là une des grandes difficultés que présente l'histoire du XXe siècle. Comme celle-ci est tissée de régimes inédits, qui ne sont inventoriés ni dans Aristote, ni dans Montesquieu, ni dans Max Weber, et que ce sont précisément ces régimes qui lui donnent son caractère unique, l'historien est tenté de réduire l'inconnu au connu, et de considérer le XXe siècle avec des lunettes du XIXe : dans une version renouvelée du combat pour et contre la démocratie, sous la forme fascisme/antifascisme. Tendance qui a trouvé un large écho dans les passions politiques de notre époque, et qui a eu un caractère quasi sacramentel depuis la fin de la Seconde Guerre mondiale. Elle restera un exemple classique des difficultés particulières de l'histoire tout à fait contemporaine, par ce qu'elle a montré des contraintes exercées sur les esprits à la fois par les événements et par l'opinion publique.

Ces contraintes ont été si fortes que là où elles ont revêtu leur plus grande puissance — en France et en Italie — l'équivalence postulée entre communisme et antifascisme a bloqué longtemps toute analyse du communisme. Elle n'a pas non plus facilité l'histoire du fascisme, s'il est vrai que le concept, vite dévalué comme une monnaie multipliée à toutes mains, assimilait le régime mussolinien et le nazisme, pour être ensuite étendu à tous les gouvernements autoritaires ou dictatoriaux : il fallait bien que le « fascisme » survécût à sa défaite et à sa disparition pour que l'antifascisme pût continuer à irriguer l'histoire du siècle ! Jamais régime déshonoré n'aura eu tant d'imitateurs posthumes dans l'imagination de ses vainqueurs...

Il faudra faire un jour l'histoire de la manière dont se sont lentement défaites ces représentations, et de la part qu'y ont jouée respectivement les circonstances politiques et l'originalité de quelques esprits. Je dis « lentement », car nous vivons encore dans les ruines qu'elles ont accumulées : la vie publique en Europe fait resurgir à intervalles réguliers le spectre du fascisme pour unir les antifascistes, faute d'objectifs moins abstraits. Mais ce qui sert encore aux hommes politiques a perdu au moins son emploi dans l'ordre intellectuel. La fin du communisme a fait de celui-ci un objet historique offert à l'autopsie comme le fascisme (ou le nazisme). L'heure est passée des déguisements réciproques dont se sont aidés les grands monstres du siècle pour combattre et pour abuser. Reste que cette heure de vérité a été précédée, préparée par des hommes et des livres lucides, dont on peut aujourd'hui faire l'inventaire. Le lecteur les retrouvera au fil de mes analyses. Mais il n'est peut-être pas inutile d'en reprendre brièvement les apports, puisqu'ils sont aussi mes appuis.

Le premier d'entre eux tient dans l'invention du concept de totalitarisme pour désigner cette réalité nouvelle que constitue une société plus ou moins totalement asservie à un parti-Etat, régnant par l'idéologie et la terreur. Le mot est né de la chose, que les termes de « despotisme » ou de « tyrannie » ne suffisaient plus à contenir, et il serait passionnant d'avoir une histoire systématique de son apparition et de ses emplois [1]. L'insuffisance du terme de « despotisme » pour qualifier l'exercice moderne du pouvoir sans contrôle, et son étendue sans précédent, est une vieille histoire. Tocqueville déjà, l'ayant repris de Montesquieu et des classiques, était en peine de lui faire exprimer ce qu'il désignait de tout à fait neuf dans l'Etat social démocratique [2]. L'adjectif « totalitaire » se répand dans les années vingt, propagé à partir du fascisme italien : Mussolini exalte dès 1925 devant ses partisans « notre féroce volonté totalitaire [3] ». Le mot n'a pas encore acquis la dignité d'un idéal type, mais il est bien chargé déjà d'une double signification qu'aucun autre terme tiré du vocabulaire traditionnel ne peut contenir. D'une part, il exprime la primauté de la volonté politique sur toute l'organisation sociale et, à l'intérieur du mouvement politique, le rôle clé de la décision dictatoriale. De l'autre, il désigne ce point extrême où le fascisme a porté l'idée de l'Etat, élaborée pendant quatre siècles par la pensée politique européenne : avec la toute-puissance de la « volonté totalitaire », il ne s'agit plus seulement du pouvoir absolu d'un despote non soumis

1. On peut trouver des éléments de cette histoire dans Leonard Schapiro, *Totalitarianism*, Pall Mall, Londres, 1932 ; Karl Dietrich Bracher, *The Disputed Concept of Totalitarianism, Experience and Actuality, in Totalitarianism reconsidered*, Ernest A. Kenze (éd.), Kennikat Press, Londres, 1981 ; Guy Hermet (éd.), *Totalitarismes*, Economica, coll. Politique comparée, 1984.

2. Ce qui ne fait pas de Tocqueville un penseur du « totalitarisme ». Mais il y a bien chez lui l'intuition que, dans les sociétés modernes caractérisées par l'autonomie et l'égalité des individus, l'asservissement des hommes par le pouvoir peut prendre des formes extrêmes, encore jamais vues dans le monde.

3. Mussolini, *Opera*, XXI, p. 362. *Cf.* Leonard Schapiro, *Totalitarianism, op. cit.*, p. 13.

aux lois, mais d'un Etat contrôlant toute la vie sociale, par l'intégration de tous les individus en son sein.

Or l'adjectif acquiert très rapidement droit de cité, un peu partout en Europe, dès qu'il est apparu. Il est surtout employé en Italie, et par les admirateurs du fascisme. Il existe en Allemagne pour caractériser le national-socialisme, bien qu'il ne soit pas utilisé par Hitler, peut-être par crainte de paraître copier l'exemple italien. Mais Goebbels l'emploie. Dans le registre savant, Ernst Jünger, on l'a vu [1], utilise en 1930 les mots « *total* » et « *totalität* » pour caractériser la mobilisation des peuples par leurs Etats dans la guerre de 1914-1918 : en croisant l'esprit de la guerre avec celui du progrès technologique, le gigantesque conflit a préfiguré des formes inédites de domination politique. Carl Schmitt, dans un livre de 1931 [2], discute Jünger en critiquant le concept d'« Etat totalitaire ». La bonne distinction à l'en croire n'est pas entre « Etat totalitaire » et Etat non totalitaire, puisque tous les Etats sont dépositaires de l'exercice légal de la violence, et que l'Etat fasciste laisse subsister, et même définit clairement, une sphère indépendante de son action, où règne la propriété privée. La pensée du politique à l'intérieur de laquelle travaille Carl Schmitt justifie par avance l'Etat nazi plus qu'elle n'en saisit la nouveauté. Par contre, et pour ne pas sortir du cadre allemand, le qualificatif de totalitaire — qui finira par accoucher de son substantif — est devenu fréquent dès la fin des années trente chez les intellectuels antinazis et émigrés à la fois pour analyser et dénoncer le régime hitlérien : c'est par leur intermédiaire, de Franz Neumann à Hannah Arendt, qu'il passe dans le vocabulaire de la science politique américaine immédiatement après la guerre. J'y reviendrai plus loin dans ce livre.

Mais l'inventaire du mot dans l'entre-deux-guerres ne s'arrête pas là. Car, dès cette époque, l'adjectif « totali-

---

1. Ernst Jünger, *La Mobilisation totale, op. cit.*
2. Carl Schmitt, *Der Hüter der Verfassung*, Tübingen, Mohr, 1931, p. 79. *Cf.* Ernst Fraenkel, *The Dual State. A Contribution to the Theory of Dictatorship*, trad. anglaise, Oxford University Press, 1941, p. 60.

taire » et le concept de totalitarisme, dans ce qu'il implique au moins de différent du despotisme ou de la tyrannie, sont passés aussi dans l'usage savant pour comparer fascisme et communisme, et plus exactement l'Allemagne hitlérienne et l'Union soviétique de Staline. L'adjectif apparaît par exemple à l'article « Etat », dans l'édition de 1934 de l'*Encyclopedia of the Social Sciences*, pour caractériser les Etats à parti unique, U.R.S.S. comprise. La comparaison est devenue courante même en l'absence du néologisme. Dans sa fameuse communication à la Société française de philosophie, intitulée « L'ère des tyrannies », le 28 novembre 1936 [1], Elie Halévy n'emploie pas le mot totalitaire (qui apparaît pourtant dans la discussion [2]). Mais toute son argumentation repose sur la comparaison entre les dictatures soviétique, fasciste et nationale-socialiste, trois « tyrannies » filles des noces néfastes entre l'idée socialiste et la guerre de 1914. Il n'est que de lire le débat provoqué par sa conférence pour voir que la comparabilité entre communisme, fascisme, national-socialisme, si elle cherche son concept, est au cœur des interrogations sur le premier tiers du siècle.

Au reste, l'idée se trouve aussi dans la littérature politique de gauche, et même chez les auteurs marxistes. Dès 1927, quand il reçoit Tasca à Moscou, Pierre Pascal se dit à part soi, en l'entendant décrire pour la maudire la vie publique italienne sous Mussolini, que son hôte lui peint du même coup sans le savoir les caractères du régime soviétique. Dans ses textes des années trente, auxquels j'ai déjà fait référence, Kautsky compare sans complexes le communisme stalinien et le national-socialisme. Il va même jusqu'à dénier au premier l'avantage sur le second de l'intention bonne et de la visée émancipatrice : « Le but fondamental de Staline, dans tous les pays, n'est pas la destruction du capitalisme, mais la destruction de la démocratie et des organisations politiques et économi-

---

1. Publiée dans Elie Halévy, « L'ère des tyrannies » *Études sur le socialisme et la guerre*, préface de C. Bouglé, postface de R. Aron Gallimard, 1938, p. 213-249.
2. Employé par le philosophe Maurice Blondel, *op. cit.*, p. 237.

ques des travailleurs [1]. » Dès lors, le communisme soviétique n'est pas seulement devenu comparable au
national-socialisme ; il lui est presque identique. Même
un auteur plus « à gauche », comme Otto Bauer, qui jette
sur l'U.R.S.S. un regard plus complaisant, écrit en 1936
que « la dictature du prolétariat y a pris la forme spécifique de la dictature totalitaire monopolistique du Parti
communiste [2] ». Ainsi la définition proposée par le fondateur de l'« Internationale 2 ½ [3] » emprunte-t-elle ses
termes au vocabulaire du fascisme ; elle sous-entend que
la spécificité du stalinisme dans la famille communiste
tient à ce qui l'apparente aux dictatures « totalitaires »
de partis monopolistiques, c'est-à-dire à Mussolini et à
Hitler.

Le concept de totalitarisme n'est donc pas une invention tardive des propagandistes de la guerre froide destinée à déshonorer l'Union soviétique en l'assimilant à
l'Allemagne nazie, mise au ban de l'humanité par le procès de Nuremberg. En réalité, l'adjectif « totalitaire » est
déjà passé dans l'usage entre les deux guerres pour désigner un type de régime jusque-là inédit. Il n'a pas reçu
encore, il est vrai, la précision analytique que voudront
lui donner, dans l'après-Seconde Guerre mondiale, Hannah Arendt et les politologues américains qui s'inspire-
ront d'elle [4]. Il veut simplement dire que les dictatures
« totalitaires » ont vocation à exercer sur leurs sujets une
domination plus étroite et plus complète que les despotismes du passé ; et, selon les cas, il inclut ou non le
régime soviétique dans la catégorie. Mais il n'est pas

1. Karl Kautsky, *Marxism and Bolchevism. Democracy and Dictatorship*, in J. Shaplen and D. Shub (éd.), *Socialism, Fascism,
Communism*, New York, 1934, p. 213.
2. Cité par Henri Weber, *La Théorie du stalinisme dans l'œuvre de
Kautsky*, in Evelyne Pisier (éd.), *Les Interprétations du stalinisme*,
P.U.F., 1983, p. 63.
3. Fondée à Vienne en février 1921 par les partis socialistes qui
ont quitté la IIᵉ Internationale et sont hostiles à l'adhésion à la
IIIᵉ Internationale, l'« Internationale 2 ½ », essentiellement formée des Autrichiens, finira par se dissoudre et se fondre dans
l'Internationale ouvrière socialiste, la IIᵉ Internationale.
4. *Cf. infra*, p. 700-705.

indispensable à la comparaison : Elie Halévy conserve le vieux mot de « tyrannie » pour caractériser les dictatures de Mussolini, de Staline et de Hitler.

Ainsi, la comparaison entre l'Union soviétique et les régimes fascistes — qu'elle soit affectée ou non du qualificatif de « totalitaire » — est un thème courant dès l'entre-deux-guerres ; et même si ce sont les penseurs libéraux qui la manient avec le plus de profondeur, elle est présente dans toutes les familles politiques, de la gauche à la droite. D'ailleurs, un peu partout, bien des intellectuels hostiles à la démocratie libérale rapprocheront si bien les deux régimes qu'ils hésiteront tout au long des années trente entre fascisme et communisme. Si l'idée, combattue après 1945, a pu être présentée comme une fabrication idéologique née des impératifs de la guerre froide, c'est qu'elle prenait à revers, en Occident au moins, le sens de la Seconde Guerre mondiale et de la victoire de 1945. Ecrasés militairement par une coalition qui avait fini par mettre l'Union soviétique dans le camp des démocraties, le nazisme allemand et, accessoirement, le fascisme italien ont dû assumer seuls le rôle d'ennemis de la liberté. Si Staline était parmi les vainqueurs, c'est qu'il était, lui aussi, un homme de la liberté : paralogisme conforme au mensonge originel de sa dictature, mais que semblait confirmer dans l'expérience des peuples tant et tant de sang versé pour briser l'Allemagne de Hitler. L'idée toute négative d'« antifascisme » suppléait à l'impossibilité d'avancer en positif quoi que ce soit qui puisse unir les démocraties libérales au communisme stalinien. Elle était à la fois assez vague pour permettre à Staline d'écraser la démocratie partout où ses armes l'avaient portée, et assez précise pour condamner comme blasphématoire toute comparaison entre son régime et celui de Hitler. L'intrépide Hannah Arendt eut l'audace de passer outre, en bonne héritière de la littérature allemande antinazie depuis l'avènement de Hitler. Mais presque partout joua en Europe occidentale l'effet d'intimidation inclus dans l'alternative fascisme/antifascisme : dans un pays comme l'Italie, où l'idéologie de l'antifascisme eut son plus grand rayonnement, le concept de totalitarisme n'a jamais eu droit de cité. L'idée a été ignorée, presque interdite, là d'où le mot était venu.

Cette analyse n'exclut pas que la comparaison entre nazisme et communisme ait pu être utilisée, à partir des années de guerre froide, à des fins de propagande, pour mobiliser les démocraties contre la menace soviétique. Elle l'a été, à coup sûr. Mais l'idée est antérieure à la guerre elle-même, et sa pertinence plus durable. Si elle recommence à vivre dans les esprits après la guerre, c'est que la censure dont la frappe la victoire de 1945 n'a pas le pouvoir d'effacer tout à fait l'histoire et l'expérience des peuples dans les années qui suivent. Sa force tient moins à une propagande de croisade idéologique qu'à la redécouverte d'un régime soviétique fidèle à sa nature : étouffant la liberté dans tous les pays européens où son armée a planté ses drapeaux.

Redécouverte lente, laborieuse, tant l'héritage de la guerre en contrarie les progrès : c'est l'histoire de notre immédiat après-guerre au moment où le communisme stalinien victorieux des dictateurs fascistes atteint sa plus vaste influence. Mais il me faut parcourir auparavant les années qui précèdent ce dénouement, entre la Première et la Seconde Guerre mondiale. Ces années où le communisme et le fascisme naissants entretiennent des rapports mutuels complexes, soit comme mouvements idéologiques, soit comme régimes politiques : ce sont ces rapports d'engendrement et de rejet, d'emprunts et d'affrontements, de passions partagées et de haines inexpiables, de solidarité tacite et de belligérance publique, qui tissent le plus sombre quart de siècle de l'histoire européenne, d'une guerre à l'autre. A qui veut tenter de comprendre cette histoire si brève, si déplorable, et restée si largement mystérieuse, un concept comme celui de « totalitarisme » n'est utile que si l'historien en fait un usage limité. Il désigne au mieux un certain état atteint par les régimes en question (et pas forcément tous) à des périodes différentes de leur évolution. Mais il ne dit rien sur les rapports entre leur nature et les circonstances de leur développement, ni sur ce qu'ils ont pu avoir d'engendrement mutuel et de réciprocité cachée.

La guerre de 1914 a pour l'histoire du XXᵉ siècle le même caractère matriciel que la Révolution française pour le XIXᵉ. D'elle sont directement sortis les événements et les mouvements qui sont à l'origine des trois « tyrannies » dont parle en 1936 Elie Halévy. La chronologie le dit à sa manière, puisque Lénine prend le pouvoir en 1917, Mussolini en 1922, et que Hitler échoue en 1923 pour réussir dix ans plus tard. Elle laisse supposer une communauté d'époque entre les passions soulevées par ces régimes inédits, qui ont fait de la mobilisation politique des anciens soldats le levier de la domination sans partage d'un seul parti.

Par là s'ouvre à l'historien un autre chemin vers la comparaison des dictatures du XXᵉ siècle. Il ne s'agit plus de les examiner à la lumière d'un concept, au moment où elles ont atteint respectivement le sommet de leur courbe, mais plutôt d'en suivre la formation et les succès, de façon à saisir ce que chacune a à la fois de spécifique et de commun avec les autres. Reste enfin à comprendre ce que l'histoire de chacune doit aux rapports d'imitation ou d'hostilité qu'elle a entretenus avec les régimes dont elle a emprunté certains traits. Imitation et hostilité ne sont d'ailleurs pas incompatibles : Mussolini emprunte à Lénine, mais c'est pour vaincre et interdire le communisme en Italie. Hitler et Staline offriront bien des exemples de complicité belligérante.

Cette approche, qui forme un préalable naturel à l'inventaire d'un idéal type comme « totalitarisme », a l'avantage d'épouser de plus près le mouvement des événements. Elle présente le risque d'en offrir une interprétation trop simple, à travers une causalité linéaire selon laquelle l'avant explique l'après. Ainsi, le fascisme mussolinien de 1919 peut être conçu comme une « réaction » à la menace d'un bolchevisme à l'italienne, surgi lui aussi de la guerre, et constitué plus ou moins sur l'exemple russe. Réaction au sens le plus vaste du mot, puisque, venu comme Lénine d'un socialisme ultra-révolutionnaire, Mussolini a d'autant plus de facilité à l'imiter pour le combattre. Aussi peut-on faire de la victoire du bolchevisme russe en Octobre 17 le point de départ d'une chaîne de « réactions » à travers laquelle le fascisme italien d'abord, le nazisme ensuite apparaissent comme des réponses à la menace communiste, faites sur le mode révolutionnaire et dictatorial du communisme. Une interprétation de ce genre peut conduire sinon à une justification, du moins à une disculpation partielle du nazisme, comme l'a montré le débat récent des historiens allemands sur le sujet [1] : même Ernst Nolte, un des plus profonds spécialistes des mouvements fascistes, n'a pas toujours échappé à cette tentation [2]. En

---

1. *Historikerstreit*, Munich, 1987 ; trad. française : *Devant l'histoire. Les documents de la controverse sur la singularité de l'extermination des Juifs par le régime nazi*, Ed. du Cerf, coll. Passages, 1988.

2. Depuis vingt ans mais surtout depuis le débat qui a mis aux prises, en 1987, les historiens allemands au sujet de l'interprétation du nazisme *(Historikerstreit, op. cit.)*, la pensée d'Ernst Nolte a fait l'objet, en Allemagne et en Occident, d'une condamnation si sommaire qu'elle mérite un commentaire particulier.

Un de ses mérites est d'avoir très tôt passé outre à l'interdiction de mettre en parallèle communisme et nazisme : interdiction plus ou moins générale en Europe occidentale, notamment en France et en Italie, et particulièrement absolue en Allemagne, pour des raisons évidentes, dont la force n'est pas éteinte. Dès 1963, dans son livre sur le fascisme *(Der Faschismus in seiner Epoche* ; trad. française : *Le Fascisme en son époque*, 3 vol., Julliard, 1970), Nolte a avancé les grandes lignes de son interprétation historico-philosophique, à la fois néo-hégélienne et heideggérienne, du XXe siècle. Le système libéral, par ce qu'il offre de contradictoire et d'indéfiniment ouvert sur l'avenir, a constitué la matrice des deux grandes idéologies, communiste et fasciste. La première, à laquelle Marx a ouvert la voie, porte à l'extrême la « transcendance » de la société moderne : par quoi l'auteur entend l'abstraction de l'universalisme démocratique, qui arrache la pensée et l'action des hommes aux limites de la nature et de la tradition. En sens inverse, le fascisme veut rassurer ceux-ci contre l'angoisse d'être libres et sans déterminations. Il puise son inspiration lointaine dans Nietzsche, et sa volonté de protéger la « vie » et la « culture » contre la « transcendance ».

De là vient qu'on ne peut étudier les deux idéologies séparément : elles déploient ensemble, de manière radicale, les contradictions du libéralisme, et leur complémentarité-rivalité a rempli tout notre siècle. Mais elles s'inscrivent aussi dans un ordre chronologique : la

outre, cette manière de voir présente l'inconvénient d'atténuer la particularité de chacun des régimes fascistes non plus cette fois par le recours à un concept unique, mais à travers ce qu'ils combattent en commun.

victoire de Lénine a précédé celle de Mussolini, pour ne rien dire de celle de Hitler. La première conditionne les deux autres, aux yeux de Nolte, qui ne cessera d'approfondir ce rapport dans ses livres ultérieurs (*Die Faschistischen Bewegungen*, 1966 ; trad. française : *Les Mouvements fascistes*, Calmann-Lévy, 1969 ; *Deutschland und der Kalte Krieg*, 1974 ; et surtout *Der Europaïsche Bürger Krieg, 1917-1945*, 1987) : sur le plan idéologique, l'extrémisme universaliste du bolchevisme provoque l'extrémisme du particulier dans le nazisme. Sur le plan pratique, l'extermination de la bourgeoisie accomplie par Lénine au nom de l'abstraction de la société sans classes crée une panique sociale au point de l'Europe le plus vulnérable à la menace communiste ; elle fait triompher Hitler et la contre-terreur nazie.

Pourtant, Hitler ne mène lui-même qu'un combat perdu d'avance contre ses ennemis : il est pris lui aussi dans le mouvement universel de la « technique » et utilise les mêmes méthodes que l'adversaire. Tout comme Staline, il pousse les feux de l'industrialisation. Il prétend vaincre le judéo-bolchevisme, ce monstre à deux têtes de la « transcendance » sociale, mais il veut unifier l'humanité sous la domination de la « race » germanique. Il ne restera donc rien, dans cette guerre programmée, des raisons de la gagner. Ainsi le nazisme trahit par son cours sa logique originelle. C'est encore en ces termes que, dans un de ses derniers ouvrages (*Martin Heidegger, Politik und Geschichte im Leben und Denken*, 1992), Nolte explique et justifie la courte période militante de Heidegger, qui a été plus tard son maître, en faveur du nazisme. Le philosophe aurait eu raison à la fois d'être enthousiasmé par le national-socialisme et d'en être vite déçu.

On conçoit comment et pourquoi les livres de Nolte ont choqué les générations d'après-guerre, enfermées dans la culpabilité, ou dans la crainte d'affaiblir la haine du fascisme en cherchant à le comprendre, ou simplement par conformisme d'époque. Des deux premiers comportements au moins, les raisons sont nobles. L'historien peut et doit les respecter. Mais, à les imiter, il s'interdirait de prendre en considération la terreur soviétique comme un des éléments fondamentaux de la popularité du fascisme et du nazisme dans les années vingt et trente. Il devrait ignorer ce que l'avènement de Hitler doit à l'antériorité de la victoire bolchevique, et au contre-exemple de la violence pure érigée par Lénine en système de gouvernement ; enfin, à l'obsession kominternienne d'étendre la révolution communiste à l'Allemagne. En réalité, le veto mis sur ce type de considérations empêche de faire l'histoire du fascisme ; il fait pendant, dans l'ordre historique, à l'antifascisme version soviétique dans l'ordre politique. En interdi-

En ce sens, elle aggrave même les inconvénients qui peuvent être liés à un usage sans nuances du concept de « totalitarisme ». Si les mouvements fascistes ne constituent que des réactions contre le bolchevisme, ils se trouvent programmés dans un modèle qui ne permet de bien comprendre ni leur singularité, ni leur autonomie, ni ce qu'ils peuvent avoir d'origines et de passions communes avec leur ennemi. Leur inscription dans un répertoire commun de la pure négativité enlève de sa richesse à l'analyse de leurs traits respectifs, et des rapports qu'ils entretiennent chacun avec le régime détesté, soit comme mouvements soit, ensuite, comme régimes. Plutôt que

sant la critique du communisme, ce type d'antifascisme historiographique bloque aussi la compréhension du fascisme. Entre autres mérites, Nolte a eu celui de briser ce tabou.

Le triste est qu'il ait affaibli son interprétation, dans la discussion des historiens allemands sur le nazisme, par exagération de sa thèse : il a voulu faire des Juifs les adversaires organisés de Hitler, en tant qu'alliés de ses ennemis. Non qu'il soit un « négationniste ». Il a exprimé à plusieurs reprises son horreur de l'extermination des Juifs par les nazis, et même la singularité du génocide juif en tant que la liquidation industrielle d'une race. Il maintient l'idée que la suppression des bourgeois comme classe par les bolcheviks a montré la voie et que le goulag est antérieur à Auschwitz. Mais le génocide juif, s'il s'inscrit dans une tendance d'époque, n'est pas seulement à ses yeux un moyen de la victoire ; il conserve l'affreuse particularité d'être une fin en soi, un produit de la victoire, dont la « Solution finale » a été le plus grand objectif. Reste qu'en tentant de déchiffrer la paranoïa antisémite de Hitler, Nolte a paru, dans un écrit récent, lui trouver une sorte de fondement « rationnel » dans une déclaration de Chaim Weizmann en septembre 1939 au nom du Congrès juif mondial (*Devant l'Histoire, op. cit.,* p. 15), demandant aux Juifs du monde entier de lutter aux côtés de l'Angleterre. L'argument est à la fois choquant et faux.

Sans doute renvoie-t-il à ce fond de nationalisme allemand humilié que ses adversaires ont reproché à Nolte depuis vingt ans et qui constitue un des ressorts existentiels de ses livres. Mais, même dans ce qu'elle a de vrai, l'imputation ne saurait discréditer une œuvre et une interprétation qui sont parmi les plus profondes qu'ait produites ce dernier demi-siècle.

Cf. Hans Christof Kraus, « L'historiographie philosophique d'Ernst Nolte », in *La Pensée politique,* Hautes Etudes-Le Seuil-Gallimard, 1994, p. 59-87 ; Alain Renaut, préface à *Ernst Nolte : les mouvements fascistes, op. cit.,* p. 6-24.

de rapporter d'emblée tous les fascismes à une source unique, pour les faire descendre ensemble le cours tumultueux du siècle, il me semble plus fructueux d'en inventorier les matériaux et les caractères divers. C'est d'ailleurs la voie suivie par la plupart des travaux historiques sur la question.

Car, si le communisme est indispensable à la compréhension du fascisme (mais la réciproque est vraie aussi), c'est pour des raisons plus vastes que ne le suggère la chronologie qui va de Lénine à Mussolini, 1917-1922, ou de Lénine au premier Hitler, 1917-1923, selon une logique d'action-réaction. Bolchevisme et fascisme se suivent, s'engendrent, s'imitent et se combattent, mais auparavant ils naissent du même sol, la guerre ; ils sont les enfants de la même histoire. Le bolchevisme, premier venu sur la scène publique, a bien pu radicaliser les passions politiques. Mais la peur qu'il éveille à droite et au-delà ne peut suffire à rendre compte d'un phénomène comme la naissance des « faisceaux » italiens en mars 1919. Après tout, les élites et les classes moyennes de l'Europe ont vécu bien avant la guerre de 1914 dans la terreur du socialisme, elles ont même noyé dans le sang tout ce qui pouvait ressembler à une insurrection ouvrière, comme la Commune de Paris en 1871 ; mais rien de comparable au fascisme n'a vu le jour au XIXe siècle. Des réactions de rejet, ou même de panique, peuvent expliquer le consentement donné à tel ou tel régime. Elles font comprendre ce qu'un régime fondé sur la peur comporte d'antilibéral, mais rien de plus. Elles ne disent rien sur sa nature, et moins encore sur sa nouveauté.

Fils de la guerre, bolchevisme et fascisme tiennent d'elle ce qu'ils ont d'élémentaire. Ils transportent dans la politique l'apprentissage reçu dans les tranchées : l'habitude de la violence, la simplicité des passions extrêmes, la soumission de l'individu au collectif, enfin l'amertume des sacrifices inutiles ou trahis. Car c'est dans les pays vaincus sur le champ de bataille ou frustrés par les négociations de paix que ces sentiments trouvent par excellence leur terreau. Ils introduisent dans l'ordre politique cette puissance du nombre que les libéraux du XIXe siècle n'ont cessé de redouter dans le suffrage universel, où elle n'était pas si dangereuse, et qu'ils rencontrent là où ils ne l'ont pas vue venir : dans ces millions de citoyens unis non plus par l'exercice solitaire d'un droit, mais par le malheur partagé de la servitude militaire. Comme beaucoup d'auteurs l'ont écrit, l'après-Première Guerre mondiale inaugure l'ère des masses. Mais cette nouvelle époque n'advient pas par le développement progressif et comme naturel de la démocratie. Elle fait irruption dans l'histoire par une porte qu'on avait pu croire condamnée, puisque les sociétés modernes ont été décrites par tant de grands esprits du XVIIIe et du XIXe siècle comme tournées tout entières vers la production des richesses et les travaux de la paix.

Ainsi l'« ère des masses » qui ouvre ce siècle est-elle bien, en un sens, un signe des progrès de la démocratie : elle fait du grand nombre, c'est-à-dire du plus modeste des citoyens, un sujet actif de la nation. En revanche, elle intègre ce citoyen à la politique non par l'éducation, comme les optimistes l'avaient cru, mais par les souvenirs d'une guerre dont personne ou presque n'a ni prévu, ni voulu, ni contrôlé les proportions — pour ne rien dire des suites. Les masses n'entrent pas dans l'action comme des ensembles d'individus éclairés qui ont fait un apprentissage progressif de la politique moderne. Elles passent brutalement de la guerre à la paix. Elles portent dans les ruines où la paix les trouve les passions simples de la guerre. Elles entendent mieux le langage de la communauté fraternelle des combats que celui des luttes civilisées pour le pouvoir. Discours acclamé à droite, comme un hommage à la tradition, mais aussi à gauche, comme une promesse d'avenir. Et il ne faudra pas attendre longtemps après la fin de la guerre pour voir le mot de « socialisme », réinventé par la droite, commencer une carrière nouvelle sous l'étendard du fascisme.

Entre le socialisme et la pensée antilibérale et même antidémocratique, on a vu que les complicités sont anciennes. Depuis la Révolution française, la droite réactionnnaire et la gauche socialiste partagent la même dénonciation de l'individualisme bourgeois, et la même

conviction que la société moderne, privée de fondements
véritables, prisonnière de l'illusion des droits universels,
n'a pas d'avenir durable. Une vaste part du socialisme
européen, au XIXe siècle, a méprisé la démocratie et
exalté la nation : pensons à Buchez, à Lassalle [1]. Inversement, dans la période qui a précédé la Première
Guerre, la critique commune du libéralisme a même
rapproché de l'idée socialiste la droite la plus radicale,
c'est-à-dire la plus nationaliste : car on peut fort bien
concevoir théoriquement une économie libérée de
l'anarchie des intérêts privés à l'intérieur du cadre national, et joindre ainsi les sentiments anticapitalistes à la
passion nationale. C'est par exemple en France la pente
de l'Action française, dans ses années « révolutionnaires ». Maurras aperçoit très tôt qu'« un système socialiste *pur* serait dégagé de tout élément de démocra-
tisme [2] ». Il veut dire qu'un pareil système comporte à ses
yeux une société organique, débarrassée de l'individualisme, reconstruite comme une unité d'intérêts et de
volonté : complément de l'idée nationale, plutôt que son
antagoniste. Bien sûr, l'internationalisme marxiste doit
rester l'ennemi par excellence des nationalistes. « Mais
un socialisme, libéré de l'élément démocratique et cos-

---

1. Ferdinand Lassalle (1825-1864). Un des fondateurs du socialisme allemand, personnage flamboyant et bohème, d'abord lié à
Marx et Engels pendant la révolution de 1849 en Rhénanie, avant
de devenir leur rival. Fidèle à une conception plus hégélienne
que marxiste, il voit dans l'Etat l'instrument de réalisation de la
communauté : la conquête de l'Etat par la classe ouvrière est la
condition de l'émancipation de l'humanité. Lassalle fonde en 1863,
un an avant sa mort prématurée (il est tué dans un duel), l'Association générale des travailleurs allemands. Dans la tactique qu'il
pratique et préconise, il privilégie la lutte contre la bourgeoisie
libérale, même au prix d'une alliance des partis ouvriers avec les
forces du conservatisme prélibéral ou antilibéral — l'aristocratie,
l'armée, la monarchie ou la bureaucratie prussiennes. De là ses
fameuses rencontres avec Bismarck.
2. *L'Action française*, 15 novembre 1900, cité *in* Zeev Sternhell,
*La Droite révolutionnaire 1885-1914. Les origines françaises du fas-
cisme*, Le Seuil, coll. L'univers historique, 1978, p. 359.

mopolite, peut aller au nationalisme comme un gant bien fait à une belle main [1]. »

L'idée d'un socialisme national n'est donc pas neuve en 1918 ou 1920. Ce qui l'est, par contre, à l'heure où se taisent les canons, c'est qu'elle quitte sa robe savante pour apparaître, dans des versions populaires, comme un instrument propre à galvaniser les masses. Avant la guerre, le cocktail socialisme-nationalisme n'est qu'une liqueur ésotérique à l'usage des intellectuels. Après, le voici devenu un alcool de vaste consommation. Son attrait soudain ne vient pas pour l'essentiel d'une réaction d'amour-haine à l'égard de la révolution russe, ou d'un calcul de captation d'héritage, par où intégrer le socialisme dans un programme antibolchevique. Je veux bien qu'ici et là des idéologues aient effectivement pensé à cela. Mais l'idée nationale-socialiste (ou fasciste) n'est pas une idée aussi simplement dérivée. Elle puise en vérité sa force à la même source que le bolchevisme victorieux : la guerre. Comme le bolchevisme, elle permet de mobiliser les passions révolutionnaires modernes, la fraternité des combattants, la haine de la bourgeoisie et de l'argent, l'égalité des hommes, l'aspiration à un monde nouveau. Mais elle leur trace un autre chemin que la dictature du prolétariat : celui de l'État-communauté nationale. Elle constitue l'autre grand mythe politique du siècle. Loin de pouvoir être réduite à un usage instrumental de lutte contre le bolchevisme — ce qu'elle est aussi —, elle va prendre une telle assise dans l'imagination des hommes de cette époque que les élites européennes vont s'avérer impuissantes à en limiter les ravages.

Bolchevisme et fascisme, en tant que vastes passions collectives, ont trouvé à s'incarner dans des personnages, hélas, exceptionnels : c'est l'autre versant de l'histoire du XXe siècle, et ce qu'elle a eu d'accidentel, qui s'est joint à ce qu'elle avait, par avance, de révolutionnaire. Car un trait apparente encore les trois grandes dictatures de l'époque : leur destin est suspendu à la volonté d'un

---

1. Ch. Maurras, *Dictionnaire politique et critique*, t. V, p. 213, cité *in* Zeev Sternhell, *op. cit.*, p. 359.

seul homme. Obsédée par une histoire abstraite des classes, notre époque a tout fait pour obscurcir cette vérité élémentaire. Elle a tant voulu voir la classe ouvrière derrière Lénine, et les dictateurs fascistes en marionnettes du capital ! On n'en finirait pas de compter les auteurs qui ont ainsi usé avec perversité ou candeur de ce qu'on appelle en anglais un « double standard », acceptant plus ou moins chez les bolcheviks l'idée qu'ils se faisaient d'eux-mêmes, et soumettant au contraire les fascistes à une interprétation sans rapport aucun avec ce qu'ils ont dit. Cette version savante de l'« antifascisme » présente l'avantage de séparer le bon grain de l'ivraie au tamis de la lutte des classes, et de retrouver ainsi dans l'obscurité du siècle le fil providentiel de la nécessité. L'ennui est qu'elle n'explique rien du rôle spectaculaire de quelques hommes dans cette tragique aventure. Supprimons le personnage Lénine de l'histoire, et il n'y a pas d'Octobre 1917. Otons Mussolini, et l'Italie d'après-guerre suit un autre cours. Quant à Hitler, s'il est bien vrai que, comme Mussolini d'ailleurs, il prend le pouvoir en partie grâce au consentement résigné de la droite allemande, il n'en perd pas pour autant sa désastreuse autonomie : il va mettre en œuvre le programme de *Mein Kampf*, qui n'appartient qu'à lui.

En réalité, les trois hommes ont conquis le pouvoir en brisant des régimes faibles par la force supérieure de leur volonté, tout entière tendue, avec une incroyable obstination, vers ce but unique. Et la même chose peut être dite du quatrième, Staline : sans lui, pas de « socialisme dans un seul pays » ! Et, par définition, pas de « stalinisme » ! Je crois qu'il n'y a pas de précédent historique à une pareille concentration de volontés politiques monstrueuses sur un espace aussi restreint, et à la même époque. Chacune d'entre elles utilise bien sûr pour vaincre des circonstances particulières, mais toutes ont en commun de triompher d'adversaires déjà battus ou à demi consentants. Lénine ramasse le pouvoir plus qu'il ne le conquiert, Mussolini fait entrer ses chemises noires dans une Rome qui leur a été ouverte, Hitler est appelé au pouvoir par Hindenburg ; quant à Staline, les adversaires qu'il lui faut battre pour régner ont accepté d'avance les règles du jeu qui les condamnent à la défaite.

Pourtant, une fois maîtres du pouvoir, tous l'exercent plus ou moins rapidement de manière autocratique. Seul Lénine l'a pris selon le schéma révolutionnaire classique, mais tous l'utilisent pour mettre en œuvre leur conception de l'homme nouveau, plus fidèles à leurs idées folles qu'à leurs appuis de circonstance. Leur volonté de domination s'accroît et s'enivre des succès remportés. De sorte qu'il n'y a pas grand sens à vouloir rapporter leur action à des intérêts, à des milieux ou à des classes sociales. Depuis Kronstadt au moins, la « dictature du prolétariat » selon Lénine n'a plus grand-chose à voir avec la classe ouvrière, pour ne rien dire de ce qui suivra. Et le génocide juif n'est pas davantage inscrit au programme du grand capital allemand.

Il n'y a rien de plus incompatible avec une explication de type marxiste, y compris dans ce qu'elle comporte, en d'autres cas, de vrai, que les dictatures inédites du XXᵉ siècle. Le mystère de ces régimes ne peut être éclairci par leur dépendance à l'égard d'intérêts sociaux, puisqu'il tient précisément au caractère inverse : à leur affreuse indépendance par rapport à ces intérêts, qu'ils soient bourgeois ou prolétariens. Par une ironie de l'histoire, le matérialisme historique a atteint son plus vaste rayonnement d'influence dans le siècle où sa capacité d'explication était la plus réduite.

Le moins mauvais chemin pour entrer dans le problème si complexe des rapports entre le communisme et le fascisme est encore d'emprunter la voie classique de l'historien : l'inventaire des idées, des volontés et des circonstances. La question peut être divisée en deux grands actes, qui forment deux époques : Lénine et Mussolini d'un côté, Staline et Hitler de l'autre.

*

Lénine et Mussolini sortent de la même famille politique [1] : celle du socialisme révolutionnaire. Mussolini a été le « duce » de la révolution avant d'être celui du fascisme : ce titre lui est donné pour la première fois en 1912, quand il sort, avec Pietro Nenni, de prison pour son opposition à la guerre en Tripolitaine [2]. Il le mérite pleinement. Toute la première partie de sa vie, celle qui précède la Première Guerre mondiale, est aimantée par l'idée révolutionnaire dans sa version la plus radicale. De Lénine, il a la véhémence subversive, le goût de la violence, l'obsession de la prise du pouvoir, la subordination de toute considération morale à cette fin unique, et même la passion de la scission : on le voit bien au moment de sa plus grande influence dans le socialisme italien, entre 1912 et 1914, quand il fait expulser du parti les éléments modérés. Son extrémisme politique a d'autres sources que le bolchevisme ; il ne s'alimente pas à la tradition populiste russe ; et s'il faut lui chercher des ancêtres, ou des alliés, ce serait plutôt du côté du « Risorgimento [3] » républicain et du syndicalisme révolutionnaire [4]. Mais, dans l'Europe d'avant 1914, Mussolini incarne une version néo-blanquiste du marxisme qui n'est pas si éloignée de celle des bolcheviks.

Même son fameux retournement, en octobre 1914, d'une position contre la guerre à une « neutralité active et efficace [5] » en faveur des Alliés, n'est pas un reniement de la révolution. Dans le contexte italien, il a un autre sens que le ralliement des socialistes français, ou allemands, à

1. La comparaison Mussolini-Lénine est filée par Mussolini lui-même, dans une longue interview de 1932. *Cf.* Emil Ludwig, *Entretiens avec Mussolini*, Albin Michel, 1932, p. 164-168.
2. André Brissaud, *Mussolini*, Librairie académique Perrin, 1975, t. I, p. 85
3. Le *Risorgimento* (*i.e.* « résurrection ») est le mouvement littéraire, philosophique et politique qui, au milieu du XIXe siècle, accompagne et soutient l'émancipation et l'unité italiennes.
4. Sur les antécédents intellectuels, notamment en France, du fascisme mussolinien, le livre classique est celui de Zeev Sternhell, *La Droite révolutionnaire, 1885-1914. Les origines françaises du fascisme, op. cit.*
5. Ce sont les termes qu'il emploie dans l'article du 18 octobre 1914 de l'*Avanti*, qui signale sa nouvelle orientation.

leurs camps respectifs. Car toute la politique italienne depuis l'unification a été inspirée par l'idée que l'Autriche-Hongrie, le grand voisin du Nord, est indispensable à l'équilibre européen, avant-garde de l'Europe catholique dans les Balkans. Le contentieux territorial résiduel entre Rome et Vienne est en comparaison secondaire. C'est cette conception conservatrice qui a conduit l'Italie dans la « Triplice », à côté des puissances centrales. Au contraire, Mussolini brandit l'héritage de Mazzini [1] contre celui du comte Balbo [2] : l'Italie doit retourner à sa tradition révolutionnaire trahie par une bourgeoisie apeurée et reconquérir bravement ce que l'Autriche garde encore de terres italiennes. Bravement, c'est-à-dire en rompant avec cette passivité, cette honteuse pusillanimité indigne de son histoire. L'originalité du néo-nationalisme mussolinien est ainsi de s'inscrire dans l'héritage le plus révolutionnaire du Risorgimento, pour en accomplir enfin la promesse.

Tempérament assoiffé d'action, Mussolini ne supporte pas l'inaction de l'Italie, au moment où toute l'Europe s'embrase. Mais dans son activisme belliciste, qui lui

---

1. Giuseppe Mazzini (1805-1872), un des grands héros de l'Europe romantique des nationalités, à la fois écrivain et fondateur de l'Italie moderne. D'abord membre de l'association secrète des Carbonari, qui échoue en 1831 dans sa tentative de soulever l'Italie, il fonde en 1834 le mouvement « Jeune Europe », inséparablement politique et intellectuel. Il s'agit d'émanciper les nationalités opprimées et d'imprimer à cette action un esprit de dévouement humanitaire analogue à une religion : Mazzini est de la même famille intellectuelle que Michelet et Mickiewicz. Réfugié en Suisse, puis à Londres, il participe à la révolution de 1848 en Italie, enrôlé un moment dans les troupes de Garibaldi. Il salue un peu plus tard l'unité nationale, tout en regrettant que celle-ci se soit constituée sous l'autorité d'un roi. Les dernières années de sa vie sont assombries par les démentis de l'histoire à ses idées : le nationalisme s'est substitué aux « nationalités », et le socialisme de Marx et de Bakounine à sa religion de l'humanité.

2. Dans son livre de 1844, *Le Speranze d'Italia* (*Les Espoirs de l'Italie*), le comte Balbo expose la thèse conservatrice de l'unité italienne (pas de bouleversement de l'équilibre européen) contre la thèse révolutionnaire de Mazzini (l'unité italienne comme partie d'une révolution européenne des nations, impliquant la chute des Habsbourg). *Cf.* Federico Chabod, *A History of Italian Fascism*, Weidenfeld, 1963, éd. italienne, Einaudi, 1961, part. I, chap. 1.

vaut d'être excommunié par le parti socialiste, il veille à ne pas séparer l'idée de révolution du renouveau de la nation. Il s'agit d'utiliser la guerre pour régénérer le pays ; non pas en la refusant, comme Lénine, mais en y participant. Il y a chez les deux hommes le même refus du pacifisme, le même mépris des bourgeois, la même certitude que la guerre servira leur action. Mais, alors que Lénine fait revivre la révolution dans le cadre du marxisme, Mussolini la fait présider au mariage subversif du socialisme avec la nation, substituée au prolétariat dans la rédemption du monde bourgeois. L'Italie intellectuelle de cette époque déteste, comme lui, ses politiciens trop prudents, cette oligarchie étroite qu'incarne Giolitti, maître incontesté de la manipulation parlementaire. Elle voit dans l'interventionnisme le moyen de briser à la fois l'Autriche et Giolitti, et de reconquérir enfin par cette révolution Trente et Trieste [1], l'Alsace-Lorraine des patriotes italiens. Le bellicisme s'inscrit ainsi dans la culture italienne comme une reprise des audaces de 1848 et du Risorgimento. Et l'entrée en guerre de l'Italie, en mars 1915, véritable révolution antigiolittienne, marque aussi bien l'entrée des masses populaires dans la politique de la nation. L'historien ne peut saisir nulle part mieux que dans le cas italien à quel point la Première Guerre a pu accompagner dans l'esprit des peuples une promesse à la fois démocratique et nationale.

La guerre devait être courte, elle fut longue. Elle devait être victorieuse, elle ne le fut qu'à demi, impuissante à faire oublier tout à fait le désastre de Caporetto en 1917. Quand elle se termine, elle n'a pas fait aboutir toutes les revendications territoriales italiennes ; elle n'a pas chassé Giolitti et ses pareils du pouvoir ou de ses alentours ; mais elle a labouré si profond la vie nationale qu'elle laisse une grande latitude aux espoirs confus des interventionnistes de 1914-1915. L'Etat est plus faible que jamais : D'Annunzio a occupé Fiume avec ses soldats en septembre 1919 et refuse d'en sortir. L'oligarchie cen-

---

1. Michel Ostenc, *Intellectuels italiens et fascisme. 1915-1929*, Paris, Payot, 1983, p. 30-92.

triste de notables qui règne sur la scène italienne a perdu
son assiette : les deux grands partis modernes de masse,
le parti socialiste et le tout neuf « parti populaire » de
don Sturzo, qui réintègre les catholiques dans la politique italienne, échappent à son contrôle. Encore le premier d'entre eux est-il débordé par les grèves révolutionnaires qui se multiplient en 1920, accompagnées
d'occupations d'usines, inspirées ici et là de l'exemple
confus des Soviets. A la campagne, un peu plus tard,
pendant l'hiver 1920-1921, la riche plaine du Pô est le
théâtre de violents affrontements entre journaliers et
propriétaires fonciers. Dernière touche au tableau, la
situation économique et financière critique dans
laquelle se trouve l'Italie, qui doit apurer les comptes
d'une guerre trop coûteuse. C'est à partir de cette situation que Mussolini va imposer sa réponse aux interrogations de 1914-1915 sur la nécessité d'une révolution italienne. En répertorier les éléments constitue sans doute
la moins mauvaise définition du fascisme.

Le fascisme italien est fils de la guerre plus directement que n'importe quel autre régime dictatorial de ces
années-là. Le bolchevisme l'est aussi, mais Lénine
conquiert le pouvoir pour s'être opposé à elle, non pour
l'avoir prise en selle. Le national-socialisme l'est aussi,
mais Hitler, enfant perdu de la défaite, est d'abord vaincu
par la République de Weimar avant d'être victorieux.
Mussolini, lui, venu de l'extrême gauche socialiste, a
commencé sa marche au pouvoir dès 1914 en poussant
l'Italie dans le conflit, alors qu'elle pouvait l'éviter. La
guerre est tellement inséparable de son parcours qu'il en
étend les procédés au combat politique après qu'elle a
pris fin. Avant même d'être une doctrine, le fascisme est
un parti paramilitaire, doublé d'organisations armées.
Les « arditi », ces troupes de choc de l'armée italienne,
formés dans un esprit d'aristocratisme guerrier, meu-
blent les premiers « faisceaux » dès leur fondation, au
printemps 1919. Qu'ont-ils de mieux à faire, ces spécialistes des risques insensés, ces esthètes de la mort héroïque, qui sont au surplus menacés de démobilisation ?
Leur premier exploit « civil » est la mise à sac du siège du

journal socialiste l'*Avanti*, à Milan, le 15 avril 1919 [1]. La politique fasciste est simple comme la guerre. Elle étend au compatriote la catégorie d'ennemi.

Par là, elle dit quelque chose sur les passions qu'elle mobilise et l'ensemble idéologique qu'elle va bricoler. Elle n'est pas simplement nationaliste. Car, dans ce cas, elle n'offrirait rien de plus — et même, la littérature en moins — que D'Annunzio et ses légionnaires de Fiume. Elle constitue un mouvement plus vaste, elle manifeste une colère plus profonde : celle des bourgeois et petits-bourgeois exclus de la scène politique depuis l'unité nationale et qui demandent leur place [2]. Ces hommes ont été intégrés dans la vie nationale par la guerre. Pris dans la crise de l'après-guerre, ils n'aiment pas le socialisme et redoutent plus encore l'effet contagieux de l'exemple soviétique. Mais ils détestent tout autant l'oligarchie parlementaire de leur pays, qui a confisqué le pouvoir si longtemps, et qui n'a su ni entrer résolument dans le conflit européen ni obtenir pour l'Italie une paix digne des sacrifices de ses soldats. Drapés dans les valeurs de la guerre, ils importent dans la politique les moyens de la guerre, et veulent en conserver et la fraternité et la férocité.

La fraternité : un des grands thèmes de l'interventionnisme de 1914-1915 a été celui de la découverte du peuple. Les fascistes, qui furent mêlés dans les tranchées à

1. Michael A. Ledeen, « Italy : War as a Style of Life », *in* Stephen R. Ward (éd.), *The War Generation*, Kennikat Press, 1975, p. 104-134.

2. Mon analyse, dans les pages qui suivent, doit beaucoup au plus grand historien actuel du fascisme italien, Renzo De Felice, et à sa monumentale biographie de Mussolini, ainsi qu'à deux autres de ses livres : *Il fascismo. Le interpretazioni dei contemporanei e degli storici*, éd. Laterza, Bari, Rome, 1974 ; *Fascism. An Informal Introduction to its Theory and Practice. An Interview with Michael Ledeen*, Transaction books, New Brunswick, 1976 (1re éd. : *Intervista sul fascismo*, Laterza, 1975).

Est disponible en français : *Le Fascisme, un totalitarisme à l'italienne ?* Presses de la Fondation des sciences politiques, Paris, 1988 (il s'agit d'extraits de la biographie de Mussolini en quatre volumes).

l'Italie prolétaire et paysanne, veulent associer les masses à leur conquête du pouvoir. La férocité : dénoncer le mensonge de la légalité bourgeoise est un lieu commun du socialisme ou du syndicalisme révolutionnaire avant d'être un leitmotiv du mouvement fasciste. La force prime le droit. Il suffit à Mussolini d'être fidèle à son passé pour se sentir à l'aise dans son nouveau rôle. Dans le mouvement socialiste d'avant 14, Lénine et Mussolini partagent la même haine des réformistes, ces alliés honteux de la bourgeoisie. Tous les deux séparent radicalement la cause prolétarienne de la démocratie bourgeoise. Mais 1914 les distingue : Lénine a voulu lutter contre la guerre internationale par la guerre des classes ; Mussolini a voulu faire la guerre à l'extérieur pour prendre avantage de ses conséquences à l'intérieur. Les deux hommes ont pris des positions contradictoires en 1914, mais leurs stratégies n'en reçoivent pas moins de la guerre une double analogie. La première est d'ordre technique, et la seconde d'ordre moral. Dans l'ordre technique, ils ajustent leur action politique au caractère de l'époque que la guerre a ouverte. Celle-ci doit toucher tous les rescapés des tranchées, et pour ce faire elle doit prendre appui sur une propagande aussi simple, et aussi massive, que celle qui les a conditionnés dans les années terribles. Foin donc des finasseries parlementaires ou des arguments trop savants ! Dans la paix comme dans la guerre, transformer une société d'individus en une volonté unique, souder cette multiplicité en émotions partagées, tel est le nouveau secret de la politique démocratique. Mussolini s'inspire de Le Bon [1], qu'il a lu et relu ; il imite aussi Lénine, qu'il admire tout en le combattant.

Mais cette chimie a un prix intellectuel et moral. Le discours politique tend à perdre tout critère autre que celui de ses effets immédiats. Il est tout entier démago-

---

1. Gustave Le Bon, *La Psychologie des foules*, Paris, P.U.F., 1990. Dans un article postérieur à son fameux livre, Gustave Le Bon commentera la parenté Lénine-Mussolini : « L'Evolution de l'Europe vers des formes diverses de dictature », *Annales politiques et littéraires*, 1924.

gie, c'est-à-dire tourné vers l'utilité (de celui qui parle), sans plus aucun rapport avec la moralité dans ce qu'elle a de plus universellement élémentaire, ou l'observation des faits dans ce qu'elle comporte de plus commun. Les secrets du « prince » sont sur la place publique. Les voici simplifiés, dans le sens du pire, et même condamnés à disparaître comme tels dans la nuit du mensonge général, puisque le « prince » a cédé la place au dictateur moderne, qui partage les sentiments et les idées auxquels il fait appel. Celui-ci garde encore de machiavélien le désir de prendre ou de conserver le pouvoir par tous les moyens indispensables à l'exercice de l'art politique. Mais cet art a dégénéré. Il tient désormais pour l'essentiel dans sa capacité à manipuler les masses, par un langage et des actions qui s'adressent à leurs passions dominantes. Comme il implique une large identification subjective du chef avec son discours, il apporte à la lutte politique une violence affective, une absence de scrupules et une brutalité de moyens sans précédent dans l'histoire.

Le nombre a bien fait irruption sur la scène publique de l'Europe sous les traits qu'ont discutés par avance bien des penseurs du siècle précédent : l'avènement d'un type de civilisation politique où les mécanismes fragiles des régimes constitutionnels sont court-circuités par les formes primitives de la participation populaire, et la représentation parlementaire par l'identification à un chef. Avant de recevoir une partie de son rayonnement de l'anticommunisme, le fascisme est un produit des mêmes passions politiques qu'on trouve à l'œuvre dans le communisme, sous une forme non moins extrême : et d'abord de la détestation du parlementarisme bourgeois.

Il est difficile d'imaginer aujourd'hui à quel point le personnage du député, à cette époque, a suscité de haine, comme un condensé de tous les mensonges de la politique bourgeoise : symbole de l'oligarchie, sous la pose du démocrate ; de la domination, sous l'apparence de la loi ; de la corruption, cachée dans l'affirmation d'une vertu républicaine. Le député est tout juste le contraire de ce qu'il prétend, et de ce qu'il devrait être : représentant du peuple en principe, il est en réalité l'homme à travers qui l'argent, ce maître universel du bourgeois, prend possession aussi de la volonté du peuple. Le déguisement politique de la ploutocratie. En cette image, commune dès le XIXe siècle à l'extrême droite et l'extrême gauche, la critique de l'idée de « représentation » du peuple, inséparable de la démocratie moderne, atteint son point extrême. Après la Première Guerre mondiale, elle trouve une force supplémentaire dans l'esprit des soldats rescapés de la grande épreuve, que les parlementaires ont votée mais non subie. Même sous sa forme constituante, ennoblie pourtant par le précédent français, une assemblée élue ne trouve pas grâce en janvier 1918 aux yeux de Lénine : la dictature du prolétariat, inscrite dans la nécessité historique, incarnée par le Parti bolchevique, n'a que faire des hasards d'un scrutin et des incertitudes d'un parlement. A Mussolini, drapé dans les valeurs de la guerre et fort de la violence exercée par ses partisans sur l'Italie, il suffira de plier les députés à sa volonté.

Mais, dans les deux cas, ce qui meurt avec l'abstraction politique de la représentation, comme avec l'abstraction juridique de la loi, c'est tout simplement l'idée de l'Etat constitutionnel. La substitution du parti ou de son chef au vote des citoyens ou de leurs représentants élus consacre la fin de la légitimité et de la légalité démocratiques. D'une part, le lieu du pouvoir est désormais occupé de façon constante, au nom d'une identité essentielle avec une classe élue par l'histoire ou une communauté nationale supérieure aux autres — identité d'ordre ontologique, qui n'a plus rien à voir avec la contingence empirique d'un vote, et qui enlève tout sens à une compétition politique arbitrée par une élection. D'autre part, le parti ou l'homme, ou les deux ensemble, qui ont pris le pouvoir, ne rencontrent plus dans leur action la barrière des lois. Ils tendent à y substituer, ou à y superposer, l'arbitraire de leur volonté. L'histoire, pour eux, n'est pas porteuse d'un droit constitutif des rapports entre l'Etat et les citoyens : elle est simplement faite de la dynamique des forces entre les classes et entre les peuples. Et la révolution en est la figure la plus constante et la plus naturelle.

Le mépris du droit comme d'un déguisement formel de la domination bourgeoise, l'apologie de la force comme accoucheuse de l'histoire : ces thèmes sont très antérieurs au début du XXᵉ siècle dans la pensée politique de l'Occident, et leur virulence est particulièrement grande dans les décennies qui précèdent la guerre de 14, à la fois à gauche et à droite. A cet égard, Georges Sorel reste un des auteurs les plus intéressants de cette époque, à la fois par l'acharnement mis à détester et à dénoncer la pusillanimité dérisoire du parlementarisme bourgeois, et par l'espoir investi dans la violence, cette grande vérité cachée du monde moderne. Auteur intéressant, mais toujours un peu suspect, parce qu'il navigue entre le syndicalisme révolutionnaire et l'Action française, qu'il est antisémite, et qu'il admirera à la fois Lénine et Mussolini [1] — alors que c'est précisément ce qui devrait le faire lire avec une curiosité particulière. Ce qui m'intéresse ici n'est pas seulement ce que ses écrits peuvent comporter d'annonciateur. C'est aussi qu'ils permettent de mesurer une fois de plus l'écart entre la théorie et la pratique. Ou encore entre les intellectuels et l'histoire réelle.

La violence chez Sorel est inséparable de l'activité créatrice. Eclairée par une grande idée, la grève générale, elle vise à déchirer le voile de mensonge qui recouvre la société et à restituer aux individus, avec le sens de leur existence collective, leur dignité morale. Elle permet, comme chez Nietzsche, les retrouvailles avec la grandeur de l'homme, au-delà de la petitesse universelle des temps démocratiques. Le bourgeois vit dans l'hypocrisie ; la lutte des classes ramène la vertu sur la scène publique au profit du prolétaire. Elle donne à la violence

---

1. Georges Sorel, *Réflexions sur la violence*, Ed. Marcel Rivière, rééd. 1972, préface de Claude Polin. Voir *in fine*, p. 375-389, le texte écrit par Sorel en septembre 1919 pour soutenir Lénine : « Pour Lénine ». Sur la comparaison entre Lénine et Mussolini, voir *Propos de Georges Sorel recueillis par Jean Variot*, Gallimard, 1935, p. 66 et 86.

une finalité éthique, et assimile le militant révolutionnaire au héros. Si l'homme de la grève générale a admiré
Lénine et Mussolini, c'est comme deux prodiges de la
volonté, qui ont pris en charge leurs peuples pour les
conduire à la réalisation de l'homme nouveau. Pauvre
Georges Sorel ! Lui le fils de Proudhon, lui l'anarchiste
individualiste, le voici pris d'admiration pour des fondateurs de régimes auprès desquels l'Etat bourgeois
détesté fera figure d'utopie libertaire ! Il ne voit en eux
que ce qui les apparente à ses passions et à ses idées.
Lénine est le successeur des grands tsars, aussi révolutionnaire que Pierre le Grand, aussi russe que Nicolas Ier [1]. Mussolini s'inscrit dans la tradition trahie du
Risorgimento républicain. Mariant la renaissance nationale à l'idée socialiste rendue à sa vocation révolutionnaire, ces deux « conducteurs de peuples [2] » détruisent
par la force l'ordre bourgeois au nom d'une idée plus
haute de la communauté.

En réalité, ni la terreur rouge exercée par Lénine pour
se maintenir au pouvoir ni la terreur fasciste utilisée par
Mussolini pour le conquérir n'ont grand-chose à voir
avec l'idée philosophique de la violence développée par
le théoricien de la grève générale. Plus encore que d'une
idée, toutes les deux sont nées d'un événement : la
guerre. Plus encore que les produits d'une conviction
inédite, elles font partie d'un retour général aux moyens
révolutionnaires de la domination par la peur.

La guerre a répandu partout la double habitude de la
violence et de la passivité. Elle a donné aux peuples
européens la pire des éducations politiques au moment
où elle mobilisait à son profit jusqu'au dernier citoyen.
La révolution russe, même celle de Février, ne fait pas
exception à cette règle, au contraire : mélange de débandade militaire, d'impéritie gouvernementale et d'incapacité révolutionnaire, elle ne fait paraître aucune force en
état d'instaurer un ordre constitutionnel. Elle montre la
première que l'après-guerre appartient encore aux pas-

---

1. Georges Sorel, *Réflexions sur la violence*, op. cit., p. 380-384.
2. *Propos de Georges Sorel*, op. cit., p. 86.

sions et aux expédients de la guerre. Lénine ne prend pas le pouvoir en octobre à cause de ses idées philosophiques, mais plutôt malgré elles : c'est la situation qui offre cette occasion à sa volonté inflexible, dans le plus improbable des contextes pour un marxiste. Mussolini ne triomphe pas en 1922 parce qu'il est l'homme d'une doctrine, mais parce que ses adversaires sont faibles, ou pusillanimes, ou les deux à la fois. Le monde politique de l'après-guerre, tel qu'il s'annonce à travers eux, qui s'en proclament contradictoirement les éclaireurs, n'est pas, quoi qu'ils en disent, celui de la violence sorélienne. C'est celui du gangstérisme politique, adossé au hasard de l'occasion favorable.

Le combat politique intérieur a perdu cet ensemble de règles inscrites dans les mœurs et dans les institutions qui en réglait les modalités dans l'Europe du XIXe siècle. Les ressorts passionnels qui l'animent n'ont jamais été aussi puissants et aussi universels qu'au moment où ils se trouvent émancipés des contraintes de la civilisation. La haine de l'argent, le ressentiment égalitaire ou l'humiliation nationale trouvent un écho d'autant plus vaste que les grands chefs jettent de l'huile sur le feu, jamais en reste de surenchères. Eux demeurent des tacticiens attentifs au possible, mais ils sont aussi à l'unisson des passions libérées par la guerre, qu'ils partagent et qu'ils manipulent à la fois. A l'époque où la politique en Europe prend un tour plus doctrinal, puisque bolchevisme et fascisme sont aussi des doctrines, elle devient aussi de plus en plus élémentaire ; d'abord, parce qu'elle transforme des idées en croyances ; ensuite, parce que tous les moyens y sont bons, à commencer par la tromperie et l'assassinat érigés en vertus civiques. On y tue un concitoyen comme à la guerre. Il suffit qu'il appartienne à la mauvaise classe, ou au parti opposé. La dénonciation du mensonge « formel » de la légalité débouche sur l'exercice « réel » du pouvoir arbitraire et de la terreur. Celui qui a le pouvoir s'auto-investit du même coup du droit à désigner l'adversaire qu'il faut exterminer.

On trouve ainsi, et dans le bolchevisme russe et dans le

fascisme italien, un système politique à double niveau, où coexistent une philosophie de l'histoire et une pratique politique, la première faite d'intentions et d'idées nobles, la seconde de moyens expéditifs. La première en est la poésie, la seconde la prose. Le fascisme a perdu sa poésie avec la Seconde Guerre mondiale, alors que le bolchevisme y trouvait au contraire l'occasion de faire oublier sa prose. Mais l'historien qui cherche à comprendre l'Europe de ces années ne peut ignorer que le fascisme mussolinien a été une doctrine et un espoir pour des millions d'hommes. Il n'a pas de grand ancêtre intellectuel, mais il veut aussi en finir avec le bourgeois au nom de l'homme nouveau, et d'ailleurs rassemble sous ce drapeau une grande part de l'avant-garde intellectuelle, les futuristes, les nostalgiques de l'élan du Risorgimento, Marinetti, Ungaretti, Gentile, et même Croce pendant un court moment [1].

Au service de cette ambition, les passions soulevées par le militant fasciste ne sont pas les mêmes que celles auxquelles le bolchevisme fait appel, mais elles sont de même nature. Au lieu de l'égalité sociale, voici la patrie réinventée comme une utopie communautaire, foyer renouvelé des grandes émotions collectives ; mais il y a de multiples « passages » entre l'une et l'autre de ces obsessions d'agir. Quant aux moyens, ceux que préconise ou emploie le mouvement fasciste sont déjà présents dans la panoplie bolchevique : tous sont bons, s'ils servent la cause.

Le fascisme n'est donc pas seulement réactif au bolchevisme. Il ne peut être réduit à ce rôle fonctionnel d'instrument « bourgeois ». A la question communiste : comment finir avec l'individualisme de la société moderne, comment construire une vraie communauté humaine, comment absorber l'homme privé dans l'homme public, il propose une autre réponse, tirée d'éléments culturels disparates, sur fond de désespoir italien. La doctrine n'a pas la beauté symphonique du marxisme,

1. Michel Ostenc, *Intellectuels italiens et fascisme, 1915-1939*, *op. cit.*, p. 97-207. Sur Benedetto Croce, voir les pages 242-249.

mais, comme son destin est de rallier les masses, il importe finalement peu. Il faut pouvoir lui faire dire tour à tour des choses incompatibles. Le « léninisme » a ouvert la voie : il suffit pour s'en convaincre de comparer le petit livre sur *L'Etat et la Révolution*, écrit par Lénine en 1917, à la veille d'Octobre, avec la pratique réelle des bolcheviks en matière de gouvernement démocratique, quelques mois plus tard. Le fascisme de Mussolini présente les mêmes facilités. Doctrine d'un côté, propagande et action de l'autre, il entend faire prévaloir ses idées en s'emparant par la force du pouvoir, pour instaurer une nouvelle époque de l'humanité.

Sa vraie nouveauté n'est pas dans la mobilisation d'un anticommunisme de masse, qui existe avant lui — par exemple en Allemagne à travers la social-démocratie, en Italie avec le parti chrétien-démocrate —, mais dans l'invention d'une droite révolutionnaire. Car le fascisme de cette époque est de plein droit, comme le montre Renzo De Felice [1], un mouvement révolutionnaire. Il en a l'ambition, l'idéologie et la pratique. Même après que Mussolini aura pris le pouvoir, au prix d'un compromis tactique avec les élites traditionnelles de l'Italie, même après que son régime aura trahi son mouvement, il restera un dictateur qui échappe au contrôle des classes dirigeantes et des lois. Car le régime fasciste ne cesse d'être hanté par l'idéologie du mouvement fasciste [2]. D'ailleurs son destin final, inscrit dans l'alliance fatale de 1938 avec l'Allemagne nazie, n'est décidé que par Mussolini et ses affidés, contre toute prudence « bourgeoise », et à l'exclusion de toute consultation avec les élites traditionnelles de l'Italie.

Il n'y a donc pas de raison pour réduire le fascisme, dans sa forme classique, c'est-à-dire italienne, à une sim-

1. Renzo De Felice, *Mussolini*, t. I, *Mussolini il revoluzionario*, 1965. *Cf.* aussi, du même auteur, *An Interview with Michael Ledeen*, *op. cit.*, p. 43-60.

2. Michael Ledeen, *Universal Fascism. The Theory and Practice of the Fascist International, 1928-1936*, New York, Howard Fertig, 1972.

ple négation du communisme, ou encore une contre-révolution. Ce terme consacré tire encore sa force de l'analogie avec la Révolution française ; il concède d'avance à la révolution bolchevique le titre dont celle-ci s'est emparée de façon expéditive, tout comme elle a pris le pouvoir : putsch idéologique qui n'a guère plus de substance que le mythe du gouvernement « ouvrier et paysan », mais qui exerce, comme on l'a vu, la même puissance sur les imaginations. En réalité, le fascisme, à la fois comme mouvement et comme corps d'idées, échappe aux difficultés qui ont caractérisé la définition d'une politique et d'une idéologie contre-révolutionnaires à la fin du XVIIIe et au XIXe siècle. La contre-révolution, née de la révolution, inséparable d'elle, s'était alors trouvée prise dans la contradiction d'avoir à employer pour vaincre des moyens révolutionnaires, sans pourtant pouvoir se fixer d'autre but que la restauration d'un ancien régime d'où le mal était parti : impasse soulignée par Benjamin Constant dès 1797, pour défendre le Directoire, et dont Joseph de Maistre a voulu en vain exorciser la fatalité [1]. Rien de pareil avec le fascisme. Lui n'est pas défini par réaction à une révolution, mais se pense et se veut lui-même révolution. Dira-t-on qu'il s'oppose aux principes bourgeois de 1789 ? Certes, mais ni plus ni moins violemment que le bolchevisme. Ou qu'il veut briser le bolchevisme ? Oui, mais non pas pour revenir à quelque chose de plus ancien que

---

1. Constant écrit en effet, en 1797, au chapitre 6 de sa brochure intitulée *Des réactions politiques*, en parlant de ses confrères trop enclins à critiquer — même de bonne foi — les excès de la Révolution : « Derrière ces écrivains, dont les intentions sont pures, mais que dominent des souvenirs amers, ou d'excessifs scrupules, marche, avec des vues plus vastes, des moyens mieux combinés, des projets mieux suivis, un parti montagnard de sa nature, mais montagnard pour la royauté »(*Ecrits et discours politiques*, éd. O. Pozzo di Borgo, t. I, p. 49). C'est à cette évocation d'une Terreur contre-révolutionnaire que Joseph de Maistre répond, quelques mois plus tard, par le chapitre 10 des *Considérations sur la France*, intitulé *Des prétendus dangers d'une contre-révolution* (éd. Slatkine, 1980, p. 159-184).

la révolution d'Octobre. Il possède lui aussi sa magie du futur.

Il existe en effet dans le fascisme, comme dans le communisme, une idée de l'avenir, fondée sur la critique de la modernité bourgeoise. La doctrine possède un arbre généalogique plus éclectique que le bolchevisme. Elle a fait son miel d'une multiplicité de courants et d'auteurs venus d'horizons très différents, détestant tous la bourgeoisie comme le diable. Elle s'affiche postmarxiste, et non pas prélibérale. Elle veut restaurer l'unité du peuple et de la nation contre la désagrégation de la société par l'argent. Mussolini est le médium dans lequel s'unissent tous ces éléments épars de la culture européenne d'avant 1914. Pour qu'ils cessent d'être excentriques et contradictoires, il a fallu la guerre, qui les a noués en émotions collectives. Et c'est un enfant du socialisme révolutionnaire italien qui en a inventé la musique nouvelle. Le fascisme n'est pas né seulement pour vaincre le bolchevisme, mais pour briser à jamais la division du monde bourgeois. C'est la même ambition, ou le même malheur d'être, qui porte les deux promesses et les deux mouvements. Ils escomptent des appuis différents et même contradictoires, l'un la classe, l'autre la nation, mais ils veulent conjurer la même malédiction et par les mêmes moyens.

Le fascisme n'est pas seulement un esprit, ou une doctrine, mais une stratégie, et plus encore qu'une stratégie : une volonté de pouvoir. S'emparer de l'Etat pour faire un nouveau peuple à partir de l'Etat est l'obsession de Mussolini, après avoir été celle de Lénine. Par où, curieusement, la fascination jacobine s'étend jusqu'à un pays où l'Etat est faible, presque inexistant, à la fois dans sa réalité administrative et dans la représentation que le peuple se fait de son autorité : c'est un des signes les plus spectaculaires de l'extension de la politique révolutionnaire « à la française » dans l'Europe d'après-guerre.

L'originalité du théâtre italien est de présenter pour la première fois le spectacle d'une bataille à trois dimensions : une gauche révolutionnaire, un ensemble de partis « bourgeois », une droite révolutionnaire. C'est sous cet aspect que le fascisme peut être étudié comme « réactif » au communisme, et que la thèse d'Ernst Nolte trouve sa vérité. Non que le mouvement du « Duce » joue un rôle significatif dans la défaite de ce qu'on pourrait appeler le premier bolchevisme italien, en 1919-1920. Il végète pendant la grande période d'agitation ouvrière, et reste par exemple à l'écart des occupations d'usines et de la fin sans gloire du « maximalisme » socialiste [1]. Il n'a pris aucune part à l'échec de la révolution « ouvrière », mais cet échec ouvre la voie à sa révolution « nationale ». Mussolini, à partir de l'automne 1920, développe la double stratégie qui va servir de modèle à la voie fasciste vers le pouvoir : terroriser les forces de la gauche pour faire capituler par ricochet la monarchie et la bourgeoisie. D'un côté, ses bandes armées liquident les révoltes des travailleurs agricoles de la plaine du Pô, et brûlent les Bourses du travail de la péninsule. De l'autre, le « Duce » tisse sa toile d'intrigues parlementaires, fort d'une réputation de modéré que lui font ses extrémistes, utilisant au mieux la faiblesse des libéraux coincés entre deux forces indécises, les socialistes et les « popolari ».

A la victoire des fascistes, le jeune Parti communiste italien ajoute sa contribution capitale, d'une part en faisant revivre par ses mots d'ordre le fantôme du bolchevisme, d'autre part en privilégiant dans ses attaques le parti socialiste abhorré. Nous voici aux tout débuts de l'« antifascisme ». S'il prétend être au premier rang de la bataille contre Mussolini, le Parti communiste italien, docile aux injonctions du Komintern qui vient de le porter sur ses fonts baptismaux, englobe en réalité dans le camp fasciste tout ce qui est en dehors de lui : si bien que la priorité du combat antifasciste est la liquidation du parti socialiste [2] ! Par leur surenchère verbale, les com-

---

1. Sur le sujet, en dehors des travaux de R. De Felice, déjà cités, il existe en français l'ouvrage d'Angelo Tasca : *Naissance du fascisme, l'Italie de l'armistice à la marche sur Rome*, Paris, Gallimard, 1938 ; rééd. 1967 (préface Ignazio Silone).

2. *Ibid.*, p. 182 : « Pratiquement, ils (les communistes) luttent contre les fascistes ni plus ni moins que les autres, mais leur position constitue pour le fascisme un appoint inappréciable. Pour eux,

munistes laissent en fait la voie libre à Mussolini. Si la question posée est « fascisme ou communisme », l'alternative cache sous une apparence de radicalisme un consentement de fait à la victoire provisoire du fascisme.

La « marche sur Rome » d'octobre 1922 semble donner raison à la thèse du Komintern, puisque cette pantalonnade militaire signe l'abdication du roi et des partis libéraux devant les bandes des « squadristi », comme si les deux camps étaient mus par une connivence secrète. En apparence, Mussolini est porté au pouvoir par les partis bourgeois. Pourtant cette apparence cache une réalité très différente. Dans ce qu'il a de prévisible, le succès du dictateur est acquis dans les années qui précèdent la mise en scène de la marche sur Rome. Et dans ce qu'il a de consenti, il traduit l'ignorance et l'incapacité plus que la complicité.

Car le fascisme a conquis le pouvoir avant de l'avoir reçu. Si Mussolini est si fort à l'automne 1922, c'est que ses troupes règnent depuis de longs mois sur de vastes régions du pays. S'il paraît si inévitable aux augures de la politique italienne, c'est qu'il a réussi à se faire dans l'opinion une place assez vaste pour incarner un renouvellement de l'Etat. Ses bandes paramilitaires règnent plus, il est vrai, par la violence que par les idées. Mais lui a su s'en détacher pour prendre une figure plus politique ; et la terreur, si elle permet de garder le pouvoir, ne suffit jamais à le prendre. La force de Mussolini n'est que secondairement dans ses bandes armées, de même qu'à l'autre extrémité du mouvement elle ne tient qu'accessoirement à ses talents politiciens. Ce qui la rend si formidable relève d'un autre ordre : c'est sa capacité à donner à une guerre à moitié gagnée, donc à moitié perdue, un prolongement national fort, en prenant appui, pour

tout est fascisme : l'Etat, la bourgeoisie, la démocratie, les socialistes. Mettre tout dans le même sac, cela "simplifiera" la lutte. On n'aura pas à mesurer et à diriger les coups. En réalité, les communistes ne mènent de lutte sérieusement et à fond que contre les socialistes : c'est là qu'ils ramassent leurs lauriers, dans un jeu serré de concurrence et de surenchère. »

l'inverser, sur la poussée révolutionnaire maximaliste de 1919-1920.

En ce sens, le fascisme italien sort bien du communisme. La frustration nationaliste n'eût pas suffi à faire Mussolini. Il y a fallu l'adjuvant essentiel d'un anticommunisme capable de capter à son profit la force adverse détournée de son objectif. Par là, le fascisme échappe au conservatisme. Il offre à la droite, avec la passion d'aller au peuple sur des thèmes renouvelés, les secrets de propagande du bolchevisme et l'idée d'une autre révolution, faite celle-là au nom de la nation. L'énergie qu'il a reçue de la guerre est redoublée par celle qu'il récupère de la défaite rouge, dont les ruines ont formé son berceau.

Plus tard dans le siècle, quand Mussolini aura été vaincu, et plus encore déshonoré par l'amitié de Hitler, quand les communistes vainqueurs auront imposé rétrospectivement leur interprétation des événements, plus personne ne pourra comprendre que le fascisme a été autre chose que la version terroriste de la domination bourgeoise : une promesse, un espoir populaire. Car il suffira qu'il ait été anticommuniste pour apparaître comme un jouet du grand capital, comme si la passion anticommuniste ne pouvait s'alimenter qu'à l'intérêt, ou à la tromperie, et ne conduire qu'à la dictature. Ou comme si les égoïsmes bourgeois étaient par définition incapables de croiser dans l'histoire du siècle des causes moins intéressées, comme celle de la démocratie. L'interprétation communiste du fascisme, qui a dominé le dernier demi-siècle, a masqué la nature du phénomène, et son indépendance, soit dans ses rapports avec le monde bourgeois, soit dans sa complicité conflictuelle avec le bolchevisme.

L'exemple italien — le premier en date — est pourtant clair. En octobre 1922, l'« establishment » politique italien a deux raisons pour faire « l'expérience » Mussolini. La première est que le mouvement fasciste mobilise l'opinion et occupe le terrain. La seconde est que le « Duce » a infléchi son discours à droite et peut ainsi alimenter l'espoir qu'il est récupérable dans le cadre du système existant. Le vieux sage de la politique italienne, l'inusable Giolitti, conscient de la faiblesse croissante de l'Etat libéral italien, pense l'utiliser pour contrer les socialistes et les « popolari », qui l'empêchent de gouverner « comme avant ». Mais de cet épisode qui n'est pas sans ressemblance avec l'accession de Hitler au pouvoir, dix ans plus tard, c'est Giolitti la dupe, et non Mussolini. Car le chef fasciste n'a pas pris le pouvoir, grâce à un mélange de pression et de ruse, pour consolider ou sauver le régime, mais pour l'anéantir. Loin d'être intégré dans les partis parlementaires, c'est lui, muni des pleins pouvoirs, qui les intègre à son combat : les violences des milices fascistes contre les communistes et contre la gauche socialiste sont désormais légales. Fort d'une loi électorale sur mesure, qui accorde à la liste arrivée en tête deux tiers des sièges à la Chambre des députés, le parti fasciste règne là aussi en avril 1924. La crise provoquée par le meurtre de Matteotti en juin n'arrête qu'un instant le procès de fascisation, que couronne en 1928 la substitution du Grand Conseil fasciste au Parlement.

Ainsi l'intronisation gouvernementale de Mussolini a-t-elle trompé toutes les attentes de Giolitti et des politiciens libéraux ou démocrates-chrétiens [1]. Eux croyaient apprivoiser le révolutionnaire, qui avait paru se prêter à l'exercice. Mais lui, à peine au pouvoir, poursuit son idée révolutionnaire, si on accepte d'appliquer l'adjectif à un projet de domination absolue de l'Etat, conçu lui-même comme enveloppant le tout de la société. En réalité, ce que Giolitti n'a pas compris est aussi ce qui échappe aux communistes : la nouveauté de l'entreprise, qui la rend irréductible aux précédents, est particulièrement mystérieuse aux libéraux et aux marxistes. Car les libéraux comme les marxistes ont pour fondement de leurs analyses l'homme de l'économie politique, acteur central de la société moderne. Les premiers ont du mal à concevoir qu'un politicien anticommuniste, si démagogue qu'il soit, ne finisse pas par redonner leur rôle politique aux classes possédantes, à travers un compromis avec le système représentatif. Les

---

1. Federico Chabod, *A History of Italian Fascism, op. cit.*

seconds croient aveuglément à la détermination par
l'infrastructure : si Mussolini est installé au pouvoir par
les hommes de la bourgeoisie, c'est qu'il est devenu le
meilleur rempart contre la menace révolutionnaire, et
qu'il ne peut être que la marionnette du capital. Personne
n'a pris au sérieux la critique fasciste de l'économie politique, enveloppée dans le culte de la volonté politique : or
c'est cette critique que Mussolini met en scène à partir
de 1922.

Car le mystère du fascisme italien, comme l'a bien vu
De Felice, n'est pas que le monde de l'argent lui ait donné
un coup de main, ou que des politiciens libéraux lui aient
frayé un moment la route [1]. Rien n'est plus simple à
comprendre que cette pusillanimité bourgeoise. Mais
celle-ci ne dit rien sur les deux grandes causes de la
dictature fasciste. D'abord, le succès de sa prédication
idéologique sur les masses, qui a rendu crédible sa prétention à gouverner. Ensuite, et plus encore, son autonomie politique : la surprise n'est pas dans ses compromis
avec la bourgeoisie, mais dans son indépendance par
rapport à elle. L'étonnant est qu'une fois installé au pouvoir, avec l'aide des partis bourgeois, Mussolini reste
fidèle à sa volonté de liquider les partis bourgeois, et
d'instaurer son pouvoir absolu sur un Etat absolu, pour
accomplir son idée de la nation et de la société. Il n'y
réussira que partiellement, et l'Etat mussolinien ne sera
jamais aussi « totalitaire » que celui de Hitler ou de Staline, bien que le mot ait été inventé en Italie [2]. Mais que
la société civile ait pu y sauvegarder une part de sa liberté
ne signifie pas que le pouvoir ait pu y être le moindrement partagé. Mussolini en est le maître unique (et
d'ailleurs populaire) à partir de 1925-1928 ; dans l'ordre
politique, le roi, la bourgeoisie, tout l'encadrement traditionnel du royaume ont été dépossédés de la décision.

1. Renzo De Felice, *Le Fascisme*, interview par Michael
A. Ledeen, *op. cit.*, p. 63.
2. Le contraste est noté, à chaud, par Karl Löwith, à l'occasion
d'un séjour en Italie en 1934-1936. *Cf.* Karl Löwith, *Ma vie en
Allemagne avant et après 1933*, Hachette, 1986, p. 108-109.

L'anticommunisme n'explique pas grand-chose des circonstances particulières de l'avènement de Musso-lini, puisque le danger « communiste » a été écarté depuis longtemps quand le dictateur devient chef de gouvernement. De même, il ne permet pas de saisir pour-quoi les classes dirigeantes sont écartées du pouvoir en quelques années, et pourquoi Mussolini trompe si victo-rieusement à son profit leurs espoirs d'un compromis. Il faut pour le comprendre cesser de rabattre le fascisme sur la bourgeoisie, et restituer au mouvement sa dimen-sion inédite de révolution politique. Si le bolchevisme constitue bien la toile de fond sur laquelle émerge le fascisme, ce n'est pas parce qu'il rapproche politiciens bourgeois et politiciens fascistes, car ce trait provisoire et circonstanciel ne dit rien sur la durée du fascisme ni sur sa popularité. Ce qui est apparu avec le bolchevisme est d'un autre ordre que celui de la manipulation et de l'instrumentalité : c'est une nouvelle dignité du politi-que, un territoire neuf offert à l'imagination, un ancrage plus profond de la passion révolutionnaire. Le fascisme s'est inscrit dans cet espace comme une réalité symétri-que et inverse. N'eût-il été qu'un moyen de contenir ou d'anéantir le bolchevisme, il n'eût pas laissé dans le siècle cette trace éclatante et lugubre. De même que Lénine a remis la révolution au cœur de la gauche européenne, Mussolini l'apporte à la droite, en cadeau de retrou-vailles avec le peuple. De là naît un antagonisme d'autant plus formidable qu'il se nourrit d'une croyance com-mune à la transformation du monde par l'action mili-tante. Il ne laisse la place qu'aux partisans et aux adver-saires, aux justes et aux salauds. Les deux camps ennemis se haïssent non seulement par ce qui les sépare, mais par ce qui les rapproche.

Je ne connais pas de témoignage plus mélancolique sur cette double exaltation, à la fois futile et féroce, que le récit de Pierre Pascal auquel j'ai déjà fait allusion [1]. C'est un jour de 1927, à Moscou, à l'occasion d'une visite d'Angelo Tasca, arrivant de son Italie natale. Pascal, à

---

1. *Cf. supra*, p. 265.

cette époque, n'est plus que le témoin désenchanté d'une révolution russe qui a tourné au despotisme policier. Tasca, lui, militant du parti socialiste italien d'avant-guerre, est devenu un homme de la IIIᵉ Internationale, et il est encore dans sa période de foi : « C'est un de ces Italiens pleins d'ardeur, écrit Pascal, sympathiques par leur sincérité, mais avec peu d'esprit critique. Il nous conte quelques souvenirs de Mussolini, dont il a été un des disciples, un agent électoral même, avant la guerre... Sur le régime italien, il rapporte naïvement quantité de faits qui me donnent une envie folle d'éclater de rire, tant ils dépeignent le régime moscovite : les journaux mentent systématiquement, le public a perdu le souvenir de ce qu'est la vérité, le pouvoir en est arrivé à se prendre à son propre mensonge. Dans les prisons, les journaux sont interdits, sauf le *Popolo d'Italia* [1]. Dans l'armée, on donne une éducation fasciste. Mussolini, dans un discours récent, divise la population en trois : fascistes, philo-fascistes, et "a-fascistes" ("sans parti") [2]... »

Ainsi, les promesses de la révolution n'étaient pas les mêmes dans chaque camp, mais les deux régimes sont comparables, identiques presque, après quelques années d'existence... Les uns ont fusillé les bourgeois, les autres ont cassé la tête aux ouvriers, mais les uns et les autres ont inventé le gouvernement du parti unique et le mensonge de l'unité du peuple. En décrivant le fascisme mussolinien, Tasca ne sait pas encore qu'il décrit aussi la scène politique de Moscou et jusqu'à son vocabulaire. Pascal ne peut pas le lui dire, qui a appris d'expérience le poids de l'auto-aveuglement et le prix du silence. Cette rencontre de 1927 à Moscou contient très tôt l'inavouable du siècle.

*

Mais la victoire de Mussolini n'est qu'une préface. Dix ans après « la marche sur Rome », le drame se joue sur un plus vaste théâtre, autour d'enjeux plus lourds. Au

---

1. Le *Popolo d'Italia* est le journal de Mussolini.
2. Pierre Pascal, *Mon journal de Russie, op. cit.*, t. IV, p. 28-29.

moment où Staline assied définitivement son pouvoir, Hitler fait main basse sur l'Allemagne. Au livre des rapports entre communisme et fascisme, ce sont les deux grands monstres du siècle qui apportent la matière principale.

On peut pour le comprendre partir d'un constat devenu classique : le bolchevisme stalinisé et le national-socialisme constituent les deux exemples des régimes totalitaires du XXe siècle. Non seulement ils sont comparables, mais ils forment en quelque sorte à eux deux une catégorie politique qui a gagné droit de cité depuis Hannah Arendt. J'entends bien que l'acceptation n'est pas universelle, mais je ne vois pas qu'il ait été proposé de concept plus opératoire pour définir des régimes où une société atomisée, faite d'individus systématiquement privés de liens politiques, est soumise au pouvoir « total » d'un parti idéologique et de son chef. Comme il s'agit d'un idéal type, l'idée n'entraîne pas que ces régimes soient identiques ou même comparables sous tous les rapports ; elle n'indique pas non plus que le trait considéré soit également accentué tout au long de leur histoire. L'Allemagne de Hitler et la Russie de Staline sont des univers différents. Et l'Allemagne nazie est moins totalitaire en 1937 qu'en 1942, alors que la terreur stalinienne bat son plein avant et après la guerre plus encore que pendant. Mais il n'empêche que les deux régimes, et eux seuls, ont en commun d'avoir mis en œuvre la destruction de l'ordre civil par la soumission absolue des individus à l'idéologie et à la Terreur du Parti-Etat. Dans les deux cas, et dans ces deux cas seuls, la mythologie de l'unité du peuple dans et par le Parti-Etat, sous la conduite du Guide infaillible, a fait des millions de victimes et présidé à un désastre si complet qu'elle a brisé l'histoire des deux nations, l'allemande et la russe, au point d'en rendre la continuité presque impensable. Hitler et Staline sont montés si haut dans l'échelle du mal que leur mystère résiste au pauvre répertoire causal de l'historien. Aucune configuration de causes et de conséquences n'apparaît d'un poids suffisant pour rendre compte de catastrophes de cette dimension.

Au moins peut-on tenter d'en cerner ce qui est intelligible.

Il est vrai que la parenté des deux régimes sous l'angle « totalitaire » dément l'apparente simplicité du contraste selon l'idéologie. L'Allemagne nazie appartient à la famille des régimes fascistes, et la Russie de Staline à la tradition bolchevique. Hitler a imité Mussolini, alors que Staline a suivi Lénine. Ce classement tire sa force de l'histoire des idées ou de celle des intentions, puisqu'il distingue deux ambitions révolutionnaires, l'une fondée sur le particulier, la nation ou la race, l'autre sur l'universel, si l'émancipation du prolétariat préfigure celle de l'humanité tout entière. Cette opposition classique, terme à terme, entre les deux idéologies, n'empêche pas l'une et l'autre, l'une comme l'autre, de constituer des systèmes clos d'interprétation immanente de l'histoire humaine, destinés à offrir à chacun quelque chose comme un salut, en face des misères de l'égoïsme bourgeois. Mais, si leur parenté a été le secret de leur complicité, leur antagonisme a donné tout son éclat à leur affrontement. La Seconde Guerre mondiale, après avoir illustré leur complicité, a été le théâtre de leur affrontement, dont elle a finalement reçu son sens.

Pourtant, l'« antifascisme » ne donne de l'histoire du siècle qu'une version polémique. Il interdit la comparabilité entre régimes communistes et régimes fascistes, du point de vue de la démocratie libérale. Plus précisément, il tend à interdire à la fois la comparaison entre Hitler et Staline, et la distinction entre Hitler et Mussolini. Car d'une part les deux régimes hitlérien et stalinien sont les deux seuls régimes vraiment « orwelliens » du siècle, et de l'autre le fascisme italien n'appartient pas sous ce rapport à la même catégorie que le nazisme : il n'en a pas la capacité totalitaire, il ne détruit pas l'Etat, il le dirige ; enfin, il ne fabrique pas, loin s'en faut, un désastre national de même ordre [1]. On peut d'ailleurs se

---

1. Je suis sur ce point les travaux de R. De Felice, déjà cités. La même idée se trouve chez Karl Dietrich Bracher, *La Dictature allemande*, trad. par Frank Straschitz, Privat, 1986 (*Die Deutsche Diktatur*, Verlag Kiepenheuer und Witsch Köln, 1969 et 1980), p. 18-20,

demander si la différence n'est pas inscrite aussi dans le registre des idées et des intentions : car, si Mussolini et Hitler peuvent bien se réclamer, en partie au moins, des mêmes idées, il reste que Hitler a inscrit le mot « race » en tête de son credo tandis que Mussolini n'est pas essentiellement raciste [1]. Même après son ralliement rétif et tardif au racisme hitlérien, la persécution antisémite en Italie n'est comparable ni en échelle ni même en nature avec les crimes de Hitler.

En revanche, au chapitre des idées, même l'opposition fascisme-communisme n'est pas si claire qu'on le croit souvent, pour peu qu'on accepte d'entrer dans l'articulation de ces idées avec les régimes particuliers qui s'en réclament. Avec Lénine et Mussolini, l'affrontement entre classe et nation, qui sonne comme un redoublement des idéologies politiques fin de siècle, est moins radical qu'il n'y paraît, puisque les deux hommes viennent de la tradition révolutionnaire socialiste, et que Mussolini n'abdiquera pas la prétention du fascisme italien à l'universalisme [2]. Hitler seul s'installera avec cynisme dans le culte du particulier, au nom de la race supérieure. Quant au bolchevisme, la victoire des hommes du « socialisme dans un seul pays » imprime au mouvement une dérive nationale, pour ne pas dire nationaliste, qui s'incarne en Staline et s'affirmera au cours

et chez Hannah Arendt, *L'Impérialisme, op. cit.*, p. 222-225 ; Ernst Nolte (*Les Mouvements fascistes, op. cit.*, p. 93-96) range au contraire le fascisme italien dans les régimes totalitaires, dans la mesure où l'État a été tout entier investi par Mussolini et son parti.

1. On peut consulter sur ce point, en dehors des ouvrages déjà cités : Meir Michaelis, *Mussolini and the Jews*, The Clarendon Press, Oxford, 1978. Mussolini reste longtemps hostile au racisme hitlérien, sur lequel il s'exprime à plusieurs reprises en termes très vifs. Il ne se résout à intégrer l'idée de race à la doctrine fasciste qu'en juillet 1938, comme une conséquence de sa diplomatie. Encore les lois antisémites italiennes de 1938-1939 resteront-elles peu appliquées. La catastrophe du judaïsme italien (qui atteint un cinquième des quarante mille Juifs italiens, alors que six mille d'entre eux émigrent) est postérieure à la chute de Mussolini en juillet 1943. Elle survient du fait des Allemands, désormais maîtres de l'Italie du Nord.

2. *Cf.* Michael Ledeen, *Universal Fascism, op. cit.*

des ans : l'émancipation du prolétariat international a pour préalable la victoire de la Russie. L'Union soviétique reste inséparable d'une ambition universaliste, mais l'instrument de cette ambition est désormais clairement détaché de sa fin. Ce qui, après tout, n'est pas si différent de ce que disent les idéalistes du fascisme italien.

A toutes les raisons de faire un sort particulier à l'histoire du rapport entre communisme stalinien et national-socialisme allemand, il faut ajouter la considération des ensembles, leur voisinage, leur dimension et leur puissance ; et tenir compte enfin de la priorité que n'a cessé d'avoir la question allemande dans l'esprit des bolcheviks, comme du privilège de mépris affiché dans *Mein Kampf* par Hitler à l'égard de la Russie et des Slaves en général. Bien que situés aux deux extrêmes du paysage idéologique européen, Staline et Hitler ont en commun des passions monstrueuses, et un même adversaire. Je n'entreprendrai pas ici d'esquisser leurs portraits, puisque ceux-ci viennent d'être peints en pied : un grand historien anglais vient d'écrire leurs vies parallèles [1], comme un Plutarque tourné vers la grandeur du mal, tant il est devenu clair que ces deux biographies nouées contiennent par excellence l'horreur du siècle.

Cette histoire a une préhistoire, mal partie déjà, on l'a vu : avec l'Allemagne, les bolcheviks n'ont cessé de chercher des complicités, et n'ont rencontré que des échecs. Ils y ont vu la condition et la garantie de la révolution prolétarienne en Europe, et ils y ont trouvé le démenti radical de leurs prévisions et de leurs espoirs. Ils ont été trompés à la fois par leur idéologie et leur expérience. Le « défaitisme révolutionnaire » qu'avait préconisé Lénine, joint à la désagrégation de l'armée du tsar, les avait mis au pouvoir. Mais la recette ne marche pas en Allemagne. La défaite militaire y a bien bouleversé de fond en comble le régime politique, mais elle y a d'autant moins porté le peuple vers la révolution communiste que le précédent bolchevique a mobilisé contre lui les restes

1. Alan Bullock, *Hitler and Staline. Parallel Lives*, A. Knoff, New York, 1992 ; trad. : *Hitler et Staline. Vies parallèles*, Albin Michel-Robert Laffont, 1994, 2 vol.

de l'armée et les gros bataillons de la classe ouvrière, restés fidèles au vieux drapeau de la social-démocratie. L'échec de la « révolution » de 1919 l'a montré : loin d'être en Allemagne un élément de mobilisation massive du peuple, l'ombre des Soviets unit au contraire contre elle ce qui reste du corps des officiers et leurs ennemis jurés sociaux-démocrates. Ces vieux adversaires conservent pourtant, les uns vis-à-vis des autres, et à juste titre, toutes leurs préventions : ils n'ont pas la même vision de l'avenir national. Mais, pris dans la polarisation politique créée par le spectre d'une révolution à la bolchevique, ils s'unissent pour conjurer le hasard de cette aventure et rester maîtres du futur.

La Russie s'était défaite plus qu'elle n'avait été à proprement parler vaincue. Au contraire, l'Allemagne était vaincue mais n'était pas « défaite ». Et le sentiment public qui survivait à cette guerre perdue était plus que jamais celui de la nation : ce constat contient tout le secret de l'échec bolchevique en Allemagne. C'est si vrai que, dans les années qui suivent 1919, Lénine et le Komintern ont fait une place, dans leur stratégie, à la misère nationale allemande : celle-ci pourrait être canalisée contre l'impérialisme français, sorti vainqueur du conflit. Mais, loin de parvenir à bolcheviser le nationalisme allemand, cette stratégie accrédite plutôt l'idée d'un socialisme nationaliste, hostile à la fois à Moscou et à Paris. Quand l'envoyé spécial du Komintern en Allemagne, Radek, salue l'héroïsme du jeune nazi Schlageter, fusillé par les Français en mai 1923 pour « sabotage [1] », il fait moins avancer la cause de la révolution prolétarienne qu'il ne donne une caution supplémentaire à l'idée mère du nationalisme.

Car l'Allemagne d'après-guerre est un peu comme l'Italie, dans une version plus radicale et plus tragique. La fin de l'Etat constitutionnel et de la monarchie

---

1. Le 9 mai 1923, un tribunal militaire français avait condamné à mort le lieutenant Schlageter, vétéran des corps francs et chef d'un commando de combat contre l'occupation française. L'exécution de Schlageter, le 26 mai, provoqua une vaste indignation en Allemagne.

mi-bourgeoise mi-aristocratique y a été consommée sur
les champs de bataille où se sont affrontés les peuples
armés. Victorieux, l'Empire allemand d'après-guerre
aurait eu à faire leur place à ses innombrables soldats
rescapés de Verdun et de la Somme, plèbe unifiée par la
guerre de tranchées, en quête d'un ordre politique qui fût
à la hauteur de ses sacrifices. Vaincu, disparaissant dans
le désastre militaire, il n'est plus en mesure de rendre
compte du sens de la guerre, et il ne laisse pas d'héritier
légal capable de répondre à cette question fondamentale. En effet, le gouvernement des sociaux-démocrates,
qui succède au Kaiser par la force des choses, dans la
tourmente de la défaite, représente des hommes qui ont
fait la guerre sans l'aimer et sans la haïr : position
médiane qui avait pu avoir sa logique, inconsciente ou
assumée, chez beaucoup de combattants, mais qui
désarmait les responsables à l'heure des comptes.
Ceux-ci n'avaient pas non plus la ressource d'invoquer la
démocratie wilsonienne comme finalité du conflit, car
c'était l'argument des vainqueurs. Eux, qui formaient le
gouvernement des vaincus, étaient socialistes : le socialisme avait en Allemagne des racines plus profondes que
la démocratie.

Or, la réponse « socialiste » à la question du sens de la
guerre était venue d'ailleurs : de la révolution d'Octobre.
Pour en combattre la force révolutionnaire, pour sauver
l'Allemagne d'une impasse bolcheviste, il n'aurait pas
suffi aux sociaux-démocrates de prendre appui sur les
débris d'une armée traditionnelle. Ce qui a vaincu le
bolchevisme avec eux, dans ces années, c'est moins l'état-
major de la tradition qu'une autre force révolutionnaire,
à droite celle-là, sortie de la guerre : ces groupes militaires ou paramilitaires nés du désastre allemand et indispensables à la nouvelle République. Ils ont un esprit tout
différent de l'ancienne armée, forgé dans la camaraderie
des tranchées et des combats : égalitaire alors qu'elle
était hiérarchique, communautaire alors qu'elle était
« castifiée », indépendant alors qu'elle ne savait qu'obéir.
Ils méprisent la loi, si elle est produite par un Parlement ;
ils détestent la politique, si elle est faite par des représen-

tants du peuple : sentiments qui auraient pu les rapprocher des bolcheviks, s'ils n'avaient pas été séparés d'eux
par le plus infranchissable des gouffres, celui du sang
versé à la guerre.

De fait, ils partagent avec les bolcheviks la force de la
conviction révolutionnaire. Mais ils en apportent le
bénéfice à l'idée nationale, au lieu d'en faire l'instrument
du renversement de l'ordre social. C'est pourquoi les
bolcheviks viennent en tête dans l'échelle de leurs détestations : eux, à la différence des socialistes, affichent une
interprétation de la guerre, et cette interprétation,
d'autant plus dangereuse qu'elle est forte de leur énergie
révolutionnaire, mène droit à la négation de l'Allemagne.
C'est contre eux d'abord que des hommes des corps
francs et des multiples associations nationalistes ont à
marteler que la guerre a été perdue parce que l'Allemagne a été trahie ; mais que l'Allemagne finira par vaincre
ses ennemis de l'intérieur pour accomplir ce qui a été
interrompu par leur trahison. Au moment où l'idée révolutionnaire vient au secours du conservatisme allemand
pour lui rallier des passions nouvelles, la légende du
coup de poignard dans le dos lui fournit sa représentation de l'ennemi.

Au fond, la guerre a radicalisé l'idée de la mission
particulière de l'Allemagne dans l'histoire, et la défaite
ne l'a pas éteinte. Au contraire, elle lui a donné un éclat
nouveau, qui lui vient à la fois du malheur national et de
la menace bolchevique. Dans ce nouveau duel de la
« Kultur » contre la « Zivilisation », les socialistes n'ont
pas grand-chose à dire, et leur faiblesse spirituelle et
politique est un des grands drames de l'époque. En tant
que démocrates, et principaux soutiens de la République
de Weimar, ils incarnent tout comme le Centre catholique un destin occidental de l'Allemagne, du côté de la
« Zivilisation » ; mais ce destin, constamment contesté
dans la tradition nationale, coïncide en plus avec le ralliement aux vainqueurs. En tant que socialistes, ils sont
issus du même rameau que les bolcheviks russes, et, bien
qu'exposés sans cesse à leur haine et à leurs coups, ils ne
les combattent qu'avec mauvaise conscience, comme

divisés à l'intérieur d'eux-mêmes. Ils sont trop marxistes pour ce qu'ils assument de bourgeois, trop bourgeois pour ce qu'ils conservent de marxiste : haïs ou méprisés et par les communistes et par la droite révolutionnaire. Si bien que même leurs victoires politiques de 1919-1923, non seulement sur le bolchevisme, mais aussi sur les nationalistes, ne donneront à la République aucun surcroît de légitimité.

C'est dans ce contexte que le corps d'idées et de représentations mis en circulation par Hitler est intelligible. Hitler a mariné pendant toute la période d'après-guerre dans ce foisonnement d'organisations nationalistes et révolutionnaires, au nom du petit Parti ouvrier allemand national-socialiste dont il est devenu le chef. Il n'a pas, comme Mussolini, de passé politique. Il n'est pas, comme Staline, l'héritier d'un parti ou d'un système. Rien n'a existé dans sa vie antérieure que ce qui l'a rendue pareille aux autres : l'époque, c'est-à-dire l'avant-guerre et la guerre, est passée à travers lui, ce qui peut être une définition de l'anonymat. Après la guerre encore, cet homme de la foule ne se distingue d'elle que par une surenchère sur les passions collectives : nul n'a intériorisé comme lui l'accusation contre les « criminels de novembre » ou les signataires du traité de Versailles. Si bien que l'historien, rechignant à imputer à un homme si ordinaire les crimes si extraordinaires qui marqueront son règne, peut être tenté de ne lui assigner qu'un rôle contingent et secondaire : Hitler incarnerait, à travers le hasard des circonstances, la fatalité abstraite et formidable d'un capitalisme moribond et d'autant plus féroce. Il y a bien des raisons, comme nous le verrons, qui ont donné consistance à une interprétation aussi saugrenue. Mais l'une d'entre elles tient à ce qu'il a fallu conjurer l'énigme de l'insignifiance d'un homme rapportée au caractère cataclysmique de son action.

Plus qu'au capitalisme, Hitler a donné une voix aux passions allemandes d'après la défaite. Ce qui l'a mené au pouvoir avant toute chose, lui parti de si bas, lui si improbable chancelier, c'est sa capacité à incarner des idées et des peurs communes à des millions d'hommes. Il a maudit la démocratie en termes démocratiques. Il l'a détruite au nom du peuple. Rien de moins obscur ou ignoré que son programme de dictature, puisqu'il en a fait à la fois l'exposé livresque et la base de sa prédication. *Mein Kampf* est ainsi le moins mauvais moyen d'entrer dans l'énigme de son triomphe [1]. Car, pour tenter de saisir ce qui a fabriqué Hitler, l'étude de la fascination exercée sur les passions par les idées est un guide plus sûr que l'analyse des intérêts.

D'ailleurs, il l'a dit lui-même, en parlant de la « popularité » comme du premier fondement de l'autorité [2]. Il a su d'instinct le plus grand secret de la politique : que la pire des tyrannies a besoin du consentement des tyrannisés, et si possible de leur enthousiasme. Secret vieux comme le monde, auquel les temps démocratiques donnent une force particulière, puisque l'opinion y est la condition de tout : l'idéologie est ce qui permet d'unir par des sentiments partagés les citoyens isolés, et de leur faire reconnaître pour chef celui qui sait en traduire les impératifs en émotions collectives. A cet égard, Hitler est l'idéologue pur, n'attachant à son discours que des ambitions de manipulation et de pouvoir (nihiliste radical en ce sens) et pourtant tout entier dans ce qu'il dit, partageant avec la foule de ses partisans la croyance à ce qu'il prophétise. Il a proclamé d'avance ce qu'il a fait, même le pire, ce qui ajoute un élément dc mystère à son succès. Lcs bolcheviks, eux, avaient pris le pouvoir en Russie au nom de mots d'ordre qui n'étaient pas les leurs, comme « la terre aux paysans », quitte à mettre en œuvre ensuite, une fois au pouvoir, les différents points de leur idéologie. Lui n'a cessé d'annoncer la couleur. Il y a peu

1. Il importe peu que le livre ait été écrit après l'échec de son putsch bavarois, lors de son emprisonnement (1924), en ce qui concerne le premier tome, et le second un peu après. Car il systématise la pensée de Hitler plus qu'il ne lui imprime d'orientation nouvelle. On trouverait sans trop de peine les mêmes grands thèmes dans les discours d'avant 1924, ou dans ceux d'après.

2. Adolf Hitler, *Mein Kampf*, Munich, Franz Eher, 1925 ; trad. Nouvelles Editions latines, 1934 ; rééd. 1979, vol. II, chap. 9, p. 514.

d'exemples d'une action historique aussi programmée par l'idéologie [1], du début à la fin.

Non que l'idéologie d'Hitler n'ait une part de ses origines dans des idées savantes, comme toutes celles du siècle. C'est aussi le cas, en effet, du léninisme, dans sa modalité primitive ou sous sa forme stalinienne. Mais, chez les bolcheviks, l'ascendance intellectuelle est unique, et Lénine comme Staline peuvent toujours chercher refuge dans Marx, inépuisable caution économique, historique, philosophique. Rien de pareil avec Hitler. L'homme n'a pas de grand philosophe assigné et ne réclame d'ailleurs pas d'ancêtres. Il se suffit à lui-même. Il s'est installé tout seul dans le rôle que les écrivains romantiques s'étaient donné un siècle auparavant : être le médiateur entre le peuple et les idées [2].

De ce fait, il dévalue d'avance toutes les idées dont il se

---

1. La meilleure introduction générale au sujet est : Karl Dietrich Bracher, *The Age of Ideologies. A History of Political Thought in the XXth Century,* trad. Ewald Osers, New York, St Martin's Press, 1984 (*Zeit der Ideologien,* Stuttgart, 1982).

2. De là vient que les écrivains et les philosophes de la droite révolutionnaire allemande accompagneront, un peu plus tard, les victoires du nazisme plus qu'ils n'y engloutiront leurs idées et leur œuvre. Témoins, Carl Schmitt, Spengler, Jünger. Mais le cas le plus célèbre est celui de Heidegger. Par la publication de *L'Etre et le Temps,* le philosophe a donné l'allure d'un coup d'Etat philosophique au rejet de toute la tradition — la haine du moderne et de la « Zivilisation » a pris la forme radicale d'une négation de la métaphysique occidentale, jointe non pas à une nostalgie de la société « organique », mais à la volonté de fonder une nouvelle existence héroïque, arrachée à l'inauthentique. Dans son « Discours du rectorat », Heidegger a lui-même donné créance aux analogies politiques que son poème philosophique ouvrait à l'imagination des contemporains. Car, pour offrir à Hitler la bénédiction du philosophe, il ne lui restait plus, commente Karl Löwith, qu'« à sortir de l'isolement encore semi-religieux et à transposer le *Dasein* "propre à chacun" et son devoir en *Dasein* proprement allemand, avec son destin historique, pour introduire, dans le mouvement général de la vie allemande, la course à vide des catégories de l'existence ("se décider pour soi-même", "s'en tenir à soi devant le néant", "vouloir son destin", et "s'en remettre à soi-même") pour se mettre à pratiquer la destruction sur une base politique » *Ma vie en Allemagne avant et après 1933, op. cit.,* p. 48. *Cf.* Richard Wolin, *La Politique de l'être, la pensée politique de Martin Heidegger,* Kimé, 1992.

sert, par la raison seule qu'il s'en sert. Personnage de la foule, s'adressant à la foule, il s'approprie en primitif les richesses du passé en les déracinant à son gré, c'est-à-dire en les réinventant. Il est l'homme d'une nation arrachée à sa tradition par la guerre perdue : d'une Allemagne de la table rase. Car les Allemands ont passionnément voulu jouer toute leur histoire sur la guerre. La défaite les a comme amputés d'eux-mêmes, sans leur offrir d'avenir où ils se reconnaissent. Elle n'a pu leur offrir que l'arrivée tardive des « idées de 1789 », réputées si étrangères à l'esprit national. Etranger, le bolchevisme, produit russe, l'est sans doute davantage encore, fils primitif de la Révolution française, malgré la connivence russo-allemande qui peut naître de la haine commune de l'impérialisme français. Quant aux « idées de 1914 », elles survivent dans les corps francs au démenti de l'histoire, mais devenues des caricatures d'elles-mêmes, et des brandons de guerre civile. La société allemande est devenue démocratique au moment où elle a perdu son centre de gravité national. C'est cette situation qui forme le socle de l'idéologie hitlérienne, beaucoup plus que Wagner ou Nietzsche.

Aussi bien n'essaierai-je pas d'inventorier les auteurs ou les idées qui font l'objet d'un réemploi à l'intérieur de cette idéologie, sans que d'ailleurs Hitler cite jamais personne, tant il est assuré de l'originalité absolue de son annonciation. Ce qui m'importe est d'un autre ordre. C'est de comprendre comment l'assemblage de matériaux hétérogènes peut donner l'illusion d'une nouvelle fondation de l'ordre politique. Un des secrets a déjà été trouvé par Mussolini dès 1915 : marier la nation et la classe ouvrière, en arrachant la première aux bourgeois, la seconde aux marxistes. Un socialisme national au sens où Spengler avait parlé d'un socialisme prussien [1] : c'est une manière de récupérer à la fois la passion anticapitaliste et l'annonce révolutionnaire pour les mettre au service de l'élection historique de l'Allemagne, trahie par les

---

1. Oswald Spengler, *Preussentum und Sozialismus*, Munich, C.H. Beck Verlag, 1921 ; trad. : *Prussianité et socialisme*, Arles, Actes Sud, 1988.

hommes de Weimar. Il s'agit de se faire un drapeau du rôle que les sociaux-démocrates, si puissants dans l'Allemagne d'avant 1914, n'ont pas su remplir au moment de la guerre : être à la fois le parti de la révolution et de la nation. Après la guerre, ils ont abandonné l'une et l'autre, passant au service de la République de Weimar, devenus des bourgeois. Hitler a eu l'intuition de ce vaste espace disponible, que les communistes ne pouvaient conquérir au nom de l'Internationale de Moscou.

S'il en était resté là, rien ne l'eût distingué de Mussolini, que la virulence particulière de la frustration nationale allemande. Le fascisme italien possède la même haine du libéralisme bourgeois, la même obsession de l'unité du peuple dans l'Etat, le même accent mis sur l'indispensable refondation du social, la même imitation des méthodes bolcheviques, etc. Mais Hitler est autre chose qu'un nationaliste allemand, même pangermaniste. Autre chose qu'un ennemi de la démocratie, même fasciste. C'est un prophète du « nihilisme », selon l'expression de Rauschning [1]. A la différence de Mussolini, il se bat contre le christianisme au nom de la sélection naturelle. Il entend renverser toute la tradition de l'Europe pour y substituer le règne des forts sur les faibles. Il veut détruire la démocratie non pas au nom de la classe, mais de la race. Par là, l'idée nazie échappe aux limites d'un nationalisme, même extrême, comme celui des fascistes italiens. Elle est moins un surgeon de la pathologie nationaliste, d'où elle tire pourtant beaucoup de sa puissance d'opinion, qu'une abstraction tirée du social-darwinisme et devenue promesse de domination du monde.

---

1. Il faut joindre au Hitler de *Mein Kampf*, ouvrage destiné au grand public, et au Hitler des discours, le Hitler des « conversations » plus ou moins privées : Hermann Rauschning, *Hitler m'a dit. Confidences du Führer sur son plan de conquête du monde*, Coopération, 1939, rééd. Pluriel, Hachette, 1979 ; *La Révolution du nihilisme*, Gallimard, 1939, rééd. 1980. Et *Hitler's Table Talks : 1941-44, his Private Conversations ;* introduction de H. Trevor-Roper, Londres, Weidenfeld et Nicholson, 1973. Voir aussi *The Testament of Adolf Hitler - The Hitler-Bormann Documents*, février-avril 1945, Londres, 1961.

Car si la prédication de Hitler croise bien des lieux communs du pangermanisme à la mode du début du siècle, comme la conquête des terres slaves ou l'inévitable déclin de la France, son caractère particulier est d'avoir comme centre une idée transnationale (ou encore a-nationale), celle de la race. Non que cette idée soit neuve, puisqu'elle a été élaborée dans la deuxième moitié du XIXe siècle [1]. Mais réemployée de façon systématique, installée au cœur d'un programme politique, substituée à celle de nation comme désignant une force à la fois plus élémentaire et plus universelle, elle transforme la nature de l'idéologie nationaliste.

Il en va de même pour l'antisémitisme hitlérien. Dieu sait que la haine des Juifs est une vieille passion dans l'histoire de l'Europe ! Sous des formes multiples, elle est inséparable du Moyen Age chrétien, de l'âge des monarchies absolues, et même de l'époque dite de l'« émancipation ». Elle a connu un peu partout une renaissance, à la fin du XIXe siècle ; tout particulièrement dans cette Vienne où Hitler a passé sa jeunesse. Du Juif ploutocrate, défini par sa seule richesse, étranger à la cité, parasite du travail collectif, bouc émissaire de la droite et de la gauche, l'auteur de *Mein Kampf* n'a pas eu à chercher loin dans sa mémoire pour décrire une fois encore les méfaits. Il n'a eu à y ajouter qu'un rôle, nouveau par définition : agent du bolchevisme. Le Juif d'avant 14 était bourgeois ou socialiste, celui d'après la guerre est aussi communiste. Le personnage offre cet avantage unique d'incarner à la fois capitalisme et communisme, le libéralisme et sa négation. Sous la forme de l'argent, il décompose sociétés et nations. Sous le déguisement bolchevique, il en menace jusqu'à l'existence. Il est celui en qui s'incarnent les deux ennemis du national-socialisme, le bourgeois et le bolchevik [2] qui sont aussi les deux

---

1. Pierre-André Taguieff, *La Force du préjugé. Essai sur le racisme et ses doubles,* Gallimard, coll. Tel, 1990.
2. L'idée d'une filiation naturelle du libéralisme au bolchevisme est un lieu commun de la pensée allemande de l'époque. Par exemple, Oswald Spengler, *Années décisives. L'Allemagne et le développement historique du monde,* trad. par R. Hadekel, Mercure de France, 1934, p. 158-202.

figures de la « Zivilisation », les deux versions de
l'« *homo œconomicus* », les deux formes du matérialisme moderne. Hitler ne manque aucune des imputations du vaste répertoire de l'antisémitisme moderne [1]. Il
se sert du Juif dans tous les emplois mis à sa disposition
par la droite et par la gauche du début du siècle.

Mais, plus encore que par sa capacité à unir les
contraires, l'antisémitisme hitlérien se distingue par son
caractère absolument radical. Il constitue le centre de la
prophétie politique nazie, sans quoi celle-ci perdrait son
sens. En effet, dans les idéologies nationalistes fin de
siècle, le Juif figure bien, à des degrés divers, le bouc
émissaire des différents maux qui compromettent ou
accablent la vie de la communauté nationale ; mais il
n'est que de fixer des limites à son influence pour sauver
celle-ci d'une corruption menaçante. Il s'agit de maintenir ou de défendre l'intégrité, donc la puissance de la
patrie, dans un monde international en proie à une compétition de plus en plus féroce. Le but reste l'agrandissement de la nation, et non l'anéantissement des Juifs. Il est
vrai qu'existe sinon dans la nature du moins dans la
violence du répertoire antisémite une particularité allemande, qui a donné lieu déjà à une vaste littérature
historique [2]. Plus que les autres grands pays d'Europe,
les Allemands ont donné très tôt à leur vision de la nation
un caractère de spécificité ethnique, qui peut porter à
une agressivité ou à une arrogance particulières par rapport au monde extérieur. Dans la politique allemande, les
notions de race supérieure, de pangermanisme, de
« vocation mondiale » et d'« espace vital » sont apparues

1. Pour Hitler, le Juif est à l'origine du christianisme « démocratique », à travers l'action de saint Paul, tout en étant responsable de
la mort de Jésus. Doublement coupable donc, et d'avoir mis à mort
le Messie, et d'avoir répandu son message. Double ennemi, des
chrétiens et des antichrétiens. *Cf. Hitler's Secret Conversations*,
op. cit., p. 62-65.
2. Par exemple, Fritz Stern, *The Politics of Cultural Despair. A
Study in the Rise of the German Ideology*. Berkeley U.P., 1974 ; trad. :
*Politique et désespoir : les Ressentiments contre la modernité dans
l'Allemagne préhitlérienne*, Armand Colin, 1990.

dès la fin du XIXᵉ siècle, et ont formé un terrain propice à l'antisémitisme. Mais cette recherche d'origine ne doit pas gommer la sinistre nouveauté de la haine des Juifs chez Hitler.

L'hitlérisme n'est pas en son fond, comme le fascisme italien, un nationalisme. Il recouvre les passions nationalistes, où il continue à puiser beaucoup de sa force, d'une idéologie raciste qui constitue un système du monde. La race aryenne, promise par sa supériorité intrinsèque à la domination, rencontre sur son chemin le Juif, qui est son antagoniste principal, à titre d'antiprincipe de cet ordre naturel. Le Juif est la figure par laquelle le destin « aryen » reçoit sa dimension universelle. Car il règne sur l'Occident par l'argent, et sur les masses slaves par le bolchevisme, acharné partout à menacer ou à détruire le peuple des maîtres. Formant une race pure, qui veille à se perpétuer telle, vivant en parasite partout chez les nations, possédé par un double génie d'imitation et de tromperie, caché enfin dans le faux universalisme des bourgeois libéraux et du mouvement ouvrier, il veut lui aussi, comme les Aryens, mais sans y avoir leurs titres, gouverner l'univers. De là l'inévitable affrontement mondial, dont Hitler se proclame à la fois le prophète et l'instrument. Les Juifs ont réussi à anéantir l'Allemagne en novembre 1918. Hitler est l'homme de la contre-offensive et de la victoire [1].

Je dois avouer n'avoir jamais bien saisi l'enjeu de la discussion historiographique qui a fait rage, dans la littérature sur le nazisme, entre les tenants d'une interprétation « intentionnaliste » et ceux d'une interprétation « fonctionnaliste ». Dans la recherche des causes du génocide juif, par exemple, les premiers mettent l'accent sur les intentions de Hitler, les seconds sur le fonctionnement bureaucratique du système. Or je ne vois pas bien ce que les deux explications ont d'incompatible, et

---

1. Je résume simplement ici une partie de *Mein Kampf, op. cit.*, notamment le chapitre 11 du premier volume, « Le peuple et la race », et le chapitre 13 du deuxième, « La politique allemande des alliances après la guerre », où l'on voit bien le caractère central de la question juive dans la vision planétaire de Hitler.

en quoi elles doivent être opposées l'une à l'autre. Il est clair que l'extermination des Juifs par l'Allemagne nazie a sa source première, au sens chronologique, dans la haine des Juifs chez Hitler, haine si pathologique qu'elle est au principe de sa vision du monde. Ce constat n'empêche en rien d'attribuer un rôle, dans l'exécution du génocide, à ce que les mœurs allemandes comportent d'obéissance inconditionnelle à l'autorité, ou encore à ce que Hannah Arendt a appelé, dans un livre célèbre, la « banalité du mal [1] ». Si ce deuxième type de causalité a été utilisé pour effacer le premier, c'est peut-être que, touchant le tissu social et moral d'un pays, il a paru plus « profond » à une époque obsédée par la « structure » aux dépens de l'« événement », et à des historiens soucieux de démentir le rôle joué par les individualités et les idées dans l'histoire : tendance qui a faussé, à mon sens, une partie de la littérature historique sur l'Allemagne hitlérienne, pour ne rien dire des travaux sur la Russie stalinienne, où elle a fait des ravages [2].

Car, de même que Hitler ne serait pas devenu maître de l'Allemagne s'il n'y avait pas eu l'idéologie hitlérienne, de même Hitler devenu maître de l'Allemagne est resté l'idéologue Hitler, où l'extermination des Juifs trouve sa source précoce. Un des traits extraordinaires des deux grands dictateurs totalitaires du XXe siècle tient à la dépendance où ils restent à l'égard des idéologies qui leur servent de fondements. Même Staline, qui se réclame du marxisme, c'est-à-dire d'une philosophie savante, et de filiation démocratique, a transformé cet héritage en un instrument de gouvernement absolu des esprits. Dans ses mains, un corps d'idées « éclairées » (au sens d'*Aufklärung*) a dégénéré en instrument de terreur. Quant à Hitler, son message n'a jamais été autre chose. Aux deux dictateurs, les idéologies ne servent pas seulement de marchepieds vers la conquête du Parti ou de l'Etat, quitte à être ensuite mises en veilleuse, comme l'ont naïvement cru les politiciens bourgeois. Elles sont

---

1. Hannah Arendt, *Eichmann à Jérusalem. Rapport sur la banalité du mal*, Gallimard, 1966.
2. *Cf. infra*, p. 800-802.

d'une autre nature que les programmes ou les professions de foi. Elles constituent la matière d'une croyance, la substance de la volonté, le bréviaire de l'action. Si bien que le volontarisme politique, si spectaculaire chez les deux dictateurs, leur est lui-même subordonné : l'assignation faite à l'action politique est de réaliser ce qui est déjà donné par l'idéologie comme devant être accompli. La construction du socialisme implique la liquidation des « koulaks », et l'organisation de l'Europe nationale-socialiste, celle des Juifs. Les deux entreprises sont chacune dans leur registre folles, inhumaines, criminelles. Mais elles sont décidées. Mais elles se font. Quelque chose de décisif sépare les idéologies totalitaires du XXe siècle de ce que le terme signifie dans son acception banale : c'est le mystère de la contrainte étroite qu'elles ont exercée sur l'action de ceux qui les ont professées ou suivies, des chefs aux militants, des militants aux peuples.

Reste la part de la fortune, c'est-à-dire des circonstances, indépendante par définition des volontés. Elle est réputée être le domaine d'élection des politiciens opportunistes, habiles à saisir les occasions et à profiter des sautes de vent, spécialistes du possible et de l'ajustement des promesses aux réalités. Or elle se révèle un champ de manœuvre où Staline et Hitler — et Mussolini d'ailleurs avant eux   surclassent par la ruse les plus rusés des politiciens bourgeois. Que pèse Herriot en face de Staline ? Von Papen ou Chamberlain en face de Hitler ? Indépendamment de leurs talents individuels — incontestables — pour la manœuvre politique, les deux dictateurs possèdent sur leurs rivaux une supériorité radicale : ils n'ont plus le moindre sentiment moral. En les munissant d'une croyance, l'idéologie les a débarrassés de tout scrupule sur les moyens. Il est vrai qu'au moment où ils paraissent sur la scène de l'histoire, il y a plusieurs siècles que l'art politique s'est séparé de la morale ; plusieurs siècles que la raison d'Etat vit de ses propres règles. Mais la rivalité ou même les conflits entre les nations sont contenus par l'appartenance à une même civilisation européenne, et les luttes des hommes pour le pouvoir à l'intérieur de chaque Etat obéissent aussi bien à des règles acceptées. La nouveauté avec Hitler et Staline est dans le spectacle de ce que Meinecke a nommé un « machiavélisme de masse [1] » pour exprimer juste après la guerre son épouvante devant le nihilisme moral de Hitler.

Bolchevisme et national-socialisme partagent en effet une véritable religion du pouvoir, professée le plus ouvertement du monde. Pour le conquérir et pour le conserver, tous les moyens sont bons [2], non seulement contre l'adversaire, mais aussi contre les amis. Jusqu'à l'assassinat, pratique courante des deux partis, des deux régimes, des deux dictateurs. Pourtant, même ce pouvoir si précieux ressortit à une logique supérieure : la fin qu'il doit accomplir, et qui est celle de l'histoire, cachée dans le tumulte des conflits, révélée par l'idéologie. La terreur, non plus seulement comme riposte, réelle ou imaginaire, contre l'ennemi, mais comme pratique quotidienne de gouvernement, destinée à imprimer une peur universelle, est inséparable de cet accomplissement de l'avenir dont le Chef suprême, suivi par le Parti, possède les secrets [3]. Peu importe à cet égard que la transparence de

---

1. Friedrich Meinecke, *Die Deutsche Katastrophe. Betrachtung und Erinnerungen*, Wiesbaden, E. Brockhaus, 1947 ; trad. anglaise : *The German Catastrophe*, Harvard University Press, 1950, p. 52. En un sens peut-être plus précis, on pourrait plutôt écrire que Hitler sort du cadre de pensée de Machiavel, puisque la raison d'Etat, chez lui, comme d'ailleurs chez Staline, se trouve subordonnée à la réalisation d'une idéologie.

2. Au point que par moments Hitler assimile le national-socialisme à l'imitation des méthodes bolcheviques : « Ce qui m'a intéressé et instruit chez les marxistes, ce sont leurs méthodes... Tout le national-socialisme est contenu là-dedans... Les sociétés ouvrières de gymnastique, les cellules d'entreprise, les cortèges massifs, les brochures de propagande rédigées spécialement pour la compréhension des masses, tous ces nouveaux moyens de la lutte politique ont été presque entièrement inventés par les marxistes. Je n'ai eu qu'à m'en emparer et à les développer et je me suis ainsi procuré l'instrument dont nous avions besoin. » *Cf.* H. Rauschning, *Hitler m'a dit, op. cit.*, p. 211.

3. Le lecteur reconnaîtra dans ces lignes ce que je dois à l'étude d'ouvrages contemporains sur le totalitarisme, et à la discussion du

l'histoire et de la raison reçoive des assignations contradictoires dans les deux régimes, l'émancipation du prolétariat chez l'un, la domination de la race aryenne chez
l'autre. Non que la distinction soit insignifiante sur le
plan philosophique, comme cela va de soi ; mais elle
n'enlève rien à la comparabilité de la nature et du ressort
des deux systèmes politiques.

Le florilège est d'ailleurs vaste des propos à bâtons
rompus par lesquels Hitler exprime son respect, sinon
son admiration, pour le communisme stalinien et son
chef. Hitler déteste dans le bolchevisme la dernière
forme du complot juif, et a fait du combat contre les
ambitions bolcheviques sur l'Allemagne un de ses premiers mots d'ordre. Mais il partage avec les bolcheviks
haine et mépris de la démocratie libérale, et la certitude
révolutionnaire que l'âge de la bourgeoisie touche à sa
fin [1]. Le point de départ de la conquête juive, ses racines
les plus profondes sont là, dans le libéralisme moderne,
et plus avant dans le christianisme, que les communistes
veulent déraciner aussi. L'affrontement entre national-
socialisme et bolchevisme n'est donc pas premier dans
l'ordre idéologique. D'ailleurs Staline s'est libéré de la
vieille garde, en partie juive, des compagnons de Lénine :
Trotski, Zinoviev, Kamenev, Radek, chassés ou soumis
dès 1927. « Ce n'est pas l'Allemagne qui va devenir bolchevique, vaticine Hitler devant Rauschning au printemps 1934 [2], mais le bolchevisme qui se transformera
en une sorte de national-socialisme. En plus, il y a plus de
liens qui nous unissent au bolchevisme que d'éléments
qui nous en séparent. Il y a, par-dessus tout, un vrai
sentiment révolutionnaire, qui est vivant partout en Russie sauf là où il y a des Juifs marxistes. J'ai toujours fait la
part des choses, et toujours enjoint que les anciens com-

livre de Hannah Arendt, *The Origins of Totalitarianism*, en 1951. Je
pense en premier lieu à Raymond Aron, mais aussi à Claude Lefort
et Alain Besançon.

1. Hermann Rauschning, *La Révolution du nihilisme, op. cit.*,
Ire partie, chap. 3.

2. Hermann Rauschning, *Hitler m'a dit, op. cit.*, (chap. 21, « La
Russie, amie ou ennemie ? »).

munistes soient admis dans le parti sans délai. Le *petit-bourgeois* socialiste et le chef syndical ne feront jamais un national-socialiste, mais le militant communiste, oui. »

Comme le montre la suite du texte, ce constat n'enlève rien à la volonté de Hitler d'attaquer un jour la Russie pour conquérir les fertiles terres slaves : l'idée de fonder un Empire germanique aryen l'opposera d'autant plus certainement à Staline que l'idée de l'expansion territoriale meuble aussi l'imagination politique de son rival. Mais l'existence d'une volonté commune de briser les démocraties libérales permet au moins au Führer d'envisager la possibilité d'une alliance provisoire avec la Russie de Staline, le temps de battre la France au moins. L'annonce en est là, dans ces conversations de 1934.

Avant d'être quelque chose comme une alliance — ce qu'elle sera en août 1939 —, cette parenté inavouée se manifeste déjà sur le terrain comme une complicité conflictuelle tout au long des années d'après-guerre. Elle tient d'abord à une situation générale, il est vrai, puisque l'Allemagne et la Russie se trouvent dans le camp des vaincus et par conséquent des ennemis du traité de Versailles : le Komintern espère canaliser l'hostilité allemande à l'impérialisme français, et une partie de l'extrême droite allemande, désireuse d'aller plus loin dans la voie ouverte à Rapallo [1], voit avec faveur la jeune Union soviétique. Faveur qui peut être purement circonstancielle, due à la conjoncture d'après la guerre ; mais qui trouve souvent des accents plus profonds, tirés de la vieille proximité germano-russe en face de l'Occident.

1. Le traité de Rapallo (1922) a été un des premiers grands succès de la jeune diplomatie soviétique, en établissant une relation privilégiée entre la Russie des Soviets et l'Allemagne de Weimar, les deux Etats parias de l'ordre de Versailles. Le traité fait de l'Allemagne le plus important partenaire commercial de l'U.R.S.S. ; il est aussi à l'origine d'une collaboration militaire clandestine entre les deux pays, par où l'Allemagne peut commencer à tourner les interdictions mises à son réarmement par le traité de Versailles.

Ecrit l'année de Rapallo, le *Troisième Reich* de Moëller Van den Bruck préconise comme Spengler un socialisme « à la prussienne », anti-individualiste, corporatiste, hiérarchique, bref, « organique ». Plus optimiste que Spengler, le professeur nationaliste y voit l'instrument de la renaissance de la « Kultur » contre la « Zivilisation ». Il mêle dans une même haine, comme toute la droite allemande, libéralisme et marxisme, hostile à la lutte des classes, à l'internationalisme « judaïque » et à la dictature du prolétariat. Mais il est aussi prorusse, portant aux nues Dostoïevski, autre prophète de la haine de l'Occident. De là vient qu'il peut détester Marx tout en ayant par intermittence une faiblesse pour le bolchevisme : il suffit de considérer le régime fondé par Lénine comme un socialisme propre aux Russes, et conforme au génie un peu primitif de la nation, pour le récupérer à l'intérieur du « Volksgeist ». Comme les sociaux-démocrates, mais à des fins inverses, les conservateurs-révolutionnaires allemands découplent marxisme et bolchevisme, pour célébrer le second aux dépens du premier [1]. On a vu qu'il arrive aux bolcheviks de leur rendre la politesse. En 1923, au moment de l'occupation de la Ruhr par les Français, communistes et nationaux-socialistes ont célébré ensemble Schlageter comme un héros national [2]. Pourtant, les uns et les autres ne mettent tant de passion à conquérir l'opinion que pour s'emparer du pouvoir et s'abattre réciproquement. Mais

---

1. Louis Dupeux, *National-Bolchevisme dans l'Allemagne de Weimar 1919-1933*, Librairie H. Champion, 1979. Sur Moëller Van den Bruck : F. Stern, *Politique et désespoir, op. cit.*, p. 52 ; la troisième partie du livre lui est consacrée.
2. Karl Radek fit l'éloge de Schlageter lors du IIIe Plénum du Comité exécutif du Komintern (juin 1923) : « Le sort de ce martyr du nationalisme allemand ne doit pas être passé sous silence ni traité avec mépris. [...] Ce soldat courageux de la contre-révolution mérite d'être honoré par nous, soldats de la révolution... Nous ferons tout pour que des hommes comme Schlageter, qui étaient prêts à mourir pour une grande cause, ne soient pas des voyageurs dans le néant, mais des voyageurs vers un avenir meilleur de l'humanité entière... » *Cf. Bulletin communiste*, n° 30, 26 juillet 1923, p. 420-421.

ils ont surestimé leurs forces, ou sous-estimé leur adversaire commun, qui est fort de l'appui de l'armée : l'insurrection communiste à Hambourg est écrasée aussi facilement que la tentative de putsch de Hitler à Munich.

Le conflit triangulaire retrouve son acuité au début des années trente, quand la crise économique redonne au Komintern l'espoir d'une révolution anticapitaliste, et à Hitler une chance nouvelle de prendre le pouvoir. A l'analyse des rapports du bolchevisme et du nazisme, il présente des traits simplifiés, par rapport à la période 1918-1923, et forme un cas de laboratoire : d'un côté, Staline a vaincu en U.R.S.S. Il a épuré à la fois le Komintern et la direction des « partis frères ». Le Parti communiste allemand [1], un des grands enjeux de la lutte pour le pouvoir en U.R.S.S. entre 1923 et 1925, a été mis au pas sous la férule de Thälmann [2]. La politique étrangère de l'Etat soviétique prime tout désormais. D'un autre côté, l'effervescence nationaliste et antidémocratique alle-

---

1. Fondé en décembre 1919, le Parti communiste allemand (K.P.D.) fusionne en décembre 1920 avec les socialistes indépendants (U.S.P.D.) pour former le P.C.A. unifié (V.K.P.D.) fort de trois cent mille adhérents. Après la mise à l'écart de Paul Lévi qui avait désapprouvé l'action insurrectionnelle de mars 1921, les communistes sont dirigés par H. Brandler et A. Thalheimer qui, après l'échec de l'Octobre allemand (1923), cèdent la place à une nouvelle direction (R. Fisher-A. Maslow). C'est l'heure de la « bolchevisation » du Parti, désormais inféodé à Moscou. Mais Fisher et Maslow sont écartés en 1925 comme « zinoviévistes ». Sous la direction de Thälmann, le P.C.A. applique la ligne « classe contre classe » qui conduit les communistes à mettre sur le même plan national-socialisme et social-démocratie. A partir de 1931, Heinz Neumann, qui a d'abord défendu sans arrière-pensées cette ligne sectaire, tente de s'y opposer mais est écarté en 1932 puis envoyé à Moscou où il sera liquidé quelques années plus tard. Le P.C.A. continuera sa politique même après la prise du pouvoir par Hitler.

2. Parvenu à la direction du P.C.A. en 1923, Ernst Thälmann (1886-1944) devient membre du Présidium du Komintern en 1924. Député, il est candidat à la présidence la même année. Compromis en 1928 dans l'affaire du communiste prévaricateur Wittorf et maintenu à la tête du parti par Staline, il applique la ligne « classe contre classe » qui désigne les sociaux-démocrates comme adversaires prioritaires. Arrêté en 1933, il est emprisonné et sera exécuté le 18 août 1944.

mande de l'immédiat après-guerre a finalement trouvé son principal débouché dans le parti de Hitler, qui domine sans conteste toute la droite allemande, en lui apportant un sang nouveau.

Commence alors la période clé — un peu plus de deux ans — pendant laquelle Hitler va investir l'Etat, par une stratégie qui ressemble à celle de Mussolini dix ans auparavant : en mêlant la violence paramilitaire des S.A. [1], un effort de propagande et d'embrigadement inédit dans la politique moderne, enfin l'intrigue parlementaire et la manipulation des classes dirigeantes. Comme Mussolini, Hitler sera appelé au pouvoir par les autorités légales de l'Allemagne, en l'occurrence Hindenburg, et formera d'abord un cabinet de coalition avec les conservateurs et la Reichswehr, qui pensent en faire leur otage. Mais c'est le contraire qui arrive, beaucoup plus vite encore que dans le cas italien. « Nous sommes arrivés au but. La révolution allemande commence », écrit Goebbels le 30 janvier 1933 dans la version publiée de son journal [2]. Il connaît d'avance le programme : bouclage de la dictature totalitaire dans les mois qui suivent. De sorte que, s'il est évident qu'un certain milieu conservateur — Papen, Schleicher [3] et Hindenburg en tête —

1. Les S.A. (*Sturm Abteilung*, Sections d'assaut) sont créées dès 1921 pour assurer la protection des militants du Parti national-socialiste allemand. Encadrées par d'anciens militaires, les S.A. deviennent une véritable armée politique (trois cent mille hommes début 1933) commandée à partir de 1931 par Ernst Röhm. Interdites en avril 1932, elles sont à nouveau autorisées en juin par von Papen. Après la « Nuit des longs couteaux » (30 juin 1934), les S.A. seront liquidées au profit des S.S. Ancien officier, Ernst Röhm (1887-1934) a participé à l'aventure des corps francs et au putsch de Munich (novembre 1923). A la suite de désaccord avec Hitler, il s'exile en 1925 en Bolivie puis revient en Allemagne en 1930, rappelé par Hitler. Après janvier 1933, il prône une « seconde révolution » antibourgeoise pour passer de la révolution nationale à la révolution nationale-socialiste.

2. Joseph Goebbels, *Vom Kaiserhof zur Reichskanzlei*, Munich, 1937.

3. Parlementaire du Centre catholique, Franz von Papen (1879-1969) soutient en 1925 la candidature du maréchal Hindenburg contre le candidat de son parti. Devenu chancelier le 1er juin 1932,

a mis le pied à l'étrier à Hitler [1], il est pourtant absurde d'y voir la preuve que le nouveau chancelier est un instrument de la « bourgeoisie ». Ce qu'il obtient en mars, par le vote des « pleins pouvoirs », n'est pas une délégation, même indirecte, de quiconque, mais sa liberté d'action. En d'autres termes, le mystère du triomphe de Hitler n'est pas dans la toute-puissance d'une classe, mais dans le consentement de la nation.

Sujet beaucoup trop vaste pour le cadre de cette étude. Aussi ne l'aborderai-je que sous l'aspect le plus important pour mon propos : celui des rapports entre le P.C. allemand et le Parti national-socialiste dans les années qui précèdent 1933. La toile de fond est faite de la crise économique, qui sème un doute universel sur la survie du capitalisme. Que dire alors de l'Allemagne, où la critique de l'univers capitaliste-libéral tient une si grande place dans la culture politique nationale : la situation y alimente de vieilles convictions, à gauche et à droite, et plus spécialement chez les communistes et chez les nazis, qui font par excellence profession de la haine du

---

il réautorise les S.A., cherchant à inclure les nationaux-socialistes dans sa majorité. Après son remplacement par von Schleicher, il servit d'intermédiaire entre Hindenburg et Hitler, se posant comme garant de ce dernier afin de convaincre le vieux maréchal à faire appel au chef du N.S.D.A.P. En novembre 1918, Kurt von Schleicher (1882-1934) assure la liaison entre l'armée et le gouvernement. Il organise ensuite clandestinement la Reichswehr et négocie avec les Soviétiques pour son entraînement en U.R.S.S. Nommé chef de la section politique de l'armée, il se pose en représentant de celle-ci, négociant sans succès à l'été 1932 avec Hitler, dans l'intention de le neutraliser. Devenu chancelier le 1er décembre 1932, il cherche à affaiblir le N.S.D.A.P. en y suscitant une scission. Privé du soutien des militaires, il doit démissionner le 29 janvier 1933. Il est assassiné le 30 juin 1934.

1. La question du soutien financier des industriels allemands à Hitler dans les années qui précèdent 1933 a fait l'objet d'études nombreuses (notamment parce qu'elle est liée à la thèse marxiste sur le nazisme, interprété comme dictature du capital financier). L'ouvrage le plus récent et le plus élaboré sur ce problème réduit à relativement peu de chose les contributions en argent de la haute bourgeoisie industrielle aux nazis. *Cf.* Henry Asby Turner, *German Big Business and the Rise of Hitler*, New York, Oxford University Press, 1985.

bourgeois. Les marxistes, surtout s'ils sont léninistes, rencontrent une crise générale du capitalisme qu'ils ont si longtemps escomptée, et ils en attendent le bouleversement politique. A droite, qu'il me suffise de citer Spengler, dans un livre écrit à cheval sur 1932 et 1933 : « Nous vivons dans une des plus grandes époques de toute l'histoire humaine, et personne ne le voit, personne ne le comprend. Ce qui nous arrive, c'est une éruption volcanique sans pareille. La nuit est venue, la terre tremble et les courants de lave se précipitent sur des peuples entiers — et on appelle au secours les pompiers [1] ! » Pour l'historien allemand, l'effondrement du capitalisme clôt tout simplement l'époque qui a pris naissance au XVIIIe siècle : la démocratie libérale, avec son dernier-né, le bolchevisme. Les nazis ne pensent pas autrement.

La question du pouvoir est donc posée aux deux extrémités de la scène politique, que l'électorat allemand renforce de ses votes à partir de 1930. Aux élections de septembre 1930, le parti nazi est devenu, avec cent deux députés, le deuxième parti au Reichstag après la social-démocratie, qui recule par rapport à 1928, alors que les communistes augmentent d'un tiers leur capital électoral. La crise économique ajoute à la désaffection dont a souffert depuis l'origine la République de Weimar. Elle porte l'opinion aux deux pôles révolutionnaires de l'échiquier politique. Or rien d'efficace n'est fait du côté communiste pour empêcher la montée de Hitler au pouvoir. Au contraire. Les proclamations « antifascistes » recouvrent une politique qui ressemble plus à un appui qu'à un combat.

Dans certaines circonstances, celle-ci constitue d'autant plus un appui qu'elle s'affiche davantage comme combat. C'est un des secrets les mieux gardés de la politique communiste au XXe siècle. Prenons en effet le cas exemplaire du Parti communiste allemand de cette période. Manipulé de Moscou, pendant une des phases les plus sectaires de la politique du Komintern, il n'a pas

---

1. Oswald Spengler, *Années décisives. L'Allemagne et le développement historique du monde*, op. cit., préface.

d'autre stratégie que de lutter sous son drapeau pour la révolution prolétarienne. Ce faisant, à l'instar du jeune Parti communiste italien, il ne fait aucune différence entre démocratie libérale et fascisme, ou nazisme en l'occurrence : ce sont deux formes de la dictature bourgeoise, l'une cachée, l'autre ouverte ; toutes deux détestables, toutes deux condamnées. Il se peut même que la deuxième soit l'inévitable préface à la révolution « prolétarienne ». Enfin, la lutte des communistes a une cible privilégiée : ni les nazis ni les démocrates, mais la social-démocratie, qui se nomme, dans leur langue d'époque, le « social-fascisme ». Peu importe que les socialistes se battent comme ils peuvent contre les nazis. L'observation ne tient pas contre l'idéologie : leur crime est de « diviser la classe ouvrière », c'est-à-dire d'être hostiles, au nom de la démocratie politique, à la vulgate léniniste du marxisme. Les bolcheviks ont appris de Lénine que la condition première de leur succès est de briser les mencheviks. A fortiori leur faut-il liquider les socialistes allemands, responsables d'avoir victorieusement défendu contre eux, grâce à des accords passés avec la Reichswehr, la République de novembre 1918.

Mais, en attaquant la social-démocratie comme le « principal soutien social du fascisme », le Parti communiste allemand renforce moins sa cause qu'il n'affaiblit la coalition antifasciste. C'est même trop peu dire. En fait, l'alternative communisme/nazisme qu'il propose au peuple escompte la victoire de Hitler pour deux raisons. D'abord, elle pousse dans les bras des nazis, avec les socialistes, tous les partis dits « bourgeois », qu'il s'agisse du Centre catholique, du parti démocrate, soutiens de la République, ou des deux partis de droite, qui n'étaient pas au départ favorables à Hitler. Ensuite et surtout, elle tend à faire du communisme, et du communisme seul, le centre et l'enjeu de la lutte antifasciste. Or c'est exactement faire le jeu de Goebbels, qui agite l'épouvantail de la révolution bolchevique, alors que les membres du Parti communiste allemand en promènent aussi le drapeau dans les rues. Car Goebbels a plus d'espace que Thälmann : il peut gagner du terrain sur l'opinion « nationale », dans une République née de la défaite, et qui n'a pas su pousser des racines profondes. Au contraire, Thälmann ne représente toujours qu'une révolution battue déjà en 1919 et en 1923, et qui n'a pas de raison d'être aimée davantage sous Staline que sous Lénine : d'ailleurs les sociaux-démocrates font plus que jamais bonne garde.

Les communistes tirent moins leur capacité à convaincre de ce qu'ils sont que de ce qu'ils refusent : Hitler. La proposition est valide aussi en sens inverse : les fascistes — Hitler à cette époque *n'est qu'*un fasciste, si je puis dire — bénéficient, pour gagner l'opinion, moins de ce qu'ils veulent que de ce qu'ils refusent : Staline. Les deux camps s'entraident réciproquement par une négation commune de tout ce qui existe entre eux. Ils organisent eux-mêmes leur belligérance complémentaire en s'autoproclamant à grands cris les seuls combattants de l'arène, et les seuls dépositaires des solutions à la crise. Mais à ce jeu, qui efface par avance la démocratie, Hitler est le seul à faire fructifier son capital de refus : les communistes ne le peuvent pas, puisqu'en se battant moins contre Hitler précisément que pour la révolution bolchevique, ils renoncent d'avance au bénéfice d'incarner un large front antinazi. Leur rôle se borne à offrir à Hitler, qui, lui, s'en fait une arme puissante, l'avantage d'incarner par excellence un anticommunisme « national ». Plus ils affirment la nécessité et l'imminence d'un Octobre allemand contre la bourgeoisie, plus ils ouvrent la route du pouvoir aux nazis.

De cette histoire, il existe une deuxième version qui n'est pas incompatible avec la première : elle en constitue plutôt le complément, dans le registre du pur machiavélisme. Il suffit de se placer du côté de Staline.

Dans ces années capitales où Hitler procède à ses grandes manœuvres pour la conquête du pouvoir, entre 1930 et 1933, Staline est déjà le maître absolu du Parti bolchevique, donc de l'Internationale communiste et de toute la politique soviétique. Il vient de mettre à genoux Boukharine, son ex-allié et dernier rival potentiel : la vieille garde est anéantie ou soumise, « le socialisme dans un seul pays » règne sans partage, et le Géorgien cynique vient de reprendre à son compte l'orientation à gauche préconisée contre lui par Trotski et Zinoviev dans les années précédentes. Finie, bien finie la N.E.P. C'est le temps de la grande bataille de classe contre les koulaks et du premier plan quinquennal.

Le Komintern n'est plus qu'un des claviers sur lesquels Staline joue la partition internationale de l'U.R.S.S. Depuis l'origine, la révolution communiste, internationale par définition, donc internationaliste par doctrine, oscille entre le pays où elle est née et ceux où elle cherche à s'étendre. A l'époque de Lénine, les bolcheviks russes ont déjà la mainmise sur tout l'appareil du Komintern, et régentent par là les partis communistes « frères ». Mais leur action a comme finalité de susciter une autre révolution que la leur, et d'abord en Allemagne : ils sont persuadés que c'est la condition de survie du régime né en octobre 1917. Staline a hérité de la toute-puissance des bolcheviks russes sur l'Internationale, mais il est l'homme du repli sur la construction du socialisme en U.R.S.S. Les partis frères ont pour devoir principal de serrer les rangs autour de la forteresse assiégée. D'ailleurs la victoire de l'un d'entre eux ne pourrait constituer qu'une menace pour le pouvoir absolu du secrétaire général, qui aurait alors à partager son autorité avec un autre parti révolutionnaire vainqueur. Comment ne craindrait-il pas tout particulièrement une Allemagne communiste ? Comment s'entendrait-il avec un Parti communiste allemand victorieux au centre de l'Europe, dans cette Allemagne qui a si souvent servi d'exemple aux tsars de la Russie, et qui a été aussi le grand espoir de Lénine ? Quant à lui, la révolution allemande n'est plus à son calendrier.

Ce qui l'est, par contre, plus que jamais, c'est la haine de la social-démocratie. Cette passion, cette politique sont des traits d'origine du bolchevisme. Mais elles atteignent au début des années trente un point extrême, avec le tournant à gauche et la stratégie « classe contre classe ». Démocratie parlementaire ou fascisme, ne ces-

sent de marteler les hommes du Komintern, constituent
une fausse alternative. Ce sont deux versions, également
détestables, de la dictature du capital, et la seconde, par
la violence ouverte qu'elle affiche, a sur la première une
supériorité pédagogique : elle dévoile la vérité de la
domination bourgeoise. Le combat nécessaire est celui
du prolétariat pour la révolution prolétarienne, et il
passe par la destruction de la République de Weimar :
raison de plus pour attaquer la social-démocratie, son
principal soutien. Ce que Hitler veut liquider comme le
parti de « la révolution de Novembre » 1918, Staline en
fait sa cible privilégiée, comme le cœur de la contre-
révolution de 1918, le pilier de la République bourgeoise,
et le fourrier du fascisme. Parti marxiste pour les nazis,
la social-démocratie est social-fasciste pour les communistes. En elle pourtant les uns et les autres haïssent la
même chose : une force politique indépendante et populaire, dont l'ancrage est à l'Occident.

Car les sociaux-démocrates allemands, fondateurs et
sauveurs de la République de Novembre, à laquelle ils
ont donné son premier président, Friedrich Ebert, sont
aussi très largement ceux qui lui ont imprimé son caractère de compromis entre les classes sociales, les syndicats et les partis politiques. Ils en ont formé le principal
soutien, grâce à leur encadrement du monde du travail,
et ils ont jusqu'en 1930 participé à ses gouvernements.
En même temps qu'un régime de compromis social et de
démocratie pluraliste, ils incarnent une politique étrangère orientée à l'Ouest, vers ce capitalisme anglo-saxon
dont l'appui est une condition du redressement économique national. Enfin, ces marxistes sont des partisans
intransigeants du pluralisme politique. Doctrinaires en
même temps qu'hommes politiques ou leaders syndicaux, ils n'envisagent le socialisme que comme un couronnement de la démocratie ; d'ailleurs leur vieux men-
tor, Karl Kautsky, a été depuis 1917 le critique le plus
complet et le plus lucide de l'expérience bolchevique.
L'ironie de l'histoire de Weimar est ainsi que la tradition
libérale de l'Ouest, bête noire de la droite allemande et
des communistes russes — la « Zivilisation » pour les

premiers, le capitalisme pour les seconds —, y soit représentée par des socialistes dont l'inspirateur est l'héritier
testamentaire d'Engels : situation qui se reproduira au
cours du siècle, et qui dévoiera souvent le socialisme
démocratique de son but professé, pour en faire le défenseur indispensable des libertés « bourgeoises ». Le cas
allemand est exemplaire en ce que la social-démocratie y
est ouvertement, entre 1930 et 1933, la cible privilégiée
de l'extrême droite et de l'extrême gauche. Pour Hitler,
elle incarne à la fois le « marxisme » et la République
bourgeoise : d'une pierre deux coups. Pour Staline, elle
figure la trahison du marxisme, donc l'instrument par
excellence du Capital et de Hitler : preuve qu'en dehors
du léninisme il n'existe que Hitler. Dans les deux camps,
c'est la tradition occidentale tout entière qu'on veut liquider à travers elle.

Or cette complicité idéologique que Staline entretient
avec les nazis à travers la haine préférentielle des
sociaux-démocrates recoupe des intérêts nationaux
mutuels à l'époque bien établis, et destinés à durer : il y a
belle lurette que la jeune Union soviétique entretient
avec l'Allemagne des rapports étroits bien que largement
secrets, en matière économique et militaire. Depuis
Rapallo, en 1922, ces rapports n'ont cessé de se multiplier [1] : l'U.R.S.S. trouve dans l'industrie allemande de
quoi s'équiper, et la Reichswehr se réarme clandestinement avec du matériel produit en Russie par des firmes
allemandes. L'Armée rouge de son côté, renouant avec
une ancienne tradition, reçoit une partie de sa formation
d'instructeurs allemands. Cette collaboration jouit d'un
accueil très favorable dans les cercles dirigeants de l'Allemagne, qu'il s'agisse des officiers, des industriels, ou des
diplomates, milieux que la tradition porte aisément à
l'hostilité à l'égard de l'Occident : les députés conservateurs allemands au Reichstag se sont unis au Parti com-

1. Edward H. Carr, *German-Soviet Relations between the Two
World Wars*, Baltimore, The John Hopkins Press, 1951 ; Gustav
Hilger and Alfred G. Meyer, *The Incompatible Allies : A Memoir
History of German-Soviet Relations, 1918-1941*, New York, Mac-
Millan, 1953.

muniste pour voter contre le traité de Locarno et le plan Dawes. Ils méprisent les Russes, mais ils les craignent moins que jamais dans leur version bolchevique, qui sert leurs desseins. Ils ont été les soutiens les plus constants d'une politique étrangère prorusse. Et Staline leur est vite apparu moins comme un chef révolutionnaire que comme un dictateur national.

En effet, l'avènement de Staline a consolidé les sentiments de sympathie que la droite « conservatrice-révolutionnaire » allemande a nourris depuis 1919, à des degrés divers, pour l'U.R.S.S. [1]. Car le Géorgien, malgré ses origines, apparaît comme ayant donné un tour russe à la révolution soviétique, lui restituant ainsi sa vérité nationale. Il a chassé les Juifs du pouvoir à Moscou, à commencer par le plus visible, Trotski. Il a lancé le premier plan quinquennal et entrepris la collectivisation des campagnes, véritables défis au capitalisme occidental. Nouveau tsar, il a conquis le pouvoir absolu, qu'il exerce avec une poigne de fer au profit et au nom de la nation russe. L'image du bolchevisme a changé, et cette étrange droite allemande « nationale-bolchevique » y reconnaît d'autant mieux ses passions, transposées dans le cadre de la primitive Russie soumise à la volonté d'un homme. La haine de l'Ouest, la toute-puissance de la décision politique, le rejet du christianisme, la nature aristocratique du parti au pouvoir, le culte du travail et du travailleur, le caractère organique de la société en train de naître : la Russie de Staline constitue la version primitive de quelque chose de néo-prussien, un socialisme russe organisé comme un camp militaire. Manière de ranger même la révolution soviétique dans la longue liste des emprunts russes à la Prusse !

On trouve par exemple ce bric-à-brac d'idées chez Ernst Niekisch, ancien militant d'extrême gauche, ex-président des Soviets de Bavière en février 1919 après l'assassinat d'Eisner, devenu nationaliste par hostilité à la politique étrangère pro-occidentale des gouverne-

---

1. Louis Dupeux, *National-Bolchevisme dans l'Allemagne de Weimar, op. cit.*, notamment p. 388-427.

ments de Weimar. Niekisch conserve dans ses nouvelles convictions l'idée de l'élection historique de la classe ouvrière, mais cette élection fait désormais du travailleur non plus l'émancipateur de l'humanité, mais l'incarnation de la nation, le symbole de la Raison d'Etat [1]. Octobre 1917 n'a utilisé le déguisement marxiste que pour mieux affirmer la nationalité russe, en passe d'être effacée par le capitalisme occidental : « Le léninisme est simplement ce qui reste du marxisme quand un homme d'Etat génial l'utilise à des fins de politique nationale. » Staline est le vrai, le seul héritier de Lénine : « profondément lié à l'essence même des choses russes », il possède le don politique le plus précieux selon Niekisch, « le fanatisme de la Raison d'Etat [2] ». On conçoit que notre auteur soit revenu d'un voyage en Russie, en 1932, transporté par le prodigieux défi de la volonté à la technique [3] qu'il a vu dans le plan quinquennal, grâce à la mobilisation totale du peuple entier. Après tout, les raisons de son enthousiasme sont moins folles, puisqu'il déteste la démocratie libérale, que celles d'Herriot ou de Pierre Cot, qui l'aiment et veulent la défendre. Reste que l'historien demeure confondu devant l'étrange capacité que possède l'expérience soviétique d'engendrer des illusions aussi contradictoires.

---

1. Dans cette mesure, Niekisch annonce *Der Arbeiter*, d'Ernst Jünger, Hambourg, Hanseatische Verlaganstalt, 1932 ; trad. : *Le Travailleur*, C. Bourgois, 1989. Le Jünger de ces années peut être considéré comme appartenant à l'inspiration nationale-bolchevique, tout en étant aussi à la périphérie du nazisme pur et simple. Il n'y restera pas longtemps après 1933.

2. Louis Dupeux, *National-Bolchevisme dans l'Allemagne de Weimar, op. cit.*, p. 405.

3. La nécessité d'émanciper la « technique » de sa subordination au capitalisme, pour en faire l'instrument de l'Etat « völkisch », est un lieu commun de l'extrême droite allemande de l'époque. Cette émancipation ne peut trouver sa philosophie dans le marxisme, greffon du libéralisme, et c'est parce qu'il renonce à cet héritage que Staline peut en être dans une certaine mesure l'agent, aux yeux des nationaux-bolcheviks. Mais c'est l'Etat nazi qui en remplira les conditions. *Cf.* Jeffrey Herf, *Reactionary Modernism. Technology, Culture and Politics in Weimar and the Third Reich*, Cambridge University Press, 1984.

Le national-bolchevisme n'est pas seulement une affaire d'écrivains ou d'intellectuels. Il rencontre un vrai écho dans de nombreuses associations de jeunesse, et jusque dans la gauche du parti nazi : Goebbels a toujours été plutôt prorusse, et même prosoviétique, par haine de l'Occident, et Otto Strasser par radicalisme révolutionnaire. Plusieurs groupes pratiquent l'unité d'action avec le Parti communiste allemand, persuadés qu'en fin de compte, même si le communisme l'emporte provisoirement, il ne fera qu'ouvrir la voie au socialisme « völkisch ». Les communistes pensent la même chose en sens inverse : les ouvriers ou les petits-bourgeois égarés dans le nazisme constituent leur réserve et, même si les nazis semblent un moment triompher, ils auront objectivement travaillé au succès final du communisme. C'est le sens de la « Déclaration-Programme pour la libération nationale et sociale du peuple allemand », publiée par le P.C.A. le 25 août 1930 : le document, de tonalité très anti-Versailles, et dans le droit-fil de la politique « Schlageter [1] », cherche à dissocier les électeurs nazis des chefs du mouvement, pour les récupérer au profit de la révolution communiste. Ce que le départ d'Otto Strasser du parti nazi, survenu peu après, semble rendre possible. L'illusion durera jusqu'à la défaite.

Staline est, bien sûr, derrière la politique du P.C.A. dont son homme lige, Thälmann, devient l'unique patron à partir de 1932 [2]. Il n'a pas besoin que la droite

---

1. *Cf. supra*, p. 305, 321.
2. En 1928, le VIᵉ Congrès du Komintern définit la période à venir comme celle d'une révolution potentielle que les Partis communistes se doivent d'accomplir. La politique du Parti communiste allemand (K.P.D.) s'inscrit dans le cadre de cette politique qui désigne la social-démocratie comme l'obstacle principal sur la voie de la révolution et complice des nazis (E. Thälmann au XIᵉ Plénum du Comité exécutif du Komintern : « Nous nous trouvons actuellement en Allemagne dans une situation telle que la social-démocratie déploie la plus grande activité pour la réalisation de la dictature fasciste »). La politique voulue par le Komintern s'appuie sur un clan qui lui est entièrement soumis, elle ne sera abandonnée qu'au printemps de 1934.

Sous le contrôle étroit de Moscou, la direction du P.C.A. appli-

allemande soit nationale-bolchevique pour la préférer aux bourgeois libéraux, pour ne rien dire des sociaux-démocrates. Il traite avec elle depuis assez longtemps pour savoir qu'ils ont en commun des intérêts et des calculs, beaucoup plus que des idées. Les industriels, les grands propriétaires, les officiers : le peu qu'il sait du marxisme suffit à le convaincre qu'il a affaire aux seuls pouvoirs qui comptent. Comment ne partagerait-il pas la conviction qu'ils ont eux-mêmes de pouvoir, le moment venu, contrôler le mouvement nazi ? D'ailleurs, à ses yeux, tout ce qui est à la droite des sociaux-démocrates est uniformément bourgeois : autant privilégier ceux qui sont prorusses. Brandir le drapeau d'une révolution communiste, lutter contre les sociaux-démocrates, enfin privilégier la droite allemande sont les trois volets d'une même politique. Telle est la contribution de Staline au triomphe de Hitler.

L'historien est même tenté aujourd'hui d'aller plus loin dans cet inventaire des avantages que le régime nazi peut tirer des calculs du dictateur géorgien. Après tout, Hitler allait être dans l'époque, et comme ami et comme ennemi, le plus formidable allié du communisme stalinien, dont il allait permettre, comme associé d'abord, puis comme adversaire, l'extension territoriale jusqu'au centre de l'Europe. Sans compter que le nazisme allait fournir bientôt pour un demi-siècle sa cible fondamentale à la propagande du Komintern, puis du Kominform. Mais ce serait trop prêter à l'intuition politique de Staline que de lui attribuer cette prescience machiavélique. Ce qui est par contre sûr, c'est qu'il a vu tout de suite la

quera la « ligne » ; en août 1931, par exemple, les communistes, à l'occasion d'un référendum sur la dissolution du Landtag de Prusse, mêlent leurs suffrages à ceux des nazis contre le gouvernement social-démocrate. Le 3 novembre 1932, les ouvriers des transports de Berlin se mettent en grève, malgré l'opposition de la direction syndicale, mais sous la direction du P.C.A., avec l'appui des nazis. Au lendemain des élections au Reichstag (6 novembre), les nazis appellent à la reprise du travail. A Berlin, le P.C.A. obtient le meilleur score, passant devant les nazis et les sociaux-démocrates. Grâce à leur participation à la grève acceptée par les communistes, les nazis réussissent à limiter leur recul électoral.

capacité de jeu qu'apportait à la politique soviétique un monde « bourgeois » déchiré par l'apparition d'une Allemagne gouvernée à l'extrême droite et décidée par conséquent à briser l'ordre international établi par le traité de Versailles. La Russie y retrouvait un espace de manœuvre inespéré entre l'Allemagne et les pays vainqueurs de la guerre, France en tête : elle allait d'ailleurs l'investir sans tarder. En ce sens, la longue complicité de Staline avec la droite allemande et l'isolement dans lequel il confine le P.C. allemand aux heures décisives constituent une préface au pacte de 1939.

*

La politique des années trente, où se noue la Seconde Guerre mondiale, a un dernier volet : c'est la nature du régime hitlérien. L'Europe d'après-guerre a vu naître et croître, sans le savoir, le totalitarisme soviétique. Elle a assisté, d'un œil plutôt favorable, à la victoire de Mussolini en Italie. Dernière nouveauté politique, en 1933 : l'Allemagne hitlérienne. C'est la répétition du scénario italien, sur un rythme accéléré. La révolution nazie se fait de l'intérieur, après que son chef est devenu chancelier. Mais au lieu de s'étendre sur plusieurs années, comme dans l'Italie de 1922, elle s'abat comme une tornade, à ceci près qu'il s'agit d'une stratégie délibérée, visant à liquider des adversaires isolés et déjà battus. Dès la fin février, moins d'un mois après l'accession de Hitler au gouvernement, des milliers de communistes sont arrêtés et les garanties constitutionnelles des libertés abrogées à la suite de l'incendie du Reichstag. Le 5 mars, au milieu d'une propagande massive et d'une violence ouverte, les élections donnent plus de la moitié des voix à la coalition nationaliste — dont 44 p. 100 aux nazis ; préface à la liquidation des institutions de Weimar. Avant la fin du mois, le Reichstag cède à l'intimidation et donne les pleins pouvoirs à Hitler. Suivent la mise au pas des Länder, désormais sous la coupe de l'Etat central, l'interdiction des syndicats et des partis, la dévolution de tout le pouvoir au seul parti nazi. Entre la fin janvier et le début juillet 1933, la première vague de la révolution a renversé tous les obstacles. La deuxième, l'année suivante, va épurer le parti révolutionnaire lui-même. Hitler fait assassiner le 30 juin 1934 une centaine de ses partisans, au premier rang desquels le chef des S.A., Röhm, un de ses plus vieux compagnons.

Le caractère sauvage de ces exécutions dit mieux que tout la nature du régime qui s'installe. Car leur signification est moins d'éliminer des idées différentes de celles du chef que de liquider des hommes qui montrent ou sont susceptibles de montrer un esprit d'indépendance par rapport au chef. Hitler ne fait pas tuer Röhm parce que celui-ci est plus « à gauche » que lui : ces distinctions, tirées d'un autre univers politique, n'ont pas de sens ici. L'homme qu'il assassine, l'un de ses plus anciens partisans, est un rival potentiel, qui l'a connu sur la ligne de départ, et qui est fort de la fidélité personnelle de ses troupes. La « Nuit des longs couteaux », jouée comme un règlement de comptes entre gangsters, fait apparaître le meurtre de Matteotti [1] comme une tragédie mineure : le député socialiste italien avait été tué par des sbires désavoués, et son assassinat avait provoqué une vaste indignation publique. Hitler a conduit lui-même l'expédition de ses hommes de main, et l'armée l'approuve, l'opinion lui donne raison [2] !

Il semble qu'il ait gagné en plus l'admiration de Staline. Le secrétaire général est un connaisseur, et pourtant, dans ce domaine, il ne sera qu'un imitateur. Il n'a pas encore à l'époque tué ou fait tuer les vieux bolcheviks, qu'il s'est contenté d'exiler ou de réduire à sa merci. Mais la Nuit des longs couteaux lui donne un exemple qu'il ne tarde pas à suivre. Moins de six mois après la liquidation de Röhm et de ses affidés survient la mort de Kirov, le numéro deux du Parti, à Leningrad [3]. Staline n'a

---

1. *Cf. supra*, p. 297.
2. Marlis Steiner (in *Hitler*, Fayard, 1991) cite des rapports de police de l'époque faisant état d'une large approbation.
3. Alla Kirilina, *L'Assassinat de Kirov*, Le Seuil, 1995. A suivre l'auteur de ce livre, ni le N.K.V.D. local ni le N.K.V.D. national ne sont impliqués dans l'assassinat de Kirov, qui a été commis par un illuminé.

pas agi comme Hitler. Il a pris prétexte d'un meurtre pour lancer une opération encore plus vaste et plus durable que l'expédition de Hitler le 30 juin : c'est le point de départ d'une gigantesque et interminable répression, qui prend pour cibles privilégiées les membres du Parti bolchevique.

Ainsi les deux régimes font-ils connaître presque ensemble deux traits qui les mettent à part de l'humanité civilisée : le règne du parti unique sur l'Etat, et la domination sans partage dudit parti par un seul homme. Systèmes politiques sans lois fixes, où rien ne protège personne, et où la police politique peut arrêter et faire disparaître absolument n'importe qui, sauf un seul. Cette terreur universelle avait été longtemps un des piliers du régime soviétique, mais elle était fondée à la fois en doctrine et dans l'excuse des circonstances : la guerre, la contre-révolution, la lutte des classes, les « koulaks ». La nouveauté, avec la répression massive et aveugle dont la mort de Kirov donne le signal dans toute l'U.R.S.S., dix-sept ans après la révolution, tient à ce que l'excuse des circonstances ou l'explication idéologique sont de plus en plus incroyables, puisque la « dictature du prolétariat » a presque une génération d'existence, et qu'elle frappe non plus l'ennemi supposé, mais ses plus vieux partisans. Dès lors, chez Staline comme chez Hitler, la terreur se nourrit d'elle-même. Elle s'augmente de son propre mouvement, se perpétue par l'irrationalité même de ses coups, indispensable pour que la peur soit partout, y compris chez ceux qui l'exercent — excepté « Big Brother ». Plus rien à voir avec la dictature de classe dont parlait Lénine, ou avec l'« Etat total » qu'ont préconisé tant de professeurs allemands [1] sous Weimar. Ces années dévoilent l'avènement de deux monstres inédits dans le répertoire de la politique européenne.

Par où je reviens au point de départ de ce chapitre :

1. Jerry Z. Muller, *The Other God that failed. Hans Freyer and the Deradicalisation of German Conservatism*, Princeton University Press, 1987. Le meilleur témoignage sur l'état d'esprit des professeurs allemands, écrit à chaud en 1940, se trouve dans Karl Löwith : *Ma vie en Allemagne avant et après 1933*, op. cit.

l'analogie qu'ils présentent n'a pas échappé aux bons observateurs de l'époque, même si ceux-ci n'emploient pas tous le vocabulaire du « totalitarisme ». En veut-on un autre témoignage, peut-être d'autant plus éloquent qu'il n'émane pas d'un auteur connu, comme Elie Halévy ou Karl Kautsky ? Je l'emprunterai à un auteur allemand resté relativement obscur, et qui n'est ni libéral comme Halévy ni socialiste comme Kautsky : un professeur juif converti au catholicisme, réduit à l'émigration par la terreur brune, Waldemar Gurian. Dès 1935, le voici qui publie un petit livre au sujet inattendu, pour quelqu'un qui est chassé d'Allemagne : *L'Avenir du bolchevisme* [1].

---

1. Waldemar Gurian, *The Future of Bolshevism*, 1936 (*Bolshewismus als Weltgefahr*, Lucerne, 1935).

Waldemar Gurian était né en 1902 à Saint-Pétersbourg dans une famille de bourgeoisie juive. Mais il fit ses études en Allemagne, où sa mère s'était installée en 1909 après la rupture de son mariage, en convertissant du même coup ses enfants au catholicisme. Hannah Arendt écrit, dans l'éloge funèbre qu'elle lui a consacré en 1955, qu'il fut l'élève de Max Scheler et de Carl Schmitt. Toujours est-il que ses premiers écrits, entre 1925 et 1931, témoignent d'une curiosité tournée vers l'examen de la situation de l'Eglise catholique dans le monde moderne, à travers notamment l'exemple français. Néothomiste, ce critique du libéralisme est non moins hostile à une conception instrumentale de la religion et de l'Eglise, comme celle de Maurras. L'époque lui offre, et tout justement dans ses deux patries, deux régimes agressivement antilibéraux et anticatholiques : le communisme et le nazisme. Telle est l'origine de son angoisse, et le tournant de son œuvre, dont le livre sur *L'Avenir du bolchevisme*, paru dès 1935 à Lucerne, est le premier témoignage. A cette époque, Waldemar Gurian a fui l'Allemagne nazie pour se réfugier en Suisse. Il y publie à partir d'octobre 1934, en collaboration avec Otto Knab, allemand, émigré et catholique lui aussi, une petite feuille hebdomadaire antinazie, pauvrement ronéotypée, *Die Deutschen Briefe*. En 1937, il quitte l'Europe pour rejoindre l'université catholique américaine de Notre-Dame, dans l'Indiana. Il y fera une carrière universitaire comme spécialiste du nazisme et du communisme, analysés comme des signes jumeaux de la crise morale de l'Europe au XXe siècle : le nazisme est la forme allemande de la « bolchevisation ». Après 1945, la plupart de ses travaux seront consacrés à l'analyse de la Russie communiste (notamment : *Bolshevism : an Introduction to Soviet Communism*, University of Notre-Dame Press, 1952). On peut en suivre l'évolution à travers la revue qu'il avait fondée en 1938 et qu'il dirigera jusqu'à sa mort, en

L'auteur n'est pas un admirateur antinazi de l'Union soviétique, mais au contraire un critique radical du régime russe, qui sort, à l'en croire, du même moule que le nazisme : en effet, le bolchevisme ne peut être simplement contenu ni, à la Berdiaev, dans une négation du christianisme ; ni, selon la sagesse bourgeoise, dans une destruction de la propriété ; ni, à la Spengler, dans le retour de l'Europe à la barbarie. A tous ces titres, d'ailleurs, il a perdu la puissance d'enchantement qu'il a possédée à la fin de la guerre, puisqu'il a été vaincu, et même en apparence exterminé par le fascisme italien d'abord, par le national-socialisme ensuite. S'il existe pourtant si fort dans le siècle, c'est pour une raison cachée dans le fracas des insultes réciproques ; c'est parce que Hitler est le frère tardif de Lénine. Il existe une manière plus philosophique d'exprimer cette parenté secrète, pour peu qu'on tire du bolchevisme un concept plus vaste que le régime russe, marqué par la marginalité géographique et le retard historique. Car, si l'essence du bolchevisme n'est ni dans le marxisme ni dans l'héritage russe ou russo-asiatique, mais dans la priorité absolue donnée à l'ordre politique et au façonnement de la société, alors le régime né d'Octobre 1917 peut être considéré comme la première apparition du Parti-Etat, investi par l'idéologie d'une mission eschatologique.

Apparition qui, en Russie, a emprunté sa forme au marxisme pour des raisons particulières : le pays n'a pas d'autre corps d'idées disponible pour entrer dans la modernité, et le recours à Marx permet d'enflammer les masses à la fois par l'espoir révolutionnaire et par le pouvoir de la science et de la technique, cette religion du XIXe siècle. Au contraire, dans le reste de l'Europe, c'est-à-dire en son cœur, les hommes et les partis qui se croient chargés de la même vocation que le Parti bolchevique en Russie ne peuvent agir au nom du XIXe siècle. Eux aussi sont des absolutistes de la volonté politique et de l'idéo-

1954, *The Review of Politics*, publiée par l'université de Notre-Dame. Le numéro de janvier 1955 de ladite revue contient différents hommages à sa mémoire, dont l'un de Hannah Arendt, en même temps qu'une bibliographie choisie de ses travaux.

logie, mais ils veulent diriger leur combat contre les idées du XIXᵉ siècle, et par conséquent à la fois contre le libéralisme et contre le marxisme, y compris dans sa version russo-asiatique. C'est la fonction du national-socialisme, ce « bolchevisme brun [1] ».

La comparaison opérée par Waldemar Gurian entre nazisme et communisme part au fond du même principe qui a fondé, avant l'avènement de Hitler, la sympathie d'une partie de l'extrême droite allemande pour l'U.R.S.S. Car les deux régimes, à ses yeux, sont bien nés du même rejet passionné du libéralisme, dont le marxisme n'a été en Russie que la philosophie de circonstance. Ils veulent tous les deux libérer la technique de son asservissement au Capital. Gurian, philosophe catholique, n'est pas un libéral non plus. Les régimes bolchevique et nazi lui apparaissent aussi comme des produits de la crise de l'Europe bourgeoise, morte entre 1914 et 1918 de n'avoir pu aller au-delà d'elle-même. Mais ce que les nationaux-bolcheviks aimaient dans cette crise, lui le craint. L'esprit antiromain, anticatholique, qu'ils célébraient, il y voit le signe d'une décadence morale. La philosophie de la vie, la sauvagerie, le culte de la force, qu'ils saluaient comme une renaissance, il y aperçoit le recul et même le suicide de la civilisation. Le nationalisme, source de leur force, il le redoute comme un poison démocratique. Au fond, il reprend dans des conditions nouvelles (puisque Hitler est au pouvoir) les termes de l'analyse nationale-bolchevique : mais pour maudire ce qu'elle a admiré.

Le bolchevisme « rouge » est ainsi analysé comme un phénomène annonciateur des régimes totalitaires du siècle, bien que revêtu d'un costume d'un autre âge. Ce

---

1. A ce point de son analyse, Waldemar Gurian cite Carl Schmitt, qu'il appelle « le principal constitutionnaliste du Reich national-socialiste », et son livre *Staat, Bewegung, Volk* (*Etat, mouvement, peuple*), Hambourg, Hanseatische Verlagsanstalt, paru en 1933. Schmitt y explique que l'Union soviétique est un type d'Etat caractéristique de l'époque, par opposition au XIXᵉ siècle, en ce que le « mouvement », c'est-à-dire le parti unique, contrôle l'Etat en même temps qu'il guide le peuple.

qu'il préfigure est réalisé sous sa forme moderne par Hitler. En effet, non seulement l'Allemagne n'a pas de retard en matière de technologie ou d'industrialisation, mais elle souffre plutôt d'un excès en la matière ! Waldemar Gurian voit dans l'hyper-développement économique une des raisons de la multiplication des intérêts corporatifs et des groupes de pression : il retrouve ici l'objection classique de tant de conservateurs allemands contre la République de Weimar, accusée de ne pouvoir être autre chose qu'un arbitre entre des lobbies. Alors que les bolcheviks russes ont pris le pouvoir en s'appuyant sur l'anarchie, les nazis allemands s'en sont saisis en brandissant la crainte de l'anarchie, au nom d'un Etat un et fort, incarné par un chef.

Du cheminement de cette comparaison, il ne faut donc aucunement conclure à une complaisance quelconque de notre auteur pour le régime qui l'a chassé de son pays. Au contraire, les deux bolchevismes, le rouge et le brun, appartiennent à ses yeux à un mouvement de dissolution politique de la civilisation européenne. Il n'est pour s'en convaincre que de lire le chapitre de son ouvrage consacré à l'Etat hitlérien. A la différence du régime soviétique, qui opère sous un camouflage démocratique, celui-ci annonce la couleur, mais en substance son rôle et son fonctionnement suivent les mêmes règles : le parti s'est soumis l'Etat, et contrôle à travers lui toute la société et toute l'opinion, à commencer par les Eglises. Il y a un peuple national-socialiste comme il y a un peuple soviétique : qui se met en dehors est un individu anti-social. L'unité est constamment célébrée et réaffirmée en public, avant tout dans les récitations de l'idéologie ; elle trouve sa forme suprême dans le culte du Chef. Les masses sont ainsi en communion obligatoire et permanente avec l'Etat-parti. Au-delà, il n'y a que des ennemis du peuple, désignation à la disposition du Chef, à la fois élastique et répétitive, le bourgeois chez Lénine, le Juif chez Hitler : car l'éventualité du complot doit rester omniprésente, pour que le peuple reste mobilisé et le régime éternel. Qu'importent la lettre des idéologies utilisées, et les circonstances qui ont fait le lit des deux régimes, s'ils sont à la fois tous les deux si neufs et si comparables ?

Reste la dernière question, devant laquelle Gurian ne recule pas : se peut-il que deux régimes aussi ennemis l'un de l'autre incarnent un même esprit ? Sa réponse est destinée à ceux des conservateurs allemands antinazis qui doutent de cette identification, sous prétexte qu'à leurs yeux le nazisme est moins radicalement nihiliste (notamment en matière d'hostilité au christianisme) que le bolchevisme. Les deux idéologies, répond-il, ne doivent pas être jugées comme des philosophies. Ce sont des instruments d'action, des forces historiques, orientées vers le même but, qui dévoile leur sens : le pouvoir politique absolu du parti, régnant sur un peuple uni, grand secret des sociétés du XXᵉ siècle. Dans cette mesure, c'est le nazisme « qui montre le plus clairement le type de l'idéologie bolchevique [1] », car il est un pur nihilisme, sans cette attache lointaine qu'à travers le marxisme le bolchevisme conserve avec l'universalisme de la raison. Il ne parle que force vitale, il n'a que le pouvoir comme fin et la violence comme moyen, alors que le camouflage constant des moyens par les fins dans le langage léniniste trahit encore ses origines, comme un hommage caché du vice à la vertu, et conserve comme fin affichée une humanité réconciliée.

L'hostilité des nazis au bolchevisme russe se nourrit donc moins de la réalité du régime de Staline que de ce que celui-ci a conservé de marxiste. Seuls, en effet, Hitler et ses partisans ont fait apparaître dans sa forme nue, dégagée de toute utopie façon XIXᵉ siècle, le culte de la force et du pouvoir. A une société terrifiée, à juste titre, par la menace du communisme, ils ont offert une défense et un renouvellement, mais au prix de moyens identiques, dans une version idéologique qui en supprime radicalement toute idée de moralité. Le bolchevisme russe s'est voulu rupture avec le passé, alors que bien des conservateurs ou des bourgeois allemands ont cru voir dans le nazisme, à condition de superposer l'idée de

1. Waldemar Gurian, *The Future of Bolshevism, op. cit.*, chap. 5, p. 81.

nation à celle de race, une manière de continuité avec la tradition. Mais ils se trompent du tout au tout : le nazisme est un bolchevisme retourné contre le bolchevisme initial. Sa supériorité sur son prédécesseur vient de sa renonciation à l'utopie, et plus encore des conditions techniques et intellectuelles dans lesquelles il exerce son action : car l'Allemagne est dans ce domaine incomparablement plus avancée que l'Union soviétique. Hitler accomplit mieux que Staline la promesse totalitaire de Lénine. Mieux que Mussolini aussi, qui a laissé debout la monarchie, l'Eglise, la société civile. C'est dans l'Allemagne nazie que se voit le bolchevisme le plus parfait : le pouvoir politique y englobe vraiment toutes les sphères de l'existence, de l'économie à la religion, de la technique à l'âme. L'ironie de l'histoire, ou sa tragédie, est que les deux régimes totalitaires, identiques quant à leurs visées de pouvoir absolu sur des êtres déshumanisés, se présentent chacun comme un recours contre les dangers que présente l'autre. Ils tirent ce que leur propagande a de plus fort de l'hostilité à ce qui leur ressemble.

Cette Allemagne est-elle moins dangereuse que l'Union soviétique pour l'avenir du monde, dans la mesure où elle ne se livre pas à un prosélytisme internationaliste ? Non, répond Gurian, c'est tout le contraire. Elle est condamnée à l'expansion, alors que l'U.R.S.S., encore primitive et pleine de richesses potentielles, a sa « frontière » à l'intérieur de son territoire. S'il est vrai que le bolchevisme sous ses deux formes est un fils du siècle, produit par la désagrégation-démission du monde bourgeois, comment imaginer que le mouvement nazi, le seul des deux qui soit vraiment moderne, n'ait pas de force contagieuse, ou conquérante ?

Ainsi le nazisme possède une supériorité potentielle sur le bolchevisme russe dans l'ordre du mal. L'analyse de Gurian prive les contemporains de cette espèce de réconfort que peut apporter la réduction de l'hitlérisme à une forme politique connue dans l'inventaire des régimes : car, si Hitler n'est qu'un dictateur, les dictatures passent avec les circonstances sociales qui les ont rendues nécessaires, et, s'il n'est qu'une marionnette du grand capital, au moins peut-on en attendre une certaine docilité à l'égard de ses commanditaires, donc un minimum de calcul rationnel. Mais non. Gurian suggère que ce type d'interprétation cache en réalité la grande énigme du pouvoir de l'hitlérisme sur les Allemands, venant après celui des bolcheviks sur les Russes : il est précisément extérieur à toute force sociale consciente et organisée, et il a échappé, trait singulier, aux élites du pays, aussi bien après qu'avant sa victoire. Au fond, les théories libérale ou marxiste du fascisme n'expliquent rien du trait essentiel de l'histoire européenne depuis 1918 : la politique y a, dans plusieurs grands Etats, échappé à la bourgeoisie. Non seulement elles n'en expliquent rien. Mais elles le masquent. Or, dans le cas de la victoire de Hitler en Allemagne, et spécialement dans ce cas, le phénomène possède un relief spectaculaire ; la confiscation du pouvoir au nom des « masses » par un parti d'aventuriers s'est faite dans un des pays le plus civilisés de l'Europe, aux élites à la fois puissantes, nombreuses et cultivées, et sans que se soit produite une désagrégation sociale comparable à la débâcle russe de 1917. Le mystère étant moins dans les circonstances parlementaires de janvier 1933 que dans la manière dont, en quelques mois, les nazis ont réduit le pays, bourgeoisie comprise, à l'obéissance absolue.

Gurian a chez les intellectuels allemands bien des compagnons d'analyse. Thomas Mann, que l'incendie du Reichstag surprend à l'étranger, ne rentrera pas à Munich. Car les nazis n'attendent pas pour menacer même les plus grands noms de la culture allemande. L'homme qui a mis en garde ses compatriotes contre « les idées de 1789 » au nom des « idées de 1914 » a beau être un patriote inconditionnel, en même temps qu'un des plus célèbres écrivains d'Allemagne et d'Europe, il lui suffit d'exister, comme un témoin indépendant, pour être suspect. Il note dans son *Journal*, le 27 mars 1933 : « Il était réservé aux Allemands d'organiser une révolution d'un genre jamais vu : sans idée, contre l'idée, contre tout ce qu'il y a de plus élevé, de meilleur et de convenable, contre la liberté, la vérité, le droit. Il n'est jamais rien arrivé d'analogue dans l'histoire humaine. En même temps incroyable jubilation des masses, qui croient avoir vraiment voulu cela, alors qu'elles ont simplement été trompées avec une folle astuce [1]... » Ce qu'il y a de « jamais vu », dans le nazisme, c'est une pareille haine des idées nobles, et même des idées tout court, dans un gouvernement : comme si la culture allemande se retournait contre elle-même. Pourtant, le régime de Hitler a deux précédents, « les bouleversements antidémocratiques en Russie et en Italie [2] », car il a une origine semblable dans la guerre ; ces peuples ont été « démocratisés » par la défaite et l'humiliation ; ils n'ont pas pu gérer cette rencontre explosive. Le nazisme est un bolchevisme allemand [3]. La triste originalité du régime hitlé-

1. Thomas Mann, *Journal 1918-1921, 1933-1939*, version française présentée et annotée par C. Schwerin, trad. de l'allemand par R. Simon, Gallimard, 1985, 27 mars 1933, p. 214.

2. *Ibid.*, 7 septembre 1933, p. 285. Le passage mérite d'être cité en entier : « Après les bouleversements antidémocratiques en Russie et en Italie, pays insignifiant sur le plan spirituel et intellectuel, l'Allemagne ne suit avec le sien, qui signifie la prise du pouvoir par sa couche de population la plus basse sur le plan spirituel et intellectuel, les masses de petits-bourgeois tombés dans la misère et remplis de haine, qu'en troisième position. Qu'a-t-elle de plus que les autres ? Le monde doit-il guérir de la mystique souillée, de la philosophie de la vie défigurée qu'elle mêle à son mouvement ? Parce que les transformations qui sont en cours dans la technique et le gouvernement politique y prennent la forme d'une religion sanguinaire du sang et de la guerre dont le niveau moral et intellectuel est le plus misérable de son histoire ? Le ressentiment et la folie des grandeurs s'unissent pour donner un danger pour le monde entier en comparaison duquel l'impérialisme d'avant-guerre était l'innocence même. »

3. La comparaison entre bolchevisme et nazisme revient souvent dans le *Journal* de Thomas Mann. Par exemple, 1er octobre 1933, p. 301-302 : « Les sentinelles de la S.A. devant la Feldherrenhalle, immobiles comme des statues, copiées directement et sans honte sur les sentinelles russes devant le mausolée de Lénine. C'est le soi-disant ennemi mortel sur le plan "philosophique" que l'on copie — comme au cinéma — sans scrupules et peut-être inconsciemment. La communauté du *style du temps* est beaucoup plus forte et plus décisive que l'inimitié rationnelle dans le domaine philosophique. »

rien tient dans ce qu'il fait voir d'extrême en matière
d'indignité culturelle et morale, comme si l'Allemagne
payait son élection historique d'un abaissement particulier : aux yeux de l'homme qui pleure sur les « idées de
1914 », la guerre que préparent les nazis n'est plus
qu'une folie d'aventuriers où va mourir la nation.

Quelques années plus tard, aux heures sombres du
pacte Hitler-Staline, Thomas Mann se prendra à gémir
sur une Allemagne « séparée de l'Occident peut-être
pour toujours, tombée du côté oriental » : bref, sur la fin
de l'Allemagne. « En Allemagne, une révolution aux
effets profonds a eu lieu ; elle a *dé*nationalisé le pays
totalement, d'après toutes les conceptions traditionnelles du caractère allemand, en se donnant des allures
"nationales". Le bolchevisme nazi n'a *rien* à voir avec le
caractère allemand. La nouvelle barbarie a très naturellement trouvé le contact avec la Russie, en apparence
opposée [1]. » Et l'auteur des *Considérations* de souhaiter
que la « civilisation » puisse être assez intacte, et assez
puissante, pour venir à bout des deux monstres coalisés :
par où il retrouve sa méfiance d'antan envers l'Occident
trop « civilisé », au moment pourtant où il ne lui reste
plus d'autre recours contre le nazisme vainqueur de la
« Kultur »...

A ce désespoir lucide de quelques grands Allemands,
incertains sur la survie même de leur nation, le meilleur
contrepoint est fourni du côté occidental par la clairvoyance de quelques grands esprits, au premier rang

Ou encore, à propos du procès Dimitrov, le 24 novembre 1933,
p. 322 : « Je suis tenté de voir le sens inconscient du procès dans la
mise en évidence de la proximité, de la parenté et même de l'identité
du national-socialisme et du communisme. Son "résultat"
conduira la haine et la stupide rage de destruction de l'un contre
l'autre *ad absurdum*, point où en réalité elles n'ont pas besoin d'être
conduites. Les deux phénomènes sont des expressions fraternelle-
ment différentes d'une seule et même réalité historique, du même
monde politique, encore plus inséparables que le capitalisme et le
marxisme, et des explosions symboliques comme l'incendie du
bâtiment du Reichstag sont, comme on le sentira bien à défaut de le
voir, leur œuvre commune. »
1. Thomas Mann, 11 septembre 1939, p. 580.

desquels figure, comme on l'a vu, Elie Halévy. Creusant le même sillon que Gurian ou Mann, le professeur de la rue Saint-Guillaume a baptisé l'époque, dans sa fameuse conférence de 1936 : « l'ère des tyrannies [1] ». Il a choisi le mot « tyrannie » comme plus conforme à la situation que celui de « dictature », pour indiquer le caractère durable des régimes russe, italien ou allemand. La dictature définit un stade provisoire de l'état politique vers la liberté, alors que la tyrannie se passe de cet horizon. Elle se suffit à elle-même, et refuse d'envisager d'autre fin. Elle est née de la dégénérescence de la démocratie et des contradictions du socialisme ; elle possède l'ambition de s'y substituer. La guerre de 1914 a été son berceau. Quant à la forme, Mussolini a imité Lénine, avant de fournir un exemple à Hitler. Quant au fond, la structure moderne de l'Etat n'a cessé d'offrir à des partis totalitaires des moyens illimités de domination absolue sur la société. Enfin, l'histoire des trois « tyrannies » du siècle en réduit l'écart idéologique : le communisme se faisant de plus en plus national, le fascisme de plus en plus social. Ainsi l'analyse d'Elie Halévy tend-elle à atténuer les différences entre les deux types de « tyrannies » au profit de ce qui les rend semblables, et que Marcel Mauss décrit en une phrase : « Le Parti communiste reste campé au milieu de la Russie, tout comme le Parti fasciste et comme le parti hitlérien campent, sans artillerie et sans flotte, mais avec tout l'appareil policier [2]. »

Pourtant, tout juste à la même époque, le communisme essaie de se redéfinir par le combat spécifique contre le fascisme.

1. Elie Halévy, *L'Ere des tyrannies, op. cit.*, rééd. Gallimard, coll. Tel, 1990.

2. La lettre très approbative de Marcel Mauss à Elie Halévy, contribution au débat de la Société (« Votre déduction des deux tyrannies italienne et allemande à partir du bolchevisme est tout à fait exacte ») est citée en appendice dans le *Bulletin de la Société de philosophie, op. cit.*, p. 234-235. Marcel Mauss est un ancien et lucide critique du bolchevisme. Voir son « Appréciation sociologique du bolchevisme », in *Revue de métaphysique et de morale*, janvier-mars 1924.

7

COMMUNISME ET ANTIFASCISME

Quinze ans après sa naissance, le communisme soviétique a revêtu déjà de nombreux visages. Il a incarné la paix, la révolution internationale, le retour du jacobinisme, la patrie des travailleurs, la société libérée des bourgeois, l'homme désaliéné, l'anarchie capitaliste vaincue, l'économie rendue aux producteurs. Toutes ces représentations partent d'un foyer commun, mais elles ne se recoupent pas entièrement. Elles ont varié en intensité et en pouvoir de persuasion selon l'histoire intérieure et extérieure de ce qui est devenu en 1922 l'U.R.S.S. Car l'idée révolutionnaire a refleuri sur le territoire d'un peuple, et elle n'échappe pas plus qu'à la fin du XVIIIᵉ siècle aux aléas de l'incarnation. Dans les années trente, elle a subi l'usure du temps et des événements. Staline a succédé à Lénine, Trotski est en exil, les désenchantés commencent à parler, les partis communistes végètent ou sont vaincus : le « socialisme dans un seul pays » a changé la partition du bolchevisme révolutionnaire. Ce qui lui en reste, on l'a vu, lui vient plus de l'économie que de la politique : le monde occidental, en proie à la plus universelle des crises qui aient frappé le capitalisme, forme un contraste sur mesure pour la propagande qui entoure le premier plan quinquennal. Mais, si la comparaison aide à cacher les horreurs de la « dékoulakisation », elle signifie aussi que la révolution

communiste tire désormais l'essentiel de son rayonnement moins d'elle-même que des malheurs de ce capitalisme auquel elle a mis fin.

Or c'est aussi ce qui va se passer dans le domaine
politique. Après avoir reçu une bonne part de ce qu'il
conserve d'éclat de la crise du capitalisme, le communisme stalinien va trouver un nouvel espace politique
dans l'antifascisme.

Antifasciste, l'Internationale communiste l'a toujours
été, dès avant le règne de Staline, dès les premiers pas de
Mussolini. Mais il y a deux antifascismes dans le monde
communiste. Selon le premier, dont la stratégie du Parti
communiste allemand en face de Hitler vient de nous
donner l'exemple, le fascisme n'est rien de plus qu'une
des versions de la dictature capitaliste bourgeoise : les
seuls vrais combats antifascistes sont ceux que livrent les
communistes, puisque eux seuls sont résolus à déraciner
capitalisme et bourgeoisie. Tout le reste n'est fait que
d'apparences, destinées à détourner les masses populaires de la révolution prolétarienne. La social-démocratie
est l'instrument par excellence de cette diversion, par
l'influence qu'elle a sur les ouvriers ; de là vient qu'elle est
aussi l'adversaire par excellence, l'obstacle principal sur
la route de la dictature du prolétariat. Ces conceptions
stratégiques montrent bien de quel pouvoir le volontarisme léniniste revêt son ennemi : les bolcheviks alimentent leur haine de la bourgeoisie du sentiment de sa
formidable puissance. Démocrate ou fasciste, le bourgeois règne, en tirant les ficelles d'un parti socialiste à ses
ordres.

A tout prendre d'ailleurs, il se peut qu'il soit plus facile
à battre sous sa forme fasciste : car les communistes,
enclins à rationaliser tout ce qui arrive comme inévitable, tendent à voir après coup dans les victoires du fascisme autant de « stades suprêmes » de la domination
bourgeoise : « suprêmes », c'est-à-dire plus dictatoriaux
que jamais, mais aussi plus fragiles, et les derniers de
l'histoire, porteurs sans le savoir de la révolution prolétarienne. Marx avait vu déjà la forme « ultime » de la

dictature de la bourgeoisie dans le second Empire [1] ; les bolcheviks l'aperçoivent à leur tour dans le fascisme. C'est la guerre de 1914 qui les a portés au pouvoir, et l'habitude qu'ils ont de cette dialectique du malheur les a préparés de longue date aux tragédies où se fabriquent leurs victoires [2]. A ces considérations doctrinales qui forment comme un début de consentement au fascisme sous l'apparence d'une lutte au couteau, Staline a ajouté, comme on l'a vu, des raisons circonstancielles, tirées de la politique internationale de l'Union soviétique, qui privilégie les rapports avec la droite allemande. Toujours est-il que le grand projet du bolchevisme à son berceau, celui de la révolution prolétarienne allemande, a subi un coup d'arrêt avec Hitler au pouvoir.

Alors prend corps dans les quelques années qui suivent un second antifascisme communiste, qui n'est pas destiné à se substituer au premier à titre définitif, mais plutôt à meubler en alternance avec lui la stratégie stalinienne. Cet antifascisme-là renonce à mettre dans le même sac bourgeois tout ce qui n'est pas communiste. Il consent à faire la différence entre la démocratie libérale et le fascisme, acceptant de défendre la première, au moins pour un temps, au coude à coude avec les partis bourgeois et la social-démocratie. Non qu'il renonce à ses couleurs, et moins encore qu'il abdique sa nature.

---

1. Karl Marx, *Le 18-Brumaire de Louis Bonaparte*, Editions sociales, 1963 (p. 111-112) : « La bourgeoisie n'avait alors manifestement d'autre choix que d'élire Bonaparte. Despotisme ou anarchie. Elle se prononça naturellement pour le despotisme. [...] La bourgeoisie française s'écria au lendemain du coup d'Etat : Seul le chef de la société du 10 décembre peut encore sauver la société bourgeoise ! »

2. Même après l'accession de Hitler au pouvoir, même après les mesures qui ont suivi l'incendie du Reichstag, les communistes persistent à voir dans la victoire des nazis un prodrome de la révolution prolétarienne. *L'Humanité* du 1er avril 1933 cite par exemple cet extrait d'une résolution prise par le Présidium du Comité exécutif de l'Internationale communiste à la fin du mois de mars : « ... L'installation de la dictature fasciste ouverte, dissipant toutes les illusions démocratiques des masses et libérant celles-ci de l'influence de la social-démocratie, accélère la marche de l'Allemagne vers la révolution prolétarienne. »

Mais il a changé sa tactique, qui cesse d'être simplement déduite de sa doctrine, sans que ce changement implique l'impossibilité d'un retour à une interprétation plus rigide, dans d'autres circonstances. L'admirable de l'idéologie lénino-stalinienne est dans cette capacité à unir des stratégies contraires, sur injonction du Grand Interprète.

Ce tournant trouve ses raisons dans deux séries d'événements, la première touchant à la situation internationale de l'U.R.S.S., la seconde à la politique de l'Internationale communiste. L'une et l'autre sont d'importance inégale puisque, à l'heure du « socialisme dans un seul pays », l'issue de la bataille se jouera d'abord en U.R.S.S., ce qui modifie les équilibres de la lutte prolétarienne internationale, sans la rendre moins nécessaire. Dans les affaires du Komintern, Staline ne s'est jamais impliqué publiquement, à aucune époque. Il a voulu paraître à distance de ce forum cosmopolite, si longtemps aux mains de ses rivaux — Zinoviev, puis Boukharine — avant qu'il n'y installe ses affidés — Molotov, Manouilski : dès lors, la position de l'Internationale est scellée. Il y a belle lurette que les questions internes au Parti bolchevique et celles des partis frères y sont imbriquées, comme on l'a vu par exemple à propos de Souvarine en 1924-1925 [1]. Mais, à l'époque, il s'agit encore de définir partout la stratégie révolutionnaire du prolétariat. Quand la priorité est passée à la construction du socialisme en U.R.S.S., les partis frères tendent à ne plus être que les défenseurs du bastion central. Et la politique extérieure soviétique, la raison dernière du prolétariat mondial. Inscrite dans la nature et le fonctionnement du Komintern, cette évolution fera des chefs communistes dans le monde un appareil international dirigé du Kremlin. Elle est à peu près accomplie à l'époque où nous sommes : Staline manipulera bientôt les partis communistes étrangers comme Hitler les Allemands hors d'Allemagne [2].

---

1. *Cf. supra*, p. 190-193.
2. L'idée est dans Alan Bullock, *Hitler et Staline. Vies parallèles*, *op. cit.*, t. I, p. 574.

Or l'arrivée de Hitler au pouvoir à Berlin est un élément qui risque de modifier la situation européenne : l'homme qui a écrit *Mein Kampf*, réclamé les terres slaves au nom de l'espace vital allemand, et prononcé tant de harangues incendiaires contre l'ordre de Versailles n'est a priori un partenaire rassurant pour personne, à l'Ouest ou à l'Est. Pourtant, Staline a dû croire, comme tout ce que la politique européenne comporte de politiciens « réalistes », que Hitler installé au pouvoir pourrait y modifier ses idées et ses projets. Le fait est qu'il se tait toute l'année 1933, même après l'incendie du Reichstag et la mise hors la loi des communistes allemands, même après le printemps, quand il est devenu évident que le nouveau chancelier du Reich est resté l'homme de la révolution nationale-socialiste. Il est vrai que Hitler a pris soin de souligner devant le Reichstag, dès le 23 mars, que les relations extérieures de l'Allemagne n'obéissent pas à la même logique que sa politique intérieure, et qu'il souhaitait conserver des relations amicales avec l'U.R.S.S., à condition que la question du communisme reste une affaire intérieure [1]. Langage que Staline n'a aucune peine à comprendre, puisque c'est aussi le sien. Chacun sent bien que le « beau fixe » des vieilles relations entre l'U.R.S.S. et la droite allemande est en question. Chacun suspend son souffle.

Première réaction publique de Staline en janvier 1934, au XVIIe Congrès du Parti bolchevique, l'occasion solennelle par excellence. Ce qu'il tait est aussi important que ce qu'il dit : pas un mot sur l'incendie du Reichstag, le procès de Leipzig, Dimitrov, qui sont au centre d'une gigantesque campagne orchestrée par le Komintern [2], mais quelques pas en direction de la Société des Nations, que l'Allemagne hitlérienne a quittée en octobre 1933 et

---

1. Gustav Hilger et Alfred Meyer, *The Incompatible Allies. A History of German-Soviet Relations 1918-1941*, New York, MacMillan, 1953, p. 262.
   Voir aussi J. Grunewald, « L'évolution des relations germano-soviétiques de 1933 à 1936 », in *Les Relations germano-soviétiques de 1933 à 1939*, J.-B. Duroselle (éd.), Armand Colin, 1954.

2. *Cf. infra*, p. 362-363.

que l'Union soviétique rejoindra en septembre 1934. Précaution qui ne doit pas être entendue comme un ralliement à l'Europe de Versailles, ou comme un acte d'hostilité à l'égard de quiconque : Staline a compris que Hitler menace, peut-être irrémédiablement, la paix du monde, mais il prend bien soin d'indiquer dans quelles limites s'exercera son action. Témoin cet avertissement, qui dit le fond de sa pensée : « A notre époque, les faibles ne comptent pas, il n'y a que les forts qui comptent... Nous n'étions pas plus orientés vers l'Allemagne hier que nous sommes orientés aujourd'hui vers la Pologne ou la France. Nous étions orientés hier et nous sommes orientés aujourd'hui vers l'U.R.S.S., et uniquement vers l'U.R.S.S. »

A bon entendeur, salut ! En matière internationale, l'Union soviétique ne consultera que ses intérêts et ne comptera que sur sa force. Staline se tait, observe, et infléchit sa politique vers un rapprochement avec la France. La belle époque de l'alliance franco-russe n'est pas si loin, et la contrainte géopolitique retrouve ses droits au même rythme que l'Allemagne sa force. Le 2 mai 1935 est signé à Moscou, entre Staline et Pierre Laval, étrange paire, le traité d'assistance mutuelle franco-soviétique. Il stipule que les deux pays doivent se prêter une aide réciproque « en cas d'attaque non provoquée de la part d'un Etat européen ». Mais l'accord n'est pas aussi clair qu'il en a l'air. La France, pour rassurer l'Angleterre, qui s'inquiète d'un engagement trop rigide, fait spécifier que l'« attaque » en question devra être authentifiée par le conseil de la Société des Nations, instance dont l'étoile pâlit déjà : la guerre d'Abyssinie lui portera dans les mois qui suivent le coup de grâce [1]. L'Union soviétique, elle, n'est pas couverte dans l'hypothèse d'une agression japonaise ; quant à l'Ouest, le passage de ses troupes en territoire polonais, indispensable pour venir éventuellement à l'aide d'une France attaquée, n'est pas défini, puisque la souveraineté polonaise

---

1. L'agression italienne en Abyssinie se produit à l'automne de 1935.

est en cause. En réalité, ni d'un côté ni de l'autre le traité
n'est vraiment destiné à couvrir cette hypothèse, à la
différence des accords franco-russes de 1891-1892.
Laval cherche à redonner un peu d'initiative à la diplomatie française : il s'est tourné vers Moscou après des
ouvertures vers l'Italie ; il donne satisfaction au parti
radical, et il s'amuse d'avance de prendre les communistes français à revers. Du côté soviétique, on n'envisage
pas sérieusement non plus l'hypothèse militaire. Le
traité a l'intérêt de constituer un obstacle à un rapprochement franco-allemand, ou plus précisément d'empêcher un feu vert français à une agression nazie contre
l'U.R.S.S. [1]. La preuve, c'est que les dispositions relatives
à une collaboration militaire seront discutées pendant
les quatre années suivantes, sans qu'aucune des parties
ne pousse vraiment les feux, devant la mauvaise volonté
polonaise.

Mais, s'il n'a pas d'implications militaires, le traité de
1935 a des conséquences politiques, puisque Pierre
Laval arrache à « Monsieur Staline », avant de regagner
Paris, le fameux communiqué par lequel le secrétaire
général légitime les dépenses de défense nationale en
France : déclaration qui prend à contre-pied non seulement l'antimilitarisme du mouvement ouvrier, mais plus
spécialement la tradition dont le P.C.F. est né. Par où
j'arrive à l'autre versant de cette histoire, où Staline n'est
plus le chef du gouvernement soviétique, mais celui du
communisme mondial. Dans ce deuxième rôle, il est
moins visible, masqué derrière le Komintern, mais tout
aussi souverain. C'est le caractère même du régime que
d'avoir constamment à sa disposition ces deux parti-
tions, prétendument distinctes, dont pourtant le chef
d'orchestre unique tire une même musique, jouée aux
mêmes fins [2].

Sur le Komintern, Staline est tout aussi souverain que

---

1. Je suis ici l'interprétation du traité de 1935 que donne Adam
B. Ulam : *Expansion and Coexistence. Soviet Foreign Policy 1917-73*,
2ᵉ éd., Praeger Publishers, chap. 5.

2. *Cf.* Alain Besançon, *Court Traité de soviétologie...*, *op. cit.*,
chap. 2.

sur la politique extérieure de l'U.R.S.S. Dimitrov et
Manouilski y sont ses exécutants, comme Litvinov au
ministère des Affaires étrangères. Et c'est l'époque de la
subordination absolue des partis communistes à l'Internationale. Chacun d'entre eux est l'objet d'un contrôle
tatillon de la part des envoyés de Moscou, qui adressent
au « centre » des rapports fréquents et circonstanciés [1].
Il s'agit bien de véritables « sections » d'un mouvement
très centralisé [2] : le terme doit être pris dans sa pleine
acception. Il est d'autant plus intéressant d'y observer,
dans une deuxième version, l'inflexion de la politique
soviétique à cette époque cruciale.

Pour la saisir, il faut repartir du mouvement « contre le
fascisme et la guerre », antérieur à l'accession de Hitler
au pouvoir, puisque le Congrès international d'Amsterdam, réuni sous ce double mot d'ordre, s'ouvre le 27 août
1932. Le Komintern y a un rôle central, notamment par
l'intermédiaire de Willi Münzenberg, qui en a été le

---

1. L'ouverture des archives du Komintern permet d'établir que le
P.C.F. était totalement contrôlé de Moscou, par l'intermédiaire du
Komintern et des organes de sécurité ; et que les décisions le
concernant étaient soumises, via le Komintern, à Staline lui-même
(voir Guillaume Bourgeois, « Comment Staline dirigeait le P.C.F. »,
Le Nouvel Observateur, 5-11 août 1993).
  Les deux hommes clés du Komintern à Paris ont été Fried et
Togliatti. Juif hongrois de Slovaquie, Eugen Fried (1900-1943)
devient membre du bureau d'organisation du Komintern dans les
années vingt. Envoyé en France à l'automne 1930 auprès de la
direction du P.C.F., il contrôle un « collège de direction » chargé de
superviser la politique suivie et institue les méthodes de sélection
des cadres. A partir de 1932, il forme avec M. Thorez une sorte de
tandem, Fried protégeant Thorez. En 1934, il le soutient contre
Doriot et initie le « tournant » vers la politique de Front populaire.
  Membre du Comité central du P.C.I., Palmiro Togliatti (1893-
1964) se rend en U.R.S.S. en 1924 et accède au Présidium du
Komintern sous le pseudonyme d'Ercoli. Rallié à Staline, il devient
secrétaire du Komintern en 1937 et joue un rôle considérable en
Espagne. En 1934, il est en mission en France pour contrôler
l'action menée par Fried et Thorez. Il sera, après la guerre, le leader
du communisme italien.
  2. Le Parti communiste français est l'autre nom de la section
française de l'Internationale communiste.

grand tireur de ficelles. Le personnage mérite qu'on s'y arrête un peu, car à travers lui l'aventure grise des fonctionnaires du Komintern prend un peu de l'éclat tragique d'un roman. Non qu'il faille en faire un héros antistalinien, au motif qu'il a fini par rompre avec Staline : menacé d'une liquidation dans les caves de la Loubianka, il n'avait pas vraiment le choix. Il a été, jusqu'en 1937, un fidèle exécutant, comme n'importe quel autre militant de la vaste jésuitière bureaucratique de Moscou. Mais l'histoire lui a donné un rôle sur mesure ; il a été, à l'époque du tournant antifasciste, quelque chose comme le ministre clandestin de la propagande du Komintern dans le monde, et d'abord à l'ouest de l'Europe : fonction qui convenait à son talent tout moderne pour la publicité politique et la manipulation des images et des mots. Parmi tant d'écrivains, tant d'artistes, tant d'intellectuels qui ont été ses instruments ou ses dupes, aucun d'entre eux n'a pu se résigner à détester son souvenir. Il a eu en plus la chance d'avoir eu deux grands peintres en la personne de deux de ses collaborateurs de l'époque, devenus des désenchantés du communisme, mais non tout à fait de leur ancien patron : Arthur Koestler et Manès Sperber ont chacun fait son portrait [1]. Car cet enfant d'un cafetier de Thuringe dont le père avait été le fils illégitime d'un baron allait apporter un peu des grandes manières dans une vie de militant ouvrier.

Il a dès l'adolescence gagné ses galons dans l'aristocratie des grands autodidactes révolutionnaires, comme chef des « Jeunesses », cette réserve d'avenir du parti socialiste allemand. Antimilitariste radical, il passe les années de guerre à Zurich, où il fait la connaissance de Lénine. Expulsé par les Suisses en 1917, il regagne l'Allemagne et rejoint les spartakistes, avant d'être un des fondateurs du Parti communiste allemand en 1919. Mais Lénine l'appelle à Moscou : ce n'est pas l'endroit idéal pour ses talents, mais c'est le seul qui convienne à ses

---

1. Arthur Koestler, *Hiéroglyphes*, trad. par D. Van Moppès, Calmann-Lévy, 1955, chap. 17 : « Colin-maillard » ; rééd. Robert Laffont, coll. Bouquins, 1994 ; Manès Sperber, *Les Visages de l'histoire*, éd. Odile Jacob, Paris, 1990, p. 85-97.

idées. Bolchevik par l'intensité de sa foi révolutionnaire, il appartient à l'agit-prop plus qu'à la théorie. Sans goût pour les débats et les motions où s'affrontent les ténors du Parti, éloigné aussi des batailles d'appareil, il est différent des autres en ce qu'il est extraverti, tourné tout entier vers le prosélytisme et la propagande. Américain, il eût fait une carrière à la Hearst. Allemand, prolétaire, militant révolutionnaire, il sert la cause bolchevique avec le même talent qui l'eût rendu riche et influent dans le monde bourgeois.

Il a eu tout de suite un profil original. Lénine lui a confié en 1921 la responsabilité de la vaste opération de secours au bénéfice des populations affamées de la Volga. Il a également fondé le « Secours ouvrier international ». Dans les deux cas, il s'agit de mobiliser énergies, sentiments, moyens, au secours de la révolution d'Octobre. « Willi », comme tout le monde l'appelle, est un militant international, mais d'un type particulier : très vite à la tête d'un réseau de sociétés démultipliées, visant toutes à magnifier l'expérience soviétique, à lui faire un peu partout des amis, mais par différents canaux : presse, cinéma, théâtre, soupes populaires, associations humanitaires, rassemblements d'intellectuels, pétitions de solidarité. L'immense « trust Münzenberg » finit par gérer ainsi, de l'Europe occidentale au Japon, un monde de sympathisants, dopés au fil des ans par la propagande du patron, lui-même se donnant des airs d'indépendance par rapport au Komintern. Willi est le grand chef d'orchestre du « compagnon de route », cette figure typique de l'univers communiste — comme d'ailleurs, à l'époque, du monde fasciste : l'homme qui n'est pas communiste, mais qui n'en est que plus fiable lorsqu'il combat l'anticommunisme. Sa proie par excellence est l'intellectuel, à la fois plus influent et plus vaniteux que le commun des mortels : « [Münzenberg] poussait des écrivains, des philosophes, des artistes de tout genre à témoigner, par leur signature, qu'ils se plaçaient au premier rang de combattants radicaux... [Il] constituait ainsi des caravanes d'intellectuels qui n'attendaient qu'un signe de lui pour se mettre en route ; il choisissait aussi la direction » (Manès Sperber).

A force de vivre à la périphérie du communisme et de prodiguer son charme aux sympathisants du dehors, le roi de l'agit-prop finit par vivre un peu de son propre cru, adulé par son entourage d'émigrés, conscient de la supériorité de son talent, fier de la difficulté de son art particulier *in partibus infidelium*. Vaguement suspect aux apparatchiks de Moscou, détesté surtout par le groupe allemand (composé des futurs chefs de l'Allemagne de l'Est), il n'eut que quelques bonnes années à Paris, au temps du Front populaire, entre 1934 et 1936. Convoqué à Moscou en 1937, à l'époque sinistre de la grande terreur, il hésita, tomba malade, et finalement resta en France, se contentant d'une lettre à Staline [1]. En 1939, il n'avait plus de patrie : et l'Allemagne et l'Union soviétique voulaient sa tête. Les Français l'internèrent dans un camp comme Allemand. Quand il s'en évada en juin 1940 pour échapper à Hitler, on a des raisons de penser, bien qu'il n'en existe pas de preuves, que c'est un agent de la Guépéou qui l'assassina [2].

Mais revenons aux débuts de son époque heureuse, celle d'« Amsterdam-Pleyel ». On peut y voir à l'œuvre à la fois son talent et son fidéisme. Car le Congrès international contre le fascisme et la guerre réuni à Amsterdam l'été 1932, qui est largement le produit de son inlassable activité, ne s'éloigne pas d'un iota de la ligne du Komin-

1. Cette longue lettre du 14 juillet 1937 est publiée dans *Communisme*, n° 38, 1994, p. 171-180 (« Les Kominterniens I. Dossier Willi Münzenberg »).

2. Arrêté lors de la débâcle de mai-juin 1940, Willi Münzenberg s'échappe du camp d'internement de Chambaran près de Lyon avec deux autres détenus, cherchant vraisemblablement à gagner la Suisse. Son corps portant des traces de strangulation est retrouvé plusieurs mois plus tard. Sa compagne Babette Gross devait conclure à son assassinat par des agents de Staline. Babette Gross, *Willi Münzenberg, Eine politische Biographie*, Stuttgart, 1967 ; *Willi Münzenberg, 1889-1940, Un homme contre*, Colloque international d'Aix-en-Provence. *Actes*, 26-29 mars 1992 ; Stephen Koch, *Double Lives — Spies and Writers in the Secret Soviet War of Ideas against the West*, The Free Press, New York, 1994.

tern. Il ne s'agit pas d'une réunion « antifasciste » du type de celles qui seront mobilisées un ou deux ans plus tard contre Hitler. Il s'agit encore de « la lutte pour la paix » telle qu'elle figure au premier plan de la politique soviétique depuis 1929 : le « fascisme » y est entendu au sens le plus large [1] et le plus vague, comme lié à la militarisation des pays capitalistes ; de ces pays capitalistes, l'Angleterre d'abord, puis la France sont considérés comme les plus menaçants, puisque ce sont les impérialismes vainqueurs de 1918 ; plus ils se prétendent pacifiques, plus ils sont en réalité dangereux. Un des grands thèmes d'Amsterdam est la dénonciation du « pacifisme genevois », c'est-à-dire de la S.D.N. Bref, on a affaire, sous le nom de défense de la paix, à une défense de l'Union soviétique, seule puissance pacifique puisque seule délivrée du capitalisme. Défense d'autant plus urgente que la guerre antisoviétique est déclarée « imminente [2] » par le Congrès. Depuis le début de l'année 1932, avec un bel ensemble, toutes les publications du Komintern soulignent cette imminence de la guerre contre l'U.R.S.S. [3], liée à la fin de la période de stabilisation capitaliste, et manifestée, l'année précédente, par l'invasion japonaise de la Chine.

Le fait que, cette même année, l'Union soviétique signe des pactes de non-agression avec la Finlande, la Lettonie, l'Estonie, la Pologne, enfin avec la France d'Herriot (en novembre), ne modifie en rien l'ardeur du délire kominternien sur les préparatifs d'une guerre antisoviétique à l'Ouest : témoignage supplémentaire de ce

---

1. Par exemple : l'Italie mussolinienne, avec laquelle l'Union soviétique entretient depuis des années d'excellents rapports, n'est presque jamais mentionnée. Par contre, la France de Briand est constamment citée comme Etat impérialiste en voie de « fascisation ».

2. Sur cette période, une thèse récente, encore inédite : Yves Santamaria, *Le Parti communiste français dans la lutte pour la paix (1932-1936)*, 2 vol. Thèse soutenue en 1989 à l'université de Paris-X-Nanterre, sous la direction d'Annie Kriegel ; du même auteur « Le comité de lutte contre la guerre dit Amsterdam-Pleyel, 1931-1936 », in *Communisme*, n° 18-19, 1988, p. 71-98.

3. Yves Santamaria, *op. cit.*, t. I, p. 159-184.

que la politique communiste est un monde à deux étages, d'où chacun travaille au but commun, la révolution mondiale. La politique étrangère de l'U.R.S.S. veille à protéger contre toute agression militaire la forteresse du prolétariat international. L'Internationale communiste définit les objectifs et les mots d'ordre révolutionnaires de ses sections locales. La lutte contre Versailles, contre le pacifisme bourgeois et l'impérialisme s'ajuste très bien à une stratégie « classe contre classe ». Le 14 janvier 1933, aux côtés de Thälmann, Thorez s'adresse en ces termes aux communistes berlinois : « Nous, communistes de France, luttons pour l'annulation du traité de Versailles, pour la libre disposition du peuple d'Alsace-Lorraine jusques et y compris la séparation d'avec la France, pour le droit à tous les peuples de langue allemande de s'unir librement [1]... »

Quinze jours après, Hitler est chancelier du Reich. Dans la stratégie du Komintern, 1933 est l'année tournant : l'arrivée de Hitler au pouvoir transforme l'échiquier international. Non pas d'un seul coup, et en un jour : car il a fallu attendre de voir comment allait évoluer le tandem Hitler-Hugenberg [2]. Les communistes ont cru à la fois à l'identité entre Hitler et la droite allemande, et au caractère provisoire du phénomène nazi. Les événements les détrompent vite, et pourtant Staline, en tant que chef de l'Union soviétique, reste prudent, comme on l'a vu : il se pourrait bien que seule la Nuit des longs couteaux l'ait convaincu de la toute-puissance de Hitler sur l'Allemagne. Mais, par l'intermédiaire du Komintern, il réagit plus vite. L'incendie du Reichstag et la

---

1. *L'Humanité*, 15 janvier 1933.
2. Ancien directeur des établissements Krupp, Alfred Hugenberg (1887-1951) fonde son propre Konzern. Il achète ou prend le contrôle de la moitié de la presse allemande ainsi que de l'agence d'information l'Union télégraphique et de la firme de cinéma U.F.A. Député du parti national allemand à partir de 1919, devenu son président (1928), il forme en octobre 1931, avec les nationaux-socialistes et les Casques d'acier (Stahlhelm), le Front de Harzburg. Ayant soutenu Hitler, Hugenberg fut ministre de l'Economie et du Ravitaillement de janvier à juin 1933.

terreur qui s'ensuit fournissent le premier terrain à une vaste campagne antifasciste nouvelle manière. Il ne s'agit plus seulement d'attaquer le traité de Versailles, ou la Société des Nations, ou l'impérialisme français, ou la social-démocratie, cibles habituelles de Moscou. Il y a un impérialiste supplémentaire : Hitler, ennemi de la liberté et nouvelle menace pour la paix.

Nouveauté qui se présente d'abord comme un grand spectacle, mis en scène à Paris par le kominternien sur mesure : Willi Münzenberg, qui a trouvé dans l'incendie du Reichstag [1] l'affaire de sa vie. Génie de la propagande, il écrase en rase campagne le Dr Goebbels, autre spécialiste pourtant ; il invente un nouveau visage au stalinisme : celui du communisme antifasciste. Je dois sur cet épisode clé laisser parler Koestler, qui arrive à cette époque à Paris en communiste un peu désabusé, retour d'un long séjour en U.R.S.S., et auquel le procès de Leipzig va redonner du cœur au ventre :

« J'arrivai à Paris à l'époque où le procès de l'incendie du Reichstag passionnait l'Europe. Le lendemain de mon arrivée, je fis la connaissance de Willi Münzenberg, chef de la propagande du Komintern en Occident. Le même jour, je commençai à travailler à son quartier général et devins ainsi une espèce de sous-off dans la grande bataille de propagande entre Berlin et Moscou. Elle se termina par la défaite totale des nazis — la seule défaite qu'ils essuyèrent au cours des sept années précédant la guerre.

« L'objectif des deux adversaires était de prouver que c'était l'autre qui avait mis le feu au Parlement allemand.

---

1. L'incendie du Reichstag, le 28 février 1933, fut pour les nazis le signal de la chasse aux communistes et d'une législation d'exception suspendant toutes les garanties constitutionnelles offertes aux libertés individuelles. Parmi les travaux récents : Hans Mommsen, *The Reichstag Fire and its Political Consequences*, MacMillan, 1985. Uwe Baches, Karl-Heinz Janssen, Hans Mommsen, Fritz Tobias [*et alii*], *Reichstagbrand : Aufklärung einer historischen Legende*, Munich, Piper, 1986. On considère aujourd'hui que l'incendie est l'acte du seul Marinus Van der Lubbe, le jeune Hollandais trouvé par la police sur les lieux, et que l'affirmation de la culpabilité des nazis repose sur des documents fabriqués.

Le monde suivit le spectacle avec passion et sans plus comprendre son véritable sens qu'un petit enfant regardant un film à l'intrigue compliquée. Car le monde n'était pas encore habitué à la mise en scène, aux énormes mensonges, aux méthodes de grand guignol des propagandes totalitaires. Et, dans ce cas, il n'y avait pas qu'un metteur en scène, comme plus tard aux procès de Moscou, mais deux, opposant leurs trucs, comme des sorciers noirs devant la tribu assemblée [1]. »

Le sorcier nazi est connu et il tonitrue lui-même son rôle : c'est le Dr Goebbels. L'autre manipule l'opinion, caché derrière un « Comité international d'aide aux victimes du fascisme hitlérien », dont des célébrités démocratiques mondiales forment la vitrine, et qui multiplie brochures et tracts [2]. Le premier proclame que Van der Lubbe est un agent communiste, le second dit que c'est un provocateur nazi. Koestler : « Le monde croyait assister à un combat classique entre la vérité et le mensonge, le coupable et l'innocent. En réalité, les deux partis étaient coupables, mais non des crimes dont ils s'accusaient l'un l'autre. Les deux mentaient, et les deux craignaient que l'autre n'en sût davantage qu'il n'en savait réellement. Aussi cette bataille était-elle en vérité une partie de colin-maillard entre deux géants. Si le monde avait su, à l'époque, les stratagèmes et le bluff mis en œuvre, il aurait pu s'épargner bien des souffrances. Mais ni à ce moment ni plus tard, l'Occident n'a véritablement compris la psychologie totalitaire [3]. »

Dans ce retour sur sa vie, où il considère avec une sorte de compassion résignée la part qu'il a prise à cette bataille de propagande, l'écrivain accorde peut-être un peu trop au talent de l'homme du Komintern. La

---

1. Arthur Koestler, *Hiéroglyphes*, *op. cit.*, chap. 17 : « Colin-maillard », p. 231.

2. La plus célèbre des publications Münzenberg sur le sujet, produite par la maison d'édition qu'il venait de fonder, les Editions du Carrefour, fut le fameux et anonyme *Livre brun sur l'incendie du Reichstag et la terreur hitlérienne*. *Le Livre brun*, commente Koestler, « est sans doute l'ouvrage ayant exercé la plus forte influence politique, depuis *Le Sens commun* de Thomas Paine ».

3. Arthur Koestler, *Hiéroglyphes*, *op. cit.*, chap. 17, p. 232.

« défaite totale » de Goebbels, qu'il constate, tient aussi à des données plus lourdes, que Münzenberg exploite très habilement, mais sans les créer. Le nazisme est plus facile à identifier que le communisme comme ennemi de la démocratie, puisqu'il a fait son credo de cette hostilité. A l'Ouest, l'opinion constate que l'incendie du Reichstag a donné le signal du tournant vers le pouvoir sans partage du parti nazi : *is fecit cui prodest*. Du coup, les communistes arrêtés avec le malheureux Van der Lubbe font figure de héros de la démocratie contre la dictature. Devant le tribunal de Leipzig, en septembre, le militant bulgare Dimitrov endosse brillamment le rôle en face de Goering. Il est déjà prêt à soutenir toute cause pour peu qu'elle ait le soutien de Moscou. Mais celle-là le met sur la scène du monde dans son meilleur profil, et il n'est pas inférieur à l'occasion. Peut-être sait-il, d'ailleurs, que son sort est ou sera réglé directement entre Hitler et Staline [1]. Le procès tourne au triomphe du Komintern parce que ses deux héros, l'acteur principal et le metteur en scène, Dimitrov et Münzenberg, y sont revêtus de costumes d'emprunt involontairement fournis par Hitler : les idées démocratiques. Devant la révolution nazie qui a brisé en quelques mois tous les partis, le « Comité international » mis sur pied par Münzenberg en appelle à l'indignation et à l'aide de tous les hommes de liberté.

De ce que l'héroïsation « démocratique » de Dimitrov porte incontestablement la marque de Münzenberg, il n'en faut cependant conclure ni qu'il s'agit d'une initiative politique personnelle, ni que le grand agitateur a été chargé de mettre en œuvre, déjà, un cours nouveau. Staline veille sur Dimitrov, qu'il fait rapatrier à Moscou en février 34, quelques semaines après son acquittement, probablement au prix d'une négociation secrète avec Hitler. Mais il veille, comme on l'a vu, à ne pas joindre sa voix à la campagne mondiale orchestrée par Münzenberg. Du côté du Komintern, prudence égale-

---

1. Ruth Fisher affirme que la libération de Dimitrov fut négociée entre Berlin et Moscou (*cf. Stalin and German Communism, op. cit.*, p. 308-309). Opinion comparable chez Margarete Buber-Neumann (*cf.* « Le Conspirateur sans mystère », *Preuves*, n° 74, avril 1957).

ment dans les déclarations publiques. Pendant cette année 1933 et une partie de 1934, chacun sent bien à Moscou que le beau fixe des relations entre l'U.R.S.S. et la droite allemande est en jeu. Ce qui dure depuis Rapallo, à l'avantage des deux parties, pourra-t-il continuer ? Question qui, transposée du langage de l'Etat soviétique à celui du mouvement communiste international, peut se formuler dédoublée : peut-on envisager que, attaquée par un Etat impérialiste, l'Allemagne hitlérienne par exemple, l'Union soviétique trouve l'appui d'un autre Etat impérialiste, la France par exemple ? Et dans cette hypothèse, le P.C.F. pourrait-il être amené à soutenir « sa » bourgeoisie, au nom des intérêts supérieurs de la révolution prolétarienne ?

La question n'est byzantine que pour qui se tient en dehors de l'univers du marxisme-léninisme. On la voit au contraire travailler de l'intérieur les stratégies et les débats des partis communistes occidentaux, nés de la condamnation de la trahison de 1914, et obsédés par le combat contre leur propre bourgeoisie, leur propre impérialisme, leur propre armée. Car lutter contre la guerre, inséparable du capitalisme, c'était encore militer pour la révolution, qui mettrait fin à cette malédiction ; c'était être fidèle à la lutte des classes, et redoubler la bataille à l'intérieur par la solidarité internationale avec l'U.R.S.S. Rien dans le concept de fascisme tel qu'il était conçu et utilisé par le Komintern depuis des années — c'est-à-dire un produit quasi normal de la démocratie bourgeoise appuyée sur la social-démocratie — ne permettait de justifier une vraie différence de traitement entre Etats impérialistes, et de penser quelque chose comme la guerre de la démocratie contre le fascisme : a fortiori s'il s'agissait de singulariser l'Allemagne comme principal adversaire, alors qu'elle était encore la grande victime du traité de Versailles. Le mouvement d'Amsterdam avait eu Versailles en ligne de mire. Et la réunion de la salle Pleyel, à Paris, en juin 1933, n'avait pas modifié cette orientation. La lutte « contre la guerre et le fascisme » était restée avant tout une guerre contre le pacifisme bourgeois et l'antifascisme chauvin des puissances nanties. Aussi bien le mouvement Amsterdam-Pleyel n'avait-il pas réuni beaucoup de monde autour de son noyau communiste, plus ou moins habilement camouflé.

A la fin de 1933 encore, à l'époque où se termine le procès Dimitrov, la treizième session du Comité exécutif de l'Internationale communiste n'annonce rien de spectaculaire [1]. Le vieux bolchevik Kuusinen, qui présente le rapport, interprète la crise mondiale du capitalisme comme le signe d'une nouvelle époque, qui promet de profonds bouleversements : fascismes, guerres, révolutions. On retrouve dans son texte les accents traditionnellement apocalyptiques de la pensée léniniste, accompagnés de la rédemption finale par la révolution prolétarienne. Le fascisme et la guerre font partie de la lugubre rationalité du capitalisme, mais ils en annoncent aussi la fin. Le national-socialisme hitlérien n'échappe pas à cette règle : avec lui revient, comme aux premières années de la IIIᵉ Internationale, la promesse de la révolution prolétarienne allemande ! L'ordre du jour appelle donc plus que jamais à la lutte contre les bourgeois et les « social-fascistes [2] ».

Il faut attendre jusqu'en juin 1934 pour voir les « internationaux » de Moscou esquisser une nouvelle orientation. A cette époque, Staline médite un pas en direction de l'Ouest, qui sera, en septembre, l'entrée de l'U.R.S.S. à cette S.D.N. si longtemps vilipendée. Dimitrov a été installé, un an après son arrivée à Moscou, au secrétariat général de l'Internationale : signe que le Chef suprême, s'il est resté silencieux sur l'épisode, ne néglige pas le capital politique du procès de Leipzig. De fait, dans son projet de rapport en vue du VIIᵉ Congrès du Komintern, en juillet, Dimitrov propose d'abandonner la qualification de « social-fascisme », et de modifier la stratégie et la tactique du mouvement en direction d'un Front uni,

---

1. Edward H. Carr, *The Twilight of Comintern 1930-1935*, Londres, MacMillan, 1982.
2. Le terme fait partie du vocabulaire en vigueur au Komintern pour désigner les partis sociaux-démocrates.

substitué au mot d'ordre « classe contre classe ». Nous voici entrés dans le « tournant ».

Celui-ci est facilité par les événements. En Allemagne, le 30 juin, la Nuit des longs couteaux [1] ne laisse plus aucun doute, s'il en restait encore, sur la détermination de Hitler à régner en maître absolu. En France, un peu plus tôt, entre le 6 et le 12 février, le Parti communiste a été conduit malgré lui à se rapprocher du parti socialiste [2] : et c'est en France désormais que se portent l'attention et l'effort du Komintern. La deuxième moitié de l'année 1934 est marquée par la décision ferme du tournant, sans qu'une chronologie plus précise soit possible en l'état de notre savoir : le 24 octobre, Thorez, qui est sous la tutelle de Fried, son patron direct à l'Internationale, s'en va proposer au parti radical, réuni en congrès à Nantes, un « Front populaire » antifasciste qui s'étendrait ainsi au-delà même de la S.F.I.O. Fried aurait inventé la formule, promise à un grand avenir [3]. Il est vrai que Ceretti a raconté dans ses Mémoires [4] qu'au

1. L'expression désigne le massacre, sur l'ordre de Hitler, de Röhm et des chefs des sections d'assaut nazies (S.A.), ainsi que de quelques dizaines d'autres « suspects » comme le général von Schleicher, qui avait joué un rôle capital dans l'accession de Hitler au pouvoir. Le massacre commença dans la nuit du 29 au 30 juin 1934 et se poursuivit pendant quarante-huit heures. *Cf. supra*, p. 323, 335-336.

2. Les événements se situent dans le contexte de l'affaire Stavisky. Le 6, le P.C.F. se joint à la manifestation des Ligues contre le nouveau président du Conseil Daladier, qui vient de révoquer le préfet de police Chiappe. Mais il le fait dans un cortège distinct. Le 9, il manifeste sous ses propres couleurs, à la fois contre le fascisme et contre le gouvernement. Manifestation qui est durement réprimée. Le 12, jour de la grève générale décidée par la C.G.T., les deux manifestations séparées des communistes et des socialistes se rejoignent spontanément. Mais le P.C.F. conserve encore quelques mois son hostilité à l'unité entre les deux partis. *Cf. infra*, p. 376-377.

3. Philippe Robrieux, *Histoire intérieure du Parti communiste français*, Fayard, 1980, t. I, chap. 7, p. 457.

4. Giulio Ceretti, *Con Togliatti e Thorez. Quarantanni di lotte politiche*, Milan, Feltrinelli, 1973, p. 168-172 ; trad. : *A l'ombre des deux T. Avec Palmiro Togliatti et Maurice Thorez*, Julliard, 1973. L'édition française est amputée du chapitre concernant les relations P.C.I.-P.C.F.

matin même de ce 24 octobre, Thorez a reçu chez lui, à
Ivry, une délégation du Komintern, composée de
Togliatti, Gottwald et de lui-même. Fried est là aussi,
mais ne dit rien. Togliatti aurait cherché à dissuader le
secrétaire général du P.C.F. de se rendre à Nantes pour y
lancer son initiative. Il se peut donc qu'à cette époque
deux « lignes » continuent à coexister. Il faut attendre les
9-10 décembre pour voir officialiser la nouvelle politique, par le Comité exécutif de l'Internationale : Thorez y
est invité à présenter un rapport sur l'expérience modèle
du P.C.F.

Le signe éclatant du tournant est enfin offert par la
signature du pacte franco-soviétique le 2 mai 1935 :
moins par le pacte lui-même, instrument diplomatique,
que par le communiqué arraché par Laval à Staline, qui
vaut instruction pour le mouvement communiste international. Les partis communistes — le P.C.F. en premier
lieu — voient s'ouvrir le front antihitlérien comme le
centre de leur bataille, même au prix d'une collaboration
provisoire avec leurs propres bourgeoisies. Retournement d'autant plus brutal qu'il faut réorienter du même
coup la lutte internationale non plus contre les vainqueurs de Versailles, mais contre les vaincus, au prix
d'une nouvelle définition du national-socialisme hitlérien. La question est traitée sous tous ces angles par
Dimitrov dans son rapport au VIIe Congrès mondial de
l'Internationale communiste, le 2 août 1935 [1].

Le problème, pour le nouveau secrétaire général de
l'Internationale, est de fournir une théorie marxiste du
fascisme qui lui permette non seulement de singulariser
le genre « fascisme » à l'intérieur de l'espèce « domination bourgeoise », mais encore le national-socialisme
allemand à l'intérieur du genre fascisme. Casse-tête classique de la pensée marxiste que la typologie des régimes
politiques : on peut le voir chez Marx lui-même à propos
du bonapartisme. Tout pouvoir de l'époque bourgeoise
qui ne prend pas la forme classique, on devrait dire

1. Georges Dimitrov, *Œuvres choisies*, préface de Maurice
Thorez, Paris, Ed. sociales, 1952, p. 37-168.

anglaise, du gouvernement représentatif reste difficile à déchiffrer en termes de domination de classe. A propos du premier et du deuxième bonapartisme français, Marx avait oscillé entre plusieurs diagnostics : l'Etat réconciliant des fractions hostiles à l'intérieur de la bourgeoisie ; l'Etat des masses rurales court-circuitant les élites politiques ; l'Etat hypostasié, devenu indépendant de la société.

Dimitrov, lui, superpose au caractère tyrannique du régime fasciste l'idée de la fraction de classe : le fascisme au pouvoir est « la dictature terroriste ouverte des éléments les plus réactionnaires, les plus chauvins, les plus impérialistes du capital financier ». La définition vient en droite ligne de *L'Impérialisme, stade suprême du capitalisme*, bible du léninisme. Elle permet même de distinguer, à l'intérieur de ce secteur, des éléments particulièrement impérialistes, les vrais tireurs de ficelles du régime. Vient ensuite la spécificité du national-socialisme allemand dans la variété des fascismes, sa férocité particulière en matière internationale et intérieure. Elle est plus affirmée qu'analysée, à travers une comparaison implicite avec le cas italien ; mais l'important, par rapport au passé, est précisément de l'affirmer. Avec le rapport de Dimitrov, le « fascisme » cesse d'être seulement, dans la pensée communiste, cette tendance politique à l'œuvre un peu partout dans les démocraties bourgeoises et les partis sociaux-démocrates ; il est incarné comme régime politique dictatorial distinct dans plusieurs pays d'Europe, l'Italie mussolinienne, la Pologne de Pilsudski, l'Allemagne nazie. Et c'est Hitler l'exemple type, comme si le national-socialisme servait enfin de centre à la politique de l'Internationale.

Indirectement au moins. Car le vrai centre est la défense de l'Union soviétique, bastion du prolétariat mondial. Mais Hitler est substitué aux puissances bénéficiaires du traité de Versailles comme adversaire principal de l'U.R.S.S. et de la paix. Il est l'avant-garde de la contre-révolution, ce qui permet à Dimitrov de désigner en lui à la fois l'ennemi des communistes dans chaque pays et l'homme acharné à détruire l'Etat soviétique par la guerre.

Communisme et fascisme sont ainsi mis face à face dans le rapport révolution/contre-révolution, familier à la culture politique européenne : le nazisme a porté l'affrontement à sa tension maximale. Les deux régimes antagonistes sont étroitement liés puisque le fascisme est à beaucoup d'égards une réponse à la menace de la révolution prolétarienne, et qu'en fin de compte leur duel balise les batailles du siècle : en ce sens, l'antifascisme n'est pas autre chose que le camp de la révolution. Mais, vu sous un autre angle, il englobe, au moins dans un premier stade, jusqu'aux partisans de la démocratie pluraliste aux côtés des communistes : non seulement les ouvriers socialistes, anarchistes, catholiques, ou inorganisés, mais les partis bourgeois ou paysans fidèles à la liberté. Autour du front unique de la classe ouvrière, colonne vertébrale de la coalition, rassembler le Front populaire antifasciste, où les communistes se font les champions provisoires de l'héritage démocratique bourgeois : telle est la tactique nouvelle mise en avant par le VIIᵉ Congrès. L'objectif final reste la dictature du prolétariat, le renversement de la bourgeoisie partout. Mais le chemin tracé est différent. L'expérience française de 1934-1935, à laquelle Dimitrov rend hommage, sert désormais de référence à l'Internationale. Le Front populaire s'est substitué à la tactique « classe contre classe ».

La force du nouveau dispositif tient dans son extraordinaire élasticité. D'un côté, le cap de la révolution ouvrière est plus que jamais maintenu, non pas comme un horizon lointain de l'action communiste, mais comme l'issue naturelle de la bataille antifasciste menée à son terme. Car, si le capital financier est le dernier ressort des fascismes, leur défaite sera aussi celle du capitalisme dans son stade « suprême », c'est-à-dire ultime. Dimitrov a retrouvé une dialectique classique dans l'histoire du marxisme : plus la bourgeoisie a besoin de la dictature, plus elle approche de sa fin... Ainsi

les communistes sont-ils les seuls à connaître d'avance le
vrai sens de l'action antifasciste. S'ils s'y consacrent au
premier rang, ils n'imaginent pas un instant qu'ils travaillent simplement à la restauration des libertés bourgeoises.

Mais, d'un autre côté, leur combat a changé de nom.
Le militant communiste va désormais brandir un autre
drapeau que la République des Soviets : celui de l'antifascisme démocratique. Non qu'il se soit, lui, en quelque
manière, séparé du mythe originel. Bien au contraire :
l'Union soviétique reste plus que jamais à ses yeux la
patrie de tous les travailleurs, où qu'ils soient. Et la
défense inconditionnelle de son territoire, l'impératif
par excellence de son action. Pourtant, cette solidarité
aveugle avec l'U.R.S.S. change un peu de nature dès lors
qu'elle est articulée sur le combat antifasciste. Elle y perd
une partie de son étrangeté et de sa rudesse. Elle y étoffe
sa raison d'être et sa moralité politique. Le militant de la
« troisième période » avait foi en Staline par haine de la
bourgeoisie et passion de hâter la venue du grand soir. Le
communiste antifasciste se joint à l'armée de la révolution prolétarienne d'abord pour défendre et assurer la
liberté contre Hitler. Dans les deux cas, son combat est
enveloppé de dignité philosophique, puisqu'il doit à
terme émanciper l'humanité tout entière de l'exploitation de l'homme par l'homme. Mais la priorité donnée à
la bataille contre Hitler meuble cette abstraction
d'enjeux plus immédiats, tout en adoucissant le caractère rugueux de la lutte des classes façon « troisième
période ».

En effet, le racisme hitlérien paraît confirmer ipso
facto le brevet d'universalisme démocratique dont le
marxisme bolchevique n'a cessé de se réclamer, sous
Staline comme sous Lénine. Que Staline soit adversaire
de Hitler, en voilà une démonstration plus forte et plus
tangible que toute proclamation philosophique. Celle-ci
fait d'ailleurs passer au second plan la question de la
nature du régime soviétique. Soit que la politique antifasciste de l'U.R.S.S. et du Komintern vaille preuve à soi
seule du caractère démocratique dudit régime ; soit que

le combat contre Hitler entraîne dans les esprits une hiérarchie des urgences qui relativise ou qui fasse taire les interrogations sur le statut de la liberté en Union soviétique. Poussé à son point extrême, l'argument consiste à incriminer le nazisme pour ce qui peut s'avouer — les procès en premier lieu — de la terreur stalinienne : comme les jacobins, les bolcheviks ne frappent que l'ennemi, c'est-à-dire les agents de Hitler en U.R.S.S.

Enfin, l'antifascisme ôte au mouvement communiste ce que la lutte des classes, conçue et pratiquée de façon étroite, comme dans la période 1929-1934, a eu de particulièrement sectaire. Désormais, la « classe ouvrière » s'est ouvert des perspectives vraiment nationales. Elle a récupéré à son profit les traditions et les vertus du patriotisme. Elle s'est fait, sur sa droite, beaucoup d'alliés, bien au-delà des socialistes. Dans toute l'Europe, sauf les Etats fascistes, les partis communistes ont multiplié leurs adhérents et leurs députés : la France, patrie du « Front populaire », en constitue l'exemple le plus éclatant. Mais, partout, la volonté de barrer la route à Hitler a donné au communisme son plus haut point d'éclat, et à ses militants tout ce que l'illusion peut avoir aussi de noblesse.

Reste que la part prise à cette époque par l'antifascisme dans la culture communiste expose l'ensemble du mouvement à une certaine fragilité. Vienne un retournement dans la politique extérieure de l'U.R.S.S., et l'identité militante elle-même de ces catéchumènes du bolchevisme se trouvera mise en question : on le verra à l'automne 1939, quand seuls les appareils des partis communistes tiendront le coup dans la tempête déclenchée par le pacte germano-soviétique. Car la mobilisation antifasciste du milieu des années trente n'a rien supprimé de la subordination du communisme international à Staline. La faiblesse du mouvement international, envers de sa force, vient de ce qu'il est fixé à un territoire et à une histoire qui en menacent sans cesse le caractère d'universalité. De fait, dans cette année 1935, la plus vaste terreur d'Etat qui ait jamais été exercée sur un peuple s'abat sur l'Union soviétique. Staline a pris prétexte de l'assassinat de Kirov [1] en décembre 1934 pour déclencher une répression sans exemple contre les « ennemis du peuple », arrêtés, tués ou déportés par millions [2]. Dans l'échelle du terrorisme de masse, Hitler n'est encore à l'époque qu'un apprenti sorcier ! Si on la rapporte à la liquidation du Parti bolchevique entre 1935 et 1938, la Nuit des longs couteaux n'est qu'un incident mineur !

Mais l'antifascisme détourne les regards de l'U.R.S.S. pour les porter vers l'Allemagne nazie, où les événements depuis janvier 1933 n'offrent que trop de sujets d'indignation aux amis de la liberté. L'observation des faits pourtant tient moins de place dans cette indignation que la tradition idéologique : Hitler se fait gloire de briser la démocratie et l'offre par là même comme drapeau à ses adversaires. C'est l'habileté de Staline de s'en saisir. Par sa négativité abstraite, privée de contenu, l'« antifascisme », nouveau visage de la démocratie, permet d'unir démocrates et communistes. Sous l'apparence d'une alliance entre égaux, le communisme cherche à étendre son rayonnement, en s'adossant à ce que Lénine a détesté et voulu interdire à jamais en Octobre 1917. Hitler pérore contre les principes de 1789, alors que Staline fait promulguer à grand tapage la nouvelle Constitution soviétique de 1936. Par l'antifascisme, les communistes ont repris du galon démocratique, sans rien abandonner

1. Secrétaire du Parti et « patron » de la région de Leningrad, Sergheï Kirov (1888-1934) prônait une certaine modération envers les opposants. Il s'est opposé à Staline dans l'affaire de la « plateforme de Rioutine ». Au XVIIe Congrès du P.C.U.S. (26 janvier-10 février 1934), les anciens opposants sont réintégrés et le Congrès ovationne Kirov. Trois cents délégués votent contre Staline lors des élections au Comité central. Kirov est assassiné le 1er décembre 1934. Staline utilise le meurtre pour ordonner les premières répressions de masse au sein du Parti. *Cf. supra*, p. 336, note 3.

2. Le livre classique reste à ce jour : Robert Conquest, *La Grande Terreur. Les purges staliniennes des années 30*, Stock, 1970 ; *The Great Terror*, MacMillan, Londres, 1968. Nouvelle édition anglaise, 1991, *The Great Terror : a Reassessment*, Oxford University Press. L'ouvrage sera réédité en français chez Robert Laffont, dans la collection Bouquins.

sur le fond de leurs convictions. A l'heure de la Grande
Terreur, le bolchevisme se réinvente comme liberté par la
vertu d'une négation. En même temps qu'il puise des forces
dans ce qu'il déteste, hommage du vice à la vertu, il intimide ses adversaires en répandant le soupçon que l'antisoviétisme est l'antichambre du fascisme. Hitler ne sert pas
seulement à refaire une santé à l'idée d'un communisme
démocratique, mais aussi à criminaliser l'anticommunisme démocratique. Ainsi le grand tournant kominternien de 1934-1935 orchestre-t-il dans son registre la réorientation de la politique extérieure de l'Union soviétique.

Après douze ou dix-huit mois, Staline a jaugé Hitler en
connaisseur. Il ne perdra pas son temps, comme les dirigeants anglais, à hésiter sur la question de savoir ce que
le dictateur nazi « veut réellement ». Il a compris ce que
personne à l'Ouest ne veut voir : que *Mein Kampf* est un
programme de gouvernement. Donc l'U.R.S.S. est menacée. Donc il faut éviter qu'elle soit seule en face de Hitler,
ou bien la première à soutenir son assaut. De là l'entrée
à la S.D.N., les ouvertures à l'Ouest, notamment à la
France. Le Komintern, à son tour, joue le même air sur
un autre instrument, où l'idéologie, par définition,
amplifie et transforme les raisons de la Realpolitik. Si
l'on s'en tient à l'accent principal, le communisme antifasciste succède au communisme antibourgeois, le communisme de Front populaire au communisme « classe
contre classe », les attaques contre Hitler aux insultes
contre Briand. La révolution russe a retrouvé par le
nazisme le moyen d'enrichir son caractère universel,
tout juste au moment où elle est plus « asiatique » que
jamais. Staline, lui, joue sur les deux claviers : animant
par Dimitrov interposé la propagande du communisme
démocratique, et pesant avec Litvinov les volontés et les
moyens des grandes puissances européennes.

Il n'y a pas en effet de raison de penser qu'il n'a d'yeux
que pour la « grande » politique internationale et qu'il
méprise ou délaisse la « boutique » du Komintern [1]. Certes,

---

1. C'est l'hypothèse avancée par E.H. Carr, dans le livre cité plus
haut, *The Twilight of Comintern*, 1930-1935.

il n'y est pas présent en personne, mais Manouilski y règne en son nom. Si nous commençons à bien connaître l'activité et le fonctionnement de cette vaste bureaucratie révolutionnaire internationale, nous ne savons pas grand-chose encore de son articulation suprême, celle qui subordonne Manouilski à Staline. Aussi bien connaissons-nous mal la manière dont sont prises les décisions au sommet dans l'Union soviétique de cette époque. Ce qui est sûr c'est que Manouilski, comme Litvinov dans le secteur diplomatique, n'a pas de marge d'autonomie par rapport au secrétaire général tout-puissant, dont le culte commence à être célébré en Union soviétique et dans les partis frères.

Ce que suggère l'histoire du « tournant » de 1934-1935 n'est pas le début d'une mise en veilleuse du Komintern, mais exactement le contraire : une vigoureuse reprise en main de tout l'appareil international, plus indispensable que jamais. Seuls les militants du Komintern peuvent donner à la dictature sanglante du Kremlin dans sa pire époque ce visage de l'antifascisme unitaire qui va lui conquérir les cœurs des démocrates.

Non que Staline, lui, subordonne sa politique à la bataille contre le fascisme : on le verra bien en 1939. Mais la nouvelle période qui s'ouvre en 1934 lui offre un slogan populaire et un espace politique, à travers lesquels implanter dans toute l'Europe un vaste appareil de subversion révolutionnaire, entièrement à sa dévotion. En 1939, en 1940, alors qu'il est devenu l'allié de Hitler, il ne laissera pas tomber ces Kominterniens « internationaux » des années antifascistes [1]. Beaucoup d'entre eux, après avoir passé en Russie les deux époques de la guerre, de chaque côté du 20 juin 1941, dévoileront après 1945 les secrets de l'antifascisme stalinien, en devenant à leur tour, dans tout l'Est européen, des instruments à la fois serviles et tout-puissants du totalitarisme soviétique.

Mais n'anticipons pas. Et revenons à Paris, un peu avant le milieu des années trente, pour tenter de com-

---

1. À condition, bien sûr, qu'ils soient restés fidèles au moment du pacte d'août 1939.

prendre, dans son temps, la puissance de cet antifascisme sur les imaginations.

*

Paris est à tous égards, dans ces années, le meilleur observatoire que puisse avoir l'historien du communisme antifasciste.

Depuis 1917, l'Allemagne avait été le grand investissement du communisme soviétique. Après avoir incarné son espoir suprême jusqu'en 1923, elle était restée son terrain de manœuvre privilégié, en même temps que son alliée la plus utile. Présidée par Hindenburg, à partir de 1925, la République de Weimar n'avait pas affaibli les liens qui s'étaient noués à Rapallo. Mais, frappée par la crise économique, elle était redevenue un régime à l'avenir incertain, proie possible d'une révolution, dix ou douze ans après l'échec des précédentes tentatives. C'est à cette longue illusion que Hitler met fin en 1933 : Berlin cesse d'être la deuxième capitale du monde communiste après Moscou.

Les communistes allemands se réfugient à Paris, où ils retrouvent leurs camarades italiens. Bien des militants chassés d'Europe centrale ou danubienne par des dictatures de droite y vivent aussi. La France de cette époque est ouverte aux victimes des persécutions politiques, et c'est à Paris que l'Internationale réinstalle beaucoup de ses activités européennes. On l'a vu avec Münzenberg, capable dès l'été 1933 de faire vibrer le prolétariat parisien aux malheurs du communisme allemand. Le travail commencé avec le mouvement d'Amsterdam-Pleyel va se poursuivre sur une plus vaste échelle et à nouveaux frais, puisque le principal front de la bataille a changé.

A tout seigneur tout honneur : l'hôte des lieux, à Paris, est le P.C.F., à une période cruciale de son histoire. La section française de l'Internationale communiste a très longtemps végété après son départ en fanfare à Tours, en décembre 1920. Elle avait intégré à l'origine, dans le feu de l'immédiat après-guerre, tant d'éléments tout à fait étrangers à l'esprit du léninisme qu'elle s'est vite trouvée réduite à quelques dizaines de milliers de militants, tenus sans cesse en éveil par Moscou contre la tradition opportuniste du socialisme français, et constamment obsédés par des surenchères internes sur le caractère ouvrier du parti ou sur la « justesse » de sa ligne révolutionnaire. Les bases électorales du mouvement sont restées étroitement localisées et dans l'ensemble très restreintes ; elles ont encore rétréci en 1932 par rapport à 1928. Pourtant, le P.C.F. est en train d'atteindre à cette époque son profil historique.

D'abord sur le plan interne. Je ne souhaite pas entrer dans le dédale des intrigues d'appareil, à Paris et à Moscou, qui conduisent en 1931-1932 à l'élimination du « groupe Barbé-Célor » et à la sélection d'hommes qui vont fournir le noyau dirigeant durable du communisme français — Thorez, Duclos, Marty, Frachon [1]. Toute l'opération est organisée et accomplie par Manouilski et son état-major. Thorez est d'ailleurs coiffé depuis 1931 par Eugen Fried, jeune vétéran slovaque de la première heure, rescapé de l'aventure Béla Kun de 1919, entré dans l'appareil de l'Internationale en 1924, membre du Politburo du Parti tchèque en 1928, installé désormais à Paris avec les pleins pouvoirs [2]. Il est en France l'homme de ce que Robrieux appelle la « glaciation », au sens d'une mainmise complète et directe de l'Internationale sur le P.C.F.

Or cette glaciation interne, acquise en 1932-1933, précède tout juste le tournant extérieur, la politique de Front populaire : politique commune à l'ensemble du monde communiste, mais qui va prendre en France une valeur d'exemple, puisque la France constitue le terrain par excellence de son élaboration et de son succès.

Comme on l'a vu, la chronologie montre en effet le rôle joué par la situation française dans le tournant opéré par le Komintern au cours de l'année 1934. Ce tournant n'est

---

1. Si l'on tient compte de l'élimination de Doriot en 1934, de la défection de Vassart et de Gitton en 1939. Sur ces problèmes de l'histoire intérieure du P.C.F., le meilleur guide reste Philippe Robrieux, *Histoire intérieure du Parti communiste français* chap. 6, p. 311-406.
2. *Cf. supra*, note 1, p. 356.

pas acquis au début de l'année, contrairement à ce qu'a
voulu faire croire une vulgate thorézienne, pour affirmer
contre l'évidence l'autonomie politique du P.C.F. Les événements du 6 février 1934 et des jours qui suivent prou-
vent l'inverse : les communistes français manifestent
bien le 6 contre les Ligues d'extrême droite, mais non pas
en faveur de la République ou de la démocratie [1] ; même
chose le 9, où les mots d'ordre restent « les Soviets partout », ou encore le « gouvernement ouvrier et paysan » ;
enfin, si le 12 le P.C.F. s'associe finalement, après le parti
socialiste, à la grève générale antifasciste décidée par la
C.G.T., il n'en maintient pas moins ses attaques contre le
social-fascisme dans les mois qui suivent. La politique
d'unité avec la social-démocratie contre le fascisme,
défendue à cette époque par Doriot et Barbé, est
condamnée par Thorez comme « opportuniste » dans
plusieurs articles de *L'Humanité* de mars et avril 34. A la
fin de mai, Doriot est exclu du Parti, après avoir refusé de
se rendre à Moscou pour un arbitrage de l'Internationale. Thorez, lui, y obtient la tête de son rival. Jusque-là
fidèle à la tactique « classe contre classe », il ne fait un
pas vers la politique préconisée par Doriot qu'à la fin
juin, à la Conférence nationale du P.C.F. à Ivry, sur la base
de recommandations écrites venues de Moscou [2].

Dès lors, tout s'enchaîne vite. Le 15 juillet, grand meeting d'union socialo-communiste organisé en commun
par la direction de la région parisienne du P.C. et par les
deux fédérations de la Seine et de Seine-et-Oise de la
S.F.I.O. La foule est au rendez-vous, et la salle Bullier

---

1. Le point n'est plus contesté dans l'historiographie. Un des
témoignages les plus utiles sur cette histoire, vue de l'intérieur du
P.C.F., est le récit qu'en a fait Cilly Vassart, la femme d'un des
dirigeants communistes français de cette époque, sur la base de
notes laissées par son mari. Albert Vassart est secrétaire à l'organisation jusqu'en avril 1934, date à laquelle il devient le représentant
du P.C.F. à Moscou (poste libéré par Marty en décembre 1933) :
donc aux premières loges pour suivre l'affaire Doriot-Thorez, puis
le tournant antifasciste du P.C.F. *Cf.* C. Vassart, *Le Front populaire
en France*, Paris, 1962 (souvenirs inédits).

2. *Cf.* Philippe Robrieux, *Histoire intérieure...*, *op. cit.*, chap. 6,
p. 456-457 ; C. Vassart, *Le Front populaire...*, *op. cit.*, p. 34.

n'est pas assez vaste : on dédouble le meeting au gymnase Huyghens. Suit un pacte d'unité d'action, signé le 27 juillet entre les deux partis, par lequel ceux-ci s'engagent à unir leurs forces contre le fascisme et à s'abstenir réciproquement de critiques pendant l'« action commune », qui doit être coiffée par un comité de coordination formé sur une base paritaire. Au début d'octobre, la réunification syndicale C.G.T.-C.G.T.U. est mise en chantier. Le 9 du même mois, salle Bullier, Thorez lance le mot d'ordre d'un « Front populaire du travail, de la liberté et de la paix ». Il le redit à Nantes le 24, en étendant le rassemblement antifasciste aux radicaux. Cette extension est d'autant plus naturelle que le parti radical a travaillé de longue date pour un rapprochement franco-soviétique ; qu'Herriot en a été, on l'a vu, un ouvrier à la fois lucide et aveugle ; et que, sur sa gauche, des hommes comme Anatole de Monzie et Pierre Cot sont des avocats du régime soviétique, engagés l'un et l'autre dans le mouvement d'Amsterdam-Pleyel et le R.U.P. (Rassemblement universel pour la paix), initiatives manipulées de Moscou [1].

Tout s'est donc passé comme si le communisme français, loin d'échapper à la logique obligatoire des stratégies du Komintern, en constituait au contraire le point d'application privilégié. L'Allemagne passée durablement sous la coupe de Hitler, la France a pris encore plus d'importance aux yeux de Staline qu'au temps où elle n'incarnait que l'impérialisme vainqueur à Versailles. Son Parti communiste, en perpétuel remodelage à Moscou depuis l'origine, mais tout spécialement depuis 1931, a enfin acquis un état-major durable, chargé d'une tâche capitale : être l'avant-garde du tournant antifasciste, après être vraiment devenu un parti stalinien. Mais si le P.C.F. n'échappe pas à la loi du Komintern, il reste qu'il va donner à ce rôle une précocité et un éclat exceptionnels. Les envoyés spéciaux qui se sont succédé en France toute l'année 1934 — Manouilski lui-même, Anna

1. Yves Santamaria, *Le Parti communiste dans la lutte pour la paix, op. cit.* ; Thierry Wolton, *Le Grand Recrutement*, Paris, Grasset, 1993.

Pauker, Gottwald, Togliatti, sans parler de Fried, à demeure — n'auront pas travaillé en vain. Ils n'ont cessé de discuter, de consulter, d'argumenter, car l'univers communiste joint le goût de la palabre « théorique » à la sécurité de la servitude volontaire. Mais cette fois-ci, contrairement à ce qui s'est passé en Allemagne, ils ont planté la bonne graine dans le bon terrain. L'Allemagne les avait rejetés, la France va les écouter.

La France vit depuis 1918 à l'ombre de la guerre. Dans chaque maison, chaque famille a mis à la place d'honneur la photo du père, du frère ou du mari disparus ; chaque village a fait graver sur le monument construit sur sa grand-place la longue liste de ses morts, qui étonne encore le passant d'aujourd'hui et n'a pas tout à fait cessé de l'émouvoir. Cette formidable victoire militaire, personne ne sait qu'elle est à la fois la première et la dernière dans le siècle, mais tout le monde sent ce qu'elle a coûté, et continue à en payer le prix dans l'économie de ses souvenirs. L'hécatombe a décimé les jeunes générations. Elle a ruiné le pays vainqueur, qui n'était pas le plus fort, aussi bien que le pays vaincu, traité avec une extrême rigueur. Qu'ils soient de droite ou de gauche, les Français ne veulent plus avoir jamais à repartir au massacre, ce qui les porte soit à exalter une force qui les a fuis, soit à faire la guerre à la guerre, y compris contre leur gouvernement.

Je soupçonne qu'il y a quelque chose de la même passion dans les fanfaronnades patriotiques ou dans les proclamations antimilitaristes d'après-guerre : quelque chose du « plus jamais ça ! ». Les Français de cette époque sont ce peuple auquel la victoire a coûté si cher qu'elle a paralysé leur volonté. La crainte rétrospective de ce qu'ils ont subi les mène par un chemin inconnu d'eux-mêmes à une sorte d'abdication collective. C'est ce qui donne à notre entre-deux-guerres ce caractère un peu lugubre et cette fin sans gloire.

Pourtant, dans les années vingt, la haine de la guerre avait nourri à gauche des sentiments violents. Elle avait été tout, sauf une passion molle. C'est qu'elle était inséparable de la révolution. Il n'est que de relire les textes fameux de la IIe Internationale, trahis en 1914 ; les coupables y avaient été désignés d'avance : les intérêts capitalistes, le système impérialiste, les bourgeoisies. Leur crime n'en était que plus grand quatre ans après, dans l'expérience vécue des rescapés des tranchées. Ainsi la dénonciation de la guerre impérialiste avait-elle constitué l'anathème préféré de l'extrémisme révolutionnaire, dont le jeune P.C.F. formait le centre, mais qui englobait à sa périphérie d'autres noyaux : les restes du syndicalisme révolutionnaire, les pacifistes ou les antimilitaristes radicaux, ou les intellectuels de *Clarté* [1], par exemple.

Mais le pacifisme, dès cette époque, a aussi un visage modéré. Du côté des vainqueurs, l'idée de maintenir la paix par la supériorité maintenue de la force militaire a justifié encore l'occupation de la Ruhr par l'armée française en 1923 ; elle est morte de sa contradiction interne, et de porter encore le masque de la guerre dans la paix revenue. Le désir qui domine l'opinion en France est de conserver cette paix si durement gagnée par la mise en place d'un réseau défensif d'alliances et d'un système international d'obligations et de sanctions. Le silence définitif des armes dans le règlement des conflits entre Etats ne dépend pas de la révolution, mais de l'acceptation par tous des procédures juridiques de la démocratie : la Société des Nations a été conçue comme un tribunal d'arbitrage. Ce pacifisme-là est dénoncé comme un produit du traité de Versailles, un pacifisme de vainqueurs, un impérialisme déguisé ; mais, démocratique et national, il traduit mieux les sentiments ambigus d'un beaucoup plus grand nombre de citoyens. Les Français voudraient être les notaires de leur victoire.

Il existe entre les deux types de pacifisme une opposition de principes. A prendre seulement ce bastion de la gauche que constitue la Ligue des droits de l'homme, dont Christian Jelen a esquissé l'histoire [2], on peut voir à

1. Mouvement international d'intellectuels fondé en 1919 par Henri Barbusse.
2. Christian Jelen, *Hitler ou Staline. Le prix de la paix*, Flammarion, 1988.

quel point le débat sur la paix est conflictuel, à partir d'un idéal et d'un sentiment partagés. Au début de 1927, par exemple, s'ouvre la discussion de la loi Paul-Boncour sur « l'organisation générale de la nation pour le temps de guerre » : texte qui prévoit d'une part une organisation militaire strictement défensive face à l'Allemagne, de l'autre des dispositions diverses de gouvernement et de mobilisation du pays dans cette éventualité. La majorité des membres de la Ligue en approuve l'esprit démocratique. Mais l'hypothèse même de la guerre suffit à l'indignation des pacifistes radicaux : « Depuis 1914, tonne Michel Alexandre, nous savons comment on tourne les lois et comment toute guerre d'aventure peut être baptisée guerre de défense [1]. » Alexandre est un philosophe disciple d'Alain, auquel il offre une tribune chaque mois dans son brûlot mensuel, *Libres Propos*. Il appartient à ce petit groupe de jeunes intellectuels publiquement révoltés contre la guerre dès 1916, et qui ont fait de cette révolte le tissu de leur existence. Véhéments contre les mensonges de la propagande belliciste, hostiles à Versailles, à l'impérialisme français, à la S.D.N., ridiculisant le patriotisme et l'armée, ils sont depuis belle lurette sans illusions sur le parti socialiste, qui prononce encore les mots de l'antimilitarisme quand il en a trahi l'esprit.

Leur pente les pousse, à des degrés divers, vers le communisme, dont souvent ils ne savent pas grand-chose, sinon qu'il a éliminé le capitalisme, donc les marchands de canons. L'Union soviétique, victime en 1918-1920 de la guerre d'intervention, haïe par les grandes puissances impérialistes, tend un de ses profils à leurs passions. Mais l'autre est moins attirant : ces individualistes, ces libertaires n'aiment pas l'encasernement communiste. Le Parti de son côté se méfie des intellectuels et n'a rien oublié des critiques de Lénine à l'égard du pacifisme petit-bourgeois, fût-il le plus intransigeant. Bien plus : dans la gamme très vaste des positions politiques offertes par la passion de la paix, les plus extrêmes sont aux yeux des communistes les plus suspectes. Si elles se

1. Christian Jelen, *Hitler ou Staline, op. cit.*, chap. 6, p. 79.

réclament de la révolution, il peut bien s'agir d'une autre révolution que la leur, donc dangereuse pour elle, haïssant l'Etat au lieu de l'adorer ; et si elles se veulent hostiles à toute guerre, quels qu'en soient les circonstances et les participants, elles peuvent un jour faire le jeu de l'adversaire de classe. La suite d'ailleurs le montrera.

Car si la « lutte pour la paix » est bien au premier rang des luttes communistes, si elle y traduit aussi la condamnation du capitalisme, elle a dans ce contexte une signification très particulière, puisqu'elle repose entièrement sur l'évaluation du rapport entre l'U.R.S.S. et le monde capitaliste. D'où sort la dramatisation imaginaire de l'imminence d'une guerre antisoviétique, constamment brandie par Staline comme raison d'être de la vigilance révolutionnaire, de l'unité du Parti bolchevique, et de la discipline du mouvement tout entier. L'élément nouveau, à partir de la crise économique mondiale et des progrès du national-socialisme allemand, a été de superposer à l'« aggravation des contradictions » entre l'Union soviétique et l'impérialisme mondial la probabilité croissante de guerres inter-impérialistes [1] : hypothèse impeccablement léniniste qui ouvre à l'Union soviétique un espace diplomatique de manœuvre entre les puissances capitalistes. Elle sous-tend à la fois l'organisation du mouvement d'Amsterdam-Pleyel (et son évolution d'Amsterdam à Pleyel, entre 1932 et 1933) et l'idée d'un rapprochement avec la France, peu à peu devenue un des objectifs de la politique extérieure soviétique.

Consommé et officialisé en 1935, le tournant antifasciste s'accompagne de la déclaration de Staline à Pierre Laval, au moment de la signature du pacte franco-soviétique [2] ; Staline, dans le style sobre qui lui est habituel, y approuve « la politique de défense nationale de la France pour maintenir sa force armée au niveau de sa sécurité ». La petite phrase signe du côté soviétique une réorientation de « la lutte pour la paix » qui provoque un

---

1. *Cf.* Stéphane Courtois, « Le système communiste international et la lutte pour la paix, 1917-1939 », in *Relations internationales*, n° 53, 1988, p. 5-22.
2. *Cf. supra*, p. 354-355.

bruyant tollé dans la vie publique française, et tout spécialement dans les rapports du P.C.F. et de la gauche.
Dans ce qu'elle a d'anecdotique, l'affaire a le charme
théâtral des surprises et des volte-face : *L'Humanité*
passe, pour parler des choses militaires, de la rubrique
« gueules de vaches » à des commentaires sur l'« armée
républicaine ». Mais, dans ce qu'elle a d'important, elle
constitue un remaniement fondamental de l'image du
communisme dans l'opinion française.

Ce remaniement tient en deux volets : rupture avec le
pacifisme « dur », et mise en avant d'un pacifisme unitaire, national même, à travers l'antifascisme.

A partir de ce 15 mai 1935, et jusqu'en 1939, le P.C.F. a
rompu en visière avec les militants de l'antimilitarisme
et de la paix à tout prix, y compris par des concessions à
Hitler. Ceux qui restent obsédés avant toute chose par la
lutte contre Versailles, la bataille contre leur propre
bourgeoisie et leur propre armée, sont désormais à
l'écart de son orbite, et souvent ses adversaires. Dans le
pacte, pourtant si vague, conclu avec Staline, ils voient
renaître l'alliance russe qui a précédé la guerre de 14 ;
dans la renonciation à combattre les budgets militaires
de la France, ils aperçoivent le retour de l'« union
sacrée ».

Opposés à la guerre contre Hitler, ils le seront de plus
en plus, sans rien céder de leurs positions quand se pré-
ciseront les ambitions de Hitler et la probabilité de la
guerre. Persuadés qu'on peut « apaiser » le chancelier
allemand par la négociation, ne serait-ce que parce qu'il
se bat, lui aussi, contre les conséquences de Versailles, ils
traduisent un vaste courant d'opinion à gauche, notamment chez les instituteurs, dont ils dominent le syndicat.
D'ailleurs — ce qui est tristement révélateur de l'époque —, ils gagnent en lucidité sur Staline ce qu'ils ont
d'illusions sur Hitler : car les voici devenus, d'amis du
communisme soviétique, ses accusateurs. Ils commencent à en dénoncer la tyrannie. Ils soupçonnent aussi que
l'inévitabilité de la guerre avec Hitler, qu'ils récusent si
passionnément, fait partie des calculs de Staline ; et que
le vrai but du secrétaire général est d'orienter la menace

nazie vers l'Ouest. Dans les chapelles de l'antimilitarisme comme au Syndicat des instituteurs, dans ce qui
reste du syndicalisme révolutionnaire comme chez les
disciples d'Alain, les paroles soigneusement calculées de
Staline à Laval sont le signe de la marche à la guerre. Tout
ce monde reste antihitlérien, mais place la paix
au-dessus d'une croisade contre le fascisme.

Mais la force du Parti communiste, en face d'attaques
de ce genre, est de défendre sa nouvelle ligne elle aussi *au
nom de la paix*. Elle est de ne pas dissocier lutte antifasciste et combat pour la paix. Telle avait été déjà l'affiche
du mouvement Amsterdam-Pleyel. Mais, à l'époque, le
fascisme n'était pas spécifiquement allemand ; c'était la
tendance de tout impérialisme, à commencer par les
puissances victorieuses de 1918. En 1935, il a trouvé un
pays : l'Allemagne, et un nom propre : Hitler. Comment
l'opinion française, si lasse qu'elle soit des horreurs de la
guerre, eût-elle pu ignorer cette germanisation éclatante
du fascisme ? En officialisant le réarmement allemand,
en augmentant les risques d'un nouveau conflit, la
conquête par Hitler du pouvoir absolu a aussi rendu
plus indispensable la lutte pour le maintien de la paix.
En 1932, quand l'Internationale communiste parlait
de l'imminence d'une attaque impérialiste contre
l'U.R.S.S. [1], seuls la croyaient sur parole les convaincus
d'avance. Non que la situation d'alors n'ait pu nourrir le
pessimisme ; mais aucun Français ne pouvait s'imaginer
à la veille d'une mobilisation armée contre l'U.R.S.S. En
1935, au contraire, l'Allemagne nazie fait revivre une
image plus familière de la guerre : les souvenirs sont si
proches. Les Français n'en sont que plus décidés à conjurer ce tragique recommencement qu'ils ne peuvent pas
ne pas craindre, bien que Hitler déclare ne pas le vouloir

---

1. Yves Santamaria, *op. cit.*, t. I, p. 159-199. L'analyse de l'Internationale a comme toile de fond la crise économique internationale, l'agression japonaise en Chine, et la tension en Europe à
propos des « réparations » allemandes. Comme souvent, elle mêle
une réflexion profonde sur les contradictions croissantes entre les
grandes puissances à un délire interprétatif sur l'« imminence »
d'une attaque « impérialiste » contre l'U.R.S.S.

non plus [1]. De ce fait, la nouvelle situation allemande donne à la lutte pour la paix une crédibilité que n'a jamais pu lui valoir la dénonciation de l'impérialisme français. Adossé à la S.D.N., comme l'U.R.S.S., et plein d'un respect nouveau pour l'ordre international et les traités signés par la France, le P.C.F. fait désormais ses gammes pacifistes dans un registre plus bourgeois.

Ses nouveaux adversaires, rejoints bientôt par Doriot [2], l'exclu de 1934, l'accusent de consentir d'avance à la guerre, par traité franco-soviétique interposé. Soupçon qui n'est pas absurde, puisqu'il touche bien au calcul de Staline, et à l'origine même du tournant communiste. Mais, d'un autre côté, l'Union soviétique a rejoint la S.D.N. ; elle s'est acheté une conduite internationale et semble convertie à la diplomatie de « sécurité collective » qui forme le fond commun à Herriot et à Blum en matière de politique étrangère. Le fascisme, enfin, cet éternel rôdeur dans les coulisses du capitalisme, a trouvé son incarnation principale dans l'ennemi héréditaire de la France, l'Allemagne vaincue en 1918, mais redevenue l'Allemagne de toujours. Autant de raisons qui permettent de donner à la défense de la paix une substance non seulement antifasciste, mais aussi nationale : de l'adjectif si longtemps interdit, et qui reste suspect ou maudit dans l'extrême gauche pacifiste, les communistes français vont se faire une arme nouvelle. Il leur suffira de l'ajuster à la lutte des classes, pour ne pas s'exposer au reproche de n'avoir plus d'ennemis intérieurs : du coup ceux-ci deviennent, contre l'évidence, mais par une sorte de nécessité à la fois rhétorique et « objective », les « hitlériens français ».

Invention communiste, l'« hitlérisme » français est en

1. Hitler ne cesse de protester de son désir de paix dans ses discours de 1934, 1935 et 1936.
2. Doriot écrit par exemple dans « La France ne sera pas un pays d'esclaves »(*Les Œuvres françaises*, 1936) : « Pour Staline, il faut que nous servions de paratonnerre à cet immense ouragan que Hitler a déchaîné dans son pays. Il faut que nous attirions ce cyclone vers nos côtes. Voilà le but de Staline... l'alliance avec les Soviets, c'est la guerre. Ceux qui ne comprennent pas cela ne comprennent rien à la situation. »

effet à peu près impossible à trouver dans la vie politique française avant 1939 : ce qui en est le plus proche est le P.P.F. de Doriot, en 1938-1939, après que la plupart de ses illustrations, Drieu, Pucheu, Jouvenel, l'eurent quitté. Même l'existence d'un véritable fascisme français est le plus souvent mise en doute par les historiens de cette période. Ce qui est clair par contre est l'existence d'un « champ magnétique [1] » de l'idéologie fasciste, notamment sous sa forme mussolinienne, dans la politique française : on peut en inventorier et en mesurer les effets chez les Croix-de-Feu du colonel de La Rocque, à droite, aussi bien qu'à gauche chez les néo-socialistes de Déat, chez les « frontistes » de Bergery, ou chez des transfuges du communisme comme Doriot. La vie intellectuelle en offre de son côté beaucoup de témoignages, mais sur un autre plan. Dans l'ordre politique, l'admiration et l'imitation du national-socialisme se heurtent aux contraintes de la situation intérieure et internationale : les Français, vainqueurs fragiles du dernier conflit, ne sont pas portés au bellicisme nationaliste ; et Hitler est l'ennemi potentiel de leur pays dans une guerre de revanche dont son régime est en train d'allumer les passions. Aussi le national-socialisme ne constitue-t-il pas un véritable exemple aux yeux même de ceux qui détestent tout ensemble le libéralisme, le parlementarisme ou le communisme. Ce qui lui fait sinon des amis, du moins des spectateurs indulgents, s'alimente surtout à l'idée de pactiser avec Hitler : mais c'est ce qui l'empêche aussi d'exister comme mouvement fasciste, en le privant de la surenchère nationaliste.

En face, les communistes ont pris le costume national. Encore leur faut-il montrer patte blanche en matière de démocratie : ce qui n'est pas a priori si facile, pour un

---

1. L'expression est tirée de Philippe Burrin, *La Dérive fasciste. Doriot, Déat, Bergery, 1933-1945*, Paris, Le Seuil, 1986. Voir aussi sur le même sujet : Michel Winock, *Nationalisme, antisémitisme et fascisme en France*, Le Seuil, Points-Histoire, 1982, p. 248-292 ; Antoine Prost, *Les Anciens Combattants et la société française, 1914-1939*, Presses de la Fondation nationale des sciences politiques, 3 vol., 1977.

parti qui est une section de l'Internationale communiste. Les grands procès de Moscou, qui s'ouvrent en
1936, vont former comme une vitrine de la Terreur.
L'existence d'une vaste répression, frappant des personnalités connues, est moins facile à cacher que la liqui
dation du « koulak » ukrainien quelques années auparavant.

Une première ligne de contre-argumentation consiste
à exciper de la radicalisation du combat : le nazisme n'a
pas distingué entre ses adversaires. Hitler a liquidé d'un
même mouvement et le Parti communiste allemand et la
République de Weimar. Il a mis dans le même sac les
communistes et les démocrates, tous partis confondus.
Mieux même, il a montré, en brisant d'abord les premiers, que la persécution anticommuniste ouvrait la
voie à la liquidation de la démocratie. En même temps
qu'il a donné cette lugubre priorité, dans ses premiers
camps d'internement, aux militants communistes allemands, il a offert au Komintern un atout stratégique et
idéologique, par la simplification du combat en deux
camps : le fascisme et l'antifascisme. L'identification de
la démocratie libérale et du marxisme, si familière à la
pensée allemande, si fondamentale dans l'idéologie
nazie, a reçu des événements de 1933 une sorte de confirmation, même dans l'esprit de ceux qui la jugeaient incohérente ou absurde. Hitler a fini par l'imposer même à
ses ennemis en les réunissant par force contre lui. Si les
marxistes et les démocrates libéraux sont persécutés
ensemble, n'est-ce pas l'indication qu'ils partagent quelque chose de plus important que leurs désaccords ? A
tout le moins, n'est-ce pas le signe qu'ils doivent s'unir en
face d'un adversaire commun ? En général, les démocrates ne s'attardent pas trop sur l'aspect philosophique de
la première question ; ils préfèrent se rabattre sur les
commodités de la seconde : l'urgence des circonstances
vaut absolution de la contradiction des principes. Et les
communistes sont de trop subtils manœuvriers politiques pour pousser plus loin qu'il n'est nécessaire la
discussion sur l'ordre constitutionnel ou le pluralisme
démocratique. C'est pourquoi la réunion des uns et des

autres en face de Hitler et de ses séides supposés en
France se constitue d'abord autour d'une négation : la
cause de l'antifascisme abrite indistinctement des partis
et des hommes qui ont des idées contraires sur la démocratie.

Pourtant, cette négation effectue déjà une première
réintégration du communisme dans l'ordre démocratique, puisqu'elle postule qu'il en fait partie : il suffit pour
le concevoir de séparer libéralisme et démocratie, selon
une pente familière au génie national depuis la Révolution française. Ainsi l'antifascisme peut-il recouvrir
aussi, dans une version plus élaborée que la simple réaction de défense, un début de réponse à la question philosophique sur la démocratie moderne. En simplifiant
l'univers politique en deux camps, il conduit implicitement à l'idée que l'un de ces camps, celui qui lutte contre
Hitler, rassemble non pas des alliés occasionnels et divisés sur tout, réunis par les seules circonstances, mais des
hommes qui représentent deux époques du même mouvement d'émancipation : la démocratie bourgeoise et la
démocratie prolétarienne. L'idée de cet emboîtement
chronologique fait partie du patrimoine socialiste. Il est
vrai que Blum et ses amis, au moment du Congrès de
Tours, ont refusé d'en étendre le bénéfice aux bolcheviks,
et qu'ils ont préféré la liberté à l'unité. Pourtant, ils n'ont
pas clos le débat sur les rapports du régime soviétique et
de la démocratie. Même à l'époque où les communistes
français tracent au plus étroit la ligne qui les sépare du
monde capitaliste, bataillant sans cesse contre la gauche
du monde bourgeois, socialistes et radicaux, bien des
éléments de cette gauche ont continué de les traiter en
frères séparés, mais non pas perdus.

Jetons un coup d'œil rétrospectif sur le Congrès national de 1927 de la Ligue des droits de l'homme [1], ce sanc-
tuaire de la République et des républicains. L'ordre du
jour appelle un débat sur « les principes de la démo-

---

1. *Ligue des droits de l'homme. Le Congrès national de 1927.*
Compte rendu sténographique, 15-17 juillet 1927, Ed. de la Ligue
des droits de l'homme.

cratie » : c'est une manière de reprendre l'éternelle discussion française sur les rapports de la liberté et de
l'égalité, des droits formels et des droits réels, ou encore
de la démocratie et de la révolution. La légalité républicaine peut-elle être « mise en vacances », demande un
délégué de la section de Courbevoie, au nom des progrès
de l'égalité, ou du socialisme ? La question fait resurgir le
spectre de la « dictature du prolétariat », à laquelle la
plupart de ces républicains demeurent hostiles, au nom
de la liberté et des droits de l'homme. Mais le président
de la Ligue, le vieux dreyfusard Victor Basch, ne peut se
résoudre à une profession de foi aussi légaliste et conclut
la discussion en ouvrant à la République — même à la
République — un avenir révolutionnaire :

« Je dis qu'en partant, non pas de principes politiques
— nous ne nous laisserons pas entraîner sur ce terrain —,
mais en partant des principes de liberté et d'égalité qui
sont nôtres, des principes mêmes de 1789, l'insurrection
peut devenir pour nous le plus sacré des droits et le plus
indispensable des devoirs.

« Ah ! camarades, n'ayons pas peur de ce mot de révolution ! Et rendons-nous compte que toute révolution est
nécessairement une vacance de la légalité. (*Applaudisse-
ments.*)

« Nous sommes, nous, nés de la Révolution, notre
République est née d'une révolution. Croyez-vous donc
que l'ère des révolutions soit close à jamais ?.... Est-ce
que, parce qu'une classe a acquis, grâce à cette révolution, la place qu'elle avait raison de revendiquer, vous
pouvez croire que les classes qui n'ont pas profité de la
Révolution se contenteront éternellement de la place
humiliée qui leur est faite dans l'actuelle organisation
sociale ? Non ! N'en croyez rien... »

La révolution. Là est probablement le mot clé qui lie
ces démocrates de la Ligue des droits de l'homme à
l'expérience soviétique, bien qu'ils en connaissent (un
peu) et qu'ils en critiquent le caractère despotique. Ceux-
ci, en effet, partagent avec les bolcheviks russes le souvenir de l'origine révolutionnaire de la démocratie fran-

çaise. Cette origine a beau être lointaine, elle n'a cessé de
réémerger du passé, portée par les occasions de réincar-
nation que les événements n'ont cessé d'offrir à sa
légende. Ainsi la politique révolutionnaire à la française
a-t-elle accompagné toute l'histoire de la France et de
l'Europe continentale au XIXᵉ siècle, comme l'ont illustré
par excellence les événements de 1848. Elle n'a pas manqué le rendez-vous du bolchevisme russe, et on a vu déjà
à quel point la gauche française de l'immédiat après-
guerre, à son tour, s'est représenté la révolution d'Octobre à travers le prisme de 1793.

Car la Révolution française présente ce caractère
exceptionnel d'avoir un déroulement si riche et si complexe qu'elle peut être brandie comme un précédent
même par ceux qui ont cherché à en effacer l'héritage.
Aux yeux d'un marxiste, et plus encore d'un marxiste-
léniniste, nul doute qu'elle ne marque l'avènement de la
bourgeoisie et de son cortège d'illusions politiques. Pourtant, elle produit aussi le jacobinisme, moment héroïque, alors que le bourgeois ne considère que l'utile ; tension extrême de la volonté, alors que le bourgeois préfère
l'économique au politique ; aventure égalitaire, alors
que le bourgeois rêve de richesse ; démocratie sans
liberté, alors que le bourgeois entend faire ce qui lui
chante. Un épisode qui réhabilite la guillotine au nom du
salut public, et qui la justifie d'avance au nom de l'égalité : par lui, la Révolution française s'est donné les éléments de son propre dépassement, et peut régner encore
sur les siècles qui la suivent.

Le bolchevisme russe des années vingt comme,
d'ailleurs, les communistes français n'ont jamais abandonné la référence à l'exemple jacobin : on pourrait facilement le montrer sur la fréquence de cette référence
dans *L'Humanité*, même dans les périodes les plus sectaires de l'histoire du P.C.F. Rien d'étonnant à cela, si l'on
songe au jacobinisme comme à un précédent du bolchevisme dans l'ordre de la dictature terroriste exercée au
nom du peuple : avant d'être condamnée comme
« démocratie totalitaire » par des historiens de la

deuxième moitié de ce siècle [1], la démocratie jacobine a été célébrée soit comme dictature de salut public [2], soit comme préfiguration éphémère du pouvoir du peuple rassemblé contre ses ennemis extérieurs et intérieurs [3]. Dans les deux cas, surtout dans le deuxième, le précédent de 1793 est essentiel à la légitimation de la « dictature du prolétariat » telle que Lénine, véritable Robespierre du prolétariat, la conçoit et la met en œuvre par la terreur à partir de 1918.

Mais le 1793 russe ne cesse pas avec la guerre civile ou la guerre étrangère. La dictature terroriste du Parti bolchevique survit à sa victoire et à l'élimination de ses ennemis. En même temps qu'elle se perpétue comme pouvoir absolu, fondé sur l'idéologie et la crainte, de plus en plus monolithique, et de plus en plus aux mains d'un seul, elle se lance dans des aventures sans précédent comme la collectivisation des campagnes. Elle ne se bat plus contre ses ennemis. Elle les invente pour les liquider. De ce fait, au fur et à mesure que le temps passe et que le régime soviétique affirme sa toute-puissance, il tend à perdre une partie de sa légitimité « jacobine », avec la fin de sa fragilité. Moscou a beau évoquer constamment, entre 1927 et 1932, l'« imminence » d'une guerre antisoviétique, le mot d'ordre a plus pour résultat de mobiliser partout l'extrême gauche révolutionnaire contre chacune des bourgeoisies impérialistes, que de recréer au profit de l'U.R.S.S. une situation de salut public.

Cette situation, une fois de plus, c'est Hitler qui va en faire cadeau à Staline, par les menaces qu'il fait peser sur l'U.R.S.S. dès qu'il arrive au pouvoir. Non que le nouveau

---

1. Je pense avant tout à Jacob Leib Talmon, *The Origins of Totalitarian Democracy*, Secker and Warburg, 1952 ; *Les Origines de la démocratie totalitaire*, Calmann-Lévy, 1966 ; *The Myth of the Nation and the Vision of Revolution (the Origins of Ideological Polarisation in the XXth Century)*, University of California Press, 1981.

2. C'est le cas le plus fréquent, dans l'historiographie républicaine française au XIXe siècle, de Michelet à Aulard, avec de multiples nuances sur la légitimité du recours, même provisoire, à la Terreur.

3. Dans cette lignée, l'auteur source me paraît être Buchez.

chancelier allemand se lance aussitôt dans des surenchères agressives en politique extérieure, bien au contraire.
Mais le procès de Leipzig le donne en spectacle au monde
comme le personnage central de la lutte contre le communisme international. Staline tient compte de ce que
les dirigeants anglais et français vont si longtemps refuser de voir : que, cette fois-ci, avec Hitler, c'est la guerre
qui vient, et que le destin de l'U.R.S.S. s'y jouera, selon les
modalités du conflit. De là vient qu'il entre comme naturellement dans un discours de salut public, et qu'à l'ouest
de l'Europe, en France notamment, les adversaires de
Hitler croient y retrouver des accents familiers. Si la lutte
de Hitler et de Staline est à nouveau celle de la révolution
et de la contre-révolution, comment s'y sentiraient-ils
étrangers ?

Staline parle de montée des périls extérieurs, d'accen-
tuation de la lutte des classes à l'intérieur, d'épuration
des traîtres, de mobilisation générale pour sauver la
patrie socialiste : ces thèmes « jacobins » cachent la Terreur de masse déclenchée sur son ordre depuis 1935, qui
n'a rien à voir avec la défense du pays en face de l'Allemagne nazie. Mais, sur les militants d'une gauche française habituée à justifier la Terreur jacobine par les complots de la contre-révolution, comment pourraient-ils
être sans effet ? Entré dans une de ses pires périodes, le
totalitarisme stalinien trouve une part de l'appui qu'il
reçoit ou de l'enthousiasme qu'il suscite dans cette « analogie » historique. Dès 1918, l'excuse des circonstances
avait servi à idéaliser le caractère de la Révolution russe.
Au milieu des années trente, le rôle est renouvelé, sur un
plus vaste théâtre, par la menace du nazisme. En démo-
nisant le communisme, en le désignant comme l'ennemi
par excellence, Hitler le signale à l'amitié des démocrates. La haine qu'il lui porte lui vaut certificat de garantie
démocratique. De même qu'elle a des pacifistes fasci-
sants, la France aura des démocrates communisants.

Le sens le plus profond de l'idéologie antifasciste élaborée par les hommes du Komintern est bien de prendre
argument de la division bipolaire du monde politique
mise en avant par le nazisme pour s'en faire contre lui

une arme décisive. Hitler propulse l'Union soviétique
dans le camp de la liberté. Il ne suffit pas qu'elle soit
devenue par la force des choses l'alliée naturelle des
démocraties. La logique de l'idéologie veut encore
qu'elle soit démocratique : non pas comme la France,
puisqu'elle est communiste, mais plus encore, puisqu'elle a supprimé le capitalisme. La gauche française
n'a pas à chercher loin dans sa tradition pour baptiser
une nation qui cherche à construire un nouvel ordre
social et doit se défendre contre des puissances réactionnaires : c'est une démocratie révolutionnaire. Si les
Soviétiques ne se donnent pas tous les luxes de la liberté,
c'est précisément à cause de cette situation. A une révolution depuis longtemps tétanisée par la terreur bureaucratique, Hitler a redonné l'innocence des commencements.

Même les grands procès de Moscou [1], un peu plus
tard, en recevront l'éclairage qui les rend vraisemblables,
en les arrachant à leur extravagante et mystérieuse nouveauté. Car eux aussi ont des précédents dans la Révolution française. Avant Staline, Robespierre a eu à
démasquer les ennemis de la Révolution cachés à l'intérieur de la Révolution. Ouvrons par exemple un petit
livre publié en 1937 par l'historien communiste Jean
Bruhat, et intitulé *Le Châtiment des espions et des traîtres
sous la Révolution française* [2]. Il s'ouvre par l'évocation
du danger de guerre qui pèse sur l'Union soviétique, en
raison de l'encerclement capitaliste, et par des citations
de Staline lui-même sur la comparaison des complots

---

1. A l'issue du premier procès de Moscou (19-23 août 1936), les
seize accusés (dont G. Zinoviev et L. Kamenev) sont condamnés à
mort et exécutés vingt-quatre heures plus tard. Au second procès
(23-30 janvier 1937), quinze des dix-sept accusés (dont Piatakov et
K. Radek) sont également condamnés et exécutés immédiatement.
Au troisième procès (2-13 mars 1938), d'autres « vieux bolcheviks »
(Boukharine est le plus célèbre) sont liquidés ainsi que Iagoda,
l'ex-directeur de la police politique qui a organisé les précédents
procès. Ces trois procès présentent les mêmes caractéristiques : les
accusations fantaisistes ne reposent que sur les aveux arrachés aux
accusés.

2. Paris, Bureau d'éditions, 1937.

antisoviétiques avec les machinations étrangères contre la France révolutionnaire. Dans les deux cas, même phénomène : la « conspiration de l'étranger » achète des personnalités révolutionnaires pour mieux venir à bout de la Révolution. Le procès de Danton par Robespierre a tout juste été replaidé par Mathiez, qui n'y voit que le châtiment d'un corrompu et d'un traître par la justice révolutionnaire. Le protecteur du traître Dumouriez figure l'ancêtre des Zinoviev et des Kamenev, et Saint-Just un justicier comme Vychinski. Pour bien montrer ce qu'il a en tête, Bruhat passe ensuite en revue les généraux de la Révolution française exécutés pour « trahison » : de là à Toukhatchevski et à ses complicités nazies, il n'y a qu'un pas, vite franchi ! « Pourquoi ce qui fut vrai en 1793 deviendrait-il une calomnie odieuse en 1937 ? Croit-on que les puissances fascistes n'ont pas pour la première République ouvrière et paysanne une haine aussi violente que celle qui animait les Etats féodaux à l'égard de la Révolution française [1] ? »

Ainsi l'antifascisme fonctionne-t-il sur un double registre : d'une part, il est destiné à rassembler contre Hitler (et accessoirement, contre Mussolini) non seulement la gauche communiste et socialiste mais aussi les démocrates, et même les patriotes, bref cette vaste et vague nébuleuse que le vocabulaire du Komintern nomme les « masses populaires » ; de l'autre, il doit avoir pour centre l'unité de la classe ouvrière et pour guides les partis communistes. Car le fascisme n'est qu'une forme politique tardive du capitalisme : son extirpation définitive suppose que soit mis fin à la domination du capital. La tactique du rassemblement antifasciste fait donc partie à terme d'une stratégie révolutionnaire : on le verra bien après la guerre, dans les pays d'Europe centrale et orientale qui deviendront sous ce drapeau des « démocraties populaires ». Mais elle comporte aussi une première époque défensive, consacrée à battre le fascisme avec l'aide de tous les démocrates. Si bien qu'elle peut épouser, dans une ambiguïté propice, et selon le degré

---

1. J. Bruhat, *Le Châtiment des espions...*, op. cit., p. 56.

d'initiation des combattants, toutes les variations de la gamme « démocratique », au sens où l'entendent les marxistes : de la défense de la République, des droits de l'homme et des libertés, jusqu'au combat pour le modèle soviétique, où ces mots d'ordre sont censés ne plus avoir de substance, puisque la lutte des classes n'y existe plus. Dans les manifestations de masse, les slogans de défense antifasciste se substituent au vieux « les Soviets partout ! » du prolétariat parisien. Mais l'objectif final n'est pas perdu de vue pour autant. L'idée de « démocratie révolutionnaire », que les communistes français exhument de 1793, tombe à pic pour cacher les ambiguïtés d'un antifascisme à la fois libéral et antilibéral, défensif et conquérant, républicain et communiste.

*

Il n'entre pas dans le sujet de ce livre de faire l'histoire du Front populaire en France. Ce qu'il m'importe d'en comprendre est ailleurs : la situation et la stratégie qui l'ont rendu possible, et l'ensemble des représentations politiques qui en ont fait le plus grand moment de la gauche française entre les deux guerres. C'est sur l'exemple français que l'historien voit le plus clairement s'incarner le tournant de la politique du Komintern en 1934-1935, et qu'il saisit dans sa complexité le sens de l'antifascisme, à la fois comme idéologie relais du communisme et comme ciment de l'unité retrouvée de la gauche.

Dans ces années, la victoire du national-socialisme en Allemagne a ajouté ses effets à la crise française. Crise économique, qui s'est déclenchée plus tard qu'en Amérique ou en Allemagne, mais qui n'en finit pas. Crise politique latente et bavarde, qu'ont illustrée les événements de février 1934, et dont le symptôme le plus manifeste est l'antiparlementarisme, si répandu à droite et à gauche. Mais peut-être renvoie-t-il lui-même à un mal plus général encore, et qui est d'ordre national. Frileusement enveloppée dans une victoire dont elle craint de perdre les bénéfices sans vouloir en assumer les conditions, la France est une nation privée de volonté, en face d'une Allemagne acharnée à recouvrer la sienne. Cette dénivellation explique une grande part de la fascination exercée sur la politique française par le fascisme — et donc par l'antifascisme également.

Les idées fascistes — soit par exemple le mépris du régime parlementaire, ou la critique de l'individualisme bourgeois, ou l'exaltation de la communauté nationale — sont dans l'air du temps. Elles croisent des thèmes anciens dans la droite et dans la gauche françaises. A droite — dans les Ligues par exemple —, elles se heurtent au sentiment anti-allemand, à gauche à l'attachement à la République. Mais elles opèrent des deux côtés un lent travail de sape, sans assurer à personne une assiette idéologique stable. Même l'antifascisme militant d'un Bergery, par exemple, ne résiste pas, dès 1933-1934, à une sorte d'imitation inconsciente des méthodes de lutte et de propagande fascistes. Parti d'un soutien au mouvement d'Amsterdam-Pleyel, l'homme politique radical glissera peu à peu du Front populaire à une sympathie pour le fascisme italien et la recherche de la paix à n'importe quel prix [1]. Christian Jelen a été le bon chroniqueur des ambiguïtés du pacifisme français des années d'avant-guerre, qui mêle extrême gauche et extrême droite [2] ! Il n'est que de considérer le parti socialiste de Léon Blum, écartelé depuis 1920 entre intransigeance doctrinale et participation à des gouvernements bourgeois : il se doit de rester marxiste pour ne pas abandonner trop de terrain sur sa gauche à son rival communiste, mais il s'interdit par là même de gouverner avec le parti radical, frappant la gauche d'impuissance, par exemple après les élections de 1924 et de 1932 [3]. Il a connu dès

1. Philippe Burrin, *La Dérive fasciste...*, *op. cit.*, chap. 7, « Les ambiguïtés du frontisme ».
2. Christian Jelen, *L'Aveuglement*, préface de Jean-François Revel, Flammarion, 1984 ; *Hitler ou Staline, op. cit.*
3. Simple alliance électorale des radicaux et des socialistes, le Cartel des gauches gagne les élections en mai 1924. Edouard Herriot propose aux socialistes de participer à son gouvernement ou de le soutenir sur la base d'un programme en dix points. Pour des raisons doctrinales, Léon Blum choisit le « soutien sans participation ». En 1932, l'Union des gauches électoralement victorieuse se

1933 la scission des « néos », qui dessine en son sein un affrontement caractéristique entre un socialisme de rassemblement national et le socialisme de la tradition ouvrière. S'il gouverne en 1936 la France du Front populaire, il n'a pas pris l'initiative du mouvement. Léon Blum a trouvé dans l'antifascisme une raison assez urgente pour gouverner enfin, ou plutôt « exercer » le pouvoir [1], selon ses propres termes. Mais il se séparera des communistes sur la guerre d'Espagne. Et son parti demeure fondamentalement pacifiste, qui approuvera sans trop d'états d'âme les accords de Munich.

Au contraire, le Parti communiste a fait de l'antifascisme un double de lui-même. Sa stratégie n'a plus d'autre objet, tant celui-ci fait corps avec la révolution. Qu'il soit lié par une connivence étroite à la défense de l'Union soviétique n'a rien pour choquer les militants, au contraire : l'antifascisme est l'autre nom — international — de la fidélité à la patrie des travailleurs. Ainsi les communistes vivent abrités des effets contagieux du fascisme, et prévenus contre toute faiblesse à son égard. Ce qu'il y a de vrai dans la critique fasciste du député corrompu ou du profiteur capitaliste, ils l'ont appris dans le léninisme. Ils sont depuis longtemps dans leurs meubles, immunisés contre cette passion trouble de la « communauté » qui a ravagé l'Allemagne et menace peut-être la France ; car de cette passion ils entendent être, eux, et eux seuls, les manipulateurs. Les fascistes forment leurs plus grands ennemis, puisqu'ils sont venus sur leur terrain, mais aussi leurs derniers ennemis, puisqu'ils leur ouvrent les voies de la révolution finale. Bien creusé, vieille taupe ! avait dit Marx dans d'autres circonstan-

---

retrouve dans la même situation, mais les socialistes sont divisés sur la question de la participation tandis que Herriot recherche ses appuis plutôt au centre, alors que l'aile gauche de son parti refuse de rompre avec les socialistes.

1. La distinction entre la « conquête » et l'« exercice » du pouvoir est avancée par Léon Blum pour défendre la nécessité d'un gouvernement socialiste après les élections de 1936.

ces [1]. La taupe n'a pas mal travaillé non plus au XXe siècle. Elle a offert au communisme stalinien le drapeau de l'antifascisme. De cette occasion exploitée avec tant d'éclat par les héritiers de Lénine, la victoire en France du Front populaire allait faire des souvenirs mémorables.

Depuis qu'il existe, le Komintern a perdu quasiment toutes ses batailles, soit en Europe, soit en Extrême-Orient [2]. La révolution allemande, qui a été tout au long sa suprême pensée, a constamment échoué : en 1918, en 1923, enfin quand la crise économique mondiale en a recréé la possibilité. L'affaire s'est terminée par Hitler. Le printemps français de 1936 renverse le courant. L'électorat donne une nette majorité aux candidats des trois partis unis dans le Front populaire. Parmi eux, il distingue particulièrement les communistes, auxquels il assure les plus grands progrès par rapport aux scores de

1. *Cf.* Karl Marx, *Le 18-Brumaire, op. cit.*, p. 102 : « Mais la révolution va jusqu'au fond des choses. Elle ne traverse encore que le purgatoire. Elle mène son affaire avec méthode. Jusqu'au 2 décembre 1851, elle n'avait accompli que la moitié de ses préparatifs, et maintenant [Marx écrit en janvier-mars 1852] elle accomplit l'autre moitié. Elle perfectionne d'abord le pouvoir parlementaire, pour pouvoir le renverser ensuite. Ce but une fois atteint, elle perfectionne le *pouvoir exécutif*, le réduit à sa plus simple expression, l'isole, dirige contre lui tous les reproches pour pouvoir concentrer sur lui toutes ses forces de destruction, et, quand elle aura accompli la seconde moitié de son travail de préparation, l'Europe sautera de sa place et jubilera : "Bien creusé, vieille taupe !" »

2. Fondé en 1900 par Sun Yat-sen, dissous en 1913, le Guomindang (Parti national du peuple) se reconstitue à partir de 1923 avec l'aide des émissaires soviétiques. Les communistes chinois, très minoritaires, s'y intègrent. A partir de 1926, date de l'offensive du Guomindang vers la Chine du Nord, la rivalité entre la fraction nationaliste, dirigée par Tchang Kaï-chek, et la fraction communiste s'accentue. Dans certaines régions les communistes instaurent leur propre pouvoir. En 1927, le Guomindang écrase les communistes à Shanghai (avril) puis, à nouveau à Wu-Han (novembre). En décembre, le soulèvement communiste de Canton est également sauvagement réprimé. En Russie, l'Opposition de gauche rend Staline responsable de l'échec du communisme chinois.

1932 [1] : ce qui constitue une manière de justice, puisque le Front populaire est leur enfant. Quinze ans après la scission de Tours, après tant de purges intérieures et de verbalisme révolutionnaire, le Parti communiste français a enfin rencontré « les masses ». Ses mots d'ordre ont croisé leurs aspirations politiques.

Pourtant une victoire électorale constitue, en bonne doctrine léniniste, un test trop bourgeois pour être significatif. Plus que dans des suffrages, la force du Parti se mesure à son influence dans la classe ouvrière et à la discipline de ses cadres. Sur le second point, les jeux sont faits : l'appareil est constitué, contrôlé, vérifié, et ne bougera plus guère. Mais sur le premier, c'est encore l'année 1936 qui est décisive. Non pas les élections d'avril-mai, mais les grèves de juin.

En eux-mêmes, pourtant, les événements ne procèdent pas d'une initiative communiste. Les premières cessations de travail, accompagnées de l'occupation des usines, ont eu lieu dès avant la mi-mai, dans la métallurgie, à Toulouse et à Paris : déclenchées par solidarité avec des ouvriers licenciés pour avoir chômé la journée du 1er mai, elles sont rapidement victorieuses. Le mouvement s'étend dans les semaines qui suivent, surtout à partir du lundi 25 mai, au lendemain d'une vaste manifestation au mur des Fédérés. Si l'hommage traditionnel aux fusillés de la Commune a réuni des centaines de milliers d'ouvriers parisiens, c'est qu'il est pris dans l'atmosphère exceptionnelle due à la victoire électorale des candidats du Front populaire le 3 mai. La France de gauche vit dans un état de grâce, et la classe ouvrière en forme le centre : les deux partis qui se réclament d'elle sont à la tête du mouvement unitaire. Le premier, le Parti communiste, parce qu'il en a eu l'initiative, le second, le

---

1. Aux élections d'avril-mai 1936, le Parti communiste obtenait 72 élus, soit un gain de 62 sièges. La S.F.I.O., 146 élus, soit un gain de 62 sièges. Les radicaux, 115 élus, soit une perte de 43 sièges. L'avantage relatif du P.C.F. est encore plus net en termes de suffrages, puisque les communistes doublent presque le nombre de leurs voix, alors que les socialistes plafonnent et que les radicaux reculent.

parti socialiste, parce qu'il fournit les gros bataillons. C'est la première fois dans notre histoire que le prolétariat ouvrier est ainsi à l'honneur, porté par le vote des Français à l'avant-garde de la nation : non plus personnage tragique d'une insurrection éphémère, comme en juin 1848, ou au printemps de 1871, mais éclaireur d'une coalition appelée par le suffrage universel à gouverner la République. Ce sentiment subtil et puissant d'une force enfin unie et libérée entre pour beaucoup dans l'extraordinaire contagion du mouvement gréviste à la fin mai-début juin 1936, tout juste au moment où Léon Blum forme son gouvernement. La classe ouvrière, cette grande oubliée de la Troisième République, fait une spectaculaire entrée dans l'histoire de France où elle ramène un peu de l'esprit de Février 1848.

Il n'existe pas de commentateur plus profond de l'époque, vue sous cet angle, qu'une jeune philosophe qui a délibérément voulu connaître de l'intérieur le malheur de la « condition ouvrière [1] ». Normalienne, agrégée de philosophie, Simone Weil est brûlée très jeune de deux dons qui la consumeront : l'intelligence philosophique et la compassion. Très jeune, elle a connu La *Révolution prolétarienne* de Monatte, et ce qui reste du syndicalisme révolutionnaire. Elle est l'amie de Souvarine. Professeur au lycée du Puy en 1931, liée bientôt au milieu local du syndicalisme ouvrier, elle se fera embaucher dans une usine d'ajustage pendant l'année 1934-1935. Son « Journal d'usine », qu'elle tient quotidiennement, forme le meilleur témoignage qui soit sur la misère matérielle et morale du travail ouvrier dans la France de ces années : cerné par le contremaître, abruti par les cadences, humilié par la chaîne de commandement, le prolétaire est plongé dans l'aliénation. Prisonnier du caractère parcellaire de la production, il ne voit même pas ce qu'il fait. Simone Weil décrit encore, en plein XXe siècle, la condition du prolétaire du XIXe, aggravée par le taylorisme. En termes rousseauistes, elle y lit la négation de la nature

---

1. Simone Weil, *La Condition ouvrière*, in *Œuvres complètes*, t. II, vol. 2, Gallimard, 1991.

humaine de l'homme : « Rien ne paralyse plus la pensée que le sentiment d'infériorité nécessairement imposé par les atteintes quotidiennes de la pauvreté, de la subordination, de la dépendance. La première chose à faire pour eux [les ouvriers des usines modernes], c'est de les aider à retrouver ou à conserver, selon le cas, le sentiment de leur dignité [1]. »

Non que Simone Weil soit révolutionnaire : elle a un tour d'esprit trop religieux pour investir l'ici-bas d'espoirs déraisonnables. La compassion n'obscurcit jamais sa pensée, et cette sainte à la recherche d'une foi ne cesse d'argumenter comme un logicien. Elle n'attend rien de bon du communisme, dont elle a deviné la vraie nature. Pourtant l'esprit de classe lui paraît un moyen de progrès, puisqu'il débarrasse l'ouvrier de la soumission consentie, et le ramène dans la liberté. Simone Weil veut passionnément être utile. Dans les six premiers mois de 1936, elle entretient avec un directeur d'usine qui a un peu de sens social une extraordinaire correspondance, par laquelle elle veut convaincre son interlocuteur de lui confier l'éducation de ses huit cents ouvriers tout en l'embauchant elle aussi, au rang le plus humble, dans son usine.

Mais ce projet d'un journal culturel d'usine qu'elle aurait rédigé pour en faire l'instrument de la fierté ouvrière retrouvée se brise en juin 36 sur la réalité de la lutte des classes. Quelques jours après « les accords Matignon [2] », Simone Weil écrit à son interlocuteur la joie qu'elle a ressentie à suivre le mouvement et le succès des grèves. Non pas qu'elle en attende quoi que ce soit dans l'ordre politique : « Quant à l'avenir, personne ne sait ce qu'il apportera, ni si la victoire ouvrière actuelle aura constitué en fin de compte une étape vers un régime

---

1. Simone Weil, *La Condition ouvrière, op. cit.*, p. 126.
2. Pour mettre fin au mouvement d'occupation des usines, le gouvernement Léon Blum, se posant en arbitre, organise la négociation entre la C.G.T. et le patronat. Signés le 8 juin 1936, les accords Matignon prévoient l'établissement des contrats collectifs, le réajustement des salaires et la création de délégués ouvriers élus dans les entreprises.

totalitaire communiste, ou vers un régime totalitaire fasciste, ou (ce que j'espère, hélas, sans y croire) vers un régime non totalitaire [1]. » Mais ce pessimisme lucide sur l'époque s'accompagne d'une véritable joie morale au spectacle de l'inversion des forces qu'ont provoquée les grèves :

« ... Si ce mouvement gréviste a provoqué en moi une joie pure (joie assez vite remplacée, d'ailleurs, par l'angoisse qui ne me quitte pas depuis l'époque déjà lointaine où j'ai compris vers quelles catastrophes nous allons), c'est non seulement dans l'intérêt des ouvriers, mais aussi dans l'intérêt des patrons. Je ne pense pas en ce moment à l'intérêt matériel..., mais à l'intérêt moral, au salut de l'âme. Je pense qu'il est bon pour les opprimés d'avoir pu pendant quelques jours affirmer leur existence, relever la tête, imposer leur volonté, obtenir des avantages dus à autre chose qu'à une générosité condescendante. Et je pense qu'il est également bon pour les chefs — pour le salut de leur âme — d'avoir dû à leur tour, une fois dans leur vie, plier devant la force et subir une humiliation. J'en suis heureuse pour eux [2]. »

La grande Simone Weil, qui est sans doute la voix la plus originale de cette époque, met ainsi le doigt sur ce qui constitue sans doute la plus profonde émotion collective liée à la victoire du Front populaire : l'entrée en fanfare des ouvriers dans la politique nationale. La philosophe a reconnu les sources à la fois chrétiennes et démocratiques de son émotion : les ouvriers se sont réapproprié leur humanité par leur révolte. La plupart des contemporains, quand ils ne cèdent pas à la panique de classe, éprouvent ou expriment les mêmes sentiments sur un mode moins élaboré, mais tout aussi sincère : tantôt celui de l'histoire, tantôt celui de l'idéologie.

La Troisième République n'a pas été tendre pour les ouvriers. Elle n'est pas née, comme la seconde, d'un élan de fraternité sociale, mais au contraire d'un calcul conservateur, au lendemain d'une terrible répression

---

1. Simone Weil, *La Condition ouvrière*, *op. cit.*, p. 158.
2. *Ibid.*, p. 158-159.

conduite dans les rues de Paris au nom de l'ordre bourgeois. Le fusilleur de la Commune a été aussi le fondateur de la République. Ses successeurs n'ont guère porté
d'attention à la particularité de la question ouvrière : les
Français n'existent à leurs yeux que définis par l'égalité
citoyenne et le patriotisme de tous. Malgré les efforts de
Jaurès, le mouvement ouvrier a refleuri en France moins
à travers l'alliance avec une gauche républicaine que
sous la forme d'un socialisme ou d'un syndicalisme de
classe, version guesdiste ou anarcho-syndicaliste.
D'ailleurs, Clemenceau le radical ne lui est pas plus favorable que Jules Ferry l'opportuniste : dans la mémoire
ouvrière il est le responsable des fusillades de Draveil et
Villeneuve-Saint-Georges [1]. Enfin l'Union sacrée de
1914, conclue sur la tombe à peine fermée de Jaurès, n'a
été qu'un ralliement forcé du mouvement ouvrier au
bellicisme républicain : son vrai caractère s'est révélé au
fil des années terribles, puisque le socialisme français ne
cesse à partir de 1917 de dériver vers la recherche d'une
paix de compromis alors que la politique inverse — la
victoire à tout prix — trouve son homme dans le plus
jacobin des républicains.

La République a gagné la guerre, mais la victoire n'a
pas entamé l'exil ouvrier à l'intérieur de la nation. Au
contraire : depuis le Congrès de Tours, cet exil a trouvé
un interprète privilégié dans le jeune Parti communiste
français. Né en réaction contre l'Union sacrée, obsédé
par la déviation « droitière », méfiant à l'égard des intellectuels, et veillant jalousement à sa composition prolétarienne, le Parti ne cesse de souligner ce qui le sépare
radicalement des partis bourgeois et des socialistes leurs
complices. Dans un pays comme la France, doté d'une
vaste et ancienne culture démocratique, il affirme la pri-

---

1. Le 2 juin 1908, une intervention de la police dans un café où se
réunissent des carriers en grève fait huit morts. La C.G.T. appelle à
la grève générale pour le 30 juillet ; ce jour-là la manifestation à
Villeneuve-Saint-Georges est le théâtre de nouveaux heurts (quatre
morts, des centaines de blessés). En 1911, il fut établi que la police
avait infiltré ses agents provocateurs parmi les agitateurs de la
C.G.T. les plus radicaux.

mauté de la révolution ouvrière, comme absolument distincte de la démocratie bourgeoise, et dépendant tout entière de son action. En ce sens, l'enseignement léniniste, martelé par le Komintern, surenchérit sur une tradition ouvriériste préexistante. Avec le marxisme bolchevique, il lui a donné plus qu'un exemple et une doctrine : une culture et un parti, par où le messianisme ouvrier a pris le visage d'une science et d'un avenir. Les socialistes aussi se veulent un parti prolétarien, et ils n'entendent pas laisser le monopole de l'adjectif à leurs frères ennemis. Mais leurs députés sont tous des bourgeois, leur révolution de plus en plus problématique, et sans précédent connu ; enfin personne ne les rencontre dans les usines.

On le voit bien en juin 1936. Non que les communistes soient à l'origine directe du mouvement, beaucoup trop vaste pour avoir été déclenché à l'instigation d'un parti. Mais ils sont les seuls à l'accueillir, à l'organiser, et à le prendre en main, comme si l'histoire venait enfin à la rencontre de leur prédication. Les élections d'avril-mai viennent de leur donner l'influence d'un grand parti. Plus important à leurs yeux, voici que les grèves les confirment en dirigeants du monde ouvrier, dont ils se prétendent depuis Tours les seuls vrais représentants. Ainsi sont-ils les bénéficiaires les plus visibles des deux grands événements du « Front populaire » en France. D'un côté, ils entrent dans la politique nationale, même s'ils refusent de participer au gouvernement Blum, comme aile marchante de la coalition antifasciste victorieuse. De l'autre, ils encadrent ces centaines de milliers de grévistes qui occupent leurs usines dans la joie d'une force retrouvée mais non pas au nom de la dictature du prolétariat.

Car le paradoxe de la situation tient à ce que le communisme stalinien s'enracine en France à travers des événements étrangers à son répertoire : des élections démocratiques et des grèves revendicatives. Au moment où l'antifascisme lui amène, aux deux tours du scrutin, un vaste électorat socialiste et même bourgeois, le succès des grèves de juin lui permet d'élargir sa vocation ouvrière dans le cadre de l'union antifasciste. Ainsi gagne-t-il sur les deux tableaux, et comme parti « démocratique », et comme parti léniniste. De lettres de créance révolutionnaires il n'a jamais manqué, et il ne les perd pas dans l'aventure de 1936, qui en efface le caractère un peu conspiratif sans en affadir la promesse. Installé de plein droit dans le train de souvenirs, de sentiments et de passions inséparables des victoires de 1936, il a donné au messianisme ouvrier, dont il est plus que jamais le gardien, une nouvelle substance historique.

Peu importe que le Front populaire en France n'ait probablement pas été par son action à la hauteur de son éclat d'opinion : de fait, ni sa politique économique, ni sa politique militaire, ni sa politique extérieure n'ont su répondre vraiment aux nécessités de l'heure, et d'ailleurs les plus grands souvenirs qu'il a laissés sont d'ordre social. Mais enfin la victoire d'une gauche unie en 1936 et le premier gouvernement de notre histoire dirigé par un socialiste ont fait contraste avec le train-train si médiocre de la politique française, et ce n'est pas rien non plus d'avoir changé la situation morale et matérielle de la classe ouvrière dans la nation. En cela, 1936 constitue une date clé dans l'histoire mentale de la gauche française, et dans celle du P.C.F. à l'intérieur de la gauche. Ce premier cortège de souvenirs heureux, inséparable de l'unité ouvrière et du rassemblement populaire autour d'elle, va constituer pour un quart de siècle un capital politique que les communistes français ne cesseront d'entretenir et dans lequel ils puiseront à pleines mains. Les victoires qu'ils ont permises en France valent oubli ou ignorance des horreurs qu'ils exaltent en U.R.S.S. Mieux même : elles rendent celles-ci presque inimaginables. En refusant la révolution en France au profit des quarante heures et des congés payés, le Parti a redonné de la douceur à la révolution soviétique. La même mythologie ouvrière enveloppe le progrès social et la dictature totalitaire, les accordéons du Front populaire et les assassinats du N.K.V.D.

*

A la même époque que le Front populaire français, les événements d'Espagne vont constituer le deuxième grand test de la nouvelle ligne politique du Komintern. Paradoxalement, la guerre civile provoquée par l'insurrection militaire de juillet 1936 entraînera les premiers désaccords publics à l'intérieur du Front populaire français en même temps qu'elle permettra à l'antifascisme communiste d'élargir son écho international.

L'affaire espagnole cristallise une crise internationale, à laquelle elle donne une substance idéologique apparemment limpide, tirée de l'affrontement des partis sur la scène locale. La gauche espagnole a gagné — de peu en voix, largement en sièges — les élections de février 1936. Bien qu'elle soit très fragmentée, et unie seulement par l'échéance électorale (à l'exception des anarcho-syndicalistes), elle marque le premier succès d'un « Front populaire » en Europe. De là, par réaction, la mobilisation de la droite, phalangistes et militaires en tête, prenant appui sur les forces sociales réactionnaires, et le déclenchement du *pronunciamento* franquiste, le 17 juillet 36. Dans ce tableau simplifié mais conforme à la marche des événements, il y a tout pour animer le grand théâtre kominternien du fascisme et de l'antifascisme.

Hitler et Mussolini ne manquent pas d'ailleurs d'en apporter la preuve, en soutenant publiquement le général Franco, et en lui apportant presque tout de suite, en août, une aide militaire en hommes et en matériel. Ainsi les progrès de Franco sont-ils liés à des succès de Hitler, tout comme ses reculs consacreront une victoire commune de la démocratie et du communisme réunis sous la bannière de l'antifascisme. Staline inscrit sa politique dans le cadre idéologique qui est le sien depuis 1934 : il affirme le soutien de l'U.R.S.S. à la République espagnole, bien qu'il attende jusqu'au début de l'automne pour envoyer conseillers politico-militaires et matériel, pendant que le Komintern prend l'initiative des « Brigades internationales ». Mais l'Angleterre et la France décident au contraire de suivre une politique de non-intervention, doublée d'un embargo international sur les armes à destination de l'Espagne.

Cette disparité d'attitudes entre l'U.R.S.S., d'une part, les démocraties occidentales, de l'autre, présente au bénéfice de l'U.R.S.S. un avantage moral. Car elle donne à la politique soviétique l'apparence d'une parfaite correspondance entre les paroles et les actes. Elle inscrit même celle-ci dans un espace de solidarité démocratique internationale qui lui donne auprès de la gauche européenne un certificat de bonne conduite : après avoir dénoncé si longtemps comme un mensonge impérialiste la politique de « sécurité collective », la « patrie des travailleurs » surenchérit sur ses obligations ! Au contraire, le pauvre Léon Blum, chef d'un gouvernement de Front populaire, apparaît infidèle à ses idées, alors qu'il est prisonnier à la fois du pacifisme de l'opinion publique en France et de l'alliance anglaise. Par la politique dite de « non-intervention », il doit se résigner à abandonner sans gloire la République espagnole, et à tenir caché le peu qu'il laisse faire en sa faveur. Le P.C.F., sur sa gauche, lui donne des leçons de démocratie internationale ! On mesure à l'absurde de cette situation, que le chef de la gauche française ressent comme un tourment moral, à quel point l'idée antifasciste, dans sa fausse simplicité, fonctionne aussi comme un piège.

Car ni la politique internationale ni la situation espagnole ne tiennent tout entières dans l'opposition entre fascisme et antifascisme. Par l'Espagne, la Seconde Guerre mondiale étend sa menace sur toute l'Europe, chacun le comprend plus ou moins. Mais elle s'avance à travers trois acteurs, et non pas deux : Hitler, Staline, les démocraties. Les dirigeants anglais, dont les choix dominent la politique étrangère française, ont leurs raisons pour refuser d'aider la République espagnole : conservateurs, ils n'aiment pas trop le tintamarre révolutionnaire qui vient d'Espagne, et moins encore l'idée d'être entraînés prématurément dans un affrontement avec Hitler. Autant Staline, en donnant l'exemple de l'aide à l'Espagne, espère créer une situation qui les fasse intervenir, même indirectement (par la levée de l'embargo sur les armes, par exemple), de façon à contribuer, sur la scène internationale, à ce qui serait un recul de l'Allemagne, autant eux, qui de toute façon n'entretiennent pas l'espoir d'une République libérale à Madrid, n'ont aucune hâte à intervenir aux côtés de Staline contre Hitler.

A leurs yeux, la défaite des franquistes en Espagne signifierait un pas en avant du communisme en Europe. Le gouvernement conservateur, et pour cause, ne se sent pas concerné par l'alternative fascisme-antifascisme : ce qui lui permet d'entretenir des illusions dangereuses sur le nouveau régime allemand, mais aussi de tenir au chaud ses préjugés réalistes sur le communisme. La politique anglaise de non-intervention se situe au croisement de ces deux états d'esprit, comme un constat d'impuissance consentie, faute d'un choix clairement conforme à l'intérêt national. Etendue à la France, elle y heurte au contraire les idées et les promesses qui ont constitué la base du gouvernement de Front populaire. Quelques mois seulement après sa victoire, par l'accord donné à la non-intervention en Espagne, Léon Blum brise aux yeux des communistes l'union antifasciste qui l'a conduit à la victoire. Ceux-ci ne sont pas longs à le lui faire savoir.

Depuis cette époque, ils n'ont cessé d'opposer l'attitude de l'U.R.S.S. à celle des démocraties occidentales à l'égard de la République espagnole : la première, d'une solidarité apparemment sans faille, à la fois de la part de l'Etat soviétique et du Komintern, par l'intermédiaire des Brigades internationales ; la seconde au contraire, caractérisée par un lâche abandon de la liberté en Espagne, sous le couvert d'un embargo fictif, et ouvrant la voie à une victoire de Hitler et de Mussolini par franquisme interposé. A travers cette interprétation, la guerre d'Espagne est devenue par excellence l'événement clé des années trente, opposant déjà, dans un premier conflit, les forces internationales du fascisme à celles de la liberté. Les démocraties de l'Ouest ne sont pas au rendez-vous, alors que l'Union soviétique accourt, avec des hommes, des armes, et à grands coups de clairon.

L'antifascisme communiste y forge à la fois son histoire et sa légende.

Faisons sa part au vrai dans la mythologie. La non-intervention aurait pu être une politique non seulement sage, mais efficace, à condition d'être imposée à tous : faute de quoi elle n'a été que le déguisement de la faiblesse ou d'une semi-complicité avec Franco et ses protecteurs étrangers. Par où on revient à la racine de l'attitude anglaise, fondée sur une passion anticommuniste plus forte que la méfiance à l'égard du nazisme allemand. Non que les conservateurs anglais aient tort dans l'absolu d'être anticommunistes : la tristesse de toute cette histoire, dont nous n'avons pas épuisé l'amertume, est qu'ils sont lucides sur Staline pour des raisons sans grandeur, alors que d'autres sont aveugles pour des raisons généreuses. Mais leur faute, en face de Hitler, est de laisser cet anticommunisme dominer leur politique étrangère. Les conservateurs anglais commettent une erreur inverse à celle des démocrates qui sont procommunistes parce qu'ils sont antifascistes. Eux penchent (plus ou moins) vers les puissances fascistes parce qu'ils sont anticommunistes. Plus exactement, car ils sont peu enclins aux débats idéologiques, ils veulent manifester à Staline qu'ils ne se laisseront pas entraîner dans un conflit avec Hitler, et à Hitler que son vrai ennemi est à l'Est. Faute de savoir hiérarchiser leurs ennemis, ils voudraient les voir s'annihiler l'un l'autre. Sentiment qui n'est pas inconnu à Paris, surtout à droite, même s'il n'est pas celui de Léon Blum : par la non-intervention en Espagne, le chef du gouvernement de Front populaire, en s'alignant sur Londres, prend appui — sans joie, mais sans beaucoup d'hésitations — sur le pacifisme de la gauche. Quoi qu'il en soit, il est sûr que cette politique à la fois hypocrite et risquée a été un symbole éclatant, pendant trois longues années, de la faiblesse morale des démocraties en face du fascisme : d'où vient une bonne part de leur démission politique et militaire.

Mais ce triste constat n'épuise pas la question de la non-intervention. Il n'en explique que les plus mauvaises raisons. Il en existe d'autres, qui sont meilleures, et qui tiennent à la fois à la nature de la guerre d'Espagne et aux ambiguïtés de l'antifascisme communiste.

L'Espagne de cette époque est depuis plusieurs siècles à la périphérie politique de l'Europe ; enfermée dans son passé, excentrique, violente, elle est restée un pays catholique, aristocratique et pauvre, où l'Ancien Régime demeure puissant, nourrissant contre lui les passions révolutionnaires. La monarchie y a été discréditée par une succession de mauvais rois, l'armée y est crainte comme un instrument de dictature, et la démocratie représentative n'y a pas de soutien social fort. L'unité nationale elle-même est problématique, et à la diversité des partis nationaux se superpose celle des autonomismes catalan ou basque. Les élections de février 1936 ont donné à ce tableau à la fois archaïque et divers l'apparence trompeuse de la simplicité, par le découpage en deux camps, pour et contre le *Frente popular*, et par l'effet d'analogie avec la situation française à la même époque. A partir de juillet, la guerre civile scellera cette division par les sacrifices des combattants et le sang versé, comme si la vieille Espagne ne revenait au centre de l'histoire européenne, après un si long exil, que pour être le symbole et le champ de bataille des idéologies du XXᵉ siècle. L'intervention des dictatures fascistes aux côtés de Franco vaudra confirmation de cet étrange télescopage des passions européennes du XXᵉ siècle avec l'Espagne du XIXᵉ [1].

Car l'Espagne de 1936 est un des pays d'Europe le moins fait pour être compris à travers la grille fascisme/antifascisme. L'insurrection de juillet 1936 est une révolte de l'armée, appuyée par l'Eglise catholique, les monarchistes, les propriétaires fonciers, et tout ce que l'Espagne compte de forces traditionalistes. Ce qu'elle comporte de proprement « fasciste » tient à ce qui reste de la Phalange de Primo de Rivera et de son pro-

1. J'utilise dans ces pages l'ouvrage classique de G. Brenan, *The Spanish Labyrinth*, Cambridge University Press, 1943. Trad., Ed. Champ libre, 1984.

gramme social [1] : mais cette « gauche » du franquisme sera rapidement privée d'influence, en même temps d'ailleurs que la droite légitimiste. La nouvelle Phalange, née des progrès de l'insurrection, accompagnera la victoire beaucoup plus qu'elle n'en constituera le fer de lance. Quant à Franco, quel chef moins charismatique, moins comparable au Duce ou au Führer, que ce général ni plus ni moins connu que ses pairs, oligarque rusé, Louis XI de la contre-révolution, si peu doué pour toucher les foules ? Hitler et Mussolini l'ont moins reconnu pour l'un des leurs qu'ils n'ont sauté sur l'occasion d'étendre leur influence au sud de l'Europe et de tester par Espagne interposée la volonté franco-anglaise. Lui-même d'ailleurs, quelques années plus tard, ne ressentira pas vis-à-vis d'eux d'obligation de solidarité. Il restera hors de la guerre mondiale : manière de relativiser à la fois ce qui l'a lié au fascisme et la portée internationale de sa victoire.

Si on passe dans l'autre camp, que d'idées et de partis contradictoires sous le signe de l'antifascisme ! Pour commencer, le vaste mouvement anarchiste espagnol, représenté par la F.A.I. (Fédération anarchiste ibérique), si influente à l'intérieur de la C.N.T. (Confédération nationale du travail), a rejeté comme conservateur le programme du Front populaire, tout en laissant à ses fidèles la liberté de le soutenir par leurs votes. De ce fait, le gouvernement issu des élections, et où dominent les républicains du centre et de la gauche, n'a pas de prise sur le mouvement social qui suit, comme en France, le succès électoral. Plus encore qu'en France, le petit peu-

1. Avocat, José Antonio Primo de Rivera (1903-1936) est le fils de Miguel Primo de Rivera qui instaure un régime militaire en Espagne de 1923 à 1925. José Antonio fonde la Phalange espagnole en octobre 1933. Elu député la même année, il combat la République sans relâche. Arrêté en mars 1936, il est exécuté par les républicains en novembre. La Phalange prônait un « national-syndicalisme » combinant la propriété individuelle et familiale avec la propriété syndicale, la nationalisation du crédit, une réforme agraire ainsi que la création d'un Etat autoritaire capable de lutter contre les autonomismes régionaux. En avril 1937, elle devient le parti unique de l'Espagne nationaliste.

ple ouvrier et paysan a tant de revanches à prendre ! La répression terrible qui a suivi l'insurrection ouvrière des Asturies est si proche ! Mais, à la différence de la France, le pouvoir est impuissant à mettre un terme aux grèves ouvrières et aux occupations des terres par les paysans : révolution sociale libertaire et vaguement millénariste, conforme au génie de l'anarchisme espagnol, et à quoi pousse aussi le puissant syndicat dirigé par les socialistes de gauche, l'U.G.T. (Union générale des travailleurs), hostile à l'alliance du mouvement ouvrier avec les républicains libéraux. Le petit Parti communiste, à peine sorti de sa période « classe contre classe », navigue de son mieux entre la révolution et le gouvernement de Front populaire, sans grande influence sur le cours des événements.

Pourtant, l'insurrection militaire de juillet, fidèle à la pente de la droite européenne dans le siècle, s'est justifiée par la nécessité de sauver l'Espagne du communisme : dans le cas espagnol, la menace communiste inexistante est le prétexte à une contre-révolution de type classique. Mais elle sert aussi à désigner une vraie révolution populaire, à laquelle la révolte de l'armée donne de nouvelles forces. L'Espagne offre le spectacle d'un conflit plus ancien que celui du fascisme et de l'antifascisme : sur son sol s'affrontent la révolution et la contre-révolution.

En effet, le soulèvement militaire radicalise en sens inverse le mouvement social et accentue son caractère révolutionnaire, au moment même où le nouveau gouvernement républicain, tout modéré qu'il soit, n'a pas d'autre choix que de prendre appui sur les organisations populaires, syndicats et partis. Tous les moyens lui manquent en effet, l'armée, la plupart des forces de police, une grande part de l'administration, passées chez les rebelles. Force lui est donc de laisser agir, en lieu et place d'un Etat déserté, un personnel improvisé, défini davantage par sa volonté de combattre Franco et ses affidés que par sa compétence ou sa discipline. C'est l'heure où les milices armées de l'anarchisme ou du syndicalisme révolutionnaire espagnols font régner l'ordre dans les grandes villes restées loyalistes ; le temps où d'innombrables comités populaires accélèrent la mise sur pied d'une autogestion paysanne sur les domaines arrachés aux grands propriétaires. L'Espagne aristocratique et bourgeoise se terre, quand elle n'est pas de cœur avec les insurgés. L'Eglise catholique paye un peu partout le prix de sa connivence avec l'Ancien Régime. Le gouvernement du professeur José Giral n'a plus guère de pouvoir que nominal. Les comités et les milices de la C.N.T. ou de l'U.G.T. ont pris en main le salut de la République au nom de la révolution.

Mais cette révolution, que la révolte de l'armée porte à l'incandescence, a de multiples visages. Les anarchistes, fils de Bakounine et du syndicalisme révolutionnaire, forts surtout en Catalogne et en Andalousie, veulent en faire le prélude violent à une société de petites communautés autogérées et autonomes, appelées à se fédérer librement à l'échelon régional ou national pour échanger leurs produits. Les églises seront fermées, comme autant de symboles de l'obscurantisme. On y substituera un enseignement universel, destiné à régénérer les hommes par la liberté et la fraternité. Cette utopie resurgie du XIXᵉ siècle n'a rien qui puisse rallier les socialistes, sans parler des communistes. Les premiers sont comme ailleurs tiraillés entre une droite qui regarde vers le centre, et une gauche qui regarde vers le bolchevisme : le vieux réformiste Largo Caballero s'imagine en Lénine espagnol, et les Jeunesses socialistes sont entrées dans l'engrenage de la fusion avec les Jeunesses communistes. Le Parti communiste espagnol, encore faible en militants et en électeurs, vient d'être repris en main par les envoyés de Moscou, comme toutes les sections de l'Internationale ; il a eu, lui aussi, l'initiative du *Frente popular* vainqueur en février. Dans l'effervescence révolutionnaire, il affiche une politique de défense républicaine. A cette diversité centrifuge des forces politiques ajoutons encore les statuts d'autonomie accordés à des provinces catholiques et réactionnaires comme le Pays basque ou la Navarre, et l'imprévisibilité du comportement catalan : car en Catalogne la bourgeoisie moyenne et petite, urbaine et rurale, se trouve coincée entre la surenchère anarchiste et la centralisation madrilène.

Ainsi, à voir les choses à partir de ces semaines de juillet 1936, l'échiquier politique espagnol ne semble pas offrir d'autre issue à la révolution espagnole, en cas de victoire républicaine, qu'une deuxième guerre civile, destinée à désigner les vrais vainqueurs de la première : les anarchistes, les trotskistes, les socialistes, les communistes, ou encore des autonomistes d'obédiences diverses ? Au moment où se défait ouvertement l'unité de la République, de par la révolte de l'armée, la crise nationale fait surgir les multiples Espagnes nées des conflits accumulés depuis des générations. Derrière l'apparente simplicité des deux camps, le sabre et le goupillon d'un côté, les ouvriers et les paysans de l'autre, c'est l'heure un peu partout de la dislocation et des pouvoirs improvisés, à la pointe des fusils, avec son cortège de violences et d'assassinats. A cette multitude de petites républiques révolutionnaires ou contre-révolutionnaires, la référence au fascisme et à l'antifascisme donne au moins un sens idéologique unifié.

A la contre-révolution espagnole, le drapeau du « fascisme » apporte une référence moderne et une promesse de victoire. A la révolution espagnole, celui de l'antifascisme donne tout ce qu'elle peut avoir d'unité. La première, pourtant, regroupe avant tout une armée et une Eglise traditionalistes. La seconde, des forces hétérogènes et même hostiles les unes aux autres, mais presque toutes révolutionnaires, donc divisées sans recours par leur ambition commune. Dans l'été, l'aide italienne et allemande à Franco, suivie par la mobilisation du Komintern en sens inverse, enferme la guerre civile dans les deux langages totalitaires. A partir de là, l'Espagne devient un enjeu central de la politique soviétique et de l'action du Komintern. Il n'y a pas de meilleur observatoire pour y considérer la nature de la nouvelle stratégie antifasciste.

Qu'a voulu Staline ? Il est à cette époque en proie à la hantise de l'isolement, parce qu'il veut avant tout éviter à l'Union soviétique d'avoir à affronter seule une agression de l'Allemagne hitlérienne. Le traité signé avec la France l'année précédente n'est qu'une faible réassurance, puisqu'il ne comporte pas de clauses militaires. Manœuvre de politique intérieure du côté français, il est du côté soviétique autant un signe à destination de Hitler qu'un engagement aux côtés de la France. Staline a lu dans le jeu des conservateurs anglais et d'une partie de la droite française avec d'autant moins de peine qu'il a les mêmes intentions qu'eux, mais en sens inverse : c'est vers l'Ouest qu'il veut diriger l'orage hitlérien. La guerre civile espagnole lui en présente l'occasion : pour peu qu'elle s'internationalise, elle fixera les puissances fascistes à l'extrême Occident, avec de bonnes chances d'y impliquer aussi la France, où la gauche est au pouvoir. Encore faut-il qu'elle dure, et donc que la République reçoive des moyens supplémentaires pour combattre. Si Franco gagne finalement, il aura fourni à la bataille entre fascisme et antifascisme un abcès de fixation lointain, sans risque majeur pour l'U.R.S.S. S'il perd, il laissera une République espagnole exsangue, devenue satellite de l'U.R.S.S., monnaie d'échange à toutes fins utiles. Dans les deux cas, l'Espagne est, pour un faible coût, la vitrine antifasciste de la propagande soviétique en même temps qu'un message codé à Hitler.

D'un côté, Staline adhère à la fin d'août au pacte de non-intervention, pour ne pas se couper de la communauté internationale, et notamment des puissances de l'Ouest. Mais, de l'autre, il n'en respecte pas plus les termes que les Allemands ou les Italiens, dont les premières livraisons d'armes et d'avions, dès le début du mois d'août, ont sans doute été décisives dans les succès initiaux de l'insurrection. En même temps qu'il signe le pacte, il prend argument de son caractère fictif pour intervenir, envoyant, lui, les hommes avant les armes, et les politiques en plus grand nombre que les militaires. Tout juste au moment où se tient à Moscou le premier procès des vieux bolcheviks, et où sont condamnés à mort Kamenev et Zinoviev, la République espagnole est investie par une vaste mission soviétique, à Barcelone et à Madrid.

Dès lors, l'intervention soviétique en Espagne correspond à un double objectif, militaire et politique. Sur le plan militaire, il s'agit d'arrêter l'avance de l'armée insurgée, maîtresse déjà de la moitié nord-ouest de l'Espagne et de l'Andalousie. L'Union soviétique a fourni — vendu plutôt, contre l'or du Trésor espagnol — des armes, des avions, des chars, opérationnels en octobre. Le Komintern a mis sur pied les Brigades internationales. En novembre, les colonnes franquistes sont arrêtées aux portes de Madrid. Les combats acharnés autour de Madrid, dans l'hiver 1936-1937, révèlent un équilibre des forces qui promet désormais une guerre longue.

Alors se dévoile aussi le prix réclamé par Staline à titre de reconnaissance de dette : une sorte de privilège accordé à ses hommes par l'Espagne républicaine dans la conduite de la nation. Ce côté de l'affaire espagnole a été longtemps tabou, et le reste encore dans une certaine mesure, bien qu'il ait fait l'objet de témoignages multiples et de plusieurs études, mais plus ou moins passés sous silence [1] : il ternissait l'image d'Epinal du communisme antifasciste. En réalité, l'assistance prêtée à l'Espagne par Staline et le Komintern s'est accompagnée d'une mainmise croissante sur la politique du gouvernement espagnol. Sur place, depuis octobre 1936, le

---

1. Par exemple, l'ouvrage de Burnett Bolloten, *The Grand Camouflage (The Spanish Civil War and Revolution, 1936-1939)*, 1re éd., 1961, Londres, Hollis and Carter ; 2e éd. accompagnée d'une introduction de H.R. Trevor-Roper, 1968. Trad. française, *La Révolution espagnole. La gauche et la lutte pour le pouvoir*, éd. Rudo Iberico, 1977. Le dernier grand livre de Burnett Bolloten est posthume. Il a été publié en 1991, quatre ans après la mort de l'auteur : *The Spanish Civil War. Revolution and Counter-Revolution*, Chapel Hill, University of North Carolina Press. L'ouvrage le plus classique sur le sujet est celui de Hugh Thomas : *La Guerre d'Espagne, juillet 1936-mars 1939*, Robert Laffont, coll. Bouquins, 1985. Voir aussi l'étude toute récente de Pierre Broué : *Staline et la révolution. Le cas espagnol 1936-1939*, Fayard, 1993.

personnel soviétique et assimilé s'est installé partout,
et sous les formes habituelles, mi-publiques, mi-
clandestines : ambassade, N.K.V.D., conseillers militaires et civils, compagnons de route téléguidés. Il dirige
les Brigades internationales, qui sont sous le commandement de kominterniens confirmés ; et le Parti communiste espagnol, qui, de tout petit, est devenu important,
fort de l'appui donné par Moscou à la République. C'est
sur ses instances qu'en septembre 36 le faible Giral, ballotté à tous les vents de la révolution espagnole, a cédé
son fauteuil de chef de gouvernement au vieux socialiste
Largo Caballero, dont le public espagnol aime la rhétorique. Mais celui-ci, s'il réussit à rétablir un minimum
d'unité dans la direction du pays, n'est pas assez docile
aux yeux des communistes ; il s'oppose notamment à la
fusion des partis socialiste et communiste, technique
kominternienne promise à un grand avenir, mais qui,
pour son coup d'essai, échoue. Son destin est dès lors
scellé.

La stratégie communiste est faite de deux mouvements en apparence contradictoires, en fait complémentaires. Elle célèbre le rassemblement antifasciste, et
l'union la plus large de tous les républicains, des ouvriers
révolutionnaires aux bourgeois libéraux. De là, des
appels à un gouvernement central fort, maître de l'effort
de guerre, et à une politique sociale modérée, condition
de l'union des classes : ce qui permet de mesurer l'espace
qui sépare les communistes des anarchistes — toutes
nuances confondues —, et avant tout des partisans
intransigeants de l'autogestion ouvrière et paysanne ou
de la remise des grands domaines aux communautés
d'habitants, pour ne rien dire des brûleurs d'églises. Mais
le P.C.E. déteste plus encore, si c'est possible, la surenchère révolutionnaire de militants qui sont passés par le
communisme et s'en sont séparés déçus, mais sans rien
perdre de leur flamme subversive : cas des hommes du
P.O.U.M. (Parti ouvrier d'unification marxiste) né en septembre 1935 de la fusion de deux groupes dissidents du
communisme, et où l'on trouve même d'anciens suiveurs

de Trotski [1]. Dure rencontre, pour les envoyés de Staline, à l'heure du premier procès de Moscou.

Au moins n'ont-ils pas de mal à justifier leur condamnation du gauchisme par la nécessité de l'union des républicains. L'urgence de l'heure paraît suffire à leur donner raison. En réalité, leur politique comporte un deuxième mouvement, masqué dans le salut public : le contrôle de cette République qu'ils sont venus défendre. Il faut lire les deux livres de Burnett Bolloten pour se faire une idée de la pénétration communiste dans l'appareil de l'Etat républicain espagnol, et de la subordination croissante dudit Etat aux injonctions des représentants de l'U.R.S.S., à partir de l'automne 1936. Il existe en Espagne un gouvernement soviétique en miniature, coiffé par l'homme du N.K.V.D., Orlov [2], qui prend ses ordres directement d'Ejov et de Staline, et qui les fait exécuter

---

1. Le P.O.U.M. est le produit de la fusion, accomplie en septembre 1935, de la « Gauche communiste » d'Andrés Nin et du « Bloc ouvrier et paysan » de Joaquin Maurin. Le plus gros des militants vient de l'expulsion, en 1929, de la section catalane du Parti communiste espagnol, au moment de la tactique ultra-gauche imposée par le Komintern. Joaquin Maurin (beau-frère de Souvarine) en est le chef, mais il passera toute la période de la guerre civile en prison. Andrés Nin, lui, a été trotskiste, mais a rompu avec Trotski cinq ans auparavant, en même temps qu'un autre leader du P.O.U.M., Andrade. Le P.O.U.M. n'a donc rien d'une organisation « trotskiste », au sens exact du terme. Mais ses accusateurs staliniens le qualifient ainsi, et quelque chose en est resté. Le vrai est que, sans être trotskiste, le P.O.U.M. est très hostile au stalinisme, qu'il dénonce comme un régime bureaucratique « thermidorien ».

2. Bolchevik depuis 1917, Alexandre Orlov (1895-1973) entre dans les services spéciaux en 1921. Arrivé en Espagne en 1931 pour le compte de la Guépéou, il sera responsable de l'assassinat d'Andrés Nin en 1937. Rappelé à Moscou en juillet 1938, il fait défection et avertit L. Trotski de la présence d'un agent du N.K.V.D. dans l'entourage de son fils, Léon Sedov. Sur le personnage, voir John Costello et Oleg Tsarev, *Deadly Illusions. The KGB Orlov Dossier Reveals Stalin's Master Spy, New York*, Crown Publishers, 1993. Avant d'être en Espagne le grand chef des services soviétiques, Orlov avait été en 1934, en Angleterre, au centre du recrutement du fameux réseau de Cambridge (Philby, MacLean, Burgess, Blunt). Il passera à l'Ouest en 1938, de peur d'être liquidé par Staline, comme tant d'autres « espagnols ».

par l'intermédiaire d'un vaste réseau d'institutions-relais et d'associés ou complices résignés : la non-intervention franco-anglaise donne à Staline une situation de monopole dans le chantage à l'aide militaire. Le secours à l'Espagne lui sert de couverture à une satellisation de l'Espagne.

Tout dans cette opération porte sa marque, brutalité et prudence mêlées. Il n'a pas pris le risque, comme Mussolini, d'une intervention ouverte. Ce sont ses services secrets qui sont chargés d'acheter et d'acheminer des armes en Espagne, contre argent (ou or) comptant. Les Brigades internationales sont du ressort du Komintern. De multiples conseillers russes prennent la route de l'Espagne, mais on ne les verra pas au front ; ils doivent rester dans l'ombre. Enfin, Staline impose ses conditions à un partenaire faible, cerné par ses envoyés et leurs affidés locaux. S'agit-il de nommer, en novembre, le commandant suprême de l'armée républicaine ? C'est le général Berzin, un des chefs de la mission soviétique, qui met en avant le nom du général José Miaja, faible, vaniteux et peu porté vers la gauche, mais d'autant plus maniable. Faut-il nommer une junte de défense de Madrid, aux heures où on se bat dans la Cité universitaire ? C'est Koltsov, le correspondant de la *Pravda,* qui s'occupe de tout, en prenant appui sur les jeunesses socialo-communistes. Mieux encore, la substitution en mai 37 de Juan Negrin à Caballero comme chef du gouvernement est largement le produit d'une intrigue soviétique : les Russes ont préféré au vieux leader de la gauche socialiste, pas toujours docile, un brillant universitaire issu de la droite socialiste, plus maniable, et moins anticommuniste que le leader de son groupe, Indalecio Prieto, candidat naturel à ce poste.

L'objectif de Staline n'est ni de sauver la liberté ni de venir en aide à la révolution en Espagne. Il n'est peut-être pas non plus de vaincre l'insurrection franquiste : probablement lui suffit-il de l'empêcher d'être victorieuse, afin d'entretenir un point de fixation de la guerre européenne qui lui permette de prendre un gage sans trop s'exposer et de fixer l'attention des Allemands à l'Ouest.

Son but est de mettre l'Espagne républicaine sous influence soviétique, et de faire de cette Espagne un pays « ami de l'U.R.S.S. », la formule laissant toute sa place à la bourgeoisie, pourvu qu'elle soit prosoviétique. C'est le « Front populaire » dans sa version kominternienne à l'échelon international. Stratégie qui n'est ni défensive ni offensive, mais les deux à la fois, puisqu'elle peut selon les cas offrir une base de négociations en cas de repli ou une occasion d'avancer vers une « révolution » à la soviétique, du type de celles qui auront lieu, juste après la guerre, dans d'autres circonstances, en Europe centre-orientale. En 1936, l'heure est plutôt à la défensive. En toute hypothèse, même si loin de chez lui, Staline a marqué sa place.

L'événement le plus caractéristique de sa mainmise sur la République espagnole est la répression qu'il télé-guide de Moscou contre la gauche révolutionnaire non communiste en Catalogne au printemps 1937, un peu avant l'accession de Negrin à la direction du gouvernement. Ces fameuses « journées de mai » à Barcelone ont été racontées par Orwell dans son *Hommage à la Catalogne* [1] : déclenchées par une tentative des communistes pour mettre la main sur le Central téléphonique contrôlé par les anarchistes, elles forment le tombeau de la révolution espagnole. A partir du 3, la grande ville ouvrière dresse des barricades, pendant que le gouvernement catalan, soutenu par la gauche républicaine et par les communistes, tient plus ou moins bien les quartiers bourgeois. L'insurrection libertaire déborde la C.N.T. et la F.A.I., qui cherchent une issue politique à la situation. Les jeunesses anarchistes, le P.O.U.M., les trotskistes, les « Amis de Durruti [2] » l'encadrent comme ils peuvent,

1. G. Orwell, *Homage to Catalonia*, Londres, Martin Secker et Warburg, 1938 ; éd. française, Gallimard, 1955 (sous le titre *La Catalogne libre*), rééd. Champ libre, 1981, trad. par Y. Davet.
2. Tirant son nom du prestigieux militant Buenaventura Durruti (1896-1936), les « Amis de Durruti » regroupent au sein de la Fédération anarchiste ibérique les militants les plus radicaux pour qui l'alternative politique se résume à « révolution sociale ou fascisme ». A Barcelone, en mai 1937, les Amis de Durruti participent

appelant à la dissolution des autorités légales et à une Constituante catalane formée à partir des comités de base. La crise se dénoue un peu à partir du 5 mai, par la formation d'un nouveau gouvernement catalan d'où est exclu le ministre de l'Intérieur qui avait couvert l'attaque contre le Central téléphonique, mais dont le dosage politique n'est guère différent de l'ancien. Les 6 et 7, l'arrivée de troupes dépêchées à Barcelone par le gouvernement de Valence met fin aux combats : la victoire de la bourgeoisie républicaine et des communistes catalans se paye aussi par un recul de l'autonomisme provincial.

La question pendante depuis la victoire du Front populaire espagnol en février 36 est donc tranchée en mai 37 à Barcelone, par la victoire de Marx sur Bakounine, et du « socialisme », au sens le plus large du terme, sur l'anarchisme. La différence entre février 36 et mai 37 est qu'entre-temps ce « socialisme » a pris des couleurs de plus en plus communistes. Le petit P.C.E. est devenu grand et puissant, fort de la conjoncture née de la guerre civile, l'intervention italienne et allemande, la passivité occidentale, l'aide soviétique : de là quelques traits particuliers de la situation créée par sa victoire, en ce début de mai 1937.

Sa force croissante, dans l'opinion, notamment modérée, vient de ce qu'il se présente comme subordonnant tout à la victoire sur Franco, alors que l'antifascisme anarchiste, en mettant au-dessus de tout le renversement de l'autorité publique, rend problématiques et l'existence d'un Etat et la conduite de la guerre. Pourtant cette argumentation de salut public, dont il fait si grand usage, ne rend compte que de la partie officielle de son action, et non de ses ressorts cachés. Car, si les communistes espagnols bénéficient dans leur propagande de l'assistance soviétique à la République, ils sont aussi les intermédiaires de l'investissement de l'Etat espagnol par les conseillers soviétiques. L'aide russe est proportionnelle à la complaisance mise par les gouvernants espa-

à l'insurrection déclenchée en riposte à la tentative communiste de prise de contrôle de la Généralité.

gnols à obéir aux « conseils » des envoyés de Moscou.
Ainsi la République espagnole est-elle progressivement
devenue un pays subordonné à son grand allié, auquel
elle a ouvert l'appareil militaire, diplomatique et policier
de l'Etat, avec une garantie d'impunité pour les agisse-
ments de ses ressortissants.

On peut lire dans toutes les histoires de la guerre
d'Espagne, de droite ou de gauche, que telles sont bien
les conditions de la République au printemps 1937. Le
plus extraordinaire est peut-être la constitution d'un
appareil de répression directement dirigé par les services
soviétiques, et qui possède ses procédures, ses agents,
ses prisons, indépendants de l'Etat espagnol. Tout en
vérité, dans la répression qui liquide le P.O.U.M. après les
journées de mai à Barcelone, porte la marque d'origine :
les accusations de « hitléro-trotskisme », l'élection de
haine dont l'extrême gauche est victime, la fabrication de
faux, la recherche des aveux par la torture, les assassinats. A l'heure, très exactement, du procès Toukhatchevski, Orlov procède en Espagne comme Ejov en U.R.S.S.,
puisqu'il y possède ses prisons particulières. Témoin le
meurtre en juin 37 d'Andrés Nin, ancien bolchevik, puis
secrétaire de Trotski, puis fondateur de la « Gauche communiste » en Espagne, enfin l'un des leaders du
P.O.U.M. : autant de lettres de noblesse l'ont désigné en
priorité aux tortionnaires et aux assassins de Staline. Au
chapitre des atrocités de la guerre civile espagnole, ce qui
distingue la contribution soviétique est la volonté délibérée d'inscrire ses victimes dans la même colonne que
ceux des procès de Moscou : le P.O.U.M. est baptisé trotskiste, donc hitlérien, donc franquiste.

A bien des égards, l'expérience espagnole est pour Staline plus politique que militaire. On a beaucoup écrit que
la guerre d'Espagne a constitué le premier laboratoire du
conflit mondial qui allait suivre : on y a expérimenté et
comparé de part et d'autre des armes, des chars, des
avions. Vrai. Pourtant, l'invention militaire décisive de
Hitler, le *Blitz-krieg*, n'apparaît qu'en septembre 1939,
avec la ruée des *Panzer-divisionen* dans la plaine polonaise. Ce qui, en revanche, est à l'essai, dès l'Espagne,

c'est la technique politique de la « démocratie populaire », telle qu'elle fera florès en Europe centre-orientale
après 1945 [1]. Même la théorie en est prête, selon laquelle
la République démocratique espagnole que les communistes font profession de défendre au nom de l'antifascisme est en réalité une République « de type nouveau »,
à contenu social inédit, non encore prolétarien tout à
fait, mais où les racines de l'ordre bourgeois sont déjà
détruites ou en voie de l'être [2]. Théorie byzantine,
puisqu'elle dit deux choses contradictoires : que le communisme antifasciste défend la démocratie bourgeoise,
et qu'il tend à la supprimer. Mais comme c'est souvent le
cas avec le langage communiste, elle a l'intérêt de dire ce
que par ailleurs elle cache : que l'antifascisme « conséquent » doit amener la prédominance politique des communistes. En ce sens, je ne crois pas exact d'écrire,
comme Hugh Thomas [3], qu'à partir de la défaite anarchiste de mai 1937 et de la formation du gouvernement
Negrin deux « contre-révolutions » sont face à face, celle
de Franco, et celle qu'anime le Parti communiste espagnol, à l'ombre du nouveau Premier ministre. La défini-

---

1. J'emprunte l'idée au témoignage de l'un des anciens chefs du
P.O.U.M., Julien Gorkin, *Spain : First Test of a People's Democracy*,
in Jeane J. Kirkpatrick (éd.), *The Strategy of Deception*, Farrar,
Strauss and C°, 1963. *Cf.* aussi, du même : *Les Communistes contre
la révolution espagnole*, Belfond, 1978.

2. *Cf.* la déclaration du secrétaire général du P.C.E., José Diaz, en
mars 1937 : « Nous combattons pour la République démocratique,
pour une République démocratique et parlementaire d'un nouveau
type et d'un contenu social profond. Le combat en cours en Espagne n'a pas pour but l'établissement d'une République démocratique comme celle de France ou de n'importe quel autre pays capitaliste. Non. La République démocratique pour laquelle nous nous
battons est différente. Nous combattons pour détruire les fondations matérielles de la réaction et du fascisme ; car sans leur destruction aucune vraie démocratie politique ne peut exister... » (cité
in B. Bolloten, *op. cit.*, part. III, chap. 23, p. 232).

3. Hugh Thomas, *La Guerre d'Espagne, op. cit.*, p. 517, livre 4 : *La
Guerre de deux contre-révolutions*. On trouve la même idée dans le
livre de l'ancien dirigeant du P.C.E., Fernando Claudin, *La Crise du
mouvement communiste*, Maspero, 1970 : bien avant que les troupes fascistes aient pris Barcelone et Madrid, la contre-révolution
avait silencieusement triomphé dans l'Espagne républicaine.

tion convient à Franco, mais non pas à l'autre camp. Il est bien vrai que les communistes ont brisé une révolution à Barcelone, mais c'est pour y substituer la leur.

Ils n'ont pas l'appui décisif dont leurs homologues roumains, polonais, hongrois ou tchèques bénéficieront dans les années d'après-guerre : la présence de l'Armée rouge. Raison de plus pour noyauter la police, peupler les services de sécurité militaire, prendre le contrôle du ministère de la Guerre, et de la plupart des commandements militaires sur le terrain. Il n'est pas faux qu'ils soient à la pointe du « combat antifasciste ». Mais par là même ils le divisent et l'affaiblissent, en lui superposant un but qui leur est particulier, constamment poursuivi à travers la disqualification politique ou l'élimination physique de leurs adversaires dans leur propre camp. Quand ils sont au sommet de leur influence, au printemps de 1938, au moment de la formation du deuxième cabinet Negrin, la situation militaire n'est pas encore trop mauvaise, puisque les armées républicaines ont défendu victorieusement Valence et vont passer à l'offensive sur l'Ebre. Mais la pression communiste, efficace peut-être pour unifier l'organisation militaire, a fini par briser le ressort politique de l'antifascisme espagnol. Au moment où ils parviennent à chasser leur vieil adversaire Prieto du ministère de la Défense, les communistes ne dominent plus qu'un théâtre politique encombré de fantômes : ils ont tué la révolution populaire, brisé le P.O.U.M., réduit l'autonomisme catalan, enrégimenté l'anarchisme, écarté la gauche et la droite du parti socialiste, Caballero et Prieto, obligé Azaña [1] et Negrin à les suivre ; la République espagnole y a perdu sa flamme. L'autorité qu'elle a pu finalement constituer pour vaincre Franco est moins républicaine que prétotalitaire. « Je dis depuis longtemps, écrit alors à sa fille le leader socialiste Luis Araquistain, qu'en cas de défaite comme en cas de victoire de la République, les socialistes indépendants seront contraints à l'exil. Dans le premier cas,

---

1. Azaña est président de la République, Negrin chef du gouvernement.

nous serons assassinés par Franco, et dans le second par les communistes [1]. »

Ce constat n'enlève rien à la faute qu'a été, de la part de l'Angleterre et de la France, la politique dite de « non-intervention », qui a été en réalité de pure passivité. Au contraire : en fermant les yeux sur l'appui italien et allemand, et en laissant l'Espagne républicaine quasiment en tête à tête avec Staline, en matière d'aide militaire, les démocraties occidentales ont aggravé les conditions du chantage soviétique sur Caballero et Negrin. Je ne vois pas qu'il y ait lieu de rien retrancher des jugements sévères qui ont été portés sur la passivité anglo-française en face de Hitler, même si la part qu'y a le poids des opinions publiques me paraît généralement sous-évaluée. La « non-intervention » en Espagne, telle qu'elle a été pratiquée par Londres et Paris, succède à la lâche résignation du 7 mars 1936 et préfigure l'esprit de Munich.

Mais on ne peut pour autant déduire de cette condamnation de la politique anglo-française l'idée que celle-ci, au lieu de consentir ou de suggérer à Hitler des gains territoriaux à l'Est (ce qui, pour la France, était particulièrement délicat, compte tenu de son système d'alliances), aurait dû entrer dans la logique antifasciste mise en avant par Moscou. Une chose était de savoir hiérarchiser les périls, une autre de succomber aux mirages de l'idéologie. Les cabinets de Londres et de Paris sont coupables d'avoir pris le risque de manipuler Hitler contre Staline, non pas de s'être méfiés de Staline : car le Géorgien joue, comme eux, double jeu. On pourra discuter à l'infini de ce qu'il déteste le plus, dans son for intérieur, du national-socialisme ou des démocraties occidentales. Ce qui est sûr, c'est qu'il n'est pas dupe de balivernes pacifistes. Il sait de plus en plus que la guerre vient. Il est hanté par l'isolement de l'U.R.S.S. Or, l'hypothèse d'une guerre entre puissances impérialistes figure depuis toujours à l'abc du communisme.

A Moscou, on regarde aussi vers Berlin. Dans ses

1. Cité *in* B. Bolloten, *op. cit.*, livre IX, p. 630.

Mémoires [1], l'agent soviétique Krivitsky, passé à l'Ouest en 1937, après avoir été « résident » du N.K.V.D. en Hollande, avec un œil sur l'Europe de l'Ouest, affirme que Staline, depuis 1934, cherche en réalité un accord avec Hitler : son rapprochement avec la France, puis avec les Etats d'Europe orientale n'aurait été qu'un détour pour mieux atteindre cet objectif. De fait, un envoyé soviétique à Berlin a tâté le terrain en février 1937, mais il est rentré les mains vides [2]. Bref, le moins qu'on puisse dire est que Staline conserve deux fers au feu ; d'ailleurs il le laisse entendre depuis 1934 et il le dira clairement après Munich. Il sait bien, lui, que la vie internationale de l'Europe comporte trois pôles, et non pas deux, comme l'implique la logique de l'antifascisme. Le problème est que ces trois pôles forment, deux par deux, trois paires antagonistes, et que toute vraie alliance s'en trouve par là même impossible.

La guerre d'Espagne n'échappe pas à cette règle. L'Angleterre, suivie par la France, n'a pas voulu mettre le petit doigt dans cet engrenage révolutionnaire, et moins encore en faire la matière d'un risque de guerre avec Hitler. Mais Staline de son côté a fait très attention à ne pas être entraîné à un conflit majeur avec le dictateur allemand. Si l'on suit Krivitsky, il veut surtout signifier à Hitler qu'il est le bon interlocuteur. Dans une autre hypothèse, il souhaite attirer l'Angleterre et la France sur un champ de bataille qui, par une guerre longue, peut « fixer » à un coût contrôlable pour l'U.R.S.S., et loin de ses frontières, ce que la situation internationale comporte d'explosif. Hugh Thomas l'écrit en trois phrases : « ... Il [Staline] ne laisserait pas la République être vaincue, même s'il ne l'aidait pas nécessairement à gagner. Le déroulement de la guerre lui donnerait liberté d'agir dans un sens ou dans un autre. Il n'était même pas impossible qu'elle donnât lieu à une guerre mondiale

1. Sur la valeur des Mémoires de W.B. Krivitsky (*In Stalin's Secret-Service*, Harper and Brothers, New York, 1939), je renvoie à la discussion qu'en fait B. Bolloten, *op. cit.*, livre I, p. 105-106, ainsi que les notes 43 à 53, p. 780-782.
2. B. Bolloten, *op. cit.*, livre I, p. 106.

dans laquelle la France, la Grande-Bretagne, l'Allemagne
et l'Italie s'entre-détruiraient, et où la Russie, restée en
dehors, jouerait le rôle d'arbitre [1]. » Ainsi, dans tous ces
scénarios, le contrôle politique de l'Espagne est un gage
dans la main soviétique.

Pourtant, l'histoire se passe autrement ; elle relègue
plus vite que prévu la guerre civile espagnole au second
plan de la situation internationale. En 1938, la crise
européenne s'est déplacée de l'Espagne vers l'Autriche,
puis, à l'été, vers les Sudètes. Hitler a en tête des manœuvres plus importantes que l'aide militaire à Franco ; il
pense à rapatrier la légion Condor (ce qu'il ne fera finalement pas). Les Anglais parlent avec les Italiens. Les
Français aussi, puisque l'alliance italienne, mise à mal
par l'intervention massive de Mussolini en Espagne, est
une vieille idée du Quai d'Orsay. Staline a les yeux tournés vers les menaces de Hitler en Europe centrale, et
pense à réduire son engagement espagnol. Negrin lui-
même, sur place, a fait à Franco des avances — restées
vaines — pour une paix de compromis : au lieu de quoi
l'armée républicaine engage la terrible bataille de l'Ebre,
qui fait rage au moment de la crise des Sudètes, en
septembre 1938. La capitulation franco-anglaise à
Munich pousse Staline vers l'accord avec Hitler, qu'il n'a
jamais exclu de son jeu : raison de plus pour un désin-
vestissement espagnol, symbolisé par le retrait des Brigades internationales à l'automne.

A partir de là, l'Espagne n'est plus, de la tragédie euro-

----

1. Hugh Thomas, *La Guerre d'Espagne...*, *op. cit.*, livre II,
chap. 20, p. 266.

On trouve la même idée chez Jesus Hernandez, l'ancien ministre
communiste de Negrin, qui écrit dans ses *Mémoires* : « Pour
l'homme du plus grand mensonge socialiste le problème espagnol
se posait clairement : en sacrifiant le peuple espagnol, je pousse
Hitler vers l'Occident, loin de mes frontières. Et la peur des gouvernements français et anglais les oblige à se montrer dociles envers
l'U.R.S.S. D'autre part, la tension augmentant entre le groupe
franco-anglais et les puissances nazi-fascistes, je les pousse à la
guerre qui ferait de l'U.R.S.S. l'arbitre de la situation » (Jesus
Hernandez, *Yo fui un ministro de Stalin*, Mexico, 1952 ; trad. : *La
Grande Trahison*, Fasquelle, 1953).

péenne, qu'un théâtre secondaire, promis à une liquidation prochaine. Privée de son ressort révolutionnaire, incapable d'avoir un langage à elle, épuisée de violences commises par elle et par ses ennemis, la République d'Azaña et de Negrin ne s'imagine plus d'avenir que dans une guerre mondiale où elle retrouverait enfin à ses côtés l'Angleterre et la France. Elle n'ira même pas jusque-là [1]. Mais cette République battue est aussi une République légendaire.

Son souvenir demeure le trésor de ceux qui ont tout perdu, sauf l'honneur d'un juste combat : car, si la République espagnole a incarné depuis juillet 1936 les valeurs de la démocratie, l'insurrection franquiste n'a jamais su faire jeu égal dans le domaine symbolique. Dans le camp républicain, on l'a vu, on trouve, décalé dans le temps, tout le répertoire du romantisme révolutionnaire européen, Bakounine et Marx, Sorel et Lénine : quelque chose venu des retrouvailles tardives avec l'imagination sociale de 1848 auréole la rhétorique de la gauche espagnole. A cet univers brillant mais fractionné par l'émulation des idées et la rivalité des hommes, Franco apporte par son coup d'Etat l'apparence d'unité : car il lui abandonne tout l'espace de la démocratie, placé sous la menace d'une dictature militaire.

Le général nationaliste n'a rien de ce qui fait à cette époque la fascination du fascisme, et ne présente de la dictature qu'une version oligarchique et passéiste. José Primo de Rivera avait été un chef charismatique, et la Phalange première manière une milice idéologique [2]. Lui est un militaire de tradition, et la deuxième Phalange un parti de l'ordre. La dictature qui sort victorieuse de la guerre civile s'apparente plus à une autocratie réaction-

---

1. Le 26 janvier 1939, les nationalistes prennent Barcelone ; le gouvernement Negrin, toujours soutenu par les communistes, se réfugie à Valence. Le 5 mars 1939, le général Miaja le renverse et brise la résistance communiste. La junte militaire se prépare à négocier la reddition de Madrid qui est occupée sans combat le 28 mars. C'est la fin de la guerre civile. Le gouvernement du général Franco a été reconnu dès février par la France et l'Angleterre.

2. *Cf. supra*, p. 412.

naire fondée sur l'Eglise et les propriétaires qu'à un pouvoir totalitaire conquis au nom des masses populaires
sous le drapeau d'un nationalisme social. De là vient que,
prédémocratique autant qu'antidémocratique, elle offre
une vaste prise à ses adversaires.

Elle leur offre un répertoire trop connu pour qu'on
puisse croire ce qu'elle dit, à savoir qu'elle ne cherche
à abattre que le communisme. En faisant resurgir la
droite contre-révolutionnaire, hostile au monde moderne, elle ne peut manquer de menacer tous les libéraux, sans avoir la capacité d'attirer dans son camp,
comme les mouvements fascistes, les déçus de l'égalité
démocratique ou du socialisme. Le franquisme doit la
nature particulière de sa férocité au fait d'être un ordre
moral plus qu'une promesse de communauté. Certes,
dans aucun camp, on n'a fait de quartier, et les anarchistes, ou les communistes, ont de leur côté beaucoup versé
de sang inutile ou « innocent ». Mais les troupes franquistes bombardent ou assassinent au nom de Dieu ;
elles ont inscrit sur leurs drapeaux, avec l'Espagne éternelle, la religion et la propriété. Elles ramènent dans le
XXe siècle un Moyen Age catholique associé à la panique
sociale des bourgeois du XIXe. Du coup, leurs massacres
font revivre souvent des sentiments d'hostilité plus
anciens que l'antifascisme : les opinions publiques de
tradition protestante, Angleterre et Etats-Unis en tête, y
retrouvent le fantôme de l'Inquisition. En France, une
partie de l'intelligentsia catholique — dont Mauriac et
Bernanos sont les figures de proue — considère avec
horreur cet enrôlement de leur foi au service du franquisme.

Reste à faire la part du Komintern, dans l'orchestration idéologique qui accompagne la guerre civile espagnole : part capitale, si on veut bien songer que Münzenberg est à l'époque au sommet de son art [1], et que
l'événement lui offre une matière presque providentielle.
Où pourrait-il mieux démontrer qu'en Espagne l'équiva-

---

1. Au sommet de son art, mais pas de son influence, car ses
difficultés avec Moscou ont commencé, marquées notamment par
l'arrestation de son protecteur et ami Radek, en septembre 1936.

lence entre antifascisme et démocratie ? Mussolini et
Hitler sont accourus au service de Franco pour y substituer la dictature à la République : l'intervention soviétique s'en trouve ennoblie d'un adoubement démocratique qui va presque de soi. La petite ville de Guernica,
foyer immémorial des libertés basques, est détruite par
les avions allemands de la légion Condor le 26 avril 1937 :
quel meilleur exemple du caractère du conflit ? Cette
grande première du bombardement aérien moderne
illustre la barbarie d'une Internationale fasciste, et par
conséquent la nécessité d'une solidarité internationale
antifasciste. Par la guerre d'Espagne, l'Union soviétique
a paru donner une vraie substance universelle à l'internationalisme.

En réalité, comme on l'a vu, elle n'est intervenue en
Espagne ni comme une puissance fraternelle, ni même
au nom de ses seuls intérêts ou de ses seuls calculs, mais
avant tout selon sa pente de parti-Etat totalitaire : moins
pour aider la République que pour en prendre le contrôle
militaire et politique. Elle a vendu des avions et des
armes à l'Espagne, mais elle a liquidé aussi le P.O.U.M.,
assassiné Nin, rempli de policiers à sa solde le camp
républicain. Ainsi l'antifascisme communiste a-t-il eu
deux visages, dont aucun n'est en l'occurrence démocratique. Car le premier, celui de la solidarité, qui a ennobli
tant de combattants, n'a cessé d'être le masque sous
lequel s'opéraient la conquête du pouvoir et la confiscation de la liberté.

De là vient que la légende de la guerre d'Espagne, telle
qu'elle s'est transmise aux générations, comporte à parts
égales vérité et mensonge. L'antifascisme a été le drapeau de la révolution espagnole, en juillet 1936, avant
d'être moins d'un an plus tard son linceul. Gerbe de
passions démocratiques et libertaires, il s'est fané en
dogme à double fond et en pratiques policières. Si bien
qu'il a tué l'énergie républicaine sous prétexte de l'organiser, comme il a compromis la cause républicaine sous
couleur de la défendre. Mais de cette histoire rien n'est
avouable, car il faudrait en fixer les responsabilités, au
risque d'affaiblir encore le combat. A peine rentré en

Angleterre, après s'être battu dans les troupes du
P.O.U.M., Orwell écrit dans un hebdomadaire anglais
que la guerre d'Espagne a produit « la plus riche moisson
de mensonges depuis la Grande Guerre de 14-18 [1] ».
Orwell sait de quoi il parle. C'est un des très rares intellectuels engagés du siècle qui soit capable de voir, et qui
fasse passer la réalité avant l'abstraction [2]. Il n'a rejoint
les milices du P.O.U.M. que sur la recommandation du
petit parti libertaire dont il est membre en Angleterre,
l'Independent Labour Party ; il aurait pu aussi bien, et
même à l'époque il aurait sans doute préféré, s'enrôler
dans une unité communiste. Ce qui lui ouvre les yeux,
avant qu'il soit blessé sur le front d'Aragon, est d'être
témoin de la terreur communiste contre les anarchistes
et les militants du P.O.U.M. à Barcelone, au printemps de
1937. Lui-même devra se cacher, après sa sortie d'hôpi-
tal, jusqu'à ce qu'il puisse gagner la France. Seul ou
presque parmi les combattants étrangers, et dans le
silence général de la presse de gauche, il entreprend de
dire ce qu'il a vu. Six mois après son article de juillet
1937, il précise : « Un bon nombre de gens m'ont dit, avec
plus ou moins de franchise, que l'on ne doit pas dire la
vérité sur ce qui se passe en Espagne et sur le rôle joué
par le Parti communiste, sous prétexte que cela susciterait dans l'opinion publique un préjugé contre le gouvernement espagnol, en aidant ainsi Franco [3]. »

Dès cette époque s'est abattue la chape de silence et de
mensonge qui recouvrira tout au long de ce siècle l'histoire de la guerre d'Espagne.

Cela ne veut pas dire que l'antifascisme, même sous sa
forme communiste, et même chez des militants commu-

---

1. *New English Weekly*, 29 juillet 1937 : « Spilling the Spanish
Beans », cité par H. Thomas, *La Guerre d'Espagne...*, *op. cit.*, p. 885,
note 46.

2. Lionel Trilling, « George Orwell and the Politics of Truth », *in*
Lionel Trilling, *The Opposing Self*, Harcourt Brace Jovanovich, New
York, 1978, p. 132-151.

3. Lettre au rédacteur en chef de *Time and Tide*, 5 février 1938.
Cité *in* H. Thomas, *op. cit.*, livre IV, chap. 45, p. 626-627.

nistes de l'appareil, n'ait pas mobilisé une passion pour
la liberté. Bien évidemment, c'est le contraire qui est
vrai, et les Brigades internationales, étroitement contrô-
lées par Moscou, n'avaient pas brandi des mots d'ordre
de servitude, ou les combattants, dans leurs têtes, des
sentiments de duplicité. A qui veut voir à quel point il y a
eu un enthousiasme espagnol jusque dans l'appareil du
Komintern, il suffit de lire les Mémoires laissés par ces
combattants, après qu'ils se sont émancipés du communisme [1]. L'écrivain allemand Gustav Regler par exemple,
qui fuit dans les Brigades internationales le Moscou de la
Loubianka et du procès Kamenev [2]. « Tant qu'il y aura
des fascistes, proclame-t-il, nous serons tous espagnols. »

L'enthousiasme « espagnol » des militants n'enlève
rien à la réalité de la politique communiste, dont la
guerre d'Espagne ne change pas la nature. Mais celle-ci a
offert un nouvel espace à l'illusion, et le premier champ
de bataille international à l'antifascisme. Même aux
déçus du communisme, il restera la gloire du juste combat contre Franco. Si bien que beaucoup d'entre eux,
heureux d'avoir eu au moins la moitié d'une bonne
cause, ne voudront pas regarder de trop près l'autre moitié. Ainsi le tabou de la guerre d'Espagne, délibérément
entretenu par l'historiographie stalinienne, a pu trouver
des complicités dans les souvenirs des combattants.
Quant à ceux qui décideront de rompre ce silence, qu'il
s'agisse d'anarchistes, de vieux dissidents du bolchevisme, victimes de la répression de 1937-1938, ou de
kominterniens dont les yeux se sont dessillés en Espagne, ils ne prennent pas seulement le risque, en disant
la vérité sur l'action de Moscou, de ternir leur propre
histoire. Ils confortent les thèses de l'ennemi. L'antifascisme communiste bénéficie de la logique de la
guerre, qui ajoute son poids de sang à celle de la lutte
de classes.

---

1. Car les autres, par définition, n'ont pas eu la liberté intellectuelle d'écrire vrai.
2. Gustav Regler, *Le Glaive et le fourreau*, Plon, 1960, chap. 11 et
12, p. 261-330.

Malraux, comme toujours, a exprimé tout ensemble la
vérité et la mythologie de l'affaire espagnole, sans chercher à les trier. Il a perçu dès le premier coup de fusil de
quel poids l'histoire lestait ce conflit local, situé à la
périphérie du monde européen. Presque vingt ans après
les Soviets russes, nés à l'extrême orient de l'Europe, le
mouvement ouvrier espagnol a rallumé la flamme de la
révolution à son extrême occident. Mais il avait suffi aux
bolcheviks de sauter de la guerre dans la dictature communiste pour effacer le retard russe de l'imagination des
peuples : à la République espagnole, il ne suffit pas de
réincarner la révolution, puisque l'image n'en est pas
conforme au modèle soviétique. Or, la voici, cette République, en butte à l'agression d'un général réactionnaire,
soutenu par Mussolini et Hitler : fixant le fascisme dans
la contre-révolution, elle devient universelle au moins
par ce qu'elle combat.

Elle s'inscrit par là — provisoirement au moins — au
centre des affaires du monde. La guerre de juillet 1936
concentre et simplifie les passions politiques du siècle.
Elle les héroïse par l'action armée, elle les agrandit par
l'antifascisme à l'échelle de l'Europe et de l'univers. Elle
en réduit enfin la complexité en deux camps, les fascistes
et les antifascistes. Malraux soupçonne bien un peu le
caractère intéressé de la dichotomie, si chère aux Soviétiques, mais il le justifie, au nom des impératifs de la
guerre. A l'époque où il participe aux débuts de la guerre
d'Espagne, à la tête d'une escadrille de volontaires, il est
toujours dans sa période communisante ; mais son tempérament profond le porte à exalter la volonté humaine
dressée contre la tragédie de l'histoire. De cet équilibre
provisoire, il va tirer un des livres caractéristiques de
l'époque : *L'Espoir*, roman de l'antifascisme écrit sur le
mode pessimiste.

Le charme du livre tient à ce qu'il réunit à la servitude
des armes la liberté de la démocratie. L'action se situe au
début de la guerre, entre le 19 juillet et la défense victorieuse de Madrid à la fin de l'année : temps mémorable
par excellence, puisqu'on y trouve l'effervescence révolutionnaire, qui a suivi la nouvelle du soulèvement mili-

taire, le désordre héroïque des commencements, la formation d'armées citoyennes, et même la bénédiction éphémère de la victoire. La Révolution française n'était entrée en campagne contre l'Europe des rois que trois ans après avoir paru. La révolution espagnole naît quasiment avec la guerre, puisque les mois qui séparent le succès électoral de l'insurrection franquiste n'en forment que la courte préface, entre février et juillet. Elle va donc vivre comme une armée, alors que l'esprit qui la porte déteste l'autorité. Elle est le grand personnage déchiré de *L'Espoir*, incarné par cette escadrille cosmopolite ou ces bataillons improvisés qui se battent entre Tolède et Madrid.

Le principal titre de la révolution d'Espagne à la solidarité des peuples n'est pas d'être révolutionnaire : trop de pensées contradictoires s'agitent sous son casque ! A ces futurs qui se combattent par avance à l'intérieur de la guerre antifasciste, Malraux prête son agilité d'esprit, à travers une galerie de combattants argumenteurs qu'il écoute comme des haut-parleurs de son talent : le siècle du messianisme politique a trouvé par lui ses héros. Pourtant la seule sagesse que le romancier fasse surgir de leurs dialogues est plus ancienne : c'est celle, toute pratique, de l'action. « Les communistes, dit Garcia à Hernandez devant l'Alcazar assiégé, veulent faire quelque chose. Vous et les anarchistes, pour des raisons différentes, vous voulez *être* quelque chose... C'est le drame de toute révolution comme celle-ci. Les mythes sur lesquels nous vivons sont contradictoires : pacifisme et nécessité de défense, organisation et mythes chrétiens, efficacité et justice, et ainsi de suite. Nous devons les ordonner, transformer notre Apocalypse en armée, ou crever. C'est tout [1]. » Ou encore, un peu plus loin : « L'action ne se pense qu'en termes d'action. »

Pourtant, Malraux sait bien qu'au XXᵉ siècle cette recette machiavélienne n'est rien, si elle n'est accompagnée d'un nom dans l'ordre des idées, et d'une cause dans

1. André Malraux, *L'Espoir*, Gallimard, 1937 ; rééd. coll. Folio, p. 249-250.

le registre des émotions. Simple négation, l'antifascisme
est-il, peut-il être, cette idée, cette cause ? La question
donne au roman son vibrato pessimiste, qui n'est pas
seulement un effet littéraire. Car Malraux ne lui apporte
aucune réponse philosophique ou politique. C'est assez
pour lui que la guerre des républicains comporte cette
contrainte de fraternité entre les combattants. C'est
assez qu'elle les élève au-dessus d'eux-mêmes, dans
l'exercice de passions nobles et d'un courage gratuit.
Malraux invente des héros qui parlent sur un ton un peu
« grimpé », mais il est à son meilleur dans ce qu'on pourrait appeler le « reportage psychologique » : quand il
décrit tant d'hommes simples, espagnols ou volontaires
étrangers, retrouvant dans la guerre civile des sentiments oubliés ou prescrits. A une gauche européenne qui
reste si profondément blessée par les souvenirs de 14-18,
l'Espagne républicaine de *L'Espoir* restitue une guerre
morale et un héroïsme démocratique.

L'antifascisme n'est pas chez Malraux une philosophie révolutionnaire. C'est le drapeau de la réconciliation des peuples avec la guerre, cette divinité du siècle.
Dans les Brigades internationales, qu'il immortalise
comme un peintre de guerre, Malraux a choisi la milice
du Komintern ; il célèbre l'avant-garde d'une armée fraternelle, en train d'effacer des mémoires le massacre
fratricide de 1914 :

« Magnin alla à la fenêtre : encore en civils, mais
chaussés de chaussures militaires, avec leurs faces
têtues de communistes ou leurs cheveux d'intellectuels,
vieux Polonais à moustaches nietzschéennes et jeunes à
gueules de films soviétiques, Allemands au crâne rasé,
Algériens, Italiens qui avaient l'air d'Espagnols égarés
parmi les internationaux, Anglais plus pittoresques que
tous les autres, Français qui ressemblaient à Maurice
Thorez ou à Maurice Chevalier, tous raidis, non de
l'application des adolescents de Madrid, mais du souvenir de l'armée ou de celui de la guerre qu'ils avaient faite
les uns contre les autres, les hommes des brigades mar-
telaient la rue étroite, sonore comme un couloir. Ils
approchaient des casernes, et ils commencèrent à chan-

ter : et, pour la première fois au monde, les hommes de toutes nations mêlés en formation de combat chantaient *L'Internationale* [1]. »

Ainsi Malraux donne-t-il une voix à la passion espagnole de la gauche, au moment où Orwell en dénonce déjà le mensonge [2]. Qui veut comprendre les ambiguïtés de la guerre antifasciste doit les lire ensemble, comme deux prophètes de ce dont l'Espagne n'a offert encore que la miniature. D'ailleurs, la fin de la Seconde Guerre mondiale les trouvera tous les deux à leur poste, dans des rôles renouvelés mais comparables. L'un verra son antifascisme de 1936 brisé par le pacte germano-soviétique de 1939 ; il en réinventera une version moins fragile dans un gaullisme tardif. L'autre, sentinelle mélancolique de la vérité, même au prix de l'action, sera resté le dénonciateur solitaire des mensonges de la guerre, enfouis cette fois sous les fleurs de la victoire.

---

1. *L'Espoir, op. cit.*, IIe partie, chap. 2, p. 325.
2. Orwell écrit *Hommage à la Catalogne* dans la deuxième partie de 1937, l'année où paraît *L'Espoir*.

8

LA CULTURE ANTIFASCISTE

L'avènement de Hitler en Allemagne et le tournant antifasciste du Komintern ont ainsi profondément modifié en Europe la disposition des forces politiques. La violence des nazis et la stratégie de Front populaire décidée à Moscou ont polarisé le rapport droite/gauche autour du fascisme et du communisme : période capitale, dans l'histoire politique contemporaine, car elle cristallise pour longtemps les sentiments et les idées. La France en est encore le meilleur observatoire, pour des raisons qui tiennent à la fois à sa tradition et à sa faiblesse. Elle a été au XIXᵉ siècle le laboratoire de la politique démocratique, et elle le reste au XXᵉ siècle : prisonnière de ses souvenirs, que les bolcheviks ont réactivés, elle ne perd pas cette occasion tardive de revivre son histoire à travers des corps de doctrine qui se définissent encore par rapport à 1789 ou 1793. Mais elle n'est plus le plus puissant Etat d'Europe, bien qu'elle en ait nourri l'illusion en 1918, avec la victoire de ses armées. Elle abrite un peuple fatigué, une bourgeoisie pusillanime, une vie politique étroite, une diplomatie dépendante. De là vient sans doute qu'on peut y observer avec une clarté particulière cette tendance à l'internationalisation de la politique intérieure caractéristique de ce temps. Non qu'elle soit tombée assez bas pour être le terrain d'affrontements entre communistes et fascistes : la gauche est loin d'y être majoritairement communiste, et la droite ne comporte qu'un tout petit nombre de vrais fascistes.

Mais enfin la gauche est regroupée dans le Front populaire, d'initiative communiste, et la droite a dans l'ensemble de la sympathie sinon pour le fascisme, du moins pour l'anticommunisme des régimes fascistes. La lutte démocratique des partis pour le pouvoir s'est ainsi rapprochée de deux sources d'inspiration antidémocratiques, qui se renforcent par leur opposition mutuelle.

Ce détour par la situation française s'accompagne dans mon esprit d'un autre choix délibéré : le privilège donné aux aspects intellectuels des débats politiques. Non que ce livre soit spécialement consacré au rayonnement du communisme chez ceux qui font profession de penser ou d'écrire [1]. Son objet est plus vaste, puisqu'il consiste à retracer la mythologie de l'U.R.S.S. et du communisme dans l'opinion en général. Pourtant, à ce point de l'histoire où nous voici parvenus, quand le bolchevisme retrouve une deuxième jeunesse en même temps qu'il remporte ses premiers grands succès politiques à l'extérieur, la considération particulière des intellectuels présente des avantages. Elle seule permet d'analyser dans le détail à quel bricolage des représentations et des idées s'alimente la nouvelle disposition des forces politiques. Elle n'implique pas que les intellectuels, dans la mesure où ils forment un groupe social distinct, échappent à l'aveuglement et voient dans l'avenir mieux que leurs contemporains : l'histoire du XXe siècle tendrait même à prouver le contraire, tant ils se sont engagés nombreux et enthousiastes dans des causes déplorables. Mais au moins sont-ils dans l'obligation de développer leurs raisons, et d'avoir par conséquent à en exposer plus ou moins les origines et la formation, les enchaînements et les ruptures, la logique et les contradictions.

A d'autres époques, particulièrement dans celles qui

---

1. La question a déjà fait l'objet de plusieurs travaux, par exemple : W. Drabovitch, *Les Intellectuels français et le bolchevisme. La Ligue des droits de l'homme. Le néo-marxisme universitaire*, Paris, Les Libertés françaises, 1937 ; David Caute, *Le Communisme et les intellectuels français, 1914-1966*, Gallimard, 1967 (titre original : *Communism and the French Intellectuals*, 1964) ; du même auteur, *Les Compagnons de route 1917-1968*, Robert Laffont, 1979.

ont précédé la démocratie moderne, cet avantage n'existe pas. La politique y est dans les mains d'un petit nombre d'hommes, et elle n'est pas l'objet des investissements passionnés que suscite la religion. C'est le contraire dans notre siècle, où, même quand ils ont été réduits en servitude par un parti tout-puissant, les peuples ont à être constamment gavés de mots d'ordre par lesquels le « Big Brother » renouvelle à chaque minute, dans chaque citoyen, ses titres à la domination absolue. Quand, en revanche, ils sont restés libres de choisir leurs chefs, et sont protégés des abus de pouvoir par la loi, ils ont encore à conserver cette liberté et à en définir ensemble les moyens et les limites : les hommes et les partis leur proposent leurs idées et leurs recettes. Ce surinvestissement de la politique par l'idéologie atteint un premier apogée au milieu des années trente. De là vient l'intérêt d'y considérer, à travers le prisme des intellectuels, l'imbrication des idées, des attentes et des passions.

Les chemins buissonniers où j'invite le lecteur à entrer — la politique française, les intellectuels français — se croisent sans cesse : car la France est depuis le XVIIIe siècle la nation d'Europe où les écrivains, les philosophes, les artistes jouent le rôle politique le plus grand. C'est plus que jamais le cas entre les deux guerres, pour des raisons qui se superposent au poids de la tradition. L'apparition du communisme et du fascisme, la critique de la démocratie parlementaire qu'ils brandissent ensemble, l'affrontement spectaculaire qui les met face à face pour s'en approprier les dépouilles offrent un théâtre nouveau à ces spécialistes de l'universel que sont les intellectuels français. Théâtre très vaste, où se joue la pièce décisive : il ne s'agit de rien d'autre que de changer la condition de l'homme. Cent vingt-huit ans après la Révolution française, les bolcheviks ont repris son projet libérateur pour le porter plus avant : affranchis des limitations bourgeoises dans lesquelles étaient enfermés à leur insu les hommes de 1789, ils se sont engagés dans l'émancipation du prolétariat, donc de l'humanité.

La ligne à la fois continue et brisée qui unit les deux

événements possède sur la gauche française une magie particulièrement puissante. En singularisant Octobre 1917 par rapport à 1789, elle unit aussi les deux dates dans une vision du progrès historique par où une version pauvre du marxisme prend le relais de la philosophie des Lumières. Elle fixe l'Union soviétique sur un chemin ouvert par la France ; elle lui confère le statut d'une deuxième nation d'avant-garde, un grand siècle après la première : il suffit à beaucoup de Français de reporter sur la patrie du prolétariat un peu de la fierté qu'ils ont de l'universalité de leur histoire révolutionnaire pour communier avec ce nouvel éclaireur de l'humanité, surgi sur leurs traces. Et c'est de surcroît une consolation aux misères de leur présent.

A tous ces motifs qu'a la gauche d'entretenir par l'entremise du communisme russe des retrouvailles avec ses grands jours, le fascisme a ajouté sa contribution ; il a fait renaître dans tout son rayonnement menaçant l'idée de contre-révolution. Les bolcheviks, à vrai dire, ne l'ont pas attendu pour se comparer aux jacobins, et on a vu que, dès 1918, la guerre d'intervention antisoviétique a suffi pour rappeler aux Français les moments héroïques de 1793. Mais le fascisme, ou plutôt, en l'occurrence, le national-socialisme, figure un ennemi d'une tout autre énergie que cette coalition disparate d'armées faibles réunie ou financée par les vainqueurs de la Première Guerre mondiale. Hitler donne à l'antisoviétisme l'éclat d'une idéologie et la fascination de la force. Il tombe à point nommé pour remplir l'emploi de formidable adversaire dont l'esprit révolutionnaire a besoin, pour donner sa plénitude à ce qu'il entreprend. En l'absence de cette menace imminente, Staline l'avait inventée, justifiant sa diplomatie de la « troisième période » par l'existence d'une vaste conspiration impérialiste, à la veille d'attaquer l'U.R.S.S. A partir de 1933, le danger hitlérien, qui n'est que trop réel, lui donne un titre supplémentaire à envelopper le déchaînement de la Terreur dans la tradition jacobine, et Dieu sait qu'il n'y manque pas. Du côté français, la référence à ce grand précédent de la Première République peut être accueillie avec d'autant plus de familiarité que l'ennemi à vaincre n'est pas seulement la contre-révolution, mais l'Allemagne, l'éternelle Allemagne, à peine vaincue, et déjà menaçante.

Ainsi, tout conspire à faire du théâtre politico-intellectuel français la scène privilégiée où observer comment fonctionne dans les têtes l'antifascisme communiste. Nation de tradition révolutionnaire, c'est-à-dire démocratique et antilibérale, à la différence de l'Allemagne, qui n'est ni démocratique ni libérale, ou de l'Angleterre, plus libérale que démocratique, la France a ou plutôt croit avoir — ce qui, pour mon propos, revient au même — des accointances particulières avec le régime né en Octobre 17.

A pousser cette analyse trop loin, on risquerait pourtant de méconnaître un trait caractéristique du communisme de cette période, et qui est, justement, l'universalité exceptionnelle de son rayonnement. Car ce rayonnement est visible partout, même dans les pays, comme l'Angleterre, où n'existe pas l'héritage démocratique révolutionnaire à la française. Il est vrai qu'il n'y touche pas en profondeur, comme en France, les classes populaires, bien que le petit Parti communiste anglais mette le même zèle à obéir aux mêmes directives que son homologue français. Mais les intellectuels, eux, peut-être moins soumis au poids des solidarités, plus indignés aussi contre leur propre gouvernement, plus sensibles sûrement aux menaces que le nazisme fait peser sur la culture et aux séductions de l'universel, font bon accueil à l'antifascisme communiste. On a vu que, dès avant le tournant de 1934-1935, l'expérience soviétique bénéficiait de la sympathie de plusieurs grands noms des lettres anglaises. Mais un auteur comme Bernard Shaw ne peut être crédité d'un philosoviétisme « antifasciste », puiqu'il admire Mussolini et Hitler en même temps que Staline, à la fois par fidélité à l'anticapitalisme marxiste puis fabien de sa jeunesse et par goût « d'épater le bourgeois ». Au contraire, la génération suivante n'a pas grandi dans les combats de la gauche socialiste. Son éveil à la politique est lié à l'hostilité au nazisme victorieux, que les « tories » contemplent et traitent avec indulgence [1].

Beaucoup de ces jeunes intellectuels antifascistes viennent de bonnes familles, et certains ont fait leurs classes dans l'air raréfié du Bloomsbury Group, autour de Virginia Woolf. Le meilleur témoin en est peut-être Stephen Spender, qui a écrit ses souvenirs [2] : jeune Anglais intelligent et sensible, poète doué, peu fait pour entrer dans les passions politiques du siècle, et d'ailleurs indifférent à leur emprise, jusqu'à Hitler. Sa courbe intellectuelle fait un peu penser, dix ou quinze ans après, à celle d'un Lukács, dans la mesure où elle le fait passer d'un esthétisme de tour d'ivoire à un investissement passionné dans une aurore de l'histoire. Du fond du désespoir d'époque a surgi son accomplissement temporel, avec Hitler, mais peut-être la lueur d'une promesse : comme le fascisme, le communisme se nourrit, en sens inverse, du sentiment de la table rase, et de la fin du monde bourgeois. Toutefois, dans le cas de Spender, la conversion communiste recouvre aussi la continuité d'une tradition : « Je suis un communiste parce que je suis un libéral [3] », écrit-il à l'époque de son engagement, en se réclamant de ce qu'on pourrait nommer mieux encore le « radicalisme » anglais, de Thomas Paine au dernier Mill en passant par Godwin et Bentham.

En effet, il faut entendre « libéral » dans le sens politique qu'a pris le mot anglais, et même dans son acception la plus libertaire : libéral, c'est-à-dire amoureux de la liberté, partisan de la liberté maximale de chaque individu, au sens civil et au sens politique indistinctement. Le communisme est ainsi fait qu'il a pu fixer, provisoirement au moins, à la fois les passions libérales et les passions antilibérales ; les adversaires de l'Etat et les

1. Neal Wood, *Communism and British Intellectuals*, Columbia University Press, New York, 1959.

2. Stephen Spender, *World within World*, Londres, Harold Matson C°, 1951.

3. Stephen Spender, *Forward from Liberalism*, Londres, Victor Gollancz, 1937, p. 202 : « I am a communist because I am a liberal ».

amoureux de l'Etat. C'est le miracle de sa double nature, selon qu'on le considère comme réalité historique — le régime soviétique — ou comme prophétie philosophique : l'homme désaliéné. Car il a veillé à rester une utopie tout en devenant un Etat. De là l'obligation où il se trouve de cacher sa réalité, pour rester une « idée » ; et de là le rôle joué par l'idéologie dans son fonctionnement et sa propagande. Hitler ajoute de l'extérieur un surcroît de vraisemblance à l'illusion, en liant dans une même malédiction démocratie bourgeoise et communisme : Spender n'a plus qu'à retourner contre le dictateur nazi la double condamnation, traditionnelle dans la culture allemande ; en célébrant ensemble ce que Hitler a maudit ensemble, il fabrique une vitrine « libérale » à l'U.R.S.S. [1].

Le philosoviétisme occidental atteint même son point extrême en Angleterre avec l'enrôlement du fameux « groupe de Cambridge [2] » : Philby, Burgess, MacLean, Blunt [3], et peut-être quelques autres dont nous ignorons encore les noms, ne sont plus simplement des admirateurs de l'Union soviétique, et ils ne sont pas davantage des militants du Parti communiste anglais. Ils prennent du service dans le système de renseignement soviétique, allant d'un seul coup, si jeunes, à l'engagement le plus inconditionnel et le plus irréversible. Leur cas illustre à la fois la nature conspirative du mouvement communiste international, et la force des dévouements qu'il est

1. Stephen Spender a expliqué lui-même, dans un texte postérieur, comment ses yeux se sont ouverts, très vite après son adhésion au P.C. anglais, à la réalité du communisme international ; et comment, de l'assimilation entre « libéralisme » et communisme, il est revenu à l'idée de leur incompatibilité. Ses observations sur la guerre d'Espagne ont joué un rôle important dans ce retournement. *Cf.* la contribution de S. Spender in *Le Dieu des ténèbres*, Calmann-Lévy, 1950, p. 247-286.

2. Youri I. Modine, *Mes camarades de Cambridge*, Robert Laffont, 1994 ; Philip Knightley Philby, *The Life and Views of the K.G.B. Masterspy*, André Deutsch, 1988 ; Hugh Trevor-Roper, *The Philby Affair*, William Kimber, 1968.

3. Le cinquième homme, John Cairncross, n'appartient pas au même milieu.

capable d'inspirer. Le premier point se trouve hors de mon sujet, puisqu'il fait partie d'une histoire du communisme. Le second, par contre, lui appartient, dans la mesure où il offre l'exemple le plus radical de la passion communiste chez des intellectuels occidentaux.

En Angleterre, la révolution russe a eu plus de succès dans les universités que dans les usines. L'histoire du « groupe de Cambridge » constitue comme une leçon de choses sur l'isolement social où se trouvent ces jeunes étudiants révolutionnaires anglais au début des années trente, et la nature particulièrement abstraite de leur engagement. Ce qui les rend comparables à tous ceux qui, à la même époque, veulent être au premier rang de la lutte contre le fascisme tient à la conviction que seul le mouvement communiste leur en offre la stratégie et les moyens, en tant que « guide » de la classe ouvrière. Mais eux choisissent ou acceptent, pour associer leurs vies au prolétariat, une voie extraordinairement simplifiée, et en même temps très aristocratique, puisque c'est la plus haute : servir directement la patrie dudit prolétariat. Dans l'emboîtement d'abstractions qui forme le fond intellectuel de la croyance communiste, ils se situent délibérément au niveau de la plus générale : l'identité entre l'Etat soviétique et la révolution ouvrière internationale. De l'activité militante, ils ont sauté les stades intermédiaires, supprimé les médiations. Ils sont de plain-pied avec l'histoire universelle.

Leurs motivations échappent donc à ce qui fait le fond des affaires d'espionnage, quand il s'agit d'agents travaillant pour un pays étranger : la corruption, le chantage, l'argent. D'ailleurs aucun des jeunes gens recrutés n'a sur le moment quoi que ce soit de substantiel à révéler aux services soviétiques. Il s'agit du côté N.K.V.D. d'un investissement, et du leur d'une passion politique : ce qui n'enlève rien à leur aveuglement, mais oblige à considérer leurs raisons. Leur cas est intéressant par ce qu'il a de délibérément extrême.

Les nombreux portraits qui ont été faits d'eux dessinent l'esquisse d'un milieu. Ce sont des fils de famille bien nés plutôt que riches, qui ont grandi dans les bonnes écoles avant de se retrouver à Cambridge, dans les vénérables murs de Trinity College, à l'époque où la grande dépression frappe l'Angleterre. Ils y apprennent l'histoire et l'économie, dont l'homme qu'ils ont élu pour maître, Maurice Dobb, leur révèle les secrets à la lumière du *Capital*. A la différence de celle d'aujourd'hui, la vie étudiante de cette époque favorise les petites aristocraties électives, et Cambridge n'en manque pas. Celle-là se forme autour de la conviction communiste, mêlée au grand style excentrique des hautes classes anglaises. Car ces enfants perdus de l'Angleterre impériale n'ont rien en apparence de militants kominterniens. De ceux-ci, ils n'ont ni la régularité de mœurs ni la passion démocratique de l'anonymat. Ce sont des croyants aussi, mais des croyants venus d'ailleurs, portant dans le monde où ils veulent entrer les manières de celui qu'ils veulent renverser. Sans doute est-ce une des raisons pour lesquelles ils ont rejoint non pas le modeste Parti communiste anglais, mais, tout en haut du système, l'Union soviétique elle-même : manière aristocratique de servir le prolétariat, par où la vie de bohème, le snobisme, l'homosexualité, le whisky et le malheur de vivre retrouvent dans la conspiration un peu du sens d'une chevalerie. L'une des maximes préférées de Burgess n'est-elle pas qu'il vaut mieux trahir son pays que ses amis [1] ?

On sent ces jeunes Anglais orphelins d'une Angleterre qui disparaît sous leurs yeux, celle que leurs parents ont aimée et servie. Ils forment sans doute la première génération, depuis des siècles, qui éprouve si fort le sentiment de la fin d'une tradition. La guerre de 14 a arraché l'Europe à ses amarres. Tout comme les intellectuels de Weimar, mais un peu plus tard, ces étudiants de Cambridge ont perdu les traces de leur histoire. La grande dépression a ruiné l'économie britannique, qui régnait hier sur le monde. Hitler conquiert le pouvoir à Berlin. A Londres, le parti travailliste a sombré sans gloire en 1931, et les « tories » au pouvoir font bientôt les yeux

---

1. Andrew Boyle, *The Fourth Man. The Definitive Account of Kim Philby, Guy Burgess and Donald MacLean and Who Recruited them to Spy for Russia*, The Dial Press, 1979, chap. 9, p. 283.

doux au nouveau maître de l'Allemagne. L'Union soviétique de Staline, après l'échec allemand, tourne ses
efforts vers Paris et vers Londres ; elle y trouve chez les
intellectuels un rayonnement que celle de Lénine n'a pas
eu. Par le plan quinquennal, elle forme un contraste
éclatant avec le monde capitaliste décrépit. Par l'antifascisme, elle fait honte aux conservateurs anglais de leur
faiblesse pour Hitler. Substituée par l'imagination à ce
qu'a été, au siècle précédent, la grandeur anglaise, elle
semble ouvrir une nouvelle époque de l'histoire. La
Rome du prolétariat après celle de la City.

Ainsi ces jeunes étudiants trouvent-ils dans ce relais
promis par l'histoire de quoi balancer le dégoût que leur
inspire leur classe et de quoi nourrir leur certitude de
l'agonie capitaliste. Leur détestation du bourgeois est un
trait d'époque, commun aux intellectuels de l'Europe.
Mais, à la différence de leurs émules français, pour ne
rien dire des allemands, ces jeunes Anglais n'ont pas
éprouvé la tentation fasciste. Si la tradition libérale
anglaise ne les protège pas de l'illusion stalinienne, elle
les immunise contre la mythologie nationale-socialiste.
Leur révolution mondiale n'est pas la reconstitution
d'une communauté, mais l'étape supérieure de l'émancipation des individus : de sorte qu'elle s'ajuste comme
un gant à la version antifasciste du communisme de ces
années-là.

Quant au caractère particulier de leur engagement,
qui les condamne si tôt à une double vie, il n'est pas si
exceptionnel qu'il ne puisse être expliqué par la nature
internationale du mouvement, centralisé à partir de
Moscou depuis 1917. Il y a toujours eu une manière
secrète de servir la révolution prolétarienne, à côté d'une
manière publique. Les jeunes gens de Cambridge sont
recrutés comme des militants, à un âge où ils n'ont accès
à aucun secret d'Etat : ce qui a fait leur célébrité mondiale dans l'histoire de l'espionnage au XXe siècle tient à
leur succès, qui a tenu lui-même à des hasards, comme
l'amateurisme des services de renseignements anglais
dans des circonstances aussi capitales que la guerre et
l'après-guerre. Moins efficaces, ils eussent été moins

remémorés comme espions, et plus comme militants. Car leur engagement, si extraordinaire qu'il paraisse encore, auréolé de ce qu'ils allaient devenir, traduit au fond des idées et des passions identiques à celles de tant d'intellectuels européens condamnés au prosaïsme de la vie militante ou à la condition de compagnons de route. Comme eux, Philby, MacLean, Burgess ou Blunt croient à l'inévitable victoire de l'Union soviétique et du communisme. Et ils entendent y avoir leur part. Fortifiée par la guerre, cette certitude survivra à la défaite de Hitler ; elle se nourrira encore chez eux, après la chute de Hitler, de la haine de l'Amérique. Qu'une des premières universités d'Europe, où ont germé tant d'idées, ait fourni à l'U.R.S.S. ses agents les plus inconditionnels et les plus efficaces restera comme un symbole de la place occupée dans le siècle par l'idée communiste.

S'il en fallait une autre preuve, on la trouverait enfin dans la séduction que celle-ci possède, à la même époque, aux Etats-Unis, où les libertés et les droits des individus jouissent d'un respect quasi sacré, puisque l'appartenance nationale a la démocratie pour terreau originel. Là aussi existe, en l'absence d'une tradition socialiste dominante dans la classe ouvrière, un petit Parti communiste bureaucratisé, qui a déjà l'histoire tourmentée de toutes les filiales du Komintern. Il a exclu à la fin des années vingt une opposition de droite et une opposition de gauche, à laquelle la référence trotskiste donne un relief intellectuel qu'elle n'a pas en Europe. Le radicalisme « classe contre classe » prôné par Moscou pendant la « troisième période » ne lui permet pas de mobiliser l'angoisse particulièrement aiguë des salariés américains en face de la crise économique : les militants du Parti en tirent plus de violence dans leur pédagogie anticapitaliste, et quelques succès dans le noyautage des syndicats. Mais surtout, la stratégie du « Front populaire » va leur offrir, en 1935, un climat plus conforme à l'esprit public américain. Fini le temps où non seulement le président Roosevelt, mais le candidat socialiste de 1932 à la Maison-Blanche, Norman Thomas, étaient traités de « social-fascistes ». Désormais, les communistes se placent à la gauche du New Deal, où ils bénéficient d'une audience croissante jusqu'en 1939.

Ces temps heureux du communisme américain sont accompagnés, tout comme en France, peut-être plus encore qu'en France — dans la mesure où l'influence populaire ou électorale du P.C. américain reste incomparablement plus faible que celle du P.C.F. —, d'un rôle important dans certaines universités, comme à New York, et chez les hommes de pensée et de plume. L'histoire en est trop riche pour que je tente même d'y entrer ; d'ailleurs elle a déjà été racontée par des témoins illustres, ou par des historiens postérieurs [1]. Ce qu'elle a de plus significatif pour mon propos est d'illustrer une fois de plus la force du lien subjectif que la haine du fascisme conduit tant d'intellectuels à établir entre communisme et liberté. Les Etats-Unis de cette époque présentent peut-être l'illusion communiste sous sa forme la plus paradoxale. Voici la nation la plus démocratique de l'univers, dont les institutions politiques sont entourées, à la différence de la France, d'une sorte de culte national ; elle a élu et réélu un gouvernement de réforme et de progrès, dont le chef est populaire ; pourtant, beaucoup de ses intellectuels portent leurs espoirs vers l'U.R.S.S. quand il s'agit de défendre la liberté contre le fascisme, comme si l'antifascisme était inséparable d'une pente inévitable vers le communisme.

Une partie de cette secrète attirance tient comme partout à la simplicité du message, jointe aux capacités d'organisation exceptionnelles des communistes ; la multiplication des ligues et des associations dont ils tirent les ficelles leur permet d'exercer le maximum d'influence sans diluer leur propagande, dont le proso-

---

1. Eugene Lyons, *The Red Decade*, Arlington House, New York, 1970 ; Daniel Aaron, *Writers on the Left : Episodes in American Literary Communism*, 1961 ; Sidney Hook, *Out of Step. An Unquiet Life in the XXth Century*, Carroll and Graf Publishers, New York, 1988 ; Stephen Koch, *Double Lives*, Free Press, New York, 1994 ; Theodore Draper, *American Communism Revisited*, in *A Present of Things Past*, Hill and Wang, 1990, p. 117-153, et *American Communism and Soviet Russia*, New York, 1960.

viétisme est l'article quasiment unique. Mais le contenu
réel de ce prosoviétisme est indépendant de la nature du
régime en question. Sa séduction est faite de deux éléments tout à fait extérieurs, l'hostilité au fascisme et la
critique du capitalisme. Il ne s'agit nullement d'instaurer
le communisme aux Etats-Unis, mais de défendre la
démocratie dans le monde : rôle américain par excellence, auquel le malheur des Juifs allemands donne une
moralité éclatante et un caractère d'urgence qu'on sent
mieux à New York qu'à Paris ou à Londres. Dès lors que
Staline est contre Hitler, comment et pourquoi
faudrait-il combattre aussi son régime ? L'inventaire
américain du mal en politique est calqué sur la loi
morale. Il n'est pas si complexe qu'il puisse concevoir
deux tyrannies antagonistes. D'ailleurs l'Union soviétique
que a détruit le capitalisme, que Roosevelt se contente
d'amender : raison de plus pour mettre le communisme
à la gauche du New Deal, au lieu d'en faire un ennemi
supplémentaire de la démocratie. Les communistes eux-
mêmes ont donné l'exemple, par leur ralliement spectaculaire à l'union antifasciste. Et la guerre d'Espagne
déploie bientôt aux yeux du monde le spectacle des deux
camps affrontés, la démocratie et la dictature. Plus de
trois mille Américains, communistes et « libéraux »
ensemble, en majorité de jeunes enseignants, iront combattre Franco dans le bataillon Abraham Lincoln des
Brigades internationales.

Ainsi la gauche intellectuelle américaine aura-t-elle,
dans ces années, par rapport au communisme, un comportement comparable à son homologue d'Europe occidentale : elle n'aimera pas l'idée d'examiner de près la
situation intérieure de l'U.R.S.S., ou celle de peser la
véracité des aveux faits par les accusés des grands procès
de Moscou. Elle aura ses marxistes dissidents, ses communistes exclus, ses trotskistes (peut-être plus résolus et
plus entreprenants que partout ailleurs dans le
monde [1]). A lire les textes de l'époque, par exemple les

---

1. Je pense à Joy Lovestone, Sidney Hook, Irving Howe, Edmund
Wilson, James Burnham, Dwight MacDonald, etc., et aussi au
contre-procès de Moscou que cette petite gauche américaine a

Mémoires laissés par Sidney Hook [1], un des personnages les plus lucides de ce milieu, même s'il est parfois un peu trop content d'avoir eu raison, un historien français identifie sans peine tous les personnages du petit théâtre intellectuel new-yorkais, le militant inlassable et fanatique, le compagnon de route qui a parfois la ligne directe avec Moscou, le marxiste méfiant à l'égard du Komintern, le trotskiste malheureux d'être antisoviétique, le libéral ébloui de rencontrer « la classe ouvrière », le pacifiste incertain sur les rapports de l'antifascisme et de la guerre, etc. Comment ne reconnaîtrait-il pas tous ces rôles, puisque ce sont les mêmes que dans l'histoire de son pays ?

Par où je reviens au cas français, rassuré sur sa généralité.

*

Nous voici donc à l'époque où se fixe à gauche une culture antifasciste de masse, qui présente ce double caractère d'être indépendante et pourtant inséparable du communisme. Sa nouveauté tient à cette ambiguïté voulue. Car l'antifascisme de gauche est bien sûr antérieur à 1934 ou 1935, et on a pu le voir fleurir dès après la guerre contre Mussolini et d'autres, sous sa forme communiste, socialiste ou libérale, chacun combattant le plus souvent sous son drapeau. Le Komintern de la « troisième période » s'est fait une spécialité d'utiliser l'accusation de fascisme contre tous ses adversaires, de droite ou de gauche. La nouveauté, à partir de 1934, c'est que les communistes renoncent à étendre l'inculpation de fascisme à tout ce qui n'est pas eux — aux socialistes, par exemple, ou aux libéraux — à condition que ces socialistes et ces libéraux s'allient à eux pour en combattre la menace. Ils acceptent de céder sur leur monopole de l'antifascisme contre l'abandon, par leurs nouveaux

réussi à mettre sur pied en 1938 avec l'aide du prestigieux John Dewey. Rien d'équivalent à la *Partisan Review* des années trente n'existe en Europe occidentale.

1. Sidney Hook, *Out of Step, op. cit.*

alliés, de tout anticommunisme. Marché avantageux, puisqu'ils se séparent d'une prétention sans substance, pour acquérir un privilège sans prix. Désormais l'anti-fascisme est incompatible avec l'anticommunisme, et la haine de Hitler est un masque si elle s'accompagne d'une hostilité à Staline. Aux beaux jours de la « troisième période », les hommes du Komintern n'acceptaient pas que quoi que ce soit existât entre la révolution prolétarienne et le fascisme, puisque même les socialistes étaient du côté du fascisme. Depuis 1935, ils ont en apparence rendu un peu d'autonomie à toutes ces forces intermédiaires, non seulement aux socialistes, mais aux démocrates, aux libéraux, aux « républicains » ; mais c'est une liberté surveillée, puisqu'ils contrôlent l'espace de l'antifascisme et délivrent les certificats d'appartenance. L'univers politique reste plus que jamais à deux dimensions.

De ce fait, l'Union soviétique acquiert un statut nouveau : non plus seulement patrie des prolétaires, mais bastion des antifascistes. L'internationalisme ouvrier doit s'élargir en internationale de la démocratie ! Pari difficile, si l'on songe à ce qui se passe à Moscou, et dans l'immensité russe, où la Terreur bat son plein. Pari tenu pourtant : les bolcheviks sont passés maîtres dans l'organisation de voyages destinés à rallier à leur cause des hôtes choisis [1]. En 1933, ils ont réduit Herriot, retour d'Ukraine, à témoigner qu'il ne s'y passait rien que de normal. Après Herriot, Pierre Cot. En 1935, c'est le tour de Romain Rolland.

L'auteur d'*Au-dessus de la mêlée* n'est pas, comme Barbusse, un ami inconditionnel de l'U.R.S.S., bien qu'il ait été un des premiers écrivains à saluer Octobre 17. Après la guerre, dans les premières années du régime soviétique, il est resté un des grands noms de la gauche intellectuelle européenne, pacifiste, internationaliste, dévoué aux grandes causes, mais plus porté vers la non-violence à la Gandhi que vers le léninisme. Du régime

---

1. Fred Kupferman, *Au pays des Soviets. Le voyage français en Union soviétique 1917-1939*, op. cit.

soviétique, il aime le projet mais déteste les moyens. Il écrit par exemple en juin 1927 à un de ses lecteurs : « Sur le bolchevisme, je n'ai point varié. Porteur de hautes idées (ou plutôt, car la pensée n'a jamais été son fort, représentant d'une grande cause), le bolchevisme l'a (et les a) ruinée par son sectarisme étroit, son inepte intransigeance et son culte de la violence. Il a engendré le fascisme, qui est un bolchevisme au rebours [1]. » Pourtant, la même année, il accepte sur les instances de Barbusse de signer un appel contre « la vague de barbarie du fascisme, » en remisant son exigence première d'y joindre une condamnation de toutes les Terreurs [2]. L'année suivante, il renoue avec son ami Gorki, tout juste au moment où celui-ci s'est laissé convaincre de rentrer par Boukharine et Staline, qui l'utilisera sans merci. Il s'informe, il lit, l'U.R.S.S. revient dans son horizon. En 1929, il déconseille à Panait Istrati de publier son livre [3], pour ne pas donner des armes à la réaction : symptôme d'un pas décisif accompli en direction du bolchevisme [4].

Le voici bientôt compagnon de route, mis en avant par le Parti, massivement édité en U.R.S.S., le plus illustre — avec Barbusse, puis Gide, Malraux enfin — de cette pléiade d'intellectuels qui va peupler à partir de 1932-1933 l'Association des écrivains et artistes révolutionnaires, la revue *Commune*, l'antifascisme Amsterdam-Pleyel, et l'ensemble des boutiques Münzenberg. Il en est aussi, malgré son âge, assez représentatif. Ces écrivains si divers par l'âge et l'inspiration — Gide, Guéhenno, Jean-Richard Bloch, Vildrac, Malraux, Aragon, Nizan — n'ont pas été, comme Souvarine, ou comme Silone avant eux, des militants du mouvement communiste. La crise du Parti bolchevique est derrière eux, Trotski en exil, et

1. Romain Rolland, *Voyage à Moscou. Juin-juillet 1935*. Introduction et notes de Bernard Duchatelet, A. Michel, 1992, p. 48.

2. *Ibid.*, p. 45-46.

3. Panait Istrati, *Vers l'autre flamme. Après seize mois dans l'U.R.S.S. Cf : supra*, p. 233.

4. La petite histoire dit que c'est l'époque (l'été 1929) où il rencontre la « princesse » Marie Koudacheva, après un long échange de correspondance. Marie Koudacheva, ralliée à la cause bolchevique au début des années vingt, deviendra sa femme.

ils ont d'autres chats à fouetter : le monde occidental est en ruines. Hitler gagne du terrain en Allemagne et arrive au pouvoir. En face se dresse l'Union soviétique du plan quinquennal, vaste chantier de l'homme nouveau. La crise du capitalisme met en relief l'idée de la construction du socialisme qui, elle-même, fait oublier l'immense déportation paysanne. La terreur nazie, en 1933, a frappé d'abord les communistes ; comment croire que les premières victimes du nazisme peuvent appartenir ailleurs, comme leurs bourreaux en Allemagne, à un système de terreur et de police ? D'ailleurs les nazis appartiennent à l'ancien monde, qu'ils cherchent à sauver ; les communistes au nouveau, qu'ils construisent. L'image du vieux et du neuf sert à distinguer radicalement les deux volontés à l'œuvre, ou encore à condamner la violence ici pour la justifier là [1]. Ainsi le combat contre le fascisme est-il inséparable d'une exaltation de l'U.R.S.S. : manière d'exprimer l'idée, à l'époque si répandue, que le fascisme avait vocation à absorber tout le monde bourgeois, et qu'il n'existait en face de lui, comme adversaire irréductible, que le pays de la révolution prolétarienne.

Le voyage de Romain Rolland à Moscou, longtemps ajourné pour des raisons de santé, a finalement lieu en juillet 1935. Période faste pour les relations franco-soviétiques, puisque le pacte Laval-Staline vient d'être signé, et terrible pour les citoyens de l'U.R.S.S., puisque l'entreprise de liquidation de dizaines de milliers de vieux cadres bolcheviques a commencé. Séjour royal pour l'écrivain, accablé de prévenances, assailli par des délégations de complimenteurs, croulant sous l'éloge fabriqué, qui touche pourtant sa vanité. Le point culmi-

---

1. Gide s'en explique clairement dans une allocution d'ouverture à une manifestation contre le fascisme organisée par l'A.E.A.R., le 21 mars 1933 : « Pourquoi et comment j'en suis arrivé à approuver ici ce que là je réprouve, c'est que, dans le terrorisme allemand, je vois une reprise, un ressaisissement du plus déplorable, du plus détestable passé. Dans l'établissement de la société soviétique, une illimitée promesse d'avenir » (A. Gide, *Littérature engagée*, Gallimard, 1950, p. 24). Romain Rolland pense exactement en ces termes.

nant de la visite est fait d'un tête-à-tête de deux heures avec Staline, qui n'économise pas non plus ses effets, puisqu'il accueille son visiteur par ces mots : « Je suis heureux de causer avec le plus grand écrivain mondial [1]. » Pourtant la conversation est intéressante justement par ce qu'elle met en scène, et en ce qu'elle réunit deux images d'Epinal du panthéon antifasciste, l'intellectuel humaniste et le dictateur selon la raison.

Chacun joue son rôle. Romain Rolland l'assume avec naturel, puisque c'est le sien dans la vie. Il a combattu pour Dreyfus, contre la guerre de 1914, et il fait ce jour-là un pas supplémentaire : il est le témoin du communisme au tribunal de l'histoire, l'homme universel par l'intermédiaire duquel l'événement d'Octobre 1917 reçoit, une génération après sa naissance, un renouvellement de contrat. Barbusse avait trop été depuis toujours l'ami du régime soviétique pour être utile dans cet emploi. Gide n'était pas jusque-là célèbre pour son amour des grandes causes. Staline ne s'est pas trompé d'homme. L'historien se demande, en cette occasion comme en beaucoup d'autres, où le rustique Géorgien a pris cette pénétration psychologique qui lui permet d'anticiper les réactions et les sentiments d'une star de la littérature européenne. Staline n'a reçu qu'une pauvre éducation, il n'est jamais sorti de Russie, il ne sait aucune langue étrangère, il a passé sa vie dans les intrigues du Parti bolchevique ; pourtant on dirait qu'il connaît l'Occident, ses hommes de lettres, ses politiciens, ses tours et ses détours. Il y a peu d'hommes au XXᵉ siècle chez qui le génie politique, dans sa pire version il est vrai, soit un don aussi évident.

Romain Rolland a pris soin d'émailler le dialogue de questions critiques destinées à donner plus de poids à son personnage, en manifestant son indépendance : la question Victor Serge [2] (qui fait du bruit à Paris), celle de la peine de mort pour les enfants de moins de douze ans,

---

1. Le texte officiel de l'entretien de Staline avec Romain Rolland, revu par les deux auteurs, se trouve en annexe du *Voyage à Moscou*, *op. cit.*, p. 237-247.
2. Victor Serge, *cf. supra*, p. 233. Le cas Victor Serge alimentait une campagne de presse en France, et Romain Rolland avait pris

récemment instaurée après l'assassinat de Kirov, ou encore celle de l'alliance de l'U.R.S.S. avec la France bourgeoise. Autant d'interrogations sur les moyens qui distinguent le compagnon de route, par rapport au militant. Staline les apaise avec un lourd bon sens au nom de la lutte des classes, aiguisée par le fascisme. Il se paye même le luxe de se donner un rôle de modéré, en face de l'opinion soviétique qui lui réclame la tête de Zinoviev et Kamenev, responsables à l'entendre de la mort de Kirov. Les deux hommes se quittent sur une profession de foi humaniste. L'écrivain a reconnu la vie nouvelle.

Malgré tout, son *Voyage à Moscou* reste l'un des meilleurs récits de ce genre un peu monotone, car il est, assez étrangement, traversé d'éclairs de lucidité. Le vieil homme un peu vain qui respire l'encens soviétique sent aussi qu'il arrive dans un petit monde perturbé par une crise politique profonde, en proie à la peur, et sous surveillance policière. Il ne comprend pas le film qui se déroule sous ses yeux, mais il soupçonne qu'il y a un film. Il a passé la moitié de son séjour dans la datcha de Gorki, et il note que son grand ami soviétique, qui a été « reconquis » par le pouvoir en 1928 [1], ne possède aucune autonomie ; celui-ci vieillit tristement dans une prison dorée ; son secrétaire est maître de toutes ses communications avec le monde extérieur [2].

Si le voyageur sauve trop facilement sa foi de ces observations dangereuses, c'est qu'il est entré déjà dans un début de culte de Staline, nouveau trait d'époque dans l'histoire du communisme. Nul doute ne l'effleure sur les fautes de Trotski, ou les crimes de Zinoviev, ou les méfaits des fascistes, enfin sur la sagesse du Chef. Non pas un chef de type charismatique, entraînant les foules par la magie des émotions collectives, comme chez les fascistes ; mais un *primus inter pares*, sage et solide, maître de ses passions, bref une figure de la raison. Romain Rolland auréole Staline d'un pouvoir rationnel :

sur lui de plaider sa cause auprès de Iagoda et de Staline. Serge sera expulsé d'Union soviétique en avril 1936.

1. *Cf. supra*, p. 234-235.
2. Romain Rolland, *Voyage à Moscou, op. cit.*, p. 229-232.

figure traditionnelle de la pensée européenne, ambiguë par définition, puisqu'elle peut cacher l'amour de la raison, mais aussi la fascination du pouvoir. En tout cas, elle n'a plus quitté, depuis, le baluchon des amoureux de l'U.R.S.S. Romain Rolland lui-même, quelques années après, quand il sera intérieurement revenu de ses illusions, et son ami Boukharine jugé et condamné, n'osera pas affronter par une déclaration publique la pure force du régime de Staline.

Le voyage de 1935 donne ainsi à l'Union soviétique, par son intermédiaire, la bénédiction de l'universalisme démocratique. A travers lui, la patrie du communisme cesse d'être ce pays lointain et violent où des intellectuels révolutionnaires se livrent en des termes obscurs des batailles acharnées pour le pouvoir. C'est un vaste pays où, sous la direction d'un guide éclairé, un régime a repris le flambeau de la Révolution française : régénérer l'homme. C'est-à-dire un ordre postrévolutionnaire resté fidèle au projet révolutionnaire, cumul providentiel dont les Français de la fin du XVIIIe siècle n'avaient pas trouvé la recette : il permet d'additionner les fidèles en réunissant les traditions de la gauche européenne autour d'un minimum partagé, la démocratie sans le capitalisme.

L'image s'alimente, par contraste, à l'intention proclamée par les fascistes de mettre fin aux principes de 1789. Mussolini puis Hitler n'ont jamais fait mystère de leur hostilité à la Révolution française et à la prétention de reconstruire la société sur les droits des individus. Ils ont mêlé la critique de droite et la critique de gauche de l'individualisme bourgeois, caché sous le masque des droits : confusion trop naturelle, puisque cette critique est la même dans son fond, de Burke à Marx, opposant la réalité sociale à l'abstraction égalitaire. Mais Burke ne met en avant que le contre-modèle de la société traditionnelle, alors que Marx invente une société post-individualiste ; il surenchérit sur la condamnation du monde bourgeois, mais à travers ce qui est censé le suivre. Il le nie, mais le légitime aussi comme une indispensable préface, redoublant au nom de l'histoire le rejet radical de ce qui l'a précédé. De la même façon, fascistes

et communistes peuvent détester ensemble les bourgeois. Mais cette passion partagée ne change rien à leurs
idées contradictoires sur les objectifs de l'action politique. La « communauté » fasciste, arc-boutée sur une
négation de 1789, ne peut manquer d'évoquer, quoi
qu'elle en ait, l'idée contre-révolutionnaire. Le communisme au contraire se présente dans une continuité dialectique (la fameuse « négation-dépassement ») avec la
Déclaration des droits de l'homme et la démocratie bourgeoise. Il veut en réaliser enfin la promesse. Rolland et
Gide ne disent pas autre chose quand ils exaltent l'Union
soviétique comme le chantier de l'avenir.

Cette vision linéaire de l'histoire contemporaine, écartelée entre des forces réactionnaires, dont les fascistes
forment le détachement de choc, et un camp démocratique, dont l'U.R.S.S. est la figure de proue, s'alimente
d'ailleurs moins au marxisme qu'à un sentiment du progrès humain, dont la Révolution française forme l'articulation principale. Le marxisme proprement dit, au
sens où il constitue une philosophie, ne sera véritablement influent, dans les universités européennes par
exemple, qu'après la Seconde Guerre mondiale [1]. La
politique soviétique et les partis communistes dans son
sillage n'en présentent qu'un rudiment, mais dont la rus-
ticité même permet d'annexer à son profit n'importe
quelle conception optimiste de l'histoire, c'est-à-dire
toute la tradition démocratique. Si bien que, même dans
les nations où la démocratie a eu des origines et un
développement indépendants de la Révolution française, comme l'Angleterre ou les Etats-Unis, le rayonnement d'une Union soviétique antifasciste peut s'étendre, précisément au nom d'un optimisme historique :
qui combat contre Hitler combat par là même pour les
droits et les libertés, dans le sens de l'émancipation des
hommes.

En ce sens, l'antifascisme ôte au communisme sovié-

---

1. Il faut mettre à part Cambridge, comme on l'a vu. Mais en
France, par exemple, le marxisme ne pénétrera massivement les
universités qu'après 1945. Entre les deux guerres, il y est plus
répandu chez les écrivains que chez les professeurs.

tique une bonne dose de l'agressivité antibourgeoise
dont Lénine avait entouré ses origines, pour séparer le
bolchevisme de la social-démocratie. Il lui refait une
façade moins répulsive pour l'Occident : Lénine avait
dissous la Constituante à peine élue, Staline promulgue
en 1936 une Constitution apparemment conforme aux
bons principes. Plus son pouvoir est asiatique, plus il se
donne l'air occidental. L'Union soviétique réduit son
étrangeté par rapport aux démocraties pour isoler celle
de Hitler. De ce qui lui reste de singulier, elle fait une
longueur d'avance sur le chemin de la liberté : par où
elle explique l'hostilité particulière que lui marque le
dictateur allemand. Comme un judoka, Staline a
retourné à son profit la haine portée par les nazis à la
démocratie.

Enfin, à inscrire l'Union soviétique au premier rang
des nations démocratiques en lutte contre les puissances
fascistes, Staline gagne un atout capital : un ennemi
féroce, dépouillé des aménités libérales, identifiable et
pourtant omniprésent. Depuis Octobre, la révolution
prolétarienne trouve en face d'elle la bourgeoisie internationale, monstre abstrait qu'elle offre à la détestation
de tous les ouvriers du monde. Abstrait, il faut bien qu'il
le soit, en un sens : car, à la Révolution, il faut un adversaire qui soit aussi général qu'elle, prêt partout à en
découdre, donnant sa grandeur et sa dignité à la bataille
entre le passé et l'avenir. Les Français de la fin du
XVIIIᵉ siècle avaient qualifié d'« aristocratique » tout ce
qui avait paru ou été hostile à leur révolution, de l'ancien
seigneur émigré au paysan vendéen, en passant par le
boutiquier « accapareur ». Ils avaient vécu sous la hantise du « complot aristocratique ». Les bolcheviks russes, eux, ont dressé l'épouvantail bourgeois, plus indéterminé encore : car la bourgeoisie est partout où un
homme s'enrichit. Sous sa forme internationale, elle est
universelle comme le capitalisme : si abstraite que ses
menaces contre-révolutionnaires en perdent de leur réalité. Les Français de 1793 faisaient la guerre à l'Europe
aristocratique. La Révolution russe d'après la N.E.P.
s'époumone à évoquer l'agression imminente de l'« im-

périalisme » : mais cet impérialisme n'a pas de nom, puisqu'il en a plusieurs, entre lesquels la propagande ne choisit pas. Le mouvement communiste se bat contre une menace sans visage.

Tout change avec l'arrivée de Hitler au pouvoir : la menace a pris un visage. Non que le nazisme contienne tout l'impérialisme. Mais il redonne une actualité à l'idée de la guerre interimpérialiste, et permet à Staline de le singulariser comme l'ennemi principal. Jusqu'à sa victoire, le fascisme n'était qu'une version antilibérale de la domination bourgeoise au XXe siècle ; présente partout, celle-ci ne singularisait aucun pays. Il y avait bien eu Mussolini, mais l'Italie fasciste ne menaçait pas la paix du monde et d'ailleurs l'Union soviétique entretenait avec elle des relations plutôt bonnes. Au contraire, Hitler a la guerre dans son programme, comme Staline est le premier à le comprendre, puisque c'est la raison du tournant de 1934. Mais ce n'est pas tout. L'opération comporte des bénéfices annexes. En instaurant la terreur en Allemagne, Hitler offre à la Révolution soviétique un ennemi enfin sur mesure. La dictature de la bourgeoisie y trouve ses traits véritables en même temps que concrets. En Allemagne, elle ne peut plus se cacher sous des déguisements libéraux, comme la démocratie américaine, le parlementarisme anglais ou la République française. La voici révélée par les nazis pour ce qu'elle est, c'est-à-dire incapable désormais d'assumer sa propre légalité, et recourant à la violence nue.

Un peu avant que Staline déclenche en Union soviétique une terreur d'une bien plus vaste ampleur, la terreur hitlérienne possède d'abord une utilité prophylactique : en fixant l'indignation du monde démocratique sur Berlin, elle la détourne d'autant mieux par avance de ce qui se passera à Moscou deux ans plus tard. C'est un des sens de l'agitation pour Dimitrov et du contre-procès du Reichstag en 1933. De permanent du Komintern, Dimitrov devient un héros de l'antifascisme. A travers lui, le communisme change de visage. Il ne se définit plus par ce qu'il est, mais par ce qui l'oppose à Hitler, et par là aux fascistes en général [1].

D'où vient, à partir de cette époque, l'emploi à tort et à travers, dans la langue sacrée, du terme « fasciste ». Il faut que les fascistes soient partout, puisqu'il faut partout définir les communistes. La crainte géopolitique que Staline a conçue à l'égard de Hitler est transposée dans l'idéologie néo-révolutionnaire du bolchevisme nouvelle manière : la Révolution prolétarienne devenue l'avant-garde de la démocratie contre le fascisme. L'ennemi est formidable, à la fois concret et caché ; incarné par Hitler, et pourtant omniprésent dans les pays bourgeois, et jusqu'en Union soviétique ; complotant sans cesse pour mettre à genoux le pays du socialisme, son plus redoutable adversaire. Cette bipolarisation du monde politique, typique du credo révolutionnaire, explique qu'il n'y ait plus désormais d'adversaires de l'U.R.S.S. stalinienne qui ne soient « fascistes » ; à commencer par Trotski et ses partisans, qui ont la place d'honneur dans la distribution des rôles contre-révolutionnaires : l'« hitléro-trotskiste » arrive en tête sur la liste des ennemis du peuple et des criminels de l'antisoviétisme.

Pour être comprise, la dénomination doit être dégagée de ce qu'elle a d'absurde, et interprétée à travers sa fonction dans l'antifascisme stalinien ; elle signifie que tout adversaire ou tout critique de l'U.R.S.S. est conduit à servir la cause de Hitler. Les plus nocifs de ces adversaires ou de ces critiques sont ceux qui luttent à l'intérieur, ou qui, de leur exil, s'adressent encore à leurs anciens partisans restés au pays. L'indomptable Trotski est le plus illustre de ceux-là, resté fidèle en plus au bolchevisme première manière, et brandissant contre Staline le drapeau de Lénine. En politique, et plus encore dans la politique révolutionnaire, où la légitimité idéologique joue un si grand rôle, l'ennemi le plus haï est l'adversaire le plus proche : une des fonctions des procès de Moscou,

---

1. Le point est bien analysé par David Caute, *Le Communisme et les intellectuels français, 1914-1966, op. cit.*, IIe partie, chap. 2, p. 127.

entre 1936 et 1938, sera d'établir à la face du monde la complicité de Trotski avec l'Allemagne et le Japon, dans un vaste complot visant à détruire l'Union soviétique.

L'extraordinaire crédulité de l'opinion publique mondiale à l'égard de cette affabulation n'est pas simplement due aux aveux publics des accusés. Ceux-ci, on le sait aujourd'hui, répétaient un rôle appris sous la menace et sous la torture. Il était possible de révoquer en doute leurs autoaccusations en démontrant qu'elles comportaient des faits ou des rencontres qui ne pouvaient pas avoir eu lieu : ce fut la réfutation faite par Trotski dans le contre-procès qu'organisa la gauche américaine sous l'égide de John Dewey [1]. Mais cette réfutation empirique, la plus incontestable de toutes, ouvrait aussi la voie à des interrogations plus vastes. Car si les faits avoués étaient faux, et les aveux par conséquent sans valeur, que fallait-il penser d'un régime qui en faisait ses instruments de propagande et les justificatifs de son combat ? Si Trotski était innocent, la morale cessait d'être à gauche. Si bien que la prise pour argent comptant de ces avalanches d'aveux correspondait moins à une conviction raisonnée, assise sur l'examen de leur contenu, qu'à une volonté plus ou moins consciente de ne pas remettre en cause la Révolution soviétique. Ou encore : il était moins coûteux en termes psychologiques de croire aux aveux, malgré leur invraisemblance, que d'en douter, malgré le spectacle donné par les accusés. Dans le premier cas, il fallait fermer les yeux à des « détails » pour sauver l'architecture générale. Dans le second, on se rendait à l'évidence de petits faits démontrables, mais sans plus pouvoir adhérer à l'ensemble. La faiblesse, jointe à la passion, a porté beaucoup d'esprits à la première solution : les uns parce qu'ils étaient déjà communistes ou communisants ; les autres, les plus nombreux sans doute, parce qu'ils avaient besoin d'une « bonne » image de l'Union soviétique pour que la lutte antifasciste garde un sens ; d'autres encore, sûrement, par peur de tomber dans un anti-soviétisme réactionnaire ; d'autres enfin,

1. *Cf.* note 1, p. 451-452.

simplement parce que l'U.R.S.S. de Staline est devenue une grande puissance, alliée au surplus de la France ; la vérité est qu'elle possède désormais un grand pouvoir d'intimidation, et qu'elle s'en sert.

Le drame n'est pas, en cette affaire, que la coalition antifasciste dont la gauche fait partout dans le monde sa raison d'être comporte un grand Etat qui soit totalitaire. Après tout, on peut fort bien imaginer une coalition de ce genre qui n'eût pas eu d'autre ciment que l'hostilité à l'Allemagne nazie, la crainte de Hitler pouvant être une raison suffisante de s'unir. Mais tel n'a pas été le cas. Avant d'être géopolitique, l'antifascisme est idéologique ; il a inscrit la démocratie sur ses étendards. Quelle démocratie ? L'Etat soviétique, censé incarner le prolétariat au pouvoir, en figure l'avant-garde ; successeur des révolutions bourgeoises, il en porte plus avant le message de liberté et d'égalité. La preuve en est que Staline enveloppe sa politique intérieure aussi dans l'antifascisme démocratique : Zinoviev, Kamenev, Radek ou Boukharine ne sont pas simplement coupables d'affaiblir la cohésion politique du peuple en face de Hitler, mais de comploter secrètement avec la Gestapo. Dès lors, ceux qui mettent en doute leurs crimes avoués ne sont plus antifascistes, mais alliés eux aussi de Hitler. La terrible logique de la guerre — qui, sous sa forme patriotique, avait tant indigné l'extrême gauche européenne en 1914-1918 — fonctionne à nouveau, sous sa forme idéologique, mais au profit du bolchevisme cette fois, et en temps de paix. Qui critique Staline est pour Hitler. Le génie du Géorgien est d'avoir pris tant d'hommes raisonnables dans ce piège à la fois simpliste et redoutable.

*

Le hasard fait que tout juste au moment où Romain Rolland se décide enfin à entreprendre le pèlerinage de Moscou, en juin 1935, Souvarine publie à Paris son gros livre sur *Staline*, sous-titré : « Aperçu historique du bolchevisme ». C'est l'aboutissement d'un long travail commencé en 1930, et qui a connu bien des traverses. Le contrat passé à l'époque avec un grand éditeur américain

est bientôt annulé sous prétexte des retards de Souvarine, qui mène de front la compilation de sa documentation et la direction-rédaction de la *Critique sociale* [1].
Terminé à la mi-1934, ce manuscrit de plus de mille
pages tombe comme un pavé dans l'eau du temps. Le
rapprochement diplomatique franco-soviétique est en
cours, orchestré par les témoignages enthousiastes des
« amis de l'U.R.S.S. », éloquents surtout chez les radicaux. L'union antifasciste prend tournure à l'intérieur à
partir du milieu de l'année. Souvarine a du mal à trouver
un éditeur français. Recalé chez Gallimard, malgré le
soutien d'Alain (lui-même mobilisé par Simone Weil), il
trouve finalement preneur chez Plon, malgré l'opposition de Gabriel Marcel [2]. Le livre paraît donc en juin
1935, le mois même où se tient à Paris le « Congrès des
écrivains pour la défense de la culture », grande parade
antifasciste mise en scène par Münzenberg. Autre coïn-
cidence symbolique.

   Le *Staline* de Souvarine constitue la première histoire
de l'Union soviétique, révolution d'Octobre comprise. Il
restera longtemps la seule. L'auteur était déjà, en 1930,
un esprit exceptionnellement libre. Ancien du mouvement communiste, il possédait l'avantage irremplaçable
de connaître de l'intérieur la réalité soviétique. Comme
les exclus ou les transfuges, il avait acquis dans le déchirement de l'illusion ce regard désenchanté qui est une
des conditions de l'analyse. Plus que la plupart d'entre
eux, il avait fait de l'étude le centre de sa vie : ce qui
caractérise ses petites entreprises militantes depuis la
grande rupture, avec la modestie des ambitions, c'est la
passion de la vérité, où il a réinvesti la flamme de sa
jeunesse. Conversion radicale d'un genre à un autre,
mais qui mobilise toujours la même énergie, la même
agressivité — hier contre les bourgeois, et désormais
contre les mystificateurs du communisme. En écrivant
son ouvrage, Souvarine a rencontré sa vocation.

   A le lire, on comprend mieux ce qui l'a séparé, tout de

   1. J.-L. Panné, *Souvarine, op. cit.*, chap. 16, p. 222-226.
   2. *Ibid.*, p. 224.

suite, de la dissidence trotskiste [1]. Bien que bolchevik tardif, l'ancien chef de l'Armée rouge incarne avec Lénine le bolchevisme vainqueur en Octobre. Même battu, même exilé, il brandit cet héritage comme le sens de sa vie elle-même. De Turquie, de Norvège ou du Mexique, il est toujours, à ses propres yeux, responsable de l'Union soviétique, puisqu'il est, lui et lui seul, le compagnon de Lénine. La révolution prolétarienne l'a suivi dans son exil. De là sa grandeur, son héroïsme, la puissance qu'il exerce sur les imaginations. De là aussi ses aveuglements : acharné à dénoncer ce qui sépare Staline de Lénine, il ne peut rien concevoir de ce qui les unit. Incapable de critiquer les fondements de l'Etat soviétique, il n'a jamais rien offert d'autre, contre Staline, qu'une polémique léniniste, tout juste bonne, comme il se doit, à diviser le petit nombre de ses partisans [2].

A côté de ce prophète désaffecté, Souvarine incarne la raison analytique. Il porte sur le siècle un diagnostic plus définitivement pessimiste : l'espérance révolutionnaire de sa jeunesse y est non seulement morte, mais le pays où elle s'est incarnée est devenu par excellence la patrie du mensonge d'Etat. Du coup, le travail qui s'impose est moins d'entreprendre à nouveaux frais une nouvelle révolution que de comprendre ce qui s'est passé en Russie. Souvarine était encore « communiste », à sa manière, entre 1925 et 1930 ; du moins le prétendait-il, comme un adoucissement à sa solitude et un dernier lien avec son passé. Mais son livre, écrit entre 1930 et 1934, n'a plus rien d'un manifeste politique. Fruit de patientes recherches, et d'une vaste documentation, ce pourrait être un travail quasiment universitaire, si le courage mobilisé pour traiter un sujet pareil n'était pas excep-

---

1. *Cf. supra,* p. 197.
2. La part la plus lucide des écrits de Trotski en exil est celle qui est consacrée à la critique de la politique allemande du Komintern entre 1930 et 1933. Trotski voit clairement le désastre auquel conduit la dénonciation des sociaux-démocrates comme « sociaux-fascistes », ainsi que les concessions tactiques faites aux nazis. *Cf.* Léon Trotski, *Comment vaincre le fascisme. Ecrits sur l'Allemagne, 1930-1933,* trad. du russe, Editions de la Passion, 1993.

tionnel. Car Souvarine n'est pas un maître de l'« under-statement ». Procédant d'un fait à un autre, enchaînant les causes et les raisons, les motifs et les justifications, il écrit une histoire politique assez classique, qui fait sa part aux contraintes de situation, mais aussi aux déci-sions et aux responsabilités des hommes. Ce qui met son talent à part tient à la justesse et à l'intrépidité du juge-ment, et à l'exercice sans réticence d'un magistère moral de l'historien. Le jeune vétéran du bolchevisme a retrouvé la tradition classique.

Je ne veux pas entrer plus avant dans la discussion de ce livre plus célèbre que véritablement lu, à en juger par sa fortune éditoriale [1]. Il suffit à mon argument qu'il fixe pour longtemps les cadres de l'histoire politique du bol-chevisme, et qu'il en pose les grandes questions : le rap-port du communisme de Lénine à la tradition russe, le caractère véritable d'Octobre, la dégénérescence terro-riste et bureaucratique de la Révolution dès Lénine, la nature et les causes de la victoire de Staline dans la guerre de succession, les mystères de son caractère et de ses passions, le coût extravagant de toute l'entreprise au point de vue économique et moral. L'énigme que contient la publication du livre en 1935 ne tient pas à son contenu, mais à son faible écho. Encore jeune, Souva-rine appartient pourtant, par sa vie, à une époque du communisme que le tournant antifasciste a plus ou moins effacée des mémoires. Il a connu Lénine, les vingt et une conditions, la naissance du Komintern et du P.C.F., et les débuts de la bataille de succession, sur laquelle il n'a pas pu ou su peser : vieilles histoires que

---

1. Boris Souvarine, *Staline. Aperçu historique du bolchevisme*, Plon, 1935 ; rééd. 1937 et 1940 (augmentée d'un chap. : « La contre-révolution », et d'un post-scriptum). *Ibid.*, *Stalin. A Critical Survey of Bolshevism* (trad. C.R.L. James), Londres, Seker and Warburg, 1939 ; Amsterdam, Querido, 1940. Réédition de l'édition de 1940, Champ libre, 1977 et 1985 (augmentée d'un avant-propos et d'un arrière-propos) ; rééd. Ivrea, 1993.
En avril 1937, les ventes avaient atteint 6 800 exemplaires. L'édi-tion de 1940 porte la mention « 8e mille ». On ne connaît pas les ventes de l'édition en langue anglaise. *Cf.* Jean-Louis Panné, *Boris Souvarine, op. cit.*, p. 225.

tout cela, puisque Staline a gagné, et qu'il a tourné contre
Hitler l'activité du Komintern. Gide est plus vieux que
Souvarine, mais, arrivé tard au communisme, il fait un
personnage tout neuf — et d'ailleurs tout provisoire —
sur les estrades antifascistes. Souvarine, lui, a traîné sa
solitude rebelle dans les petits groupes marginaux, trop
faibles pour lui offrir une protection, trop visibles pour
ne pas l'exposer. Vieille cible des insultes du Parti français, qui flaire à juste titre en lui un adversaire irréductible, il a épuisé son crédit dans l'opinion. La droite s'en
méfie parce qu'il a été communiste, la gauche parce qu'il
ne l'est plus. A l'heure de l'union sacrée contre Hitler,
l'anticommunisme ne doit pas être toléré : les communistes ont tout fait pour dénoncer le premier grand livre
écrit sur leur histoire comme le sordide règlement de
comptes d'un renégat.

Ainsi tout ce qui touche à l'Union soviétique devient de
plus en plus tabou pour l'opinion démocratique. On a vu
que la tendance est ancienne, inscrite dans un privilège
et dans un scrupule : l'U.R.S.S. est dépositaire du label
révolutionnaire, d'une part, et de l'autre elle ne cesse
d'être en butte aux calomnies de la réaction. Double
raison pour retenir les critiques, même amicales, a fortiori hostiles. La situation politique de 1934-1936 a
transformé cette espèce d'empêchement intérieur en
règle morale, dont les communistes sont les gardiens.
Qui veut s'en faire une idée d'époque peut se transporter
par l'imagination au grand « Congrès des écrivains pour
la défense de la culture » dont j'ai parlé plus haut. C'est
à la fin juin 1935, et la fine fleur de l'intelligentsia antifasciste française et européenne a été mobilisée pour
célébrer, contre Hitler mais avec les communistes, les
valeurs de la culture incarnées par l'humanisme soviétique. Il y a là, du côté français, Alain, Rolland, Barbusse,
Aragon, Malraux, Gide, Guilloux, Vildrac ; les Allemands
Heinrich Mann, Bertolt Brecht, Johannes Becher ; les
Russes Ehrenbourg et Alexis Tolstoï, ainsi qu'Aldous
Huxley et E.M. Forster pour l'Angleterre.

Comme dans tous les congrès, il y a l'estrade et les
couloirs. Côté estrade, les orateurs du jour, les embras-

sades, les grands discours humanistes. Côté couloirs, en catimini, une seule affaire, mais un grand embarras : le problème Victor Serge. Fils d'exilés russes établis en Belgique [1], le jeune Victor Serge avait milité avant 1914 dans le mouvement anarchiste ; mêlé à l'affaire de la « bande à Bonnot », il avait purgé cinq années de prison en France avant de rallier en 1919 la révolution soviétique et le Komintern. Exclu du Parti pour « trotskisme » en 1928 et bientôt arrêté, il est vite libéré sans pour autant changer d'idées. Le voici écrivain à son compte, installé à Leningrad, auteur d'un des trois livres de la série Istrati [2], revenu de toutes ses illusions de l'univers stalinien. Il est à nouveau arrêté en mars 1933 et déporté à Orenbourg, dans l'Oural. Sa belle-famille, les Roussakov (Serge avait, comme Pierre Pascal, épousé une fille Roussakov), est expulsée de Leningrad. Sa femme, Anita, arrêtée aussi.

Victor Serge est un personnage dans la petite gauche française, qui vole à son secours. Qui peut, mieux que Rosmer, Pascal ou Souvarine, comprendre ce qui lui arrive ? Le premier appel pour sa libération paraît dans le numéro 8 de la *Critique sociale,* dès avril 33, alors que la presse d'obédience communiste se tait, ou tente de disqualifier Victor Serge. Silence de Barbusse, à *Monde* ; d'Aragon, à *Commune*. Gêne de Romain Rolland et de Gide, qui tentent d'intervenir discrètement par en haut, sans rompre en visière avec l'Union soviétique. L'affaire Serge est exemplaire dans la mesure où elle est une des premières illustrations de la manipulation collective des intellectuels antifascistes par le chantage à l'anticommunisme. Au Congrès de la Mutualité de juin 1935, les organisateurs ont dû accepter d'avance qu'on puisse parler à la tribune de Victor Serge, mais ils ont tout fait, dans la distribution des rôles et des discours, pour que ces interventions soient réduites au minimum. Pourtant un petit groupe — où on compte André Breton, Magdeleine

1. *Cf.* J.-L. Panné, « L'affaire Victor Serge », *Communisme,* n° 5, 1984, P.U.F. p. 89-104 ; Victor Serge, *Mémoires d'un révolutionnaire, 1901-1941, op. cit.*

2. *Cf. supra,* p. 233-234.

Paz, Charles Plisnier, Henri Poulaille — parvient à pousser à la tribune le grand professeur italien exilé par Mussolini, Gaetano Salvemini : « Je ne me sentirais pas le droit de protester contre la Gestapo et contre l'O.V.R.A. fasciste si je m'efforçais d'oublier qu'il existe une police politique soviétique. En Allemagne, il y a des camps de concentration, en Italie il y a les îles pénitentiaires et en Russie soviétique il y a la Sibérie... C'est en Russie que Victor Serge est prisonnier [1]. » Thème repris le lendemain par d'autres conjurés, mais il ne reçoit pas un meilleur accueil : le Congrès n'a pas été organisé pour critiquer l'U.R.S.S., mais pour l'exalter ! Finalement, Serge sera autorisé un peu moins d'un an après à quitter le territoire soviétique pour la Belgique, geste exceptionnel de Staline sans doute moins destiné à réfuter ses adversaires qu'à remercier ses amis, Romain Rolland en tête, en leur fournissant un dernier leurre.

Parmi les congressistes de la Mutualité restés silencieux sur l'affaire Victor Serge, le plus célèbre est André Gide, au faîte de sa gloire littéraire. Il n'a pas dit grand-chose, mais il a écouté. Il n'est pas communiste, mais illustre assez bien, depuis le début des années trente, la figure du compagnon de route. D'abord par ce que son seul nom apporte à la cause. Ensuite par la manière dont il est entré sur la scène publique : manière plus esthétique que philosophique, et plus sentimentale que politique. Gide est par excellence l'auteur bourgeois antibourgeois. Son art a si constamment travaillé cette plaie ou ce filon que, d'une condition générale de l'écrivain moderne, il a tiré une littérature bourgeoisement subversive. Né dans une grande famille protestante, Gide a honte de ce privilège. Homosexuel, il a détesté l'hypocrisie morale des conventions. Voyageur philosophe, nouveau Montaigne, il a dénoncé les violences de la colonisation française en Afrique. Bien qu'il ait emprunté à Nietzsche des accents littéraires, le fond de son esprit est

---

1. La déclaration de Gaetano Salvemini est reproduite dans le 7ᵉ cahier (juillet 1935) de la revue *Les Humbles* (p. 5-9) sous le titre : « Pour la liberté de l'esprit ».

fait des Evangiles et d'une foi christique, mélange instable de révolte et de culpabilité, chemin classique vers les
utopies révolutionnaires. A cet individualiste, à cet
esthète, à ce patricien, le communisme apportera non
seulement une vraie caution antibourgeoise, mais l'inestimable bienfait des retrouvailles avec la communauté.
Enfin, pour peu qu'on tienne compte de ce rien de jobar-
dise qu'on trouve si souvent chez les écrivains, même les
plus grands, il étendra sa gloire aux dimensions de
l'humanité. Quand il n'est pas un militant caché, un
« sous-marin », le vrai compagnon de route est souvent
séparé de ce qu'il croit servir par un malentendu radical :
ce pourquoi l'association est si instable. Les hommes du
Komintern, d'ailleurs, ne s'y trompent pas, qui en ont
une conception strictement instrumentale.

Restent les circonstances. Gide, comme tant de ses
contemporains, a vu dans le premier plan quinquennal
l'antithèse parfaite au désordre capitaliste : l'émergence
de la raison dans l'histoire. Il s'est construit peu à peu, à
partir de là, une image de l'U.R.S.S. patrie du développement, de l'instruction et de la culture. Il voit Vaillant-
Couturier, le vétéran des intellectuels communistes français ; il est lié d'amitié avec Jef Last et Eugène Dabit, tous
les deux communistes. Il refuse encore en 1932 de s'inscrire à l'Association des écrivains et artistes révolutionnaires ; mais en 1933, il accepte de figurer au Comité de
patronage de *Commune*, la revue de l'association.
L'accession de Hitler au pouvoir à Berlin le pousse sur la
scène publique. Il est de tous les meetings en faveur de
Dimitrov, dans tous les comités d'intellectuels antifascistes, puis sur les tribunes du Front populaire, s'essayant à
parler la langue politique de la gauche unie : pourtant il
n'est jamais difficile de retrouver l'artiste derrière le catéchumène [1].

---

1. En 1932, André Gide publie ses *Pages de Journal (1929-1932)*
dans la *N.R.F.* Il y révèle (à la date du 27 juillet 1931) sa sympathie
pour l'Union soviétique. Son enthousiasme est parfois tempéré par
les informations que lui communique Pierre Naville mais, au fil des
ans, son adhésion au communisme — par rejet du monde capitaliste — s'approfondit. Il se tient néanmoins à l'écart des organisa-

Les communistes le croient plus arrimé à leur char qu'il ne l'est vraiment. Ils ne se méfient pas assez de son esprit d'indépendance. A moins qu'ils n'escomptent trop de sa vanité ou de sa faiblesse. Toujours est-il qu'ils se mettent en quatre pour le convaincre de faire un séjour en Union soviétique. Le pèlerinage à Moscou est à la mode, et les Soviétiques ont acquis un art presque parfait dans la réception des hôtes de marque. Dans l'été 1934, Malraux, Aragon, Jean-Richard Bloch sont venus assister au Congrès des écrivains soviétiques, et Malraux a multiplié les déclarations de solidarité avec l'U.R.S.S. [1]. Le voyage de Romain Rolland a été un triomphe, tant par son déroulement que par ses effets de propagande. L'idée est de recommencer l'opération avec la deuxième grande étoile littéraire de la mouvance communiste française. Circonvenu, sollicité, flatté de tous côtés, Gide cède : le gouvernement soviétique annonce qu'il fait imprimer trois cent mille cartes postales avec son portrait [2] ! L'écrivain arrive à Moscou, avec son compagnon Pierre Herbart, tout juste un an après Romain Rolland, à l'extrême fin de juin 1936, et il retrouve à Leningrad quatre de ses amis proches qui seront aussi du voyage : Jef Last et Eugène Dabit, mais aussi Louis Guilloux et l'éditeur Schiffrin.

Accueil royal, train de vie fastueux, soins de tous les instants : rien n'est laissé au hasard de la rencontre étrange entre l'esthète français et la rude réalité de

tions communistes telle l'A.E.A.R. jusqu'à la prise du pouvoir par Hitler. Ensuite, il s'engage ostensiblement aux côtés du P.C., publiant *Les Caves du Vatican* en feuilleton dans *L'Humanité*, participant aux campagnes pour la libération de G. Dimitrov et E. Thälmann. Son antifascisme est une composante essentielle de son adhésion au communisme qui culmine lors du Congrès des écrivains pour la défense de la culture (Paris, 21-25 juin 1935) où il prend la défense de l'Union soviétique contre les accusations d'uniformisation et de négation des droits des individus.

1. F. Kupferman, *Au pays des Soviets, op. cit.*, chap. 3, p. 103. Jean Lacouture. *André Malraux. Une vie dans le siècle*, Le Seuil, 1973, chap. 21, p. 170-174.

2. P. Daix, « Les Voyages à Moscou. Un demi-siècle d'illusions », in *Le Figaro*, lundi 15 juin 1992.

l'Union soviétique. Gide et ses amis se prêtent au céré-
monial, et jouent le rôle qui leur est dévolu. Quand ils
arrivent, Gorki vient de mourir, et Gide prononce une
oraison funèbre tout à fait orthodoxe, qui a été d'ailleurs
retouchée par Aragon. Mais il se sent vite sous surveillance, et ce que Romain Rolland avait accepté
comme inévitable le choque comme un esclavage.
Boukharine, le pathétique Boukharine, que Rolland
avait pu voir encore l'année précédente (mais lui ne pouvait déjà plus parler), ne parvient plus à percer l'entourage de police secrète qui l'isole du monde extérieur. A
lire le récit que Pierre Herbart de son côté a fait du
voyage [1], il est clair que Gide réagit à l'accueil qui lui est
fait avec une sorte de méfiance instinctive, et que, sous
la fête apparente qui remplit l'ordre des jours et des
visites, la désillusion s'est emparée de ces touristes soupçonneux.

On le comprend mieux encore à lire ce *Retour de
l'U.R.S.S.* que Gide publie chez Gallimard dès la fin octobre, comme s'il avait hâte de se libérer d'une imposture
où il avait eu sa part. Non que l'ouvrage soit écrit sur un
ton délibérément hostile à l'Union soviétique ; non qu'il
puisse aucunement être comparé à la littérature réactionnaire sur le sujet. Au contraire. A traiter une question
brûlante, Gide n'a rien perdu de sa délicatesse de toucher. A certains égards même son reportage conserve des
traces de naïveté, par exemple dans sa description des
établissements modèles où on l'a amené. Il est vrai qu'il
note aussi bien la monotonie triste de la vie sociale, la

---

1. Pierre Herbart, *En U.R.S.S. 1936*, Gallimard, 1937. A son
retour de voyage en Chine et en Indochine comme reporter du
journal de Barbusse, *Monde,* Pierre Herbart (1904-1974) adhère au
Parti communiste. Il entre à *L'Humanité* puis, en novembre 1935,
part à Moscou diriger l'édition française de la revue *Littérature
internationale*. La découverte de la société soviétique, le voyage de
Gide qu'il accompagne l'amènent à reconsidérer son engagement
politique, mais la guerre d'Espagne le retient de prendre publiquement position contre le communisme soviétique. En 1958, il revient
sur son séjour moscovite dans *La Ligne de force* (Gallimard, Folio,
1980), témoignage particulièrement fort.

laideur des objets produits, l'inégalité restaurée, la nullité de l'art. Mais le fond de sa déception n'est pas d'ordre économique, social ou esthétique. Il tient à la disparition de la liberté.

Dans les salutations des stakhanovistes, les salamalecs des académiciens et les compliments des « pionniers », Gide a senti partout le bourrage de crâne, la tyrannie et la peur. Il était parti à la rencontre d'une société révolutionnaire, et il a trouvé partout des esclaves réduits à adorer Staline. L'éclat de son petit livre, à demi masqué par l'urbanité exquise du style, tient à ce constat que, l'U.R.S.S. n'étant pas, ou plus, ce qu'elle prétend être, un pouvoir absolu y oblige tous les citoyens à répéter et même à croire le contraire : qu'elle est ce qu'elle prétend être. « Ce que l'on demande à présent, c'est l'acceptation, le conformisme. Ce que l'on veut et exige, c'est une approbation de tout ce qui se fait en U.R.S.S. ; ce que l'on cherche à obtenir, c'est que cette approbation ne soit pas résignée, mais sincère, mais enthousiaste même. Le plus étonnant, c'est qu'on y parvient. D'autre part, la moindre protestation, la moindre critique est passible des pires peines, et du reste aussitôt étouffée. »

Là-dessus vient la phrase la plus terrible du livre : « Et je doute qu'en aucun autre pays aujourd'hui, fût-ce dans l'Allemagne de Hitler, l'esprit soit moins libre, plus courbé, plus craintif (terrorisé), plus vassalisé [1]. »

Parti compagnon de route, Gide revient avec la comparaison Staline-Hitler, et un diagnostic qui préfigure celui de Ciliga [2], deux ans après lui, ou, plus près de nous,

---

1. A. Gide, *Retour de l'U.R.S.S.*, Gallimard, 1936, p. 67.
2. Ante Ciliga, *Au pays du grand mensonge*, Gallimard, 1938 ; rééd. Champ libre, 1977. Né en Istrie, Ante Ciliga (1898-1992) milite dans le mouvement nationaliste croate. Il adhère au communisme après la guerre, participe à la création du Parti yougoslave puis poursuit ses études à Prague, Vienne et Zagreb. En 1922, il devient secrétaire du Parti pour la Croatie. Promu membre du Bureau politique, il est arrêté et expulsé. A Vienne, il travaille au bureau balkanique du Komintern et est envoyé à Moscou à l'automne 1926. Séjournant trois ans à Moscou, un an à Leningrad, il commence à critiquer le régime. Emprisonné trois ans à Verkné-Ouralsk puis exilé deux ans en Sibérie, Ciliga réussit à quitter l'U.R.S.S. en

ceux d'Orwell ou de Soljenitsyne : l'Union soviétique,
pays du mensonge généralisé et obligatoire. L'auteur
a-t-il prévu le scandale qu'allait provoquer son livre à
gauche ? Sûrement. Trop de gens lui en ont déconseillé la
parution pour qu'il ait nourri des illusions à cet égard. De
fait, les communistes sont au rendez-vous, avec leurs
amis et leur plus grosse artillerie. Ils n'ont d'ailleurs pas
le choix, si grand est le succès de ce *Retour de l'U.R.S.S.*,
qui s'envole dans les ventes [1], moins à cause du sujet que
du nom de l'auteur, et de la curiosité suscitée par son
retournement. Le *Retour de l'U.R.S.S.* est ce type d'événement politico-littéraire dont raffolent les Français et
avant tout les Parisiens. Voici qu'un des plus grands
noms de la littérature française, un des plus grands intellectuels du Front populaire, s'attaque au communisme,
alors que l'euphorie du printemps dure encore.

S'il fallait une preuve supplémentaire que l'attitude à
l'égard de l'Union soviétique est tenue pour la pierre de
touche de l'union des forces de gauche, les communistes
français la donnent donc à propos du livre de Gide,
comme les communistes espagnols l'administreront
manu militari à Barcelone un peu plus tard. L'Espagne,
justement : sa guerre civile constitue une circonstance
aggravante pour l'écrivain, qui n'a pas hésité à diviser le
camp démocratique en face de l'ennemi. Mais le P.C.F.
plaide aussi le dossier au fond, sur tous les terrains, à la
fois par les compagnons de route et par les militants.
Georges Friedmann invoque le poids du passé russe et
reproche à Gide sa légèreté ; Fernand Grenier, le patron

décembre 1935, en arguant de sa nationalité italienne. Installé à
Paris, il écrit et publie son livre majeur : *Au pays du grand mensonge*.
A partir de 1941, il entreprend un voyage en Europe, est arrêté par
les Oustachis et emprisonné six mois au camp de Jasenovac. Libéré,
il se rend à Berlin et assiste à l'effondrement du IIIe Reich. Après la
guerre, il s'installe en France puis en Italie où il anime une revue
consacrée aux problèmes de la Yougoslavie.

1. D'après Fred Kupferman, *op. cit.*, p. 182, *Retour de l'U.R.S.S.* a
fait l'objet de neuf tirages entre le 30 octobre 1936 et le 9 septembre 1937, soit 146 300 exemplaires. *Les Retouches à mon Retour de
l'U.R.S.S.*, publiées en juin 1937, n'auront que deux tirages, soit
48 500 exemplaires. Les deux titres cesseront vite de se vendre.

des « Amis de l'Union soviétique », soupçonne des
influences trotskistes ; des ouvriers incriminent les partis pris bourgeois de l'auteur, cependant que des bourgeois, qui ont fait le même voyage que lui, cornaqués
avec moins de luxe, mais avec le même soin, témoignent
d'une autre U.R.S.S.

Du coup, Gide décide d'écrire un post-scriptum à son
Retour, qu'il publiera en juin 37 : *Les Retouches à mon
Retour de l'U.R.S.S.* Il veut répondre à ses adversaires et
à son courrier. Il a lu entre-temps la littérature critique de
l'U.R.S.S. qu'il avait négligée dans sa période de foi,
comme le livre si documenté de Sir Walter Citrine [1]. Il a
rencontré les hérétiques, attirés par son non-
conformisme : Victor Serge bien sûr, mais aussi l'ouvrier
Yvon, ex-communiste, qui a vécu onze ans en U.R.S.S., et
dont *La Révolution prolétarienne* a publié une brochure
fort hostile à la patrie des travailleurs sous Staline [2] ; le
syndicaliste Legay, qui est allé sur place encadré dans
une délégation des « Amis » et pourtant revenu indigné
des conditions de vie faites aux mineurs soviétiques [3]. De
ce fait, les *Retouches* accentuent la rupture avec le progressisme philocommuniste. Gide persiste et signe. Et
pour faire bonne mesure, il ajoute au tableau les procès
de Moscou, et les milliers de déportés : « Ces victimes, je
les vois, je les entends, je les sens tout autour de moi. Ce
sont leurs cris bâillonnés qui m'ont réveillé cette nuit ;
c'est leur silence qui me dicte aujourd'hui ces lignes... En
faveur de ceux-là, personne n'intervient. Les journaux de
droite tout au plus se servent d'eux pour fronder un
régime qu'ils exècrent ; ceux à qui l'idée de justice et de

---

1. Sir Walter Citrine, *I Search for Truth in U.R.S.S.*, trad. *A la
recherche de la vérité en Russie*, Berger-Levrault, 1937.
2. M. Yvon, *Ce qu'est devenue la révolution russe*, 1937, Cannes,
les brochures de *La Révolution prolétarienne*. Yvon publiera l'année
suivante, chez Gallimard, avec une préface d'André Gide,
L'U.R.S.S. telle qu'elle est.
3. Kléber Legay, *Un mineur français chez les Russes,* préface de
Georges Dumoulin, 1938, Pierre Tisné. Les « bonnes feuilles » de ce
livre ont été publiées dans *Le Populaire* de 1937 : signe que Blum,
prisonnier de l'unité d'action, nourrit moins que jamais d'illusions
sur l'U.R.S.S.

liberté tient à cœur, ceux qui combattent pour Thälmann, les Barbusse, les Romain Rolland, se sont tus [1] ;
se taisent ; et autour d'eux l'immense foule prolétarienne
aveuglée [2]. » Quelques semaines après, à la date d'août
1937, l'auteur des *Retouches* se demande dans son *Journal* quand et comment l'esprit communiste a cessé de se
différencier de l'esprit fasciste [3].

L'intérêt du cas Gide est d'illustrer sur l'exemple français ce que conserve de fragilité, en dépit de ses spectaculaires succès d'opinion, le communisme antifasciste.
D'un côté, la volonté de combattre la terreur hitlérienne,
jointe au tournant politique du Komintern, remarqua-
blement mis en œuvre par Thorez et ses camarades, a rapproché des communistes beaucoup de démocrates et de
libéraux. De l'autre, il y a l'Union soviétique de Staline,
alliée potentielle contre Hitler, et présente aux côtés des
républicains espagnols, mais aussi univers coupé du
monde civilisé, régime inédit et mystérieux, objet de
témoignages contradictoires et passionnés. Dualité qui
pourrait être vivable pour tous les adversaires du fascisme, si leur opinion sur l'Union soviétique n'était pas
un préalable à leur engagement. Or elle l'est pour plusieurs raisons, et d'abord du fait des communistes. La
stratégie des Fronts populaires antifascistes est de leur
invention, et ils n'entendent pas en abandonner l'orientation. Autant ils ne tiennent pas à avoir de responsabilité gouvernementale (ils l'ont refusée en France), autant
ils ne sont pas libres de passer l'Union soviétique sous la
table : à la fois parce que leur mouvement est centralisé
depuis Moscou, qu'il trouve son ressort central dans
l'exaltation d'une patrie des travailleurs libérée de
l'exploitation capitaliste, et qu'il s'agit en fin de compte
de protéger par préférence cette patrie d'une attaque de
Hitler. Mais, par ailleurs, cette U.R.S.S. qu'ils célèbrent
est accusée par ses critiques, dont les plus pénétrants

---

1. Barbusse est mort à Moscou le 30 août 1935.
2. A. Gide, *Retouches à mon Retour de l'U.R.S.S.*, Gallimard,
1937, p. 66.
3. A. Gide, *Journal III, 1889-1939*, la Pléiade, Gallimard, 1939,
p. 1268. Cité *in* D. Caute, *op. cit.*, p. 292.

viennent de leurs rangs, de n'être pas moins totalitaire que l'Allemagne nazie, et par conséquent de priver de sens le combat anti-hitlérien, s'il doit absolument être accompagné de piété ou de naïveté prosoviétique. Ainsi le tournant antifasciste du Komintern n'a-t-il aucunement réglé dans son fond, mais seulement déplacé, la contradiction qui pèse sur l'histoire du communisme depuis ses origines : celle d'une idée qui est aussi un territoire.

Les années d'installation du régime soviétique avaient vu naître une première génération de désenchantés : Angelica Balabanova, Pascal, Souvarine, Monatte, Rosmer, auxquels étaient venus s'ajouter, un peu plus tard, à l'époque du virage à gauche de la « troisième époque », Silone, Tasca, Maurin, Marion. Gide, lui, appartient aux désenchantés plus tardifs du communisme antifasciste. Leur désillusion vient moins d'une expérience des luttes fractionnelles internes (bien que ce soit encore le cas de Doriot) que du face à face avec la réalité de l'Union soviétique sous Staline. Ils sont moins des hommes de l'appareil liés à des batailles de tendance — il n'y a plus de tendances — que des militants ou des compagnons de route de moins en moins sûrs qu'on puisse lutter pour la démocratie sous le même drapeau que Staline : Gide ouvre une voie où s'engageront, ouvertement ou sur la pointe des pieds, entre le Front populaire et le pacte germano-soviétique, Manès Sperber, Louis Fischer, Koestler, Malraux, Friedmann, Nizan et bien d'autres. L'obligation de philosoviétisme faite par les communistes aux antifascistes trouve à travers eux ses limites.

*

On aurait tort pourtant de considérer le débat sur la nature du régime soviétique comme le seul grand sujet sur lequel s'affrontent les adversaires du fascisme. Car il en existe un autre, tout aussi passionné, et qui d'ailleurs n'est pas sans rapport non plus avec l'Union soviétique : c'est celui de la paix et de la guerre.

Le pacte franco-soviétique de mai 1935, suivi par l'approbation publique donnée par Staline aux dépenses françaises de défense nationale, a bouleversé la disposition des esprits et des forces à gauche en France. Les communistes n'y avaient jamais été des pacifistes, mais ils avaient fait bon ménage avec les pacifistes, si nombreux, si puissants depuis la fin de la guerre : après tout, l'anticapitalisme et l'antimilitarisme étaient des passions communes à tous les combattants contre la guerre. Et la hantise d'une attaque conjointe de l'U.R.S.S. par les puissances impérialistes, qui avait marqué la propagande communiste de la « troisième période », avait ramené les esprits à l'époque de l'union contre la guerre d'intervention, en 1918 et 1919. Mais voici qu'en mai 1935 les communistes français applaudissent, comme toujours, Staline, quitte à effacer du jour au lendemain leurs proclamations antimilitaristes et antipatriotiques. La lutte contre Hitler va-t-elle se séparer de la lutte contre la guerre ? Va-t-elle dispenser de se battre pour la révolution et pour la paix ?

Les communistes le nient passionnément. Pourtant, en signalant le caractère particulier de leur pacifisme, leur tournant entraîne un vaste débat sur l'antifascisme, trop important pour qu'on ne s'y attarde pas un peu. Je prendrai mon premier exemple dans l'histoire du « Comité de vigilance des intellectuels antifascistes [1] », fondé à Paris au lendemain de l'émeute du 6 février 1934. Phénomène très français : il s'agit de rassembler, en dehors des partis, ces fameux intellectuels qui jouent dans l'histoire nationale un rôle si particulier, à la fois militants et porte-voix des grandes causes. Celle-là, l'antifascisme, renoue avec toutes les luttes menées au nom de la démocratie, que Hitler a détruite en Allemagne, et que les ligues antirépublicaines menacent en

---

1. Le premier nom du Comité fut « Comité d'action antifasciste et de vigilance » avant de devenir « Comité de vigilance des intellectuels antifascistes ». *Cf.* Nicole Furlaud-Racine, « Le Comité de vigilance des intellectuels antifascistes », in *La France sous le gouvernement Daladier d'avril 1938 à septembre 1939*, Colloque de la Fondation nationale des sciences politiques, 4-6 décembre 1975.

France. Elle fait revivre l'affaire Dreyfus avec d'autant plus de force que les Juifs allemands sont persécutés et l'antisémitisme puissant dans la droite française. Donc ce Comité se forme dans le même élan collectif qui va porter le Front populaire, et comme une anticipation de l'alliance des partis.

Trois noms lui servent d'enseigne, au croisement des sciences et des lettres, de l'Université et de la vie intellectuelle : Alain, Paul Rivet, Paul Langevin. Alain [1], notre artilleur antimilitariste de la guerre de 14, devenu un monument national par son enseignement et ses livres, forme à la philosophie, dans la khâgne d'Henri-IV, des générations de futurs normaliens. Il est resté radicalement hostile à l'armée et à la guerre, mais aussi, dans la même ligne de pensée, très individualiste, méfiant à l'égard de l'embrigadement militant, même pour les bonnes causes. De fait, il se fera représenter au Comité par son ami et presque son double, son collègue à Henri-IV, le philosophe Michel Alexandre, vieux pacifiste juif d'extrême gauche, partisan du désarmement unilatéral, qui a fait ses classes contre la guerre de 14, puis contre l'ordre international des vainqueurs et la S.D.N. ; prêt à excuser certaines ambitions territoriales de Hitler par les injustices de Versailles.

Paul Rivet, lui, est socialiste. Venu du Muséum d'histoire naturelle à l'ethnographie, qui trouve alors ses titres de noblesse universitaires, il est l'animateur du musée du Trocadéro, qui va devenir en 1936 le musée de l'Homme, à la tête d'une équipe qui, avec Griaule, Leiris, Métraux, ouvre le domaine des sciences humaines aux sociétés non européennes. Relativement marginal, si on le compare à Alain, par sa spécialité, et beaucoup moins connu, il est aussi plus sensible que lui aux périls particuliers inscrits dans l'idéologie nazie. De fait, il se situe au centre de gravité politique du Comité, puisque le

---

1. Alain publie son livre sur la guerre, *Mars ou la guerre jugée*, en 1935. Entre 1921 et 1935, il fait publier ses « Libres propos » presque sans interruption par ses amis Michel et Jeanne Alexandre. A partir de 1935, ses « Propos » paraissent dans les *Feuilles libres de la quinzaine*.

dernier membre du triumvirat est un sympathisant communiste, le physicien Paul Langevin. Celui-ci s'est illustré longtemps dans les campagnes pacifistes d'après-guerre, appuyant de son autorité scientifique la dénonciation du caractère exterminateur et illimité de la guerre moderne. Par l'intermédiaire du Front commun contre le fascisme de Bergery, il a participé au mouvement Amsterdam-Pleyel, et de là glissé à des positions proches de celles des communistes. Il y restera.

La composition du Comité est conforme au triangle formé par ses parrains : quelques milliers d'intellectuels y forment un tableau complet des familles de gauche. On y trouve une forte minorité communiste ou communisante : Aragon, Nizan, Wurmser pour les premiers ; Langevin, Joliot-Curie, Romain Rolland, Jean-Richard Bloch pour les seconds. A côté d'eux, des socialistes de toutes nuances (André Philip, Colette Audry, André Delmas, Victor Basch...), des radicaux (Albert Bayet), des indépendants, professeurs, écrivains, artistes (André Breton, Guéhenno, Giono, Ramon Fernandez, Lucien Febvre, Marcel Bataillon)... Ces noms couvrent ainsi une plus grande surface que celle des seuls partis ; d'ailleurs, certains militants ont un rayonnement plus vaste que leur parti. Victor Basch est président de la Ligue des droits de l'homme, Albert Bayet possède une influence incomparable dans les milieux de l'enseignement public, alors qu'André Delmas est le secrétaire général du puissant Syndicat national des instituteurs. Ainsi toute cette gauche intellectuelle a-t-elle précédé de quelques mois le pacte d'union antifasciste entre les partis. Instruite par les événements de 1933 en Allemagne, elle s'est dressée pour la défense des libertés au lendemain de février 1934 en France. Elle offre d'ailleurs son exemple aux organisations ouvrières en se rangeant d'avance sous leur drapeau commun : ce qu'elle fera en 1935.

Pourtant, cet exemple va rapidement s'avérer ambigu. Après avoir montré la première les vertus de l'union, la gauche intellectuelle révélera la première la fatalité de la désunion. La pomme de discorde n'est pas la définition ou l'évaluation du danger fasciste, mais le lien entre

l'action antifasciste et la lutte pour la paix. Sur les premiers points, en effet, tout le monde s'accorde à voir dans
le fascisme, sur l'exemple allemand, un produit de la
crise du capitalisme en même temps que la fin de la
démocratie. Tout le monde en craint la contagion en
France, et même en surestime les risques : le 6 février a
provoqué un choc dans l'opinion républicaine et conduit
beaucoup d'esprits à voir l'ombre de Hitler derrière la
silhouette du colonel de La Rocque. C'est l'époque où le
terme de « fasciste » prend à travers l'antifascisme une
extension de plus en plus vaste.

Reste la question de savoir quelles doivent être les
conséquences du combat contre le fascisme sur l'action
contre la guerre. A l'origine, les membres du Comité de
vigilance sont tous d'accord pour penser que l'antifascisme ne doit être le prétexte, ou la justification,
d'aucune guerre. Au début de 1934, en effet, les communistes sont encore fidèles aux mots d'ordre de la « troisième période » et axent leur propagande et leur activité
« contre le fascisme et la guerre ». Puisque le fascisme
est un mal qui rôde dans tous les pays capitalistes, et que
sa forme triomphante par excellence est la guerre impérialiste, il n'y a pas de différence de nature entre les deux
catastrophes : qui conjure l'une évite l'autre. L'antifasciste est un pacifiste, et réciproquement. Beaucoup
parmi les membres les plus influents du Comité de vigilance se sont connus dans le mouvement Amsterdam-
Pleyel, où ils ont eu l'occasion d'affûter ce répertoire
commun, au prix d'une équivoque.

Le tournant de la politique communiste en 1934-1935
repose en effet sur l'hypothèse nouvelle d'une guerre qui
ne serait ni la coalition des nations impérialistes contre
l'U.R.S.S., ni un simple conflit interimpérialiste, mais un
affrontement où l'U.R.S.S. pourrait se ranger, contre
l'Allemagne nazie, du côté des démocraties, et qui, de ce
fait, ne pourrait plus être qualifié d'impérialiste. Du
coup, le devoir des antifascistes n'est pas forcément
contenu dans celui d'éviter la guerre par la lutte de chacun contre son propre impérialisme, ou par la négociation avec l'adversaire éventuel ; il n'oblige pas non plus,

la guerre étant venue, à tenter d'en arrêter le bras. Si le danger fasciste est désormais incarné par les nazis, l'antifascisme, même en France, passe en priorité par la résistance aux entreprises de Hitler, donc avant les réquisitions classiques du pacifisme. C'est le fond du tohu-bohu provoqué dans la gauche française par la déclaration de Staline du 15 mai 1935.

Au moment où l'U.R.S.S. se décide à rejoindre la S.D.N., les pacifistes continuent à ne voir dans la mécanique de Genève qu'un instrument aux mains des vainqueurs de 1918. Quand Hitler tonne contre le système de Versailles, ils lui donnent à moitié raison, puisque eux aussi ont condamné et continuent à combattre Versailles, qui à leurs yeux a produit Hitler. Quand les communistes français deviennent patriotes, ils leur font reproche d'abandonner le combat contre leur propre bourgeoisie, pour retourner au vieux chauvinisme anti-germanique. Consentir d'avance à la guerre contre Hitler, disent-ils, c'est non seulement retourner dans la vieille ornière de l'alliance franco-russe, mais prêter la main au fascisme au nom de l'antifascisme, puisque la guerre réalise par excellence les conditions d'un pouvoir fasciste. Ainsi l'expérience de 14-18 sous-tend-elle encore toutes les passions du pacifisme radical.

Les premiers débats du Comité sur les problèmes internationaux ont fait apparaître l'accord traditionnel sur la révision nécessaire des traités de Versailles et assimilés, et sur le désarmement. Au moment de l'invasion de l'Abyssinie par les troupes italiennes, en octobre 1935, il y a encore unanimité pour agir sur Mussolini à travers des sanctions économiques. Mais la division s'installe dès la fin de l'année entre les partisans d'une négociation avec Hitler sur les clauses de Versailles, et ceux qui s'y opposent. Alain écrit à Rivet et Langevin, dans une lettre ouverte du 5 janvier 1936 : « ... Au sujet de la guerre et de la paix, je ne vois pas que les hommes libres aient une doctrine commune. Les uns penchent, sans toujours s'en rendre compte, vers la guerre préventive qui abolira les dictatures militaires. D'autres cherchent obstinément les moyens d'éviter toute guerre, et même la guerre du droit. » C'est le problème de la révision de Versailles que pose le philosophe, alors que la diplomatie soviétique n'en parle plus, imitée partout par les communistes. Position réaffirmée en mars, au moment de la réoccupation de la Rhénanie par les troupes de Hitler : preuve, aux yeux des pacifistes, qu'il faut refaire un ordre international juste, pour ôter à Hitler le rôle avantageux de redresseur des torts faits au peuple allemand.

La force de l'argumentation pacifiste tient à ce qu'elle ne dit pas : à l'exactitude du soupçon sur les véritables raisons du retournement communiste, subordonné au tournant diplomatique de Staline. Sa faiblesse vient de ce qu'elle traite Hitler comme un vulgaire Mussolini, un dictateur nationaliste après l'autre, sans percevoir la véritable nature du nazisme. Au contraire, les communistes tirent un rôle avantageux de leur soumission à Moscou. De ce qui a constitué jusque-là leur faiblesse, ils reçoivent leur force, puisque l'Union soviétique a l'air de s'orienter vers une entente avec la France : le patriotisme révolutionnaire est un sentiment plus naturel que le défaitisme révolutionnaire. Mais la tension entre les deux conceptions de l'antifascisme est irréductible. Et elle prend inévitablement une pente acrimonieuse, les uns et les autres s'accusant bientôt réciproquement d'être des serviteurs de Moscou ou des profascistes camouflés. La rupture est consacrée dès juin 1936, au moment du Congrès des comités de vigilance, en plein triomphe électoral du Front populaire.

Comme il arrive souvent, elle se fait sur un vote de procédure, qui cache le désaccord politique. Battus, Paul Langevin et ses amis quittent le bureau du Comité, remplacés par des hommes et des femmes plus proches des pacifistes que des communistes, comme Marc Delaisi, Jules Isaac, Magdeleine Paz, Jean Guéhenno, Maurice Lacroix, Marcel Bataillon, sans qu'ils soient pour autant aussi extrêmes qu'Alain ou Alexandre. Car la plupart d'entre eux tiennent avant tout à la révision négociée de Versailles, pour éviter de donner des aliments à la propagande nazie. Paul Rivet, qui n'a pas réussi à éviter la scission, démissionne de la présidence pour rentrer dans le rang — provisoirement, puisqu'il reprendra cette fonction en janvier 1937.

Les communistes écartés, les problèmes demeurent. La guerre d'Espagne les renouvelle, en faisant resurgir la division entre ceux qui demandent la levée de l'embargo sur les armes, après la duperie de la non-intervention, et les pacifistes radicaux, retranchés dans leur refus de toute course aux armements. Les premiers font la distinction entre leur refus d'une croisade militaire antifasciste et la situation espagnole, où l'absence d'aide, même indirecte, signifie l'abandon de la République au fascisme. Mais le souci de sauver l'unité du Front populaire joue en faveur des seconds. C'est une chose un peu oubliée depuis la fin de la guerre que l'emprise du pacifisme sur la gauche non communiste de cette époque : le refus passionné de la guerre est majoritaire au parti socialiste, sous la houlette de Paul Faure. Il est largement partagé à la C.G.T., et domine le Syndicat national des instituteurs, si influent dans la formation de l'esprit public. Après le départ des intellectuels communistes, le Comité de vigilance se trouve inévitablement déporté vers ce pôle politique, dans sa forme la plus intransigeante : si bien que, fondé pour lutter contre le fascisme, il finit par combattre pour la négociation avec le fascisme. Il sera dans l'été 1938 un des foyers de l'activisme militant en faveur des accords de Munich. A cette époque, Paul Rivet le quitte avec ses amis, et il n'est plus dès lors constitué que de « pacifistes intégraux » qui perdront leur dernier combat — celui de l'été 1939.

L'intéressant, pour l'histoire que j'essaie de retracer, est que cette extrême gauche pacifiste, qui se trompe sur Hitler, voit clair sur Staline, comme si la scène politique de l'époque était peuplée d'hémiplégiques. Les compagnons de route du P.C. sont lucides sur Hitler, aveugles sur Staline ; les extrémistes de la paix sont aveugles sur Hitler, lucides sur Staline. Ils prennent le dictateur nazi pour un nouveau Guillaume II, qu'on pourrait apaiser par la restitution de quelques morceaux de son ex-Empire colonial [1]. Mais, de Staline, ils ont percé les calculs dès 1935, au moment du pacte avec Laval : si la guerre est devenue inévitable, autant la faire naître d'abord à l'Ouest. Le Front populaire a mêlé ces deux gauches — peut-être faut-il écrire « ces deux extrêmes gauches » — dans le même combat, et la même victoire, des forces du progrès social sur celles de la réaction. Au moment où il a réuni ces forces, en 1934-1935, il n'a pas fait de leur accord explicite sur la politique internationale la condition de l'union : d'ailleurs, à l'époque, comme l'atteste l'histoire du Comité de vigilance, l'affrontement n'est que virtuel, puisque les conséquences du retournement communiste n'apparaissent qu'après l'approbation par Staline des dépenses militaires françaises. Ces conséquences sont inégalement sensibles : la réoccupation de la Rhénanie par Hitler, le 7 mars 1936, ne suscite pas au P.C.F. de réaction qui puisse être comparée à la campagne qu'il lancera en juillet pour l'Espagne républicaine. L'Union soviétique est impliquée dans la seconde affaire, et non dans la première.

Si le Front populaire a su être l'instrument mémorable d'une émancipation des classes populaires du pays, il a été tout de suite trop divisé pour pouvoir préparer la nation à l'épreuve qui l'attendait. Tout ne lui est pas imputable dans cet échec, comme nous l'avons vu : et la diplomatie anglaise, et l'état de l'opinion française, et la faible fiabilité de Staline constituaient autant d'obstacles à une politique cohérente de fermeté en face de Hitler. Ce qui appartient en propre au Front populaire est ce déchirement interne à la coalition, couvert par les belles paroles sur l'arbitrage international. Déchirement que Léon Blum ressent à l'intérieur de lui-même, comme une fatalité induite par tout ce qui l'a porté à l'action politique. Pacifiste de cœur et de raison, socialiste attaché à la Société des Nations, anglophile par tradition, antibolchevik de la première heure, antinazi insoupçonna-

---

1. De fait, un débat a eu lieu au Comité de vigilance, en 1937, sur l'effet que pourrait avoir une pareille restitution sur la situation allemande, comme facteur d'apaisement de l'agressivité des nazis.

ble, le chef du gouvernement de Front populaire ne possède que des convictions fortes ; mais chacune contredit l'autre. Il n'est heureux ni avec un consentement donné d'avance à la guerre ni avec une politique d'évitement à tout prix. Ni avec l'intervention en Espagne ni avec la non-intervention. Ni avec le réarmement accéléré ni avec Munich. Il est le plus intelligent témoin de l'impasse où s'est enfermée peu à peu la France victorieuse de 1918.

Il faut donc abandonner l'image d'Epinal selon laquelle, dans ces années, un camp antifasciste conséquent, dont les communistes forment l'avant-garde, s'est heurté à une droite plus ou moins pro-hitlérienne, décidée d'avance au désastre national par passion anticommuniste, et alimentée en arguments par une intelligentsia pacifiste promise à la « collaboration ». La réalité de l'époque a été en tous points plus complexe. D'abord, parce qu'il n'y a pas d'idéologie « hitlérienne » influente, sauf à définir de la sorte l'attraction très générale exercée par le fascisme en France depuis Mussolini. Ensuite parce que la question fondamentale est celle du maintien de la paix, qu'il faut distinguer de l'option fascisante. Il est vrai que le pacifisme extrême pourra entraîner un certain nombre d'intellectuels vers l'Allemagne : Ramon Fernandez, un des membres fondateurs du Comité de vigilance des intellectuels antifascistes, finira pendant la guerre comme « collaborateur ». Mais ce n'est pas le cas général, et c'est plus tard. Jusqu'à la guerre, le pacifisme français, même munichois, reste largement ancré à gauche.

Enfin, reste la question communiste/anticommuniste. Elle comporte de nombreux aspects. Le plus classique tient dans les réactions de haine ou de méfiance que suscite à droite, et dans l'opinion bourgeoise en général, la politique communiste, quelle qu'en soit l'orientation. Aux yeux des anticommunistes, le tournant de 1934-1935 en a aggravé la menace sur l'ordre social, en étendant l'influence du P.C.F. sur une gauche victorieuse et sur le gouvernement lui-même. Lequel Parti a beau multiplier les promesses « républicaines », jeter l'opprobre

sur toutes les espèces de gauchisme, tendre la main aux
catholiques et aux patriotes : il reste soupçonné de
n'avoir modifié que ses moyens, non sa fin. La brusquerie
même avec laquelle il s'est rallié à une politique de
défense nationale, sur une simple phrase de Staline, a
illustré l'inexistence de son autonomie. Les mêmes militants qui insultaient la patrie au nom de la lutte contre
Versailles célèbrent du jour au lendemain la mobilisation de tous les bons Français contre Hitler. Leur esprit
de sacrifice n'est pas en cause, mais plutôt leur versati-
lité, donc leur indépendance de jugement, donc la durée
de leur stratégie nouvelle.

Ainsi la force et la faiblesse du communisme résident
plus que jamais dans sa réalité ultime, l'Union soviétique. Sa force : la révolution bolchevique est adossée à un
très vaste pays organisé sur des principes nouveaux, qui
offre un socle idéologique, politique et militaire aux antifascistes contre les idées et les entreprises de Hitler.
Mais, en donnant un rôle si grand à l'U.R.S.S., l'économie générale de l'antifascisme communiste révèle ses
points faibles. Car l'acceptation par avance d'une guerre
avec l'Allemagne nazie aux côtés de l'U.R.S.S. comporte
le risque de livrer les petits pays d'Europe de l'Est, Pologne en tête, à l'Armée rouge ; elle constitue à tout le
moins un pari risqué sur la solidité d'une alliance entre
les démocraties capitalistes et l'Union soviétique de Staline ; en tout cas, elle interdit à bien des diplomates de
l'Ouest leur calcul préféré : orienter Hitler vers l'est, au
risque de lui sacrifier les pays qui le séparent de
l'U.R.S.S.

Enfin, il y a la nature du régime soviétique, dont après
tout, chez beaucoup d'intellectuels, tout dépend. Si
l'Union soviétique peut être définie par l'antifascisme, et
même par un antifascisme radical (du fait qu'elle est
socialiste), comment hésiter à s'appuyer sur elle ? Mais
quid si elle est « totalitaire », ou seulement dictatoriale,
hostile comme Hitler à la liberté ? La droite française ou
anglaise n'a pas besoin de s'interroger longtemps sur le
régime soviétique pour le détester : il lui suffit d'obéir à

sa pente. Mais toute une partie de l'opinion réagit de façon moins simpliste, notamment à gauche et au centre : si l'Union soviétique prétend au rôle d'avant-garde dans la lutte contre le fascisme, et s'il faut être, comme le veulent les communistes, prosoviétique pour être antifasciste, alors il ne suffit pas de considérer l'alliance avec l'U.R.S.S. en termes diplomatiques, comme une utilité de circonstance ; il faut encore vérifier les titres du pays candidat à incarner l'idée antifasciste. Cet examen aura été l'honneur de la gauche, alors que la droite se contentait le plus souvent de l'anathème.

Or, dans les années où nous arrivons, l'U.R.S.S. est dans une des pires périodes de son histoire : la Grande Terreur. Gide n'en a senti que la surface. Depuis son célèbre *Retour*, les grands procès publics de Moscou ont révélé la dimension de l'épuration en cours, entre 1936 et 1939, en même temps que le procédé inédit des aveux-confessions, par lesquels les accusés démontrent à la fois leur culpabilité et la clairvoyance du pouvoir qui les tue. Ils ont notamment pour fonction de mettre en scène la bipolarisation radicale de la politique, contenue tout entière dans la lutte du fascisme et de l'antifascisme : Trotski n'est plus un bolchevik dissident ou battu, mais un complice des nazis. L'invraisemblance de ce qui se dit devant ces assises truquées, où comparaissent des hommes brisés, ne retourne pas les croyants. Mais, dans le tintamarre sur l'« homme nouveau » et le bonheur kolkhozien, elle introduit une dissonance à la fois frêle et aiguë qu'aucune justification ne réduira plus, quels qu'aient été les efforts faits pour l'éteindre. La plupart des célébrités du monde intellectuel ne veulent pas l'entendre. Mais pour les descendants de Pascal, de Souvarine, de Rosmer ou de Silone, les procès de Moscou éclairent d'une lueur lugubre le pays qu'ils ont aimé. Victor Serge, enfin expulsé, à nouveau sur la brèche, multiplie analyses et avertissements. Il est l'un des premiers à parler comme d'un système de l'univers des prisons et des camps : « Ni les statistiques optimistes ni les relations de touristes parcourant l'Eurasie en wagon-lit ne sauraient, pour nous, couvrir le terrible murmure qui

monte des prisons et des taudis [1]. » Autre militant rescapé des bagnes soviétiques, le Croate Ante Ciliga, qui
publie en 1938, chez Gallimard, *Au pays du grand mensonge* [2] : vaste reportage sur le monde concentrationnaire soviétique, caché dans la langue de l'utopie.
L'ouvrage n'a aucun succès, mais balise déjà le terrain où
s'illustreront Kravchenko après la guerre et les grands
dissidents des années soixante et soixante-dix. C'est à
partir des procès et des camps que s'opère le nouveau
« désenchantement » communiste de 1937-1939, dont le
pacte germano-soviétique couronnera l'histoire [3].

Ainsi la réalité soviétique revient ici et là hanter,
comme un retour du refoulé, la scène de l'antifascisme
communiste, dont elle tend à détruire la cohérence : si
l'Union soviétique cache, sous le masque du pouvoir
prolétarien, une dictature policière si universelle et si
féroce qu'elle n'autorise en public que l'approbation
solennelle des victimes, comment en faire le drapeau de
la bataille contre le fascisme ? Indestructible, sans cesse
renaissante, la question rôde comme une menace autour
de la certitude abstraite que Staline, incarnation du
socialisme, est aux antipodes de Hitler, produit du capitalisme. Tournons-nous une fois de plus, pour en saisir la
profondeur, vers la Ligue des droits de l'homme, le
meilleur forum qui soit de la France antifasciste [4].

La Ligue est née du combat contre une erreur judiciaire. Elle est fille de l'affaire Dreyfus. Elle regroupe une
bourgeoisie intellectuelle de professeurs et d'avocats,
particulièrement sensible par tradition et par métier à la
défense des droits de l'homme dans le monde : plus proche de 1789 que de 1917, et de l'idéologie maçonnique
que du marxisme-léninisme. Le premier procès de Moscou, dans l'été de 1936, tombe sur cet aréopage de l'antifascisme français comme un coup de tonnerre, au

    1. Victor Serge, *Seize fusillés à Moscou*. Paris, Spartacus, 1936.
Rééd. 1972, p. 93.
    2. Ante Ciliga, *Au pays du grand mensonge, op. cit.*, cf. *supra*,
p. 474-475.
    3. Cf. *supra*, p. 478.
    4. *Cf.* Christian Jelen, *Hitler ou Staline..., op. cit.*

moment où les esprits sont tournés vers l'Espagne. Des exécutions au nom du salut public, précédées d'une procédure judiciaire secrète, eussent sans doute moins déconcerté ces démocrates que ce tribunal soviétique condamnant les compagnons de Lénine dans les formes publiques de la justice, mais sur des aveux invraisemblables. Le président de la Ligue, Victor Basch, a eu spontanément l'idée d'élever une protestation [1], mais il s'agit de l'U.R.S.S. : la solution retenue a été celle d'une commission d'enquête.

Les premières conclusions de cette commission [2] sont présentées dès le 18 octobre 1936 par son rapporteur, Me Rosenmark, le conseil juridique de la Ligue. L'avocat se débarrasse d'abord, en guise de prologue, des irrégularités du procès de Moscou au regard du droit français : des civils jugés par un tribunal militaire, une instruction secrète, l'absence de défenseurs et de témoins, les écarts de langage du procureur Vychinski. Mais presque tout le rapport tourne autour de la question centrale des aveux, traitée comme un problème de droit. Ce qui rend en effet ces aveux recevables, donc crédibles en dépit de leur caractère extraordinaire, c'est qu'ils n'ont jamais été rétractés, tout au long de l'instruction et du procès, et qu'ils ont été faits par tous les accusés, seize sur seize : « Il est contraire à toutes les données de l'histoire de la justice criminelle de supposer que, par des tortures ou par la menace de tortures, on fasse avouer des innocents dans la proportion de seize sur seize [3]. » Pourtant, le rapport conclut à la nécessité d'une plus ample information, dans la mesure où ce procès de Moscou a révélé l'existence d'un complot nazi étendu à plusieurs pays tiers ; l'U.R.S.S. n'en serait que la victime privilégiée, comme l'avait été, en son temps, de la part d'autres cons-

1. *Cf.* Congrès national de la Ligue des droits de l'homme, 17-19 juillet 1937, « Les procès de Moscou », intervention de Victor Basch, p. 169.
2. *Les Cahiers des droits de l'homme*, n° 31, 15 novembre 1936, « Le procès de Moscou », rapport présenté au nom de la commission par Me Raymond Rosenmark, p. 743-750.
3. *Ibid.*, p. 748.

pirateurs, la France de la Révolution : « C'est renier la
Révolution française, qui, selon un mot fameux, est un
"bloc", que de refuser à un peuple le droit de sévir contre
les fauteurs de guerre civile, contre des conspirateurs en
liaison avec l'étranger [1]. »

La commission continue donc son travail. A ses trois
membres initiaux, Victor Basch lui-même, Mirkine-
Guetzevitch, président de la Ligue russe des droits de
l'homme, et Rosenmark, elle agrège l'historien radical-
socialiste Albert Bayet et l'avocat Maurice Paz. Elle est à
pied d'œuvre pour examiner les pièces du second procès
de Moscou, celui qui s'ouvre en janvier 1937 contre une
nouvelle fournée de vieux bolcheviks au premier rang
desquels figurent Radek et Piatakov. Et un vaste débat
public s'instaure au sein de la Ligue lors de son congrès
de juillet de la même année, tout juste après que s'est
tenu le troisième grand procès de Moscou, où ont été
condamnés — cette fois à huis clos — les grands chefs de
l'Armée rouge, coupables eux aussi d'avoir prêté la main
à l'intrigue hitléro-trotskiste.

L'offensive contre le rapport Rosenmark est menée
par le vieux pacifiste Félicien Challaye, devenu en 1935
très hostile à l'U.R.S.S., après avoir été communiste ou
compagnon de route depuis 1920. Il dénonce les aveux
extorqués par la terreur, l'extravagance des accusations,
et l'indulgence de la Ligue pour les bourreaux contre les
victimes, sous couvert d'impartialité. Les *Cahiers* de la
Ligue ont même été jusqu'à refuser de publier une réfutation du rapport Rosenmark par Magdeleine Paz ! Côté
littéraire, Challaye a reçu l'appui d'Alain, André Breton,
Jean Giono, Georges Bataille. Soutien aussi, en séance,
de Georges Pioch, autre figure de la gauche anticommuniste, après avoir été un des leaders du tout jeune P.C.F.
au début des années vingt. Lui met en garde ses amis
« ligueurs » contre les deux mécanismes mentaux qui
risquent d'aveugler leur jugement sur les procès soviétiques : l'analogie avec la Révolution française et le chantage à l'union antifasciste. Là-dessus, contre-attaque de

1. *Les Cahiers des droits de l'Homme*, p. 750.

Rosenmark, qui défend à nouveau et la liberté des aveux des accusés, sur les témoignages de la presse, et leur validité, en excipant de la jurisprudence française et anglaise !

Il revient au président de conclure ce débat difficile, tout haché d'interruptions plus ou moins aimables. Victor Basch [1] dispose d'une grande autorité morale sur son public. Non que les membres de la Ligue soient faciles à conduire, moins encore à unir : impatients à l'égard de toute discipline imposée, la plupart sont au surplus partagés à l'intérieur d'eux-mêmes, traversés par les contradictions d'un antifascisme à la fois vainqueur et si fragile. Leur président vient de plus loin que les temps ambigus où ils se trouvent. Né à Bratislava, dans une famille juive hongroise, sous François-Joseph, un demi-siècle avant la Première Guerre mondiale, il a été fait citoyen français par l'école de la République et par l'affaire Dreyfus. Agrégé d'allemand, professeur à la Sorbonne en 1906, il a milité à l'ombre de Jaurès pour le socialisme et la paix, membre dès 1907 du comité central de la Ligue des droits de l'homme. Sans états d'âme en 1914, car il voit le droit dans la cause française, il ne sera pas non plus un jusqu'au-boutiste de la guerre. Sa vraie patrie morale et politique n'a cessé d'être l'universalité républicaine à la française, telle que Jaurès avait su l'intégrer à l'avenir socialiste, conçu comme le redéploiement pacifique par le prolétariat des idéaux de la Révolution française. Cet esprit de synthèse le désigne comme naturellement à la présidence de la Ligue, en 1926, et de là, à partir de 1933 surtout, à la pointe du combat antifasciste. Lui qui a tant plaidé après 1918 pour la réconciliation avec l'Allemagne, le voici à nouveau englué par l'histoire dans une croisade de la démocratie contre le pays dont il enseigne depuis si longtemps les grands auteurs. Dès lors, il a fait de Hitler l'ennemi principal, et il combat au premier rang pour la formation du Front

---

1. Sur Victor Basch, voir Françoise Basch, *Victor Basch. De l'affaire Dreyfus au crime de la Milice*, Plon, 1994.

populaire, au premier rang pour l'aide à l'Espagne ; disposant d'une majorité à l'intérieur de la Ligue, où il se heurte désormais aux pacifistes.

Le débat de 1937 exprime bien à la fois sa conviction et son dilemme. Il n'a pas de sympathie pour le communisme et l'intolérance du credo bolchevique. Mais rien non plus dans son expérience et sa vision de la politique ne lui en fournit des éléments de compréhension : si bien qu'il a tendance à percevoir cet univers lointain à travers les idées qui le lui rendent familier, et à excuser ce qu'il fait voir de plus contradictoire aux droits de l'homme comme la faute provisoire d'une révolution menacée. D'ailleurs, ceux qui dénoncent avec le plus de véhémence les procès de Moscou n'ont-ils pas été les plus chauds partisans de Lénine ? Victor Basch, qui a protesté jadis contre la terreur exercée par Lénine et Trotski, s'en fait un argument de prudence sur les procès de Moscou : comme si une priorité dans la critique du régime soviétique naissant justifiait une plus grande circonspection quand il s'agit de juger la terreur stalinienne. En l'occurrence, il s'agit plutôt du procédé classique, repris d'ailleurs des communistes, visant à éliminer du débat sur le communisme, pour excès de partialité, ceux qui le combattent après l'avoir servi.

En réalité, les hommes de la gauche française qui s'affrontent en juillet 1937 sur les procès de Moscou discutent en même temps de la situation de l'antifascisme en France. Comme ce sera la règle pendant tout le siècle, et partout en Europe, les désaccords d'opinion sur le régime soviétique recouvrent et révèlent les affrontements politiques plus concrets de la politique intérieure. Dans la France de 1937, où la coalition antifasciste victorieuse de 1936 est déjà profondément fissurée, la question de la terreur en U.R.S.S. menace tout l'esprit du Front populaire. Félicien Challaye, le vétéran du pacifisme inconditionnel, est d'autant plus conduit à la poser qu'il déteste l'air de croisade militaire que les communistes veulent donner à l'antifascisme. Victor Basch réagit en sens contraire, en subordonnant ce qu'il craint de savoir sur Staline à la lutte contre Hitler [1]. Il appartient par naissance et par métier à ces quelques dizaines de milliers d'hommes qui ont tout de suite tout compris de l'entreprise hitlérienne : les Juifs d'appartenance germanique sont en première ligne depuis 1933. Fils adoptif de la démocratie française, et devenu une de ses figures morales, il peut parler haut et fort, à l'inverse de tant de ces réfugiés chassés d'Allemagne puis d'Autriche par Hitler, condamnés à se taire dans une France qui n'aime pas les prophètes de malheur, et moins encore s'ils sont juifs.

Voilà pourquoi Victor Basch rechigne à briser l'unité du Front populaire, à laquelle il a consacré tant de soins. Bien qu'il ait, comme il le dit à tous, bien des doutes sur les procès de Moscou, il n'aime pas que ce débat vienne à la traverse de l'union contre Hitler. Il ne peut l'empêcher non plus : le rapport Rosenmark, auquel il donne sa bénédiction, est le produit de ce demi-aveuglement volontaire, qui traduit bien l'esprit majoritaire à la Ligue [2]. Quelques mois après cette victoire, il se rassure encore lui-même à l'aide de sa référence préférée : « Notre Révolution a fait couler, elle aussi, le sang de milliers d'innocents, cependant, si l'on nous posait à nous autres, démocrates, la question que voici : que préféreriez-vous si le choix vous en était laissé, la Révolution, avec ses crimes, ou pas de crimes sans Révolu-

---

1. Même type de réaction, par exemple, chez Julien Benda. Dans un texte peu connu, qui se trouve dans une éphémère publication antifasciste et antimunichoise, *Les Volontaires* (n° 1, décembre 1938), Benda accepte le qualificatif de « totalitaire » pour caractériser le communisme par opposition à la démocratie, mais c'est pour l'assortir d'un sens favorable, par opposition au fascisme. Fascisme et communisme sont, à ses yeux, deux types différents de totalitarisme : comparables en ce qu'ils subordonnent totalement l'individu à l'Etat, et suppriment les libertés, ils sont différents par des visées de transformation sociale qui n'appartiennent qu'aux communistes. Il y a ainsi un bon et un mauvais totalitarisme. *Cf. Les Volontaires*, n° 5, avril 1939, numéro spécial, *Le fascisme contre l'esprit*, Julien Benda, « Démocratie et communisme ».

2. Le rapport de Rosenmark recueille 1 088 mandats, contre 258 à la motion de Challaye.

tion, qui d'entre nous se déciderait pour la seconde solution [1] ? »

Entre-temps, les chefs de la minorité ont quitté la Ligue : Challaye, Pioch, Bergery, Michel Alexandre, Magdeleine Paz et d'autres. La plupart d'entre eux, lucides sur les procès de Moscou, veulent ignorer le bellicisme de Hitler [2]. Victor Basch et sa majorité, lucides sur Hitler, n'aiment pas l'idée de condamner le régime stalinien.

*

Resterait à examiner, pour clore cet inventaire idéologico-politique, une dernière famille d'esprits, presque effacée de notre mémoire, et pourtant vaste à l'époque chez les intellectuels français : celle qui, à des degrés divers, regarde avec intérêt ou sympathie à la fois le communisme et le fascisme. Elle n'entre dans mon propos que par la porte de côté, puisqu'elle ne se sent pas chez elle dans la coalition antifasciste, bien qu'elle n'aime pas la bourgeoisie conservatrice. Pourtant, ni gauche ni droite, elle contribue à éclairer mon sujet, en offrant un angle nouveau sur les ambiguïtés du communisme soviétique dans le jugement de l'Occident.

A la définir sur ce qu'elle dit d'elle-même, l'U.R.S.S. est le paradis de la liberté « réelle » enfin conquise. A la considérer sur ce qu'elle fait, elle offre l'image d'une société où l'individu est entièrement soumis à l'Etat. Mais ce constat élémentaire, et d'ailleurs relativement neutre, peut lui-même s'entendre en négatif ou en

---

1. V. Basch, « Mise au point », in *Les Cahiers des droits de l'homme*, n° 21, 1er novembre 1937.

2. Dans l'été 1938, en pleine crise des Sudètes, Félicien Challaye fera dans l'Allemagne hitlérienne, à l'invitation du « Front allemand du travail », un voyage organisé à la manière des voyages en U.R.S.S. Il en ramènera des jugements aussi complaisants sur le régime nazi que ceux des compagnons de route communistes pour le régime soviétique. L'ancien dreyfusard, l'ancien collaborateur des *Cahiers de la Quinzaine*, le vieux jauressiste, l'ex-compagnon de route du P.C.F., trouve au bout de son voyage la conclusion qu'il avait eue en partant : que l'Allemagne de Hitler ne veut pas la guerre.

positif : dans les deux cas, il tend à rapprocher communisme et fascisme, soit pour les détester ensemble, soit
pour en faire au contraire des exemples divers du même
phénomène, le dépassement de l'individualisme
moderne. Dans les « tyrannies » contemporaines, sous
leur double visage — pour emprunter le vocabulaire
d'Elie Halévy —, les libéraux détestent la toute-
puissance du parti, la fin des libertés, la confusion des
pouvoirs, le culte du chef. Mais les ennemis du libéralisme peuvent aimer tout aussi bien dans les deux types
de régimes totalitaires la fin de l'anarchie individualiste,
la restauration d'un pouvoir fort, le rassemblement du
peuple autour d'un grand but collectif : dans les années
trente, cette famille d'esprit est plus nombreuse, plus
puissante, plus écrivailleuse que la précédente. Bien
qu'elle soit toujours parmi nous, elle nous est devenue
presque impossible à imaginer sous la forme qu'elle a
eue alors : depuis 1945, le fascisme a été mis au ban de
l'humanité pour ses crimes. L'histoire oblige pourtant à
concevoir qu'avant d'être vaincu comme une malédiction il a été pour beaucoup d'intellectuels européens un
espoir, au même titre que le communisme.

L'ambiguïté du fascisme tient à ce qu'il est né comme
un frère ennemi du communisme, à travers une série
d'emprunts destinés à neutraliser d'autant mieux son
rival. A l'heure de Staline, le communisme offre des traits
inédits qui alimentent la tentation de l'analogie : un
accent national, la construction d'un ordre nouveau, le
culte du chef. On en a vu la fascination sur une partie de
la droite allemande, dans le cas du « national-
bolchevisme ». Mais la France n'est pas en reste sur ce
chapitre, tant la critique de la société bourgeoise y est
universelle, à droite comme à gauche de la vie intellectuelle. L'Action française en est la première boutique
d'achalandage politique, et elle a fait l'éducation de la
plupart des écrivains de l'entre-deux-guerres. L'un de ses
fils, Georges Valois, maurrassien mâtiné de « soré-
lisme », admirateur de Mussolini, et probablement le
premier fasciste français en date, définit ainsi, dès 1925,
la fraternité du fascisme et du communisme : « Quel que

soit celui qui gagne et absorbe l'autre, le communisme en Russie et le fascisme en Italie auront des résultats identiques. Pas de Parlement, pas de démocratie, une dictature, une nation qui se forme elle-même. Quand la bourgeoisie aura été éjectée, l'alliance entre l'Etat et le peuple obligera chacun à marcher dans la discipline nationale... Le fascisme a pris à l'Action française et au socialisme tout ce qu'ils avaient de meilleur. En Europe, il est en train de devenir la synthèse de tous les mouvements antidémocratiques positifs [1]. »

Texte prémonitoire : car on n'aurait aucun mal à constituer en aval un florilège d'écrits français de cette veine, prêchant le mariage de la révolution et de la nation. Ceux-ci ne débouchent jamais sur la construction d'une force politique autonome, et moins que jamais dans ces années 1934-1936 où les communistes ont réussi à prendre l'initiative des Fronts populaires antifascistes. L'intérêt qu'ils ont, dans le contexte français, est de montrer que même dans cette période d'affrontement droite/gauche autour du fascisme survit un espace politique antilibéral à l'intérieur duquel l'expérience soviétique demeure une référence positive même aux yeux des hommes tentés par le fascisme. Témoin Drieu La Rochelle, ballotté par le siècle, incapable d'y saisir un appui pour l'action, et possédé pourtant par la passion d'en déchiffrer le sens et d'y jouer un rôle.

En moins doué, il n'est pas si loin de Malraux, dont il est d'ailleurs l'ami. Comme lui, il aime le fracas de l'histoire, les hommes d'action, les fidélités contradictoires, les idées vagues. Mais Malraux sent les grandes occasions du siècle et les saisit toutes aux cheveux pour en faire son personnage et ses livres. Lui ne les voit pas venir, les rate et en meurt. Ce qui l'a perdu est d'avoir, sous son dandysme littéraire, des passions fascistes, comme la haine des Juifs, des francs-maçons ou des députés. Un talent plus éclatant que le sien — ou une nature plus forte — eût mieux survécu à la couleur d'épo-

1. *Popolo d'Italia*, 18 octobre 1926. Cité *in* Alastair Hamilton, *L'Illusion fasciste, les intellectuels et le fascisme 1919-1945*, Gallimard, 1971.

que de ces sentiments : faute de quoi, Drieu reste au moins parmi nous comme un des meilleurs témoins de l'état d'esprit idéologique que je cherche à peindre.

Entré dans l'âge d'homme par la guerre de 14, il a traversé l'Action française et flirté aussi avec le surréalisme. Jeune ancien combattant, à la fois patriote et pacifiste, il a été l'ami de Raymond Lefebvre, l'un des fondateurs du communisme français [1]. Ses écrits politiques des années vingt plaident pour une Europe fédérale, seule capable de sauver les plus vieilles nations du monde, coincées entre l'U.R.S.S. et les Etats-Unis, de la guerre ou de la décadence. Ils sont tous empreints d'hostilité au capitalisme et à l'anarchie libérale. Au début des années trente, Drieu est encore plutôt à gauche, proche de Bergery et de son « Front commun » antifasciste, mais il appartient plus que jamais à toute cette mouvance de l'opinion intellectuelle incertaine sur ce qui sépare la gauche et la droite, et formant un va-et-vient constant d'opinions et d'hommes : antibourgeoise, antilibérale, réclamant à cor et à cri planification et renaissance nationale, mais tiraillée entre les deux pôles communiste et fasciste. Au moment où se forme le Front populaire, Drieu penche vers le second, mais au nom de l'idéal du premier : « J'ai acquis la conviction que le fascisme est une étape nécessaire de la destruction du capitalisme. Car le fascisme n'aide pas le capitalisme ; contrairement à ce que croient les antifascistes, contrairement à ce que croient la plupart des gens qui se rallient au fascisme... Le fascisme crée une civilisation de transition, dans laquelle le capitalisme tel qu'il a existé dans sa période de grande prospérité est amené à une destruction rapide [2]. »

La même année 1934, avec ce sens infaillible du contretemps qui ne le quitte jamais, Drieu publie un petit

1. Pierre Andreu et Frédéric J. Grover, *Pierre Drieu La Rochelle*, 1979, rééd. La Table Ronde, 1989. Frédéric J. Grover, *Drieu La Rochelle (1893-1945)*, Gallimard, coll. Idées, 1979.

2. *La Grande Revue*, mars 1934, cité *in* A. Hamilton, *op. cit.*, p. 235-236.

livre intitulé *Socialisme fasciste* [1]. C'est un nouvel « essai sur les révolutions », comme modalités nécessaires du changement. L'Europe n'a pris sa figure historique qu'à travers une première vague de révolutions « démocratiques et parlementaires » dont l'Angleterre du XVIIe siècle a donné le signal. Octobre 1917 a inauguré une deuxième série de révolutions, dans laquelle s'inscrivent aussi Mussolini et Hitler : car la marche sur Rome et la prise de pouvoir par les nazis sont par rapport au bolchevisme moins des contre-courants que des dérivations. De même qu'Octobre n'a pas été « prolétarien », mais autoritaire, non pas marxiste, mais léniniste, instaurant non pas la dictature d'une classe mais celle d'un parti, de même les révolutions fascistes, rendues nécessaires par la crise de l'économie capitaliste et de la démocratie parlementaire, sont « socialisantes et autoritaires », destinées à mettre au pouvoir une aristocratie politique groupée autour d'un chef. Staline, Mussolini, Hitler, même combat, à la fois révolutionnaire et national : « Les intérêts de la nation et de la révolution se confondent aux yeux de la jeunesse russe comme aux yeux de la jeunesse italienne ou allemande [2]. »

Ainsi Drieu traduit à sa manière la toute-puissance de l'idée révolutionnaire sur les esprits. Aux révolutions, il confère, comme la gauche, l'honneur d'être des événements nécessaires, revêtus d'une dignité historique particulière. Mais, pour les besoins de sa comparaison, il est amené à en déplacer le point d'application de la classe vers le Parti, cette nouvelle divinité de l'époque. Bolchevisme et fascisme ne sont pas séparés, à ses yeux, par les catégories marxistes du prolétariat et de la bourgeoisie. Ils sont au contraire réunis par la recherche commune d'une solution à la « gouvernementabilité » des nations modernes. La bourgeoisie n'est qu'une classe économique, incapable par définition de former une élite politique. Il en va de même pour la classe ouvrière ; il n'existe pas plus de classes gouvernantes que de classes révolu-

---

1. Pierre Drieu La Rochelle, *Socialisme fasciste*, Gallimard, 1934.
2. *Ibid.*, p. 149

tionnaires. Les révolutions du XXe siècle cherchent à
substituer à ce vide le Parti unique, constitué par choix
délibéré, pépinière de chefs autour du grand chef. Drieu
le paresseux, Drieu l'aboulique, ne cesse d'interroger
l'énigme de la volonté politique, qui est aussi l'obsession
de son époque [1].

Pourtant, la parenté entre les régimes antidémocratiques nés depuis 1917 ne les empêchera pas de se faire la
guerre. Au contraire, puisqu'ils ont superposé aux querelles d'hier les ambitions d'idées dont les révolutions
sont inséparables : « ... L'Allemagne (hitlérienne ou
non) est encore pour la Russie le grand voisin dont la
supériorité technique n'est pas abolie. Et ensuite, il y a
entre le semi-socialisme des fascistes allemands et le
semi-fascisme des communistes russes la même sourde
haine familiale qu'entre l'impérialisme des Romanov et
celui des Hohenzollern et des Habsbourg. Des deux
côtés, même base fortement nationale et par-dessus
même tendance à l'évangélisation mondiale. Ce qui
mène à la lutte [2]. » Ainsi, rien d'autre n'est écrit dans
l'avenir proche que la décadence ou la ruine des démocraties capitalistes d'Occident. Leur succession sera
prise par l'Europe de Hitler ou celle de Staline.

Drieu, quand il écrit cela, n'est pas encore fasciste,
même si l'on peut déjà, en lisant entre les lignes, deviner
l'homme vaincu qui notera dix ans plus tard, le
10 juin 1944, dans son *Journal* : « Le regard tourné vers
Moscou. Dans l'écroulement du fascisme, il rattache mes
dernières pensées au communisme [3]. » Mais l'intérêt du
témoignage du Drieu de 1934 n'est pas dans cette prédiction trop facile — et d'ailleurs, la trajectoire de l'écrivain vers un engagement national-socialiste est trop sin-
gulière pour être typique. Ce qui, par contre, l'est, vers

---

1. Le succès du livre de Malaparte, *Technique du coup d'Etat*,
dont la traduction française paraît chez Grasset, en 1931, est un bon
témoignage de cette obsession.
2. Pierre Drieu La Rochelle, *Socialisme fasciste, op. cit.*, p. 163.
3. Pierre Drieu La Rochelle, *Journal 1939-1945*, Gallimard, coll.
Témoins, 1992, p. 386.

1934-1936, c'est l'existence de la double fascination exercée sur beaucoup d'intellectuels et par le fascisme et par
le communisme, où ils investissent la détestation de la
société bourgeoise où ils vivent.

A l'inverse de Drieu, la plupart de ces intellectuels se
sentiront d'autant moins enclins ou contraints à l'engagement partisan en faveur du fascisme que le cours de
l'avant-guerre, puis de la guerre, fera de la France un
adversaire, puis une victime de l'Allemagne hitlérienne.
Et après la guerre, aucun d'entre eux ne se souviendra
plus d'avoir considéré le national-socialisme comme une
expérience sociale ou politique digne d'intérêt ! Tout le
monde viendra se ranger rétrospectivement à l'intérieur
d'un espace bipolaire désormais sacralisé par tant de
sang versé, et bien sûr du bon côté. L'autre n'existera plus
que comme crime. En réalité, les choses se sont passées
autrement, et il suffit de parcourir la littérature politique
de l'époque, droite et gauche ensemble, pour voir à quel
point la dictature mussolinienne et le national-
socialisme allemand y ont une place importante. Si cette
littérature n'est pas, le plus souvent, de très grand intérêt,
ce n'est pas qu'elle soit trop polémique ; c'est qu'elle vise
davantage à critiquer le parlementarisme français qu'à
analyser ces régimes étrangers. Au lieu de donner la
parole aux Juifs allemands qui affluent, les Français discutent — comme Drieu, sur ce point — des méfaits ou
des avantages du libéralisme. Le débat sur le fascisme
n'est pas mieux informé que sur le communisme — et
pour les mêmes raisons : l'observation des faits n'y joue
qu'un faible rôle.

C'est à cette lumière, il me semble, que doit être regar-
dée l'interminable polémique qui traîne depuis quinze
ou vingt ans en France à propos des positions politiques
des intellectuels catholiques de gauche et de leur revue,
Esprit, dans ces années-là. Le courant d'opinion est
ancien, et il plonge ses racines au moins jusqu'au *Sillon*
de Marc Sangnier, au tout début du siècle. Il rompt en
visière avec le caractère radicalement antimoderne des
positions philosophiques et politiques de l'Eglise catholique, comme l'avaient déjà fait les catholiques libéraux

du milieu du XIXe siècle. Mais il va plus loin qu'eux. Il tente d'instaurer un débat avec la gauche marxiste, communistes compris.

Comme l'a bien vu Daniel Lindenberg [1], le concept par l'intermédiaire duquel cette gauche catholique étend sa curiosité jusqu'à Marx est celui de « communauté ». Véhiculé par la tradition chrétienne, le terme renvoie à un univers social où les activités des individus sont organisées en fonction d'un bien commun, tiré de la volonté divine et du sacrifice du Christ. Il rencontre au XIXe siècle la critique romantique de la société moderne : constituée d'individus séparés les uns des autres, chacun d'entre eux poursuivant son propre intérêt, cette société est le contraire d'une communauté. Critique romantique qui est tournée vers le passé, nostalgique d'un Moyen Age organique, mais qui n'est pas différente en son fond de la critique socialiste, orientée vers le futur : car toutes les deux considèrent la société moderne de marché comme trop subvertie par l'individualisme bourgeois pour être jamais fondatrice d'un véritable ordre social. L'ambition des penseurs socialistes déplace seulement la solution du problème vers l'avenir. Elle vise à recomposer sur les débris de cet individualisme un monde fraternel d'hommes associés autour d'un projet commun. D'ailleurs, dès la première moitié du XIXe siècle, une certaine interprétation messianique de la promesse évangélique a croisé en France et en Europe la foi révolutionnaire en la régénération de l'homme : hostile aux bourgeois de 1789, le néo-catholique Buchez a vu dans la révolution jacobine de 1793 la préfiguration française des retrouvailles de l'humanité avec la communauté [2].

Un siècle après, ce qui intéresse le plus Mounier dans le marxisme, c'est la volonté de refaire une communauté. Pourtant le directeur d'*Esprit* n'est pas enclin, comme Buchez, à mêler le spirituel et le temporel. Il ne désire pas non plus, comme Le Play, refaire une société à statuts,

---

1. Daniel Lindenberg, *Les Années souterraines, 1937-1947*, La Découverte, 1991, chap. 5, p. 165-245, « L'homme communautaire ».
2. *Cf. supra*, p. 179.

sur le modèle de la famille, de l'entreprise et du métier. Sa communauté n'est ni le produit d'une histoire providentielle ni la résurrection d'un ordre précapitaliste disparu. Elle correspond au besoin le plus fondamental de la personne humaine, créature de Dieu, ouverture sur l'Autre, constante recherche du dépassement de soi. A la société capitaliste, agrégat mécanique d'individus isolés, Mounier oppose la communauté vivante et libre des associés, spirituellement active, aimantée par une émulation créatrice vers le bien commun de tous. Nouvelle figure « personnaliste » à l'inventaire inépuisable des utopies associatives antibourgeoises, la Cité de Mounier et de ses compagnons penche à gauche. Incompatible avec le communisme dans l'ordre philosophique, elle partage avec les communistes l'hostilité au capitalisme et l'esprit militant : ce qui nourrit le dialogue, et peut permettre l'action commune.

Mais *Esprit* n'est pas pour autant tout uniment « antifasciste ». Car le fascisme, lui aussi, fait partie de ce que Mounier appelle « l'immense vague communautaire qui déferle sur l'Europe [1] ». Le fascisme, lui aussi, a comme base la dénonciation de l'individualisme bourgeois, et comme moyen l'exaltation de la volonté collective. Loin de constituer un retour aux vieilles sociétés mortes de l'Europe aristocratique, c'est au contraire un remodelage communautaire de démocraties épuisées par la domination des intérêts privés. L'espèce de sous-nietzschéisme qui circule dans l'époque lui attribue le même privilège qu'au communisme : celui qui s'attache aux aventures gratuites de la volonté contre les fatalités de l'économie.

Ce regard, sinon toujours favorable, du moins souvent bienveillant, porté à l'époque sur les expériences fascistes, italienne et allemande, ne peut donc être tenu pour une conversion à l'hitlérisme. Il est répandu à peu près dans toutes les familles politiques — excepté les communistes — hostiles au libéralisme économique ou à la démocratie parlementaire. Il s'attache à des régimes qui

---

1. Cité par Daniel Lindenberg, *op. cit.*, chap. 5, p. 209.

sont dans leur phase de succès : Mussolini est au sommet
de sa popularité en Italie et de sa réputation internationale ; l'économie allemande sous Hitler renaît rapidement et fait contraste avec la stagnation française. Ainsi,
des éléments de circonstance viennent ajouter leur poids
aux raisons et aux passions que mobilise l'idéologie. Les
dictatures italienne et allemande apparaissent comme
les moteurs de la politique européenne. La tristesse de
ces temps est que, si les antisémites peuvent se sentir
partout une faiblesse pour Hitler, il n'est pas besoin
d'être antisémite pour être tenté d'aller chercher des
recettes dans le fascisme. Il suffit d'être à la fois non
communiste et antilibéral ; ce qui définit une vaste zone
de l'opinion intellectuelle, de la droite à la gauche. Car
j'écris à dessein « non communiste », et non pas « anticommuniste » : la passion antilibérale, le rejet du mensonge bourgeois, joints au nihilisme qui donne sa couleur à l'époque, peuvent être assez forts pour se suffire à
eux-mêmes et mêler dans beaucoup d'esprits l'attraction
du fascisme à la faiblesse pour le communisme.

Pour éclairer le phénomène dans sa complexité, il faudrait disposer d'une histoire parallèle de Marx et de
Nietzsche dans le contexte français au XXᵉ siècle. Cette
histoire permettrait de comprendre la France intellectuelle et morale du XXᵉ siècle avec plus de profondeur
qu'à travers l'opposition du fascisme et de l'antifascisme.
Mais elle n'est pas écrite. Ce qu'on en aperçoit dans
l'intelligentsia française des années du Front populaire
suffit à montrer à quel point les coalitions de l'antifascisme politique cachent plus qu'elles ne la manifestent la
réalité de l'époque. C'est le grand secret de leur fragilité.

S'il veut saisir à son niveau profond ce qu'un auteur
récent a nommé « le désarroi français en 1938 [1] », le
lecteur doit regarder davantage vers la critique littéraire
ou philosophique que vers la politique. C'est là que le
véritable éclatement du positivisme républicain qui a
suivi la Première Guerre mondiale se laisse le mieux voir,

1. Vincent Descombes, *Philosophie par gros temps*, Paris, Ed. de
Minuit, 1985.

en même temps que les fragments hétérogènes d'un nihilisme esthétique dont il a jonché l'espace culturel. Le
plus beau de ces fragments, le surréalisme, s'est désinté-
gré de l'intérieur sous l'effet de son propre éclectisme, et
de l'extérieur par la concurrence du communisme. Il a
légué Aragon aux campagnes du Komintern, et bientôt
fait de Breton un prophète sans prophétie, un « révolutionnaire sans révolution [1] », une grande voix qui très tôt
n'a plus grand-chose à dire. Signe de ce siècle, l'écrivain
français dont le type d'esprit était le plus adapté à excer-
cer cette magistrature morale que la tradition nationale
confie à la littérature, cet écrivain-là doit se taire, ou
quasiment, à trente-cinq ans. Refus de mentir qui
l'honore, mais qui révèle aussi l'étroitesse, la fragilité de
sa philosophie : vienne à s'éteindre la flamme révolutionnaire à l'est de l'Europe, et le voici comme intimidé parce
que l'histoire lui a manqué. S'il veut la ranimer, cette
flamme, par ses propres moyens, quelle faiblesse ! et
quelle solitude ! André Breton restera du siècle un
témoin extraordinaire, grandi même par son retrait et
par le consentement prématuré à l'oubli. L'époque l'a
très tôt condamné à mesurer stoïquement l'échec de sa
magistrature d'idées : plus réaliste, en ce sens, que son
ami Trotski, autre exilé, autre indomptable, mais
acharné, lui, à démentir les démentis de l'histoire.

Le mouvement surréaliste est mort prématurément de
n'avoir plus rien à dire sur la révolution, dont il avait fait
son mot d'ordre. Le chantage communiste l'a brisé.
L'histoire, en lui confisquant son gri-gri, a rendu ses
affidés à la liberté aristocratique naturelle aux écrivains
et aux artistes. Liberté qu'Aragon a abdiquée en choisissant une servitude beaucoup plus rigoureuse que celle de
la condition bourgeoise ; au moins y retrouve-t-il à la fois
des rôles politiques et les grands genres littéraires. Quant
à Breton, roi privé de royaume, Trotski de la littérature,
il est devenu un génie sans emploi. Ce qui survit du
surréalisme n'obéit plus à sa férule et d'ailleurs n'a rien

---

1. J'emprunte l'expression au beau livre d'André Thirion, *Révolutionnaires sans révolution*, Paris, Robert Laffont, 1972.

gardé de la majesté classique de son style. C'est l'anathème antibourgeois, plus violent que jamais, mais délivré de tout usage politique, émancipé aussi des formes
canoniques. Du Nietzsche et du Freud plutôt que du
Marx, enveloppé dans une littérature d'éclats.

Chez Bataille, comme chez tant d'autres, la haine du
bourgeois constitue la passion mère, source d'écrits
péremptoires et brefs, dénonciateurs de la misère psychologique de cet homme de l'utile et de l'homogène,
perdu dans le prosaïsme universel du calcul économique. Le bourgeois a effacé de l'échange ce qu'il a eu
d'orgiaque, de festif, de porteur d'un sens sacré, dans les
sociétés décrites par l'*Essai sur le don* [1]. Il ne consent plus
à « dépenser » que pour lui-même, donc en se cachant,
contraint par sa condition à l'hypocrisie. Son abjection
est la honte de l'homme. La société moderne sur laquelle
il règne est devenue tragiquement homogène, faite
d'individus asservis tous à la mesure de l'argent, et désormais hors du champ de la différence, donc des passions,
et d'abord de la première, la passion sexuelle. Autant de
thèmes familiers, qui ont leur source dans Hegel, dont
Kojève est alors à Paris l'interprète, et qui puisent une
radicalité nouvelle à travers Nietzsche et Freud. C'est
l'aube d'une nouvelle obsession allemande dans la pensée française, sur les ruines encore majestueuses du
positivisme universitaire. Des grands auteurs d'outre-
Rhin, Bataille n'offre pas l'exploitation la plus cohérente [2], mais il leur emprunte de quoi nourrir un nihilisme du désespoir.

Car ce qu'il a dans sa ligne de mire n'est autre que la
tradition des Lumières, prolongée de l'optimisme révolutionnaire du XIXe siècle, Condorcet et Marx tout
ensemble. A la « conception géométrique de l'avenir », il
veut substituer la force dynamique du désespoir :

---

1. Dans l'ouvrage de Marcel Mauss, *Essai sur le don*, 1926, réédité dans *Sociologie et anthropologie*, P.U.F., coll. Quadrige, 1983,
Bataille puise l'idée d'un échange non lié à l'utilité économique, et
d'un lien social fondé sur la « dépense » pure.
2. Vincent Descombes, *Philosophie par gros temps*, *op. cit.*,
chap. 4, « La crise française des Lumières », p. 69-95.

« L'avenir ne repose pas sur les efforts minuscules de quelques rassembleurs d'un optimisme incorrigible ; il dépend tout entier de la désorientation générale [1]. » L'époque, à ses yeux, est plongée dans le malheur : malheur irrémédiable des démocraties bourgeoises plongées dans l'incapacité d'exister, malheur aussi des révoltes conduites contre elles au nom de la vie contre l'inerte : « Toute force vive a pris aujourd'hui la forme de l'Etat totalitaire... Staline, l'ombre, le froid projetés par ce seul nom sur tout espoir révolutionnaire, telle est, associée à l'horreur des polices allemande et italienne, l'image d'une humanité où les cris de révolte sont devenus politiquement négligeables, où ces cris ne sont plus que déchirement et malheur [2]. » Ecrites en septembre 1933, après l'avènement de Hitler, ces lignes indiquent assez qu'il n'y a plus d'espoir que dans l'absolu du désespoir.

Tout sépare donc Bataille de l'antifascisme, qu'il considère comme une entreprise vaine et privée de substance historique, liée à une philosophie creuse du progrès. Les antifascistes sont des « sorciers luttant contre

---

1. « Le problème de l'Etat » in *La Critique sociale*, septembre 1933, n° 9. *La Critique sociale* est une revue bimensuelle fondée par Boris Souvarine en mars 1931, et qui regroupe autour de lui, et de sa compagne de l'époque, Colette Peignot, les membres ou les sympathisants du Cercle communiste démocratique. L'inspiration est celle d'une critique marxiste non dogmatique de l'actualité politique et littéraire. Simone Weil participe de façon intermittente au Cercle et à la revue à partir de 1932. Il en va de même pour Georges Bataille, plus hétérodoxe encore (ou moins marxiste). Il publie en 1933, dans la revue de Souvarine, trois articles qui me paraissent les plus intéressants qu'il ait écrits en matière de pensée politique : « La notion de dépense », en janvier, « Le problème de l'Etat », en septembre, et « La structure psychologique du fascisme », en novembre. *La Critique sociale* sera entraînée dans la faillite de la maison d'édition Marcel Rivière en 1934. Ses numéros successifs ont été republiés par les éditions de La Différence en 1983.

Cf. J.-L. Panné, *op. cit.*, chap. 15, « Un cercle sans quadrature », p. 196-219.

Cf. C. Ronsac, *Trois noms pour une vie*, Robert Laffont, 1988.

2. Georges Bataille, « Le problème de l'Etat », in *La Critique sociale*, n° 9, septembre 1933, rééd., p. 105.

les orages [1] », alors que seuls les « orages » peuvent faire trembler le socle mort de la société bourgeoise. Le fascisme comme le communisme sont des orages inaboutis, puisqu'ils constituent finalement des sociétés serviles, qu'il faut combattre au nom de la haine de l'Etat. Mais leur surgissement, ce qui les a fait naître, et jusqu'à leur total échec témoignent encore de la misère pathétique de l'homme au XXe siècle. Le communisme a été à l'origine la révolte du prolétariat, seule classe hétérogène de la société, en tant que non bourgeoise. Quant au fascisme, auquel Bataille consacre une étude particulière la même année [2], il incarne par opposition à l'Etat bourgeois, agent de la société de masse et soumis à elle, l'hétérogénéité du pouvoir, le retour de son élément sacral. De la « société royale », la société fasciste restaure en effet l'autorité inséparablement religieuse et politique, instance psychologique collective indispensable à l'hétérogénéité des individus. Mais cette restauration est aussi une négation de la société bourgeoise, offrant une autre solution que la révolution prolétarienne aux classes dissociées de la société homogène, et par là une base populaire au fascisme. « De cette dualité possible de l'effervescence résulte une situation sans précédent. Une même société voit se former, concurremment, dans une même période, deux révolutions à la fois hostiles l'une à l'autre et hostiles à l'ordre établi [3]. » La grande convulsion moderne est faite de deux mouvements adversaires et complices d'arrachement à la condition bourgeoise. Ils se nourrissent l'un par l'autre, l'un de l'autre, mobilisant des forces affectives qui se conjuguent et se neutralisent à la fois : témoins et acteurs de l'interminable subversion qui tisse l'histoire de l'émancipation humaine sans l'achever jamais.

---

1. *Ibid.*, « La structure psychologique du fascisme », in *La Critique sociale*, n° 11, mars 1934, p. 211.
2. « La structure psychologique du fascisme », in *La Critique sociale*, n° 10, novembre 1933, p. 159-165, et n° 11, mars 1934, p. 205-211.
3. *Ibid.*, p. 211.

Avant la guerre, Bataille ne s'expliquera jamais mieux que dans ces textes de 1933 sur les grandes questions politiques de l'époque. Après un bref rapprochement avec Breton en 1935, le temps d'un appel à la révolution mondiale [1], il s'enferme dans de petits groupes ultra-gauche [2], minuscules communautés d'élus destinés à traquer les secrets de l'existence sociale. Le dernier d'entre eux, le Collège de sociologie, que fréquentent en 1938-1939, selon les jours, Benda et Drieu, Benjamin ou Adorno, s'est donné pour objet « l'étude de l'existence sociale, dans toutes celles de ses manifestations où se fait jour la présence active du sacré [3] ». Assez étrangement, Bataille se réclame de Durkheim pour faire de sa découverte du « social » comme siège du religieux le champ d'investigation d'un nihilisme postnietzschéen.

Mais ses écrits valent moins pour leur rigueur, inexistante, ou leur talent, médiocre, que pour cette froide violence de mort qui les anime, et cette fin de l'univers des Lumières qu'ils déclarent. L'antifascisme républicain a comme divinités Jean-Jacques Rousseau et Victor Hugo, les pères et les fils de 1789. Il abrite le communisme soviétique dans cette filiation rassurante : l'identité révolutionnaire empêche de penser la différence entre démocratie et totalitarisme. Or, Bataille balaie ce château de cartes. Ni les Lumières ni la Révolution fran-

---

1. Breton et Bataille écrivent ensemble, à l'automne 1935, le texte déclaratif du groupe « Contre-Attaque », qui n'aura pas un an d'existence. Ce manifeste cherche à donner de la révolution une définition nouvelle, qui ne tienne pas seulement dans la socialisation des moyens de production et qui échappe au cadre national. Il contient une triple critique implicite du modèle soviétique, par la revendication d'une « intraitable dictature du peuple armé », par l'exigence d'une révolution universelle, et surtout par l'accent mis sur le nécessaire subversion des « superstructures » ; où l'on reconnaît la pensée de Bataille. *Cf.* A. Thirion, *Révolutionnaires sans révolution*, op. cit., p. 430-431. Le texte de l'appel constitutif du groupe Contre-Attaque est reproduit dans *Tracts surréalistes et déclarations collectives (1922-1939)*, E. Losfeld éd., 1980, p. 281-284.

2. *Acéphale*, puis *Le Collège de sociologie*.

3. Denis Hollier, *Le Collège de sociologie*, Gallimard, coll. Idées, 1979, p. 24.

çaise ne permettent plus de penser les convulsions du XXᵉ siècle.

Cette faille ouverte dans le patrimoine démocratique de la France et de l'Europe, un jeune philosophe l'a sentie et analysée très tôt, sans y mettre rien de cette espèce d'absolution désespérée des régimes totalitaires qu'on rencontre ici et là chez Bataille et ses amis. C'est Raymond Aron, qui entame sa longue course solitaire dans l'intelligentsia française. Il a d'abord été, jeune normalien, socialiste de la nuance pacifiste [1]. Ensuite, à peine entré dans la vie professionnelle, et détaché en Allemagne au début des années trente, il rapporte de son long séjour une vision lucide de l'entreprise hitlérienne, d'une part, et la critique de la raison historique, de l'autre [2]. Deux choses qui appartiennent à des ordres de réalité différents, mais qui forment très tôt dans son esprit un questionnaire inédit à l'Ecole normale supérieure, d'où il sort. Comment lutter contre Hitler ? Comment interpréter l'histoire, et quel est le rapport de cette interprétation au vrai ? A quel point cette deuxième interrogation est peu académique, en dépit de son caractère abstrait, on peut le mesurer à la soutenance de thèse d'Aron dans la Sorbonne de 1938. Le candidat n'appartient pas seulement à une autre génération que celle de ses examinateurs ; il vient d'un autre monde philosophique et moral : nourri de Max Weber et de Dilthey, décortiquant le statut incertain de notre connaissance du passé, au moment où il est saisi par la tragédie de l'histoire, qu'il a comprise avant tout le monde. En lui, son jury craint le spectre de l'inquiétude nihiliste surgi au milieu des certitudes du droit et du progrès [3].

Pourtant, cet homme divisé, ce philosophe critique, apporte à la première interrogation ramenée de Berlin,

1. Jean-François Sirinelli, *Génération intellectuelle. Khâgneux et normaliens dans l'entre-deux-guerres*, P.U.F., coll. Quadrige, 1994, chap. 13 : « Les élèves d'Alain », p. 484-494.

2. Nicolas Baverez, *Raymond Aron*, Flammarion, 1993. Raymond Aron, *Mémoires*, Julliard, 1983, chap. 3 : « Découverte de l'Allemagne », p. 50-80.

3. Raymond Aron, *Mémoires, op. cit.*, chap. 5, p. 105-106.

et la plus urgente, une réponse catégorique : la lutte contre Hitler est la priorité absolue de l'heure. Mais cette lutte, il ne l'entend pas à la manière « antifasciste » de la gauche de l'époque. Vivant dans l'entourage professionnel de Bouglé, admirateur d'Elie Halévy, il est sans illusions sur l'Union soviétique, et critique aussi du Front populaire [1]. En outre, l'antifascisme, ambigu dans ses alliances et ses objectifs, se réclame à ses yeux d'une tradition morte : celle de l'optimisme historique de la Révolution française et du XIXe siècle relayé par le positivisme universitaire. Du jeune Raymond Aron, le texte le plus intéressant à cet égard est une communication à la Société française de philosophie le 17 juin 1939, à la veille du dernier été de paix en Europe [2].

L'orateur s'est donné pour sujet : « Etats démocratiques et Etats totalitaires », et, par le deuxième adjectif, il ne désigne dans cet exposé que l'Allemagne de Hitler et l'Italie de Mussolini. Mais il est clair qu'il ne range pas pour autant l'U.R.S.S. dans la première catégorie, puisqu'une des thèses qu'il développe est la suivante : « Les régimes totalitaires s'opposent premièrement aux démocraties et non au communisme. » En effet, les fascismes entendent détruire, au-delà même de l'héritage politique du XIXe siècle, ce qui constitue l'esprit de la tradition occidentale. En ce sens, ils sont « authentiquement révolutionnaires », et rien n'est plus « étrange » que la faveur dont ils ont joui dans l'opinion conservatrice anglaise et française. En face d'eux, les démocraties se trouvent en position défensive, conservatrice : le risque est de les voir se crisper sur un patrimoine mort, incapable de leur redonner vie. « Il n'est pas question aujourd'hui de sauver les illusions bourgeoises, huma-

1. Raymond Aron, *Mémoires*, p. 143-145, et « Raymond Aron 1905-1983. Histoire et politique », *Commentaire*, février 1985, p. 311-326.

2. Le texte n'en sera publié dans le *Bulletin de la Société française de philosophie* qu'au printemps 1946. *Cf. Bulletin de la S.F.P.*, 40e année, n° 2, avril-mai 1946, p. 41-92. Raymond Aron, « Etats démocratiques et Etats totalitaires », repris dans *Machiavel et les tyrannies modernes*, Editions de Fallois, 1993, p. 165-183.

nitaires ou pacifistes. Les excès de l'irrationalisme ne disqualifient pas, bien au contraire, l'effort nécessaire pour remettre en question le progressisme, le moralisme abstrait ou les idées de 1789. Le conservatisme démocratique, comme le rationalisme, n'est susceptible de se sauver qu'en se renouvelant [1]. « Seule manière, pour Aron, d'éviter l'alternative catastrophique fascisme-communisme.

Parmi les gens qui écoutent parler le jeune philosophe, ce jour-là, il y a Victor Basch, que nous avons déjà rencontré [2]. Le président de la Ligue des droits de l'homme incarne assez bien ce que l'orateur critique — progressisme, pacifisme, tradition révolutionnaire à la française : de là naît un courtois dialogue de sourds. Victor Basch s'indigne qu'on puisse honorer Hitler ou Mussolini du titre de révolutionnaires et parler de démocraties comme de régimes conservateurs : rien de plus cohérent, puisque à ses yeux la démocratie est d'essence révolutionnaire. Mais ce dont il s'offusque le plus, dans les propos du conférencier, tient à la mise en cause des principes de 1789, jugés « abstraits » et incapables de renouveler un élan démocratique : le vieux ligueur refait la profession de foi républicaine qui a guidé toute son existence.

Aron n'a pas entendu attaquer les idées de 1789 en tant qu'idées ; il a voulu critiquer la possibilité qu'offre l'universalisme révolutionnaire français à penser le monde du XXe siècle, et à agir sur lui. Non seulement cet universalisme ne permet pas de comprendre les révolutions contemporaines, qu'elles soient fascistes ou communistes, mais il les masque, au lieu de les éclairer. Sur le plan pratique, il désarme les hommes des démocraties, au lieu de les préparer au combat. Il les porte à la rhétorique et au moralisme, il les détourne des réalités économiques et militaires, il empêche la réforme des institutions, il conduit au pacifisme : tel est, en filigrane, le bilan négatif du Front populaire et de l'« antifascisme ». Dès

1. Raymond Aron, *Machiavel et les tyrannies modernes, op. cit.*, p. 166.
2. *Cf. supra*, p. 481-495.

son premier grand débat avec la gauche intellectuelle française, qui a été son milieu d'origine, Raymond Aron a indiqué avec précision l'étendue de son désaccord en même temps que l'originalité de sa position critique : dans l'ordre intellectuel, attentif à la nouveauté radicale des révolutions du XXe siècle, et porteur d'une « compréhension » de l'histoire qui doit plus à Weber qu'à la vulgate démocratique révolutionnaire française ; dans l'ordre politique, plus démocrate que républicain, trop réformateur pour la droite, trop hostile au discours antifasciste pour la gauche et, pour les deux, trop lucide sur la guerre qui vient.

9

LA SECONDE GUERRE MONDIALE

Des ambiguïtés de l'antifascisme communiste, la Seconde Guerre mondiale constitue comme une expérience de laboratoire, puisqu'elle est faite de deux périodes à la fois enchaînées et contradictoires. De septembre 1939 à juin 1941, Staline est le principal allié de Hitler. De juin 1941 à mai 1945, son ennemi le plus acharné. La mémoire sélective des peuples n'a le plus souvent retenu de l'interminable conflit que la deuxième période, authentifiée par la victoire. Mais l'histoire doit aussi rendre raison de la première, sous peine de n'être qu'une version du passé offerte par les vainqueurs.

Il faut donc repartir du pacte signé à Moscou par Ribbentrop et Molotov le 23 août 1939 ; il inaugure le temps de l'alliance entre l'U.R.S.S. et l'Allemagne nazie. Alliance, et non pas seulement convention de non-agression, selon la première présentation qui en est faite sur le moment, en pleine crise polonaise. Car la partie publique du pacte est accompagnée d'un protocole secret [1], dont l'existence sera longtemps niée par les Soviétiques, parce que le texte révèle précisément l'ampleur de l'accord territorial entre les deux partenaires, à la veille du franchissement par les troupes allemandes de la frontière polonaise. Hitler s'est réservé par avance la Lituanie et la Pologne occidentale, mais il a concédé comme appartenant à la sphère d'influence

---

1. C'est pourquoi il vaudrait mieux parler *des* pactes germano-soviétiques, au pluriel, comme le suggère Stéphane Courtois.

soviétique l'Estonie, la Lettonie, la partie de la Pologne à l'est des rivières Narew, Vistule et San, la Bessarabie. L'importance de ces consentements anticipés à un agrandissement de l'U.R.S.S. indique l'intérêt qu'a eu le dictateur nazi au retournement de Staline : le voici les mains libres non seulement en Pologne, mais surtout à l'Ouest.

De fait, il entre en Pologne le 1ᵉʳ septembre, et se trouve en guerre avec l'Angleterre et la France le 3. Pendant deux semaines encore, le temps d'une avance rapide des blindés allemands dans la plaine polonaise, l'idée d'une continuation de la politique antifasciste par d'autres moyens est défendable, et d'ailleurs défendue, notamment par le P.C.F. [1] : l'accord germano-russe du 23 août, le seul public, étant analysé comme une riposte de Staline aux tentatives des dirigeants anglo-français pour l'isoler, un moyen de gagner du temps en restant à l'écart du conflit. Même l'entrée des troupes soviétiques en Pologne le 17 septembre peut, à la rigueur, être interprétée comme une simple prise de gage. L'opinion publique ne sait pas qu'à l'est du pays les hommes du N.K.V.D., derrière l'Armée rouge, font un peu la même chose que les sections SS derrière la Wehrmacht : ils liquident ou déportent les élites polonaises, et tout ce qui peut ressembler à des adversaires poten-

---

1. Après la signature du pacte Ribbentrop-Molotov (23 août 1939), les communistes français votent le 25 une résolution aux résonances patriotiques (« Si Hitler malgré tout déclenche la guerre, alors qu'il sache bien qu'il trouvera devant lui le peuple de France, les communistes au premier rang... ») puis, le 2 septembre, ils votent les crédits de guerre et répondent aux ordres de mobilisation. Le 19 septembre, dans une lettre à Léon Blum, Marcel Cachin, au nom des parlementaires, confirme cette orientation. Mais, simultanément, d'autres communistes avancent une ligne politique différente, rendant les démocraties responsables de l'agression hitlérienne contre la Pologne. C'est finalement la dénonciation des « fauteurs de guerre impérialistes » anglo-français qui devient prépondérante à partir du 1ᵉʳ octobre (le P.C. a été dissous le 26 septembre) lorsque les députés A. Ramette et F. Bonte envoient une lettre à Edouard Herriot, l'avertissant de prochaines propositions de paix de la part de l'U.R.S.S. qui a envahi la Pologne le 17. Les seules « propositions » qui sont faites sont celles de Hitler, le 6 octobre ; celui-ci appelle les démocraties à déposer les armes.

tiels. En huit jours, Staline s'est emparé de la Biélorussie occidentale et des terres polono-ukrainiennes.

Le 28 septembre, Ribbentrop se déplace de nouveau à Moscou. Le doute n'est plus permis sur la politique soviétique, même dans l'ignorance des protocoles secrets sur les lignes de partage de la Pologne et la redistribution des populations d'après leur appartenance ethnique [1]. Car le ministre nazi signe avec Molotov un véritable traité de coopération et d'amitié, couronné par le fameux communiqué : « Le gouvernement du Reich et le gouvernement de l'Union soviétique, ayant réglé, par l'arrangement signé aujourd'hui, définitivement, les questions qui découlent de la dissolution de l'Etat polonais, et ayant ainsi créé une base pour une paix durable en Europe orientale, expriment en commun l'opinion qu'il correspondait aux véritables intérêts de toutes les nations de mettre fin à l'état de guerre qui existe entre l'Allemagne d'une part, la France et l'Angleterre d'autre part. Les deux gouvernements entreprendront donc des efforts communs, le cas échéant, d'accord avec d'autres puissances amies, pour parvenir le plus rapidement possible à ce but. Si toutefois les efforts des deux gouvernements restaient sans succès, le fait serait alors constaté que l'Angleterre et la France sont responsables de la continuation de la guerre [2]. » Il est clair dès lors que Hitler fera la guerre à l'Ouest avec la neutralité bienveillante de l'Union soviétique.

D'ailleurs, l'évolution de la politique soviétique ne laisse aucun doute. Staline satellise en un tournemain les trois petits Etats baltes, avec la bénédiction de l'Allemagne, avant de les annexer l'année suivante. A l'automne 39 encore, il veut soumettre la Finlande et inaugure un procédé dont il fera grand usage par la suite : le jour où l'Armée rouge attaque sans préavis sur

1. Il était prévu que les Allemands ou Polono-Allemands vivant en territoire désormais soviétique repasseraient dans la Pologne allemande, les Ukrainiens et les Biélorusses en zone allemande faisant le mouvement inverse.

2. Stéphane Courtois, *Le P.C.F. dans la guerre*, Ramsay, 1980, chap. 2, p. 50.

la frontière finlandaise, Radio-Moscou annonce la création, sur la petite portion de territoire envahie, d'un
« gouvernement démocratique » de Finlande dirigé par
Otto Kuusinen, vétéran du Komintern. La guerre ne
tournera pas aussi bien que celle de Hitler en Pologne.
Mais elle rend tout à fait évidente, et même spectaculaire, la volonté de Staline d'avoir sa part dans les premiers butins d'une guerre mondiale qu'il a prévue de si
loin, et qu'il commence sous d'aussi bons auspices.

Cet activisme prudent, mais délibéré, invalide la justification qui a été si longtemps donnée du pacte
germano-soviétique du 23 août : le retournement de
Staline n'aurait été que la réponse du berger à la bergère,
et une manière de déjouer les intrigues occidentales
visant à pousser Hitler vers l'Ukraine pour le détourner
de la Meuse ou du Rhin. Non que ces intrigues n'aient pas
existé, ou qu'elles n'aient pas pesé sur la politique de
l'Angleterre et de la France. Elles ont eu leur victoire, en
un sens, avec les accords de Munich, en septembre 1938,
bien qu'elles n'en soient pas, il s'en faut, la seule cause : le
pacifisme des opinions publiques de l'Ouest n'a cessé de
jouer contre les Tchèques, et dans l'esprit des dirigeants
anglais et français l'aveuglement a eu sans doute une
plus grande part que le calcul. Mais on peut comprendre
que, tenu à l'écart de la réunion, en dépit des engagements soviétiques vis-à-vis de la Tchécoslovaquie, Staline ait considéré Munich comme l'esquisse d'un complot pan-impérialiste contre l'U.R.S.S. L'idée fait partie
par excellence, depuis Octobre 17, du répertoire bolchevique. Toujours est-il que le discours de Staline devant le
XVIIIe Congrès du Parti bolchevique, le 10 mars 1939, a
constitué un avertissement aux démocraties occidentales, en même temps qu'une ouverture vers l'Allemagne.
S'agit-il de la *première* ouverture ? On a vu que non [1].
Mais il est clair que la politique des « deux fers au feu »,
qui n'a sûrement jamais cessé d'être dans l'esprit de Staline depuis 1934, a reçu après Munich un sérieux infléchissement en direction de l'Allemagne. Bientôt Molotov

---

1. *Cf. supra*, p. 426-428.

va remplacer Litvinov, l'homme de la « sécurité collective », au ministère des Affaires étrangères. L'ironie de la situation veut que ce choix semble se faire tout juste au moment où les conservateurs anglais ont enfin perdu leurs illusions sur Hitler, après l'invasion de la Tchécoslovaquie le 15 mars 1939 : la guerre entre l'Allemagne et les démocraties apparaît à peu près inévitable, même à leurs yeux. La position soviétique en reçoit un surcroît de force.

Staline a eu le choix, au printemps 1939, entre la réaffirmation de la politique antifasciste de sécurité collective et le retournement des alliances. Il a exploré les deux voies à la fois. Sur la première, les méfiances se sont accumulées. La proposition russe d'un accord militaire tripartite (U.R.S.S., Angleterre, France) couvrant tous les pays limitrophes de l'U.R.S.S., des pays Baltes à la Roumanie, en passant par la Pologne, se heurte au refus polonais et roumain d'accepter le passage éventuel de l'Armée rouge sur leurs territoires, de peur que celle-ci ne les évacue jamais plus. La suite de l'histoire devait montrer le bien-fondé des craintes. En fait, Staline s'avance plutôt sur l'autre voie, comme l'indique la nomination de Molotov, le 4 mai. La négociation y est plus facile dans la mesure où Hitler comprend à demi-mot les ambitions de l'autre partie, puisque ce sont les compléments des siennes ; il n'a aucun mal, lui, à rayer l'Estonie ou la Pologne de la carte de l'Europe, si c'est le prix à payer pour les agrandissements de l'Allemagne à l'Est, et pour avoir les mains libres à l'Ouest. La question polonaise[1], qui divi-

---

1. Lors de négociations engagées par la France et la Grande-Bretagne avec l'U.R.S.S. à partir de mai 1939, les Soviétiques subordonnent la signature d'un accord politique à celle d'un accord militaire. Dès le début des négociations (12 août), les Soviétiques veulent que les Anglo-Français obtiennent de la Pologne (et de la Roumanie) l'autorisation pour les troupes soviétiques de traverser son territoire. Le maréchal Vorochilov en fait un préalable que les Anglo-Français, respectueux de la souveraineté des Etats, tentent de tourner en proposant la poursuite des négociations dans l'attente des réponses des gouvernements concernés. Le 17, les Soviétiques et les Allemands signent un accord économique qui préfigure le pacte du 23 août. Le même jour, les Polonais refusent de souscrire aux exigences soviétiques.

sait le camp « antifasciste », unit au contraire les nazis
aux communistes.

Ainsi, bien qu'il soit évident que la politique d'« apaisement » vis-à-vis de Hitler conduite par les conservateurs anglais, et les dirigeants français à leur suite, ait
joué un rôle dans le retournement diplomatique de
l'U.R.S.S. vers Hitler en 1939, il n'est pas exact d'en faire
l'explication essentielle de ce « retournement ». D'abord,
parce que l'emploi même de ce terme tend à faire penser
qu'entre 1934 et 1939 la politique extérieure soviétique a
été tout uniment décalquée de l'antifascisme idéologique, ce qui n'a pas été le cas. Ensuite, parce que le problème polonais, principale pierre d'achoppement à un
accord militaire franco-anglo-russe, n'a pas été inventé
par des Occidentaux maniaques de l'antisoviétisme. La
Pologne a toutes les raisons de se sentir menacée aussi
bien par Staline que par Hitler, et la France par exemple,
qui lui est liée par un traité, n'est pas en mesure de
protéger son indépendance dans l'hypothèse de troupes
russes campant sur son territoire. Les dirigeants anglo-
français devaient-ils, pour la protéger contre Hitler,
accepter qu'elle fût occupée par Staline ? La question
mérite au moins d'être posée.

La politique extérieure antifasciste de sécurité collective s'est heurtée à des contradictions plus graves encore
que la politique intérieure menée au nom de l'antifascisme, comme en France : celle-ci unissait en surface des
partis opposés sur l'essentiel ; celle-là feignait de prendre
des adversaires pour des partenaires. La remarque n'ôte
pas sa valeur à la critique de la politique d'« apaisement », qui a joint la sottise à la lâcheté. Mais elle en
relativise la portée, dans la mesure où elle montre les
impasses de la politique inverse. Staline n'était pas
homme à associer l'Union soviétique à un front uni antinazi par passion idéologique, par goût de la liberté ou
même par souci de l'équilibre européen. Il lui fallait
d'abord se protéger d'une attaque allemande, et si possible laver son pays du souvenir de Brest-Litovsk. Or Hitler,

le jour venu, avait sur les deux points plus à lui offrir que Chamberlain ou Daladier.

Le partage de la Pologne s'inscrit dans une vieille tradition germano-russe de domination partagée en Europe orientale. Au XVIIIe et au XIXe siècle, la partie allemande comprenait à la fois la Prusse et l'Autriche, ou l'Empire allemand et l'Autriche-Hongrie. Au XXe, Hitler occupe tout seul le rôle, en face de Staline, successeur des tsars. Ce que les deux dictateurs refont ensemble tient aussi à leur origine commune, plus récente que les partages polonais. Car ils ont tous les deux dans leurs héritages respectifs la volonté de détruire l'Europe de Versailles, qui avait été conçue pour assurer la domination de l'impérialisme français sur la ceinture de petits Etats située entre l'Allemagne vaincue et la Russie d'Octobre 17.

En mettant sa main dans celle de Hitler, Staline renoue — s'il l'a jamais abandonnée tout à fait — avec la politique extérieure bolchevique d'avant 1933 : alliance avec l'extrême droite allemande au nom de la lutte contre le système de Versailles. La situation lui est d'autant plus favorable qu'en remettant ses pas dans ces traces qui ne sont pas si anciennes, il donne le feu vert à la guerre interimpérialiste entre l'Allemagne d'un côté, l'Angleterre et la France de l'autre. Guerre que tout, à l'époque, annonce comme devant être longue, épuisante pour les belligérants, donc propice dans tous les cas à la consolidation de la puissance soviétique et à ses agrandissements territoriaux. Ce n'est pas rien, déjà, d'effacer Brest-Litovsk à l'aide de cette même Allemagne qui en avait dicté à Lénine les conditions humiliantes !

La question de savoir si Staline préférait Hitler aux démocraties occidentales, ou l'inverse, n'a donc pas beaucoup d'intérêt en l'occurrence. Le plus probable est qu'il mettait les deux types de régime dans le même sac, celui du Capital ; son choix d'août-septembre 1939 lui a été suggéré par des considérations de circonstance, et non pas de doctrine. A lui qui avait tout vaincu à l'intérieur de l'U.R.S.S., les hommes et les choses, la situation offrait un nouveau rôle, par l'office inattendu du dictateur nazi : celui de créateur d'Empire, avec une partie de la Pologne en prime d'encouragement. En ce sens, le pacte germano-soviétique marque dans sa biographie le passage à une ambition plus vaste que l'Union soviétique ; elle va remplir le reste de sa vie. Bien qu'il ait changé entre-temps d'alliés, il n'existe pas de différence entre le Staline de 1939 qui occupe la partie orientale de la Pologne et le Staline de 1944 qui en « libère » la partie occidentale. 1944 continue 1939 : au partage avec les nazis succède la domination sans partage de Moscou sur une nation déplacée vers l'ouest avec ses populations. L'automne 1939 révèle à l'opinion que Staline conçoit l'expansion du communisme en Europe sous la forme de l'exportation armée du régime soviétique sous contrôle de ses agents.

S'il fallait d'ailleurs une preuve supplémentaire du véritable caractère du pacte germano-soviétique, on la trouverait dans la manière dont celui-ci a été présenté et justifié dans la terminologie marxiste-léniniste. C'est une vraie bénédiction pour l'historien que la nature idéologique de l'univers communiste, qui lui fait obligation de tout expliquer dans cet idiome universaliste étrange où se fabrique l'infaillibilité du Parti et de son chef. Car, à condition d'en déchiffrer le code, on dispose à chaque moment d'un inestimable instrument d'interprétation, puisque l'acteur principal, individuel et collectif, y a consigné ses raisons. Source capitale, mais répétitive et monotone par temps calme, la langue de bois marxiste-léniniste devient tout particulièrement précieuse à l'heure des tempêtes ; on dirait presque qu'elle s'anime et prend des couleurs aux grandes échéances, quand il lui faut revenir sur elle-même et modifier l'économie interne de ses différents éléments. Tel est le cas par excellence en cet automne 1939, après six années de pilonnage idéologique « antifasciste ».

Le pacte germano-soviétique est en effet, de prime abord, l'événement politique le plus difficile à faire entrer dans une rationalisation léniniste. Il n'a pas été, comme Brest-Litovsk, dicté par un péril extrême ; ou, comme le tournant de 1934-1935, imposé par un événement nouveau (la dictature de Hitler). Il doit tout aux circonstances : le besoin qu'a eu Hitler de neutraliser Staline avant de déclencher la guerre, l'avantage qu'a trouvé Staline dans un premier partage de l'Europe orientale. Et, s'il faut ajouter aux circonstances des raisons plus substantielles, toute l'affaire d'août-septembre 1939 entre l'Allemagne et l'U.R.S.S. peut s'écrire en termes de raison d'Etat. Les deux grandes dictatures idéocratiques du siècle se sont finalement entendues en dehors de leurs idéologies. Hitler n'a guère à s'en expliquer, dans la mesure où l'invocation du nationalisme, jointe au cynisme du vainqueur, suffit à sa prédication. Mais Staline ne peut se draper dans la raison d'Etat sans mettre en question la vocation mondiale du communisme. Il ne peut justifier son accord avec Hitler sans prendre à revers tout ce qu'ont fait et pensé les militants communistes à travers le monde depuis le procès de Leipzig. Et pourtant il le doit, puisqu'il reste leur chef, doué d'une double nature, nationale et universelle. C'est dans cet exercice obligé que l'historien trouve son bien.

L'accueil fait au pacte du 23 août par les partis communistes a tendu tout d'abord à réduire la nouveauté brutale de l'événement : mouvement qui n'était que trop naturel, analogue à celui de quiconque apprend une mauvaise nouvelle. Les dirigeants communistes à l'étranger n'ont pas été mis dans le secret de ce qui se préparait à Moscou. Ils ont enregistré et répercuté l'avertissement donné à Londres et à Paris le 10 mars par Staline, mais ils n'ont pas modifié pour autant l'axe antifasciste de leur propagande et de leur action, tenu pour intangible. Dans les jours qui suivent la nouvelle du pacte, ils approuvent Staline comme l'artisan d'une ultime manœuvre pour éviter la guerre (ce qui est déjà acrobatique), mais restent résolus à être au premier rang des soldats contre Hitler si elle éclate [1]. Ce type de déclaration n'apaise pas l'indignation populaire contre

---

1. Sur les réactions du P.C.F. au pacte germano-soviétique, et la confirmation réitérée de l'union nationale contre Hitler, pendant la dernière semaine d'août et la première moitié de septembre, voir S. Courtois, *op. cit.*, chap. 2.

l'Union soviétique que le pacte du 23 août a suscitée ; elle présente au moins l'avantage de rassurer les militants en garantissant un minimum de continuité dans la ligne politique des partis du Komintern. D'ailleurs, dans les mêmes jours, les hommes de l'Internationale, à Moscou, ne pensent pas autrement. Le 27 août, dans une lettre dont l'existence vient d'être révélée [1], les deux plus hauts responsables, Dimitrov et Manouilski, écrivent à Staline pour lui demander des instructions sur la situation du P.C.F. à Paris :

« Nous pensons que la position du Parti doit toujours rester la même : résister à l'agression de l'Allemagne fasciste. Il doit soutenir les efforts visant le renfort du potentiel défensif de la France, mais exiger qu'en revanche le Parti ait la possibilité d'exprimer ouvertement son opinion et puisse développer ses activités. » Lettre sans réponse immédiate : dans ces derniers jours d'août, Staline hésite encore sur le sens public qu'il faut donner à ce qu'il vient de faire. Le 31 août, à la quatrième session du Soviet suprême, Molotov donne encore une interprétation minimaliste du « pacte » : rendu nécessaire par la politique munichoise des Occidentaux, celui-ci n'est pas un renversement d'alliances ; il signe simplement la fin de l'hostilité entre l'Allemagne et l'U.R.S.S. dans l'intérêt des deux pays, en même temps qu'il souligne le rôle international décisif du deuxième, notamment pour tout ce qui concerne l'Europe orientale. Par cette incise, Molotov veut sans doute préparer l'opinion à ce qui a été couché noir sur blanc dans le protocole secret.

Le lendemain, c'est l'invasion de la Pologne, et la rapidité de l'avance allemande, qui rapproche l'échéance de l'intervention soviétique, oblige Staline à intervenir. Le 7 septembre, il reçoit Dimitrov, en présence de Molotov et de Jdanov : c'est, à ma connaissance, la première fois qu'il dégage pour le mouvement communiste les implications philosophico-politiques du pacte. Le compte rendu de ses propos, tel qu'il sort tout juste des archives

---

1. Mikhaïl Narinski, « Le Komintern et le Parti communiste français, 1939-1942 », *Communisme*, n° 32-34, 1993, p. 12.

du Komintern, est si intéressant qu'il me faut le citer longuement : « Dans cet entretien, Staline déclare que la guerre se déroule entre deux groupes de pays capitalistes — pauvres et riches du point de vue des colonies, des matières premières, etc. — pour le repartage du monde, pour la domination. Nous n'avons rien à dire contre le fait qu'ils se battent entre eux comme il faut et qu'ils s'affaiblissent mutuellement, dit Staline. Il n'y aurait pas de mal à ce que la situation des pays capitalistes les plus riches (surtout de l'Angleterre) soit ébranlée par l'intermédiaire de l'Allemagne. Hitler, lui, sans le comprendre et sans le désirer, affaiblit et sape le système capitaliste [1]. »

Staline déclare encore qu'avant la guerre la distinction entre fascisme et régime démocratique était juste. « Pendant la guerre entre puissances impérialistes, cela devient erroné. La division des pays capitalistes en pays fascistes et démocratiques a perdu son sens. » Puis il adopte une position nettement hostile à la Pologne, l'ayant caractérisée comme un Etat fasciste qui opprimait les Ukrainiens, les Biélorusses, etc.

« Dans les conditions actuelles, la suppression de cet Etat signifierait qu'il y aurait un Etat fasciste de moins. Ça ne serait pas mal si la Pologne essuyait une défaite et que de ce fait nous puissions englober dans le système socialiste de nouveaux territoires et de nouvelles populations.

« ... Quant au mouvement communiste, Staline se propose de renoncer au slogan de front populaire unifié. Les communistes des pays capitalistes doivent se dresser résolument contre leur propre gouvernement, contre la guerre... »

A peu près tout est dit, dans ces instructions orales, de ce qui va être la nouvelle politique communiste. Staline s'y révèle d'ailleurs le patron du Komintern comme il l'est de l'Union soviétique : le maître absolu. Dissocier les deux rôles reviendrait à méconnaître la nature de l'univers léniniste. Au moment même où il affirme la pri-

1. *Ibid.*, p. 13.

mauté des intérêts de l'Etat soviétique sur tout le reste, le secrétaire général n'abandonne rien de ses prérogatives à régenter ce reste au nom du marxisme-léninisme. Et le prix de cette pédagogie est élevé : il ne s'agit de rien moins que de dire et faire le contraire de ce qu'on a dit et fait depuis 1934.

Depuis 1934, ou 1935, selon le point de référence choisi, la guerre impérialiste rendue inévitable par les rivalités des puissances capitalistes n'était plus tout uniment « impérialiste », comme en 1914, ou comme dans la dénonciation qu'en faisait le Komintern de la « troisième période ». Elle allait au contraire mettre aux prises un groupe d'Etats fascistes, dont l'Allemagne de Hitler constituait le fer de lance, et une alliance d'Etats démocratiques, Angleterre et France en tête, qui, bien que capitalistes, se trouvaient dans une position défensive, par conséquent moins agressive. L'un de ces Etats, la France, avait conclu en 1935 un traité d'alliance avec l'U.R.S.S. : le statut de sa politique extérieure s'en trouvait dignifié d'autant. Tel avait été le socle philosophique de la stratégie antifasciste. Or, le 7 septembre 1939, Staline renvoie dos à dos les belligérants, également impérialistes : il n'y a plus de distinction à opérer entre eux. Ce n'est pas tout à fait le retour à la situation de la « troisième période », puisque à cette époque les puissances impérialistes menaçaient ensemble l'Union soviétique. En septembre 1939, elles se font la guerre entre elles, comme en 1914, au risque de s'affaiblir mutuellement au profit de l'U.R.S.S. : ce qui explique l'espèce de bon point, malgré tout, donné à Hitler, qui sape l'impérialisme le plus riche, c'est-à-dire l'Angleterre. Ainsi revient, dans les propos de Staline de l'automne 1939, cette idée qui n'est jamais bien loin, même quand elle est refoulée, dans les analyses communistes de l'Allemagne fasciste à toutes les époques : qu'à tout prendre le nazisme est un allié objectif de la révolution soviétique.

Cette analyse a des incohérences logiques : Staline n'explique pas pourquoi le camp impérialiste choisit de s'affaiblir lui-même au lieu de combattre l'ennemi commun, qui est aussi l'ennemi mortel. Mais son propos n'est pas d'être cohérent. Il vise à bricoler, avec les éléments de la tradition léniniste, une nouvelle interprétation universelle de la situation créée par les accords, publics et secrets, du 23 août. Le plus urgent est de mettre fin à la stratégie antifasciste, devenue l'estampille du mouvement communiste international, et son principe de rayonnement : car les partis communistes à travers le monde continuent à s'en réclamer, tout en approuvant le pacte. A court terme, cette situation n'est pas tenable, puisque, à voir la rapidité de l'avance allemande vers Varsovie, Staline sait qu'il va devoir sous peu donner l'ordre à l'Armée rouge de faire l'autre moitié du chemin en Pologne, à la rencontre pacifique des nazis. Comment serait-il possible que les communistes français appellent leurs compatriotes à prendre les armes contre Hitler sur le Rhin, quand leurs grands frères soviétiques s'entendent avec lui à l'est de la Vistule ? La réponse passe par la réactivation de l'idée de « guerre impérialiste », qui fait revivre à son tour le mot d'ordre de lutte contre la guerre : au lieu de combattre Hitler et le fascisme, les militants des nations « démocratiques » doivent désormais prendre pour cible unique leur propre bourgeoisie, leur propre gouvernement.

Retour à la stratégie léniniste de 1914 ? En apparence, oui, et comme en écho. Mais le mot d'ordre de Lénine, à l'époque, avait été de transformer la guerre impérialiste en guerre civile, de façon à en faire le levier de la révolution prolétarienne. Staline ne va pas, et n'ira pas jusquelà. Car désormais cette révolution a une patrie, et au lieu de disperser les efforts des partis communistes dans la lutte pour le renversement de leurs bourgeoisies respectives, selon la perspective de Lénine pendant la Première Guerre mondiale, il faut au contraire les unir dans la défense de cette patrie commune des travailleurs. Il s'agit donc moins de « défaitisme révolutionnaire » — la formule léniniste n'est pas prononcée en 1939-1940 dans le contexte du tournant politique — que de lutte pour une paix immédiate : paradoxalement, la nouvelle stratégie communiste retombe sur le mot d'ordre pacifiste qu'elle a si violemment combattu dans les années précédentes, et qui la porte à l'unisson de ses adversaires d'hier [1]. Mais les raisons profondes de ce mot d'ordre, dans le mouvement communiste de l'automne 1939, n'ont rien de pacifiste. Elles tiennent à la solidarité inconditionnelle de tous les partis avec l'Union soviétique. Elles n'expriment pas une révolte, mais une soumission.

La dernière idée-force que contient cet entretien capital de Dimitrov avec Staline, le 7 septembre, est en effet celle de la priorité absolue de l'Union soviétique dans le dispositif communiste international. Idée qui n'est pas neuve, puisqu'on la voit s'esquisser aussi tôt que le Komintern, mais plutôt sous la forme d'une domination politique russe sur le mouvement qu'à travers une conception de la révolution internationale. Elle prend une réalité supplémentaire avec l'avènement de Staline, sous le drapeau du « socialisme dans un seul pays » et par l'asservissement du Komintern à la volonté d'un seul ; mais le tournant antifasciste de 1934-1935 a masqué de son universalité cette pente nationaliste de la dictature stalinienne. En septembre 1939, le masque tombe avec l'antifascisme, quand Staline se trouve à la veille d'absorber d'abord le tiers oriental de la Pologne, puis les pays Baltes. De là une rationalisation nouvelle des progrès du socialisme, assimilés aux agrandissements de l'U.R.S.S.

En effet, Staline ne parle pas, s'agissant de la Pologne orientale, de territoires perdus à Brest-Litovsk et devant être réintégrés dans l'Ukraine ou la Biélorussie soviétiques. Il attaque l'Etat polonais comme « fasciste », et par là même indigne d'exister : attaque incohérente, puisqu'elle succède à l'affirmation que la distinction entre « fasciste » et « démocratique » n'a plus de sens, et qu'elle s'accompagne d'un accord avec Hitler sur le partage du territoire polonais. Mais elle a l'intérêt de mon-

---

1. S. Courtois, *Le P.C.F. dans la guerre. De Gaulle, la Résistance, Staline...*, *op. cit.*, chap. 3, p. 100-101, notes 8 et 9.

trer à quelle extrême simplification de la fameuse « question nationale » Staline est parvenu : « Ça ne serait pas mal si la Pologne essuyait une défaite et que de ce fait nous puissions englober dans le système socialiste de nouveaux territoires et de nouvelles populations. » L'avenir du « système socialiste » est désormais tout entier dans l'U.R.S.S. En 1944-1945, Staline mettra cette théorie au goût du jour sans en changer la substance. Il est sans doute significatif que, dès 1939, à l'époque où il renonce à l'« antifascisme », il s'en réclame pourtant encore à une seule fin : l'absorption par l'Union soviétique d'une partie d'un Etat indépendant. En ce sens, le propos du 7 septembre 1939 fait date. Après le nationalisme caché du « socialisme dans un seul pays », il inaugure le nationalisme semi-ouvert des « progrès du système socialiste » à travers l'expansion de l'U.R.S.S.

Ainsi est explicitée très tôt, deux semaines après le pacte du 23 août, quelques jours seulement après le déclenchement de la Seconde Guerre mondiale, la nouvelle ligne politique du mouvement communiste. Ce n'est pas un simple ajustement circonstanciel de la lutte antifasciste, dû à la duplicité des démocraties capitalistes, comme voudraient le croire un peu partout dans le monde militants et même dirigeants des partis. C'est un renversement complet de stratégie, dont Staline indique l'ampleur : le trait le plus spectaculaire est la renonciation à l'antifascisme, et plus particulièrement à la priorité donnée à combattre Hitler. Par là Staline retrouve certains éléments de la politique bolchevique antérieure à 1934 : l'assimilation de la démocratie bourgeoise au fascisme, la dénonciation de la social-démocratie comme social-fascisme, la lutte acharnée contre la guerre impérialiste. Mais la situation de l'automne 1939 est inédite en ce que la guerre impérialiste n'est plus un danger à conjurer. Elle a commencé, et elle a été l'occasion pour l'Etat soviétique d'empocher une première prime, avec la liquidation de l'Etat polonais faite en accord avec l'Allemagne : de sorte que le mot d'ordre de lutte contre la guerre impérialiste, s'il vise préférentiellement, comme dans la troisième période, les Anglais et

les Français, conduit moins à la gesticulation révolutionnaire [1] des partis communistes qu'à un test fondamental
de leur subordination à la patrie internationale du prolétariat. Dans l'isolement ou même, comme en France,
dans l'illégalité, ces partis sont mis en demeure de confirmer que la révolution prolétarienne internationale a
désormais pour axe l'agrandissement de l'U.R.S.S.

Le contenu proallemand de ce bricolage idéologique
va d'ailleurs être avoué plus nettement après la
mi-septembre, quand Staline aura vérifié à quel point
Hitler a tenu ses engagements à la lettre. L'affaire polonaise a été réglée comme une lettre à la poste, et a permis
le communiqué commun germano-soviétique du 28 septembre. Entre la fin septembre et la mi-octobre, les trois
Etats baltes sont contraints de faire allégeance à la nouvelle superpuissance de l'Europe orientale, puisque
l'Allemagne, leur « protectrice » traditionnelle, y a
consenti d'avance. Le 31 octobre, Molotov dessine avec
un certain triomphalisme les traits et l'évolution de la
politique extérieure soviétique, où l'amitié nouvelle avec
l'Allemagne tient une grande place, avec la nécessité de
ramener la paix : « Si on parle aujourd'hui des grandes
puissances européennes, l'Allemagne se trouve dans la
situation d'un Etat qui aspire à voir la cessation la plus
rapide de la guerre et à la paix, tandis que l'Angleterre et
la France qui, hier encore s'affirmaient contre l'agression, sont pour la continuation de la guerre et contre la
conclusion de la paix. Les rôles changent comme vous le
voyez... » Et la suite, inégalable de cynisme : « Il ne saurait être question, chacun le comprend, de rétablir
l'ancienne Pologne. Aussi est-il insensé de continuer la
guerre actuelle sous le prétexte de rétablir l'ancien Etat

---

1. Pourtant, ici et là, l'adoption de la nouvelle ligne définie par
Staline le 7 septembre a entraîné des mots d'ordre « défaitistes
révolutionnaires » : par exemple dans le P.C.F., et sous la plume
d'André Marty, un orfèvre en la matière. *Cf.* Philippe Buton, « Le
parti, la guerre et la révolution, 1939-1940 », in *Communisme*,
n° 32-34, 1993, p. 44.

polonais [1]. » Molotov, comme toujours, répète Staline en clair. Le pacte de non-agression du 23 août a bien été le début d'une alliance.

Pourtant, rien ne donne mieux l'idée de l'extraordinaire discipline, véritablement unique dans l'histoire de l'humanité, d'un mouvement politique aussi multinational que le communisme, que la manière dont, en quelques semaines, ce qu'avait dit Staline à Dimitrov le 7 septembre est devenu le bréviaire universel du mouvement. Il y a quelque chose qui remplit l'imagination du double sentiment de grandeur et d'effroi dans cet alignement subit d'une si vaste armée militante sur une politique contraire à celle d'hier. Partout à travers le monde, les partis communistes enregistrent la directive du Komintern du 9 septembre contre la guerre impérialiste et la mettent en œuvre. Les communistes américains se consacrent désormais à empêcher les Etats-Unis de rejoindre les démocraties occidentales. Les communistes syriens et libanais, qui avaient consenti au mandat français depuis le Front populaire, se retournent contre l'impérialisme français. Les communistes malais redeviennent antianglais. Les communistes belges cultivent à nouveau la neutralité de leur pays. Les communistes anglais, bellicistes à tous crins au début septembre, entament leur autocritique avant la fin du mois, tout comme les Américains, les Belges, les Français, etc.

C'est en Europe que cet événement si singulier a pris son relief le plus fort, car c'est là qu'il croisait les passions les plus violentes. Hors d'Europe, chez tant de nations colonisées, Hitler et Staline pouvaient être perçus sans trop de peine comme des dictateurs associés dans la haine des deux grandes démocraties coloniales de l'Occident. Mais l'Europe était le berceau du communisme et du fascisme, le théâtre de leur histoire et de leurs

1. Cité par S. Courtois, *op. cit.*, chap. 3, p. 88. Le texte intégral de ce discours a été publié en français par les *Cahiers du bolchevisme* clandestins de janvier 1940. *Cf. Les Cahiers du bolchevisme pendant la campagne 1939-1940, Molotov — Dimitrov — Thorez — Marty* ; avant-propos de A. Rossi., Ed. Dominique Wapler, Paris, 1951.

manœuvres, l'endroit de l'univers où les deux régimes exerçaient en concurrence leur pouvoir de fascination. Elle venait de vivre des années pendant lesquelles ils avaient peuplé la vie politique des nations démocratiques de leur rivalité et de leurs insultes réciproques, parfois même de leur affrontement sanglant, comme en Espagne. L'antifascisme avait donné un vernis occidental au communisme, et l'anticommunisme un certificat de civilisation au nazisme. Les deux régimes monstrueux du siècle avaient apprivoisé l'opinion démocratique à travers leur antagonisme. La guerre elle-même en avait reçu d'avance la distribution de ses rôles.

Or voici que cette guerre a commencé en renversant cette distribution. Les peuples européens stupéfaits voient l'Union soviétique et l'Allemagne se partager ensemble la Pologne, et réclamer ensemble de l'Angleterre et de la France la fin de leur « agression ». L'anticommunisme ne peut plus servir de raison aux sympathies fascistes, qui n'ont désormais comme excuse que le retour inconditionnel à la paix. Mais l'antifascisme cesse aussi d'offrir sa garantie démocratique au communisme. De ce double mouvement de délégitimation, le second est plus radical que le premier. Car, avant et après les accords germano-soviétiques d'août-septembre 1939, Hitler conserve encore dans son arsenal de propagande la possibilité d'une paix blanche à l'Ouest, idée si chère aux pacifistes de l'Ouest. Il a toujours été, depuis 1933, l'ennemi potentiel, de sorte qu'en devenant le 3 septembre l'ennemi réel, mais passif, il n'a toujours pas complètement disqualifié les partisans d'un nouveau Munich.

Staline, lui, est passé du rôle d'allié potentiel à celui d'ennemi déclaré, bien qu'il ne soit en guerre ni avec l'Angleterre ni avec la France. Son changement de camp suscite l'indignation de toutes les familles politiques de la démocratie occidentale. Tous les anticommunistes bien sûr, qui n'ont qu'à écouter leur cœur. La droite patriotique, puisque Staline aide Hitler. Les pacifistes, puisqu'il a ouvert la voie à la guerre. La gauche antifasciste, amère d'avoir été flouée et privée de ses convictions unitaires et de ses souvenirs. Il n'y a pas besoin de faire l'hypothèse d'une conjuration du Capital pour expliquer le discrédit où est tombé le communisme, comme idée et comme Etat, dans les jours et les semaines qui ont suivi le 23 août 1939 ; il suffit de lire les textes du Komintern et les discours de Molotov ! Rien dans l'histoire du mouvement ne peut être comparé à cette liquidation d'influence. Dieu sait pourtant à quel point cette histoire a traversé des périodes difficiles, l'aridité sectaire de la « troisième période », la déroute du P.C. allemand, les procès de Moscou : mais rien n'a jamais atteint sa légitimité dans l'opinion européenne comme l'accord de Staline avec Hitler.

Là encore, le meilleur observatoire du phénomène est probablement la France, dont les passions politiques se sont nourries dans l'entre-deux-guerres aux points de rencontre et de conflit entre la démocratie, le communisme et le fascisme. Il y existe avant août-septembre 1939 un Parti communiste fort, fier d'avoir été l'« inventeur » du Front populaire avant d'en être le principal bénéficiaire en galons de suffrages et d'influence. L'Assemblée issue de la victoire électorale de la gauche en 1936 y est toujours en fonction, même si l'union des partis de gauche s'est défaite. Elle peine à retrouver une formule stable de gouvernement au centre, sous la houlette des radicaux. Si la médiocrité de la vie publique fait contraste avec le relief des passions idéologiques, c'est que celles-ci s'alimentent moins à l'intérieur qu'à l'extérieur, habillant de vêtements trop larges les querelles domestiques ; comme si la vie nationale, privée d'énergie interne, devait aller trouver son ressort hors des frontières. A travers l'antifascisme, le communisme constitue la référence dure de la gauche ; à travers l'anticommunisme, le fascisme forme le « champ magnétique [1] » des idéologies à droite ; cependant que le maintien de la paix est la pensée commune de la nation.

Les passions politiques françaises d'avant-guerre,

1. *Cf. supra*, p. 387.

intenses comme le veut la tradition nationale, ont de ce fait un caractère *emprunté*. Elles vivent par procuration de la situation internationale et des monstres qui l'animent. De là vient que le pacte germano-soviétique les vide de leur substance, en les prenant toutes à revers. L'antifascisme n'est plus à Moscou. L'anticommunisme n'est plus à Berlin. Staline et Hitler sont ensemble responsables de la guerre. L'enchaînement des trois propositions fait voir leur origine : la volte-face de Staline. Si la guerre qui a commencé est une guerre impérialiste, tout comme celle de 1914, alors « Mourir pour Dantzig ? » n'est pas seulement une question posée par Marcel Déat [1], mais un refus de combattre du prolétariat international par la bouche de ses représentants attitrés. La proclamation du mensonge de l'antifascisme par le Komintern ôte à bien des Français qui avaient été particulièrement actifs contre le nazisme leurs raisons d'en découdre avec Hitler. Et, de son côté, la France de Munich interdit le Parti communiste au nom d'une guerre qu'elle aussi a tout fait pour éviter, jusqu'à l'abandon de ses engagements internationaux. Elle fait comme si septembre 39 recommençait août 14 : mais d'une guerre simplement nationale, d'une guerre comme la précédente, elle a récusé d'avance les sacrifices, dont elle n'a d'ailleurs plus les moyens, matériels ou moraux. Et, d'une guerre antifasciste, il ne reste même plus l'idée, depuis que Staline a mis sa main dans celle de Hitler.

C'est sur le cas français qu'on voit avec le plus de clarté à quel point le communisme de cette époque, dans toutes ses variantes, du militant au compagnon de route, s'était enraciné en Europe dans l'antifascisme. Le P.C. français était entré dans la vie politique française, en 1920, avec la promesse faite à Lénine d'en finir avec les erreurs « opportunistes » de ses prédécesseurs socialistes, à quelque famille qu'ils aient appartenu : c'était le sens des conditions mises par la nouvelle Internationale à l'entrée des impétrants. Conditions imposées à tous, puisque

1. Titre d'un célèbre article de Marcel Déat dans son journal, *L'Œuvre*, le 4 mai 1939.

tous ou presque étaient coupables de l'effondrement de 1914, mais dont Lénine estimait la mise en œuvre particulièrement nécessaire en France : le communisme devait y rompre absolument avec la tradition démocratique bourgeoise, la rhétorique républicaine, le parlementarisme ; prévoir un secteur d'activités clandestines ; abandonner ses chefs petits-bourgeois, avocats et professeurs, au profit d'ouvriers animés de la haine de classe ; souligner tout ce qui le séparait désormais de tous les autres partis, socialistes compris, socialistes surtout. Ainsi le jeune Parti communiste avait-il passé son temps dans la culture ouvriériste et la surenchère révolutionnaire, dont la « troisième période » avait constitué l'apogée.

L'antifascisme a mis fin à cette étroitesse sans en supprimer les acquis : il a donné un espace plus vaste à la pédagogie communiste sans rien laisser prescrire des privilèges qu'elle s'est acquis en terre ouvrière. C'est qu'il constitue, comme on l'a vu, une stratégie et une prédication à double fond. Sous son aspect le plus évident, il réunit le communisme à la démocratie dans un combat contre leur ennemi commun, Hitler. En remettant en valeur la filiation démocratique du communisme, à travers la Révolution française, il lui redonne aussi tout ensemble un contenu universel et national. Hitler veut à la fois détruire les valeurs de 1789 et mettre la France à genoux. Après le Front populaire, les communistes ont mis en avant un front des Français [1]. Mais leur antifas-

---

1. En janvier 1936, M. Thorez lance le mot d'ordre d'« Union de la nation française », tendant la main aux catholiques et aux militants Croix-de-Feu. Le 25 août 1936, lors d'un meeting au vélodrome Buffalo, il préconise un « Front français » pour le respect des lois sociales, la lutte antifasciste à l'intérieur par l'union des travailleurs et des républicains autour du Front populaire, une véritable politique de paix comprenant l'aide à l'Espagne républicaine. Puis, en octobre 1937, le P.C.F. défend le mot d'ordre de « La France aux Français » (*cf.* Philippe Robrieux, *Maurice Thorez. Vie secrète et vie publique,* Fayard, 1975, p. 216). Après la signature des accords de Munich (29-30 septembre 1938), Thorez, devant le Comité central réuni le 21 novembre, réitère le mot d'ordre d'« Union de la nation française » et, simultanément, appelle à la

cisme ne vaut pas renonciation à la vocation révolutionnaire du « parti de la classe ouvrière ». Il les installe au
contraire en première ligne d'une bataille où ils ont
trouvé des alliés, mais dont ils escomptent qu'ils seront
en fin de compte les seuls bénéficiaires : la liquidation du
fascisme ne comporte pas d'autre fin véritable, à leurs
yeux, que la fin du capitalisme, c'est-à-dire la victoire du
prolétariat. Ainsi cette perspective donne-t-elle un surcroît de dignité à tous leurs efforts pour en finir avec l'exil
ouvrier à l'intérieur de la nation. A la pointe de l'antifascisme, le prolétariat révolutionnaire a fait de son combat
de classe la chance de la liberté et la sauvegarde de
l'intérêt national.

Souvenirs militants d'hier, glorieux comme des
batailles gagnées, qui permettent à l'historien de mesurer mieux encore le coup de tonnerre qu'a été dans l'opinion démocratique le retournement soviétique d'août,
aggravé par l'interprétation imposée aux partis du
Komintern en septembre. De fait, le P.C.F. est acculé en
quelques semaines à une politique antinationale, qui le
laisse sans défenseurs devant les mesures répressives du
gouvernement [1]. Il perd tout appui d'opinion, l'essentiel

formation d'un « Front des Français », toujours conçu comme
l'élargissement du Front populaire, par ailleurs moribond. Mais,
lors du vote sur les accords de Munich, le P.C. est le seul parti à voter
contre leur ratification.

1. On sait que le Parti communiste français a, dans une première
phase, justifié le pacte germano-soviétique du 23 août tout en réitérant ses professions de foi antihitlériennes. Le 2 septembre, les
députés communistes ont voté les crédits militaires. Le 6, les mobilisables ont rejoint leurs unités, Maurice Thorez en tête. Mis au
courant vers la mi-septembre des nouvelles directives du Komintern sur le caractère « impérialiste » de la guerre en cours, le Parti
entreprend le revirement qui lui est imposé à la fin de septembre, au
moment où il est interdit par le gouvernement (26 septembre). Ce
revirement sera l'objet de nombreux textes entre octobre et décembre, et d'une autocritique de la direction en janvier 1940. Cette
période de l'histoire du P.C.F. a fait l'objet de nombreux travaux ;
voici ceux qui m'ont été le plus utiles : A. Rossi, *Les Communistes
français pendant la drôle de guerre 1939-1940*, Paris, 1951, rééd.
Albatros, 1972, et *Les Cahiers du bolchevisme pendant la campagne
1939-1940*, avant-propos de A. Rossi., Ed. Dominique Wapler,

de ses militants, beaucoup de ses élus : les succès même qu'il a remportés dans la période précédente au nom de l'antifascisme aggravent sa chute et facilitent sa quasi-liquidation, puisque personne ne le reconnaît plus dans une identité devenue contraire à la précédente. La situation se présente comme une sorte d'août 1914 inversé. En août 1914, le parti socialiste avait renié ses engagements pacifistes pour rejoindre le gouvernement de la nation en guerre. En septembre 1939, le Parti communiste renie son action patriotique pour se mettre au ban de la nation en guerre.

Seuls comprennent ses raisons ceux qui connaissent la nature véritable du mouvement, la primauté de l'international sur le national, et, dans l'international, le principe premier de la solidarité inconditionnelle avec l'Union soviétique. De là vient que si l'opinion rejette la « trahison » communiste, si les militants abandonnent les partis du Komintern, l'appareil du mouvement, lui, tient, comme on peut le voir en France et ailleurs. Non qu'il ait été prévenu, ou tenu au courant, de ce qui se tramait ; il n'avait rien d'autre que la littérature de Moscou pour s'y préparer, ce qui n'était pas assez. Le jour venu, ses cadres sont à la fois abasourdis et obéissants, mesurant ce que la situation apporte de tragique dans leurs existences et dans le monde, sans reculer pourtant devant le prix à payer, puisque c'est à leurs yeux le prix de la révolution. Ils ont d'abord justifié le pacte du 23 août ; et puis viennent la fin de l'antifascisme, le partage de la Pologne, l'alliance ouverte Staline-Hitler, les discours de Molotov ; le tout couronné par leur autocritique, puisqu'ils n'avaient pas tout compris tout de suite, dès août !

Tout s'est passé à l'automne 1939 comme si l'appareil

Paris, 1951 ; S. Courtois, *Le P.C.F. dans la guerre, op. cit.* ; J.-P. Azema, A. Prost, J.-P. Rioux, éd., *Le Parti communiste français des années sombres (1938-1941)*, Paris, Le Seuil, 1986, et *Les Communistes français de Munich à Châteaubriant (1938-1941)*, Paris, Presses de la Fondation nationale des sciences politiques, 1987 ; Ph. Buton, « Le parti, la guerre et la révolution, 1939-1940 », in *Communisme*, n° 32-34, 1993.

du Komintern avait été à la hauteur des règles fixées par Lénine à tout mouvement révolutionnaire. L'effondrement de son influence politique, la destruction de beaucoup de ses organisations, le désarroi des militants n'ont pas entamé la foi et la discipline des cadres. A ce niveau de responsabilité, les dissidents ont été peu nombreux, vite marginalisés ou encore liquidés, sans jamais disposer d'une masse, d'un espace ou d'une liberté suffisants pour jeter les bases d'une organisation rivale. L'épreuve révèle que Staline a été dans ce domaine le bon disciple de Lénine : son Komintern, tant à Moscou que dans les « pays de mission », forme bien ce noyau dur de militants inconditionnellement fidèles auxquels il peut tout demander, y compris de se renier, au nom de la révolution mondiale. C'est un petit monde — une aristocratie si l'on veut —, mais plus nombreux, plus international et pourtant plus homogène et plus soumis encore que du temps de Lénine : effet de la terreur, ou conséquence de la durée ? Les deux facteurs jouent dans le même sens. Ils donnent ensemble au deuxième bolchevisme ces contreforts durables de la passion révolutionnaire que sont la sécurité d'une croyance et l'attraction de la force.

*

De complice involontaire du communisme, la guerre mondiale est ainsi devenue, avant le milieu du siècle, l'arme délibérée de son développement. La première l'avait porté au pouvoir. La seconde, à peine commencée, efface le prix dont la Russie avait payé sa naissance ; elle ramène à l'Union soviétique des territoires et des populations abandonnés par force à Brest-Litovsk, en y ajoutant même une part de Pologne. Lénine avait déjà esquissé en 1920, au moment de l'offensive de l'Armée rouge vers Varsovie, la conception militaire des progrès du socialisme. Staline la reprend en 1939-1940, dans son propre style, plus élémentaire encore. Pendant que la Gestapo installe son régime policier à l'ouest de la Pologne, il entreprend l'épuration politique de sa zone. Hitler regroupe et fait assassiner non seulement les vastes minorités juives, mais des dizaines de milliers de Polonais au nom du racisme antisémite et antislave ; lui déporte et tue au nom du socialisme.

Le massacre de Katyn, qui date de cette époque, est typique de la méthode. Dès septembre 1939, les escouades du N.K.V.D. ont raflé avec un soin particulier, en Pologne orientale, tout ce que le secteur peut receler de cadres présents ou futurs à une résistance nationale : les officiers d'action et de réserve, soit une quinzaine de milliers d'hommes, une moitié sous l'uniforme, l'autre moitié faite d'instituteurs, de professeurs, de journalistes, d'avocats, de médecins, de prêtres. Ils ont été répartis en trois camps de concentration soviétiques, Ostachkov, Kozielsk et Starobielsk. Tous ceux de Kozielsk — un peu moins de cinq mille hommes — furent assassinés en avril 1940 dans la forêt de Katyn, d'une balle dans la nuque [1]. Personne n'a jamais rien su des dix mille autres

---

1. Les autorités nazies en Pologne occupée révélèrent le massacre de Katyn au début d'avril 1943, aussitôt le charnier découvert ; l'affreux événement devint un motif central de la propagande antisoviétique jusqu'à la fin de la guerre. Trois commissions d'enquête, l'une internationale (organisée à l'initiative du Dr Conti, chef du service de santé allemand), l'une polonaise (convoquée par les autorités nazies en Pologne mais qui, sous le couvert de la Croix-Rouge polonaise, informait la résistance), enfin l'une spécifiquement allemande, examinèrent séparément le charnier au printemps et parvinrent aux mêmes conclusions : les victimes avaient été tuées trois ans auparavant, avril ou mai 1940, date qui excluait la culpabilité nazie. Une enquête soviétique organisée par le N.K.V.D. en janvier 1944 aboutit à la conclusion inverse.

Préalablement à la découverte du massacre et à ces conclusions, le gouvernement polonais de Londres, au moment où il cherche à reconstituer une armée, en juillet 1941, avec les citoyens polonais qui se trouvent en U.R.S.S., a constaté qu'il est sans nouvelles de quinze mille officiers manquant à l'appel. Entre 1941 et 1943, les Soviétiques font aux interrogations polonaises des réponses évasives. Staline suggère le 14 novembre 1941 devant l'ambassadeur polonais que les officiers introuvables « se sont sûrement enfuis à l'étranger ». La révélation du massacre de Katyn en avril 1943 met fin de façon sinistre aux incertitudes polonaises, au moins pour cinq mille de ces officiers. Elle aggrave le contentieux polono-soviétique.

Au procès de Nuremberg, le procureur soviétique Roudenko chercha à faire inscrire Katyn à l'inventaire des crimes allemands

malheureux, dont les ossements gisent sans doute quelque part dans la terre russe ou biélorusse. La chance d'un Polonais, pour peu qu'il appartînt plus ou moins à l'élite de son pays, fut alors d'être déporté au hasard du Goulag, en Sibérie ou en Asie centrale : des centaines de milliers d'entre eux reparurent en 1941, à la demande du gouvernement polonais de Londres, quand Staline eut par force changé de camp.

Mais l'année qui va de septembre 1939 à l'été 1940 est consacrée par lui à agréger de nouveaux territoires à l'Union soviétique ; à liquider cette ceinture d'Etats prooccidentaux que les vainqueurs de Versailles avaient voulu établir comme une garantie de sécurité à l'est de l'Allemagne, et à l'ouest de l'U.R.S.S., et qui deviennent au contraire des zones d'influence allemande ou russe. Après son demi-échec finlandais de l'hiver 39-40 [1],

sans y parvenir, malgré le soin mis par le tribunal à écarter les témoins polonais rescapés de l'armée d'Anders, de celle de Berling, ou de la résistance intérieure. Le chef d'accusation de Katyn fut retiré du verdict rendu le 30 septembre 1946.

En 1948 fut publié, avec une préface du général Anders, un Livre blanc polonais sur le massacre de Katyn, reprenant toutes les pièces de l'accusation contre l'U.R.S.S. On trouvera ce livre en anglais : *The Crime of Katyn. Facts and Documents,* Polish Cultural Foundation, Londres, 1965.

Le 14 octobre 1992, le président Eltsine a rendu public le texte de la décision du Bureau politique du P.C. soviétique, signé par Staline le 5 mars 1940, ordonnant de fusiller près de 26 000 Polonais internés en U.R.S.S. à la suite de l'agression soviétique contre la Pologne en septembre 1939. *Cf. Le Monde,* 16 octobre 1992.

Sur l'ensemble de l'affaire de Katyn : Alexandra Kwiatkowska-Viatteau, *Katyn, l'armée polonaise assassinée,* éd. Complexe, coll. La mémoire du siècle, 1982.

1. Devant la résistance des Finlandais à son ultimatum, Staline dut attaquer la Finlande à la fin de novembre 1939. Son plan, que trahit la formation d'un gouvernement fantoche, comportait la formation d'une République carélo-finoise, où la Finlande serait jointe à la Carélie soviétique. La guerre fut difficile et meurtrière pour l'Armée rouge en raison de la résistance farouche et habile de l'armée finlandaise sur la ligne Mannerheim. La Finlande obtint en mars 1940 une paix qui limitait les dégâts par des cessions de territoires, mais en sauvant son indépendance. L'agression de Staline contre la Finlande suscita un très vif anti-soviétisme en

Staline se hâte d'autant plus au printemps de mettre en
œuvre les autres dispositions du protocole secret
d'août 1939 que les nazis accroissent leur force et leur
prestige par l'occupation du Danemark et l'invasion de la
Norvège, surtout par l'écrasement de la France en juin.
Le même mois, prenant prétexte d'une « activité antisoviétique » dans les pays Baltes, déjà vassalisés depuis
l'automne précédent, il y fait entrer ses troupes et les
annexe en juillet-août sous la forme de trois nouvelles
Républiques soviétiques [1]. En même temps, il se fait
rendre la Bessarabie, que la Roumanie s'était appropriée
en 1918 ; et donner en prime la Bukovine du Nord, qui
n'avait jamais appartenu à l'Empire russe et n'entrait pas
dans le protocole secret de l'année précédente, ce qui
suscite de l'agacement chez les Allemands, très attentifs
à tout ce qui se passe si près de leurs sources d'approvi-
sionnement en pétrole.

Jusque-là, les rapports entre les deux Etats totalitaires

Occident. L'U.R.S.S. fut exclue de la S.D.N. en décembre 1939 —
dernier salut de la « sécurité collective » à une époque révolue.

1. Jean Cathala, directeur de l'Institut français de Tallin (Estonie) depuis 1929, a raconté l'entrée des troupes soviétiques à Tallin
en juin 1940, et l'intégration des pays à l'U.R.S.S. dans l'été, à la
suite d'élections truquées en juillet. Il fait état d'une rafle gigantesque en juin (près d'un million d'arrestations) par le N.K.V.D. dans
les trois pays Baltes. *Cf.* Jean Cathala, *Sans fleur ni fusil*, Albin
Michel, 1981. Sur la prise de contrôle par l'U.R.S.S., l'auteur écrit :
« La soviétisation constitue... un phénomène dont il faut remonter
haut dans l'histoire pour retrouver l'équivalent. Car il ne s'agit pas
seulement de changement ou de perte de souveraineté. C'est une
incorporation à un autre univers : à un monde d'institutions, de
pratiques et de façons de penser qui doit être accepté en bloc, parce
que le spirituel et le temporel, la doctrine et l'Etat, le régime et les
méthodes de gouvernement, la patrie et le parti au pouvoir s'y
confondent » (p. 79-80). Un peu plus loin : « Je ne suis plus tellement sûr, aujourd'hui, que la comparaison avec les SS soit exacte :
ils n'auraient pas aussi bien réussi. Ce qui a manqué au fascisme,
c'est l'espace géographique qu'exige un système concentrationnaire à grande échelle, un pouvoir structuré où société civile,
régime politique, économie et répression se recouvrent totalement,
et surtout, l'ancrage dans un état des esprits et des mœurs issu du
fond des temps. Le national-socialisme n'a pu combler ce hiatus
que par l'atrocité » (p. 97).

ont été marqués d'une grande cordialité apparente, inséparable d'un cynisme partagé. Staline est même allé
jusqu'à faire reconduire par force dans l'Allemagne nazie
plusieurs centaines d'antifascistes allemands et autrichiens, et dont beaucoup, anciens communistes, étaient
soit suspects à ses yeux, soit déjà captifs dans l'archipel
du Goulag. Margarete Buber-Neumann, veuve de
l'ancien dirigeant du P.C. allemand, a raconté après la
guerre cette odyssée lugubre, d'un camp à l'autre, et le
passage du pont de chemin de fer de Brest-Litovsk, frontière des deux Empires, où elle fut livrée par un officier
du N.K.V.D. à un officier SS [1]. Dans le domaine économique et commercial, les relations sont excellentes,
objets de plusieurs accords. Les deux pays s'aident réciproquement en matière d'industrie militaire. En politique, leurs intérêts sont convergents. Une fois réglée la
question polonaise, Hitler veut avoir les mains libres à
l'Ouest, et Staline rester en dehors du conflit en même
temps qu'il arrondit les territoires « du socialisme dans
un seul pays ». Les deux dictateurs sont devenus voisins
à l'est, sur une très longue distance, sans que changent
les raisons qui les ont décidés à s'allier.

Mais la défaite écrasante de la France modifie l'équilibre de l'Europe. Staline, comme beaucoup de ses
contemporains, a eu tendance à prévoir la durée de la
Seconde Guerre impérialiste sur celle de la première.
Son intérêt l'y pousse : plus la guerre sera longue, plus sa
position sera favorable, puisque les belligérants s'épui-
seront alors que l'U.R.S.S. veillera à être de plus en plus
forte, soit pour intervenir directement, soit pour dissuader les bourgeoisies européennes de s'opposer à la révolution communiste. Une Allemagne trop puissante, et
dominant l'Europe, ne convient pas à ces calculs. Elle
oblige en tout cas son partenaire d'août 39 à jouer de plus
en plus serré. De son côté, Hitler a mis la France à genoux
mais non l'Angleterre, qui refuse de céder. Or il a toujours

---

1. Margarete Buber-Neumann, *Under Two Dictators*, tr. par
Fitzgerald (éd.), New York ; *Déportée en Sibérie*, Le Seuil, 1949
(réed. 1986) ; *Déportée à Ravensbrück*, id., 1988. La scène du pont de
Brest-Litovsk se trouve dans *Déportée en Sibérie*, p. 213.

pensé, depuis *Mein Kampf,* qu'il devait en avoir terminé à l'Ouest avant d'attaquer la Russie. De là ses hésitations de l'été 1940. Dès juillet, il pense à la fois au débarquement en Angleterre et à l'invasion de la Russie, comme Napoléon en 1805 [1]. Mais Keitel le dissuade de se lancer dans la seconde entreprise dès l'automne, faute du temps nécessaire pour la préparer ; et, quant à la première, elle échoue à la mi-septembre, quand l'aviation allemande s'avère incapable de conquérir la maîtrise du ciel anglais. Hitler reste donc en panne avec ses deux projets. Le débarquement anglais est bientôt abandonné, faute de moyens techniques. Mais l'invasion de la Russie n'est qu'ajournée. Les entreprises soviétiques de l'été en Roumanie la rendent plus probable encore. Faute de pouvoir briser l'U.R.S.S. en Angleterre, Hitler brisera l'Angleterre en U.R.S.S. Il fera d'une pierre deux coups : soumettre les Slaves à la volonté nazie, et priver l'Angleterre de son dernier allié potentiel en Europe [2]. Familier de l'histoire européenne, il commet pourtant la même faute que Napoléon en 1812, ouvrant lui-même la porte à la catastrophe finale.

La décision d'attaquer l'U.R.S.S. en 1941 est quasiment acquise dans l'été, puisque l'état-major travaille au projet. Elle est formellement prise le 18 décembre 1940. L'opération « Barbarossa » est programmée pour le mois de mai. Elle constitue la logique secrète de la politique allemande huit à dix mois avant d'avoir lieu. Mais, si la décision de Hitler apparaît sans mystère, tirant ses raisons du programme de *Mein Kampf* et de la dynamique de puissance couronnée par la victoire en France, ce que Staline a cru ou voulu faire est beaucoup plus obscur. Sous les bonnes manières que se prodiguent les deux

1. Analogie notée par Alan Bullock, *Hitler, a Study in Tyranny,* Penguin Books, 1990 (1ʳᵉ éd. Odhams, 1952), p. 597, note 1.

2. Hitler pense aussi que la destruction de l'U.R.S.S. renforcera le pouvoir du Japon en Extrême-Orient, ce qui aura pour effet de fixer sur cette région du monde l'inquiétude américaine et d'éloigner les U.S.A. d'une solidarité avec l'Angleterre en Europe. *Cf. General Halder's Diary,* en date du 31 juillet 1940, cité par A. Bullock, *Hitler and Staline, op. cit.,* p. 682.

alliés, il sait qu'il est dans une situation difficile : le temps
n'est plus où il lui a suffi de ramasser des territoires dans
le dos de l'armée nazie, tout entière tournée vers l'Ouest,
et de vendre son alliance contre ces gros pourboires vite
gagnés. Hitler est le maître d'un très vaste espace européen ; il a retrouvé sa liberté à l'est. Il offre sa garantie à
la Roumanie, il arbitre entre la Hongrie et la Roumanie
sur la Transylvanie, il se manifeste auprès des Finlandais. Staline joue serré, sans sortir du cadre des accords
de 1939. Il envoie à Berlin le 12 novembre son meilleur
notaire, Molotov, plaider le respect des textes, c'est-à-
dire des zones d'influence. L'idée de Ribbentrop, initia-
teur de la rencontre, est d'inciter l'U.R.S.S. à se joindre
aux affidés du pacte tripartite (Allemagne, Italie, Japon)
récemment signé, de façon à l'intéresser à un dépeçage
de l'Empire anglais en Asie. Mais, mis en face de Hitler
lui-même, Molotov déploie déjà les ressources d'obstination cynique qui le rendront célèbre. Les tirades spen-
glériennes du Führer sur la politique mondiale n'entament pas ses rappels au règlement — en l'occurrence les
accords secrets germano-russes sur l'Europe orientale.
Staline exprimera bien, quelques jours plus tard, son
intérêt pour l'idée d'un partage du monde à quatre (avec
un privilège soviétique en Iran du Nord, Irak, et Turquie
orientale) ; mais rien n'a pu être réglé de la mésentente
sur la Finlande ou sur les Balkans.

Au moment où Hitler fixe la date de Barbarossa, Staline a donc des raisons d'être méfiant, et le comportement de Molotov à Berlin montre qu'il l'est effectivement, dès novembre 1940. A-t-il cessé pour autant de
mettre tous ses œufs dans le même panier ? A-t-il recom-
mencé, après avoir empoché les gains d'une politique, à
en esquisser son contraire ? Les textes du Komintern de
l'époque sont, comme toujours, les documents le plus
révélateurs de la politique communiste. Or, les directives
données par Moscou au Parti communiste français
attestent une inflexion dès l'été 1940. Dans la France à
terre, occupée par les nazis, les communistes ont d'abord
entamé des négociations avec les autorités allemandes
pour faire reparaître leur presse et organiser les masses

contre Vichy et la bourgeoisie sous la tolérance de l'occupant : stratégie conforme à la ligne de septembre 1939,
mais dont le risque est d'apparaître, dans les circonstances nouvelles du triomphe allemand, trop favorable aux
nazis. De là une correction, demandée par l'Internationale, dans le sens d'une complaisance moindre aux occupants. Le texte de Moscou, peaufiné le 5 août, n'est pas
farouchement antinazi mais interdit toute manifestation de collaboration [1]. Il condamne sans les citer les
démarches effectuées auprès d'Abetz pour faire reparaître *L'Humanité*, et recommande que l'activité indispensable du Parti, légale — car le cas est envisagé — et
illégale, se déploie dans l'indépendance à l'égard des
Allemands, sans aller jusqu'à préconiser une résistance
active contre eux. Priorité au combat social, dénonciation de la politique bourgeoise de Vichy, méfiance hostile
vis-à-vis des occupants. Tout l'hiver 40-41 se passera
dans cette ambiguïté, à laquelle Staline lui-même a participé, puisqu'il a été consulté sur le document du 5 août.
Au fond, la tonalité n'aura guère changé à la fin de
l'année, quand il dira à Dimitrov, après la visite de Molotov à Berlin : « Nos rapports avec les Allemands sont
extérieurement polis mais il y a de sérieuses frictions
entre nous [2]. »

S'il en était ainsi à la fin 1940, il devient difficile de
comprendre pourquoi Staline n'a pas anticipé le retournement de Hitler contre lui en juin 41, pourquoi il n'a pas
cru tous ceux qui le lui annonçaient, et pourquoi l'attaque allemande du 22 juin 41 est tombée comme un coup
de tonnerre sur une Armée rouge si mal préparée à y faire
face. Dieu sait que les avertissements n'ont pas manqué,
de la part des événements et des hommes. L'avance de
Hitler dans les Balkans a été couronnée par la mise au

---

1. Sur cet épisode, et le texte du document à destination du P.C.F.
ratifié par le secrétariat du Comité exécutif du Komintern le 5 août,
voir M. Narinski, art. cité, in *Communism*, n° 32-34, 1993, p. 22.
    Voir aussi, dans le même numéro, l'article de S. Courtois : « Un
été 1940. Les négociations entre le P.C.F. et l'occupant allemand à la
lumière des archives de l'Internationale communiste », p. 85-110.

2. M. Narinski, art. cité, p. 25.

pas de la Bulgarie, la conquête de la Yougoslavie et de la Grèce en avril. Sur la frontière germano-russe elle-même, les survols du territoire soviétique par les avions allemands se sont multipliés en 1941. Les concentrations de blindés n'ont pas échappé à l'observation des services soviétiques. De Tokyo, au début de l'année, l'agent de renseignements Sorge a annoncé à Staline la décision de Hitler d'attaquer l'U.R.S.S. ; Churchill, à la recherche désespérée d'un allié, fait transmettre la même information par son ambassadeur à Moscou en avril ; le gouvernement américain a eu le même geste en mars. Or Staline a négligé tous ces éléments. Il n'accorde foi à aucune de ces mises en garde. Dans les mois qui précèdent le 22 juin 1941, il semble prendre au contraire un soin extrême à n'en pas tenir compte, comme s'il avait peur d'éveiller l'hostilité allemande. Les livraisons de matières premières et de biens alimentaires soviétiques à l'Allemagne se sont intensifiées depuis janvier [1], et Hitler veille à la réciprocité pour tromper son monde. Quand, le 13 avril, le ministre japonais des Affaires étrangères, Matsuoka, quitte Moscou après y avoir signé un traité de non-agression, Staline fait une apparition impromptue à la gare pour le saluer. Il demande à serrer la main de l'ambassadeur allemand, à qui il déclare : « Nous devons rester amis et vous devez tout faire pour cela. » La phrase sonne un peu comme la conjuration d'un destin, dix semaines avant Barbarossa ! Mais elle peut être aussi bien un déguisement... Un peu après, au début de mai, le secrétaire général du Parti remplace Molotov comme chef du gouvernement soviétique : nouvel embarras d'interprétation, puisque cette « promotion » délibérée, si elle répond probablement à la prévision de grands événements, et anticipe un face à face avec Hitler, n'indique pas la nature de ce face à face, pacifique ou belliqueux...

La meilleure preuve, et à vrai dire la seule, que Staline n'a pas cru à l'imminence d'une attaque allemande, en

---

1. Un nouveau traité de commerce germano-russe a été signé en janvier 1941.

dépit des informations et des avertissements, tient dans l'état d'impréparation de l'Armée rouge devant l'assaut du 22 juin 1941, à la lenteur de la réaction militaire soviétique, et au comportement étrange de Staline lui-même : c'est Molotov qui annonce l'invasion à la radio soviétique, le 22 juin à midi, alors que lui se réfugie, prostré, dans sa datcha de Kountsevo et ne réapparaît que le 3 juillet pour s'adresser au pays. Autant de faits qui, rapportés par Khrouchtchev dans son fameux rapport au XXe Congrès du P.C.U.S., en 1956, sont alors interprétés à la lumière de l'impéritie de son prédécesseur et de l'isolement pathologique où il s'est enfermé. Moins sévères pour les capacités de Staline, les historiens ont plus généralement incriminé sa méfiance de tous et de tout : à lire la plupart d'entre eux, le secrétaire général a cru à une campagne d'intoxication organisée pour le brouiller avec Hitler, et a donc négligé jusqu'au bout des avis où il flairait des provocations. Mais ce type d'explication cadre mal avec la dégradation (relative) des rapports russo-allemands depuis l'été 1940 ; il ne permet pas de comprendre pourquoi Staline se fiait plus en 1941 à la parole de Hitler qu'à celle de Churchill.

Un livre récent, écrit par un officier du G.R.U. passé à l'Ouest, Victor Suvorov [1], a proposé une nouvelle clé du mystère. A partir de sources soviétiques, principalement militaires, l'auteur cherche à démontrer que Staline, au moment où se déclenche l'attaque allemande, est tout juste en train de préparer l'opération inverse : l'invasion des territoires allemands par l'Armée rouge [2]. Sa thèse prend appui avant tout sur une étude des préparatifs militaires soviétiques consécutifs à l'occupation de la Pologne orientale, en septembre 1939 : Suvorov peint un Staline acharné à détruire le dispositif défensif construit dans les années 1930 au long des anciennes frontières orientales de l'U.R.S.S., et à lui substituer une stratégie du « tout offensif », à base de routes carrossables et de

---

1. Victor Suvorov, *Le Brise-Glace*, Olivier Orban, 1989, trad. du russe par Madeleine et Wladimir Berelovitch.
2. C'est d'ailleurs une des « justifications » que Hitler avancera pour légitimer le calendrier de l'opération Barbarossa.

chars légers et nombreux. Le pacte du 23 août 1939
n'aurait été qu'une étape de cette politique, visant à utiliser Hitler comme un brise-glace ouvrant la voie à la
révolution mondiale : unifiant l'Europe sous la botte du
fascisme, pour mieux l'offrir en proie à l'Armée rouge. Le
dictateur nazi aurait ainsi coupé l'herbe sous le pied du
dictateur rouge en le devançant de quelques semaines ou
de quelques mois ; il aurait par là bénéficié de l'inexistence d'un système de défense soviétique. Tout n'est pas
absurde dans cette thèse [1], dont l'auteur retrouve la
vieille obsession communiste du fascisme comme
« stade suprême » du capitalisme, c'est-à-dire instrument de sa liquidation. Pourtant on imagine mal un
Staline assez peu réaliste pour envisager d'attaquer Hitler au faîte de sa puissance, que ce soit en 1941 ou 1942.
La pensée qu'avec le pacte de 1939 il avait gagné non
seulement des territoires et de la puissance, mais du
temps, lui était sans doute plus naturelle.

Dans ce cas, il est vrai, il n'existe pas à ce jour d'explication convaincante de son espèce de confiance dans la
durée de l'alliance avec Hitler, et de son affolement dans
les jours qui ont suivi le 22 juin 1941. Peut-être la
découvrira-t-on un jour dans les papiers soviétiques.
Mais une chose au moins ne fait pas de doute : la grande
rupture intervenue le 22 juin 1941 dans le cours de la
Seconde Guerre mondiale, et qui allait finir par lui donner son sens dans l'opinion, doit tout à Hitler et rien à
Staline. Vues du côté allemand, en effet, ses raisons en
sont aussi claires qu'elles sont obscures ou ambiguës du
côté soviétique. Bien qu'elle soit une faute politique capitale, l'invasion de l'U.R.S.S. a été délibérément voulue et
organisée en exécution d'un programme exposé près de
vingt ans auparavant dans *Mein Kampf*. L'occupation du
territoire entre la Vistule et l'Oural au nom de l'espace
vital allemand constitue un des objectifs originels et fondamentaux du nazisme. La seule surprise que comporte
l'agression de juin 41 est d'être entreprise avant que

    1. *Communisme*, n° 35-37, 1994, courrier de René L'Hermitte à
la revue, p. 287-290.

Hitler ait pu faire capituler l'Angleterre ; le reste n'est que la mise en œuvre d'une idéologie, jointe à la sous-estimation des forces de l'adversaire. De sorte que, en marchant vers l'Oural sous le signe du fascisme, la Wehrmacht donnera aussi son sens universel à la guerre : l'antifascisme. Par où le communisme récupère le drapeau qu'il avait trahi, sans avoir même besoin de le vouloir. Hitler a pourvu à tout.

En un sens, bien sûr, la guerre contre le fascisme a commencé non pas le 22 juin 1941, mais le 3 septembre 1939, quand l'Angleterre et la France ont déclaré la guerre à l'Allemagne de Hitler qui a envahi la Pologne deux jours auparavant. Car le conflit a dès cette époque un caractère idéologique. La haine des ploutocraties occidentales, l'abaissement d'une France décadente, le repartage au moins partiel de l'Empire anglais sont des têtes de chapitre de *Mein Kampf* au même titre que l'espace vital allemand à conquérir sur les Slaves. La guerre s'inscrit donc évidemment dans le programme et le calendrier nazis, comme l'affrontement des démocraties avec leur ennemi, que l'Italie mussolinienne rejoindra.

Pourtant, bien d'autres éléments entrent dans la manière dont elle est perçue. La guerre de 1914, présente encore dans toutes les mémoires, étend son voile de souvenirs jusqu'en 1939 : donnant au recommencement du conflit franco-allemand, ou même anglo-allemand, le caractère d'une interminable querelle entre nations, plus que le sens nouveau d'une bataille d'idées. D'ailleurs, les gouvernements occidentaux qui déclarent la guerre à l'Allemagne le 3 septembre sont dirigés par les mêmes hommes qui ont signé l'année précédente les accords de Munich. Ils font pour la Pologne ce qu'ils n'ont pas fait pour la Tchécoslovaquie, mais la « drôle de guerre » montre qu'ils n'ont pas tous abandonné l'espoir d'un nouveau compromis avec Hitler, une fois la Pologne battue [1]. Au-delà même de leurs calculs, l'opinion publique,

---

1. Sur cette permanence du pacifisme français après le 3 septembre 1939, et la pente antisoviétique de ce pacifisme pendant la « drôle de guerre », voir l'ouvrage de Jean-Louis Crémieux-Brilhac,

en France notamment, a accepté la guerre plus comme une fatalité nationale que comme une mission idéologique : on a vu à quel point même la gauche antifasciste y refusait avant 1939 l'idée d'une croisade antifasciste [1]. Seuls, à l'époque, les communistes la prêchaient ; mais le retournement du 23 août 1939 les a, eux aussi — eux surtout — transformés en combattants de la paix de compromis, contre la « guerre impérialiste » : le terme « antifasciste », ou « antinazi », disparaît complètement de leur littérature [2]. De sorte que tous les soldats des démocraties, droite et gauche ensemble, partis combattre les armées de Hitler en septembre, ont mis sac au dos pour défendre la nation plutôt que pour battre le fascisme.

De fait, la victoire de Hitler contre la France n'a rien de spécifiquement fasciste : ni dans son cours, ni même dans ses objectifs. Son cours n'a de neuf, en dehors de sa rapidité, que l'emploi privilégié des blindés et de l'aviation : les combats ont été conformes aux lois de la guerre. Quant aux objectifs, Hitler s'est trouvé en lutte avec la France à cause de la Pologne ; il entretient vis-à-vis de l'« ennemi héréditaire » des griefs plus traditionnels qu'idéologiques : il veut être le vengeur de Rethondes, reprendre l'Alsace-Lorraine, soumettre le vieux pays trop « civilisé » au Reich renaissant. En plus, le désir que l'Angleterre vienne à Canossa le retient de tout ôter à la France vaincue : car des conditions d'armistice trop dures pourraient pousser les Français à continuer la guerre depuis Casablanca ou Alger, et renforcer ainsi la détermination anglaise. Malgré Mussolini, l'Afrique du Nord et la flotte resteront ainsi aux mains du gouvernement de Vichy. La France conserve un Etat sur deux

Les Français de l'an 40, 2 vol., Gallimard, 1990. *Cf.* tome I, *La Guerre oui ou non ?*, chap. 2.

1. *Cf. supra*, p. 372-373.

2. Même à partir de l'été 1940, quand cette littérature devient sinon franchement anti-allemande, du moins tournée vers la reconquête de l'indépendance nationale, il ne s'agit que de s'unir contre l'étranger, ou l'occupant. Il n'est pas question avant juin 1941 de nazisme, de fascisme ou à l'inverse de démocratie. *Cf.* M. Narinski, art. cité, in *Communisme*, n° 32-34, 1993, p. 26.

cinquièmes de son territoire ; sur les trois cinquièmes occupés par le vainqueur, les soldats allemands reçoivent la consigne d'avoir un comportement convenable.

Jusqu'en 1941, la guerre n'a encore élu qu'une seule nation d'Europe victime de la terreur nazie, livrée à une entreprise systématique de destruction : la Pologne dans sa partie occidentale. Mais personne ou presque ne l'a su, ou n'a voulu le savoir ; personne ne l'a dit, ou ne l'a dit assez haut pour faire apparaître le caractère presque sauvage de ce qui commençait là. Au reste, les bolcheviks agissaient de manière comparable dans la partie orientale, ce qui n'aidait pas à singulariser le comportement nazi. Au contraire, l'invasion de la Russie par Hitler réunit toutes les conditions d'une prédication antifasciste renouvelée : elle remet le régime de Staline dans le camp de la démocratie, aux côtés de l'Angleterre, demain des Etats-Unis, en même temps qu'elle fait du territoire soviétique le théâtre par excellence de la barbarie nazie.

Quel contraste, en effet, offrent les directives de Hitler à la Wehrmacht sur la conduite à tenir en Russie conquise, par rapport aux instructions données en 1940 en ce qui concerne l'ouest de l'Europe ! C'est qu'en France Hitler n'a pas l'intention d'installer le grand Reich millénaire, qui sera au contraire chez lui dans les vastes plaines à l'est de la Vistule. Il suffit de lire ses « propos de table [1] » (les premiers datent précisément de l'été 1941) pour comprendre à quel point la future colonisation agricole germanique dans ce qu'il appelle le « désert russe » occupe son imagination : utopie productiviste qui tire sa source d'un mépris absolu des Slaves, d'un racisme si radical qu'il légitime n'importe quelle violence, tuerie ou famine, contre ces nouveaux « peaux-rouges [2] ». De fait, les directives qu'il donne à ses troupes d'invasion — tuer par exemple tous les commissaires politiques faits prisonniers — sont si exorbitantes du droit commun de la guerre qu'il n'ose pas en confier toute

---

1. *Hitler's Table Talk, 1941-1944, op. cit.*
2. *Ibid.*, p. 68-69, 17 octobre 1941.

l'exécution aux officiers de la Wehrmacht. Certaines
d'entre elles — les plus criminelles — sont confiées à
Himmler et aux SS, sous contrôle direct du Führer. Dans
sa « directive spéciale » du 13 mars, Hitler justifie à la
fois le caractère total de la guerre contre l'U.R.S.S. et
cette affectation particulière des troupes SS à «certaines
tâches » par l'opposition radicale des deux systèmes
politiques [1]. Il donne ainsi lui-même à la férocité de la
bataille une raison et une portée idéologiques. Le
30 mars, devant deux cent cinquante officiers, il fait de
l'assassinat de l'ennemi un devoir militaire, national et
politique : « Lutter contre le poison de la désintégration.
Les chefs doivent avoir conscience de ce qui est en jeu.
Dans cette lutte, ils doivent être des guides... Les commissaires et les gens de la Guépéou sont tous des criminels et doivent être traités en conséquence... Les combats
seront très différents de ce qu'ils ont été à l'ouest. A l'est,
la dureté sera un gage de magnanimité pour l'avenir.
Les chefs doivent être assez forts pour maîtriser leurs
scrupules [2]. »

Derrière ces exhortations à réduire les Slaves en servitude et à liquider les cadres communistes, il existe une
troisième catégorie d'ennemis du Reich dont Hitler parle
moins ouvertement, en cette période, bien qu'il en ait
fait, depuis toujours, ses pires adversaires : les Juifs.
Sans doute ceux-ci sont-ils implicitement désignés sous
la formule « poison de la désagrégation » ; sans doute
peuplent-ils, aux yeux de Hitler, les rangs des commissaires politiques [3] à liquider. Que le Führer, parlant à ses

    1. Alan Bullock, *Hitler et Staline. Vies parallèles*, op. cit. (livre III,
chap. 11, p. 641. — directive spéciale du 13 mars 1941 à propos de
la guerre contre l'U.R.S.S.).
    2. Compte rendu par le général Halder, chef de l'état-major géné-
ral de l'armée, cité par Joachim Fest, *Hitler*, t. II, Paris, Gallimard,
1973, livre VII, chap. 2, p. 329-330 (éd. allemande, Verlag Ullstein
Gmbh, 1973).
    3. Encore que Hitler, à d'autres moments, ait pu faire crédit à
Staline d'avoir liquidé l'emprise juive sur le bolchevisme. *Cf.* Hermann Rauschning, *La Révolution du nihilisme*, Gallimard, 1980,
p. 328 : « Au printemps 1937, avant l'exécution de certains chefs de
l'armée russe, plusieurs journaux de province allemands consacrè-

soldats, ne les mette pas au premier rang de l'ennemi, je vois à cette retenue nouvelle plusieurs raisons. Les Juifs n'ont ni territoire national ni armée : ces millions d'hommes sans défense et dispersés dans les villes de l'Est n'ont rien qui les constitue en ennemi conforme à la tradition militaire. Leur persécution, au sens étymologique du terme, ne forme pas pour l'honneur du soldat un objectif glorieux comme une victoire sur l'Armée rouge ou la liquidation de l'U.R.S.S. D'ailleurs, cette persécution fait rage déjà depuis septembre 1939, dans l'ex-Pologne occupée par les troupes allemandes. Menée par les SS et la Gestapo — car l'armée régulière montre peu d'inclination à y participer —, elle a conduit à une vaste déportation vers l'est et à une reghettoïsation forcée des communautés juives [1] : seule solution trouvée à la nécessité de chasser les Juifs non seulement d'Allemagne, d'Autriche et de Bohême, mais des territoires polonais directement incorporés au Reich. De là une tragique concentration juive dans la zone du « Gouvernement général [2] », où se trouvent aussi des dizaines de milliers de Polonais expulsés de la partie occidentale de leur patrie, désormais allemande. Le gouverneur général Frank ne cesse de protester contre cette surpopulation d'indésirables qu'il lui faut gérer, puisqu'il n'est qu'un rouage administratif dans le système de violence qui les pousse vers son ingrate principauté, en compagnie des malheureux tziganes. Mais c'est encore l'époque — 1940 — où les chefs nazis envisagent une expulsion définitive des Juifs européens hors d'Europe, à Madagascar par exemple. La formation de

rent de singuliers articles aux événements de Russie. A les en croire, l'Etat bolcheviste tendait vers un nouveau nationalisme. On insistait sur l'épuration qui écartait du gouvernement les Juifs et les doctrinaires de la révolution. On étudiait tout au long l'antisémitisme de Staline, et on mettait en vedette l'idée autoritaire d'un nouveau tsarisme et la théorie d'un nouveau nationalisme. »

1. *Cf.* Raul Hilberg, *La Destruction des Juifs d'Europe*, Fayard, 1988 (*The Destruction of the European Jews*, New York, Holmes and Meier, 1985), chap. 6, p. 138-235.

2. Le « Gouvernement général », à l'est des territoires polonais « incorporés », formait un triangle dont la pointe se situait autour de Varsovie, et dont la base allait du sud de Cracovie au sud de Lvov.

ghettos et l'enregistrement bureaucratique de la population juive — un million et demi à deux millions d'individus déjà — peuvent faciliter demain leur émigration forcée.

L'idée du refuge africain est morte quand Hitler médite sa campagne de Russie et prépare ses officiers à ce qu'il attend d'eux, à la fin de l'hiver et au début du printemps 1941. Il ne peut donc pas ignorer qu'en marchant vers l'est son armée va retrouver, multipliée par trois ou quatre, la question des Juifs. Les Juifs ukrainiens, les Juifs biélorusses, les Juifs russes, les plus fortes concentrations démographiques du judaïsme européen, avec les Juifs polonais. Et si la politique du ghetto n'est plus la préface à une expulsion générale hors d'Europe, où peut-elle conduire, sinon à ralentir l'avance des soldats, condamnés à cette tâche supplémentaire de rassemblement et de contrôle ? C'est pourquoi le massacre des Juifs est contenu dans ces « tâches spéciales » que Hitler assigne à des troupes non moins spéciales, chargées de nettoyer le terrain conquis par l'armée des ennemis jurés du Reich. Dès le 3 mars, à la suite d'une réunion de travail entre Hitler et le général Jodl, la mission particulière de cette seconde vague d'envahisseurs, survenant sur les talons des troupes de première ligne, et formée d'une élite criminelle, par inversion des vertus militaires, cette mission a été définie en ces termes : « Extirper l'intelligentsia judéo-bolchevique, de préférence sur le théâtre même des opérations [1]. » Litote abstraite destinée à atténuer l'horreur de ce qu'elle prescrit, et qui dit bien pourtant ce qu'elle veut dire. Terminée la perspective de l'émigration. Fini le temps du contrôle et des regroupements ; voici le temps des tueries. La cons-

---

1. J. Fest, *Hitler, op. cit.*, t. VII, chap. 2, p. 329. Voir aussi R. Hilbert, *La Destruction..., op. cit.*, chap. VII, p. 243. G. Fleming, *Hitler et la solution finale*, préface d'A. Grosser, postface de S. Friedlander, Paris, Julliard, 1988, chap. 3, p. 65 (éd. allemande, *Hitler und die Endlösung*, 1982 ; éd. anglaise, *Hitler and the Final Solution*, 1985).

Voir aussi Christopher R. Browning, *Ordinary Men*, Harper Collins, 1992 (*Des hommes ordinaires*, préface de Pierre Vidal-Naquet, Les Belles Lettres, 1994).

titution des quatre *Einsatzgruppen* (forces opérationnel-
les d'intervention), unités spéciales chargées de la liquidation des Juifs sur les arrières immédiats du Front,
annonce les exécutions de masse de l'été et de
l'automne 1941.

A s'en tenir ainsi au seul domaine des intentions allemandes, le 22 juin 1941 marque une rupture dans le
caractère de la guerre, qui prend un tour exterminateur
au nom d'une idéologie raciale. Sans doute ce trait
était-il déjà présent en 1939-1940 dans la déportation
vers l'est, par les nazis, des Polonais et des Juifs polonais.
Mais, d'une part, la persécution, pour atroce qu'elle ait
été déjà, n'avait pas le massacre pour fin avouée ; de
l'autre, l'essentiel de la guerre avait eu lieu à l'ouest de
l'Europe, où la victoire de Hitler avait revêtu un air plus
traditionnel. La guerre nazie, au plein sens du terme, ne
dévoile sa vraie nature qu'avec les instructions de Hitler
au printemps 1941. Elle n'est plus cette espèce de fatalité
qui pousse périodiquement les nations à se battre, et qui
soumet leurs citoyens soldats à d'interminables peines,
mais leur offre aussi un théâtre glorieux où illustrer leur
patriotisme. Inscrite dans une idéologie plus vaste que la
nation, produite par une ambition délibérée de domination universelle, combattant un adversaire plus général
que le soldat ou le pays d'en face, poursuivant la victoire
avec d'autant plus de férocité que son contenu est plus
abstrait, la guerre nazie, présente dans la volonté de
Hitler avant même d'avoir eu lieu, sera tragiquement
fidèle aux intentions de son promoteur, puisque le peuple
allemand agira comme s'il les faisait siennes. Crime collectif si vaste et perpétré avec tant de minutie, par tant
d'individus, qu'il a conservé pour l'esprit une partie de
son mystère.

L'Union soviétique va être le premier théâtre de cette
guerre nazie, sa cible la plus visible, et son adversaire le
plus héroïque. Le pays de Staline a été détesté en Europe,
depuis août 1939, par un peu tout le monde : ses vieux
ennemis comme ses vieux amis, les premiers confirmés
dans leurs sentiments, les seconds trahis dans leurs
espoirs. Il a pris sa part des atrocités antipolonaises, et

n'a eu besoin d'aucun complice, dans la seconde moitié de 1940, pour mettre au pas les pays Baltes par les exécutions et des déportations massives. Mais voici que l'invasion du 22 juin 1941 transforme le bourreau en victime. Du jour au lendemain, l'Union soviétique se trouve dans le camp de l'Angleterre, donc du côté des démocraties, bientôt l'obligée des Etats-Unis. Au bout de quelques mois, la dimension des moyens mis en œuvre par Hitler, la sauvagerie de l'offensive nazie, l'acharnement de la résistance russe font de l'Union soviétique le martyr et la chance de la liberté en Europe.

Il n'est que de voir l'attitude de Churchill. Le vieux leader, si longtemps isolé au sein des conservateurs anglais par sa méfiance à l'égard de Hitler, est aussi un vétéran de l'antisoviétisme. Son hostilité au communisme est aussi ancienne que le régime soviétique. Mais, au printemps 1941, il a subi défaite sur défaite : au Proche-Orient, en Grèce, en Crète. Il est dans une situation trop difficile pour être regardant sur l'allié, pour peu qu'il s'en présente un. Averti par ses services des préparatifs allemands à l'est, il prévient Staline, qui ne le croit pas. Mais, dès l'annonce de l'attaque, le 22 juin, il proclame sa solidarité avec le gouvernement qu'il déteste, puisqu'il est devenu l'ennemi des nazis. Ses conseillers militaires tendent à penser, comme Hitler, que l'Union soviétique sera mise à genoux en quelques semaines ; mais son génie a aperçu plutôt le tournant décisif d'une guerre où l'Angleterre est seule depuis bientôt deux ans. Le 12 juillet, en pleine déroute de l'Armée rouge, le gouvernement anglais signe à Moscou, avec le gouvernement soviétique, un accord qui les lie jusqu'à la fin de la guerre : personne n'acceptera de signer une paix séparée avec l'Allemagne. Le 2 août, les Etats-Unis s'engagent à aider l'U.R.S.S. militairement et économiquement. En octobre, accord tripartite anglo-américano-soviétique dans le même sens. L'Union soviétique est devenue l'alliée ou l'amie des deux plus grandes démocraties libérales de l'univers, avant même que la plus puissante entre en guerre. Quand la contre-attaque de l'Armée rouge devant Moscou, le 6 décembre, marque le premier coup d'arrêt militaire à la puissance nazie, comment les opinions publiques n'oublieraient-elles pas le Staline allié de Hitler ?

Pourtant c'était hier. Cette même frontière que les blindés allemands ont franchie le 22 juin 1941 pour se ruer vers l'est, Staline l'avait conquise en septembre 1939, avec la complicité de Hitler, sur le cadavre de la Pologne. Et il avait désormais comme allié, par la force des choses, le gouvernement polonais émigré, qui avait trouvé refuge à Londres ! C'est que les guerres en général et, plus que toutes, cette guerre-là, la plus universelle de l'histoire, simplifient à l'extrême les choix. Elles alignent le passé aussi sur le présent. Elles ne connaissent que deux camps, sous les drapeaux desquels viennent se mettre en ordre de combat non seulement les combattants et les passions, mais les idées et même les souvenirs. Dans le cas de la guerre germano-russe de 1941, le caractère gigantesque de l'affrontement — les millions d'hommes, le déploiement de la force mécanique, la rigueur du climat — porte cet effet à un degré extrême. Et l'entrée en guerre des Etats-Unis et du Japon, le 8 décembre, au moment crucial de la première contre-attaque russe, met la dernière touche à la bataille de Moscou, dont elle universalise les enjeux.

Staline n'est pas le dernier à comprendre la portée de la guerre sur la politique soviétique, et sur sa dictature en particulier. Quand celle-ci éclate sans qu'il ait voulu croire ceux qui la lui avaient annoncée, il est déjà, à sa manière despotique et cruelle, l'homme de la puissance russe. Il a fait la doctrine du « socialisme dans un seul pays », les plans quinquennaux, l'industrialisation forcée, la modernisation de l'armement. Bien qu'il ait tué plus de Russes que n'importe quel ennemi de la Russie, et liquidé notamment une bonne part de l'encadrement de l'Armée rouge au moment de la Grande Terreur, il a été en 1939-1940 l'homme de l'agrandissement territorial, et a remis ses pas dans ceux des tsars au nom du « socialisme ». Quand il s'adresse le 3 juillet 1941 à ses « frères et sœurs » pour tracer un premier programme de résistance à l'ennemi, son discours est tissé d'appels au patriotisme : il sait mieux que personne que le peuple, à condition qu'il ait encore la force de se lever, marchera contre l'envahisseur, pour défendre le sol de la patrie, et non pas les kolkhozes ou le Politburo.

Hitler apporte sa contribution à cet élan national. Là même où, comme dans beaucoup de kolkhozes ukrainiens, ses troupes sont accueillies avec des fleurs, car les villageois escomptent la fin de la collectivisation des campagnes, le comportement des soldats, obéissant aux instructions, décourage aussitôt cette fraternisation sans objet : les buts de guerre nazis sont bien de détruire l'Etat soviétique sur tous les territoires conquis, mais dans la seule intention de faire des populations locales de la main-d'œuvre gratuite au service de l'Allemagne. Quand se forme le 30 juin 1941 une organisation nationaliste ukrainienne désireuse de fonder à Lvov un Etat séparé de Moscou, la Wehrmacht arrête ses initiateurs et ses partisans [1]. Elle n'essaiera jamais sérieusement d'appuyer, de la part des Républiques soviétiques, une politique de sécession, qui eût été en tout état de cause privée d'avenir par les conceptions racistes dont l'invasion n'est que la mise en œuvre. Guerre idéologique, la guerre nazie en Russie paye le prix de l'idéologie.

Du coup, la période est aussi la seule, dans toute l'histoire de l'Union soviétique, où le pouvoir totalitaire rencontre une sorte d'assentiment profond, quoique limité, dans le patriotisme du peuple. Bien qu'il soit entièrement responsable de la pagaille militaire et des défaites successives qui marquent les premiers mois de l'invasion, ce pouvoir a aussi détruit d'avance tous les recours auxquels aurait pu penser la population dans le malheur. Hommes, institutions, Eglises, traditions, il n'y a plus rien qui puisse lui être opposé. Plus son imprévoyance est visible, plus il est tout-puissant, puisque c'est du fond de la défaite qu'il tire ce qu'il a de national. S'il jette un peu de lest du côté de l'Eglise, pour en faire un meilleur instrument de la prédication patriotique, il ne lâche rien

1. M. Heller, A. Nekrich, *op. cit.*, chap. 8, p. 335.

des prérogatives du N.K.V.D. Robert Conquest [1] raconte que, pendant le recul des armées soviétiques, Staline ne parvint pas à faire évacuer ses milliers de prisonniers à une allure assez rapide, et qu'il décida de les faire fusiller plutôt que de les laisser en témoins à charge aux mains des Allemands.

A l'est du front, dans les profondeurs du pays, l'industrie de masse du travail forcé reçoit de la guerre un surcroît de nécessité. Le Goulag va s'accroître dans les années qui viennent de populations entières déportées, sous la suspicion maladive de trahison, comme les Allemands de la Volga, ou les Kalmouks, ou les Tchétchènes. Il est vrai que Staline en retire aussi des officiers dont il a besoin, comme le général Rokossowski ; et qu'il forme avec des déportés un certain nombre de régiments de zeks. Rien ne dit mieux le caractère sinistre de ce patriotisme de la servitude, et l'étrange sentiment de détente collective créé par une guerre atroce, que ces lignes mises par Pasternak dans la bouche d'un de ses héros : « Ceux qui se portaient volontaires pour les régiments pénitentiaires étaient libérés s'ils survivaient à ces combats interminables. Après cela, des attaques à n'en plus finir, des kilomètres de barbelés électrifiés, des mines, des mortiers, des mois et des mois dans une tempête de feu. Ce n'est pas pour rien qu'on nous appelait les condamnés à mort — la mort nous guettait tous. Comment ai-je survécu ? Comment ai-je pu survivre ? Pourtant, dis-toi bien que tout cet enfer de sang était un paradis comparé aux horreurs du camp de concentration. La dureté des conditions n'entre pas en ligne de compte. Non, c'est autre chose... Les forçats comme toi n'ont pas été les seuls à respirer soudain plus librement, à pleins poumons. Tous, sans exception, à l'arrière comme au front, ont ressenti un véritable bonheur en se jetant avec ivresse dans le creuset de la lutte terrible, mortelle et salutaire [2]... » Faire la guerre aux envahisseurs nazis, dans les conditions particulièrement affreu-

---

1. R. Conquest, *op. cit.*, épilogue, p. 458.
2. Boris Pasternak, *Le Docteur Jivago*, Gallimard, 1958, p. 602.

ses auxquelles sont soumis les régiments pénitentiaires, voilà le privilège que se disputent d'innombrables zeks à travers le Goulag. Car la guerre donne au moins un sens au présent ; et par là même, qui sait, rétablit peut-être un avenir.

L'opinion démocratique internationale, elle, n'a pas la prudence de ce « peut-être », si tragiquement acquise par les citoyens soviétiques. Elle n'a pas, par définition, l'expérience de la vie en U.R.S.S. Le monde communiste lui reste plus que jamais étranger. Mais la communauté de combat le revêt d'une fraternité nouvelle, qui n'a jamais été aussi générale. Fraternité moins abstraite que celle de l'idéologie, et pourtant lointaine, dans la mesure où les peuples de l'Ouest, occupés ou combattants, ne conçoivent pas l'affreuse nouveauté de la guerre à l'Est. Ils ont tendance à l'imaginer sur le précédent de 1914, assez épouvantable à leurs yeux pour ne pas pouvoir être dépassé dans le registre de l'horreur. Ils n'aperçoivent pas le caractère absolument inhumain que le nazisme a apporté pour la première fois à la guerre de l'époque démocratique. Pourtant, leurs citoyens commencent à déployer dans leurs cuisines glacées des cartes de l'immense U.R.S.S., pour y tracer les lignes du front et y suivre la résistance et les progrès de l'Armée rouge.

Indifférents à l'extermination des Juifs, ils le sont pour beaucoup de raisons où entrent à doses variables l'anti-sémitisme, l'ignorance de ce qui se passe, l'impuissance à imaginer l'esprit de système et le génie du mal associés dans une entreprise aussi diabolique. Et puis les Juifs sont des millions de malheureux, dispersés à la surface de l'Europe, dont le sort ne pèse pas sur l'issue de la guerre. Derrière l'Union soviétique, par contre, les peuples de l'Ouest voient un autre peuple, les Russes, com-battant héroïquement l'envahisseur de son territoire et, par là même, affaiblissant l'Allemagne nazie à travers l'Europe. Sur des cartes qui prennent au fil des commu-niqués un air étrange de familiarité, des noms de villes qu'ils ignoraient hier, Stalingrad, Koursk, Orel, Vitebsk, Minsk, deviennent les symboles d'une nation qui se bat pour la liberté. La bataille contre l'Allemagne nazie réinscrit la patrie d'Octobre 1917 à l'avant-garde de l'humanité.

Cette réinscription s'opère d'abord par le canal de la nation en armes contre Hitler ; mais elle vaut aussi confirmation de l'universalisme révolutionnaire. L'Union soviétique avait semblé trahir sa mission par le pacte d'août 1939. Mais la guerre de juin 1941 transforme cet abandon apparent en parenthèse tactique, interprétation rétrospective facilitée par le caractère secret des partages de territoires prévus entre Staline et Hitler. Les sacrifices inouïs consentis par l'Armée rouge dans la bataille contre l'Allemagne rendent inconcevable une alliance, même brève, entre nazisme et communisme. D'ailleurs, il suffit pour oublier hier de se remémorer avant-hier. La guerre renoue avec la grande époque, si récente, où les communistes étaient au premier rang du combat contre Hitler : les y voici plus que jamais, les armes à la main, comme en Espagne, mais à une autre échelle. L'antifascisme européen retrouve son assiette politique par la censure de ce qui s'est passé entre la chute de Madrid et l'invasion allemande de la Russie. Grâce à cet ajustement, il puise dans la situation des forces renouvelées, puisqu'il s'élargit aux dimensions du patriotisme et de la lutte contre l'occupant. Un des effets de ce refoulement collectif est d'accréditer le mythe d'un Staline et d'un Komintern capables de déchiffrer le mouvement de l'histoire.

En réalité, Staline tire avantage de sa plus grosse erreur. Il a cru tromper tout le monde par le pacte de 1939, et laisser s'épuiser les belligérants au profit de l'U.R.S.S. Il a été trompé par Hitler, et mis à deux doigts de sa perte. Mais, avant même d'être sauvé par l'attachement du peuple à son sol, il reconstruit la langue de sa dictature sur l'antifascisme, mis au rancart en 1939. Le terme, disparu du langage soviétique après le 23 août 1939, fait une réapparition en fanfare après juin 1941, associé à celui de patriotisme. Tous les partis communistes européens s'en ressaisissent comme un seul homme, heureux d'obéir cette fois à un retournement qui les rajeunit en leur rendant les moyens d'une politique démocratique et nationale. Peu importe que ce retournement ait été en fin de compte rendu inévitable par Hitler, et non pas librement décidé par Staline : vieille connaissance des marxistes que cette ruse de la raison, qui emploie Hitler à l'avantage de ce qu'il combat.

Il existe pourtant, dans cette deuxième mouture de l'antifascisme communiste, si on la considère du point de vue de Moscou, des contradictions si profondes que la politique soviétique pourra les taire, les conjurer, les interdire, les mettre en prison, mais jamais les résoudre. Elles renvoient toutes à la même cause. La guerre a finalement fait de l'U.R.S.S., aux côtés des démocraties anglo-saxonnes, le recours de la liberté : celle des individus et celle des nations. Mais elle s'avère impuissante à transformer la nature du régime. Tout se passe au contraire comme si le nouveau rôle et la nouvelle image de l'U.R.S.S. ne constituaient que des moyens supplémentaires mis au service d'un despote et d'un régime inchangés.

La guerre moderne est un quitte ou double. Elle tend à donner un pouvoir total aux gouvernements qui la font, à moins qu'ils ne soient déshonorés par la défaite. Staline échappe à cette règle si souvent énoncée depuis 1918, puisqu'il a conquis une domination absolue sur l'U.R.S.S. sans avoir eu besoin d'engager son pays dans un conflit extérieur. Il lui a suffi d'évoquer sans cesse l'imminence de la guerre, les complots impérialistes, les intrigues « hitléro-trotskistes ». Mais voici qu'en juin 1941 ces avertissements répétés semblent recevoir confirmation ; et l'histoire offre en plus à Staline la bonne fortune de traverser une vraie situation de salut public, suivie d'un redressement militaire devant Moscou, et, l'hiver suivant, d'une formidable victoire dans la ville qui porte son nom. Dès lors, la guerre est l'alliée la plus précieuse de son pouvoir absolu. Elle convient mieux, d'ailleurs, que la paix à l'organisation étatique de l'économie. Elle permet de bénéficier d'une aide américaine massive. Elle légitime les relations primitives d'autorité, et donne un cadre rationnel à la soumission inconditionnelle du peuple et à l'idolâtrie du chef. Demi-dieu déjà avant la guerre, Staline a gagné l'autre moitié de sa divinité à Stalingrad.

L'élan de patriotisme qui a soulevé tant de soldats de l'Armée rouge contre l'envahisseur n'a donc pas trouvé la liberté au rendez-vous du combat contre Hitler. Il a sauvé le territoire national, mais en lui forgeant de nouvelles chaînes. Il a brisé le Führer nazi, mais déifié le Guide de Moscou. « Des deux féroces ennemis, écrit Soljenitsyne, notre peuple a choisi celui qui parlait sa langue [1]. » La formule laisse trop croire à la possibilité même d'un choix, si l'on songe au mépris et aux violences dont les peuples russe et ukrainien se sont trouvés abreuvés par les envahisseurs. Mais elle a l'intérêt de montrer ce qui est caché dans l'équivoque nationale qui enveloppe la guerre de l'Union soviétique contre l'Allemagne. Staline en escompte un nouveau bail de domination totalitaire, la victoire donnant au communisme un minimum d'assentiment du sentiment national. Au contraire, les meilleurs de ceux qui se sont battus avec tant de courage contre Hitler ont vu dans l'immense bataille une chance de renaissance civile, une occasion et un espoir de liberté. Vainqueurs de la guerre, ils en seront par là même les plus grands vaincus, éternisant chez eux le type de pouvoir qu'ils ont brisé à Berlin.

Ainsi la guerre germano-russe, en même temps qu'elle constitue une rupture dans la ligne politique du Kremlin, cache-t-elle la continuité d'un régime totalitaire, mieux que jamais masqué par l'antifascisme. On peut le vérifier également sur le cas de la politique extérieure soviétique, fidèle à elle-même en amont et en aval du 22 juin 1941. En apparence tout a changé. En 1939-1940, l'Union soviétique s'est agrégé, grâce à la complicité allemande, un morceau de Biélorussie, les trois pays Baltes, un tiers de la Pologne, la bordure orientale de la Finlande, la Bessarabie, la Bukovine du Nord. Peu importe ici que certains de ces territoires soient des récupérations d'anciennes possessions de l'Empire russe. Car ces

---

1. Alexandre Soljenitsyne, *L'Erreur de l'Occident*, Grasset, 1980, trad. du russe par Nikita Struve, Geneviève et José Johannet, p. 84.

annexions se sont accomplies sur le mode hitlérien, c'est-
à-dire en termes de supériorité des grandes puissances
sur les petites. Après le 22 juin 1941 au contraire, l'Union
soviétique devient comme naturellement, puisqu'elle est
en guerre contre Hitler, championne des petites nations
contre les abus des grandes. L'Allemagne nazie prétend
occuper et exploiter à son profit toute l'Europe slave, au
nom de la supériorité aryenne. L'U.R.S.S., en face, se fait
championne de l'égalité et de l'indépendance de toutes
les nations, conséquence naturelle de l'antifascisme. De
par la géographie et l'histoire, elle possède une vocation
particulière à appliquer ce programme dans l'Europe
slave, là où précisément Hitler a foulé aux pieds l'idée
nationale au profit de l'idée raciste.

L'indépendance nationale reconquise est donc inséparable de la guerre antifasciste. Le mot d'ordre mobilise
non seulement les armées qui se battent contre la Wehrmacht, mais les combattants clandestins des mouvements de résistance dans l'Europe occupée. Staline l'a
inscrit dans ses buts de guerre et dans les textes du
mouvement communiste international. Pour lui donner
plus d'éclat, il va jusqu'à dissoudre le Komintern, le
15 mai 1943 : quel témoignage plus spectaculaire peut-il
donner de ce que, désormais, même les différents partis
communistes nationaux sont émancipés de la tutelle de
Moscou ? Comme toujours, il n'a pas été long à saisir les
conséquences politiques de la nouvelle situation. L'époque n'est plus, comme en 1939-1940, à la saisie brutale de
territoires. Comme il avait calqué le sien sur le style de
Hitler, Staline parle désormais le langage de ses nouveaux alliés : celui de la liberté.

Mais il n'a pas la moindre intention d'en appliquer les
principes. Sa tactique et son langage ont changé, non ses
méthodes et ses ambitions. Il reste plus que jamais, à la
faveur de la guerre, l'homme de l'Empire soviétique,
décidé à planter le drapeau du communisme aussi loin
que possible à l'Ouest. Mais ni l'extension territoriale
qu'il envisage (et que dessinent peu à peu ses armées) ni
la logique d'une guerre antihitlérienne ne permettent
désormais l'annexion pure et simple de nouvelles unités

nationales à l'Union soviétique. D'ailleurs, l'agression du 22 juin a montré les inconvénients d'une frontière commune avec l'Allemagne, et l'idée d'un glacis de républiques non plus intégrées, mais satellites, permet une sécurité plus grande de la République russe. De ce fait, Staline a plus que jamais besoin de partis communistes locaux à sa botte, et la dissolution du Komintern est un leurre destiné à ses alliés de l'Ouest. Il garde de toute façon, et à tout hasard, sur le territoire de l'U.R.S.S. les anciens et futurs états-majors de tous les partis communistes européens : de quoi faire des bureaux politiques en veux-tu en voilà, roumain, polonais, hongrois, bulgare, tchèque, allemand, et même italien ou français. Wolfgang Leonhard a raconté dans ses Mémoires comment sa triste vie de jeune communiste allemand réfugié en U.R.S.S. avec sa mère s'est transformée après le 22 juin 1941 ; comment il a été enrégimenté, au fin fond de la république de Bachkirie, dans une école de cadres communistes étrangers mis en condition pour le jour J ; et comment il s'est trouvé, le 30 avril 1945, en compagnie de Grotewohl, d'Ulbricht et de quelques autres, dans le premier avion civil qui s'est posé en Prusse-Orientale, sur les pas de l'Armée rouge, pour y former la nouvelle administration allemande [1].

Le cas polonais est plus tristement symbolique, puisqu'il s'agit du pays qui a été l'origine de la Seconde Guerre mondiale, avant d'en être une des grandes victimes. Cause du conflit en septembre 1939, et premier théâtre des opérations militaires, la Pologne n'a cessé d'être à l'épicentre du tremblement de terre européen, partagée d'abord, pillée, meurtrie par l'Allemagne et l'U.R.S.S., objet ensuite de désaccords entre l'U.R.S.S. et les démocraties anglo-saxonnes, perdant en définitive l'indépendance à la fin d'une guerre commencée pour la garantir. Elle illustre par excellence ce que la volonté de Staline a eu d'inchangé, des deux côtés du 22 juin 1941,

---

1. Wolfgang Leonhard, *Child of the Revolution* (trad. par C.M. Woodhouse), Chicago, 1958 (éd. allemande, 1955). Trad. : *Un enfant perdu de la révolution*, éditions France-Empire, 1983.

à travers une succession d'alliances contradictoires. En 1939 et 1940, le secrétaire général avait obtenu par la négociation avec Hitler un vaste ensemble de territoires en Europe orientale. Il voulait encore ce que Molotov était allé demander à Berlin en novembre 1940 : une espèce de protectorat sur la Roumanie, la Bulgarie, la Finlande et la Turquie, le contrôle des Balkans, le statut de superpuissance mondiale aux côtés de l'Allemagne nazie. Rien de tout cela n'a changé vraiment avec la nouvelle disposition des alliances. Deux différences pourtant : Staline a accru encore ses ambitions vers l'Ouest, avec les progrès de son armée. Et il lui faut désormais les négocier non plus avec Hitler, mais avec Churchill et Roosevelt.

L'affaire polonaise montre qu'il ne rencontre guère plus de difficultés avec les chefs des démocraties qu'avec le dictateur nazi. Bien qu'il ait reconnu très vite après le 22 juin le gouvernement polonais de Londres, prélude à la formation d'une armée polonaise en territoire soviétique, il refuse d'inclure dans l'accord toute mention sur la frontière polono-soviétique. Et il indique clairement aux Anglais, dès l'automne 1941, sa volonté de conserver les territoires qu'il tient pourtant des Allemands. Churchill et Roosevelt cherchent à gagner du temps, en remettant à la paix les tracés de frontières. Mais, faute de pouvoir ouvrir vite un second front européen, réclamé à cor et à cri par Staline, il faut bien qu'ils donnent quelque chose à leur allié, dont ils craignent — sur le précédent de 1939 — une paix séparée avec Hitler. Les démocraties payent d'abandons prématurés à la volonté d'expansion soviétique l'état d'impréparation militaire où la guerre les a surpris. Encore faut-il faire sa part aussi aux illusions : Churchill n'en a guère, mais Roosevelt, si. Sur l'Union soviétique et son chef, le président américain est à la fois ignorant et naïf. Il nourrit à propos de Staline des idées si étrangement optimistes qu'on peine à les imaginer chez un homme d'Etat si brillant à domicile. L'époque, il est vrai, s'y prête. Le souvenir du pacte germano-soviétique s'estompe avec les années, et l'Armée rouge a payé par ses sacrifices le prix fort de la rédemption.

Stalingrad a effacé les échanges d'amabilités entre Ribbentrop et Molotov. La guerre impose sa logique manichéenne, qui devient peu à peu opinion obligée.

En 1943, la découverte par les nazis du charnier de Katyn complique l'imbroglio polonais, en provoquant d'une part la rupture entre l'U.R.S.S. et le gouvernement polonais de Londres, d'autre part la formation à Moscou d'une autre équipe polonaise, esquisse du futur pouvoir communiste. Les dés sont jetés déjà du côté soviétique, au moment même (fin 1943) où la restauration de l'indépendance des nations et le libre choix par chacune de son gouvernement sont proclamés comme les buts de guerre de l'U.R.S.S. A la même époque, la « ligne Curzon [1] » est acceptée par Churchill et Roosevelt à Téhéran comme frontière orientale de la Pologne. Disposition inséparable d'un vaste déplacement vers l'ouest du territoire polonais, au détriment de millions d'Allemands qu'il faudra

1. Le problème des frontières polonaises a été un des casse-têtes des Alliés victorieux de la Première Guerre mondiale, désireux de restaurer l'indépendance de la Pologne, mais incertains sur les territoires qu'il convenait d'y inclure — compte tenu du peuplement mêlé d'Allemands à l'ouest, d'Ukrainiens et de Biélorusses à l'est. La ligne dite « Curzon » — du nom du ministre anglais des Affaires étrangères de l'époque — a été tracée avec l'accord des Français et des Américains en 1919, à Versailles, en l'absence de toute consultation russe. Elle place la frontière orientale de la nouvelle Pologne le long du fleuve Bug. Mais elle devient caduque presque aussitôt du fait de la guerre polono-soviétique de 1920. La victoire finale de Pilsudski, après la débâcle de l'Armée rouge sur la Vistule, permit aux Polonais d'étendre leur frontière plus à l'est, en incorporant des populations rurales ukrainiennes et biélorusses. Mais la « ligne Curzon » refit surface en août-septembre 1939, à peu de chose près, dans l'accord secret entre Hitler et Staline, et le partage de fait qui s'ensuivit. Elle sera pendant la guerre, à partir de 1941, au centre du contentieux entre le gouvernement polonais de Londres et l'Union soviétique. Staline refusa obstinément tout autre tracé de la frontière polono-soviétique que celui de septembre 1939. A Yalta, en face de Churchill et de Roosevelt qui plaident pour que la ville de Lvov et certains champs pétrolifères situés à l'est de la ligne Curzon soient néanmoins inclus en territoire polonais, il aura cette réponse significative : « On veut que nous soyons moins russes que Curzon ou Clemenceau ! »

expulser — ce qui implique l'étroite dépendance de la future Pologne à l'égard de l'U.R.S.S.

Dès lors, le reste de l'histoire est quasiment écrit. L'avance militaire soviétique à l'Ouest en rend inévitable aussi la part qui n'est pas consentie d'avance. La querelle insoluble qui oppose à Staline le gouvernement Mikolajczyk [1] est tranchée sur le terrain, en août 1944. Au terme d'une avance rapide, l'Armée rouge parvient jusqu'à Praga, faubourg de Varsovie, sur la rive droite de la Vistule. Au même moment, le gouvernement polonais de Londres décide d'affirmer son droit : par ses unités militaires clandestines, il déclenche l'insurrection à Varsovie. Mais son drame tient au fait qu'en face des troupes allemandes il a besoin pour vaincre d'un coup de main de l'armée soviétique, qui campe de l'autre côté du fleuve. Celle-ci ne bouge pas. Elle assiste de loin, le 2 octobre, à la capitulation de « l'Armée nationale » polonaise et à la destruction de la ville. En décembre, le « Comité de libération nationale de Pologne », formé à Lublin à l'initiative des Russes, se transforme en gouvernement provisoire du pays, aussitôt reconnu par Moscou. A Yalta, en février 1945, Churchill et Roosevelt n'arrivent à obtenir de Staline que la participation des Polonais de Londres à ce gouvernement provisoire : « union nationale » factice, qui ne résistera pas bien longtemps à la situation sur le terrain.

Mais personne, à l'époque, ne se soucie de ce triomphe de la force sur le droit, couronnant une guerre qui s'était faite au nom du droit contre la force. Car l'idée communiste est alors à son apogée dans le siècle : triomphante en même temps dans les faits et dans les esprits.

*

Dans un des beaux romans de ce siècle [2], l'auteur, Vassili Grossman, écrivain soviétique, introduit le personnage de Staline à l'heure de Stalingrad. Fin novembre

1. Du nom du chef du gouvernement polonais en exil à Londres.
2. V. Grossman, *Vie et destin*, Julliard-L'Age d'homme, 1983, p. 618.

1942, le secrétaire général vient d'apprendre l'encerclement de la VIe et de la IVe armée allemande par ses troupes. Les yeux clos, il savoure le premier ce moment. Et
Grossman lit dans ses pensées : « C'était l'heure de son
triomphe. Il n'avait pas seulement vaincu son ennemi
présent, il avait vaincu son passé. L'herbe se fera plus
épaisse sur les tombes de 1930 dans les villages. Les
neiges et les glaces au-delà du cercle polaire resteront
silencieuses. Il savait mieux que personne au monde
qu'on ne juge pas les vainqueurs. »

Au printemps 1945, la victoire est au rendez-vous de
Stalingrad. Elle mêle les deux divinités qui font les époques de l'histoire : la force et les idées. Dans l'ordre de la
force, c'est une victoire absolue, conforme aux engagements pris très vite par les Alliés de ne pas faire de paix
séparée, et de ne pas quitter le champ de bataille avant la
reddition inconditionnelle de l'ennemi. Dans le registre
des idées, le triomphe n'est pas moindre, marqué par la
mise au ban de l'humanité du fascisme. L'idée d'exiger de
l'ennemi une capitulation sans condition avait pu sem-
bler discutable dans la Première Guerre mondiale — et
sans doute l'était-elle. Mais tel n'était pas le cas de la
seconde : défendable avec Guillaume II, l'idée d'une paix
de compromis ne l'était pas avec Hitler [1].

Jamais peut-être dans l'histoire la force des armes n'a
paru aussi légitime que celle de la coalition antinazie à
l'heure de la victoire, enveloppée dans le triomphe de la
liberté. A peine était-il permis alors de noter que cette
légitimité avait paru beaucoup plus incertaine aux peuples européens, à l'exception des Anglais, quatre ou cinq
ans auparavant, au moment des triomphes allemands en
Europe, quand la force avait provisoirement tranché
dans l'autre sens. Par la victoire, le conflit militaire et
l'affrontement des idées avaient perdu le caractère problématique qu'ils avaient eu alors dans les esprits. Pour
parler le langage du temps, l'histoire avait tranché. Son

1. George Kennan, *La Russie soviétique et l'Occident. Quarante
années d'histoire*, trad. par C.E. Romain, Calmann-Lévy, 1962,
p. 333-334 (*Russia and the West under Lenin and Stalin*, Little
Brown and C°, Boston, 1960).

verdict valait annulation des incertitudes qui l'avaient précédé.

A ce triomphe sans précédent de la démocratie, l'Union soviétique avait payé plus que son écot. Tardivement, il est vrai, puisque la patrie du communisme n'était entrée en guerre qu'au milieu de 1941, et par force, à la suite de l'agression nazie. Entre l'été 1939 et l'été 1941, Staline avait fait au contraire un bout de chemin avec Hitler, et rien n'indique clairement qu'il n'eût pas aimé continuer une politique qui lui avait permis d'annexer successivement la Pologne orientale, les Etats baltes, la Bessarabie roumaine. Mais enfin, une fois soudée au camp démocratique par l'invasion allemande, l'Union soviétique avait apporté à la victoire de 1945 la plus lourde contribution en souffrances consenties et en sang versé. Elle avait fait la preuve de sa puissance militaire, de sa cohésion sociale, du patriotisme de ses peuples. L'Armée rouge était entrée la première à Berlin ; elle occupait Varsovie, Bucarest, Prague, Budapest. Elle offrait à Staline une position inexpugnable pour négocier l'après-guerre.

Mais l'aubaine était tout autant politique et idéologique : c'est le communisme qui avait gagné la guerre et qui s'offrait ainsi un nouveau bail avec l'histoire. Non qu'il fût menacé, à l'intérieur, dans la période qui a précédé la guerre : la Grande Terreur des années trente en U.R.S.S. avait assez montré l'étendue du pouvoir absolu de Staline sur le P.C. de l'U.R.S.S. et sur l'Union elle-même. Mais la fidélité des partis frères et, en tout cas, leur rayonnement avaient été mis à l'épreuve par l'abandon de la ligne antifasciste entre 1939 et 1941. La victoire de 1945 effaçait cet épisode de la mémoire des peuples, comme elle en chassait les mauvais souvenirs chez les militants ; et pour ce qui aurait pu en subsister dans l'esprit des uns ou des autres, les partis communistes allaient apporter un soin méticuleux à l'exorciser par l'argument d'autorité.

Aussi bien l'image de l'Union soviétique n'a-t-elle jamais exercé de séduction plus puissante qu'à cette époque où elle est ornée de tous les prestiges de la force et de l'idée. Dans les années qui avaient suivi Octobre 1917, la révolution russe avait redonné vie à une des plus fortes représentations politiques de la culture européenne ; mais l'idée révolutionnaire qu'elle ressuscitait dans sa pureté première, non encore ternie par une histoire, n'avait eu d'attrait un peu durable que pour des élites ouvrières et des cercles d'intellectuels. A partir des années trente, l'Union soviétique avait étendu son rayonnement malgré les calamités de son histoire intérieure, à la fois comme système économique invulnérable à la crise et bientôt comme puissance alliée aux démocraties contre Hitler. Mais le pacte germano-soviétique d'août 1939 avait ramené le régime d'Octobre 1917 à un isolement moral et politique en Europe : Staline y gagnait bien des territoires, mais le communisme y perdait ses attraits. La guerre et la victoire lui rendaient au contraire, en 1945, un éclat qu'il n'avait jamais eu encore (et que d'ailleurs il ne retrouverait jamais). L'Armée rouge venait mêler ses drapeaux, sur l'Elbe, à ceux des troupes américaines, après avoir libéré toute l'Europe centrale et orientale de l'oppression nazie. Non seulement elle était la force, mais elle incarnait aussi la liberté.

Du coup étaient effacés, non seulement par la victoire, mais par *cette* victoire sur Hitler, les crimes du régime contre les peuples et les citoyens de l'Union soviétique. La guerre pourtant n'en avait pas beaucoup adouci l'arbitraire ou la violence. Si Staline avait dû faire des régiments avec des zeks, il n'avait pas cessé de réalimenter de l'autre main le Goulag, en déportant par exemple en masse des minorités allogènes, ou des habitants des territoires annexés. Le temps n'était pas loin où il allait y affecter, pour les liquider, les centaines de milliers de citoyens soviétiques faits prisonniers par les Allemands ou ayant fui l'U.R.S.S. pendant la guerre. Comme leurs ancêtres de 1812, ses soldats s'étaient battus avec ce patriotisme que même la servitude n'entame pas ; au reste, en combattant les troupes nazies, ils découvraient une figure de l'Europe pire encore que leur propre régime. De sorte que Staline bénéficiait à la fois du patriotisme de la servitude et de celui de la résistance.

Victorieux des nazis, son armée et son peuple scellaient ou rescellaient à jamais leurs chaînes, sous le drapeau abstrait de la liberté.

Drapeau qui est aussi d'une inestimable valeur brandi dans les nations d'Europe centre-orientale « libérées » des troupes de Hitler au fur et à mesure de l'avance russe. « Libérées », elles le sont bien, en un sens. Mais à quel prix, et dans quelle intention ? L'Armée rouge a multiplié les pillages et les viols sur son passage, sans faire beaucoup de différence entre les pays censés être alliés, comme la Pologne, ou ennemis, comme la Hongrie : sur ce chapitre, les femmes de Gdansk ou de Budapest ont des souvenirs comparables. Encore peut-on mettre ces violences au compte des souffrances accumulées et de l'exaspération des combats. Mais si elles ne sont que les premiers signes d'une occupation durable ? Les peuples de l'Est européen, à des degrés divers, et même quand ils n'ont pas été les alliés de Hitler — pensons aux Polonais — ont bien des raisons de craindre que Staline ne veuille continuer en 1945 ce qu'il a commencé en 1939-1940 : la constitution d'un glacis protecteur, fait de nations absorbées ou satellisées, le plus loin possible vers l'Ouest, sur les traces de l'Armée rouge. La différence est qu'en 1939-1940 Staline s'était avancé hors de ses frontières grâce à la complicité de Hitler. En 1945, il chasse Hitler de ces nations slaves [1], libérateur avant d'être occupant : l'histoire a offert à ses ambitions territoriales une légitimité démocratique. Si son armée campe en Pologne ou en Tchécoslovaquie, c'est au nom de l'indépendance polonaise ou tchèque.

Hitler aura ainsi été l'auteur involontaire du formidable accroissement de la puissance matérielle et de la force imaginaire du communisme. D'abord, en léguant au monde d'après-guerre une Europe communiste absurdement étendue vers l'Ouest, bien au-delà même de ce que lui permettaient durablement ses moyens, et plus puissante d'apparence que de réalité : plus encline à l'intimidation qu'à la véritable épreuve de force, comme

1. Et de la Hongrie.

le montrera la diplomatie d'après-guerre. Mais Hitler a fait beaucoup plus pour Staline. Après l'avoir déshonoré par le pacte de 1939, en l'entraînant dans son intrigue de domination, il lui a donné l'occasion de son rachat, par l'invasion du 22 juin 1941, à la fois prétexte aux retrouvailles avec le patriotisme russe et surtout moyen de redorer le communisme aux couleurs de la démocratie.

La guerre, par les émotions qu'elle mobilise, et par le sang qu'elle verse, scelle les opinions avec les souvenirs au plus profond des cœurs. Que l'Union soviétique soit sortie du dernier conflit mondial comme une grande puissance démocratique n'a rien eu à voir avec la nature de son régime, mais tout avec la conjoncture historique. Alliée aux grandes démocraties mères, l'Angleterre et l'Amérique, et perdant de son côté douze ou quinze millions de ses fils dans la bataille contre les nazis, elle avait chèrement payé son nouveau label national, *l'antifascisme*.

L'antifascisme : avec ce mot, tout est dit de ce qui va faire le rayonnement du communisme dans l'après-guerre. Les communistes, d'ailleurs, ne s'y sont pas trompés, qui n'ont cessé de militer sous ce drapeau, de préférence à tout autre. Ils n'ont plus jamais voulu d'autre territoire politique à leur action que cet espace à deux dimensions, ou plutôt à deux pôles, dont l'un est figuré par les « fascistes », l'autre par eux-mêmes. Autour des uns et des autres se regroupent, de façon plus ou moins lâche, d'autres forces — ou, mieux, d'autres faiblesses. Les avantages politiques du dispositif sont tels qu'ils suffiraient à eux seuls à expliquer l'acharnement communiste à faire survivre le fascisme, à travers de multiples imitateurs, après qu'ont été écrasés les régimes qui l'ont incarné. Par là peut se perpétuer l'identification du communisme et de la démocratie, en même temps que le soupçon jeté sur tous les gouvernements « bourgeois » d'ouvrir la voie aux émules de Mussolini ou de Hitler. Depuis la fin du fascisme, il n'y a plus de politique communiste sans « danger fasciste ». Prophylaxie posthume dont on n'aurait pas à se plaindre si elle n'était destinée à masquer la nature du régime soviétique et à inventer des « fascistes » improbables, comme Adenauer, de Gaulle ou Eisenhower.

Si l'idée antifasciste a eu une si vaste résonance dans l'Europe d'après-guerre après avoir perdu son point d'application, c'est qu'elle prolonge l'expérience terrible de la Seconde Guerre mondiale en donnant un sens et un nom au malheur des peuples. Elle a la force d'un souvenir universel, et peut-être aussi d'un remords collectif, partagé à doses variables, mais présent un peu partout : celui de n'avoir pas combattu à temps Mussolini, Hitler, et leurs idées. La tendance naturelle des hommes à livrer après coup les combats d'hier s'en est trouvée renforcée. Mais surtout, la Seconde Guerre mondiale ne s'est pas terminée, comme la première, par une incertitude sur les coupables. En vainquant Hitler, les Alliés ont dévoilé les méfaits extraordinaires que sa défaite, précisément, a permis de connaître.

Tenu pour criminel, d'ailleurs, le régime nazi l'est par l'opinion publique et il le sera devant un tribunal international solennellement réuni à Nuremberg pour juger et condamner ses responsables [1] ; de novembre 1945 à octobre 1946, il faudra presque un an pour examiner cas par cas la sinistre énumération de l'acte d'accusation . L'Union soviétique a soigneusement préparé ce procès inédit à procédure anglo-saxonne où l'humanité tout entière est partie civile. Elle attache d'autant plus

---

1. En janvier 1941, les Alliés font une première déclaration sur les crimes de guerre. En octobre 1942, les Anglo-Américains proposent aux Soviétiques de former une Commission d'enquête internationale sur les crimes de guerre. Le 30 octobre 1943 se tient à Moscou une conférence au cours de laquelle l'acte créant le tribunal est signé. Dans un premier temps, Staline avait voulu s'en tenir à une répression semblable à celle qu'il avait mise en œuvre dans les années 1936-1938. L'idée du procès fut relancée lors de la conférence de Potsdam (juillet-août 1945) par le président H. Truman et le juge Robert Jackson : le tribunal international était destiné à juger les crimes contre la paix, les crimes de guerre, les crimes contre l'humanité. Le procès de Nuremberg s'ouvrit le 20 novembre suivant et se termina le 1er octobre 1946. Voir Telford Taylor, *The Anatomy of the Nuremberg Trials, A Personal Memoir*, Little Brown, 1992.

d'importance à posséder l'acte juridiquement certifié des crimes de Hitler qu'elle en attend par contraste la démonstration des mérites démocratiques de sa principale victime, qui est aussi son principal vainqueur. Le fait qu'elle ait cherché à ajouter Katyn à la liste des horreurs commises par les nazis [1] indique bien ce qu'elle a attendu du verdict de Nuremberg. Battue sur ce point-là, elle a pourtant reçu du jugement final confirmation solennelle du sens démocratique de sa victoire. En ce sens, la justice de Nuremberg a bien été, comme l'en ont accusé ses adversaires, une justice de vainqueurs. Mais la formule n'exprime qu'une part de la vérité. Elle ne signifie pas que les vainqueurs n'aient pas rendu la justice.

Car l'énormité des crimes nazis est devenue patente, et elle est inséparable de la guerre délibérément voulue par Hitler. Elle pouvait être prévue dès avant 1939, mais alors ces crimes étaient restreints au territoire allemand, très loin d'ailleurs d'atteindre l'échelle de la répression soviétique contre les peuples ukrainien et russe dans les mêmes années. Les massacres nazis, s'ils ont pu être connus, au moins en partie, par les Alliés pendant la guerre [2], ne sont manifestes pour l'opinion publique qu'après l'effondrement militaire et la découverte des camps d'extermination, quand reviennent les survivants, au printemps 1945. Encore l'Occident ne prend-il pas conscience, à cette époque, de ce qu'il y a de plus affreusement singulier dans les crimes nazis : l'extermination des Juifs [3]. Ceux-ci, quand ils ne rentrent pas, sont comptabilisés avec les morts des nations dont ils étaient membres. Quand ils rentrent, ils ont d'autant plus de mal à mettre sur la place publique la tragédie particulière de leur peuple que les Etats de l'Europe n'aiment pas leur faire un sort à part dans le répertoire des victimes du nazisme. L'Union soviétique en tout premier lieu, qui ira jusqu'à interdire toute mention des massacres de Juifs

1. *Cf. supra*, p. 539-541.
2. *Cf. infra*, p. 595.
3. Annette Wieviorka, *Déportation et Génocide. Entre la mémoire et l'oubli*, Plon, 1992.

russes, biélorusses ou ukrainiens sur les monuments commémoratifs des crimes nazis commis sur son territoire. Au moment où elle s'acharne à mettre sur le compte de Hitler tous les crimes de la guerre, y compris ceux qu'elle a commis, elle se prive du seul argument qui permette de singulariser Hitler par rapport à Staline dans l'ordre du massacre délibéré : le génocide racial. Ainsi les Juifs ont-ils tout perdu, même leur malheur. Signe que les mauvais jours ne sont pas terminés.

L'antifascisme type 1945 tire moins sa force d'une analyse de la guerre que du sens qu'il lui donne. A la fin du premier conflit mondial, les nations européennes avaient nourri leurs luttes, internes et externes, de l'énigme de sa signification. Après le second, l'interprétation de la victoire n'est contestée par personne, même pas par les vaincus. L'Allemagne est au ban des nations. Les atrocités des troupes soviétiques sur son sol, l'exode forcé de douze à quinze millions [1] d'Allemands vers l'ouest, la mort d'un bon nombre d'entre eux ne sont même pas commentés dans la presse. C'est à peine s'ils sont perçus par l'opinion. Les crimes nazis, publiquement punis, forment la vitrine de cet accord universel. Aussi bien celui-ci se trouve-t-il investi d'une signification infiniment plus vaste que le traditionnel « malheur aux vaincus ! » ; il exprime plus que la mauvaise conscience d'avoir trop tardé à combattre Hitler ; il donne à une condamnation politique l'intransigeance du sentiment moral, qui relègue le fascisme au domaine du mal absolu. L'antifascisme est donc moins une opinion politique, encore qu'il soit aussi cela, que le sentiment général des peuples rescapés de la Seconde Guerre mondiale, et le jugement moral qu'ils en ont tiré.

Sentiment et jugement qui rencontrent alors l'idéologie antifasciste proprement dite : celle que les combats de la gauche européenne avaient peu à peu forgée contre

---

1. Six à sept millions chassés de Silésie, Poméranie, Prusse-Orientale, deux à trois millions de Tchécoslovaquie, près de deux millions de Pologne et d'U.R.S.S., entre deux et trois millions de Hongrie, Yougoslavie et Roumanie.

Mussolini et contre Hitler, et qui avait trouvé son terrain d'élection dans la défense de la République espagnole entre 1936 et 1939. En effet, la guerre civile d'Espagne avait cristallisé les passions politiques à l'échelle européenne. Malgré la défaite finale, en dépit des sanglantes batailles internes, la défense de la République espagnole avait constitué à l'antifascisme d'avant-guerre un trésor de souvenirs et une tradition politique : souvenirs et tradition qui, plus ou moins embellis ou arrangés, allaient servir de titres de propriété aux bénéficiaires intéressés de l'antifascisme d'après-guerre.

Ainsi la guerre a-t-elle fini par accomplir largement la prophétie antifasciste dans sa version communiste. Non qu'elle se termine par l'extinction de la démocratie, puisque les Américains et les Anglais sont au premier rang des vainqueurs, et qu'une partie de l'Europe — celle qui a été libérée par eux des nazis — a retrouvé avec la liberté des institutions démocratiques. Mais l'autre partie de l'Europe est aux mains de l'Armée rouge, qui va bientôt y imposer des régimes et des protectorats soviétiques jusqu'à Budapest et Prague. Cela ne serait encore rien, dans la mesure où cette expansion territoriale, malgré son étendue exceptionnelle, appartient à l'ordre de la puissance pure : l'idée d'un Empire constitué à partir de Moscou n'est pas nouvelle pour les chancelleries ou pour l'opinion publique européenne, puisqu'elle a au moins deux siècles. Ce qui est tout à fait neuf, au contraire, en 1945, tient aux formes et à l'idéologie dans lesquelles s'enveloppe cette poussée impériale : celle-ci exporte et installe sociétés et régimes de type soviétique au nom de l'antifascisme.

On pourrait le vérifier à la manière dont peu à peu, entre 1945 et 1948, dans les pays d'Europe centrale et orientale, des gouvernements de coalition cèdent la place à une domination sans partage des partis communistes locaux, sous le drapeau de la lutte contre le fascisme. Mais la nature du phénomène appelle plutôt une analyse d'un autre ordre, pour qui s'intéresse moins à l'utilisation instrumentale de l'antifascisme comme justification de la prise du pouvoir qu'à l'extraordinaire rayonnement social de l'idée, à l'ouest comme à l'est de l'Europe, au service du communisme.

Il faut, pour ce faire, revenir encore et toujours à la guerre.

Cette guerre n'a pas d'équivalent dans l'histoire quant au caractère du conflit et aux forces qu'elle a mises aux prises. Les deux éléments se renforcent l'un l'autre. C'est parce que l'affrontement a pris un caractère de plus en plus idéologique qu'il a mobilisé, jusqu'à la reddition inconditionnelle de l'Allemagne nazie et du Japon impérial, toutes les forces des grandes puissances économiques du monde. Il avait commencé en 1939 comme une guerre européenne entre Hitler et les démocraties occidentales, mais l'Amérique restait hors du conflit, et le pacte de non-agression germano-russe, suivi du partage de la Pologne et de la révélation, dans les faits, d'une alliance secrète, entourait les événements d'une certaine ambiguïté politique. A partir de juin 1941, cette ambiguïté est levée par l'invasion allemande en Russie, par où le communisme redevient antifasciste, donc démocratique. L'attaque des Japonais à Pearl Harbor et l'entrée en guerre des Américains complètent le dispositif. Une fois celui-ci constitué, l'opinion oublie ce qu'il a dû aux circonstances, c'est-à-dire à deux agressions dont les victimes n'avaient pas prévu l'imminence, moins encore l'inévitabilité. La guerre, devenue mondiale, a pris l'allure de la nécessité. Ce qu'elle a eu d'ambigu dans ses débuts n'en souligne que davantage le travail d'une raison historique qui a finalement distribué les forces et les rôles : la liberté contre la dictature, la démocratie contre le fascisme.

Ainsi la guerre a-t-elle pris pour les peuples la forme d'un tribunal de l'histoire. Elle a gravé dans les esprits la scène idéologique. Elle en a privilégié les éléments les plus extrêmes, pour les mêmes raisons : parce que telle est la logique du recours à la force ouverte. Du même coup, elle a donné une sorte d'évidence à ces deux philosophies de la violence historique qui s'affrontaient à travers elle, le nazisme et le marxisme-léninisme. Entre elles, dans ces circonstances, la démocratie n'offre pas la même assiette à des certitudes simples, sauf aux Etats-Unis, où elle est une croyance nationale. Le fait est qu'à travers l'Europe, où sa cause est mêlée à celle de l'allié communiste, l'adjectif « démocratique » est largement passé du côté du léninisme à l'heure où s'arrêtent les combats.

Dans cette Europe, en fait, la démocratie n'a jamais été l'objet d'un culte sans réticences et sans craintes. Elle l'était moins que jamais dans les années qui ont précédé la guerre. Mettons encore à part l'Angleterre, la seule des grandes démocraties européennes à figurer vraiment du côté des vainqueurs, et la seule aussi où une société et un gouvernement modernes, fondés sur la liberté des individus, se soient inscrits au fil des siècles comme des acquis imprescriptibles de la tradition : forte de son histoire, l'Angleterre aurait pu offrir à l'Europe qu'elle avait sauvée en 1940 l'attraction d'une idée commune. Mais elle était déjà au second rang des vainqueurs, et d'ailleurs son drapeau affichait plus, comme toujours, son génie particulier que sa valeur d'exemple. Dans l'Europe continentale, les années d'avant-guerre avaient été celles du fascisme et de l'antifascisme, et la fin de la guerre marquait la victoire de l'antifascisme plus que de la démocratie.

On peut comprendre les avantages de cette formule politique sur l'exemple de la France, patrie tumultueuse de l'idée démocratique dans sa version révolutionnaire. La France d'avant-guerre a superposé plusieurs familles d'ennemis de la démocratie, qui ne doivent pas être confondues, mais qui peuvent aussi unir leurs forces à l'occasion. La première est faite des adversaires traditionnels des principes de 1789, sans cesse à l'affût d'une occasion pour en finir avec la République. Mais ils ne forment plus guère que de petits bataillons, plus forts, grâce à Maurras, dans la bataille d'idées que sur la scène publique. L'autre famille est beaucoup plus vaste, plus moderne, plus vague aussi, mêlant à doses diverses antiparlementarisme, nationalisme, ou encore révolution fascisante, par imitation de l'Italie ou de l'Allemagne.

Elle participe de la culture antidémocratique de droite dans la mesure où elle n'aime pas la Révolution française, sans la haïr autant que les royalistes. Mais elle partage aussi avec la gauche la haine du capitalisme ; tout comme les socialistes ou les communistes, elle déteste le bourgeois ; elle rêve comme eux d'une vraie communauté des hommes au-delà des intérêts des individus. Car la gauche en France entre les deux guerres est plus que jamais tissée de cette passion, favorisée par la surenchère entre les deux partis socialiste et communiste, et par leur désaccord sur la nature de l'U.R.S.S. C'est pourquoi aussi elle tient si passionnément, contre l'évidence des faits, à faire de l'adversaire fasciste une marionnette du capitalisme.

Ce mensonge a un prix. En cachant ce qui secrètement unit les sentiments politiques de la droite antiparlementaire et de la gauche révolutionnaire, il affaiblit la culture démocratique sous sa forme institutionnelle et juridique au profit de l'idée révolutionnaire, qui fait un retour d'autant plus victorieux qu'elle s'alimente aux grands souvenirs de l'histoire nationale. Mais en substituant l'antifascisme à la démocratie comme thème d'union des forces de gauche et du centre, il présente aussi une extraordinaire utilité : il préserve à gauche toutes les chances d'une subversion ultérieure de la démocratie, une fois qu'elle aura triomphé du fascisme. Les socialistes entrent dans cette stratégie par faiblesse, parce qu'ils n'osent pas renoncer à l'idée du renversement révolutionnaire de la démocratie bourgeoise. Les communistes l'ont inventée par calcul, parce qu'ils en escomptent ce renversement.

La fin de la Seconde Guerre mondiale ouvre enfin à l'antifascisme son deuxième souffle politique, en le débarrassant à jamais de son ennemi fasciste. Désormais, l'antifascisme n'a plus de rival dans la critique de la démocratie bourgeoise : tout l'espace est à lui. C'est en ce sens que la fin de la Seconde Guerre mondiale est une victoire politique de l'idée communiste, plus encore que de l'idée démocratique.

On doit même aller plus loin. La victoire de 1945 a eu comme résultat politique essentiel de donner à l'antifascisme le monopole d'une passion dominante sur la scène politique européenne d'avant-guerre : la haine de l'argent et du capitalisme. Passion partagée entre les deux guerres par la gauche et la droite révolutionnaires, la mouvance socialiste ou communiste et la mouvance fasciste, la première au nom de l'égalité, la seconde sous le signe de la nation, affichant toutes les deux sur leurs drapeaux la communauté retrouvée des hommes. Après 1945, plus de partage : la passion est intacte, inséparable qu'elle est en Europe et de la condition démocratique et du siècle, mais elle s'investit tout entière à gauche. L'autre voie lui est interdite.

Interdite, est-ce assez dire ? Il y a peu d'exemples dans l'histoire, depuis les guerres de Religion, d'une idée politique battue par les armes qui ait été, autant que l'idée fasciste, l'objet d'un interdit radical. Elle avait eu son berceau et ses triomphes, pourtant, dans deux des pays les plus civilisés de l'Europe, l'Italie et l'Allemagne. Avant de tourner à la malédiction, elle avait été un espoir pour beaucoup d'intellectuels, parmi les plus distingués. Or elle n'existe plus, à la fin de la guerre, que sous la forme démonisée qui lui vaut certes une longue survie, mais vouée à éterniser ses vainqueurs.

Ni la défaite ni le caractère idéologique de la guerre ne suffisent à expliquer ce destin : les guerres ne détruisent pas toujours les idées qu'elles vainquent, et il arrive même qu'elles en exacerbent la force. Si le fascisme est devenu cette idéologie sans autres interprètes que ceux qui le maudissent, c'est pour des raisons plus complexes, qui sont d'ailleurs d'ordre différent. Certaines tiennent à la nature de la doctrine, qui célèbre le national et le racial et prend ainsi à revers, par l'exaltation du particulier, l'universalisme démocratique dont les modernes ont fait un sentiment si fort. Il y a eu sûrement dans l'exclusivisme racial des nazis quelque chose de si contradictoire avec ce sentiment que son expression seule choque la conviction la plus générale des hommes de ce siècle. Que dire alors des crimes commis en son nom entre 1941 et

1945 ? Ceux-ci confirment dans l'horreur le soupçon que provoque l'idée de supériorité raciale. Connus peu à peu par les peuples dans les années qui suivent l'écroulement du Troisième Reich, ils constituent a contrario la sanction morale de la victoire militaire. L'idée fasciste est déshonorée non seulement par la défaite — dans ce cas elle s'en fût relevée —, mais par les dernières années du nazisme, qui désormais la définissent.

Peu importe qu'elle n'ait pas, en Italie par exemple, servi de justification à des crimes comparables. Peu importe même qu'à la suivre en Allemagne seulement jusqu'en 1941 les arrestations et les meurtres dont elle a été le prétexte soient incomparablement moins massifs que ceux qui ont été perpétrés au nom de la révolution prolétarienne en Union soviétique. Les quatre dernières années du nazisme contiennent désormais la vérité du fascisme. Elles suscitent tant d'horreur qu'elles absorbent toute l'indignation du monde civilisé ; quant à celui qui ne l'est pas, comme l'U.R.S.S., il figure à la fois au premier rang des victimes et au premier rang des vainqueurs, ce qui suffit à faire oublier sa nature. L'Allemagne paye pour tout le monde, et pour tous les crimes du siècle.

Mais rien de tout cela ne suffit à expliquer pourquoi l'idée communiste est la grande bénéficiaire de l'apocalypse nazie : après tout, le contre-modèle américain était disponible aussi, et il allait progressivement mais lentement, dans le demi-siècle qui a suivi, refaire le terrain perdu. La question est donc de savoir pourquoi il est intellectuellement si faible en 1945 par rapport au marxisme-léninisme, dans la plupart des intelligentsias d'Europe, même occidentale, à l'exception sans doute de l'Allemagne, qui présente comme il est naturel un cas particulier.

Un des éléments de la réponse a été esquissé plus haut : dans l'Europe continentale où la culture politique de droite et de gauche n'a cessé d'être inséparable d'une critique du capitalisme, le marxisme- léninisme version 1945 présente l'avantage essentiel de récupérer tout l'espace de l'anticapitalisme, au moment même où la stratégie et l'idée antifascistes, dont il a été l'instigateur intéressé, bien qu'intermittent, lui rendent par la victoire toute sa dignité démocratique. Ainsi l'idée communiste rencontre cette conjoncture providentielle par où elle s'est approprié le monopole de la critique du capitalisme, tout en ayant retrouvé au prix du sang versé, cinq ans seulement après le pacte germano-soviétique, le premier rang du combat démocratique contre le fascisme. A n'y pas regarder de trop près, la fin de la guerre semble confirmer la définition marxiste de l'antifascisme, selon laquelle la victoire définitive sur Hitler et ses émules éventuels ne sera remportée que par le déracinement de l'économie capitaliste. Thèse absurde, comme la suite l'a montré, et comme on pouvait le comprendre à l'époque. Mais elle tire alors sa puissance sur l'opinion — cette puissance qu'elle conservera si longtemps, notamment sur les intellectuels — de deux ordres de réalité différents. D'une part, les communistes sont apparus depuis 1941 comme les combattants antifascistes les plus radicaux, de par les sacrifices consentis et de par leur art de la propagande. Ils ont ainsi renoué, par-delà la période 1939-1941, avec la stratégie du milieu des années trente, ce qui facilite, en ce qui les concerne, l'illusion de la continuité antihitlérienne : illusion si forte qu'elle est finalement partagée, en 1945, par la plupart de ceux-là même qui avaient dénoncé comme une trahison le pacte d'août 1939. Il existe alors comme une prime retrouvée d'antifascisme qui joue en faveur de l'Union soviétique et des partis communistes, prime d'autant plus forte que l'énormité des crimes hitlériens depuis 1941 donne une véracité rétrospective aux dénonciations des années d'avant-guerre.

D'autre part, l'écroulement du nazisme n'a pas mis fin aux grandes religions séculières du XXe siècle. Au contraire. Là encore, sa disparition radicale laisse le marxisme-léninisme seul maître, ou seul bénéficiaire, de l'investissement religieux dans les luttes de la cité. Loin d'avoir réduit le théologico-politique, la guerre en a étendu l'emprise sur les peuples européens. Loin de marquer une rupture avec les messianismes laïcisés d'avant-guerre, elle se termine par la domination de la philosophie marxiste-léniniste de l'histoire, sous une multiplicité de formes plus ou moins dégradées. Il y a bien eu simplification du paysage, mais non transformation de sa nature : l'horizon d'un accomplissement révolutionnaire de l'homme social n'existe plus qu'à partir d'une seule origine, mais il est plus obsédant que jamais. La démocratie libérale n'a rien à offrir d'aussi simple et d'aussi puissant, en matière d'interprétation de la guerre, que la séquence d'identités capitalisme-fascisme d'une part, antifascisme-communisme de l'autre, inscrite sur les drapeaux du Komintern, puis du Kominform. En face du cataclysme qui vient d'avoir lieu, et dont la dimension dément l'optimisme de tant de ses penseurs, comment se hausserait-elle jusqu'à penser ce siècle d'épouvante ? La « main invisible » d'Adam Smith avait déjà laissé les hommes du siècle sans recours devant la catastrophe économique de 1929. Elle apparaît encore plus vaine au lendemain de l'apocalypse sanglante qu'a été la guerre. Le marxisme et le léninisme plus encore font au contraire une place royale à la tragédie, puisque cette place est celle du capitalisme agonisant, avec Hitler dans le rôle principal. La cascade d'abstractions qui constitue le sens de l'histoire dans le marxisme-léninisme a trouvé des incarnations qui lui donnent l'apparence de la vérité.

Ainsi s'explique l'extraordinaire plasticité du discours communiste sur la guerre, apte à plaire à tous les publics. La démonisation de l'ennemi n'est pas vraiment compatible avec le marxisme et l'idée que les hommes obéissent aux lois de l'histoire. Mais elle correspond en l'occurrence aux souffrances inouïes provoquées par la guerre, et à l'indignation universelle suscitée par les crimes hitlériens. Les morts, les déportés, les torturés, ceux qui ont eu simplement faim et froid, bref toute l'Europe en ruine désigne le responsable de ses malheurs dans un langage adapté à son état moral : c'est-à-dire par un discours sur le mal et la responsabilité du mal, mais désormais caché dans une théologie de l'histoire. A un autre niveau, cette théologie plaît aux intellectuels comme une confirmation de la prédiction léniniste sur les cruautés inséparables du « stade suprême » du capitalisme. Elle leur offre un champ infini de spéculations philosophiques sur la dialectique de l'histoire et de la liberté, où la seconde n'a comme choix final, mais complexe, que d'obéir à la première.

En ce sens, la guerre de 1939 achève ce qu'a commencé celle de 1914 : l'emprise des grandes religions politiques sur l'opinion publique européenne. Mais, de ces religions, elle anéantit l'une et couronne l'autre ; donc elle en décuple la force. Victorieux, l'antifascisme ne bouleverse pas le terrain moral et politique sur lequel il a grandi. Il approfondit la crise de l'idée démocratique sous l'apparence de l'avoir résolue. C'est la grande illusion d'époque. Nous venons tout juste d'en sortir, et plus par la force des choses que par les vertus de l'intellect.

10

LE STALINISME,
STADE SUPRÊME DU COMMUNISME

La fin de la Seconde Guerre mondiale ouvre donc la courte période — une dizaine d'années — pendant laquelle le communisme soviétique va exercer son maximum de fascination sur l'imagination politique des hommes du XXe siècle. Sa légende, comme on l'a vu, vient de loin. Affaiblie, elle survivra à la mort de Staline, comme un écho aux grandes années. Pourtant, rien n'est semblable, dans son histoire, à l'extension qu'elle a prise après la guerre, dans les dernières années du dictateur. La dénonciation du « culte de la personnalité » par Khrouchtchev, en 1956, n'aurait pas eu ce caractère d'extraordinaire coup de théâtre si ce culte n'avait été que le trait particulier d'un régime. Si elle fut et reste une date essentielle de notre après-guerre, c'est qu'elle a brisé plus que la continuité de la dictature soviétique ; elle a détruit le passé d'une utopie universaliste.

En ce sens, le rayonnement de l'U.R.S.S. après 1945 peut être comparé à celui du communisme antifasciste des années 1935-1939, dont il est l'agrandissement. Constat qui suscite d'ailleurs la même amertume rétrospective, puisque les deux époques sont marquées par une féroce répression à l'intérieur de l'U.R.S.S. Mais, si les années d'après-guerre constituent pour l'idée communiste d'exceptionnelles cuvées, c'est d'abord qu'elles sont accompagnées par la plus puissante des divinités de l'histoire : la victoire. Comme la Première Guerre mon-

diale avait été le berceau de la révolution soviétique, la
Seconde a porté ses drapeaux jusqu'au cœur de l'Europe.
Et le succès des armes enveloppe l'Union soviétique
d'une bénédiction plus conforme à sa philosophie que le
pacifisme. L'antifascisme communiste de 1935 était surtout défensif, celui de 1945 est triomphant.

Ce triomphe possède en plus une extraordinaire visibilité pour tous les peuples européens, et même pour
ceux de l'univers entier : car il bouleverse la carte de
l'Europe, transformant l'équilibre politique du monde
dans ce qu'il a de plus universellement perceptible. Cet
équilibre vient d'être modifié, il est vrai, dans l'été 1945,
par le bombardement atomique de Hiroshima et de
Nagasaki, qui a introduit entre les vainqueurs une dénivellation capitale de puissance. Mais celle-ci n'est pas
perçue par l'opinion, sur le moment, pour ce qu'elle est.
A l'heure où elle intervient, les vainqueurs ont déjà tranché les grandes questions de l'après-guerre. D'ailleurs,
même après l'ouverture de la guerre froide, pendant les
quelques années où elle en a le monopole, l'Amérique de
Truman reculera devant la brutalité du chantage atomique. En réalité, la capitulation des puissances de l'Axe,
après une si terrible guerre conduite au nom des valeurs
démocratiques, n'inspire pas à l'opinion publique le
soupçon que les puissances victorieuses sont à la veille
d'en découdre entre elles ; elle lui offre plutôt, à doses
variables, le spectacle d'une fin heureuse et d'une libération dont l'Armée rouge a payé le prix le plus fort, et
empoche les gains les plus spectaculaires.

L'effondrement allemand, en créant un vide au centre
de l'Europe, met en relief, plus que toute autre chose, le
formidable accroissement de la puissance russe. C'est le
résultat de la bataille militaire, qui a amené l'armée de
Staline au-delà de Berlin et jusqu'à Prague. Mais c'est
aussi le produit de la physionomie morale et politique
que la guerre a donnée à l'Europe. La France a été élimi-
née du concert des grandes puissances par sa défaite de
1940, et elle n'y est rentrée que par la petite porte, ayant
retrouvé davantage les apparences de son « rang » que la
réalité de son influence : le général de Gaulle ne l'a que

trop senti pendant les années de guerre. L'Angleterre, elle, est de plein droit parmi les nations victorieuses, mais la victoire révèle son déclin, que Roosevelt n'a rien fait pour ralentir. Seul grand pays qui soit en guerre avec l'Allemagne nazie depuis septembre 1939, seule puissance qui se soit battue contre Hitler entre la mi-1940 et la mi-1941, l'Angleterre sort du conflit glorieuse mais affaiblie, héroïque mais exsangue, de moins en moins assurée de sa maîtrise sur le Commonwealth, et ayant perdu sa traditionnelle capacité d'arbitrage en Europe. Au moment où le centre de l'Europe forme un espace en gestation, l'occident de l'Europe n'a plus ni les moyens ni le ressort moral d'y parler haut.

Reste son Extrême-Occident : l'Amérique. Elle est l'autre grande puissance victorieuse, avec l'U.R.S.S., et la première, de très loin, dans l'ordre économique. Elle a organisé et réussi sur les plages de Normandie une des plus spectaculaires opérations militaires de l'histoire. Après avoir occupé l'Italie, elle a libéré la France, la Belgique et les Pays-Bas de l'oppression nazie, et conquis l'Allemagne jusqu'à l'Elbe, où se sont rejointes les armées des deux grands vainqueurs. Mais, fille de l'Europe, l'Amérique est loin de l'Europe, et sa tradition refuse d'engluer ses soldats dans les tragédies européennes plus qu'il n'est rigoureusement nécessaire. D'ailleurs, Roosevelt croit de bonne foi la tragédie terminée avec l'écrasement de Hitler. Jusqu'à sa mort, au printemps 1945, dans les derniers jours de la guerre, il a entretenu plutôt de bons rapports avec Staline, qui traduisent ses illusions sur la possibilité d'une évolution démocratique de l'U.R.S.S. après la victoire. Le partage des zones d'influence en Europe, qui prend peu à peu forme, malgré son hostilité, entre Téhéran et Yalta, est moins de sa part un calcul qu'un consentement à l'inévitable, adouci par un pari trop optimiste sur l'existence d'un minimum d'idées communes entre puissances « antifascistes ». Ainsi, même les Etats-Unis, qui allaient devenir un peu plus tard les adversaires déterminés du communisme soviétique, ont commencé par être les complices de son rayonnement, au-delà même de ce que les circonstances rendaient indispensable.

La Seconde Guerre mondiale a consacré ce que la Première avait annoncé : le déclin de l'Europe. La crise d'où elle est issue est si profonde qu'aucun camouflage dressé à l'ombre du vieil « équilibre européen » n'est plus possible : l'esprit du traité de Versailles a disparu à jamais dans la faillite de l'Europe de Versailles. Ce qui s'y substitue n'est pas, comme Hitler l'avait voulu, l'envers de la prépondérance anglo-française, c'est-à-dire la domination allemande ; mais le condominium précaire sur l'Europe de deux puissances qui en sont à la fois proches et lointaines.

La plus lointaine dans l'espace en est aussi la plus proche par le génie politique, parfaitement accordé à l'esprit de la Seconde Guerre mondiale : pour se battre contre Hitler, la démocratie américaine n'a pas eu besoin d'autre drapeau que la fidélité à sa filiation anglaise et la foi aux idées libérales et démocratiques des Lumières. Une fois vaincue sa résistance à l'idée même de la guerre, les raisons de la guerre lui sont apparues comme une espèce d'évidence. Son opinion publique, d'ailleurs, n'en comprend pas d'autres. Ce qui veut dire en retour que, une fois Hitler vaincu, et la liberté victorieuse, ses soldats pourront rentrer au pays et retrouver les travaux de la paix. Si, au contraire, la Russie se trouve en Europe par la géographie, elle lui est si étrangère par les mœurs et les traditions politiques qu'elle a fait de cette appartenance européenne le plus grand point d'interrogation de son histoire moderne. Mais l'idée communiste a conjuré depuis 1917 cette angoisse de l'excentricité. Elle a réuni le sentiment d'une mission particulière de la Russie et celui de la filiation européenne. Elle a permis aux nouveaux maîtres de la nation de s'approprier l'héritage despotique de son histoire tout en présentant leur régime comme la forme la plus avancée de la démocratie.

A cet égard, le style dans lequel Churchill et plus encore Roosevelt ont pratiqué avec Staline la grande alliance de guerre, et la garantie démocratique qu'ils ont donnée à leur allié ont joué un rôle important. Cette chaleur dans la célébration d'idées partagées était-elle nécessaire pour gagner la guerre ? Techniquement non : on peut imaginer une alliance militaire étroite, et la même aide en moyens matériels des Etats-Unis à l'U.R.S.S., sans ce déluge de proclamations sur les « buts communs » des trois puissances alliées, puisque ces buts communs n'ont jamais existé. Dès la fin de 1941, Staline a demandé que lui soient reconnues d'avance les frontières de juin 41, qui comprennent l'est de l'ancienne Pologne et les pays Baltes, comme si en changeant d'allié il allait de soi qu'il conservât les gains acquis avec l'aide du précédent. L'idée d'une communauté de buts était-elle indispensable aux opinions publiques ? Ce n'est pas sûr. Après tout, les Français et les Anglais de 1914 ont toujours su que leurs pays ne se battaient pas pour la même cause que la Russie tsariste. Dans le cas de la Seconde Guerre mondiale, qui avait commencé par une démonstration spectaculaire du cynisme de la politique soviétique, l'opinion publique, même aux Etats-Unis, aurait peut-être accepté une définition plus distincte des causes défendues et des objectifs poursuivis : au moins peut-on le penser sur la foi de sondages faits à l'automne 1941, qui renvoient dos à dos, dans un discrédit commun, Allemagne nazie et Russie soviétique alors en guerre depuis juin [1].

A l'inverse, on peut s'interroger sur la question de savoir si une distinction tranchée des buts de guerre eût pu survivre au spectacle des victoires soviétiques, à l'admiration que celles-ci provoquaient et à la pression qu'elles exerçaient sur les opinions publiques. La Seconde Guerre mondiale possède un caractère idéologique sans précédent dans l'histoire (sauf dans celle des guerres civiles), du fait qu'elle est livrée contre Hitler, qui veut détruire à la fois la démocratie et le communisme, et qu'elle constitue un événement trop gigantesque et trop universel pour ne pas avoir un sens simple, universel lui aussi. C'est la force de l'antifascisme patriotique brandi

1. L.K. Adler et T.G. Paterson, « Red Fascism : the Merger of Nazi Germany and Soviet Russia in the Image of Totalitarianism, 1930's-1950's », in *American Historical Review,* vol. LXXV, 4, avril 1970.

par Staline à partir de juin 1941. Mais Roosevelt de son
côté a eu besoin d'invoquer la démocratie pour convaincre les Américains d'entrer dans la guerre contre Hitler ;
du coup, la critique du communisme stalinien n'est plus
de saison. Churchill, dès juin 41, a accueilli les bras
ouverts le nouvel allié soviétique que lui apportent les
circonstances. Seuls dans la guerre depuis la capitulation de la France, les Anglais ne vont pas marchander les
bonnes paroles à destination du Kremlin. Le président
américain, lui, probablement plus que le Premier ministre anglais, a cru ou voulu croire à une possible communauté d'objectifs avec Staline. Politicien génial en
matière intérieure, il possède une tournure de caractère
assez patricienne pour avoir espéré s'entendre avec Staline, à l'intérieur du club des Trois, sur les affaires du
monde ; et une pente d'esprit assez démocratique pour
jouer avec l'espoir d'un régime communiste assoupli par
la victoire, redevenu conforme à l'idée que s'en est faite la
gauche libérale du New Deal [1].

1. R. Dallek (éd.), *The Roosevelt Diplomacy and World War II*,
Holt, Rinehard and Winston, New York, 1970. La meilleure critique
de l'ignorance américaine en matière de rapports avec l'U.R.S.S. se
trouve dans le premier volume des *Mémoires* de Georges Kennan,
publié en 1967. G. Kennan était en poste, pour la deuxième fois, à
Moscou entre 1944 et 1946, comme ministre conseiller à l'ambassade des Etats-Unis. Il s'y fera l'avocat de la politique de *contain-
ment*. Il a joint à ce volume de *Mémoires* un certain nombre de ses
rapports de l'époque, notamment la fameuse « dissertation télégraphique » que constitue le très long télégramme du 22 février 1946
sur la nature de la politique étrangère soviétique. *Cf.* G. Kennan,
Memoirs, 1925-1950, Little Brown and C°, Boston, 1967. En ce qui
concerne l'attitude de Roosevelt à l'égard de Staline pendant la
guerre, Henry Kissinger, dans son dernier livre, en décompose fort
bien les différents éléments. Le président américain a eu du mal à
entraîner son pays dans la guerre contre l'Allemagne au nom de la
démocratie, ce qui ne lui laisse pas ensuite la liberté d'avancer une
définition plus nuancée de la coalition antinazie. Par ailleurs,
comme son prédécesseur Wilson, il partage avec ses concitoyens le
désir de rapatrier les *boys* aussitôt la guerre finie, ainsi que le refus
de la vision traditionnelle de la diplomatie européenne, fondée sur
l'équilibre des forces. A ses yeux, la guerre doit déboucher sur une
paix garantie par un directoire formé des quatre puissances victorieuses, Etats-Unis, U.R.S.S., Grande-Bretagne, Chine. Enfin,

Ainsi le passeport démocratique de l'U.R.S.S., si tôt et si souvent estampillé, et sous de si multiples formes, par les autorités de l'Occident, n'a jamais été si garanti, et même si célébré, qu'à partir de 1941 ; et il n'a jamais été aussi précieux qu'en ces années 1944 et 1945 où se joue l'avenir du paysage européen. Car il permet à l'U.R.S.S. d'habiller son expansion territoriale dans les nippes de l'idée démocratique. Admirable plasticité de l'arsenal idéologique soviétique : Staline a fait la guerre en canalisant au profit de sa dictature la passion nationale des Russes. Il fait la paix en réinventant à l'usage de ses troupes victorieuses une vocation internationaliste : l'Armée rouge n'est plus que la missionnaire désintéressée de l'antifascisme à travers les pays qu'elle occupe. La paix n'est que la continuation de la guerre dans un nouveau contexte. Le secret de la stratégie stalinienne d'après-guerre a consisté à prendre appui sur les idées, les passions et les forces libérées par la guerre pour faire de la victoire militaire le tremplin de nouveaux succès, non seulement territoriaux, mais politiques.

A l'heure la plus tragique de son histoire, au plus creux de la guerre, l'Europe a eu besoin de l'Amérique, pour la deuxième fois dans le siècle ; et l'Amérique, une fois de plus, a fait bravement tout son devoir de soldat de la démocratie. Mais si, à l'heure de la victoire, l'Europe a plus que jamais besoin de l'Amérique, elle conserve sa vieille habitude de ne pas prendre en considération le régime des Etats-Unis. Les historiens de l'avenir s'étonneront sans doute que la période d'après-guerre soit restée si pauvre en réflexions et en travaux sur la démocratie américaine ; comme si se perpétuait, au moment où la puissance des Etats-Unis resplendit partout dans le monde, la méconnaissance dont leur expérience historique a souffert en Europe au temps où ils n'étaient encore

Roosevelt surestime la puissance anglaise, qu'il a contribué à affaiblir, et veut confiner la France dans un rôle mineur. Ainsi sa conception, mélange d'idéalisme wilsonien et de réalisme churchillien, dépendait largement, pour être mise en œuvre, de la coopération soviétique. *Cf.* Henry Kissinger, *Diplomacy, op. cit.*, chap. 16, « Three Approaches to Peace », p. 394-397.

qu'une nation lointaine. Même la guerre de 14-18 n'avait pas entamé la condescendance de la vieille Europe à leur égard. En 1945, les voici éclatants vainqueurs, apportant la Constitution américaine dans la corbeille de la liberté. Pourtant, c'est la question du communisme qui est à l'ordre du jour de la victoire, plus que celle de la démocratie.

Ce qui peut s'expliquer de plusieurs façons. D'une manière générale, depuis deux siècles, les Européens sont habitués à penser leur histoire en termes de discontinuité. Ils sont enclins à interpréter la succession de leurs régimes à travers de grands événements, dont la Révolution française a fourni le plus fameux modèle. La démocratie américaine est un *état* social, alors que la démocratie en Europe est une force de subversion sans cesse au travail dans le tissu de l'histoire. La Seconde Guerre mondiale, en transformant la vie du plus humble des citoyens, a puissamment illustré l'historicité particulière des sociétés européennes. Plus encore que la Première, elle a nourri la croyance en la toute-puissance de la volonté et de la force. Les nations rescapées tendent à mesurer leurs espérances à l'étalon de la tragédie qu'elles ont traversée. Elles sont plus avides de programmes révolutionnaires que de recettes constitutionnelles.

1945 reproduit la situation de 1918, dans un autre contexte et à une plus grande échelle. Le fascisme (il vaudrait mieux écrire : le nazisme) a été une affaire européenne, non seulement parce que l'Allemagne a été son berceau et son foyer, mais parce qu'il a conquis l'Europe et contraint tous ses citoyens à se définir par rapport à son entreprise de domination. En ce sens, il a constitué une expérience plus générale — au moins par rapport à l'Europe — que le communisme, puisque celui-ci n'a existé comme régime qu'à l'est de l'Elbe, et qu'il a ainsi pu garder à l'ouest, ou garder plus longtemps, un visage moins altéré par sa réalité. Le fascisme, lui, n'a pas eu ce destin, ou cette chance. A l'heure de la défaite, le sang qu'il a versé au nom de la pure force appelle chez tous les peuples qui ont été ses victimes une réaction de contre-violence analogue à la violence subie : exercice où le communisme a plus de dispositions naturelles que la démocratie. Comme celle de 1918, l'Allemagne vaincue de 1945 réunit sur elle les passions de revanche suscitées par l'arrogance de la nation. Mais l'Allemagne de Hitler doit payer beaucoup plus que ce prix traditionnel de la défaite. Elle doit expier l'idée de la supériorité raciale, qu'elle a incarnée avec une barbarie sans précédent.

L'horreur du nazisme a grandi pendant la guerre. Elle explose au moment où le régime nazi est vaincu, non seulement parce qu'il est vaincu, mais parce que la défaite l'exhibe enfin à la connaissance de tous. Les deux éléments sont liés : la « découverte » des camps de concentration par le grand public est inséparable et de l'entrée des armées alliées en Allemagne et de la liberté de la presse retrouvée. Et je ne suis pas assez optimiste sur la nature humaine pour ignorer que le facteur défaite a joué un rôle plus décisif encore que le facteur « connaissance ». La preuve en est que l'information était disponible pendant la guerre, et qu'elle n'a pas été utilisée ni même systématiquement répandue par les Alliés. D'ailleurs, en 1945 encore, la dimension spécifiquement juive des massacres nazis est très largement ignorée, ou passée sous silence.

Pourtant, je me souviens de la surprise horrifiée qui a saisi l'opinion publique occidentale au début de ce dernier printemps de guerre, quand ont paru les premiers reportages sur les camps et les premières photographies de ces masses de survivants squelettiques en pyjama rayé, à côté des vastes fosses pleines de cadavres. C'est dans la dernière quinzaine d'avril 1945 que le nazisme est devenu cette entreprise criminelle que les juges de Nuremberg devaient condamner comme telle l'année suivante, à travers ses chefs. Avant 1939, le fascisme avait été un régime dont les violences, mais aussi les mérites, avaient fait l'objet de débats passionnés. Il avait eu en Occident des adversaires et des admirateurs inconditionnels, mais aussi bien des témoins et des observateurs incertains de leur propre jugement, pesant les risques et les avantages, les fautes à côté des réussites. Pendant la guerre, la force lui avait permis de couvrir les traces de ses crimes. A l'heure de la défaite, le voici au ban de l'humanité : objet d'une réprobation publique sans précédent dans l'histoire, et privé d'excuse tirée des circonstances militaires. A sa barbarie, le sort des armes n'a fourni que l'occasion.

Si bien que les peuples européens tendent naturellement à réimaginer leur passé à partir de ce que la guerre a dévoilé : l'antifascisme est devenu leur patrimoine obligé. Plus que la volonté d'y construire ou d'y reconstruire des Etats démocratiques, c'est cette négation qui unifie l'Est et l'Ouest, car elle seule donne à la guerre son sens le plus général, tout en prolongeant dans l'esprit des hommes les épreuves particulières de la guerre. Elle est tout ensemble la traduction la plus abstraite et l'expression la plus concrète de l'expérience affreuse qui vient d'avoir lieu et de la victoire totale qui vient d'y mettre fin. Les atrocités commises par les nazis, si elles sont partout d'une nature comparable, sont loin d'avoir eu, à l'ouest et à l'est de l'Europe, une amplitude identique. Mais la guerre, l'occupation par l'armée allemande, l'humiliation nationale, la déportation des patriotes, la persécution des Juifs ont formé le cadre d'un malheur partagé, dont le nazisme est le dénominateur commun, le coupable unique. Le prix de la paix n'est plus, comme à Versailles, dans l'abaissement de l'Allemagne, mais dans l'extirpation du nazisme. Les Allemands de 1918, condamnés comme nation, avaient réagi comme nation. Ceux de 1945, réprouvés comme nazis, sont l'objet d'un opprobre beaucoup plus radical et plus durable, puisqu'ils doivent y souscrire eux-mêmes : le seul avenir qui leur est laissé est de devenir antinazis. La forme idéologique que Hitler a donnée à leurs passions nationalistes en a détruit la substance ; elle leur interdit d'autre sortie de la guerre que l'expiation idéologique.

Or c'est précisément dans cet espace politique réoccupé tout entier par l'antifascisme que le communisme retrouve et élargit ses moyens d'influence et même de fascination. Car la victoire de l'Armée rouge et l'occupation par elle d'une grande partie de l'Europe n'y auraient pas suffi, si elles n'avaient pas été prises dans ces retrouvailles avec l'idée communiste telle qu'elle avait séduit l'Occident avant le retournement de l'été 1939. Un renversement sémantique suffit à le faire comprendre : en 1939, l'Union soviétique avait « envahi » la Pologne ; en 1944, elle la « libère ». Bien que, dans les deux cas, elle l'« occupe » — et dans le second, plus complètement que dans le premier —, le vocabulaire montre assez l'abîme qui sépare dans l'opinion les deux épisodes.

Dans l'antifascisme, l'U.R.S.S. est chez elle, comme le communisme est chez lui. C'est une vieille connaissance, qui a déjà rendu grand service dans les années d'avant la guerre. Son plus grand avantage est de n'exister que par une négation, et de cacher ainsi, sous le prétexte de l'urgence, la question de la démocratie politique. En 1945, cette urgence n'existe plus, puisque le fascisme est à terre. Mais elle survit aux circonstances qui la rendaient si pressante, portée par la victoire, qui exacerbe les passions de la guerre au moment où elle les rend moins nécessaires. L'Union soviétique avait cessé d'être antifasciste en août 1939, à l'heure de la plus grande urgence. Mais à l'heure de la victoire elle fait oublier cet abandon de poste par un redoublement de propagande et de proclamations, au point que le danger fasciste n'apparaît jamais aussi imminent que lorsqu'il est passé.

L'antifascisme est un drapeau d'autant plus précieux qu'il donne son plus grand rayonnement à l'idée révolutionnaire. Comme la Première Guerre mondiale, la Seconde a mis la révolution à l'ordre du jour. Mais la Première s'était faite au nom de la nation ; quand elle s'est terminée, dans l'extrême lassitude des combattants, les révolutionnaires ont dû, pour donner corps à leur projet, aller contre les passions nationales ; ils s'y sont cassé les dents, même dans l'Allemagne vaincue. La Seconde Guerre mondiale, au contraire, a enveloppé l'affrontement des nations dans un combat d'idées ; elle a eu explicitement comme objectif la liquidation du fascisme ; les peuples qui en sortent n'ont pas un grand chemin à parcourir pour aller, de là, à la révolution.

En effet, si la guerre a été un produit du fascisme, le fascisme, lui, est un produit du capitalisme et de la bour-

geoisie. La vieille conviction du mouvement socialiste,
que le capitalisme porte la guerre dans ses flancs, trouve
par cet enchaînement de raisons une vérification supplémentaire. Dès le milieu des années trente, le Komintern
avait défini le fascisme comme la forme la plus réactionnaire du capitalisme de monopole, dominé par le capital
financier [1] : manière de le situer, dans la classification
des régimes, à l'extrême opposé du « socialisme » soviétique, et comme son adversaire le plus acharné. En 1945,
cette interprétation simpliste semble avoir reçu confirmation des événements. Bien qu'elle n'en explique rien,
à proprement parler, elle a l'apparence de restituer dans
son abstraction la disposition des forces militaires et
politiques à l'heure de la victoire ; et elle a l'avantage de
faire de cette victoire une étape vers la révolution, c'est-
à-dire vers l'abolition complète du capitalisme. L'histoire de la guerre tire désormais son sens dans la gauche
européenne tout entière de la fameuse formule de
Horkheimer : « Celui qui n'a rien à dire sur le capitalisme
doit se taire aussi sur le fascisme. » Les marxistes de
l'Ecole de Francfort n'ont cessé de ressasser cette idée
fausse, qui a pourtant nourri une si grande part de la
pensée politique d'après-guerre en Europe [2].

Il faut donc tenter d'en comprendre l'extraordinaire
emprise, et non pas seulement chez les penseurs, qui
suivent ici l'opinion commune plus qu'ils ne l'éclairent.
Sa force vient avant tout de la rencontre, à cette époque,
entre l'expérience historique massive qui vient d'avoir
lieu et la culture politique révolutionnaire. Que la guerre
soit inséparable de la domination bourgeoise, et qu'elle
doive lui être imputée, c'est une vieille conviction de la

---

1. *Cf.* supra, p. 368-369.
2. Par exemple Herbert Marcuse, en 1967 encore : « La transformation de l'Etat libéral en Etat "autoritaire total" se passe sur la
base d'un ordre social inchangé. Par rapport à cette base économique inchangée, on peut dire que le libéralisme produit l'Etat autoritaire total, comme son achèvement à un stade plus développé de
son développement. L'Etat autoritaire total apporte avec lui l'organisation et la théorie de la société correspondant à l'époque mono-
poliste du capitalisme » (*Kultur und Gesellschaft*, Francfort, 1967,
vol. I, p. 37).

gauche socialiste. Or celle-ci a été déclenchée par un dictateur venu au pouvoir avec la complicité des partis bourgeois allemands : il n'en faut pas plus, dans le contexte de 1945, pour faire rejaillir l'horreur suscitée par le nazisme sur la « bourgeoisie », non seulement allemande, mais européenne. Car si les politiciens allemands sont accusés d'avoir fait Hitler, les Anglais et les Français ont signé les accords de Munich. Ainsi s'est constituée une rationalisation « marxiste » de la Seconde Guerre mondiale, infiniment plus puissante que celle de la Première, en 1917-1918, puisqu'elle tire sa force de posséder une incarnation monstrueuse du bourgeois. Ce qu'elle a de simpliste n'ôte rien à ce qu'elle a de convaincant, au contraire. Il importe peu qu'en réalité Hitler ait largement détruit l'ordre traditionnel de la société allemande, qu'il ait été l'adversaire le plus féroce de l'Occident, et un temps l'allié de Staline, si sa défaite peut encore servir à déshonorer ce qu'il a combattu en vain : la démocratie bourgeoise.

Le paradoxe de l'après-guerre est ainsi que l'antifascisme victorieux se nourrit de représentations et de passions qui lui sont communes avec l'ennemi détesté et vaincu. D'un côté, il est tout démocratique, défini par le combat contre Hitler, ses soldats et ses idées. Mais, de l'autre, il est antibourgeois et anticapitaliste, orienté vers une démocratie de type nouveau. Cette qualification ne fait pas forcément du régime soviétique un modèle, mais elle tend à lui donner une préférence sur l'Occident. Elle fait oublier en tout cas ce qui l'a fait si souvent comparer au nazisme avant la guerre. D'ailleurs le mouvement communiste joue brillamment sur les deux claviers. De même que l'U.R.S.S. est l'alliée de l'Angleterre et des Etats-Unis, les partis du Komintern ont réanimé dans chaque pays, depuis 1941, les politiques d'unité antifasciste, à l'intérieur de « Fronts nationaux ». Mais ils n'oublient jamais de souligner qu'eux seuls sont porteurs d'un antifascisme radical, c'est-à-dire anticapitaliste : litote négative qui suffit à privilégier l'Union soviétique parmi les puissances alliées contre Hitler.

La guerre donne ainsi en exclusivité à la patrie du

socialisme le plus grand rôle du répertoire démocratique : la critique de la démocratie au nom de la démocratie. Les Anglais, les Américains, valeureux soldats antinazis, sont restés enfermés dans l'horizon capitaliste.
L'antifascisme communiste bénéficie à la fois d'être
l'allié de l'Amérique, et de prétendre ouvrir la voie à une
démocratie libérée de la puissance de l'argent. Ce qui
suffit à faire oublier, au profit de Staline, que les deux
plus constants antifascistes européens ont été non pas
des communistes, ni même des hommes de gauche, mais
des conservateurs : Churchill, de Gaulle [1].

A la fin de la Première Guerre, l'Union soviétique avait
commencé sa carrière dans la politique de l'Europe
comme l'icône de l'idée révolutionnaire dressée contre la
guerre impérialiste. Mais elle n'avait alors qu'une force
d'opinion, impuissante à inspirer durablement même les
nations humiliées. En 1945, grand Etat victorieux, elle
joint la force matérielle au messianisme de l'homme
nouveau. La Première Guerre l'avait fait naître. La
Seconde l'installe au premier rang de l'histoire, par le
double effet de la puissance militaire et du retour de
l'idée révolutionnaire. L'Union soviétique de Staline, si
on accepte de la considérer comme la russification avancée du modèle léniniste-soviétique (lui-même greffé déjà
sur l'autocratie tsariste), n'a jamais été plus « russe »
qu'en 1945, et, à l'échelle européenne, plus « slave ». Or
c'est l'époque aussi où elle possède le plus vaste rayonnement universaliste. Tel est le cadeau de l'histoire à
Staline, qui saisit l'occasion aux cheveux.

La chance qui lui sourit s'étend d'ailleurs au-delà de
l'Europe, et il faudrait pour en prendre la vraie mesure
en considérer les conséquences dans le monde. Car l'idée
soviétique, de même qu'elle met des passions démocratiques au service de la tyrannie, possède aussi la capacité
à mobiliser une tradition européenne contre l'Europe.
Au milieu du XXᵉ siècle, il y a longtemps que l'universalisation du monde progresse à travers la conquête euro-

1. C'est un nouveau signe de leur communauté de destin et de
leur relative solitude, qu'ils doivent tous les deux, presque ensemble, renoncer à diriger leur pays aussitôt le fascisme vaincu.

péenne des marchés et des territoires. Les Empires construits par l'Occident ont ainsi répandu par la force les idées démocratiques modernes, que dément leur politique de domination coloniale : c'est pourquoi les peuples colonisés en ont davantage retenu le message révolutionnaire que la promesse libérale. Or la guerre offre des possibilités nouvelles à leur émancipation, puisqu'elle affaiblit, au moins relativement, l'Europe de l'Ouest, et qu'elle réaffirme contre Hitler les valeurs universelles de la démocratie. D'ailleurs Roosevelt et Staline n'ont pas fait mystère de leur anticolonialisme. Mais le président des Etats-Unis dirige la plus grande puissance capitaliste au monde, que tout désigne à prendre la succession de l'Occident européen. Staline, lui, brandit contre le Capital l'étendard du marxisme-léninisme.

La doctrine a tout pour plaire. Elle a la respectabilité d'une grande filiation philosophique, l'estampille démocratique, la dignité de la « science ». A travers le succès d'Octobre 17, elle a fait ses preuves aux marges de l'Europe : l'U.R.S.S. a offert l'exemple d'un court-circuit historique qui promet au monde non européen un « rattrapage » rapide. Le marxisme-léninisme peut séduire les esprits sophistiqués, qui insistent sur le premier terme, mais aussi les esprits rustiques, qui mettent l'accent sur le second. Aux uns et aux autres, il fournit un corps d'idées occidentales capable d'unifier les passions antibourgeoises en Europe et hors d'Europe. Dans les différents nationalismes du monde colonisé, le nazisme allemand avait eu souvent bonne presse, avant et après la guerre, dans la mesure où il s'en prenait aux Empires français et anglais. Mais, à la fin de la guerre, l'Union soviétique n'a plus de concurrent anti-occidental en Europe. Quel meilleur canal au ressentiment des élites dans les pays pauvres, colonisés ou dépendants de la planète ? Il offre à la fois la philosophie et la stratégie de l'émancipation, avant d'en proposer les moyens. Aucun corps de doctrine européen n'aura jamais été aussi avidement adopté hors d'Europe que dans notre siècle le marxisme-léninisme, cette philosophie posthégélienne aménagée en idéologie totalitaire.

Ce succès spectaculaire à la brocante des idées tient en effet à ce qu'il offre la justification universaliste du pouvoir absolu. Fort du précédent soviétique, le tyran de la deuxième moitié du XXe siècle tire sa légitimité inédite d'une ambition émancipatrice : il mène son pays au socialisme à travers une nouvelle version de la démocratie moderne, libérée de l'hypothèque capitaliste. La formule est assez vaste pour comprendre toutes sortes d'états sociaux, depuis le Viêt-nam ou le Yémen jusqu'à la Pologne ou la Tchécoslovaquie. Mais elle comporte dans tous les cas la concentration de tout le pouvoir dans un seul parti, même si d'autres existent nominalement, et dans la petite oligarchie qui dirige ce parti au nom des lois de l'histoire, à commencer par le secrétaire général. Ainsi le mensonge sur lequel s'est construit le régime soviétique tend-il à s'universaliser sous le drapeau de la révolution. Le phénomène peut prendre l'aspect d'une simple extension territoriale de l'U.R.S.S., comme dans le cas des pays Baltes ; ou de la création de Républiques sœurs, sous la coupe de partis communistes locaux, asservis à Moscou, comme à l'est de l'Europe. Mais le système idéologico-politique possède une dynamique qui va au-delà d'une organisation des conquêtes militaires ou des effets de voisinage. Il est exportable aussi dans un plus vaste cercle, et même un peu partout, à en juger par l'attraction qu'il exerce à la fois dans l'Europe riche et dans le monde pauvre. Et l'admiration qu'il suscite chez les peuples d'outre-mer vaut confirmation en Europe de son caractère universel.

*

Car l'Europe reste et restera la partie du globe où se joue le destin du communisme. Enfant de la culture européenne, le régime marxiste-léniniste pourra bien après la guerre, au temps de sa plus grande fortune, s'étendre à d'autres continents, comme l'Afrique et l'Asie, et même à d'immenses nations, comme la Chine. Ces succès porteront témoignage d'une part de l'universalité de son langage, de l'autre de l'efficacité de ses recettes en matière de pouvoir absolu ; et sans nul doute de sa capacité à unir les deux avantages et à draper la nécessité du parti unique dans celle de l'histoire. Pourtant, c'est en Europe que le type de régime instauré par Lénine, continué par Staline, au nom du marxisme-léninisme, sera jugé par l'opinion : avant tout là où il était né, mais aussi là où il s'est étendu, et enfin là où, sans jamais régner, il a rencontré l'assentiment de tant d'électeurs et de tant d'esprits éclairés. Ce que les révolutions communistes d'après-guerre hors d'Europe ont possédé d'attraction universelle leur est venu de l'exemple soviétique, soit qu'elles l'imitent, soit qu'elles le « rajeunissent ». Mais, même sous la seconde forme, maoïsme et castrisme n'ont pas survécu longtemps comme mythes de substitution à la crise du modèle.

En réalité, c'est dans les années de l'immédiat après-guerre, et en Europe, berceau du régime soviétique et théâtre de ses exploits, que se décide l'avenir du communisme. Le moment de sa plus grande force est aussi son épreuve de vérité : comme gouvernement, comme puissance, comme idée.

L'histoire intérieure de l'U.R.S.S. après la guerre n'entre qu'indirectement dans le cadre de cet essai ; il suffit pour mon propos de noter que la guerre n'en a pas transformé la nature, au contraire : la victoire en a aggravé le caractère, par le surcroît de prestige et l'aura d'infaillibilité qu'elle apporte à Staline. Le secrétaire général cumulait déjà sur sa tête la double bénédiction, internationale et russe, inséparable du « socialisme dans un seul pays ». Le maréchal y a ajouté celle du soldat victorieux. Résignés à la dictature, les combattants de la terrible guerre se sont fabriqué une justification nouvelle à leur esclavage collectif. On a l'habitude d'attribuer leur formidable résistance, leur esprit de sacrifice, leur héroïsme au sentiment patriotique, en les comparant à leurs ancêtres de 1812, eux aussi victorieux d'un envahisseur étranger venu camper sur leur sol. Cette comparaison dit à sa manière que les soldats de l'Armée rouge ont défendu leur patrie, non leur régime. Pourtant, si ce régime sort triomphant de la bataille, ce n'est pas seulement parce qu'il a pu capter le patriotisme russe, en face de la cruauté des nazis ; mais aussi parce qu'il a fait la guerre et organisé la victoire selon son esprit. La servitude dans laquelle les peuples de l'U.R.S.S. sont tenus a superposé ses effets aux contraintes de l'obéissance militaire : si bien que, même patriotique, même « antifasciste », la guerre aura été aussi dans leur histoire la poursuite de l'expérience totalitaire, avant d'en constituer l'aggravation.

La paix revenue n'est donc dans l'U.R.S.S. de Staline que la continuation de la guerre par d'autres moyens. Rien ne le montre mieux que les conditions dans lesquelles s'effectue le « rapatriement » des citoyens soviétiques qui se trouvent à l'étranger à l'époque où se taisent les armes. Il ne s'agit pas d'une poignée d'hommes. Ils sont autour de cinq millions, arrachés à leur condition malheureuse d'avant-guerre par le malheur plus vaste de la guerre ; les uns forment l'immense cohorte des soldats faits prisonniers par la Wehrmacht, notamment en 1941-1942, et ils ont subi des conditions de captivité très dures ; d'autres ont été réquisitionnés par l'ennemi pour aller travailler en Allemagne ; d'autres encore, sous la contrainte ou de leur plein gré, ont collaboré avec les Allemands, ou même ont servi dans l'« armée Vlassov [1] ». Enfin, il y a eu ceux qui ont fui

---

1. La question de la « collaboration » militaire soviétique avec les nazis est mal connue. Elle a été par excellence un sujet tabou de l'historiographie du régime. L'idée n'a jamais reçu du côté allemand qu'un soutien intermittent et fragile, venant soit des éléments antinazis de la Wehrmacht, soit, chez les nazis, des partisans d'une politique de morcellement national de l'U.R.S.S., comme Rosenberg, ou encore de politiciens réalistes cherchant à affaiblir l'adversaire, comme Goebbels. En tout état de cause, les atrocités commises en territoire soviétique par les armées nazies au nom du racisme antislave n'ont pas offert beaucoup d'espace de développement à cette politique.

Les premières formations militaires soviétiques servant sous uniforme allemand ont été recrutées, dès l'été 1941, parmi les centaines de milliers d'hommes faits prisonniers dans les premiers mois de la guerre. Elles se sont peu à peu étoffées, probablement pour des raisons multiples, qui allaient de l'hostilité au régime de Staline au simple désir de survivre : car les conditions de vie faites aux prisonniers de l'Armée rouge dans les camps allemands ont le plus souvent été affreuses. Ces formations, d'abord utilisées sur le

l'U.R.S.S. à la faveur des circonstances pour se réfugier à l'Ouest.

Les accords de Yalta ont prévu le rapatriement de tous les citoyens soviétiques qui en manifestent le désir, et le retour forcé de tous ceux qui ont porté l'uniforme allemand ou collaboré avec l'ennemi. Mais la question dépasse pour Staline celle de la punition des traîtres. L'interdiction de sortir de l'U.R.S.S. a constitué depuis l'origine de l'Etat un dogme de la politique intérieure soviétique, et l'autorisation de sortir du pays un des pri-

---

terrain pour combattre les « partisans » soviétiques à l'arrière du front, ont été aussi, un peu plus tard, regroupées par nationalités pour servir à l'Ouest, notamment en France, contre la résistance intérieure.

L'effort le plus sérieux pour unifier les forces militaires « soviétiques » au service de l'Allemagne a été tenté en septembre 1942 par le général Vlassov, fait prisonnier en juillet de la même année, et fondateur en décembre, à Smolensk, du « Comité national russe ». Mais longtemps Vlassov ne réussit guère qu'à coiffer d'une autorité illusoire, au nom d'un programme national russe démenti par sa situation de dépendance, et de toute façon peu propre à séduire les minorités nationales de l'U.R.S.S., les différents détachements militaires d'origine soviétique formés par nationalités. Il n'obtint jamais de les ramener sur le front oriental. Etroitement soumis aux unités de la Wehrmacht, ceux-ci restèrent essentiellement affectés à des tâches de répression à l'Ouest.

La mission de Vlassov ne prit un peu plus d'importance, dans la politique nazie, qu'à l'automne 1944, quand se dessine la débâcle finale. Himmler accepte de lâcher un peu de lest au général russe, qui fonde à Prague, le 14 novembre, le « Comité pour la libération des peuples de Russie » : le long « Manifeste » qui couronne cette journée présente ce caractère étrange de constituer un programme antibolchevique « libéral » sous le patronage des nazis ! Toujours est-il que Vlassov est alors capable, en prenant avantage du vaste reflux de populations chassées vers l'ouest par l'avance de l'Armée rouge, de constituer deux armées, réunissant à elles deux une cinquantaine de milliers d'hommes. L'une d'elles s'illustrera dans les premiers jours de mai 1945 en changeant de camp, et en libérant Prague contre les régiments SS.

A la fin de la guerre, sur un total d'environ cinq millions de « personnes déplacées » d'origine soviétique, on peut estimer à cinq cent mille ou un peu plus le nombre de citoyens soviétiques de diverses nationalités servant dans la Wehrmacht, nombre auquel il faut ajouter les deux armées Vlassov de la fin 1944. Le reste est formé des prisonniers de guerre, des déportés du travail, des dépor-

vilèges les plus exorbitants. L'ignorance absolue de ce
qui se passe à l'étranger est essentielle au « socialisme
dans un seul pays ». Or voici que l'immense et sanglant
remue-ménage de la guerre fait apparaître à l'heure de la
victoire des millions de citoyens soviétiques en dehors de
la triomphante Union : situation d'autant plus intoléra-
ble qu'une grande partie d'entre eux risque de renouveler
les troupes de l'émigration russe en Occident, et d'y
contrecarrer les avantages spectaculaires que la guerre
antifasciste a offerts à la propagande soviétique. C'est si
vrai qu'aux yeux de Staline tout citoyen soviétique hors
des frontières, a fortiori en Occident, est un suspect, le
plus souvent un « fasciste », même s'il a été seulement
emmené en captivité en Allemagne au hasard des combats. Pauvres prisonniers de guerre soviétiques, si cruel-
lement traités déjà dans les camps allemands, et qui
retrouvent des camps soviétiques à l'heure du retour au
pays natal : car Staline ne fait guère de différence entre la
captivité aux mains de l'ennemi, la déportation, l'émigration volontaire et la trahison. Il entend récupérer
tout le monde, pour liquider tout le monde, jusqu'à des
émigrés « blancs » de l'après-Première Guerre mondiale
qui n'avaient jamais été, par définition, des sujets
« soviétiques ».

Le drame est que les Anglais, suivis par les Américains
et les Français, vont au-devant de ses demandes, c'est-à-
dire bien au-delà des accords de Yalta. Dans les foules
d'hommes et de femmes qu'ils rendent, souvent par
force, aux agents du N.K.V.D. venus encadrer leur retour,
beaucoup n'ont pas servi l'Allemagne. Et même ceux qui

tés tout court, enfin de ceux qui ont fui vers l'Ouest, pour une raison
ou pour une autre, au moment du retour offensif des armées soviétiques. Sur ces cinq millions d'hommes, dont la moitié se trouve en
territoire occupé par l'Armée rouge, trois millions deux cent mille
seront rapatriés dans l'été 1945. Les autres, soit près de deux millions, seront pris en charge par les puissances alliées, et quasiment
tous reconduits en U.R.S.S. entre 1945 et 1947, de gré ou de force.
Cf. George Fischer, *Soviet Opposition to Stalin. A Case Study in
World War II*, Harvard University Press, 1952. *Cf.* Nicolas Bethell, *Le
Dernier Secret, 1945 : Comment les Alliés livrèrent deux millions de
Russes à Staline*, Le Seuil, 1975.

l'ont servie, il ne se passera pas cinq ans avant que les Américains les regardent d'un autre œil : non qu'ils aient changé d'avis sur l'hitlérisme, comme les en accusera la propagande soviétique ; mais ils ont découvert que les soldats perdus des armées Vlassov ont pu avoir des circonstances atténuantes dans leur double condition de sujets de Staline et de prisonniers de Hitler. Soljenitsyne, qui aime frôler les précipices, le dira à sa manière délicate et puissante, dans un chapitre de *L'Archipel du Goulag* [1].

Nicolas Tolstoï [2] a décrit les scènes déchirantes auxquelles a donné lieu, notamment en Angleterre, ce rapatriement forcé. Ou encore Heller et Nekrich, quand ils évoquent le joyeux retour des soldats soviétiques démobilisés et qu'ils ajoutent : « Mais il y avait aussi d'autres convois, aux wagons fermés, aux fenêtres grillagées, qui ramenaient également des soldats soviétiques ; de ces wagons à bestiaux ne s'échappait nulle musique ni chanson. Personne ne venait les accueillir aux gares. Jour et nuit ils roulaient, les navires accostaient à des môles déserts, et des militaires soviétiques, sous bonne escorte, posaient le pied sur leur terre natale : c'étaient les anciens prisonniers des camps de concentration nazis, ceux aussi qui, de gré ou de force, avaient aidé, servi les Allemands ; ceux enfin qui, sans avoir vécu dans la Russie post-révolutionnaire, avaient été comptés comme citoyens soviétiques par les alliés américains, britanniques et français et livrés aux autorités soviétiques, c'est-à-dire à l'arbitraire, non à la justice [3]. » De fait, ces deux millions de prisonniers, accusés presque tous de trahison, et sommairement jugés par groupes entiers, vont aller peupler les camps du Goulag, quand ils ne sont pas condamnés à mort et exécutés.

Cette liquidation collective n'est donc en rien compa-

---

1. A. Soljenitsyne, *L'Archipel du Goulag, 1918-1956, Essai d'investigation littéraire*, 3 vol., Le Seuil, 1974-1976. *Cf.* V[e] partie, chap. 1 (vol. 3, p. 27-31).
2. N. Tolstoï, *Victims of Yalta*, Londres, Hodder and Stoughton, 1977, trad. : *Les Victimes de Yalta*, France-Empire, 1980.
3. M. Heller et A. Nekrich, *op. cit*., chap. 9, p. 375.

rable aux procès d'épuration qui ont eu lieu en Occident pour faits de collaboration avec l'ennemi. Elle englobe indistinctement des citoyens coupables d'avoir servi dans les formations Vlassov et d'autres, prisonniers de guerre, travailleurs recrutés de force, fuyards occasionnels ou délibérés, émigrés. Aucune justice n'est rendue à personne, coupable ou innocent. L'épisode montre que la défaite de l'hitlérisme a laissé non seulement intact, mais tout-puissant, l'autre totalitarisme vainqueur. Tout-puissant, au double sens qu'il n'a rien perdu, au contraire, de sa violence arbitraire contre ses propres citoyens ; et qu'il est parvenu à faire des Etats démocratiques les complices de cette violence. Que l'Angleterre, l'Amérique et la France aient ouvertement renié le traditionnel droit d'asile au bénéfice de Staline illustre mieux que n'importe quel autre événement le formidable pouvoir d'opinion gagné par l'Union soviétique depuis 1941, et couronné par la victoire de ses armes. La Seconde Guerre mondiale n'a pas produit, comme la Première, des Etats totalitaires ; elle les a au contraire trouvés dans son berceau. Mais, en détruisant l'un, elle a renforcé l'autre. En liquidant Hitler et Mussolini, elle a porté Staline au pinacle. Ce dernier, sans doute, n'a jamais eu besoin de la bénédiction des gouvernements occidentaux pour peupler son Goulag. Mais qu'à cette tâche sinistre ceux-ci donnent publiquement la main, voici un extraordinaire surcroît de légitimité offert à la dictature victorieuse. Car l'Occident ne se borne pas à donner corps à la mythologie du régime ; il favorise directement ses crimes.

Ce qui donne alors à l'U.R.S.S. cette extraordinaire puissance dans l'opinion n'est pourtant pas l'idée démocratique elle-même. C'est le sens qu'elle donne à la victoire sur l'Allemagne hitlérienne. Le fait que l'U.R.S.S. a payé le prix le plus lourd à cette victoire, en alliance avec l'Angleterre et les Etats-Unis, les nations mères des libertés, fait oublier aux peuples et les procès de Moscou et les toasts échangés en 1940 entre Molotov et Hitler. Les sophistes et les simples ensemble peuvent même envelopper rétrospectivement ces épisodes ténébreux dans la

lumière du triomphe final : l'exécution de Toukhatchevski et le partage de la Pologne n'étant plus dès lors que
des moyens déplorables, mais nécessaires de la victoire
sur Hitler. Mais cette affabulation même trahit la source
où s'alimente le rayonnement de l'U.R.S.S. : le jugement
de l'« histoire » plus que l'amour de la démocratie et des
libertés.

A cet égard, l'adjectif « antifasciste » sert encore,
comme dans les années trente, à masquer la nature du
communisme soviétique. Il ne définit qu'un ennemi et
non un régime. En 1945, les simplifications politiques
inséparables de la guerre semblent lui avoir donné un
sens univoque, alors qu'elles n'en ont jamais levé l'ambiguïté. Mais elles lui ont fait un cortège de sang. Reste que,
bien souvent sans doute, la défaite du nazisme est avant
tout la défaite de l'Allemagne. Cette Allemagne vaincue a
été celle de Hitler, mais l'Allemagne n'a pas attendu Hitler pour être envahissante en Europe au XXe siècle ; soit
que les peuples lui soient plutôt favorables, comme les
Hongrois, soit qu'ils lui soient résolument hostiles,
comme les Polonais. L'idéologie nazie n'a pas bouleversé
dans les esprits ces données plus anciennes : la domination de Hitler sur l'Europe en 1941-1942 a été perçue
comme la domination de l'Allemagne. De même, en
1945, la défaite du nazisme signifie dans l'expérience des
peuples celle de l'Allemagne. La victoire de l'Union soviétique, tout antifasciste qu'elle soit, canalise les passions
nationales antiallemandes, à l'est comme à l'ouest de
l'Europe.

Les Soviétiques le comprennent parfaitement bien.
Dans toutes les discussions alliées sur l'après-guerre,
depuis 1943, ils ont été les plus acharnés à vouloir briser
à jamais les ressorts de la puissance allemande, reprenant à leur compte le dossier plaidé par Clemenceau en
1918-1919. Ils ont pris des gages territoriaux beaucoup
plus vastes que les Français de l'époque. Non seulement
ils occupent tout l'est de l'Allemagne, Poméranie, Prusse,
Brandebourg, Saxe, Silésie, Thuringe, mais ils sont décidés à imposer une vaste translation vers l'ouest des fron-

tières de la Pologne, de façon à conserver leurs acquis de 1919 et à dédommager les Polonais avec des territoires allemands. Leurs demandes, en termes de réparations matérielles, sont si exorbitantes que Churchill lui-même les a jugées déraisonnables [1]. Dans les décisions de Yalta et de Potsdam concernant la mise sous tutelle de l'Allemagne vaincue en même temps que son morcellement, l'Union soviétique n'a cessé de jouer un rôle de pointe, auquel lui donnent droit ses millions de morts et son territoire ravagé. Elle capitalise en plus l'avantage qu'elle possède sur les Anglo-Saxons d'offrir aux peuples rescapés une interprétation systématique des méfaits allemands au XXe siècle. Car la défaite de Hitler porte l'opinion à inculper aussi ce qui a précédé Hitler, et à n'y plus voir que la préhistoire de Hitler.

Le militarisme allemand, coupable déjà de la Première Guerre mondiale, a pillé toute l'Europe sous l'uniforme nazi un quart de siècle après. Cette proposition qui résume bien le sentiment des nations n'est pas spécialement marxiste. Elle comporte pourtant dans sa deuxième partie une définition du nazisme qui, elle, peut l'être, et qui donne de ce fait un surcroît de force à l'antinazisme soviétique. En effet, si Hitler n'a été que l'incarnation la plus féroce du militarisme allemand, c'est qu'il a « représenté » les mêmes forces économiques et sociales qui dominent l'histoire nationale depuis Bismarck : l'alliance des junkers prussiens et de la grande industrie rhénane [2]. De sorte que, pour éteindre à jamais ce foyer d'incendie, il n'est que de briser à jamais ces forces à la fois nationales et sociales : par où l'antifascisme débouche naturellement sur l'exportation

---

1. J.P. Nettl, *The Eastern Zone and Soviet Policy in Germany, 1940-50*, Oxford University Press, 1951, chap. 2, p. 43-45. Dennis L. Bark et David R. Gress, *Histoire de l'Allemagne depuis 1945*, Robert Laffont, coll. Bouquins, 1992 (éd. anglaise : Basil Blackwell, 1989), I, Ire partie, p. 3-87.

2. En réalité, le rôle politique de ces forces économiques et sociales a été brisé par Hitler. Sur la « démocratisation » de la société allemande par le nazisme, voir David Schoenbaum, *La Révolution brune, la société allemande sous le Troisième Reich*, Robert Laffont, 1979.

de la révolution, presque inscrite dans la mission de l'Armée rouge.

Le communisme soviétique reste bien fidèle en un sens à la vieille condamnation socialiste de la guerre, fatalité du capitalisme, massacre voulu par les marchands de canons. Mais cette fois-ci, contrairement à la situation de 1914-1918, il a jeté lui aussi ses forces dans la balance, et figure parmi les vainqueurs. Du coup, la responsabilité de la Seconde Guerre mondiale a cessé depuis 1941 d'être partagée entre les puissances impérialistes, pour reposer entièrement sur l'Allemagne de Hitler, fille du capitalisme germanique. Cette nouvelle version du combat contre la guerre par la guerre a sur l'ancienne une immense supériorité. Elle donne un sens aux sacrifices consentis par les soldats, alors que le défaitisme révolutionnaire portait ceux-ci à refouler même leurs souvenirs d'héroïsme. Elle fait une place d'honneur aux sentiments patriotiques des peuples, alors que l'abstraction internationaliste d'hier tendait à les discréditer. Un des grands secrets de l'idéologie soviétique dans l'Europe de 1945 est d'associer les passions nationales à l'universalisme révolutionnaire, par le biais cette fois de la victoire sur le militarisme allemand. Depuis qu'elle est devenue sous Bismarck la principale puissance de l'Europe, l'Allemagne a accumulé des ressentiments et des haines dont Staline se trouve être le vengeur.

Ce secret d'influence n'est utilisable qu'à doses variables, selon les pays et les circonstances. Très puissant sur l'opinion russe, il est sans prise dans l'immédiat sur les Allemands vaincus, soumis à une dure occupation et à d'énormes prélèvements d'outillage et de matières premières. Même chose, à un degré moindre, en Hongrie, qui a été l'alliée de Hitler. Mais dans la plus grande partie de l'Europe centrale et centre-orientale, l'Union soviétique, même quand elle est crainte comme grande puissance, apparaît aussi comme le grand frère slave, au moment du grand règlement de comptes avec l'oppresseur germanique : si bien que les sentiments de revanche qui ont animé les Russes peuvent être partagés par exemple par les Bulgares, les Tchèques ou les Serbes. Même si elle a été un ancien satellite de l'Allemagne, la Bulgarie conserve un fond de russophilie. La Tchécoslovaquie se souvient d'avoir été abandonnée à Munich par l'Occident, et son Parti communiste tire une grande part de sa force à l'heure de la victoire de ce qu'il mêle comme naturellement le patriotisme et l'attachement à l'U.R.S.S. Quant aux peuples de Yougoslavie, qui se sont tragiquement affrontés pendant la guerre, Tito, soutenu par Churchill, est parvenu à les unir dans une armée de partisans qui libère Belgrade la main dans la main avec l'armée du général soviétique Jdanov. Existe-t-il meilleure illustration de l'osmose presque providentielle que l'époque opère entre le régime soviétique et la libération des nations asservies ?

Le cas le plus intéressant, sous cet angle, est celui de la Pologne, parce que c'est le plus complexe. La guerre a commencé là, en septembre 1939, et les Polonais y ont tout de suite trouvé matière à nourrir dans la tragédie leurs deux passions patriotiques : la haine de l'Allemagne et la haine de la Russie, éternels dépeceurs de leur territoire. Le partage de 1939 a réveillé les mauvais souvenirs en même temps que le sentiment de l'exception nationale : la Pologne a bien été la seule nation de l'univers à subir en même temps et la Gestapo et le N.K.V.D., chaque persécuteur œuvrant sur sa propre part d'une conquête concertée à l'avance. L'extrême ardeur du patriotisme polonais s'alimente au sentiment de la fragilité de la patrie, quand il ne cultive pas la croyance mélancolique en une élection particulière de la nation, fût-ce par le malheur. Les autres peuples européens pourront « oublier » les années 1939-1940 au profit de 1944-1945 ; non pas les Polonais, qui y ont perdu, une fois de plus et pour longtemps, leur patrie. L'histoire de leur tragédie, où figurent à la fois les massacres nazis et les déportations soviétiques, les obsède davantage que les erreurs commises par leur gouvernement avant la guerre. Car elle confirme de façon inoubliable leur détestation des deux nations voisines. Celle des nazis va de soi.

Et la crainte de la Russie survit à l'invasion de la Russie par Hitler.

Les Polonais n'ont pas eu besoin d'attendre que les Allemands annoncent à tous vents le massacre de Katyn pour savoir que des dizaines de milliers d'entre eux, dont la plupart étaient des cadres de la nation, ont disparu entre l'automne de 1939 et le printemps de 1940 dans les profondeurs de la Russie. Hostiles par tradition à l'Empire russe, ils ont trouvé dans le communisme soviétique une raison supplémentaire de le craindre. Il n'est pas jusqu'au petit Parti communiste polonais, enfant bureaucratisé de Rosa Luxemburg, resté l'un des rares lieux d'une symbiose judéo-polonaise, qui n'ait eu son conflit avec Moscou et à Moscou : il a été dissous en 1938 par le Komintern après que la plupart des membres de son Comité central en exil furent fusillés [1]. De toute

---

1. L'histoire du communisme polonais est tumultueuse et triste. Celle de ses rapports avec le Komintern est, en plus, tragique. Formé dès 1918, le Parti est d'abord, selon l'orthodoxie luxemburgiste, hostile à l'indépendance de la Pologne, car partisan de son rattachement à la jeune République soviétique : position qui atteint son paroxysme en 1920, quand il soutient l'offensive de l'Armée rouge vers Varsovie. Prisonnier d'une surenchère antinationaliste, en proie à des querelles internes, dirigé par des militants juifs internationalistes, il a très peu d'écho en Pologne, et suscite dès 1924 la haine de Staline, à cause de ses inclinations trotskistes : le premier lessivage de sa direction à Moscou date de cette année-là. Ce qui n'empêche pas une autre équipe, deux ans après, de recevoir une nouvelle admonestation de Staline, pour avoir soutenu le coup d'Etat militaire de Pilsudski contre le régime parlementaire : faux pas tactique qui allait nourrir contre le Parti polonais, pendant trente ans, à Moscou, l'accusation d'être un parti infiltré par des agents « fascistes ».

Ensuite pourtant, et jusqu'à l'avènement de Hitler, celui-ci n'est guère pour le Komintern qu'un instrument accessoire au service de la politique allemande ; il est amené par exemple à défendre contre l'intérêt national l'idée d'une révision des frontières de Versailles, en haute Silésie et à Dantzig. Il continue à être l'objet d'un contrôle étroit et d'une chasse aux trotskistes (dont Isaac Deutscher, exclu en 1932) dirigée périodiquement de Moscou.

Même le tournant de 1934-1935 ne lui rend ni un espace intérieur de manœuvre ni un minimum de considération à Moscou. Bien que cesse sa propagande absurde en faveur du révisionnisme allemand,

façon, ils eussent été exclus l'année suivante du consensus national autour du gouvernement polonais en exil.

Car l'invasion des Allemands, puis des Russes n'a pas rompu la continuité de l'État. L'originalité du cas polonais tient à ce que le pays a un gouvernement légal qui s'est formé en France depuis le 30 septembre 1939, autour des grands partis de l'ex-opposition, puisque le

le parti polonais est trop marqué par sa subordination spectaculaire au Komintern, et trop faible aussi (entre cinq mille et dix mille membres), pour convaincre le parti socialiste ou le Bund de la sincérité de son nouveau patriotisme ou de la nécessité de son appui. D'ailleurs, Staline craint l'effervescence de ses factions plus qu'il n'en escompte l'utilité : la preuve en est qu'il commence à liquider, dès 1934, plusieurs dirigeants polonais présents à Moscou. En 1937-1938, c'est la grande purge : tous les communistes polonais présents en Russie sont déportés ou tués, à commencer par les membres du Comité central du Parti. Le Parti lui-même est dissous par le Komintern en 1938, à une date qui n'est pas connue exactement. Les rares survivants du communisme polonais n'ont dû leur salut qu'aux hasards d'une arrestation antérieure dans leur pays et à l'abri offert par les prisons de Pilsudski.

Les raisons de cette liquidation, du côté soviétique, n'ont pas été complètement élucidées. Le Parti communiste polonais a toujours été suspect à Moscou, à la fois parce que trop juif, trop enclin au trotskisme et à la dissidence idéologique et, tout simplement aussi, trop polonais : ce dernier trait favorisé par la ligne antifasciste du milieu des années trente. En tout état de cause, la proximité géographique entre la Pologne et l'U.R.S.S. fait que Staline, en cas de besoin, doit se fier davantage à l'Armée rouge qu'à un petit parti sans influence, susceptible d'être entraîné par des sentiments nationalistes. Enfin, il est possible qu'en 1938 il prépare son retournement vers Hitler. En ce cas, le parti polonais aurait été la première victime du pacte germano-soviétique.

Voir sur cette question : N. Bethell, *Le Communisme polonais 1918-1971. Gomulka et sa succession.* Préface et postface de G. Mond, trad. de l'anglais par A. Mond, Le Seuil, 1969 ; M.K. Dziewanowski, *The Communist Party of Poland, an Outline of History*, Harvard University Press, 1976 ; Jan B. de Weydenthal, *The Communists of Poland, an Historical Outline*, Hoover Institution Press, 1978. Enfin, sur le malheur du rapport des intellectuels polonais et du communisme existe l'admirable autobiographie d'Alexandre Wat : *Mon siècle, confession d'un intellectuel européen*, préface de Czeslaw Milosz, éd. de Fallois — L'Age d'Homme, 1989.

régime dit « des colonels [1] » s'est effondré. Ce gouvernement possède une armée, qui s'est battue d'abord aux
côtés de la France, puis de l'Angleterre ; il a dirigé, de
Londres, la résistance intérieure polonaise, précoce,
puissante par le nombre, extraordinaire de courage et
d'efficacité. En chassant les Allemands devant elle, en
1944, l'Armée rouge a donc trouvé, à ses portes, une
Pologne nationale, et même nationaliste, à qui parler. Le
« lâchage » de l'insurrection de Varsovie a été son premier coup de semonce.

La question polonaise forme la matière du plus grand
désaccord entre les Alliés sur l'après-guerre. Extraordinairement symbolique, elle illustre l'histoire contradictoire de la guerre en même temps que l'impossibilité
d'une paix durable en Europe. La nouvelle frontière
orientale de la Pologne est celle qu'a dessinée le pacte
germano-soviétique d'août 1939, et qu'a consacrée
l'invasion russe de la mi-septembre : comment le gouvernement polonais en exil, né pour s'opposer au
démembrement de la patrie, pourrait-il y consentir ?
L'U.R.S.S., de son côté, ne peut concevoir que, pour prix
des sacrifices de ses soldats depuis 1941, elle ait à accepter l'abandon de ses gains territoriaux de 1939, et la
renaissance d'une Pologne nationaliste ; au demeurant,
la frontière de 1939 reproduit à quelques différences près
la ligne Curzon [2], ce qui lui donne une espèce de légitimité historique. En tout état de cause, comme on l'a vu,
la situation militaire a tranché la question. Mais ce constat n'épuise pas le sens de l'échec subi par le gouvernement Mikolajczyk ; car cet échec est politique aussi bien
que militaire. Staline prend appui sur la force de son
armée, mais non pas sur cette seule force. L'opinion
publique des peuples démocratiques, qui l'a détesté en
1939-1940, a basculé dans son camp en même temps
qu'il en changeait. L'inverse s'est produit pour les Polo-

---

1. A partir des années trente, la Pologne est gouvernée, sous
l'autorité du maréchal Pilsudski (mort le 12 mai 1935), par des
colonels qui occupent les postes clés de l'État, tel Josef Beck aux
Affaires étrangères
2. *Cf. supra*, p. 567.

nais de Londres : héroïque en 1939, le gouvernement en exil n'est plus que chimérique en 1944. C'est qu'il a concentré deux guerres en une, et qu'il livre toujours la première alors que la seconde se termine. Il est toujours à la fois antinazi et antisoviétique, alors que la force d'opinion retrouvée de l'Union soviétique lui vient d'avoir désarmé l'antisoviétisme par l'antinazisme.

C'est pourquoi l'histoire polono-russe ne se réduit pas à une simple capitulation du gouvernement polonais de Londres devant le Comité de Lublin, arrivé dans les fourgons russes. Car même l'antisoviétisme polonais, probablement le plus violent d'Europe avec celui des pays Baltes, cède une partie de sa vigueur à l'esprit du temps, si grande est la haine suscitée par l'Allemagne nazie. La Pologne a été mise en coupe réglée. Elle a perdu trois millions d'hommes — sans inclure les Juifs ; la nation a traversé une épreuve épouvantable, comparable seulement à celle de l'Ukraine ou de la Russie. Alors qu'elle s'imagine être le poste avancé de l'Occident à l'est, elle n'a constitué pour Hitler que l'Occident des Slaves : ravagée et assassinée pour ce qu'elle prétend être comme pour ce qu'elle est. Seuls les Juifs, le peuple universel, se trouvent au-dessus d'elle dans l'échelle nazie du mépris et de la haine. Mais si le spectacle de leur extermination ne suffit pas à éteindre l'antisémitisme polonais, au moins le partage du malheur traversé par les nations slaves et le déploiement victorieux de l'Armée rouge amènent-ils l'opinion, même en Pologne, à faire passer la haine de l'Allemagne avant la crainte de la Russie. Quand les troupes soviétiques font reculer la Wehrmacht sur le territoire polonais, dans la deuxième moitié de 1944, sans doute y sont-elles reçues avec des sentiments mêlés, et des soupçons que renforce leur inaction calculée devant l'insurrection nationale à Varsovie [1]. Reste qu'elles libèrent bien la Pologne de l'oppression nazie, et qu'elles mettent fin à une des pires époques de l'histoire de la nation.

---

1. Je tire cette remarque de nombreuses conversations que j'ai eues sur le sujet avec des amis polonais qui furent témoins ou acteurs de cette période de leur histoire.

La guerre, telle qu'elle s'est finalement déroulée, interdit ainsi de mettre sur le même pied les deux ennemis traditionnels de l'indépendance polonaise. L'observation, évidente en 1944, vaut encore dans les années qui suivent, bien que le comportement soviétique confirme les avertissements pessimistes des membres du gouvernement de Londres ou des nationalistes de l'Armée de l'intérieur. Car ce n'est pas assez que l'U.R.S.S. ait obtenu de ses Alliés la reconnaissance de la ligne Curzon, et la prépondérance de ses affidés du Comité de Lublin sur les Polonais de Londres. Elle a entrepris dès octobre 1944, au lendemain même de la défaite des insurgés à Varsovie, une mise au pas générale du pays à la fois libéré et conquis. Alors que Staline manifeste par une réception spectaculaire à Moscou le soutien qu'il apporte au Comité polonais de libération nationale, celui-ci, aidé par les hommes du N.K.V.D., a aussitôt engagé la lutte contre les détachements de l'Armée clandestine, qui reste fidèle à Londres. La politique du fait accompli est en marche et elle ira jusqu'au bout [1]. Churchill et Roosevelt ont cru que Staline pourrait se satisfaire de la ligne Curzon, bordant une Pologne amie, mais libre. Ils se sont trompés. Cette Pologne amie, l'« oncle Joe » ne la conçoit que dirigée de Moscou, par l'intermédiaire de ses hommes de confiance, nourris dans le sérail.

Pourtant, cette nouvelle confiscation de l'indépendance polonaise tire de ce qui l'a précédée des circonstances favorables, qui ont joué dans le même sens que les rapports de force. A l'extérieur, l'opinion publique internationale, frappée par le caractère et l'ampleur des crimes nazis, tend à inscrire la politique soviétique en Pologne au chapitre des précautions contre l'éventuelle renaissance du militarisme allemand. En Pologne même, l'argument possède une pertinence particulière du fait des nouvelles frontières de la nation. En échange de ce qu'il a dû abandonner à l'U.R.S.S. à l'est, le pays a

---

1. Krystyna Kersten, *The Establishment of Communist Rule in Poland, 1943-1948*, traduction américaine, University of California Press, 1991.

obtenu [1] des compensations à l'ouest, incorporant cent mille kilomètres carrés de territoires allemands. Cette translation de l'ensemble polonais vers l'ouest, qui entraîne l'expulsion forcée de millions d'Allemands, implique dans l'avenir un contentieux germano-polonais qui donne à l'U.R.S.S., garante des nouvelles frontières, la situation d'indispensable alliée de la Pologne. Ainsi les communistes locaux, très minoritaires dans leur propre pays à cause de leur dépendance vis-à-vis de Moscou, peuvent-ils au moins, en compensation, se couler dans la pente anti-allemande du nationalisme polonais.

En anéantissant progressivement les nombreuses poches de résistance militaire à leur régime — cette guerre de maquis durera jusqu'en 1947 —, ils peuvent encore se réclamer de la résistance antinazie, où ils n'ont joué qu'un très faible rôle, et dont ils liquident les derniers bataillons. En poursuivant le combat clandestin dans les vastes forêts polonaises après la défaite de l'Allemagne, ce qui reste de l'armée secrète peut être dénoncé comme n'obéissant plus qu'à des motifs partisans ou, pis, à des injonctions venues de Londres ou de Washington. La vaste partie de l'opinion qui sympathise, à doses variables, avec le combat contre la mainmise soviétique sur le pays se trouve soumise à ce chantage puissant : dès le début de 1946, Mikolajczyk, Polonais de Londres dans le gouvernement dominé par les hommes de Lublin, est accusé par Gomulka d'être un agent de l'Ouest [2], parce qu'il s'oppose à l'unité de son parti avec le bloc socialo-communiste. Sous cette forme, l'appropriation du thème national par les communistes ne laisse voir que son aspect instrumental et menteur. Mais elle comporte aussi une part de réalité, pour peu qu'on accepte de considérer moins les luttes pour le pouvoir que l'époque en général.

L'Allemagne a été battue. Mais les peuples vivent leur

1. A titre provisoire, à la Conférence de Potsdam. On sait que ce provisoire ne sera jamais officialisé par un traité de paix définitif entre les Alliés.
2. K. Kersten, *op. cit.*, chap. 6, p. 245.

histoire selon un rythme différé par rapport aux événements. Défaite, occupée, déshonorée, l'Allemagne est plus détestée encore qu'aux jours de sa domination. Les souvenirs des atrocités commises par son armée sont tout frais, et la crainte qu'a suscitée sa force a disparu ; la capitulation allemande a donné toute sa résonance au thème du danger allemand : formidable renfort offert à l'image de l'Union soviétique en Europe, et dont l'exemple polonais offre la meilleure illustration. Car au moment même où l'ex-« armée de l'intérieur » a changé d'adversaires, les communistes polonais retournent contre elle le sens de son combat antérieur. Elle s'est battue contre l'oppression nazie. Eux continuent la même lutte contre le danger allemand [1].

A preuve, le fait qu'ils étendent les frontières de la patrie, en expulsant de leurs foyers des millions d'Allemands, jusqu'à ces terres de Poméranie et de Prusse-Orientale qui ont précisément constitué le sol nourricier des junkers et du militarisme germanique. Le risque d'une possible revanche apparaît inscrit dans cette vaste expropriation, qui donne à la Pologne nouvelle un rôle de poste avancé de la paix du monde. Raison de plus pour débarrasser la patrie de ses mauvais bergers traditionnels, tout ce monde de petite noblesse, de leaders « paysans » et de catholiques d'un autre âge qui n'a su protéger le pays contre l'Allemagne et refuse de le reconstruire dans l'entente avec la Russie. Malgré Katyn — encore la culpabilité soviétique est-elle douteuse, à l'époque, dans beaucoup d'esprits —, l'argumentaire communiste de 1945 en Pologne est ainsi loin d'être sans substance, et on aurait tort d'en méconnaître la force, rétrospectivement : car ce serait méconnaître aussi ce qui a fait le rayonnement de l'U.R.S.S. à cette époque, même chez le peuple d'Europe le moins favorablement disposé à son égard. D'ailleurs, à considérer la suite de l'histoire, la

---

1. Il n'y a rien de plus intéressant, sur les ambiguïtés du rapport soviéto-polonais après la guerre, et les conditions de l'asservissement polonais, que les deux livres de Czeslaw Milosz : *La Prise du pouvoir*, trad. française, Gallimard, 1953, et *La Pensée captive*, trad. française, Gallimard, 1953.

domination soviétique sur la Pologne, bien que beaucoup plus durable, ne revêtira jamais le caractère de
férocité qu'a eu l'oppression nazie. A la différence du
nazisme, qui a martyrisé par préférence les peuples
européens en dehors de l'Allemagne, la plus pitoyable
victime du bolchevisme aura été le peuple russe, son
berceau.

A l'extérieur de ses frontières, le mouvement communiste montre à l'heure de la victoire une extraordinaire
capacité d'ajustement à la nouvelle situation hégémoni-
que de l'U.R.S.S. en Europe centrale et orientale. D'une
part, il possède dans son patrimoine idéologique de quoi
présenter une interprétation universaliste de cette hégémonie : il lui suffit d'imputer le nazisme au grand capital
allemand et à ses séides, pour faire de chaque régime qui
s'installe sous son égide, dans les pays « libérés » par
l'Armée rouge, un succès de la démocratie et de la paix.
La doctrine esquissée par le Komintern dès les années
trente atteint sa forme achevée en 1945 : la victoire des
forces de progrès, et demain du socialisme, passe par
l'extension du monde soviétique.

D'autre part, la victoire militaire permet à l'U.R.S.S. de
retourner à son profit l'idée nationale, bafouée partout
par l'occupation nazie, même chez les peuples qui ont été
les alliés de l'Allemagne, comme la Roumanie ou la Hongrie. Au moment où Staline peut appliquer avec succès,
et à grande échelle, la politique de satellisation d'Etats
étrangers qu'il avait esquissée avant la guerre en Espagne, il trouve aussi dans l'état d'esprit des peuples rescapés assez de sentiments antiallemands pour faire vivre
l'illusion d'une vraie restauration nationale. C'est le legs
posthume de l'hitlérisme que d'avoir donné aux partis
communistes, dans tant de pays d'Europe, le rôle de
champions de l'indépendance retrouvée.

En s'emparant ainsi de l'idée nationale, le mouvement
réunifie à son profit les deux grandes passions politiques
de la démocratie au XXᵉ siècle, la nation et la révolution.
Après la Première Guerre mondiale, la passion nationale
avait été mobilisée par le fascisme, et retournée contre la

passion révolutionnaire, incarnée par le bolchevisme. A la fin de la Seconde, la défaite de l'Allemagne nazie libère les sentiments nationaux des peuples européens au profit des communistes : soit que ceux-ci, comme en Yougoslavie, aient assuré leur hégémonie dans la résistance armée à l'occupant ; ou que, comme en Pologne, ils soient les représentants obligés du nouveau contrat de la nation avec l'histoire. Entre ces deux extrêmes, toute une série de cas intermédiaires. Mais partout, à doses variables, le choc de la guerre, la dynamique de la victoire, le sens de l'inévitable, le discrédit des anciennes élites, la haine de l'Allemagne enfin assurent à la Russie soviétique le concours d'un espoir national dans les pays qu'elle est en train d'asservir [1]. Le dispositif de Versailles s'est effondré sans gloire, et l'Occident y a laissé son crédit. La domination allemande qui a suivi a mêlé l'arrogance à la férocité. Voici l'heure des Russes, drapés dans l'idée révolutionnaire. Personne n'imagine encore qu'après eux il ne restera plus que l'Autriche-Hongrie à regretter.

Dans cette résurrection, même éphémère, des peuples soumis, opprimés ou martyrisés par l'Allemagne nazie, il y a un grand absent : le peuple juif, nombreux sur ces terres depuis des siècles, naguère encore éparpillé dans cette mosaïque incertaine de nationalités, et depuis 1941 objet de la plus vaste tentative d'extermination qui ait eu lieu dans l'histoire. Pourtant son malheur n'a pas encore de nom. Il y aurait de la partialité à en accuser seulement l'Union soviétique, puisque Churchill et Roosevelt, qui peuvent mesurer depuis 1943 la dimension de la tragédie, n'en ont parlé non plus, et n'ont rien entrepris de particulier pour y mettre un terme [2]. Reste que, depuis le

---

1. Je n'oublie pas que la Hongrie a été l'alliée de l'Allemagne, et la Roumanie aussi, jusqu'au coup d'Etat du roi Michel le 23 août 1944. Mais même dans ces pays, l'idée d'un renouveau national conduit ou soutenu par les partis communistes locaux n'est pas simplement le produit de l'occupation par l'Armée rouge (*cf.* François Fejtö, *Histoire des démocraties populaires*, Le Seuil, coll. Points, 1972, Ire partie, chap. 5 : « Le sort des trois satellites de l'Allemagne »).

2. M. Marrus, *The Holocaust in History,* University Press of New England, 1987. *Cf.* aussi : B. Wasserstein, *Britain and the Jews of*

début de l'hitlérisme, Staline n'a jamais manifesté la moindre compassion pour les Juifs. Il a même un fond d'opinion hostile aux Juifs. Avant la guerre, il a délibérément fermé le territoire soviétique aux victimes allemandes de la persécution antisémite.

Depuis la guerre, il a toujours tenu en suspicion les centaines de milliers de Juifs polonais qui ont fui Hitler en U.R.S.S., d'abord à l'automne 1939, ensuite dans les mois qui ont suivi l'attaque de juin 1941 : craignant en eux la double étrangeté, juive et polonaise. Plusieurs dizaines de milliers de ces malheureux termineront cet exode au Goulag [1]. Un peu plus tard, en 1944-1945, l'Armée rouge libère des classes et des nations. Elle n'a pas de mot, dans son vocabulaire, pour la tragédie juive. Quand elle entre à Auschwitz, en janvier 1945, rien ne transpire en Occident de ce qu'elle y a trouvé. Il faut attendre mai, et une demande anglaise, pour obtenir un rapport officiel, dont la version diffusée sur les ondes ne comporte pas le mot « juif [2] ».

Chez les nations est-européennes libérées et occupées par son armée, Staline trouve une raison supplémentaire de ne faire aucune part aux Juifs dans la victoire sur le nazisme. Car ces nations conservent souvent des préjugés antisémites, qui ont survécu au massacre organisé des Juifs [3]. Leur sentiment national en est inséparable. C'est assez déjà de le prendre à revers par la grande

---

Europe, 1939-1945, Oxford University Press, 1979 ; W. Laqueur, *The Terrible Secret : An Investigation into the Suppression of Information about Hitler's « Final Solution »*, Weidenfeld P. Nicholson, 1980. Trad. : *Le Terrifiant Secret. La « solution finale » et l'information étouffée*, Gallimard, coll. Témoins, 1981 ; D.S. Wyman, *The Abandonment of the Jews : America and the Holocaust, 1941-1945*, Pantheon Books, 1984 ; trad. : *L'Abandon des Juifs. Les Américains et la Solution finale*, Flammarion, 1987.

1. M. Marrus, *op. cit.*, chap. 8, p. 172-176. *Cf.* du même auteur : *The Unwanted : European Refugees in the XXth century*, Oxford University Press, 1985, p. 194-200, 241-252.

2. M. Marrus, *op. cit.*, chap. 8, p. 175-176.

3. Des pogroms antisémites ont encore lieu dans la Pologne d'après-guerre. Par exemple à Cracovie, en août 1945, à Kielce, en juillet 1946. *Cf.* K. Kersten, *op. cit.*, IIe partie, chap. 5, p. 214-220.

proportion de Juifs rescapés dans la « nomenklatura » des petits partis communistes locaux : par une sorte de surenchère de compensation, il faudra que ces dirigeants-là fassent oublier deux fois leurs origines, en étant les plus patriotes des patriotes, dans leurs pays respectifs, et les plus fidèles à Moscou des fidèles à Moscou, dans le mouvement communiste international. Ainsi le martyre juif viendra-t-il se perdre dans celui des nations, et son poids de malheur s'inscrire au compte créditeur de l'Armée rouge dans chacune d'entre elles. Après Auschwitz et Treblinka, les Juifs survivants payent encore le prix fort de n'avoir pas de patrie.

*

A l'Ouest, les peuples ont été libérés des Allemands par l'armée américaine. Ils ne connaissent l'Armée rouge que par la radio, à travers le récit de ses exploits, de Stalingrad à Berlin. Ils ignorent non seulement les exactions commises par ses soldats, même dans les nations amies, mais aussi le climat politique d'intimidation qu'elle apporte dans ses fourgons. Ils sont d'autant plus portés à la célébrer qu'ils retrouvent dans ses succès une Union soviétique ornée de beaucoup de leurs souvenirs et de leurs espoirs.

Les Etats-Unis, enfants émancipés de l'Europe, sont revenus en Europe pour la deuxième fois dans le siècle, au secours de l'Occident. Mais il y a beau temps qu'ils ne font plus partie de ses souvenirs. Ils ont inventé une société si originale et si puissante qu'elle constitue à elle seule une espèce de la démocratie moderne, différente par définition et par volonté de tout ce qui existe en Europe, et restée d'ailleurs délibérément à part, le plus longtemps qu'elle l'a pu, de la politique sur le Vieux Continent. Les Américains n'ont cessé d'être fidèles à la décision qui les a définis comme nation : ils ont quitté les rivages de l'Europe pour fonder un contrat social neuf de l'autre côté de l'océan. Prise par des millions d'hommes au cours des derniers siècles, cette décision comporte aussi un renoncement au rôle de modèle révolutionnaire en Europe : ce que la civilisation américaine possède de virtualités utopiques présuppose la sortie des Européens hors d'Europe. D'ailleurs, elle est dans sa réalité à la fois trop mêlée de foi chrétienne et trop confiante en l'esprit de libre entreprise pour séduire tous ceux qui ne peuvent penser l'avenir de la démocratie que séparé et du christianisme et du capitalisme : les enfants innombrables de la Révolution française.

Au contraire, l'U.R.S.S. s'est réinstallée dans cette filiation. Elle est redevenue plus que jamais dépositaire de cet héritage. Pour la retrouver dans ce rôle, la gauche européenne n'a pas à chercher loin dans sa mémoire. Il lui suffit de penser aux grandes années de l'antifascisme. L'alliance de l'Union soviétique avec les démocraties anglo-saxonnes a confirmé sur le plan international la stratégie des Fronts populaires, en même temps que la double nature du communisme, unissant la défense de la démocratie au combat pour la révolution. La guerre a apporté son poids de sang à la démonstration, à laquelle elle offre aussi la sanction de la force. Elle a déshonoré le pacifisme, si influent dans l'opinion française et anglaise avant 1939 : celui-ci s'est révélé au mieux impuissant, au pis complice de Hitler. Discrédit qui atteint à la fois la gauche non communiste et la droite en général, coupables ensemble de la politique d'« appeasement » à l'égard de l'Allemagne nazie entre 1936 et 1938. Car le paradoxe de la situation morale d'après-guerre tient à ce que l'opinion publique à l'Ouest semble avoir oublié le pacte germano-soviétique pour ne plus se souvenir que des accords de Munich qui l'ont précédé. Faute de pouvoir accuser désormais une U.R.S.S. martyre et victorieuse, elle retourne contre elle-même, ou plutôt contre ses chefs de l'époque, l'accusation d'avoir voulu échapper à une guerre inévitable et juste. La victoire soviétique étend après coup son réseau de significations sur tout ce qui s'est passé avant elle. Grâce à elle, l'Union soviétique n'incarne plus le sens de l'histoire par la seule vertu d'une idéologie, mais par le sacrifice de ses soldats et le triomphe de ses armes. Forte de l'expérience universelle qu'a été la guerre contre Hitler, son image est assez puissante

pour remanier non seulement les idées mais les souvenirs.

A cet égard, l'ouest et l'est de l'Europe sont à partir de
1945 dans des situations différentes. Le nazisme a été
une tragédie européenne puisqu'il avait soumis presque
toute l'Europe, des deux côtés de l'Allemagne ; tous les
peuples conquis en ont souffert l'oppression, inégalement sans doute, mais tous s'en souviennent comme
d'un désastre vécu. Au contraire, le communisme vainqueur ne va s'installer que dans les pays libérés par
l'Armée rouge. Il ne sera une expérience réelle en Europe
que de Varsovie à Prague. A l'Ouest, il poursuit sa course
imaginaire, magnifiée par la conjoncture de 1945, indépendante de la réalité historique. Dans l'Europe centrale
et orientale, la défaite de Hitler dévoile la vérité du communisme. En Europe occidentale, elle en renforce l'illusion. L'universalité apparente du mouvement se trouve
en fait à l'origine d'une faille dans la conscience européenne, qui n'a pas fini de manifester ses effets.

A l'époque, en Occident, le communisme n'a plus
d'ennemis ouverts. Ceux-ci se cachent, ou se taisent. La
langue de bois « antifasciste » a envahi toute la scène
politique, traînant avec elle ses mensonges, ses litotes et
ses non-dits. Toute critique de l'Union soviétique en est
par définition bannie : s'engager dans cette voie consti-
tuerait une concession au fascisme, sinon un pas vers sa
réhabilitation. Une fois de plus, je ne connais pas de
témoin plus véridique de cet état provisoire d'hébétude
de l'opinion publique que George Orwell, l'écrivain le
plus rebelle à la pente totalitaire du siècle. Juste après la
guerre, à propos d'une réunion du PEN-Club destinée à
fêter le tricentenaire d'*Aeropagitica*, le pamphlet de Milton, Orwell s'indigne de ce qu'il y ait moins de liberté
intellectuelle à son époque qu'à celle de Milton [1]. Pourquoi ? Il existe à cet état de choses des raisons tirées
moins de la persécution que de l'évolution des sociétés

---

1. G. Orwell, « The Prevention of Literature », *Shooting an Ele-
phant and other Essays*, New York, Harcourt, Brace and Com-
pany,1950 ; trad. : « Où meurt la littérature », *Essais choisis*, Gallimard, 1950, p.207. Je cite d'après ma propre traduction.

modernes : la puissance de l'argent, de l'Etat, la passivité croissante du public, enfin la guerre, instrument par excellence de crétinisation du public. A côté de ces adversaires cachés, la liberté a ses ennemis ouverts, les pouvoirs totalitaires, dont l'esprit est loin d'être éteint ; au contraire il est plus fort que jamais, porté par le communisme vainqueur. L'écrivain, qui n'a pas encore écrit son *1984* [1], connaît depuis la guerre d'Espagne le poids du mensonge dans l'imagerie soviétique. Il l'éprouve plus que jamais. En dépit de la faiblesse du petit Parti communiste, la « mythologie soviétique » est en effet omniprésente dans la vie publique anglaise ; devenue tout à fait indépendante de son support à l'extrême gauche, elle explique que l'Angleterre ait rapatrié en U.R.S.S., malgré leur volonté, et sans que personne ait dit quoi que ce soit dans la presse, tant de prisonniers de guerre et de « personnes déplacées » de nationalité soviétique. « Le brouillard de mensonges et de fausses informations, écrit encore Orwell, qui baigne des sujets comme la famine ukrainienne, la guerre d'Espagne, la politique russe en Pologne, etc., n'est pas entièrement le fait d'une malhonnêteté consciente ; mais tout écrivain ou journaliste qui est un sympathisant de l'U.R.S.S. — sympathisant, au sens où les Russes eux-mêmes veulent qu'on le soit — doit entrer dans la falsification délibérée de questions essentielles [2]. »

Ce mensonge n'est pas un phénomène transitoire, comme le croient ou le disent les communistes prétendument plus subtils que les autres, désireux de retrouver, mais plus tard, le souci bourgeois de la vérité. Car, pour ce type de pouvoir, « l'histoire est quelque chose qui doit être créé plutôt qu'appris. Un Etat totalitaire est en fait une théocratie, et sa caste dirigeante, si elle veut le rester,

---

1. George Orwell imagine *1984* dès février 1943, mais se consacre d'abord à *La Ferme des animaux* qui est publiée le 17 août 1945. La mort de son épouse Eilen et d'autres travaux font que le livre n'est achevé qu'en octobre 1948 et publié début juin 1949. Orwell meurt le 21 janvier 1950.
2. G. Orwell, « Où meurt la littérature », *op. cit.*, p. 207.

doit être considérée comme infaillible [1] ». De là vient que l'orthodoxie qu'il répand, même en dehors de ses frontières, à travers la tyrannie consentie de l'autocensure, présente un danger plus grand encore que la puissance de l'argent ou de la bureaucratie. Elle corrompt la vie de l'art et des idées à sa source, en les déshonorant comme des déguisements de l'expérience. Elle rend impossible la littérature : l'humanité y perd volontairement sa liberté.

Orwell peint la situation idéologique d'après-guerre depuis Londres. Que dire alors de Paris !

C'est le destin des Français, au XXᵉ siècle, de vivre mal et la victoire et la défaite. Victorieuse en 1918, la France n'a eu ni le ressort moral, ni la vision historique, ni le talent diplomatique, ni la croissance démographique, ni la force militaire qui l'auraient mise en position de gérer durablement une situation de prépondérance en Europe continentale. Défaite en 1940, elle n'a évité ni l'autoflagellation, ni la revanche de la droite contre la gauche sous le regard de l'ennemi, ni l'initiative peu glorieuse, mais précoce et délibérée, de mesures contre les Juifs. En 1945, elle est dans une situation inédite : ni victorieuse ni défaite, ou plutôt à la fois victorieuse et défaite. Grâce à de Gaulle, aux armées qu'il a pu réunir, à la résistance intérieure, elle a pu obtenir — péniblement, et in extremis — un tabouret à la table des vainqueurs, au jour de la capitulation. Mais elle n'a été présente ni à Yalta ni à Potsdam. Personne n'oublie vraiment qu'elle a capitulé en juin 1940, et qu'elle n'a contribué que marginalement à la victoire finale.

Les Français le savent mieux que personne. Quel peuple est plus habitué à la fragilité de la grandeur nationale, et d'ailleurs quel peuple y est plus sensible ? Un déficit de gloire militaire a pesé depuis 1815 sur son histoire : Sedan a aggravé cette frustration, mais Joffre et Foch ont vengé Sedan. La défaite du printemps 1940 ramène le sentiment d'humiliation nationale en le portant à un point extrême, tant elle a été rapide et totale. Le régime

---

1. *Ibid.*, p. 209.

de Vichy le consacre, sous prétexte de le soulager. Car l'existence d'un gouvernement français sous protectorat allemand plus ou moins déguisé, et largement soutenu, au moins dans ses débuts, par l'opinion publique, limite la portée de l'appel du 18 Juin, à la fois dans l'immédiat et pour l'histoire. De Gaulle a voulu conjurer la défaite provisoire par la participation des Français à la victoire finale. Mais cette défaite, officialisée par Vichy, ce sont les Américains et les Anglais, sans parler des Russes, de l'autre côté de l'Europe, qui l'ont finalement effacée, plus que des armées françaises. L'opinion publique nationale est gaulliste en 1944, après avoir été pour Vichy en 1940 : signe qu'elle a *suivi* la guerre, plus qu'elle ne l'a gagnée. L'écroulement de 1940 n'est pas chassé de sa mémoire par la victoire de 1944-1945, comme Sedan avait été vengé par la Marne. De Gaulle permet de n'y plus penser, non pas de l'oublier, moins encore de l'effacer. Car le besoin d'oublier, tout justement, empêche l'oubli. Les Français ont fêté leur libération, en août 1944, mais la victoire, le 8 mai 1945, ne jette personne dans les rues [1]. La France sort encore de la guerre comme une nation blessée, conduite par son guérisseur.

Il existe, il est vrai, un autre recours, pour peu qu'on soit à gauche. Le noyau dur, entouré d'une constellation de satellites, en est le Parti communiste. Celui-ci a joué

1. Voir par exemple le contraste, décrit par Raymond Aron, entre le 11 novembre 1918 et le 8 mai 1945 : « Novembre 1918... Ce qu'était Paris le jour de l'armistice, le lendemain de l'armistice, personne ne peut l'imaginer, il faut l'avoir vu. Les gens s'embrassaient dans la rue. Tous : les bourgeois, les ouvriers, les employés, les jeunes, les vieux ; c'était une folie populaire, mais une folie joyeuse... Au contraire, au mois de mai 1945, Paris a été mortellement triste. Tel que je l'ai vécu. Je me souviens d'une conversation avec Jules Roy, ce jour-là. Il était frappé comme moi par cette tristesse, l'absence d'espoir. C'était la victoire des Alliés plus que celle de la France. Rien de comparable aux transports d'enthousiasme des jours de novembre 1918 » (Raymond Aron, *Le Spectateur engagé*, Julliard, 1981, p. 110).
Sur l'espèce de tristesse fanfaronne qui a marqué le Paris de cette époque, en France, voir les souvenirs de l'écrivain anglais Malcolm Muggeridge, *Chronicles of Wasted Time*, Londres, Collins, 1973, t. II, « The Infernal Grove », chap. 4, « The Victor's Camp ».

un rôle important dans la résistance, dont il a été le principal pôle à l'intérieur de la gauche, d'abord dans l'isolement, puis à travers une alliance avec les autres forces, sous l'autorité plus nominale que réelle du général de Gaulle. Beaucoup de ceux qui l'avaient abandonné en 1939 l'ont rejoint à partir de 1941. Beaucoup plus encore, au fil des années de guerre, en viennent à admirer son action contre l'occupant, le courage de ses militants. Le sens de l'organisation, le talent de manipulation, points forts du répertoire bolchevique, font le reste : au moment de la libération du territoire, le P.C.F. apparaît si puissant et si « national » que pendant quelques semaines, à la fin de l'été 1944, son autorité semble menacer celle des autorités nommées par de Gaulle [1].

En Occident aussi, le communisme sort de la guerre revêtu des couleurs nationales. Par rapport à l'Est, l'absence de l'Armée rouge le désavantage en termes de pouvoir, mais elle sert sa propagande ; elle conserve à tout ce qui est soviétique une puissance purement imaginaire, impossible à rapporter à la réalité. Référence à la fois puissante et lointaine, l'U.R.S.S. est libératrice sans être présente : situation idéale pour l'image patriotique du communisme français.

Cette image est aussi un trompe-l'œil, puisque le parti de 1944-1945 reste celui de 1939-1940 dans ses conceptions stratégiques, sa dépendance à l'égard de Moscou, et l'essentiel de son encadrement. Ayant changé de cap en 1941, il n'a pas plus changé de nature que le régime intérieur de l'U.R.S.S. ou la politique internationale de Staline. Si les Français n'arrivent pas à oublier 1940, le Parti communiste, lui, n'arrive pas à l'effacer, mais pour des raisons différentes : cet épisode de son histoire met en cause à la fois sa tradition antifasciste et la continuité de sa politique nationale contre l'Allemagne. C'est pourquoi il reste le secret le mieux caché, et le plus âprement défendu, de cette époque : il suffit de l'évoquer pour attirer les foudres d'un parti devenu trop nationaliste pour

---

1. Phillippe Buton, *Les Lendemains qui déchantent. Le Parti communiste français à la Libération,* Presses de la Fondation des sciences politiques, 1993.

ce qu'il a montré d'obéissance, quatre ans avant, au rapprochement germano-soviétique, mais plus que jamais fidèle à l'anathème contre ses adversaires. Du long chapitre des souvenirs refoulés qu'a légué aux Français l'année 1940, la politique communiste de cette époque ne constitue qu'un élément second, comparé à la dimension de la crise nationale qu'a ouverte l'effondrement du pays. Mais l'épisode prend en 1944 un relief caché d'autant plus significatif que le Parti communiste prétend incarner par excellence la continuité nationale, en face de Vichy, certes, mais aussi, plus subtilement, par rapport à de Gaulle.

L'exemple français permet, mieux que tout autre peut-être, de comprendre la force et la faiblesse de la ligne patriotique, aux résonances presque chauvines, qui est devenue celle du mouvement communiste international. Dans une Europe qui sort de l'oppression nazie, l'exaltation des indépendances nationales et des sentiments inséparablement antiallemands et antinazis permet de capitaliser le sens de la guerre et de la victoire au profit de l'Union soviétique et des partis communistes locaux. L'idée est d'autant plus payante que les victoires spectaculaires de l'Allemagne, entre 1939 et 1941, ont privé les pays conquis de leur assiette politique et morale ; arrachés à leur passé, incertains de leur avenir, malheureux dans le présent, ceux-ci ont eu bien des raisons d'en vouloir à leurs dirigeants d'avant-guerre, avant que la fin de la guerre ne les porte à détester ceux d'entre eux qui ont sympathisé, ou pactisé, avec les Allemands. Cet espèce de vide ouvre un espace à des partis communistes porteurs de programmes de renaissance nationale. La tradition jacobine leur fournit de quoi unir l'universalisme antinazi à un chauvinisme antiallemand. Mais, d'un autre côté, l'infirmité de ces coups de clairon patriotiques tient à ce qu'ils se font entendre à travers deux types conflictuels de souvenirs : ceux de la résistance et ceux de 1939-1940. Les plus récents ont recouvert les plus anciens, bien qu'aucun ne soit vraiment ancien ; mais les bons souvenirs chassent les mauvais. Et la tentative de coexistence pacifique avec l'occupant esquissée dans l'été 40 par le P.C.F. bénéficie du refoulement collectif qui enveloppe tout ce qui concerne cette année maudite. L'intimidation fait le reste.

Dans un pays comme la France, pourtant, le communisme a des racines trop diverses et trop profondes pour tenir tout entier dans ce mariage fragile de l'idée nationale et de la réalité internationale du mouvement. Il y possède, comme en Italie, et au contraire de l'Angleterre, une puissante base sociale dans la classe ouvrière, constituée au fil des ans par une action militante systématique au nom de la tradition révolutionnaire. Dès avant 1936, le P.C.F. a conquis, notamment dans la banlieue parisienne, des bastions ouvriers où il a commencé à construire ce qu'Annie Kriegel a appelé sa « contre-société [1] ». En 36, ce sont avant tout ses militants qui encadrent le vaste mouvement de grève. Il ne participe pas au gouvernement, mais constitue quand même un pouvoir paragouvernemental, de par sa propre force et à travers l'influence qu'il exerce par personnes interposées. De toute façon, il a gagné déjà ce privilège extraordinaire, dans une République qui n'a jamais manifesté une attention particulière pour son prolétariat, d'incarner la classe ouvrière dans la nation : à celle-ci il a rendu la dignité historique, en même temps qu'il en a fait la figure de l'avenir. C'est l'originalité de la France dans l'histoire du communisme que d'avoir, dès cette époque, orné son Parti communiste d'une sorte de respectabilité révolutionnaire : le rôle dirigeant du Parti dans la classe ouvrière, de la classe ouvrière dans le Front populaire, du Front populaire dans les progrès du socialisme étant hypostasiés comme une série d'emboîtements nécessaires. Dans une conjoncture sociale et politique, la gauche a lu la marche de l'histoire, selon la pente universaliste du génie national.

De fait, pour peu qu'on accepte de la considérer de haut, la situation de 1936 se retrouve en 1945, à une plus vaste échelle, et magnifiée par une victoire totale :

1. Annie Kriegel, *Les Communistes français dans leur premier demi-siècle, 1920-1970*, Le Seuil, 1985.

l'Europe est couverte de Partis communistes, de Fronts populaires, de proclamations anticapitalistes, et d'engagements révolutionnaires. L'image de l'U.R.S.S. est à son zénith. La gauche française a retrouvé ses marques. L'antifascisme triomphant sert plus que jamais à définir ce qui unit les communistes à leurs alliés. Il présente en effet un double avantage, tactique et stratégique. Le premier est de jeter le soupçon de n'être pas antifasciste, ou assez antifasciste, sur qui ne s'est pas rangé à l'intérieur de l'alliance. Le second concerne les buts de l'action : si le fascisme est mort, encore faut-il que l'antifascisme en détruise les racines, dont l'exemple allemand est supposé montrer qu'elles se trouvent dans le capitalisme lui-même.

Le fascisme se survit ainsi à lui-même comme une menace latente, jusqu'au jour de la révolution socialiste, qui seule en détruit les conditions de possibilité. L'union antifasciste de 1945 a par là sur le Front populaire de 1936 la supériorité d'ouvrir la voie à une démocratie anticapitaliste, conçue comme une étape sur le chemin du socialisme. Cette construction idéologique, qui va donner lieu à tant de discussions byzantines, a précisément pour objet de les produire, afin d'échapper à la triste analyse de réalité. En donnant à l'action politique un objet négatif — antifascisme, anticapitalisme —, elle évite à la fois un débat sur la démocratie et un débat sur le socialisme. Elle fait comme si l'antifascisme conduisait nécessairement à l'appropriation collective des moyens de production ; comme si l'anticapitalisme était forcément démocratique. Elle vise à masquer et l'idée révolutionnaire et l'idée démocratique.

Jamais l'obsession « révolutionnaire » n'a été si visible dans la politique française qu'à la Libération. Elle y est omniprésente, non plus liée, comme en 1918, à une réaction contre la guerre, mais au contraire à la volonté d'en accomplir le sens dans l'ordre civil. Les guerres du XXe siècle l'ont inscrite dans les idées et dans les émotions. La première a fait grandir contre elle la passion révolutionnaire dans des camps ennemis, à l'extrême droite et à l'extrême gauche. La seconde la mobilise apparemment chez tous comme une conséquence de son cours. Peu importe en la matière que les Français l'aient plus subie que conduite. Les malheurs de leur histoire depuis 1940 rendent plus nécessaires encore la rupture avec le passé et l'idée d'un nouveau départ, destinée à conjurer le gouvernement de Vichy.

A lire les textes d'époque, on est frappé du caractère universel de l'invocation révolutionnaire. A s'étendre, celle-ci n'a rien perdu de sa violence rhétorique : le vocabulaire de l'an II, le « châtiment des traîtres », les appels à l'énergie nationale, les cris contre l'égoïsme des intérêts sont à l'ordre du jour. Les circonstances font ressortir, dans sa version de gauche, la volonté de rupture avec la Troisième République que le gouvernement Pétain avait utilisée, dans la version de droite, en 1940. A vrai dire, cette volonté a des origines plus anciennes : on l'a vue se manifester entre les deux guerres un peu dans toutes les familles politiques, notamment dans les années trente ; mais comme personne n'a su lui donner de forme, elle n'a su que vaciller à l'intérieur d'un répertoire emprunté au fascisme et au communisme, parfois aux deux ensemble. En 1940, cette volonté est plus incertaine que jamais, bien qu'elle recouvre un vrai sentiment populaire d'hostilité au régime tombé : mais cette révolution dite « nationale » est le contraire d'une volonté, puisqu'elle est la suite de la victoire allemande et de l'occupation durable des deux tiers du pays. Pourtant, même la persécution dont elle a été l'objet sous Vichy ne rapproche pas la Troisième République de la résistance française, toutes nuances confondues. Celle-ci aussi, au moment de la libération du pays, veut la révolution. L'indépendance recouvrée ne lui suffit pas plus que la participation de la France à la victoire finale. Elle veut rompre avec un passé plus ancien que le seul régime de Vichy, et réinventer non seulement une République sur les ruines qu'a laissées la dernière, mais une société libérée de la tyrannie de l'argent. L'ennui est qu'elle n'a pas d'autres idées pour ce faire que celles de l'antifascisme communiste ou communisant [1]. Par où elle tient au passé plus qu'à l'avenir.

En effet, à peine la guerre terminée, la Quatrième République a remis ses pas dans ceux de la Troisième. Des forces politiques inédites qui sont sorties de la résistance, de Gaulle est parti faute d'avoir pu faire prévaloir ses conceptions constitutionnelles ; les démocrates-chrétiens, nouveaux venus vite embourgeoisés dans les palais gouvernementaux, n'ont rien apporté de vraiment neuf dans le répertoire républicain dont ils avaient pourtant rêvé de renouveler l'horizon social. Quant à la gauche, le parti socialiste ne sait plus depuis longtemps ce qu'il entend par révolution, et les communistes le savent trop. De là le médiocre compromis de 1946 sur les institutions. La revendication « révolutionnaire » manifestée avec tant de passion par la résistance, comme inséparable de la libération nationale, n'a pas plus abouti que dans les années trente, bien qu'elle ait paru bénéficier dans sa deuxième version d'un vaste accord de l'opinion. De cet échec, le général de Gaulle accuse les partis, les partis le général de Gaulle, le Parti communiste les partis bourgeois, le parti socialiste le Parti communiste, et ainsi de suite. Mais ces imputations contradictoires traduisent à leur manière un phénomène plus général : c'est que, malgré son éclat apparent, l'idée révolutionnaire ne sort pas plus riche de la guerre qu'elle n'y était entrée. Avant la guerre, elle est prise dans les ambiguïtés du rapport entre fascisme et communisme. Après la débâcle du nazisme, elle tient dans un bolchevisme tardif, fait

1. La lecture du programme du Conseil national de la Résistance, adopté le 15 mars 1944, fait bien comprendre rétrospectivement à quel point la rhétorique révolutionnaire de la Résistance intérieure emprunte quasiment tout son stock d'idées au répertoire communiste. On ne trouve dans ce texte, au titre deux, qui recense les mesures à prendre dès la libération du territoire, que les abstractions classiques de l'antifascisme, accompagnées d'une volonté d'étatisation de l'économique et du social. Rien n'y est dit quant à la nouvelle organisation des pouvoirs publics, qui avait suscité tant de projets au début des années trente et qui allait être le sujet de la rupture avec de Gaulle.

d'un consentement passif plus que d'un effort de la volonté ou de l'imagination.

Les Français d'alors sont délivrés des Allemands, mais non pas de la fatalité de l'histoire. Au contraire, ils en entretiennent plus que jamais le sentiment et l'idée, qui nourrissent notamment le marxisme élémentaire d'époque. La victoire des Alliés sur Hitler a pris le caractère d'un destin. Les deux camps se sont férocement combattus chacun au nom d'une religion de l'avenir. La force des vainqueurs est ainsi d'apparaître comme portée par la nécessité. Des deux croyances qui rendent fascinante l'idée révolutionnaire, la nécessité et la volonté, la première a presque absorbé la seconde. De là vient le caractère souvent nihiliste, privé en tout cas de consistance morale, de tant de discours d'époque sur la révolution ; caractère qui a d'autant plus scandalisé son dernier historien, Tony Judt, qu'il le rencontre un peu partout chez les intellectuels français, jusque chez des écrivains catholiques [1]. C'est que les sources en sont dans l'histoire vécue, l'esprit du temps, plus forts provisoirement que la raison et même la religion [2].

Car l'inventaire une fois constitué, reste à en analyser les circonstances et les raisons. Par où on revient à l'histoire du communisme en France, plus que jamais dépositaire de l'idée révolutionnaire : responsable de ce qui la fait à la fois si puissante et si infirme.

Que reste-t-il, en effet, des familles de la gauche française en 1944 ? La guerre a finalement déshonoré le pacifisme, si puissant en 1939, et elle a réduit l'influence du parti socialiste, coupable lui aussi des accords de Munich. Quant au parti radical et au vieux fonds républicain dont il a la garde, ils n'ont pas échappé au discrédit général où est tombée la Troisième République depuis la défaite. Au reste, ni les socialistes ni les radi-

---

1. Tony Judt, *Past Imperfect. French Intellectuals 1944-1956*, University of California Press, 1992, p. 39-41. Trad. : *Le Passé imparfait. Les intellectuels de France 1944-1956*, Fayard, 1992.
2. Le meilleur commentateur de ce désert politique français est Albert Camus, dans ses articles de *Combat* entre 1944 et 1947, republiés dans *Actuelles, chroniques 1944-1948*, Gallimard, 1950.

caux n'ont joué, en tant que partis, de rôle spectaculaire dans la résistance. Quand le territoire est libéré, dans l'été 1944, l'opinion publique française penche plus « à gauche » qu'à aucun moment de l'histoire, et elle ne possède à gauche qu'un seul grand point de ralliement : le Parti communiste.

Celui-ci est fort des victoires de l'Armée rouge et de son action dans la résistance. Il partage avec le peuple les souvenirs heureux de 1936. Il n'a pas été munichois. Les circonstances le mettent à pied d'œuvre pour incarner la gauche française dans sa version œcuménique, mêlant à doses variables la passion démocratique et la passion révolutionnaire, l'esprit républicain et le « jacobinisme » bolchevique, le goût de la liberté et le culte de l'Etat. Au même moment où il puise une partie de sa force dans l'antigermanisme traditionnel, l'antifascisme vainqueur permet aussi de donner un semblant d'unité et un maximum de rayonnement à tous ces sentiments politiques ensemble. Les Français aiment ce mélange des genres, par lequel ils rendent hommage à leur tradition avec le mot même qui prétend la subvertir : ce qui donne à la prédication révolutionnaire son assise historique.

L'Union soviétique n'est plus suspecte puisqu'elle est par excellence la grande puissance victorieuse des nazis. Les trop fameux procès de Moscou ne sont plus que la preuve d'une vigilance prémonitoire contre la cinquième colonne de Hitler. D'ailleurs, la victoire permettra au régime de Staline d'assouplir ce qu'il a comporté de contrainte et de dictature, à l'exemple de la terreur révolutionnaire de 1793 : comment ne pas le croire, puisque même Roosevelt, l'autre grand vainqueur, l'a pensé ou au moins espéré [1] ? L'image de l'Union soviétique reçoit de la guerre un redoublement d'universalité, et la révolution d'Octobre un nouveau baptême démocratique. L'extrême gauche peut encore y admirer, à travers les batailles gagnées par l'Armée rouge, la violence révolutionnaire en marche et la promesse d'une société radi-

1. *Cf. supra*, p. 590-593.

calement nouvelle. Mais les victoires soviétiques apportent aussi bien la restauration de la démocratie, et même l'annonce d'un ordre social plus démocratique. Les polémiques d'avant-guerre sur la nature du régime soviétique ne sont plus de saison, et moins encore les comparaisons avec les dictatures fascistes, tant la conjoncture a donné d'élasticité à son espace d'illusion.

Le communisme français y épanouit sa double nature, en même temps qu'il y retrouve à grande échelle le charme de l'époque du Front populaire : celui d'être à la fois gouvernemental et révolutionnaire, respectable et subversif, national et stalinien. Le plaisir n'en est pas réservé aux intellectuels, si heureux de l'identification retrouvée entre nation, démocratie, révolution. Il récompense d'avance, sans attendre la prise du pouvoir, les efforts des militants. Chez les dirigeants, il paie comptant leur servitude cachée. Quant aux Français, s'ils sont à gauche, ils goûtent précisément ce que l'image du communisme a de révolutionnaire sans cesser d'aimer ce qu'elle a de rassurant. Depuis la Révolution française, ils ont l'habitude de mêler à leur passion du recommencement le souci de la continuité de l'Etat. Il suffit de voir le stock d'idées constitutionnelles que défend le Parti communiste en 1945-1946 pour comprendre que ses électeurs sont réinstallés dans leurs meubles : l'esprit des institutions reste celui de la Troisième, rajeuni par un retour au modèle originel, celui de la Convention.

Pourtant, cette référence démocratique bourgeoise n'est qu'un décor. Ce théâtre des souvenirs n'est qu'une transition. Car le but n'est pas perdu de vue : un des traits de l'histoire du communisme tient dans cette fixité au milieu de circonstances changeantes. Le Komintern n'existe plus, et l'indépendance nationale est au premier rang dans les programmes des partis communistes. Mais le mouvement n'a rien perdu ni de son caractère ultracentralisé ni de la nature de ses objectifs révolutionnaires. Staline, au contraire, est devenu infaillible en restant fidèle à lui-même, et le culte dont il est l'objet dans l'univers communiste symbolise assez les limites étroites dans lesquelles est tenue l'autonomie des partis mem-

bres de l'ex-Komintern. Quasiment tous les chefs de ces
partis à pied d'œuvre dans leurs pays respectifs en 1944-
1945 ont passé les années de guerre en U.R.S.S., et sont
les *missi dominici* du Guide suprême. La France
n'échappe pas à la règle.

Reste qu'objectivement l'espérance révolutionnaire
semble recevoir sa signification concrète des conditions
dans lesquelles s'est faite la libération de l'Europe du
joug nazi : c'est-à-dire des progrès de l'Armée rouge. Non
pas que ladite armée impose la dictature du prolétariat
dans les pays d'où elle chasse les troupes nazies. Mais au
moins impose-t-elle l'amitié avec l'U.R.S.S. comme la
condition première de leurs régimes intérieurs, en même
temps qu'elle garantit un rôle privilégié aux partis communistes locaux, qui tiennent leur influence de sa procuration. Rien de pareil à l'ouest de l'Europe. Les circonstances d'août-septembre 1944 ont montré au Parti
français les limites de son action, non seulement à cause
de De Gaulle, mais parce que la France a été libérée par
les Américains. Bien que le communisme — Yougoslavie
mise à part — ait ses plus forts bastions européens en
France et en Italie, il y est impuissant à mener une action
révolutionnaire. Ainsi est-il faible là où il est fort, et fort
là où il est faible : c'est que, dans les deux cas, la « révolution prolétarienne » calque ses pas sur ceux de l'Armée
rouge plus que sur les forces du prolétariat. Ailleurs, elle
rencontre plus que la bourgeoisie : l'Amérique.

Telle est la conséquence paradoxale, et pourtant logique, du « socialisme dans un seul pays ». Le jour venu, la
victoire militaire fait de ce pays élu l'instrument et le
bénéficiaire du « socialisme » chez ses voisins, où il
exporte jusqu'au personnel d'encadrement politique et
policier. Mais par là même il se heurte aux limites de sa
puissance, qui cesse là où elle touche l'autre grand vainqueur de la guerre. La seule présence des troupes américaines dans l'ouest de l'Europe, où la société bourgeoise avait son assise historique, ne suffit pas à
expliquer que les Partis communistes français ou italien
n'aient pas saisi le pouvoir à l'heure de la libération. Au
moins a-t-elle constitué la garantie minimale que

l'Armée rouge n'y impose pas ses clients, avant d'incarner, un peu plus tard, l'assurance suprême de la fidélité de l'Occident à la démocratie libérale. Ainsi l'idée de révolution a perdu sa relation directe avec les rapports de classe à l'intérieur des nations. Elle possède dès lors une acception qui n'a plus rien à avoir avec l'internationalisme ouvrier originel. Elle ne traduit plus la solidarité des prolétariats dans leur combat. Elle épouse la géographie internationale de la puissance militaire. Le sort final de la classe ouvrière européenne n'est plus lié, comme dans les années qui ont suivi Octobre, au relais du bolchevisme par des révolutions prolétariennes dans les grands pays capitalistes européens, à commencer par l'Allemagne. Il est suspendu au fait que l'Armée rouge campe à Prague. Ce qui peut s'entendre à la fois comme une formidable avance et comme un équilibre provisoire.

Jamais donc en Occident la passion révolutionnaire n'a été plus confuse qu'à l'époque où elle semble régner sur la scène publique : on le voit bien en France et en Italie. Elle y possède l'extension universelle de l'antinazisme victorieux, qui inscrit la prédication communiste dans le droit-fil de la démocratie. L'Italie a été fasciste, alliée de l'Allemagne ; la France vaincue a produit le gouvernement de Vichy. La guerre, même antinazie, n'est pas une expérience de nature à réconcilier les deux peuples avec la démocratie bourgeoise ; comme elle n'a laissé debout qu'une seule critique du libéralisme, ayant liquidé l'autre, elle fait basculer les deux opinions publiques vers l'idée d'une démocratie nouvelle, où le pouvoir des bourgeois et de l'argent serait réduit, au nom du peuple.

Pareil espoir n'est pas en soi forcément révolutionnaire, au moins dans les moyens envisagés pour le réaliser. Ce qui lui prête alors un caractère d'aurore est de tirer sa force de la force rétroactive de la guerre, en lui donnant son sens : d'un événement aussi gigantesque, comment ne pas penser qu'il ouvre une époque ? Dans l'effondrement wagnérien de Hitler, comment ne pas lire l'annonce renversée d'un ordre neuf ? Mais quel ordre ?

Le dosage incertain entre démocratie et révolution qui caractérise déjà l'antifascisme en 1936 constitue plus encore en 1945 un mélange instable et un programme ambigu, trop léniniste pour ce qu'il garde de pluraliste, et trop pluraliste pour ce qu'il annonce de léniniste. C'est l'heure des « voies nationales » vers le socialisme [1] ; mais la formule, d'ailleurs toute provisoire, est plus une incantation qu'une découverte. D'ailleurs le nouvel ordre du monde, porté par les armées victorieuses, dément par son existence même la confusion entre le démocratique et le révolutionnaire, en la privant de réalité.

Tel est le triste envers de l'époque de la Libération, à l'ouest de l'Europe continentale. Le retour de la liberté, dû avant tout aux exploits d'armées étrangères, est fêté par un concert de pensées molles et de programmes faux. Les premières s'alignent sur le culte de l'histoire, faute d'analyser les deux figures de l'ordre social que celle-ci a poussées sur le devant de la scène, la révolution soviétique à son stade stalinien et la démocratie à l'américaine. Prisonniers des ambiguïtés de l'antifascisme, les seconds tendent finalement, sans le dire, et le plus souvent sans le savoir, à s'aligner sur l'ordre de la puissance dans le monde. Fait de Londres, le diagnostic d'Orwell porte jugement sur tout l'occident de l'Europe.

Il n'est pas jusqu'au nazisme lui-même que l'antinazisme de cette époque n'empêche de penser. L'exemple du génocide juif peut être repris sous cet angle. On a vu à quel point, dans les nations est-européennes libérées par l'Armée rouge, le plus grand crime nazi a été oblitéré

1. Selon Philippe Buton (*Les Lendemains qui déchantent, op, cit.*, p. 251-256), la déclaration de Maurice Thorez de 1946 (« Les progrès de la démocratie à travers le monde... permettent d'envisager, pour la marche au socialisme, d'autres chemins que celui suivi par les communistes russes... Nous avons toujours pensé... que le Peuple de France... trouverait lui-même sa voie vers plus de démocratie, de progrès et de justice sociale... ») ne modifie en rien l'objectif stratégique des communistes, à savoir l'établissement d'une « démocratie populaire ». Elle doit être mise en relation avec les politiques élaborées dès le milieu des années trente au moment de la guerre d'Espagne et mises en œuvre dans les pays Baltes à partir de 1939.

par les partis communistes au nom de la renaissance nationale. Les Juifs polonais exterminés étaient des Polonais juifs. Les Juifs ukrainiens, massacrés à Babi Yar, des citoyens soviétiques. En France, les choses ne vont pas jusqu'à cette oblitération officielle. Pourtant, la liberté y conduit à des résultats qui sont assez comparables, en mineur, à ceux obtenus par l'orthodoxie idéologique. Les Juifs y sont aussi les grands oubliés de la victoire [1]. L'antifascisme, quand il est à dominante communiste, n'a pas de place marquée pour le massacre des Juifs : les communistes ne sont pas disposés à céder le premier rang dans la haine de Hitler. Ils l'ont conquis de haute lutte. D'ailleurs, ils comptent dans leurs rangs beaucoup de militants juifs. Quant à l'antifascisme défini par son plus petit commun dénominateur, le sentiment démocratique, il accentue par réaction l'universalisme abstrait de la tradition française, aveugle à l'existence des Juifs comme collectivité particulière, à l'heure où cette particularité a reçu l'éclat d'une persécution sans exemple. Cette tradition a rendu les Français spécialement indifférents au sort des Juifs étrangers sur leur sol, et ils n'y sont guère plus intéressés quand apparaît la dimension de l'hécatombe juive dans les camps [2]. Plus généralement, elle leur sert de prétexte à oublier les lois antisémites prises dès l'automne de 1940 par le gouvernement Pétain, et à circonscrire la responsabilité des déportations de Juifs à partir de la France aux crimes de la « collaboration ». Ainsi la transformation imaginaire de la nation en peuple de résistants antinazis contribue-t-elle à obscurcir ce que la guerre a comporté d'enjeux philosophiques et moraux.

---

1. Annette Wieworka, *Déportation et génocide. Entre la mémoire et l'oubli, op. cit.* Annie Kriegel, « Les intermittences de la mémoire : de l'histoire immédiate à l'Histoire », *Pardès*, n° 9-10, 1989.
2. Les Juifs étrangers réfugiés en France ont constitué la grande majorité des Juifs déportés à partir de la France et morts dans les camps nazis.

11

LE COMMUNISME DE GUERRE FROIDE

L'idée communiste ne conserve pas longtemps intacte cette aura de considération ou d'admiration si vaste que lui a value la victoire de l'Armée rouge sur les troupes de Hitler, et dont elle est nimbée dans l'immédiat après-guerre. Son heure de respectabilité confuse, si étrangère à sa nature, n'a constitué qu'un capital éphémère, dont les revenus ne sont pas assurés. Très vite, son histoire est entrée dans une nouvelle phase.

Elle est prise, cette fois, dans l'ordre de la puissance mondiale. Même en Europe, Staline ne rencontre encore que la puissance américaine. Fort de l'antifascisme universel, il a investi politiquement, par l'intermédiaire des « Fronts nationaux » et des partis communistes locaux, tous les pays où son armée a le dernier mot. Le refus général et forcé qu'ils opposent au plan Marshall en juillet 1947 [1], la mise au pas de la Pologne [2] et le coup

---

1. Le 5 juin 1947, le général George Marshall, secrétaire d'Etat américain, propose aux Etats européens — y compris l'U.R.S.S. — de bénéficier d'un plan de reconstruction et de restauration de l'Europe. Après la conférence de Paris, l'U.R.S.S. rejette le 12 juillet l'offre américaine par crainte de l'introduction d'un contrôle sur l'économie des nations qu'elle domine et qui remettrait en cause sa stratégie dans les pays d'Europe centrale et orientale. Alors que la Tchécoslovaquie et la Pologne étaient prêtes à accepter le plan Marshall, l'U.R.S.S. leur impose de le rejeter.
2. A la conférence de Yalta (février 1945), l'U.R.S.S. a accepté le principe d'élections « libres et sans entraves » tout en emprison-

d'Etat tchèque de février 1948 [1] couronnent la formation
d'un Empire territorial qui jouxte un Occident ravagé où
les troupes américaines montent la garde dans une Allemagne coupable.

L'histoire de cette formation concerne moins mon
sujet que la manière dont elle reproduit, sur une surface
plus vaste, le système à double commande, si typique du
soviétisme. D'un côté l'U.R.S.S., son armée, sa diplomatie, ses « services », et qui serait comme n'importe quel
Etat policier si elle n'était pas revêtue du privilège idéologique d'incarner le socialisme. De l'autre, les partis
communistes, dont tous les dirigeants sont les enfants
du Komintern dissous, mais remplacé en 1947 par le
Kominform, en principe plus souple, en fait tout-
puissant aussi sur les « partis frères [2] ». Le mouvement
garde son caractère d'Eglise ultracentralisée, tout en

nant simultanément seize leaders de la Résistance polonaise.
Le 19 janvier 1947, les élections truquées donnent la majorité à la
coalition soumise aux communistes.

1. En Tchécoslovaquie, les communistes, qui contrôlent les syndicats et ont infiltré leurs agents dans les partis non communistes,
commencent début 1947 le « noyautage » systématique de la
police. Le 13 février 1948, la nomination à Prague à de hautes responsabilités policières de huit communistes provoque une crise
entre modérés et communistes au sein du gouvernement de coalition. Après la démission des ministres libéraux minoritaires, les
communistes organisent de grands rassemblements dans tout le
pays, appelant à l'épuration. Le 22 février, le Parti slovaque prend le
pouvoir à Bratislava. Le 23 février, la découverte opportune d'un
complot soi-disant fomenté par les socialistes-nationaux leur permet de prendre le contrôle total du Front national. Le lendemain,
les journaux et les sièges des partis libéraux sont occupés. Le
25 février, le président Beneš, acceptant la démission des ministres
libéraux, se soumet aux exigences des communistes désormais
maîtres incontestés du pouvoir.

2. La dissolution du Komintern en mai 1943 n'a pas signifié pour
autant l'interruption des relations entre les P.C. et le pouvoir soviétique. Estimant nécessaire de réorganiser son dispositif en Europe,
les Soviétiques décident de créer un Bureau d'information et de
liaison ou Kominform, ce qui est fait lors de la conférence internationale rassemblant les P.C. européens en Pologne (22-27 septembre 1947). La constitution du Kominform est annoncée le 5 octobre 1947.

maintenant plus que jamais la fiction de l'autonomie de ses éléments. Une seule main dirige à la fois l'Etat soviétique et les partis communistes, au nom d'une orthodoxie idéologique. En même temps qu'elle organise la domination du premier sur les petites nations où stationne l'Armée rouge, elle laisse aux seconds, à condition qu'ils soient aux mains d'hommes qui ont passé la guerre à Moscou, l'apparence du pouvoir politique local, sous le drapeau de l'indépendance nationale et de l'antifascisme. C'est pourquoi il importe assez peu qu'ils aient été forts, comme en Tchécoslovaquie, ou presque inexistants, comme en Roumanie : le principe de leur prépondérance est à l'extérieur d'eux-mêmes. Ils en possèdent le signe : le langage de l'idéologie. Ainsi l'Union soviétique a-t-elle constitué un Empire européen inédit par sa taille et par sa nature. Jamais dans l'histoire l'avance de la Russie vers l'ouest n'avait été si profonde. Jamais elle n'avait pris la forme d'une idée sociale née en Occident et retournée contre l'Occident. Jamais tant de nations, et si diverses, n'avaient été soumises à travers l'uniformité tyrannique d'une idéologie. Elles vont même former un « camp » : celui du « socialisme et de la paix ».

L'idée communiste a donc rencontré la puissance impériale sans rien abandonner d'elle-même. Mariée depuis l'origine au culte de la force, puis resserrée au service exclusif d'un pays, elle trouve comme naturellement une assiette élargie dans les circonstances de l'après-guerre. Elle n'a à opérer qu'un ajustement d'échelle. La voici maîtresse non seulement d'un territoire plus vaste, mais, mieux encore, d'une partie de l'Europe où elle a d'avance ses militants, formés de longue main. Dès le printemps 1947, une longue frontière qui va de Lübeck à Trieste en passant par Prague a séparé du monde capitaliste cette Europe qui donne un visage commun à la révolution internationale. Réalité qui possède un poids historique que seuls sans doute peuvent mesurer ceux qui l'ont à l'époque senti ou subi.

Sa puissance sur les imaginations lui vient encore d'une autre source : la pensée de la guerre, réapparue si vite et si fort. Les hommes de cette époque ont grandi dans les souvenirs ou les récits de 1914, et ils sortent du deuxième conflit mondial, qui a coupé en deux leurs existences. La fin de la Première Guerre avait nourri au moins l'espérance d'une paix durable, le temps d'une décennie. La Seconde à peine terminée, voici que s'est levée déjà la menace de la troisième : non pas une menace vague ou lointaine, mais au contraire un affrontement quasiment inévitable, puisqu'il est proclamé et ressenti comme tel, à grande fanfare, dans les deux camps [1]. L'atmosphère générale de l'Europe n'est pas à l'optimisme. Elle ne laisse plus rien paraître de ce qui avait été l'idéalisme pacifiste du premier après-guerre, mort et enterré en 1939. Saturée de violence et de tragédies, à la fois cynique et sentimentale, l'opinion a reçu du malheur une certaine accoutumance. Au reste, l'Europe est plus un enjeu central qu'un acteur majeur. Ce qu'elle a d'essentiel dans le rapport de force mondial ne fait que mieux ressortir la défaillance de sa volonté politique. Le consentement à l'histoire est devenu sa morale.

Je n'entre pas ici dans la pesée des causes ou des responsabilités de la guerre froide [2], qui se trouve hors

---

1. A titre de points de repère, le fameux discours de Churchill à Fulton, dénonçant le « rideau de fer » qui s'est abattu sur l'Europe, date du 5 mars 1946. La fondation du Kominform, et la définition des deux camps, celui de l'impérialisme et celui du socialisme, de septembre 1947.

2. Cette question a été l'objet d'un vaste débat dans l'historiographie américaine, quand, à partir du milieu des années soixante, et dans le contexte de la guerre du Viêt-nam, une école d'historiens dits « révisionnistes » a souligné le rôle des Etats-Unis dans le déclenchement de la guerre froide : rôle à la fois objectif, déduit d'une analyse économique, et de la fatalité expansionniste d'un capitalisme dont l'appareil productif se trouve à court de débouchés ; et subjectif, dans la mesure où la mort de Roosevelt laisse incontestablement la place à des équipes moins prêtes au compromis pour faire durer l'alliance de guerre. La décision par exemple de lancer la bombe atomique sur Hiroshima peut être l'objet de deux interprétations : est-elle surtout un moyen de terminer vite la guerre avec le Japon, ou surtout un avertissement à Staline ? Mais l'infirmité de cette historiographie, dans sa passion révisionniste, est d'être unilatérale, et d'oublier par exemple — rien que cela — la nature particulière du régime soviétique, et le caractère unique

de mon propos. Ce qui m'intéresse est plutôt la rapidité du consentement donné à ce nouveau conflit, un peu partout, et un peu chez tous, si tôt après la fin de l'autre. On peut en voir les prolégomènes avant la chute de Hitler dans les discussions et les désaccords, entre Alliés, sur la Pologne, notamment à Yalta [1]. Même si Roosevelt a cru ou voulu l'éviter, le combat ouvert pour les zones d'influence en Europe a commencé dans les derniers mois de la guerre, illustré par exemple par l'intervention armée des Anglais en Grèce ou par la volonté de Staline, quels qu'en aient été les motifs, de « bétonner » le terrain occupé par son armée. Il donne à la capitulation nazie ce caractère étrange d'ouvrir une époque d'angoisse autant que de fermer un temps de malheur.

Il y a peu de conflits qui aient été accompagnés dans l'histoire d'un tel sentiment de fatalité que ce qu'on a appelé la guerre froide. Des deux côtés, les dirigeants non seulement l'acceptent, mais en font la philosophie. Staline n'a pas à chercher loin dans son stock d'idées pour condamner l'impérialisme, dont les Etats-Unis sont devenus la figure de proue. Quant à Truman, il donne une « doctrine [2] » à la lutte contre le communisme : signe que même son talent politique, tout d'exécution, s'adapte aux exigences de la situation et à l'esprit du temps. Les peuples européens, qui sortent d'une longue guerre idéologique, n'ont pas de mal à entrer dans les

de sa diplomatie. Pour un résumé nuancé des deux points de vue : B.J. Bernstein, « American Foreign Policy and the Origins of the Cold War » ; A. Schlesinger Jr, « Origins of the Cold War », *in* B.J. Bernstein et A.J. Matuson, *Twentieth Century America, Recent Interpretations*, Harcourt Brace Jovanovich, New York, 1972, p. 344-394, et p. 409-435. Voir aussi : J.L. Gassis « The Tragedy of Cold War History, Reflections on Revisionism », *in Foreign Affairs*, janvier-février 1994.

1. *Cf. supra*, p. 611-619.

2. Dans un discours au Congrès américain du 12 mars 1947, destiné à obtenir le financement de prêts militaires à la Grèce et à la Turquie, le président américain a défini une « doctrine » d'aide aux gouvernements et aux peuples qui se battent pour maintenir « leurs libres institutions » contre le communisme. Cette doctrine a deux faces, l'une extérieure, tournée surtout vers l'Europe, l'autre intérieure qui concerne les Etats-Unis.

justifications d'une nouvelle guerre idéologique, qui s'inscrit dans les traces de la précédente, dont chaque camp se prétend le fidèle héritier. Staline brandit la menace d'un nouveau fascisme, rejeton de l'impérialisme américain ; il retourne contre son allié d'hier le grand répertoire de la bataille contre Hitler. Truman dénonce au contraire en l'Union soviétique la puissance qui a pris le relais de l'Allemagne nazie. Contre elle, il s'agit de ne pas recommencer les erreurs de la politique munichoise. Le temps est passé des illusions rooseveltiennes sur une « bonne » évolution du communisme : c'est l'heure du combat. Ainsi, la troisième guerre mondiale s'installe dans le sillage de la deuxième à travers un bricolage d'analogies contradictoires et un réemploi de souvenirs opposés. Telle est la rançon de l'ambiguïté de la grande alliance antihitlérienne. C'est sans doute aussi un des secrets de la résignation des peuples, fatigués de la férocité des idéologies mais incapables de s'en délivrer, sauf à perdre le sens de leur histoire. La guerre antifasciste divise après qu'elle a uni.

Rien n'illustre mieux cette ambiguïté que le traitement de la question allemande par les Soviétiques. Défaite, écrasée, criminelle, l'Allemagne de 1945 n'existe plus comme corps politique : même l'écroulement militaire n'a pas, comme en octobre-novembre 1918, soulevé une partie du peuple contre ses mauvais bergers. Elle n'en reste que davantage un enjeu de puissance entre ses vainqueurs, si formidable que la Commission militaire quadripartite [1] chargée de l'administrer n'a pu travailler que quelques mois de façon collective. De tous les vainqueurs, l'Union soviétique est le plus intéressé à se payer en nature : elle procède entre 1946 et 1948 à un véritable déménagement de l'infrastructure industrielle allemande dans sa zone, démontant les bâtiments, les machines-outils, et jusqu'aux rails de chemin de fer. Mais cet acharnement peut être conçu simplement

---

1. La France a obtenu une zone d'occupation allemande à Potsdam. L'administration militaire française se singularisera par rapport aux Américains et aux Anglais par sa réticence à favoriser le redémarrage d'autorités politiques allemandes.

comme une compensation de circonstance aux immenses destructions commises par la Wehrmacht en Russie et en Ukraine. Par contre, l'idée antifasciste, telle qu'elle est maniée par l'autorité militaire soviétique, donne tout de suite à cette zone orientale de l'Allemagne des traits particuliers.

Non que la « dénazification » prévue par les accords de Potsdam y soit prise moins au sérieux qu'à l'Ouest où règnent les armées américaine, anglaise ou française. Au contraire, elle est sur toutes les lèvres. Mais elle y est conçue et pratiquée moins comme une floraison d'enquêtes sur l'activité passée des individus que comme la conjuration collective d'un crime national. Le politique y prend le pas sur le juridique : voici enfin le jour du Parti communiste allemand, sacré comme la quintessence de l'antifascisme, et dont les chefs sont arrivés de Moscou sur les talons de l'Armée rouge [1]. Peu importe que les différentes tentatives pour renverser Hitler de l'intérieur n'aient pas été précisément son fait. Il bénéficie moins d'avoir été le premier frappé par la persécution de Hitler en mars 1933 que d'être élu par le vainqueur soviétique comme le symbole de la résistance de la classe ouvrière allemande à la dictature nazie voulue par la bourgeoisie ; il est une image de l'orthodoxie en même temps qu'un instrument du pouvoir. A l'entendre, c'est à peine si on peut imaginer qu'il y a eu d'autres prisonniers dans les camps de concentration de Hitler que des militants communistes, et des ouvriers ! Voici les Juifs à nouveau exilés de leur propre malheur par l'idéologie [2].

1. *Cf. supra*, p. 565.
2. Très significatif de l'« oubli » du génocide juif par les communistes est-allemands est le sort réservé un peu plus tard, en 1951, à l'un des dirigeants du Parti, Paul Merker. Merker est un vieux militant kominternien, qui est passé par l'exil en France, et le camp du Vernet, pour rejoindre finalement Mexico en 1942. A Berlin en 1946, il est l'un des deux grands leaders communistes est-allemands (l'autre étant Franz Dahlen) qui n'ont pas vécu la guerre en U.R.S.S. Non juif, il est aussi le seul qui souligne le caractère central de l'antisémitisme dans le nazisme (hérésie idéologique au regard de la lutte des classes), ainsi que l'horreur particulière du massacre des Juifs, alors que le discours officiel met la « classe

A la fois résistants exemplaires et principales victimes, les communistes allemands sont plus encore victimes que résistants. Ils sont réapparus sur la scène politique de leur pays non pas en révolutionnaires vainqueurs, accomplissant enfin le grand dessein des années vingt, mais en militants libérés ou ramenés par l'Armée rouge, seule maîtresse de cette zone orientale où ils n'ont pour toute force que d'être les grands témoins de l'antifascisme. Les grands témoins mais non les seuls, puisque cette « victimisation » englobe les autres partis autorisés [1], à commencer par les socialistes : l'important est qu'elle constitue le seul horizon du débat public, de façon à enfermer les acteurs dans une interprétation unique. D'ailleurs, les deux partis « ouvriers » fusionneront en avril 1946, avec la bénédiction de l'administration russe. La dénazification à la soviétique consiste moins à punir et à exclure des coupables qu'à inscrire la politique allemande dont elle a le contrôle dans le cercle étroit du soviétisme : il n'existe rien entre le nazisme et le communisme. Qui n'est pas allié aux communistes est par là même suspect de nostalgie ou de complaisance à

ouvrière » au premier rang des victimes du nazisme. Il écrit, en 1948, un essai saluant la création d'Israël. Il est expulsé du Comité central du S.E.D. en août 1950, soupçonné d'avoir eu des contacts avec « l'agent américain », Noël Field : accusation qui constituera aussi une des bases du procès Slánský, à Prague, en novembre 1952. De fait, Merker est arrêté juste après comme complice de l'impérialisme américain et du sionisme international. Il sera jugé secrètement et condamné à huit ans de prison. Relâché en janvier 1956, il n'obtiendra jamais la réhabilitation qu'il demande en vain jusqu'à sa mort, en 1969. *Cf.* Jeffrey Herf, « East German Communists and the Jewish Question », in *Journal of Contemporary History*, vol. 29, n° 4, octobre 1994. Voir aussi sur la question juive en Pologne : Jean-Charles Szurek, « Le camp-musée d'Auschwitz », *A l'Est la mémoire retrouvée*, La Découverte, 1990.

1. A la fin de 1945, quatre partis ont reçu des autorités militaires alliées l'autorisation d'exercer leurs activités dans les quatre zones : les communistes et les socialistes, plus deux partis « bourgeois », l'Union chrétienne démocratique, et le parti démocratique libéral. Ces derniers sont particulièrement faibles dans la zone soviétique, où dominent au contraire les partis « ouvriers ». *Cf.* J.P. Nettl, *The Eastern Zone and Soviet Policy in Germany 1945-1950*, Oxford University Press, 1951.

l'égard du nazisme. Encore ne s'agit-il pas de n'importe quels communistes, mais prioritairement de ceux qui ont trouvé refuge à Moscou depuis et pendant Hitler : eux seuls bénéficient de la confiance soviétique.

La diaspora communiste allemande qui a choisi ou subi l'exil à l'Ouest (en France, en Angleterre, aux Etats-Unis, au Mexique) restera subordonnée à celle d'U.R.S.S. ; et son histoire restera presque aussi ignorée que celle de la résistance bourgeoise ou aristocratique contre Hitler et du complot du 20 juillet 1944. Le seul « antifascisme » est celui qui a grandi à l'ombre de Staline : d'ailleurs, le voici vite reconverti contre l'impérialisme américain et son satellite allemand de l'Ouest. La République d'Adenauer va être dénoncée comme néonazie au moment où elle fait entrer l'histoire allemande dans le constitutionnalisme occidental. Celle d'Ulbricht va s'établir dans l'antifascisme idéologique au moment où elle instaure la dictature du parti unique sous protectorat soviétique.

Cette dictature crée la situation politique la plus extravagante qui soit, puisqu'elle ne donne d'autre choix aux Allemands que d'adorer non seulement leur vainqueur, mais le régime qu'il apporte dans ses fourgons. La première exigence, déjà, relève de la quadrature du cercle : l'Armée rouge a multiplié les atrocités en Prusse-Orientale et en Poméranie, poussant en plus devant elle des centaines de milliers de fuyards terrorisés. Toute l'année qui suit, le tracé des nouvelles frontières germano-polonaises ajoute à la défaite un air de formidable exode. A ce peuple déraciné, qui n'a plus que le souci de survivre, le vainqueur impose un catéchisme politique de pénitence qui constitue la matrice idéologique du régime à venir. Les communistes allemands, qui seuls en connaissent bien le langage, et qui sont préparés de longtemps au rôle, s'installent ainsi à la tête d'un fragment de leur pays comme une petite aristocratie innocente du crime national, puisqu'elle est composée de ses victimes ; mais régnant comme pouvoir dérivé, puisqu'elle est imposée par l'Union soviétique. Ces héritiers d'une grande tradition ouvrière la prostituent dans l'aventure étrangère d'un antifascisme posthume, transformé bientôt en idéologie d'un pouvoir policier.

La révolution pour laquelle sont morts assassinés Rosa Luxemburg et Liebknecht s'accomplit par la force d'une armée d'occupation, dans le silence et la culpabilité du peuple. La nationalisation de l'industrie et la réforme agraire elle-même, célébrées comme des victoires des masses populaires, en reçoivent une tonalité punitive et bureaucratique. Comme si l'esprit du communisme allemand, après avoir été écrasé par le nazisme, ne survivait pas beaucoup mieux à l'écrasement du nazisme. Le miracle est qu'avec les années il arrivera pourtant à faire vivoter une culture marxiste endogène au milieu d'une société soviétisée. Même le régime le plus méticuleusement policier de la mouvance soviétique ne parviendra pas à discréditer le marxisme-léninisme dans le pays où Marx était né et où Liebknecht était mort.

Avant de devenir deux Etats distincts, les deux Allemagnes sont donc séparées par deux interprétations et deux pratiques de l'antifascisme. A l'Ouest, la renaissance de la vie politique dévoile la prépondérance massive des partis anticommunistes, sociaux-démocrates compris, puisqu'ils y sont restés eux-mêmes. On peut d'ailleurs mesurer, entre 1946 et 1948, pour ne rien dire de la période suivante [1], l'impopularité du communisme dans l'opinion publique, à considérer la destination finale des millions d'Allemands « déplacés ». A l'Est, le nouveau Parti socialiste unifié, entouré de son réseau d'associations « antifascistes », enferme les deux partis « bourgeois » dans le « Bloc démocratique ». Il n'est qu'une organisation relais de l'administration militaire soviétique, chargée de célébrer la nouvelle frontière polonaise, de bénir le pillage économique du territoire par les Russes, et de justifier des arrestations le plus souvent faites par la police soviétique elle-même. Il est dès l'origine ce qu'il restera jusqu'à la fin, le parti le plus étroitement

---

1. *Cf.* Albert O. Hirschman, « Exit, Voice and the Fate of the German Democratic Republic : An Essay in Conceptual History », in *World Politics*, vol. XLV, janvier 1993.

dépendant de Moscou, puisqu'il est aussi, au nom de l'anti-nazisme, le poste avancé et presque sacrificiel du bolchevisme vainqueur au milieu du peuple vaincu.

La crise de Berlin, qui constitue la première grande alerte de la guerre froide, cristallise ces contradictions. L'ex-capitale allemande, imbriquée dans la zone soviétique, a reçu un statut particulier, qui la place sous administration militaire quadripartite. Elle a gardé un parti socialiste indépendant, le même qu'à l'Ouest, et majoritaire au conseil municipal depuis les élections d'octobre 1946. Au moment où le rideau de fer tombe sur l'Europe, moins d'un an après, elle forme ainsi une enclave occidentale en territoire soviétisé : à la fois une vitrine de l'Ouest, donc une invite constante à la comparaison ou à la fuite, et un facteur d'isolement supplémentaire pour le communisme allemand, qui atteint des records d'impopularité [1]. Le blocus de Berlin par les Soviétiques, dans l'hiver 1948-1949, tente de réduire cet abcès comme une préface à la fondation d'un Etat allemand en zone orientale. Peut-être est-il aussi une première tentative, bien dans la manière de Staline, de tâter la résolution de l'adversaire. Au moins la réponse n'est-elle pas douteuse, faite en termes de performance technique : l'aviation américaine assure un pont aérien vers Berlin. Extraordinaire revirement de situation et de forces, souligné par l'identité des lieux. Les hommes de l'époque n'ont pas besoin d'une longue mémoire pour se souvenir que Berlin avait constitué la cible des avions américains avant de devenir l'objet de leur aide. Elle avait été la capitale d'un Empire totalitaire, avant de figurer le symbole de la liberté. Les Berlinois ont changé de rôle en même temps que les Soviétiques : signe qu'une troisième guerre mondiale menace exactement là où s'est terminée la deuxième, et à propos d'elle, puisque les anciens Alliés s'en disputent le sens.

Ce détour allemand permet ainsi de pénétrer plus avant dans la nature de l'idée communiste d'après-guerre, et de l'infléchissement qu'elle subit entre 1946 et

1. *Cf.* J.P. Nettl, *op, cit.*, chap. 4, p. 107.

1948. En 1946, elle est déjà accompagnée du formidable accroissement de puissance de l'Union soviétique, mais elle reste liée à des politiques d'union démocratique antifasciste du type de celle que la guerre a illustrée sur le plan international. En 1948, elle est à nouveau sur le chemin de la guerre et de la révolution, durcissant partout ses positions, en face de l'impérialisme, fabriquant des forteresses plutôt que des passages. En ce sens, elle ramène l'observateur à une oscillation permanente de son histoire : succédant au communisme de guerre, la N.E.P. a été remplacée par la politique sectaire de la « troisième période [1] », puis la stratégie des Fronts populaires par le tournant du pacte germano-soviétique ; et voici que, deux ans après la fin de la guerre contre Hitler menée en commun avec les démocraties, l'Union soviétique resserre les rangs autour d'elle contre l'impérialisme... Finies les idylles confuses du temps de la guerre contre Hitler. Terminée l'époque des « voies nationales vers le socialisme ». Le monde communiste est un bloc, ou encore un « camp ».

Le signal a été donné par la création du Kominform, en septembre 1947. Le rapport de Jdanov, lieutenant de Staline, a aligné tout le « camp socialiste » à gauche, sous la direction plus que jamais absolue de l'Union soviétique, menacée par une agression impérialiste [2]. Il ne suffit pas que les partis communistes participent à des gouvernements pour que ceux-ci puissent être considérés comme véritablement « démocratiques ». Il faut

1. *Cf. supra*, chapitre 5, p. 213-260.
2. Secrétaire du Comité central, Andreï Jdanov (1896-1948) succède à S. Kirov à Leningrad. Promu thuriféraire du réalisme socialiste, il défend au Congrès littéraire pansoviétique (août 1934) l'idée de la mobilisation des arts et des lettres au bénéfice du régime. Stalinien de choc, il entre au Politburo en 1939. Pendant la guerre, il dirige la défense de Leningrad. Promu 3e secrétaire du Parti en mars 1946, il mène une grande campagne pour le redressement de la « ligne idéologique » du Parti en matière d'arts et de lettres, s'en prenant à B. Pasternak, Anna Akhmatova et D. Chostakovitch, prélude à une nouvelle vague d'épurations. En septembre 1947, Staline l'envoie en Pologne pour diriger la fondation du Kominform.

encore que par leur intermédiaire la « classe ouvrière »,
alliée aux « masses laborieuses », y exerce une action
dirigeante : en d'autres termes, la seule différence avec le
régime soviétique « pur » tient dans le maintien de partis
satellites, à l'intérieur de coalitions dont seuls les communistes détiennent les clés. Pour que tout soit bien clair
à l'Ouest comme à l'Est, la délégation yougoslave a été
chargée de mettre en procès les partis français et italien,
accusés d'avoir trop longtemps collaboré à des gouvernements bourgeois, au point d'avoir été leurs dupes.
C'est le parti le plus dur du « camp » socialiste qui fait la
leçon à Thorez et à Togliatti, englués dans l'opportu-
nisme. Ni l'un ni l'autre ne sont là, ayant eu, peut-être, la
prescience d'un moment désagréable. Côté français,
c'est Jacques Duclos qui reçoit l'algarade yougoslave —
et qui remercie en promettant de changer, selon le rituel
du mouvement. Il y a sur la réunion de Szklarska Porba,
petite ville polonaise proche de Wroclaw, un récit presque sténographique d'Eugenio Reale [1] qui mériterait de
devenir un classique de l'histoire du communisme, tant
il dévoile bien les rapports de violence et de servilité qui
dominent le conclave des partis frères.

Est-ce un retour à la « troisième période » ? En un
sens, oui. Le texte de Jdanov a un air de déjà-vu. Il est
dominé par la menace de l'impérialisme et le danger
imminent d'une guerre contre l'Union soviétique.
L'heure n'est donc plus aux finesses de la théorie sur les
conflits inter-impérialistes et la marge de manœuvre que
ceux-ci laissent à la patrie du socialisme : distinction qui
avait servi de base à la stratégie de Fronts populaires et
qui avait été déclarée caduque en septembre 1939, pour
reprendre toute sa force depuis juin 1941. La voici à

1. Eugenio Reale, *Avec Jacques Duclos au banc des accusés, à la
réunion constitutive du Kominform à Szklarska Porba (22-27 septembre 1947)*, trad. de l'italien par Pierre Bonuzzi, Plon, 1958.
Eugenio Reale était l'un des deux dirigeants du P.C. italien présents
à la réunion fondatrice du Kominform. L'année suivante, en 1948,
il quittait la direction du P.C.I. ; en 1952, il démissionna du Comité
central ; hostile à Togliatti et à la subordination du Parti à
l'U.R.S.S., il a été exclu le 31 décembre 1956.

nouveau hors d'usage, puisque les deux plus grands vainqueurs de 1945 s'affrontent partout dans le monde ; il n'y
a plus qu'un seul impérialisme, dominé désormais par la
puissance économique et militaire américaine, et dont
l'emprise se réduit chaque jour, en Europe et hors
d'Europe. De là viennent son agressivité et sa volonté de
détruire l'U.R.S.S., avant-garde des peuples. Comme
dans la période 1927-1932, la lutte pour la paix est donc
à l'ordre du jour, car elle se confond avec la défense de
l'U.R.S.S. Et, comme à cette époque, le fascisme n'est pas
limité à un ou plusieurs pays particulièrement agressifs.
Il rôde là où se prépare la guerre antisoviétique, c'est-à-
dire un peu partout dans le monde capitaliste, aux Etats-
Unis d'abord, mais aussi en Europe occidentale, surtout
dans cette Allemagne de l'Ouest où traînent encore les
nazis impunis... Le devoir des partis du Kominform est
donc de prendre la tête de ce combat manichéen où la
fidélité absolue à l'U.R.S.S. doit être proclamée *urbi et
orbi*. Les sociaux-démocrates, quand ils restent hostiles
aux communistes, redeviennent les grands suspects de
collusion avec l'impérialisme.

Ce recentrement de la lutte internationale, pourtant,
se fait dans un autre cadre que celui de la « troisième
période ». La guerre la plus meurtrière de l'histoire vient
de se terminer quand Jdanov évoque le spectre d'un
troisième conflit mondial, hanté par la dernière image
du second : le champignon atomique au-dessus
d'Hiroshima anéantie. L'anticipation de l'horreur de
demain dépasse les pires souvenirs de celle d'hier, et
l'imagination court plus vite que la mémoire, sans cesser
de s'y alimenter. Plus encore qu'après le grand massacre
de 1914-1918, la crainte de la guerre prend appui sur un
fonds universel d'émotions, commun aux populations
civiles et aux anciens combattants : la Seconde Guerre a
frappé tout le monde et la troisième ne distinguera plus
entre ses victimes. Triomphe technologique absolu, elle
n'offrira même plus d'occasion à l'exercice du courage
ou du patriotisme. Du coup, la lutte pour la paix suscite
des vocations moins véhémentes, mais des sentiments

plus doux et plus universels. Elle n'attaque pas de front, comme dans l'Europe d'après Versailles, les passions nationales ou les vertus militaires. Elle offre un vaste asile à des choix politiques très divers, allant de la solidarité inconditionnelle avec l'Union soviétique à ce que le pacifisme peut comporter d'innocence, en passant par toutes les nuances d'hostilité aux Etats-Unis. Elle enveloppe l'activisme révolutionnaire dans les bons sentiments.

Par rapport à la « troisième période », l'Union soviétique est forte ; par rapport à l'Amérique, elle est faible. De cette ambiguïté, l'idée communiste tire bien des avantages de persuasion. Le pays où elle s'est incarnée, devenu la plus grande puissance européenne, et la seconde dans le monde, jouit de l'influence politique que donne la force, doublée de l'autorité morale tirée de la guerre contre Hitler. Mais il a payé très cher sa victoire, en hommes et en dommages matériels. Il doit tout reconstruire de son économie. Il n'a pas la bombe atomique. Si bien que même ceux qui ne croient pas à l'imminence d'une guerre voulue par les Etats-Unis peuvent comprendre que Staline s'en soit persuadé, et être enclins en tout cas à équilibrer d'une signature ou d'un vote cette inégalité des forces, considérée comme dangereuse pour la paix. On aime le communisme à la fois parce qu'il est fort et parce qu'il est faible. Ce cumul d'images et cette confusion des sentiments, si visibles chez les élites des pays colonisés, ne sont pas étrangers aux opinions publiques de l'Europe occidentale. Dans la politique démocratique, la crainte et la compassion font meilleur ménage qu'on ne croit.

Ainsi, les conditions dans lesquelles s'opère le tournant de 1947 empêchent celui-ci d'être un simple retour au communisme des débuts de l'époque stalinienne. Il s'agit plutôt d'une réaffirmation de l'esprit du « bolchevisme dans un seul pays », étendu au bolchevisme dans plusieurs pays : caractère à la fois international et ultra-centralisé du mouvement, plus que jamais construit autour du bastion soviétique, et dépendance étroite des nouveaux pays de « démocratie populaire » ; durcissement de la lutte des classes à l'intérieur et à l'extérieur, appel à la vigilance révolutionnaire en face des « complots » de l'impérialisme, et priorité à la lutte contre la guerre antisoviétique. Tous ces mots d'ordre, qui avaient en 1930 un air de forteresse assiégée, traduisent en 1947 un optimisme conquérant, comme s'ils avaient perdu leur caractère extrémiste pour s'inscrire dans le droit-fil de la démocratie. A ce signe, on reconnaît que le bolchevisme a atteint, pour paraphraser Lénine, son stade *suprême*. Ce qui ne signifie pas le dernier, il y en aura d'autres. L'adjectif veut dire que le système soviétique a atteint ce qu'on pourrait nommer sa « maturité totalitaire » : possédant sur les citoyens de l'U.R.S.S. un contrôle d'une perfection sans précédent dans l'histoire humaine ; étendu à plusieurs pays d'Europe, et demain à la Chine ; incarné par un chef unique, adulé comme soldat, comme philosophe et comme homme d'Etat ; et fort presque partout dans le monde d'un rayonnement idéologique comparable à l'emprise d'une religion. De cet univers sinistre et pourtant objet d'admiration et d'envie, le rapport Jdanov de 1947 constitue l'apothéose, réunissant dans un bouquet final tous les grands airs du répertoire.

Mais ce qu'il croit inaugurer entre en crise dès l'année suivante, avec la sécession yougoslave.

*

L'importance de la rupture yougoslave avec l'U.R.S.S. en 1948 vient moins de ce qu'elle modifie le rapport de force mondial que de ce qu'elle exprime symboliquement. Prise en elle-même, cette rupture n'a pas de conséquences militaires : la Yougoslavie, mosaïque de petites nations, ne forme qu'un petit Etat. Mais, en se séparant de l'ordre stalinien, Tito inaugure un nouveau genre dans l'histoire du communisme : le schisme du communisme national. Dieu sait que jusque-là le mouvement a connu des hérétiques, et même les a multipliés, génération après génération : c'est conforme au rôle qu'y joue l'idéologie. Mais avec Tito l'hérésie a gagné non seulement un parti tout entier, mais un Etat. Un parti aurait pu être réduit par l'extermination de ses cadres, comme le Parti polonais en 1938. Pour réduire un Etat, il faudrait une guerre. Tel est le prix payé par l'U.R.S.S. à l'ambition d'être un Empire.

Staline s'est trompé sur la capacité du Parti yougoslave à résister à sa pression. Le conflit s'est noué autour de ses tentatives de noyauter non seulement le Parti, mais l'armée, l'administration, les services de sécurité. Vieille technique qu'il met en œuvre un peu partout dans les pays satellisés, et qu'il couronne par l'installation sur place de conseillers soviétiques. Tito a protesté, il a refusé de céder, il a pris le risque d'une rupture publique, qui reçoit sa forme idéologique dans la longue « Résolution » du Kominform de juin 1948.

L'homme condamné pour « déviation nationaliste » — avant d'être traité bientôt d'agent impérialiste ou de criminel fasciste — se trouve être le chef communiste le plus célèbre en Europe après Staline. Il a conduit la guérilla antiallemande à la tête d'une véritable armée. Vieux kominternien devenu une des grandes figures de la Seconde Guerre mondiale, il est apparu aussi comme le lieutenant le plus féroce de Staline, à l'avant-garde de la présence soviétique en Europe. L'Union soviétique a soutenu et défendu avec obstination ses revendications sur la Carinthie et sur Trieste. Peut-être cette accumulation même de titres à la célébrité a-t-elle fait de l'ombre à Staline. Peut-être, en sens inverse, a-t-elle encouragé son bénéficiaire à l'audace. Toujours est-il que l'encyclique du Kominform donne à Tito un éclat supplémentaire sur la scène internationale. Fameux comme dirigeant communiste, le chef militaire puis civil de la Yougoslavie nouvelle additionne à sa gloire passée celle d'un communisme indépendant, tirant encore une partie de sa force de ce avec quoi il a rompu.

Ici commence une phase nouvelle dans l'histoire du communisme. L'Empire soviétique à peine constitué traverse sa première scission, scission très limitée dans l'espace, mais fondamentale dans l'ordre politique, puisqu'elle s'accompagne inévitablement d'un affrontement idéologique. Frappé d'excommunication, Tito doit à la fois réfuter les termes de cette excommunication et retourner l'accusation d'hérésie contre ses procureurs. Il élargit à la dimension d'un Etat le schéma de rupture avec le communisme que tant de militants ont illustré depuis plus d'un quart de siècle à l'échelle individuelle : passant des surenchères de fidélité à une hostilité de plus en plus catégorique à l'Eglise mère, mais dans la *lingua communis*. La violence presque hystérique de ses accusateurs l'y contraint, en même temps que la pression diffuse de ses nouveaux admirateurs, sans parler de la nécessité de retrouver des alliés. Ainsi se forme un nouveau pôle territorial du communisme, plus par la force des choses que par l'invention des hommes : assez proche de l'ancien par le discours et les idées pour lui servir de substitut, et assez éloigné pour attirer tous les désaffectés de la révolution communiste.

Tito aura plusieurs imitateurs, tant il est vrai que le discours antisoviétique en langage soviétique va constituer après lui tout un *genre* dans le répertoire de la passion révolutionnaire : Mao Tsé-toung sera le plus célèbre, mais non le seul, et même la minuscule Albanie d'Enver Hodja se dressera contre Moscou, dans les années ultérieures, comme un pôle du marxisme-léninisme européen. Ainsi l'idée communiste cesse d'avoir, à partir de 1948, une patrie unique. Elle se territorialise ailleurs qu'en Union soviétique. Là où l'histoire la fixe, et d'abord en Yougoslavie, elle est condamnée d'avance au même destin qui frappe les promesses messianiques incarnées dans un territoire ou dans un régime ; sa durée est même forcément plus éphémère que celle de la mythologie soviétique d'où elle procède, puisqu'elle n'en possède ni les titres d'ancienneté, ni le rayonnement de puissance, ni les moyens de propagande.

Mais elle a par contre, pour un temps assez bref, l'avantage de la fraîcheur. La Yougoslavie de Tito ne traîne pas après elle le cortège dramatique de souvenirs qui entoure l'histoire de l'Union soviétique jusqu'en 1941. Elle est issue de la guerre antifasciste, née de la résistance héroïque d'une armée de guérilleros à la Wehrmacht, fille des noces de l'idée nationale avec l'idée de révolution : parfait symbole d'un communisme régénéré par l'antinazisme, ce qui lui permet de bénéficier de la tradition sans en porter le poids. Le schisme yougoslave offre ainsi un point d'appui à la passion révolutionnaire des laissés-pour-compte du stalinisme. Les nostalgiques de Lénine, beaucoup des ex-partisans de Trotski, les déçus de l'Union soviétique y retrouvent un territoire qui leur manquait, tant l'époque est à l'incarnation de l'idée révolutionnaire. Ce territoire retrouve l'exotisme indispensable au travail de l'imagination : après la Russie d'Octobre, voici les malheureux Balkans rebaptisés en avant-garde de la société européenne.

Pourtant, le schisme trouve ses limites dans ce qu'il prétend remplacer plus encore que dans la fragilité de sa substance. Car l'Eglise mère menacée se défend bec et ongles. Il est difficile d'imaginer aujourd'hui la violence extrême avec laquelle les partis du Kominform ont combattu ce quelque chose qu'ils ont par là même contribué à construire : le « titisme ». Contre Tito, le Kominform et les partis communistes retrouvent les accusations folles dont le Komintern avait abreuvé Trotski, avant que Staline fasse assassiner son vieux rival à Mexico en 1940. Comme Tito, Trotski avait défié moins le régime soviétique que son chef, touchant par là plus que le régime soviétique : sa légitimité même dans l'histoire et dans le monde, en la personne de son seul interprète autorisé. Du coup, il avait été dénoncé comme contre-révolutionnaire, complice des nazis, un éternel comploteur contre l'U.R.S.S. Tito n'a aucun de ses talents intellectuels, bien qu'il bénéficie comme lui d'une grande réputation militaire. Mais il entraîne un Etat, ce qui donne à son défi une résonance d'une autre portée. Le grand exilé du bolchevisme n'avait su regrouper que de petites factions éparpillées dans l'univers. Le maréchal croate apporte à sa querelle des moyens et des tribunes plus vastes.

C'est un signe des temps qu'il ne parvienne ni à entamer l'unité du monde communiste et de son Empire ni à

menacer sérieusement la légitimité idéologique de Staline. Il a beau surenchérir sur sa fidélité au marxisme-
léninisme-stalinisme, accélérer le rythme de la collectivisation agraire à l'intérieur, se tenir à l'écart de tout
rapprochement avec l'Ouest [1], l'U.R.S.S. et les nations
satellites le traitent en pestiféré, au point que son personnage sert bientôt de centre aux procès intentés aux
« traîtres » infiltrés dans les partis communistes de l'Est
européen, tout comme celui de Trotski avait été la cible
des procès de Moscou avant la guerre. Moins d'un an
après la condamnation du Kominform, le procès Rajk à
Budapest ne constitue, comme l'a écrit François Fejtö,
qu'« un *ersatz* du procès de Belgrade qui n'avait pu avoir
lieu. Plutôt qu'accusé, Rajk était un témoin, le principal
témoin à charge contre Tito [2] ». Voici le schismatique de
Belgrade devenu criminel, certifié comme tel par ses
« complices » dans les pays voisins.

Reste que s'il ne peut vaincre Staline en matière de
marxisme-léninisme, où il se bat sur le terrain de l'adversaire, à une époque où cet adversaire semble tout-
puissant, Tito lui pose une question impossible à fermer
par la répression ou par la terreur : celle de la révolte des
Etats-nations à l'intérieur de l'Empire soviétique. A la fin
de la guerre, l'U.R.S.S. est apparue comme l'amie des
petites nations qu'elle libérait de l'oppression. L'image
n'a jamais été aussi frappante qu'à Belgrade, au cœur de
cette Serbie traditionnellement tournée vers le grand
frère russe, et dans cette capitale rendue à la liberté par
les armées conjointes de Tito et du général soviétique
Jdanov. Or c'est là que moins de quatre ans après éclate
la première querelle entre les associés d'hier ; là que le
nouveau chef de la Yougoslavie, vieux militant stalinien,

---

1. Je parle ici des deux ou trois années qui ont suivi la condamnation.
2. F. Fejtö, *Histoire des démocraties populaires*, t. I, *op. cit.*, p. 265.
Ministre des Affaires étrangères de Hongrie, après avoir été
jusqu'à l'automne 1948 ministre de l'Intérieur, Rajk fut arrêté en
mai 1949, jugé en septembre, condamné à mort et exécuté. *Cf.*
F. Fejtö, « L'affaire Rajk quarante ans plus tard », in *Vingtième
Siècle*, janvier-mars 1990 ; Roger Stéphane, *Rue Laszlo-Rajk : une
tragédie hongroise*, Odile Jacob, 1991.

fondateur d'un régime particulièrement répressif, assume le risque de la rupture avec Moscou au nom de l'indépendance nationale. Il importe peu que, dans son cas, la raison d'Etat qu'il défend contre les Russes soit celle d'un Etat fédéral, regroupant plusieurs petites nations. Car l'idée qui perce dans son entreprise inédite n'est pas de mettre fin au communisme au profit d'une plus grande démocratie plurinationale, mais d'affirmer l'autonomie de l'Etat yougoslave tel qu'il est par rapport à l'Union soviétique.

La question posée par Tito dès 1948 ne tient donc que par un côté à une revendication d'indépendance nationale. Elle recouvre surtout une demande d'autonomie politique par rapport à Moscou de la part des nouveaux Etats communistes d'Europe de l'Est formés dans les années de l'immédiat après-guerre. Que cette demande d'autonomie s'accompagne d'un clin d'œil au sentiment national, cela va presque de soi : on le verra mieux encore quelques années plus tard, en Pologne ou en Hongrie, nations unitaires, qu'en Yougoslavie, construction fédérale. Mais la querelle de Tito avec Moscou montre que le fond du désaccord porte moins sur la liberté des nations que sur la raison d'Etat à l'intérieur de chacune, c'est-à-dire sur le pouvoir des partis communistes locaux par rapport au grand parti frère de l'U.R.S.S. En ce sens, le schisme yougoslave confirme a contrario la nature internationale du système communiste, étroitement centralisé à partir de Moscou. Mais il n'entraîne pas de modification dans la nature de la dictature communiste en Yougoslavie : Tito, à sa manière, fait du « socialisme dans un seul pays », plus que jamais enfermé dans le marxisme-léninisme. L'Empire soviétique n'a eu qu'une courte durée dans sa dimension de 1946-1948 ; mais, en se séparant de lui, ses fils infidèles continuent encore à parler son langage. Telle est la contrainte de l'idéologie que les éléments centrifuges se réclament de l'unité.

De là les procès, destinés à lever l'ambiguïté. Une fois de plus, leur but est moins de mettre en scène les complots de l'impérialisme américain que de démasquer ceux des communistes qui y ont prêté la main. Etendue à des nations hors de l'espace russe, entourée de Républiques vassales, devenue Empire, la révolution d'Octobre obéit encore à la loi qui a gouverné son développement : elle dévore ses propres enfants. Il est vrai qu'elle déborde largement ce cadre et que, en exportant son esprit et ses procédés expéditifs chez les nations voisines, elle a commencé par frapper les « ennemis de classe ». Ces nations ne sont encore prétendument que des démocraties libérées du fascisme quand elles ont déjà à exproprier, intimider ou emprisonner les partisans de l'ancien régime social ou politique, restés en dehors des « Fronts nationaux ». Le procès et l'exécution du leader paysan bulgare, Nicolas Petkov (septembre 1947), ont été le point d'orgue dans les persécutions. Mais, une fois passées sous le contrôle direct et visible des partis communistes locaux, en 1947-1948, ces « démocraties populaires » n'en présentent que plus de dangers potentiels au génie soupçonneux de Staline : l'exemple yougoslave les invite à l'indépendance. Comme l'assassinat de Kirov à la fin de 1934, il déclenche le terrorisme organisé de la « vigilance révolutionnaire ».

A vrai dire, Staline n'a pas besoin de ce prétexte pour continuer à tenir l'Union soviétique dans sa main de fer : d'après les données les plus récentes dont on peut disposer [1], la population du Goulag, après avoir décru entre 1941 et 1946, recommence à croître après la guerre, pour atteindre en 1952-1953 des niveaux supérieurs à ceux de 1939-1940. Mais, si la répression continue de plus belle, elle n'a plus cet aspect théâtral que lui ont donné avant la guerre les procès de Moscou : elle n'existe plus que par son aspect affreusement quotidien, méticuleusement caché aux yeux des étrangers, et muré dans un silence de cimetière. Au contraire, le théâtre de la Terreur est passé plus à l'ouest, comme si sa pédagogie était indispensable aux greffes encore fragiles du soviétisme au cœur de

1. J. Arceh Getty, Gabor T. Rittersporn et Victor N. Zemskov : « Les victimes de la répression pénale dans l'U.R.S.S. d'avant-guerre », *Revue d'études slaves*, tome 65, fascicule 4, p. 631 à 670. Nicolas Werth, « Goulag : les chiffres ? », *L'Histoire*, septembre 1993.

l'Europe : c'est l'objet du procès Rajk, exactement calqué, aux répliques près, sur les précédents de Moscou.
La différence avec l'avant-guerre tient au renouvellement des rôles. Celui de la Gestapo est tenu par la C.I.A. ;
celui de Trotski par Tito ; celui des vieux bolcheviks par
Rajk et ses « complices ».

Dénonciation du chef yougoslave, le procès signale
avec non moins d'éclat la soviétisation des nations satellites. En purgeant les partis communistes, après avoir
brisé les oppositions « bourgeoises », Staline procède à
ce qui s'appelle depuis l'époque du Komintern la « bolchevisation » de ces partis, c'est-à-dire leur asservissement complet à sa volonté. Il n'y a désormais aucun de
leurs leaders qui ne se sente menacé ; aucun qui ne
puisse se permettre de flatter fût-ce à doses minimes le
sentiment national de son peuple. Née de la résistance
aux pressions soviétiques, la rupture assumée par Tito se
solde par un tour plus rapide imprimé à la soviétisation
du « camp socialiste ». Staline ne traite pas le problème
qu'elle a posé ; il lui suffit de le noyer dans l'orthodoxie
« bolchevique ».

Par là, il se condamne à l'aggraver. L'Union soviétique,
qui a été si souvent célébrée pour avoir résolu le problème national à l'intérieur de ses frontières, s'y heurte à
l'extérieur. Elle a pu sans trop de peine mettre tout
l'ancien Empire des tsars sous la coupe du totalitarisme
communiste. En Europe centre-orientale, elle se heurte
à d'autres sociétés, fières de leur appartenance à
l'Europe, et qui n'ont pas pour héritage la soumission
aux fonctionnaires de Moscou : à Budapest ou à Varsovie, la Russie n'incarne pas précisément la civilisation ! A
ces nations si souvent malheureuses, libérées puis soumises à nouveau, devenues d'autant plus nostalgiques de
leur passé, elle n'a rien d'autre à offrir, pour les retenir
sous son joug, que l'idée communiste. Idée qui, enveloppée dans ce que la guerre lui avait rendu de jeunesse, et
dans ce que l'avenir lui conservait d'incertitude, pouvait
avoir eu encore un air de séduction, à l'heure de la liberté
revenue : une fois de plus, elle tirait l'essentiel de son
pouvoir éphémère d'apparaître en négation du fascisme.

Mais après quelques années, elle est inscrite dans la logique lugubre de la soviétisation : étouffement policier de la société civile, et subordination du pays à Moscou.

C'est la première rencontre hors de Russie du communisme et du pouvoir, le premier test grandeur nature depuis Octobre 17, la première mise à l'épreuve de l'universalité du soviétisme. Or celui-ci ne s'avère capable que de reproduire ses traits oppressifs jusque dans ses manifestations spectaculaires, comme s'il ne possédait d'universalité que celle de la force, cachée dans l'idéologie. Les nations de l'Europe de l'Est ont toujours su que la Russie est entrée la dernière dans l'histoire de la « civilisation » : voici qu'elles font l'expérience de ce que le communisme soviétique, loin d'être plus avancé sur cette voie, comme il le proclame, n'a rien à lui offrir qu'une soumission uniforme, ornée de mensonges obligatoires. Il ne sait produire qu'un Empire policier, à défaut d'une société plurinationale. A l'Ouest, on peut bien continuer à vivre dans le culte ou l'espoir d'un communisme démocratique, ou encore dans l'incertitude de ce qui s'accomplit en son nom. Mais à l'est de Prague, l'idée se meurt d'avoir été soumise à l'expérience des peuples.

Faute de pouvoir jamais s'associer à la liberté, elle n'a eu comme chance de durée que de faire bon ménage avec le sentiment national. Mais, à partir de 1948-1950, le crédit qu'elle a tiré d'une haine commune de l'Allemagne est épuisé. La propagande soviétique a beau dénoncer sur tous les tons les revanchards qui sont supposés peupler l'Allemagne de l'Ouest : le temps est passé vite où l'antigermanisme a pu faire accepter ou aimer l'armée soviétique sur le territoire des patries libérées. D'une part, l'évocation d'une Allemagne néonazie poussée à la guerre antisoviétique par le Pentagone n'est pas d'une extraordinaire vraisemblance. Surtout, il est devenu clair que l'Armée rouge s'est installée moins pour protéger les petites nations de l'Est européen que pour s'en faire un bouclier d'Etats communistes étroitement soumis à l'U.R.S.S. Il ne suffit pas que ces Etats soient « amis de l'Union soviétique ». Il ne suffit même pas qu'ils lui obéissent. Il faut encore qu'ils aient le même régime qu'elle, les mêmes institutions, et les mêmes mots pour en déguiser la même nature. Le « communisme dans un seul pays » n'est capable d'exporter à l'étranger que lui-même. Ayant planté ses drapeaux dans la mosaïque des nations européennes qui le séparent de l'Ouest, il n'a que faire de la diversité de leurs traditions. Il les contraint à s'organiser uniformément, mais une par une [1], sur son exemple, ajoutant à l'oppression nationale l'obligation d'adorer l'oppresseur comme un modèle. La situation reproduit le phénomène colonial en l'inversant, puisqu'elle est circonscrite à l'Europe : le pouvoir « oriental » de Moscou vient soumettre jusqu'aux vieilles terres du vénérable Empire austro-hongrois. A ce renversement, on mesure aussi tout ce qu'a brisé le nouveau partage de l'Europe.

Ainsi le mouvement communiste retrouve sous une forme nouvelle, après tant de péripéties, son plus vieil adversaire dans l'esprit des peuples : le sentiment national. L'affrontement entre la passion révolutionnaire et la fidélité nationale a ouvert le siècle, et il a constitué long-temps, après la première guerre, la liqueur la plus forte des combats politiques en Europe. Mais le stalinisme et le nazisme en ont corrompu la substance. Le premier a soumis l'internationalisme ouvrier à la défense inconditionnelle du régime soviétique. Le second a déshonoré la

---

1. Les prises du pouvoir par les communistes en Europe centrale et orientale se sont faites peu ou prou selon le même processus : forts de l'appui de l'Armée rouge, les communistes dirigent une coalition d'où ils écartent leurs adversaires les uns après les autres. En octobre 1944, l'Armée rouge atteint la Yougoslavie ; le 11 novembre 1945, le Front national prend le pouvoir, la République est proclamée le 29 novembre suivant. En Bulgarie, le gouvernement de coalition est remplacé par celui du « Front de la Patrie », présidé par le kominternien Georgi Dimitrov ; la république populaire est instituée le 15 septembre 1946. En Roumanie, le 27 février 1945, Andreï Vychinski impose un gouvernement formé par les partis du Front national démocratique ; celui-ci emporte les élections du 19 novembre 1946 ; le roi Michel abdique le 30 décembre 1947. En Hongrie, l'Union des forces de gauche remporte les élections d'août 1947 (60 p. 100 des suffrages) puis celles de 1949 (95,6 p. 100 !). Le 20 août 1949, la république populaire est proclamée.

passion nationale en la mêlant de suprématie raciale. La
Seconde Guerre mondiale a paru fleurir dans ses débuts
sur ces décombres, avant de trouver dans la synthèse
antifasciste sa raison d'être. Mais, une fois victorieux, ce
mariage circonstanciel d'idées contradictoires a fait voir
son mensonge : l'union du stalinisme et de l'indépendance des nations n'a pas survécu à l'avènement de
l'Union soviétique au rang de superpuissance mondiale.
Celle-ci traite les pays tombés dans son orbite militaire
comme le Komintern traitait les partis rangés dans son
obédience. Encore ces derniers ne s'y prêtaient-ils que
par une servitude volontaire. La Pologne ou la Roumanie
d'après-guerre n'ont pas eu à choisir leur destin national.

   Telle est la toile de fond sur laquelle se profilent toutes
les « affaires [1] », politiques ou judiciaires, qui mettent
aux prises, secrètement ou publiquement, les gouvernements des démocraties populaires et leur « protecteur »
soviétique. La mélancolie que celles-ci comportent tient
à ce qu'elles font paraître des adversaires inégaux, puisque l'un est quasiment battu d'avance : Tito est l'exception qui confirme la règle [2]. Partout ailleurs, la règle d'or
de la solidarité inconditionnelle avec l'U.R.S.S. s'applique comme jadis à des militants devenus chefs de gouvernement, et dont la plupart ont passé les années de
guerre à Moscou. C'est peu de dire qu'elle « s'applique ».
Elle est si fondamentale et si intériorisée qu'elle sert de
critère universellement accepté à toutes les épurations,
comme de chef d'accusation à tous les procès. C'est à
cette époque qu'on mesure à quel point les hommes
d'appareil formés par le Komintern se révèlent indispensables dix ou vingt ans après à la politique du Kominform. Les circonstances exactes qui ont présidé à ces

---

   1. Je pense par exemple à l'exclusion de Gomulka du P.C. polonais et à son emprisonnement, en 1949-1950 ; ou à celle de Clementis, le ministre des Affaires étrangères tchécoslovaque, dans ces
mêmes années ; ou au procès Slánský à Prague, en novembre 1952 ;
ou encore à l'éviction d'Anna Pauker en Roumanie, à la même
époque.
   2. Il faut mettre à part aussi le cas de Kostov, vieux militant
bulgare du Komintern ; jugé pour « trahison » à Sofia en décembre
1949, il rétracta ses aveux et s'éleva contre l'acte d'accusation.

crises intérieures sont encore largement inconnues ; mais il est au moins certain qu'elles tiennent toutes, d'une manière ou d'une autre, à la raison d'Etat soviétique, c'est-à-dire à la politique extérieure de l'U.R.S.S. Il n'est pas jusqu'à l'antisémitisme qui n'ait été mobilisé à son service, au moment du procès Slánský, dans les dernières années de Staline [1], sous la forme d'accusations visant un complot sioniste international : comme si le dictateur ne craignait pas de reprendre en mineur, avant de mourir, l'air de la plus grande tragédie du siècle.

Pourtant, ni les violences, ni les prises de gages, ni les purges, ni les procès n'effacent l'affaire Tito. En s'élargissant à des nations, le mouvement communiste est venu buter contre les illusions qu'il entretient sur son universalité. Il a donné des miroirs à son mensonge. Ce n'est pas assez que l'idéologie serve et cache la domination d'un nouvel impérialisme russe ; cette domination elle-même n'apporte, sur les ruines des anciens régimes, qu'une servitude plus complète. L'internationalisme est le masque de la force ; la démocratie « populaire » celui du totalitarisme. La fragilité du système tient dans ces deux constats distincts et pourtant complémentaires ; le premier mène au second.

Insurgé contre Staline, Tito est bientôt conduit à imaginer un communisme à sa manière. Car telle est la logique de la révolte nationale, quand elle est le fait de vieux kominterniens, qu'elle prend forcément une forme idéologique, et qu'elle devient « révisionniste ». Elle tend

---

1. Le procès Slánský a eu lieu à Prague du 20 au 27 novembre 1952. Rudolf Slánský, ex-secrétaire général du Parti communiste tchèque, arrêté l'année précédente, y est jugé comme tête d'une conspiration contre l'Etat. Sur les quatorze inculpés, onze sont juifs, et désignés comme tels à l'acte d'accusation qui fait état d'un complot où le « sionisme international » joue un rôle central. Slánský est condamné à mort et pendu avec dix des coaccusés. Les trois restant sont condamnés à la prison à perpétuité. Deux d'entre eux ont écrit l'histoire du procès : Artur London, *L'Aveu. Dans l'engrenage du procès de Prague*, Gallimard, coll. Témoins, 1968 ; Eugen Loebl, *Stalinism in Prague. The Loebl Story*, New York, Grove Press, 1969 ; et *Le Procès de l'Aveu. Prague 1952*, Paris, Editions France-Empire, 1977.

à donner un poids particulier à ce qui n'avait constitué jusque-là, dans l'histoire du communisme, que des ruptures individuelles. Souvarine ou Ruth Fischer n'ont été que des militants de leurs partis respectifs condamnés et exclus par le Komintern. En un sens, Tito est victime du même destin : après tout, avant comme après la guerre, les militants étrangers ont rompu avec Moscou, moins d'ailleurs à propos de la liberté que sur leur marge d'indépendance dans la stratégie ou la tactique à appliquer dans leur propre pays. Mais, en leurs personnes, le mouvement communiste n'avait trouvé que des opposants faibles, compromis, divisés, faciles à vaincre ou au moins à isoler. Tito ne dit rien d'autre qu'eux, mais, à travers l'idée nationale, il rend manifeste le mensonge de l'universel révolutionnaire. Mal irréparable, dont la réconciliation postérieure n'atténuera pas la portée ; au contraire, elle l'élargira.

*

Au moment où Tito déchire le voile de l'universalité communiste, l'affrontement des deux ex-alliés transforme l'héritage idéologique de la guerre. Hitler et Mussolini une fois écrasés, disparus de la scène, voici que la paix dévoile une Europe divisée en deux camps. Jdanov l'a dit, après Churchill et Truman.

La disparition du fascisme a eu comme effet quasi mécanique de simplifier le théâtre politique. Il n'y subsiste plus bientôt que le couple antagoniste capitalisme et socialisme, démocratie libérale et démocratie « populaire », dans leurs incarnations vivantes, les Etats-Unis d'Amérique et l'Union soviétique. Car les idéologies politiques modernes, religions de l'immanence, ont leurs territoires d'élection. Ceux-ci correspondent désormais strictement au partage de la puissance, qui se superpose à celui des idées.

Il est vrai que l'antifascisme survit à la mort de Hitler et à la fin de l'Allemagne nazie. L'U.R.S.S. — et le Kominform après elle — en a fait le centre de sa propagande, et comme la continuation de la guerre par d'autres moyens. Mais l'évocation constante de ce péril après qu'il a dis-

paru ne constitue rien de comparable au véritable sauf-
conduit démocratique qu'avaient été les sacrifices et les
victoires de l'Armée rouge. Le terme même d'« antifascisme » se dévalorise à être soumis si tôt à trop
d'emplois. Sa force est d'être porté par des souvenirs tout
proches ; il a encore trop de liens avec sa référence d'origine pour être étendu trop loin d'elle en gardant des
chances de convaincre. La démonisation de l'ennemi en
est moins facile. Les nazis et leurs collaborateurs ont été
fusillés ou mis en prison. L'idée communiste, plus ou
moins privée d'une partie de son argumentaire traditionnel, doit désormais plaider avant tout son dossier : non
seulement le régime soviétique lui-même, sorti grandi de
la guerre par sa victoire, mais aussi l'histoire des nations
européennes de l'Est depuis cette victoire. L'Union soviétique s'est étendue vers l'ouest, et elle s'est entourée d'une
ceinture de pays « protégés » qui met les sociétés communistes au contact des sociétés occidentales de
l'Europe. Elle est plus puissante, plus visible, plus proche. Mais aussi, par là, plus vulnérable.

Je n'entends pas ce terme au sens où il définit un
rapport de force qui lui serait défavorable : lié par exemple au fait qu'avant 1951 elle ne possède pas la bombe
atomique. Car je laisse délibérément de côté l'histoire
des débuts de la guerre froide, pour privilégier celle de
ses répercussions sur l'idée communiste plus que jamais
brandie par l'U.R.S.S. comme un drapeau. Que la pure
puissance, et la visibilité de cette puissance, soit un des
grands atouts de l'idée, dans un siècle prosterné devant
l'histoire, rien ne le montre mieux que cette époque.
Qu'en revanche l'idée subisse, plus ou moins vite, mais
toujours, les contre-coups de cette association, c'est
aussi le prix inévitable payé à son caractère étroitement
instrumental. Universalisée par la force des armes, comment conserverait-elle son universalité d'idée ? Le
schisme de Tito a illustré, à l'intérieur du « camp socialiste », la pertinence de cette interrogation. Mais à l'extérieur, c'est-à-dire en Occident ?

Là, l'idée n'a pas subi l'expérience du soviétisme.
Exceptons de ce jugement l'Allemagne de l'Ouest, deve-

nue en 1949 une République fédérale : terre d'asile des millions d'Allemands qui ont fui devant l'avance soviétique, ou qui ont été par la suite chassés de leurs terres par les Polonais, les Tchèques et les Hongrois, elle n'a rien à apprendre ni sur la férocité de l'Armée rouge ni sur la germanophobie extrême qui donne le ton dans les nouveaux Etats de « démocratie populaire ». Nation défaite, nation déracinée, nation coupable, elle ne peut désormais manifester son hostilité au communisme slave que par des votes périodiques, et dans le silence de l'isoloir. Mais le spectacle offert par la dictature policière qui s'est instaurée dans l'ex-zone soviétique suffit à conforter au jour le jour ses sentiments.

Dans le reste de l'Europe occidentale, au contraire, l'Armée rouge n'est célèbre que par le bruit de ses victoires lointaines. Le monde communiste est devenu proche par la distance, mais il reste l'objet d'une connaissance indirecte, influencée par ce que la victoire sur Hitler a laissé dans l'opinion de sentiments favorables. En réalité, Churchill et de Gaulle ont été très tôt en lutte contre lui, chacun à leur manière, en fonction de leur situation. Dès l'automne de 1944, Churchill a compris, avec l'affaire polonaise, et son impuissance à peser sur la solution et la volonté de Staline de cadenasser l'Est européen [1]. Il sait que la troisième guerre a commencé, avant que la Seconde soit finie. De Gaulle, à la même époque et à l'échelon français, a dû soumettre le P.C.F. pour réinstaurer un régime démocratique ; les communistes prendront leur revanche en janvier 1946 en l'écartant du pouvoir, mais leur heure est alors passée. Dans les années qui suivent, les deux plus grands antifascistes de l'Europe vont être aussi à la pointe de la lutte contre la menace soviétique d'après-guerre.

Ce dont ils donnent le signal va constituer la substance de la politique de l'Europe de l'Ouest pour près d'un

---

1. Le moment où Churchill s'est senti joué par Staline dans l'affaire polonaise peut être situé entre les entretiens qu'il a eus avec le maréchal soviétique à Moscou au début d'octobre 1944, et les discussions de Yalta de février 1945. *Cf.* R. Douglas, *From War to Cold War*, St. Martin's Press, New York, 1981, chap. 4-7, p. 37-82.

demi-siècle : il ne s'agit donc pas d'un tournant occasion-
nel, mais d'une réaction profonde, presque organique,
des sociétés occidentales afin de préserver leur indépendance et leur mode de vie dans un monde politique international à deux dimensions. Réaction qui ne va pas sans
amertume, puisqu'elle s'accompagne aussi d'un constat
de dépendance à l'égard des Etats-Unis d'Amérique ;
mais qui s'en trouve aussi facilitée, puisqu'elle ne comporte qu'une contribution financière ou militaire limitée. L'Angleterre est sortie affaiblie d'une guerre dont elle
était le combattant le plus ancien ; la France et l'Italie
d'après-guerre n'ont pas d'armées capables de se mesurer avec celles de l'U.R.S.S. C'est la présence des troupes
américaines en Allemagne qui reste la garantie de l'équilibre des forces de part et d'autre des frontières de
Potsdam.

Reste que, si l'Europe occidentale se trouve dans le
« camp américain » par sa situation objective, elle y
appartient avant tout par choix. Même dans les pays
comme la France et l'Italie, où existent des partis communistes puissants, les élections n'ont jamais laissé le
moindre doute à cet égard. Les partis conservateurs y
reçoivent l'aide des socialistes, ou inversement, pour
constituer des majorités massives en matière d'« atlan-
tisme ». Attlee a relayé Churchill à Potsdam [1] en héritier
fidèle de son hostilité à l'U.R.S.S. Et c'est à cette époque
que Léon Blum invente, à propos du Parti communiste
français, la formule de « parti nationaliste étranger [2] ».
Les vieilles démocraties d'Occident sont toujours vivantes, même si une partie de la tristesse d'époque leur vient
du sentiment de leur déclin. La présence américaine en
Europe, succédant à la libération de l'Italie et de la
France par les armées américaines, a d'ailleurs pour effet
de donner un caractère inédit à la bataille idéologique de
ce temps : alors qu'avant la guerre la dénonciation du

---

1. Les résultats de l'élection législative anglaise du 5 juillet 1945
ne sont connus que trois semaines plus tard, lorsque Churchill se
trouve déjà à la conférence de Potsdam.
2. Léon Blum, *A l'échelle humaine*, Gallimard, 1945 (citation
p. 105) ; rééd. coll. Idées.

monde capitaliste par les communistes avait pour cible soit les démocraties parlementaires de Paris ou de Londres, soit les Etats fascistes, elle a désormais pour centre les Etats-Unis d'Amérique. L'Europe bourgeoise a perdu son rang aussi chez ses adversaires.

A qui veut saisir le caractère particulier qu'a pris le débat à cette époque, le meilleur champ d'observation est fourni par la France. En Occident, c'est là que, dix ou quinze ans auparavant, le communisme est apparu pour la première fois dans une version victorieuse, instigateur et partie prenante du Front populaire. Là aussi qu'il a fait oublier les terribles vingt mois du pacte germano-soviétique par son engagement dans la résistance intérieure, au point qu'il peut se poser pendant quelques semaines, à l'heure de la libération, en rival de De Gaulle, avant d'en devenir par force, pour quelques mois, l'allié. En bref, le Parti communiste français, parti stalinisé s'il en est, ne possède pas seulement une forte réalité de classe. Il a une histoire en apparence heureuse avec la liberté et il a combattu pour la nation. 1936 et 1945-1946 constituent ses références, en même temps que ses grandes années électorales.

Or le voici depuis 1947 dans une nouvelle situation. Chassé du gouvernement [1] par les socialistes, mis en demeure par le Kominform quelques mois après de durcir son opposition, il est pris dans la logique de la guerre froide : contraint d'évoquer à nouveau sa vocation révolutionnaire au moment précis où la situation condamne d'avance toute « révolution », au sens soviétique du terme. Staline digère — difficilement — ses acquis, et l'Europe occidentale est amarrée à l'Amérique. Au reste, en France même, la situation est l'inverse de celle de

---

1. A la suite de la grève déclenchée aux usines Renault par des militants trotskistes, les ministres communistes décident de demander l'arrêt du blocage des salaires et des prix. Le 2 mai 1947, Paul Ramadier pose la question de confiance à l'Assemblée. Le 4, elle adopte l'ordre du jour favorable au gouvernement, les communistes votant contre. Pour éviter la démission collective du gouvernement, Ramadier remercie le soir même les ministres communistes.

1936 : les radicaux et les socialistes, moins nombreux, il est vrai, qu'à l'époque, soutiennent le centre et même le centre droit, au nom d'une politique extérieure de défense de la liberté. Uni à toute la gauche dans le Front populaire, le P.C.F. avait à la fois conjuré la menace du fascisme et ouvert la voie à une coalition de progrès social. A partir de 1947, isolé au sein de la scène politique, il ne combat plus que des gouvernements démocratiques, formés pour l'essentiel d'anciens résistants, accusés de préparer, de concert avec un de Gaulle devenu « néo-fasciste », la guerre américaine. Il n'avance aucune idée de remplacement, content de bloquer, par sa seule présence protestataire, le fonctionnement normal de l'alternance droite-gauche au pouvoir. C'est le retour d'un communisme antérieur à l'« antifascisme », mais gros de sa victoire sur le fascisme : grande force inutile, qu'on aurait pu croire trop embourgeoisée par ses succès pour reprendre le chemin de la gesticulation révolutionnaire, mais qui se retrouve au contraire fidèle à ses origines, conduite d'ailleurs par les mêmes hommes formés dans la « troisième période » ; démontrant une fois encore le caractère extraordinaire d'un mouvement dont les différents partis obéissent toujours si brillamment à une stratégie internationale, alors qu'ils sont devenus si massifs.

Car si c'est une longue bataille en retraite qui commence, pour les partis communistes d'Occident, isolés chez l'adversaire par leur appartenance à l'autre camp, celle-ci les trouve au sommet de leur courbe. Ils n'ont plus, en politique, d'alliés assez puissants pour figurer autrement qu'en comparses, sans pouvoir modifier la ligne de partage de la guerre froide. Mais ils gardent une force d'opinion, entretenue avec le plus grand soin. Par l'intermédiaire des intellectuels, l'idée communiste va jeter ses feux les plus vifs à l'ouest de l'Europe au moment où elle s'éteint à l'Est : profitant ici de son échec, et là victime de sa victoire. L'histoire offre encore une fois la démonstration de sa nature polymorphe.

Le phénomène est général dans toute l'Europe occidentale. Il est particulièrement net en France et en Italie, là où deux puissants partis ouvriers peuvent donner au philocommunisme intellectuel le sentiment concret d'être du côté du peuple : sentiment dont lesdits partis usent et abusent sans vergogne, et sans limites, parce qu'il gratifie à la fois la vanité et l'inquiétude spécifique aux professionnels des choses de l'esprit. La vanité s'apaise dans la reconnaissance d'une foule imaginaire, dûment estampillée comme tribunal de l'histoire par les représentants de la « classe ouvrière », et l'inquiétude trouve un débouché dans le désir de servir. Le professeur communiste d'Oxford ou de Cambridge a épousé le même mouvement historique que son homologue français ou italien, mais, faute d'un grand parti « révolutionnaire », il n'en reçoit pas le même réconfort psychologique. Au reste, il en a peut-être moins besoin, fils d'une guerre plus glorieuse, qui n'a comporté ni Mussolini ni le couple juin 40-Vichy. Aux intellectuels italiens et français, les partis communistes apportent, avec un peuple de gauche, l'image d'une revanche sur les tragédies d'hier.

Mieux que cela. A travers la guerre et la résistance, l'idée communiste, sous la forme de l'antifascisme, s'est coulée dans la tradition démocratique nationale pour en figurer le point d'orgue. A imaginer en effet l'histoire nationale comme un enjeu entre les tenants de cette tradition et ses adversaires, les lettres de noblesse de l'antifascisme sont dans la Révolution française et dans le Risorgimento ; encore faut-il prendre soin de considérer les deux événements comme eux-mêmes traversés par le conflit, et révélateurs déjà de la pusillanimité d'une bourgeoisie libérale si vite disposée à renier le sens de son combat. Dans la France de la fin du XVIIIe siècle, cette bourgeoisie a dû accepter l'alliance des classes populaires, mais c'est pour rompre celle-ci presque aussitôt, en guillotinant Robespierre et en ouvrant la voie à la corruption thermidorienne puis au despotisme napoléonien. Dans l'Italie de la mi-XIXe siècle, elle a préféré à la lutte révolutionnaire pour l'émancipation du peuple et de la nation un compromis avec l'aristocratie foncière du Sud et la monarchie piémontaise. Classe sans énergie, toujours prête à trahir la liberté pour l'ordre, elle démissionne encore au XXᵉ siècle au profit du fascisme. Elle soutient Mussolini en Italie, Pétain en France. Seule la « classe ouvrière » peut désormais prendre en main l'avenir de la nation. Cet enchaînement d'abstractions substituées aux acteurs de l'histoire donne à la fois sa noblesse et sa nécessité à l'antifascisme « prolétarien ». Il conjure le côté populaire et révolutionnaire du fascisme, en réduisant celui-ci à ce qu'il a détesté, l'univers bourgeois. Et il récupère du coup au seul profit de la gauche « antifasciste » la critique du mensonge libéral que celle-ci partageait avec son adversaire quinze ou vingt ans auparavant. L'histoire a tranché entre les prétendants à la reconstruction d'un ordre social postindividualiste. Du coup, nul n'a plus été partisan de Mussolini, ou de Pétain, que des bourgeois. Et nul ne peut être un bon démocrate, un vrai antifasciste, s'il est hostile aux communistes. Faible, l'Union soviétique avait été aimée comme une cause menacée. Puissante, elle est flattée comme un destin inévitable.

La croyance qui fonde ces rationalisations amnésiques et ces jugements moutonniers, nous l'avons rencontrée tout au long de ce livre : c'est la religion de l'histoire. Elle vit alors ses plus beaux jours, comme si la guerre en avait constitué par excellence le théâtre et le verdict, accepté d'avance par les belligérants. Car le marxisme l'a constituée en doctrine particulière, mais elle existe un peu partout dans les esprits, sous une forme ou sous une autre. La conviction la plus répandue, peut-être, veut qu'à l'époque moderne la moralité tienne tout entière dans la politique, seule dépositaire en dernière instance du bien et du mal : manière de ne garder de la première que la bonne conscience nécessaire au fanatisme idéologique. La force intérieure du militant communiste lui vient du sentiment d'accomplir l'histoire comme un souverain bien ; d'user des moyens de la force au service d'une fin bonne. Loin d'apparaître comme un déguisement du cynisme, ce mélange des genres est perçu

comme un impératif catégorique contre l'« idéalisme ».
Et il fonctionne chez beaucoup d'intellectuels — et
au-delà, dans le public — comme une justification des
violences et des crimes du bolchevisme stalinien, absous
ou même célébrés au nom de la fin dont ils sont supposés
être des moyens. Je me souviens d'avoir lu avec passion,
vers 1947, *Le Zéro et l'Infini* de Koestler, sans que cette
lecture me dissuade d'adhérer au Parti communiste un
peu plus tard : j'admirais que le juge et l'accusé puissent
convenir ensemble de servir une même cause, le premier
comme bourreau et le second comme victime. Dans cette
version philosophique des procès de Moscou, j'aimais la
marche de la raison historique dont Koestler avait au
contraire voulu dénoncer le culte barbare.

Si cet esprit de consentement aveugle à l'accompli
comme « rationnel » tire une partie de ses origines du
formidable déferlement de violence qu'a été la guerre, il
s'alimente aussi au sentiment que cette guerre n'a rien
terminé ; qu'elle continue ; que la force n'a pas épuisé sa
vertu. La guerre froide n'est pas la guerre, mais elle en
conserve l'esprit, bien loti en manichéisme idéologique,
où Moscou n'a pas de rival. Sans doute est-ce la raison
pour laquelle le grand tournant communiste de 1947, qui
constitue une date clé de la vie politique des démocraties
occidentales, n'a pas du tout la même importance dans
leur histoire intellectuelle. Les partis communistes ne
sont plus dans les allées du pouvoir, mais leur mouvance
intellectuelle et mondaine n'a pas beaucoup changé. Elle
reste très vaste, notamment en France et en Italie, plus
vaste encore en Italie, où le Parti communiste occupe
tout l'espace de la gauche, avec la complicité involontaire d'un Pietro Nenni vassalisé. La guerre froide a
recomposé les gouvernements dont l'alliance atlantique
est la règle. Mais, en mettant les communistes hors du
pouvoir, elle leur laisse au moins les privilèges de l'opposition et la gestion des grands souvenirs.

Le communisme occidental n'est plus vulnérable,
comme par le passé, aux grands tournants de l'Internationale : il incarne une révolution devenue tradition.
Redevenu un mouvement de guerre de classe sur les

arrières de l'ennemi, il ne laisse rien prescrire de son capital démocratique et national. Né de la guerre de 1914-1918, il avait grandi contre elle. Au contraire, la Seconde Guerre mondiale lui sert d'appui jusque dans la période qui a divisé ses vainqueurs : car il vit de son patrimoine plus que de perspectives d'avenir. La « révolution prolétarienne » qui est sa raison d'être se trouve ajournée *sine die* par la situation internationale, ou encore suspendue, à nouveau, à la guerre. Celles qui sont censées s'être produites à l'est de l'Europe indiquent assez que la probabilité des révolutions dépend uniquement de la géographie ; tout ce qui reste à l'Ouest communiste est d'en embellir le récitatif, en lui faisant l'hommage de son histoire. Etrange époque, en vérité, que ces années où la propagande du nouvel « antifascisme » réinvente Hitler sous les traits d'Adenauer, dénonce la démocratie américaine au nom de la liberté, et drape l'Empire soviétique dans les souvenirs des révolutions de 1848.

Dans cet exercice, le philocommunisme des intellectuels français a reçu de la critique la palme d'or, dont, hélas ! il n'est pas indigne. Comme il a fait l'objet de plusieurs livres [1], je n'en reprendrai pas l'inventaire. Le fond en est constitué par la vieille passion antilibérale qui domine déjà la scène parisienne dans les années trente, sous de multiples formes, et à l'intérieur de traditions très diverses. En liquidant le fascisme, la guerre a laissé au communisme le monopole de ce marché

---

1. Jeannine Verdès-Leroux, *Au service du Parti. Le Parti communiste, les intellectuels et la culture (1944-1956)*, Fayard-Minuit, 1983 ; David Caute, *The Fellow-Travellers*, Londres, Weidenfeld & Nicolson, 1973; trad. : *Les Compagnons de route, 1917-1968*, Robert Laffont, 1979 ; Pierre Rigoulot, *Les Paupières lourdes. Les Français face au Goulag : aveuglements et indignations*, préface de Jean-François Revel, Editions universitaires, 1991 ; Tony Judt, *Past Imperfect, French Intellectuals, 1944-1956*, University of California Press, 1992 ; trad. : *Le Passé imparfait, op. cit.* ; Natacha Dioujeva et François George, *Staline à Paris*, Ramsay, 1982.
Le livre de Raymond Aron, *L'Opium des intellectuels* (Calmann-Lévy, 1955), reste, sur le sujet, le plus fondamental.

d'idées. La victoire totale galvanise les convaincus, rallie le plus grand nombre, intimide les incertains et d'ailleurs punit les coupables. Conforme au rôle qu'y a joué l'U.R.S.S., c'est celle de l'antifascisme plus que celle de la démocratie ; si bien qu'on peut la fêter sans renier le peu d'inclination qu'on a pour l'exercice libéral de la démocratie, et garder ainsi, même si on a changé de camp avec l'histoire, un fond de sentiments continu. De là vient que la rupture de 1947 entre les anciens alliés n'ait pas de grandes répercussions sur la vie intellectuelle, puisque le conflit d'idées qu'elle porte au premier plan de la politique n'a pas de nom au répertoire de l'antifascisme.

A ce tableau, des traits particuliers à la tradition française ont ajouté leur poids, par exemple l'habitude nationale de penser la politique en termes universels, comme le lieu naturel de l'émancipation de l'homme. Tout au long de l'histoire de la révolution russe, la Révolution française n'a cessé d'être le précédent qui en assurait la légitimité : elle confirmait d'une part l'inévitabilité des révolutions, puisque la bourgeoisie aussi y avait eu recours, et elle comportait de l'autre une période courte mais exemplaire qui avait servi de modèle à Lénine. Le fait que cette filiation ait constitué si longtemps en France un dogme historiographique, en dépit de la faible comparabilité des deux événements, est un bon témoignage de l'extraordinaire abstraction qui entoure le fait bolchevique dans l'intelligentsia. 1917 a redoublé l'universalisme de 1789 : et le miracle est que l'idée existe encore, plus forte que jamais, trente ans plus tard, comme si un quitus avait été donné d'avance à toute l'histoire soviétique. A l'exemple de la Révolution française, ce que la révolution russe a eu de répressif n'était dû qu'à la nécessité de se défendre ; donc à quelque chose d'extérieur à son essence, par définition bonne. Cette vision, si typique de l'héritage révolutionnaire français, dispense l'U.R.S.S. de la charge de la preuve. Elle explique sans doute une partie du zèle prosoviétique parisien de cette époque.

Ajoutons encore que par cet emboîtement ontologique des deux révolutions les intellectuels se réinventent un rôle collectif que l'histoire réelle a refusé à la nation depuis juin 1940. Une partie d'entre eux a sympathisé avec le régime de Vichy, et même, dans quelques cas spectaculaires, avec les nazis : les uns venant de la droite, les autres du pacifisme. A ceux qui ont été contre Hitler, de plus en plus nombreux au fur et à mesure que s'est dessinée l'issue de la guerre, le gaullisme a été souvent suspect. Le rôle qu'y joue son fondateur évoque l'homme providentiel, si étranger à la tradition républicaine : les généraux, et même celui-là, ne passent pas facilement pour des hommes de démocratie et de progrès social. Même Raymond Aron, à Londres depuis juin 40, partage à demi ces réticences [1]. Et Malraux ne devient gaulliste qu'après la guerre [2]. Au contraire, l'antifascisme permet aux intellectuels de fêter leurs retrouvailles avec la tradition révolutionnaire nationale, indissolublement démocratique et patriotique ; par là, ils se retrouvent aux fauteuils d'orchestre de l'histoire, comme leurs ancêtres de 1789 et de 1793, et dans le rôle de prophètes de la société qu'ils occupent depuis le XVIIIe siècle. Le marxisme-léninisme fournit d'ailleurs à qui le souhaite la doctrine de ces retrouvailles imaginaires, avec l'idée d'une science de l'histoire dont seule une avant-garde possède les secrets.

Ainsi le droit de copropriété sur la référence révolutionnaire permet-il à la fois d'effacer le déclin national et de recouvrer une mission. C'est, il me semble, une des grandes raisons du pouvoir d'enchantement que le Parti communiste possède sur une si grande partie des intellectuels français. Non qu'il n'en existe pas d'autres, et

1. Raymond Aron, *Mémoires, op. cit.*, p. 182-188. En 1943, R. Aron publie dans *La France libre* un article intitulé « L'ombre des Bonaparte » dans lequel il met en garde contre la résurgence d'un « césarisme populaire » qui aurait pu tenter le général de Gaulle. Raymond Aron a commenté le sens de cet article dans ses *Mémoires* (p. 184-186). *Cf.* aussi, « Raymond Aron, 1905-1983, Histoire et politique », *Commentaire*, Julliard, 1985, p. 359-368.
2. Jean Lacouture, *André Malraux. Une vie dans le siècle, op. cit.*, chap. 38, p. 320-326. En août 1945, Malraux rencontre le général de Gaulle et se rallie au chef de la France libre. En 1947, il devient délégué à la propagande du Rassemblement populaire français.

même de plus mécaniques, si j'ose dire : en France comme ailleurs, le communisme fait appel chez les individus, en même temps qu'à l'idéalisme et à l'ignorance, à un goût caché du pouvoir, qui peut être joint à une passion masochiste de la force. Aragon en est, dans la culture française, à la fois la victime la plus illustre et le manipulateur le plus accompli. Mais le pouvoir de flatterie ou d'intimidation du Parti repose lui-même sur une réalité d'un autre ordre. Ce qui le rend à l'époque si efficace est aussi ce qui le videra progressivement de son contenu à partir des décennies suivantes. Le Parti est détenteur du label « révolution d'Octobre », qui commande à son tour l'universalité de la tradition révolutionnaire. Et c'est peu d'écrire qu'il veille sur son trésor.

Le cas français montre pourquoi presque tous les grands débats d'idées de l'après-guerre tournent autour d'une question unique : la nature du régime soviétique, défendue bec et ongles par les intellectuels communistes et progressistes comme conforme à l'essence de la révolution socialiste. L'interrogation est aussi ancienne que l'U.R.S.S. ; ce qui est nouveau est sa centralité. Dans les années du Front populaire, jusqu'en plein triomphe de la gauche, elle n'avait cessé de rôder autour de la scène publique, mais dans une position seconde par rapport à la lutte contre Hitler et à la question de la guerre ou de la paix. Après la victoire, l'U.R.S.S. est plus antifasciste que jamais, mais l'ennemi fasciste a été vaincu. Elle est plus forte que jamais, mais aussi plus nue, en face des Etats-Unis et de l'Europe occidentale. Même à l'époque de l'hystérie anticommuniste animée par le sénateur McCarthy (1950-1954), l'Amérique de Truman et d'Eisenhower n'offre pas une image vraiment crédible de néonazisme ; ses soldats, venant de si loin, ont vaincu Hitler en France. Quant à l'Europe de l'Ouest, elle refait sa richesse, sans gloire, mais démocratiquement, à l'abri des Etats-Unis et avec son aide initiale. L'Allemagne de l'Ouest est entrée dans l'ordre constitutionnel. Si bien que, privé d'un faire-valoir fasciste, le régime soviétique lui-même se trouve en première ligne, contraint de plaider ce qu'il est plus que ce dont il protège.

Il est vrai que dans les premières années de la guerre froide, avant 1951-1952, quand l'Union soviétique n'a pas l'arme nucléaire, elle enveloppe sa relative infériorité militaire dans une vaste campagne mondiale pour la paix, qui lui offre à la fois un abri et un alibi : rassemblés autour de l'« appel de Stockholm » contre la bombe atomique, les « partisans de la paix » succèdent aux « antifascistes conséquents ». Mais même le nouveau mouvement, si différent de celui de l'entre-deux-guerres, renvoie les esprits à la question soviétique. Après 1918, et jusqu'en 1935, le pacifisme n'avait été prosoviétique qu'un peu par accident, parce que l'Union soviétique était faible, et mise au coin par les puissances de Versailles. Après 1945, changement radical : car, s'il trouve à s'alimenter dans la critique des vastes programmes militaires où s'est lancée l'Amérique, il semble donner sa caution à l'autre superpuissance, dont la politique étrangère n'est pas exempte de tout soupçon dans la tension internationale. Car même si Staline n'est pas Hitler, même s'il est guidé avant tout, dans ses rapports avec le monde capitaliste, par la méfiance et par la patience, il reste que la Russie a verrouillé l'Europe centrale et orientale. Et l'attaque de la Corée du Sud par la Corée du Nord, en juin 1950, semble démentir même les interprétations purement conjoncturelles de la volonté de paix soviétique.

La guerre froide — devenue dans ces années-là la guerre tout court — met aux prises deux systèmes politiques et sociaux. Elle porte à son point extrême le caractère idéologique du siècle, en simplifiant le monde en deux camps, et en recouvrant l'idée nationale, pour importante qu'elle demeure, par celle d'Empire, ou de bloc. Par force, l'idée communiste en reçoit un formidable éclat, mais pour ce qu'elle est, et pour ce qui s'est construit en son nom, plus encore que pour ce qu'elle combat : la voici puissante dans le monde, victorieuse en Chine, visible en Europe jusqu'à Prague, semblant porter l'avenir avec elle alors que les vieilles nations occidentales sont en déclin. C'est là qu'elle atteint, en même temps, son plus haut niveau d'influence, et un degré inédit de vulnérabilité : son existence contre son essence. Les intellectuels français tiennent plus que jamais à l'essence. Mais ils doivent du coup prêter serment d'allégeance à l'« idéologie froide », selon le terme de Kostas Papaioannou [1] ; déclarer coupables Rajk et Slánský, nier l'existence de camps de concentration en U.R.S.S. [2], jurer qu'est en train d'y naître une « science prolétarienne », célébrer Staline comme un génie universel, etc. Le plaisir de la servitude volontaire s'épuise dans ces exercices successifs, dont l'histoire, par la bouche du Parti, ne cesse de renouveler les occasions.

Ici commence enfin entre l'occident et l'orient de l'Europe un malentendu profond dont nous ne sommes pas encore sortis [3]. L'idée communiste est à son zénith à Rome ou à Paris au moment où elle tend à n'être plus à Varsovie ou à Budapest que le masque de l'oppression russe. Né d'une philosophie occidentale, le communisme a régné à Moscou. Vainqueur de la guerre, il s'est étendu jusqu'à Leipzig et Prague. A l'est et au centre de l'Europe, son « idée » ne survit pas longtemps à son gouvernement, alors qu'à l'Ouest elle resplendit au contraire de la part qu'il a prise à la guerre contre Hitler, sans pâtir du despotisme qui s'installe à l'Est en son nom. Ainsi, imposé par la force des hommes et des choses, le rideau de fer entre les deux Europes existe-t-il aussi dans les esprits, mais non pas selon les lignes de l'affrontement des deux camps, séparant les communistes à l'Est et les anticommunistes à l'Ouest. Car, chez les nations de l'Europe centre-orientale, le crédit qui a été ouvert aux

---

1. K. Papaioannou, *L'Idéologie froide*, J.-J. Pauvert éditeur, coll. Libertés, 1967.
2. Je fais bien sûr allusion au célèbre procès gagné par Victor Kravchenko contre *Les Lettres françaises*, qui eut lieu du 24 janvier au 4 avril 1949. Voir Guillaume Malaurie, *L'Affaire Kravchenko, Paris, 1949, le Goulag en correctionnelle*, Robert Laffont, 1982.
3. Tony Judt, « The Past is Another Country : Myth and Memory in Post-War Europe », in *Daedalus*, vol. CXXI, n° 4, automne 1992.

communistes par les intelligentsias est en voie d'épuisement dès le début des années cinquante ; alors qu'en
Occident le plus gros des intellectuels, suivi d'une vaste
portion de l'opinion publique, continue à entourer le
communisme d'après-guerre du respect dû aux idées
qu'il est censé incarner. Vue de Paris, de Rome ou
d'Oxford, la validité universelle de la cause est indépendante de ce qui se passe à Varsovie, Prague ou Budapest.
D'ailleurs, l'intelligentsia occidentale s'est toujours flattée d'appartenir par élection particulière à une histoire
« plus universelle » que celle des Polonais, des Tchèques
ou des Hongrois : si bien que sans le savoir elle investit
aussi dans l'abstraction communiste un vieux complexe
de supériorité. C'est assez qu'elle ait dû consentir à partager son privilège d'universalité avec l'excentrique Russie. Pourquoi devrait-elle faire marche arrière devant des
Polonais nationalistes ou des Hongrois réactionnaires ?
    Abandonnées en 1938 aux Allemands par les accords
de Munich, laissées en partage à l'U.R.S.S. en 1945 par
ceux de Yalta et de Potsdam, les nations d'Europe centrale et orientale sont enfin oubliées en esprit par
l'Europe de l'Ouest, au point de perdre leurs noms dans
les désignations collectives tirées du répertoire soviétique : les « démocraties populaires », le « camp socialiste », ou encore « l'Est européen ». Ce troisième abandon n'est plus imposé par la force, comme les deux
premiers, mais obtenu par l'opium de l'idéologie, qui en
supprime tout simplement l'objet. Daladier avait su qu'il
lâchait la Tchécoslovaquie, et Churchill la Pologne. Les
intellectuels de l'Ouest n'ont plus à se poser la question,
puisque ces Etats et leurs voisins ne sont plus que des
points de repère sur la route du socialisme soviétique.
Sous sa forme extrême, cet aveuglement durera peu ;
mais il sera long à mourir.

*

    En s'installant au centre de la politique mondiale, la
guerre froide n'a donc que peu modifié — lentement, en
tout cas — les grands héritages d'idées de la politique
européenne. Grandie par la guerre et par la victoire,

l'image de l'Union soviétique n'a pas perdu, à les orner d'une puissance nouvelle, les attraits révolutionnaires d'une société socialiste. Le fantôme de Hitler lui offre encore une caution démocratique. Et Staline, en maréchal, un cortège de bons souvenirs.

Aux Etats-Unis, en revanche, le revirement antisoviétique de l'opinion publique après la guerre est si massif qu'il entraîne vite une de ces crises d'intolérance et de soupçon dont le populisme américain a le secret. Ce côté transatlantique de l'histoire de l'idée communiste n'est pas dans mon sujet ; mais, comme il n'est pas sans répercussions sur la situation en Europe, il mérite quelques commentaires.

Le communisme n'a jamais été puissant aux Etats-Unis, où le public mêle naturellement la libre entreprise à la liberté, comme un de ses éléments constituants. Pourtant, il avait poussé quelques racines dans les années trente, sous une forme assez timide il est vrai, un peu comme un ingrédient nécessaire à la « Weltanschauung » d'un bon « libéral », au mieux d'un « radical », c'est-à-dire, en termes européens, d'un militant de gauche [1]. La grande dépression avait mis à la mode l'idée d'une intervention de l'Etat dans l'économie, et l'avènement de Hitler en 1933 avait ramené l'attention une fois encore vers les tragédies de l'Europe, sous la forme de l'antifascisme : thèmes qui ont fait la fortune de Roosevelt, d'abord comme inventeur du New Deal, ensuite comme vainqueur de Hitler, mais qui ont permis aussi, à la gauche du « rooseveltisme », le développement relatif d'un Parti communiste de quelques dizaines de milliers de membres, polarisant l'attention des intellectuels newyorkais. C'est pourquoi on retrouve dans les Etats-Unis des années d'avant-guerre, en miniature, les traits particuliers de la politique communiste : un parti stalinien et unitaire, conspiratif et antifasciste, fait d'apparatchiks et d'idéalistes, les deux caractères n'étant pas toujours incompatibles. L'aspect miniature vient de ce qu'il n'a guère d'influence qu'autour de New York, et qu'en dehors

1. *Cf. supra*, p. 449-450.

d'une poignée de cadres syndicaux il ne touche qu'une classe moyenne d'immigration récente, souvent faite de Juifs d'Europe centrale et orientale, étudiants, professeurs, avocats, professionnels du show-business qui ont transplanté le légendaire bolchevik dans leur nouveau pays où il n'a pas de racines.

La période du pacte germano-soviétique a plongé le Parti communiste américain dans un isolement d'autant plus total que celui-ci a réagi en bon soldat du Komintern, passant du jour au lendemain de l'antifascisme à la « guerre impérialiste ». Mais l'attaque de Hitler de juin 1941 contre l'U.R.S.S. le remet dans le droit-fil de la politique rooseveltienne, plaidant désormais l'entrée en guerre des Etats-Unis, puis à grands cris, une fois celle-ci obtenue, l'ouverture d'un « second front » en Europe. Du petit Parti américain, ce sont les meilleures années d'un mauvais mariage avec les Etats-Unis, parce qu'il y puise sa force de ce qu'il n'est pas, s'appliquant à figurer la gauche du parti démocrate et prêchant plus fort que quiconque l'union nationale. Non que l'opinion publique soit devenue, même pendant la guerre, prosoviétique, moins encore procommuniste. Le parti républicain — la droite américaine en général — reste très anticommuniste : argument qui lui sert souvent à attaquer toute la politique du New Deal, l'alliance des libéraux et des syndicats avec les « rouges ». L'élection présidentielle de 1944 a été l'occasion de violentes attaques contre le président sortant sur ce thème. Pourtant, pendant la durée de la guerre, l'analogie entre Hitler et Staline, lieu commun de la presse américaine dans les années trente [1], a été mise un peu sous le boisseau au profit d'un jugement plus optimiste sur l'U.R.S.S., au moins quant à l'avenir. C'est la logique de la guerre, dont Roosevelt lui-même offre l'exemple, quand il pense que la victoire amènera Staline à libéraliser sa dictature : comment

---

1. L.K. Adler and T.G. Paterson, « Red Fascism : the Merger of Nazi Germany and Soviet Russia in the American Image of Totalitarianism, 1930's-1950's », in *American Historical Review*, art. cité, p. 1046-1049.

imaginerait-il que tout ce sang versé contre les armées de Hitler ne l'ait pas été au service de la liberté ?

Pourtant le conflit avec l'Union soviétique commence dès avant la fin de la guerre, à propos des nouvelles frontières européennes. Dans les derniers mois de Roosevelt déjà, et dès les premiers de Truman plus encore, le haut personnel diplomatique et militaire américain s'inquiète de ce qui s'annonce, et on voit réapparaître la comparaison Hitler-Staline [1], qui fait florès dans les années qui suivent. La connaissance du régime soviétique est à cette époque, aux Etats-Unis, assez élémentaire, et cette analogie sommaire lui sert un peu de substitut : ce qui ne va pas sans danger, puisqu'elle tend à faire de l'Union soviétique, en 1946 ou 1947, un agresseur aussi imminent qu'avait pu l'être Hitler en 1938 ou 1939, et qu'elle contribue à développer ainsi, sous prétexte de ne pas rééditer Munich, une psychose de guerre inévitable.

C'est donc au moment où le Parti communiste américain atteint son zénith — un petit zénith, quarante à cinquante mille membres —, juste après la guerre, que lui manque son sol nourricier. Il a complètement échoué à populariser l'idée communiste dans la société américaine, mais il a fourni un accompagnement local à l'alliance américano-soviétique. La rupture acrimonieuse de l'alliance l'isole même de la gauche du parti démocrate. Pis encore : Staline lui demande de renier ses belles années. Dès le printemps 1945, par l'intermédiaire de Jacques Duclos [2], il condamne sa politique opportuniste à l'égard du rooseveltisme et son oubli de la lutte des classes : politique qui va même devenir dans le répertoire des déviations le « browderism », du nom de l'ex-secrétaire général Earl Browder, exclu du Parti en février 1946 comme « social-impérialiste ».

Pourquoi Staline a-t-il choisi le petit Parti américain pour annoncer la reprise de la « lutte des classes », plus

---

1. « Red Fascism... », art. cité, p. 1051-1061.
2. La lettre de J. Duclos paraît dans la revue mensuelle du P.C.F., les *Cahiers du communisme*, en avril 1945.

de deux ans avant la création du Kominform et le grand
redéploiement de la guerre froide ? Le communisme
américain n'est pas puissant, comme le français ou l'italien, ni candidat au pouvoir ; aucun risque à l'affaiblir,
puisqu'il est faible. Surtout il tire son intérêt stratégique
de se trouver au cœur de l'impérialisme, dans la situation
nouvelle [1]. En ce qui le concerne, le tournant « à gauche », opéré dès après Yalta, et qu'accentuera l'alignement général de 1947, ne vise strictement que des objectifs de politique internationale. Le Parti n'en pratiquera
ni plus ni moins qu'avant la lutte des classes. Mais son
grand dessein sera de présenter à l'élection présidentielle
de 1948, au nom d'un « Progressive Party » dont il tire les
ficelles, un politicien prosoviétique, Henry Wallace,
ancien vice-président des Etats-Unis sous Roosevelt,
entre 1940 et 1944.

Mais le candidat ne réunit en novembre 1948 — en
pleine crise de Berlin — qu'un peu plus d'un million de
suffrages, et le nouveau parti ne constitue guère plus,
dans les années suivantes, qu'une façade légale pour les
communistes persécutés. Car il n'a réussi à mordre
sérieusement ni sur le mouvement syndical ni sur le gros
de l'opinion démocrate. Bien que son score de 1948 marque — relativement — le point culminant de son
influence, il reste étroitement « stalinoïde », ou encore
« libéral-totalitaire », selon des qualificatifs que
j'emprunte à un des observateurs les plus intelligents de
l'époque, prisonnier d'un amour malheureux avec
l'extrême gauche américaine, Dwight Macdonald [2].
L'intérêt qu'il conserve pour l'historien est de montrer

---

1. Je reprends ici l'argumentation de I. Howe et L. Coser, *The
American Communist Party. A Critical History*, Frederick A. Praeger,
New York, 1962, p.442. Interprétation comparable de l'alignement
précoce du Parti communiste américain sur des positions de guerre
froide, *in* Arthur Schlesinger Jr., *Origins of the Cold War*, art. cité,
p. 426-427.

2. Dwight Macdonald, *Memories of a Revolutionist. Essays in
Political Criticism*, Farrar, Straus and Cudaly, New York, 1957,
p. 202 : « What is Totalitarian Liberalism ? »(il s'agit de la republi-
cation d'un article d'août 1945, *in Politics*, la revue de D. Macdonald).

qu'à une échelle extraordinairement réduite la fascination exercée par le communisme, si puissante à l'époque à Paris et à Rome, existe aussi à New York, exprimée dans les mêmes termes. Wallace admire l'U.R.S.S. comme un grand chantier de l'avenir [1] et comme le grand allié d'hier. Il accuse Truman d'avoir trahi cette alliance pour remettre ses pas dans les traces des nazis, en utilisant contre les communistes des textes et des dispositions du temps de guerre, destinés à lutter contre la « cinquième colonne ». Le progressisme américain est pris aussi dans la tenaille du siècle, qui abolit l'espace entre communisme et fascisme.

Mais il va être écrasé sous le poids d'une autre simplification : celle qui a eu déjà ses plus beaux jours entre 1939 et 1941, et selon laquelle le fascisme et le communisme marquent seulement deux époques de la même menace contre la démocratie et la nation américaine. Hitler a été vaincu, mais Staline est plus puissant que jamais ; et plus directement redoutable que ne l'a jamais été Hitler avant la guerre, puisque son Empire ne se heurte plus qu'à l'Amérique. Le « fascisme rouge », pour reprendre une expression de l'époque, superpose à la monstruosité qu'a révélée le nazisme vaincu une présence que celui-ci n'avait pas eue. A l'intérieur même, plus encore que le nazisme, il a sa « cinquième colonne », à la fois publique et clandestine. Trop faible pour animer une politique, le petit Parti communiste américain est assez fort pour déclencher une « chasse aux rouges ».

---

1. Il est l'auteur du célèbre commentaire suivant, à la veille d'un voyage en Asie soviétique, comme vice-président, au printemps 1944 : « C'est avec un grand sentiment d'espoir que je pars à la rencontre de l'expérience sibérienne... Plus de quarante millions de gens ont remplacé les sept millions — la plupart prisonniers — qui y vivaient misérablement sous le régime du tsar. De sorte que les détracteurs de la Russie doivent se taire devant l'Asie soviétique d'aujourd'hui... Je visiterai les villes. Je sentirai la grandeur inséparable du travail intelligent de l'homme sur la nature », *in* D. Macdonald, *Henry Wallace, The Man and the Myth*, The Vanguard Press, New York, 1948, p. 103. (Traduit par mes soins.)

Le phénomène politique typiquement américain qui deviendra entre 1950 et 1954 le « maccarthysme [1] », du nom du sénateur américain qui en sera le grand inquisiteur, a ainsi sa préhistoire dans les deux dernières années du premier mandat Truman, et trouve son élan dans le ralliement du parti démocrate — la majorité de l'opinion libérale, les « minorités », les syndicats — à un anticommunisme de combat, extérieur et intérieur. Bien que les deux textes n'aient pas de relation explicite, la formulation de la « doctrine Truman » et le décret prévoyant de vérifier la « loyauté » des fonctionnaires fédéraux datent tous deux de mars 1947. Le second inaugure une dynamique par où les libertés constitutionnelles des citoyens américains seront menacées au nom de la défense de la Constitution : comme si la peur du communisme alimentait à nouveau, cette fois dans la démocratie libérale la plus unanime du monde, des passions idéologiques inverses et comparables à celles de l'adversaire détesté.

Le maccarthysme est lié d'abord à une découverte pathologique de la puissance. La guerre vient de se terminer. Les nations d'Europe centrale et orientale, où tant d'Américains ont des racines et même des souvenirs, sont vite cadenassées dans l'orbite soviétique, alors que la liberté de la Pologne a été défendue en vain par Churchill. L'Amérique découvre qu'elle seule fait équilibre, en Europe et ailleurs, à l'Union soviétique, devenue un système international. L'opinion publique n'y est pas habituée à une implication si impérative dans les affaires du monde. Elle réagit à cette situation nouvelle avec ambivalence et avec excès, par la crainte et par l'arrogance : crainte de la subversion, arrogance de la force.

Le premier sentiment traduit curieusement une intuition vraie de la nature de l'ennemi, mêlée à un sentiment faux de sa puissance. La hantise d'un complot contre la souveraineté du peuple apparaît dans toutes les crises de

1. D. Caute, *The Great Fear — The Anti-Communist Purge under Truman and Eisenhower*, Simon and Schuster, New York, 1978 ; R.M. Fried, *Nightmare in Red. The McCarthy Era in Perspective*, Oxford University Press, 1990.

la démocratie moderne. Dans l'Amérique de cette époque, elle rencontre une proie qui n'est pas entièrement imaginaire, puisque la conspiration est une des faces du communisme [1]. Mais pour le faire aussi menaçant qu'elle le croit, et assez redoutable pour justifier une mobilisation intérieure de salut public, il faut encore le revêtir de la force spectaculaire du mouvement dans le monde. Représentants de l'adversaire, les communistes américains, depuis si longtemps dénoncés par les républicains, deviennent dès 1949 plus que des espions actifs ou potentiels : des ennemis publics, forts des soutiens ouverts ou clandestins qu'ils se sont tissés au fil des ans. Conformément à la logique du genre, qu'aggrave le caractère massif du conformisme d'opinion aux Etats-Unis, l'accusation remonte à partir d'eux vers tous ceux qui, un jour ou l'autre, depuis les années trente, les ont suivis, ou écoutés, ou rencontrés. L'inquisition et la dénonciation traversent l'Amérique comme autant d'exercices de vertu.

Car la croisade anticommuniste est aussi une croisade du Bien. Les Etats-Unis d'Amérique ne sont pas une nation comme les autres, où une histoire partagée constitue le fondement du corps politique. C'est une collectivité d'immigrants européens dont l'identité nationale repose sur une idée de la liberté et de la démocratie. Voici que le XXᵉ siècle fait de cette idée non plus seulement l'arbre de vie à l'ombre duquel les Américains existent comme un peuple heureux, mais un trésor menacé dont ils peuvent seuls être les sauveurs. L'Amérique est née comme une terre bénie de Dieu. Elle a incarné au XIXᵉ siècle le paradis des pauvres. Le messianisme démocratique fait partie de son patrimoine, dans sa version religieuse et sous sa forme dégradée. Il donne à sa mobili-

---

1. Je laisse délibérément de côté cet aspect de l'histoire du communisme américain, riche de nombreuses affaires et d'une vaste littérature. Nul ne doute plus aujourd'hui que les délais rapides dans lesquels a été mise au point la bombe atomique soviétique ont été dus à des complicités en Occident. Bizarrement, le sénateur McCarthy, démagogue pervers, a eu une intuition de l'adversaire partiellement exacte.

sation contre le communisme un caractère d'appel du destin. La puissance formidable des Américains dans les affaires du monde leur est venue un peu par hasard, comme un produit de leurs performances techniques plus que par leur volonté explicite de domination ; quand ils la découvrent, ils l'ornent d'une mission dans laquelle ils enveloppent la *pax americana* de la seconde moitié du XXe siècle, et retrouvent agrandis à l'échelle du monde les secrets de l'*american way of life* : la religion, la démocratie, la libre entreprise, en face du communisme athée, despotique, collectiviste.

Le maccarthysme renouvelle ainsi cette violence anti-libérale qui a caractérisé dans l'histoire américaine beaucoup de mouvements populistes. Porteur des valeurs de la nation, le « peuple », obsédé par la trahison des élites, se rue vers les démagogues. Il retrouve la tradition « nativiste [1] », xénophobe, acharnée à traquer tout ce qui n'est pas « américain » en Amérique, tout ce qui ressemble au cosmopolitisme, et dont les intellectuels sont les fourriers presque naturels : la réalité sociale du communisme et du « progressisme » aux Etats-Unis offre une cible privilégiée à la passion anti-intellectualiste qui fait partie du fonds politique national [2]. Le caractère paradoxal de cette « peur des rouges » tient à ce qu'en transformant un adversaire extérieur en ennemi intérieur elle mobilise au service d'une politique extérieure interventionniste la tradition isolationniste de l'opinion américaine.

Chimie des passions politiques qu'a déjà fait voir la tradition révolutionnaire, que la droite américaine fait profession de détester : la Révolution française a justifié

---

1. Un des plus célèbres épisodes du *nativism* américain est le vaste mouvement d'opinion animé par les sociétés « évangéliques », et hostile à l'immigration catholique, qui s'est développé dans les années 1820-1830, autour de l'idée d'un complot papiste ayant pour but de conquérir les Etats-Unis par infiltration.
2. Richard Hofstader, *Anti-Intellectualism in American Life*, Knopf, 1963.

la Terreur, au moins en partie [1], par le danger aux frontières. La révolution soviétique a eu la hantise du complot et de l'agression « impérialistes » : vingt ans après Octobre, avec les procès de Moscou, Staline met encore en scène le grand théâtre de la conspiration, qui rouvre ses portes à Budapest et à Prague après la guerre. Le sénateur McCarthy puise au même fonds, mais dans un contexte démocratique : il n'en fabrique qu'une tyrannie provisoire. Lui manipule de vraies passions populaires, qui s'alimentent aux mauvaises nouvelles de l'étranger : le blocus de Berlin en 1948, la « perte de la Chine [2] » en 1949, la guerre de Corée en 1950. Parmi les citoyens américains qui crient à la trahison, beaucoup sont des nationalistes de l'intérieur, beaucoup ont été hostiles ou réticents à l'entrée en guerre des Etats-Unis, dans les années 1940-1941. Mais le contexte international, en imposant sa logique, les enrôle au service de l'Amérique puissance mondiale ; ils y rencontrent des libéraux plus éclairés, plus modernes, mieux informés ; aussi indignés qu'eux de la manière dont Staline a mis la main sur l'Europe centrale et orientale, aussi inquiets de la guerre en Extrême-Orient, ils ont pris la mesure des nouvelles contraintes liées à la situation de superpuissance, et ils assument l'anticommunisme de la guerre froide plus que celui de la « Commission des activités antiaméricaines [3] ». C'est dans cette dialectique que se forme la nouvelle idée de la mission américaine dans le monde, en même temps que l'accord sur une politique étrangère

1. J'introduis cette réserve dans la mesure où cette rationalisation de la Terreur se trouve davantage chez les historiens de la Révolution que chez les révolutionnaires eux-mêmes. *Cf.* M. Ozouf, « Guerre et Terreur dans le discours révolutionnaire, 1892-1894 », in *L'Ecole de la France, essais sur la Révolution, l'utopie, l'enseignement*, Gallimard, 1984.

2. L'interrogation « *Who lost China* ? » a constitué l'un des chefs d'accusation de la campagne du sénateur McCarthy contre les « traîtres » de l'intérieur.

3. Commission spéciale de la Chambre des représentants (« House Committee on unamerican activities »), dont l'existence date de 1938, mais qui est particulièrement active pendant les années du maccarthysme.

bipartisane. Elu en 1952 pour succéder à Truman, Eisen-hower en constituera le symbole par excellence, général en chef de la Seconde Guerre mondiale appelé à conduire en chef politique ce qui menace d'être la troisième ; réconciliateur de l'antifascisme et de l'anticommunisme ; prenant en charge, au nom du parti républicain, l'héritage international de Roosevelt, déjà aménagé par Truman. A ce bricolage synthétique des électeurs, le démagogue du Wisconsin ne résistera pas longtemps [1], incapable de faire durer l'hystérie du soupçon, et d'ailleurs victorieux dans sa bataille contre le communisme intérieur.

L'épisode tout entier montre une fois de plus à quel point la démocratie américaine, tissée des mêmes idées politiques que l'Europe occidentale, les déploie et les emploie à sa manière. Et la dénivellation de puissance qui existe désormais entre les nations européennes et les Etats-Unis ajoute au disparate des situations et à l'inégalité des volontés. Dans la bipolarisation de l'univers, les opinions publiques de l'Europe de l'Ouest ne sont pas très à l'aise. Celle-ci souligne leur déclin et leur peu d'inclination à payer le prix humain et matériel d'un vaste programme militaire : la protection américaine les en préserve et masque leurs velléités de renouer avec le pacifisme mou des années trente. Surtout l'idée démocratique n'y est pas facilement conçue sous la forme d'une croisade anticommuniste : non seulement parce que la guerre est toute proche, mais parce que l'Amérique de Truman semble avoir refait la démonstration que l'impérialisme, stade suprême du capitalisme, est inséparable de la dictature fasciste.

L'histoire ne fera pas au Kominform le cadeau d'une Amérique fasciste : au demeurant, il a fallu beaucoup d'ignorance de l'histoire des Etats-Unis pour penser le maccarthysme sous cette rubrique. Mais la démocratie

---

1. Le pouvoir de McCarthy sur les milieux politiques américains, et même sur le parti républicain, décroît à partir du début de 1954. Les méthodes d'intimidation du sénateur du Wisconsin sont l'objet d'un vote de censure du Sénat le 2 décembre 1954.

américaine reste trop capitaliste aux yeux des Européens pour ne pas être éternellement soupçonnable de cacher le règne de l'argent sous les mots de la liberté. L'avènement du leadership américain, fait de circonstance qui s'est inscrit dans une volonté, a coupé l'idée démocratique de toute filiation communiste. Mais la voici du coup liberté pure, affirmation quasiment religieuse de l'individu, donc séparée du social, et rendue vulnérable à la critique des droits formels par les droits réels. La croisade idéologique des Etats-Unis met clairement face à face, pour la première fois dans le siècle, communisme et démocratie, mais c'est au prix d'une épuration de l'idée démocratique où l'Europe ne retrouve pas sa tradition. A l'époque où l'intelligentsia américaine s'est massivement convertie à l'anticommunisme, la plupart des intellectuels européens ont du mal à entrer dans ses « raisons ». S'il leur faut payer la défense de la liberté contre Staline d'une bénédiction donnée au culte américain de la libre entreprise, comment accepteraient-ils facilement l'alternative ? Il leur est moins coûteux d'être antiaméricains qu'antisoviétiques — ou encore, de conserver le confort intellectuel d'une double critique qui renvoie dos à dos les deux adversaires. Encore ce double rejet n'a-t-il que les apparences de l'impartialité : car ce qu'il y a de mauvais en U.R.S.S. n'est pas attribué au système, mais aux circonstances, alors que c'est l'inverse aux Etats-Unis. Le philocommunisme de la guerre froide est de moins en moins protégé par l'antifascisme. Mais il garde plus que jamais l'alibi de l'anticapitalisme, sous la forme presque idéale que lui offre la superpuissance américaine.

On peut le mesurer par exemple au faible rayonnement politique — doublé d'un succès culturel ultérieur — rencontré par une initiative comme celle du « Congrès pour la liberté de la culture [1] », dans des pays comme la France et l'Italie et, à un moindre degré, l'Angleterre.

---

1. C'est à Berlin en juin 1950 que se tient le Kongress fur Kulturelle Freiheit qui inaugure en Europe le regroupement des intellectuels opposés au totalitarisme soviétique. En mars 1951 paraît la revue *Preuves*.

L'idée vient des Etats-Unis, où se sont regroupés, au printemps 1949, pour faire pièce à une manifestation « pour la paix » organisée à New York par les communistes, sous l'égide de noms prestigieux [1], un certain nombre d'intellectuels américains anticommunistes [2]. Presque tous sont des « libéraux » ou des « radicaux », indignés de ce que le Kominform renouvelle contre l'Amérique une campagne « antinazie ». Presque tous détestent le maccarthysme comme une dénaturation de la démocratie américaine.

Pour que cette initiative new-yorkaise passe au niveau international, il a fallu la rencontre entre le génie de l'organisation et la nostalgie de l'agit-prop, Irving Brown et Koestler : du Münzenberg posthume, retourné contre le communisme. Il s'agit de livrer sur un grand théâtre la bataille d'idées contre Moscou, à la manière dont l'homme du Komintern, avant la guerre, avait orchestré ses grandes manifestations pour la « défense de la culture [3] » : les mots sont presque les mêmes. D'ailleurs, les communistes n'ont pas perdu la main, et multiplient depuis le début de la guerre froide les initiatives de ce type [4].

Koestler a servi sous Münzenberg. Il est dévoré par la passion de refaire le parcours en sens inverse, au service de la vérité. Son personnage bohème et flamboyant, doublé d'un écrivain de premier rang, est trop littéraire pour

1. Albert Einstein, Charlie Chaplin, Paul Robeson, Leonard Bernstein, par exemple.
2. P. Coleman, *The Liberal Conspiracy. The Congress for Cultural Freedom and the Struggle for the Mind of Post-War Europe*, The Free Press, New York, 1989 ; E. Shils, « Remembering the Congress for Cultural Freedom », in *Encounter*, septembre 1990 ; S. Hook, *Out of Step*, Harper and Row, New York, 1987, chap. 26 et 27.
3. La plus célèbre de ces manifestations avait été la tenue à Paris, en 1935, du premier Congrès international des écrivains pour la défense de la culture, avec d'illustres participants : Gide, Malraux, Benda, Huxley, Heinrich Mann, Brecht, Dreiser, Pasternak, Babel, Ehrenbourg. *Cf. supra*, p. 468-470.
4. En septembre 1948 s'était tenu un vaste Congrès de la paix à Wroclaw, l'ancien Breslau, en Silésie polonaise ; suivi d'un second, à Paris, en avril 1949. Entre-temps il y avait eu la manifestation de New York en mars.

jouer un rôle prophétique ; pourtant, c'est lui qui donne
le ton à la première réunion du « Congrès » à Berlin,
enclave occidentale dans l'univers communiste, en juin
1950, aux premiers jours de la guerre de Corée. Un certain nombre de ceux qui l'entourent, nés comme lui au
début du siècle, sont comme lui d'anciens communistes,
rescapés de sa grande illusion et décidés à la combattre,
dans des styles différents : Silone [1] est plus un témoin,
Borkenau [2] davantage un combattant. Personne n'entend renier l'antifascisme, mais au contraire en prolon-
ger l'esprit dans la lutte contre l'autre ennemi de la
liberté. D'ailleurs, l'assemblée réunie à Berlin est impec-
cable sous ce rapport, à commencer par ses plus grands
noms : Dewey, Russell, Maritain, Croce, Jaspers, célèbres dès avant la guerre. Quant aux autres, ils sont aussi
plus à gauche qu'à droite, libéraux, comme Aron ou
Trevor-Roper, ou sociaux-démocrates, comme Carlo
Schmidt ou André Philip. Ce qui est plus vrai encore pour
les participants américains, dans la mesure où la gauche
peut s'y définir sans complexes à la fois comme anticommuniste et hostile au maccarthysme. Rares sont ceux qui
ont, comme James Burnham, des faiblesses pour le séna-

1. Secondo Tranquillo (1900-1978), dit Ignazio Silone, fut secrétaire des ouvriers agricoles des Abruzzes et opposant à la guerre. A
Rome, il devient secrétaire de la jeunesse socialiste (1919) puis
participe à la fondation du Parti communiste italien (1921). Exclu
en 1931, réfugié en Suisse, il écrit son premier roman, *Fontamara*,
qui connaît le succès. En 1938, il publie *L'Ecole des dictateurs*. En
1940, il rejoint le parti socialiste italien. Interné en Suisse en 1942,
il rentre en Italie en 1944 et est l'un des dirigeants du P.S.I. Il
collabore à de nombreuses revues : *Preuves, Témoins*, et fonde en
1955 *Tempo presente*, publiant également des essais inspirés par son
expérience politique, tels *Sortie de secours, Le Fascisme*.
2. Communiste jusqu'en 1929, Frank Borkenau (1900-1957) travaille ensuite à l'Institut für Sozialforschung (Institut de recherches sociales) de Francfort. Il se réfugie à Londres puis, après un
séjour au Panama, se rend en Espagne au début de la guerre civile.
En 1937, il publie *The Spanish Cockpit* (Faber & Faber). Plusieurs
de ses ouvrages ont trait au communisme: *European Communism*
(Faber & Faber, 1953) et *World Communism, a History of the Communist International*, préfacé par R. Aron (Ann Arbor, The University Michigan Press, 1962).

teur du Wisconsin. Un certain nombre a flirté, comme lui, avec l'extrême gauche trotskiste ou libertaire, d'où vient par exemple le syndicaliste américain Irving Brown, bouillant représentant en Europe de l'American Federation of Labour [1]. Bref, la réunion de Berlin rassemble tous ceux que détestent par préférence les communistes, dans une association de combat qui porte la signature des Etats-Unis [2].

Le « Congrès pour la liberté de la culture » trouvera au fil des ans une assise dans les milieux intellectuels d'Europe occidentale : en témoigne par exemple le succès international de ses remarquables entreprises éditoriales, *Der Monat*, la revue allemande, *Encounter*, l'anglaise, et *Preuves*, publiée à Paris. Mais le feu militant qu'ont voulu lui donner ses premiers activistes n'a guère duré que le temps du meeting berlinois. Ni les libéraux ni les socialistes ne sont faits pour les croisades ; et les invités d'Irving Brown ont conservé tout au long une liberté que n'avaient pas ceux de Münzenberg. Beaucoup d'entre eux, Trevor-Roper et Russell en tête, mais Silone aussi, se méfient du manichéisme koestlérien. Le moins qu'on puisse dire est que le climat intellectuel de l'Europe de l'Ouest n'y porte pas : en France et en Italie, l'anticommunisme tombe plus que jamais sous le soupçon d'être fascisant. L'Amérique maccarthyste offre son mauvais visage. Le « Congrès », qui installe son siège à Paris, et y organise un brillant festival musical et artistique en 1952, tombe dans un milieu hostile. Dans l'immé-

---

1. Irving Brown est un proche de Jay Lovestone, qui fut une des grandes figures du premier communisme américain dans les années vingt, et chef ensuite d'un groupe dissident, avant de devenir un antistalinien de choc.

2. Le financement du « Congrès pour la liberté de la culture » par la C.I.A., à travers des fondations relais, a été révélé par une série d'articles du *New York Times*, en avril 1966. Ce « scoop » tardif, confirmant une accusation communiste aussi vieille que l'association, a provoqué une crise interne qui a conduit à la dissolution du « Congrès » en septembre 1967. S'y est substituée une « Association internationale pour la liberté de la culture » qui a vécu jusqu'en 1979 sans jamais retrouver vraiment le crédit perdu. *Cf.* P. Coleman, *The Liberal Conspiracy...*, *op. cit.*, chap. 14 et 15.

diat, il a plutôt élargi que comblé le fossé qui sépare Paris et New York.

En réalité, dans ces années, la principale contribution intellectuelle à l'analyse du communisme viendra bien des Etats-Unis, mais indirectement. Elle s'inscrira en prolongement du courant de pensée antitotalitaire allemand des années trente, dont elle constitue la reprise élargie, dans le contexte d'après-guerre : Hannah Arendt publie son gros livre sur le « totalitarisme » en 1951. Juive allemande, chassée d'Allemagne en 1933, puis réfugiée de France aux Etats-Unis en 1941, elle y deviendra citoyenne américaine. Mais cette appartenance finale signifie avant tout que l'Amérique lui a offert le cadre politique où vivre comme citoyenne, libre et déracinée. Délibérément « moderne », coupée de la tradition, elle n'est plus ni allemande ni juive, et passionnément les deux [1]. Il n'y a rien chez elle de plus profond que ses relations tendres et passionnées avec la « *Kultur* », qui datent de ses années d'étudiante, quand elle apprend la philosophie avec Heidegger et Jaspers [2]. Elle gardera toute sa vie le mépris, enseigné par ses maîtres, de l'« homme de lettres » français, brillant, talentueux, plein d'idées, mais sans âme, indifférent à la vérité. Mais elle s'intéresse aussi au sionisme, par haine de la psychologie du Juif assimilé, si désireux d'être intégré à une société antisémite. Hitler l'a condamnée au destin juif : parvenue ou paria. Elle en déteste la première version, et s'inscrit dans la seconde, qui conduit son existence dans la bohème des émigrés allemands à Paris et à New York. Elle y rencontre l'homme de sa vie, Heinrich Blücher, autre paria, mais venu du bolchevisme, puisque c'est l'ex-alter ego de Brandler, le grand vaincu de l'Octobre allemand en 1923.

1. C'est ainsi qu'elle caractérise Walter Benjamin dans le portrait qu'elle en fait (in *Men in Dark Times*, Harcourt, Brace and World, 1968, p. 193-206). Mais ces traits lui appartiennent aussi bien.
2. E. Young-Bruehl, Hannah Arendt, *For Love of the World*, Yale University Press, New Haven et Londres, 1982. *Cf.* chap. 2, « The Shadows ».

Au milieu de l'indifférence de l'époque au malheur juif, elle tranche au contraire par la passion qu'elle met à le partager, le combattre et le comprendre. Elle ne sera jamais, en rien, modérée. Les Juifs allemands, personne ne les écoute à Paris avant la guerre, de peur qu'ils n'entraînent la France dans la guerre. Hannah Arendt y travaille pour des organisations sionistes. Mais d'un premier voyage en Palestine, en 1935, elle rentre incertaine sur le sens général de l'entreprise, admirant l'énergie des colons, effrayée par le conformisme social qui règne dans les kibboutz, englobant même le nationalisme juif dans la haine qu'elle porte aux Etats-nations. Au début de la guerre, à New York, elle se bat pour que se crée contre Hitler une armée juive, avec ce sens des idées impraticables qui ne la quittera jamais : elle voudrait que cette armée soit indépendante des partis et des notables du sionisme, alors que les Juifs américains ne peuvent faire leur un pareil projet sans passer pour de mauvais Américains, pour ne rien dire de l'hostilité qu'une initiative de ce genre susciterait chez les Anglais. Au moins est-elle l'une des premières voix, dès le début de 1943, à alerter l'opinion sur la tragédie des Juifs européens. Mieux que personne, elle comprend la dimension effrayante, inédite, de ce qui se passe dans cette Allemagne dont elle habite encore en esprit la langue et la poésie : comme si une apocalypse des Juifs massacrés par un peuple auquel une partie d'elle-même appartient si fort la désignait pour en être le prophète. Elle a cru quitter l'Allemagne à tout jamais. Elle en reste le témoin, après en avoir été l'enfant [1]. Ce centre de gravité existentiel forme la toile de fond de ses rapports tumultueux avec le sionisme.

L'idée du livre qui deviendra « Les origines du totalitarisme » naît précisément en 1943, comme un projet pour tenter de penser *l'inutilité* des massacres de Juifs. D'abord incrédule devant les affreuses nouvelles d'Europe, Arendt se rend à l'évidence au début 1943.

---

1. Rien ne le fait mieux comprendre que sa longue correspondance avec K. Jaspers après la guerre. H. Arendt et K. Jaspers : *Correspondence 1926-1969*, Harvest Book, New York, 1993.

Pourquoi était-elle incrédule ? Parce que, alors que les guerres mettent normalement aux prises des ennemis, « cela [les massacres de Juifs] était d'un autre ordre. C'était comme si un abîme s'était ouvert [1] ». Le talent d'Arendt se situe au confluent de l'actualité et de la philosophie ; il est fait d'une capacité d'interroger l'événement avec plus de profondeur que le journaliste. La question posée par la dictature de Hitler, derrière l'horreur du régime, est celle de sa nouveauté. Le mystère du nazisme tient à ce qu'il n'a pas de précédents, soit dans l'histoire elle-même, soit dans les typologies politiques des grands auteurs. Comment le penser [2] ?

Aucune des « causes » qu'on peut imaginer lui assigner ne peut par définition le contenir, puisqu'elles le réduiraient à ce qui l'a précédé. Il s'agit plutôt de cerner

---

1. Interview d'H. Arendt par Günter Gaus, 28 octobre 1963. Cité par E. Young-Bruehl, *op, cit.*, chap. 5, p. 184-185.

2. La question est posée, on l'a vu (*cf. supra*, chap. 6, p. 261-272), dans la réflexion politique européenne, notamment en Allemagne et en France dès les années trente. Mais elle l'est aussi dans la science politique américaine, avant la guerre. Je n'en veux pour preuve qu'un colloque universitaire, tenu en 1940, sous les auspices de l'American Philosophical Society, sur le sujet de « L'État totalitaire ». La plupart des contributions à ce colloque sont d'excellente qualité et anticipent des idées qu'on attribue le plus souvent soit à Franz Neumann, soit à Hannah Arendt, bien que les noms de leurs auteurs ne soient pas passés à la postérité. La dernière communication dudit colloque, présentée par un professeur de Columbia, J.H. Carlton Hayes, s'intitule : *La Nouveauté du totalitarisme dans l'histoire de l'Occident*. Elle englobe l'Allemagne de Hitler et l'U.R.S.S. de Staline. Je n'ai trouvé nulle part dans les livres d'Arendt de référence à cette publication, dont on ne peut savoir si elle l'a lue. *Cf. Proceedings of the American Philosophical Society*, vol. LXXXII, Philadelphie 1940, p. 1 à 103, « Symposium on the Totalitarian State ».

Dans le même ordre d'idées, voir aussi l'ouvrage de Frank Borkenau : *The Totalitarian Enemy*, Faber and Faber, Londres, 1940. La préface du livre, datée du 1er décembre 1939, indique que la comparaison du nazisme et du communisme est rendue indispensable par le pacte germano-soviétique. Certains éléments de l'analyse de Borkenau (le nihilisme moral des deux systèmes, le rôle de la dissolution des classes sociales, par exemple) se retrouvent dans Arendt. *Cf.* Robert A. Skotheim, *Totalitarianism and American Social Thought*, Holt, Rinehart and Winston, 1971.

ses « origines », et le terrain sur lequel ses différents
éléments se sont développés. Arendt tient un premier
grand coupable : l'État national, tel que l'histoire européenne l'a fait voir, et en a obsédé les esprits depuis le XVIᵉ
siècle. Son apogée coïncide avec les débuts de sa pathologie, dans la deuxième moitié du XIXᵉ. Ce qu'elle aime
dans l'histoire américaine, c'est que l'État fédéral y est
détaché de l'idée de nationalité : au moins est-ce l'idée un
peu simple qu'elle s'en fait, qui permet, en l'absence d'un
vrai État national, et d'une tradition du même ordre,
l'exercice républicain de la liberté. Au contraire,
l'Europe de la fin du XIXᵉ siècle fait voir les États-nations
aux prises avec des problèmes qu'ils ne peuvent résoudre : l'antisémitisme, réaction chauvine à la « question
juive » que l'assimilation n'a pas réglée ; l'impérialisme,
forme nationaliste de l'universalisation du monde.
L'État nazi a constitué une réponse à la fois criminelle et
folle à ces défis surgis dans les années 1880 du dernier
siècle.

De là sont issus les différents plans que Hannah Arendt
donne à son entreprise entre 1944 et 1946, et qui obéissent à la séquence suivante — désagrégation de l'État
national — antisémitisme — impérialisme — impérialisme raciste (nazisme). Elle s'inspire, sans toujours le
dire, d'auteurs, émigrés allemands comme elle, qui ont
été les premiers historiens de l'État nazi : Frank Borkenau [1], et plus encore Franz Neumann, dont le *Behemoth* [2] est paru en 1942. Le terme « impérialisme
raciste » (*race-imperialism*), pour désigner le nazisme,
est de lui ; et son livre a constitué, jusqu'à aujourd'hui,
l'étude documentaire classique des stuctures de l'État
nazi. La nouveauté, dans l'élaboration du livre d'Arendt,
provient de l'apparition du mot « totalitarisme », dans la
dernière version du plan, au début de 1947 : antisémitisme — impérialisme — totalitarisme. Avec le mot appa-

1. *Cf. supra*, p. 698.
2. F. Neumann, *Behemoth. The Structure and Practice of National
Socialism, 1933-1944*, Oxford University Press, 1942, rééd. 1994.
Trad., *Behemoth. Structure et pratique du national-socialisme, 1933-
1944*, Payot, 1987, coll. Critique de la politique.

raît ou plutôt réapparaît la comparaison des années trente, devenue presque taboue depuis 1945 : la mise en rapport des deux totalitarismes du siècle, l'Allemagne nazie et l'Union soviétique.

De là vient le caractère décousu du gros livre qui paraît en 1951 [1]. Les deux premières parties concernent l'antisémitisme et l'impérialisme. Elles ont été écrites — et partiellement publiées, sous forme d'articles — entre 1944 et 1946, à l'époque où l'auteur n'avait dans l'esprit que de retracer les origines du nazisme. Non qu'elles concernent uniquement l'histoire de l'Allemagne : il s'agit plutôt de l'Europe en général, et des courants souterrains mais massifs qui ont conduit au déclin de l'Etat-nation, toile de fond de la catastrophe allemande. Par exemple, l'antisémitisme moderne, inséparable chez Arendt de l'assimilation préalable des Juifs dans le cadre dudit Etat-nation, se manifeste avant tout dans l'Allemagne et la France du XIXe siècle. L'impérialisme, lié à la volonté d'expansion sauvage de la bourgeoisie, et conduisant à la domination pure de l'homme sur l'homme, en l'absence de tout corps politique défini, est avant tout un phénomène européen. L'alliance politique « de la populace (*mob*) et du capital » qu'il produit, cimentée par une idéologie raciale, Arendt la repère en France, avec l'affaire Dreyfus, dans l'Angleterre victorienne, avec l'idée de la supériorité raciale des colonisateurs, répandue à travers l'Empire britannique ; enfin sous sa forme continentale, dans les mouvements pangermaniste et panslaviste. Dans ce dernier cas, la crise de l'Etat-nation atteint son point extrême, puisque ses partis traditionnels, et même sa légitimité sont mis en cause au nom d'une idée raciale plus vaste que lui, et qu'il est

---

1. Hannah Arendt, *The Origins of Totalitarianism*, New York, Harcourt, Brace, 1951. Cette édition sera suivie de plusieurs autres, 1956, 1966, 1968, 1973, généralement augmentées de préfaces nouvelles. L'ouvrage sera publié en France tardivement, et par morceaux : *Le Système totalitaire*, Le Seuil, 1972 ; *Sur l'antisémitisme*, Calmann-Lévy, coll. Diaspora, 1973 ; *L'Impérialisme*, Fayard, 1982. Voir aussi Hannah Arendt, *La Nature du totalitarisme*, Payot, Bibliothèque philosophique, 1990.

accusé de trahir. Reste que, s'il est facile, et même nécessaire, de mettre en rapport pangermanisme et nazisme, la liaison implicite que l'auteur suggère entre panslavisme et communisme soviétique apparaît au moins arbitraire.

En réalité, il y a deux livres à l'intérieur du livre. Le premier concerne bien les origines du « totalitarisme », mais il n'a guère en vue que le nazisme, puisqu'il n'examine que l'apparition de l'antisémitisme moderne et des idéologies de supériorité raciale. Le deuxième — qui est fait de la troisième partie, écrite plus tard, en 1948-1949 [1] — renoue au contraire avec la tradition ouverte dès 1934 par Waldemar Gurian, qui est d'ailleurs son ami [2] : elle entreprend une comparaison systématique entre régime hitlérien et régime stalinien. Non seulement le sujet, mais l'appareil conceptuel est différent. Dans les deux premières parties, Arendt fait grand usage de la tradition marxiste social-démocrate, de Hilferding à Neumann : de là l'inscription du racisme dans l'universalisation du monde par le capital. Dans la troisième partie, au contraire, la polémique antilibérale et antibourgeoise fait place à une dénonciation analytique des appareils et des idéologies « totalitaires » de droite et de gauche. Le rôle du capital disparaît. La « populace » déracinée et déshumanisée qui figure chez Arendt le contraire de la citoyenneté libre peuple aussi bien la Russie stalinienne que l'Allemagne nationale-socialiste, bien que l'argent n'ait pas été la source de sa dissolution. La comparaison est prise sous un autre angle [3].

L'époque des camps de concentration n'est pas terminée : telle est l'intuition centrale qui sert de base à la comparaison des deux totalitarismes. Par cette porte de

---

1. C'est ce qu'on peut conclure de la correspondance de Hannah Arendt avec Karl Jaspers, dans laquelle elle parle à plusieurs reprises du travail sur son manuscrit.

2. *Cf. supra*, p. 338-344.

3. *Cf.* André Enegren, *La Pensée politique de Hannah Arendt*, P.U.F., 1984, ou encore, « Hannah Arendt, 1906-1975, Les Origines du totalitarisme, 1951 », in *Dictionnaire des œuvres politiques*, Ed. François Châtelet, Olivier Duhamel, Evelyne Pisier, P.U.F., 1986.

la douleur, l'auteur européen qui a été le plus tôt le plus frappé par le martyre des Juifs est aussi celui qui est capable d'entrer dans la tragédie d'autres peuples, à commencer par celle des Russes. L'indifférence au malheur russe est si universelle, au XXe siècle, que cette exception en prend davantage de relief. A l'époque, la littérature sur les camps — des deux bords — est dans son enfance. Arendt a lu les livres de David Rousset [1], *Der SS Staat* d'Eugen Kogon [2] ; de plus, un mémoire anonyme sur les camps russes, *The Dark Side of the Moon* ,[3] et sans doute les débats du procès Kravchenko, à Paris [4]. A ses yeux, l'existence d'une vaste population déracinée, privée de droits, soumise à l'arbitraire absolu du pouvoir, et traitée comme un objet d'expérimentation sociale, constitue le trait distinctif des sociétés totalitaires, parce que jamais vu encore dans l'histoire. Dieu sait qu'y ont paru, à toutes les époques, des despotismes, des tyrannies, des dictatures. Mais l'horreur totalitaire est neuve dans la mesure où, accomplie par l'homme, elle sort pourtant de l'ordre humain par la négation absolue qu'elle en constitue. Sans rien de repérable, dans la panoplie des passions, qui puisse être rapporté à son apparition, elle n'a pas reçu de nom dans la tradition philosophique ou politique.

Son berceau est la démocratie moderne, ou plutôt cette forme dégradée de la démocratie où la société n'est plus qu'un agrégat d'individus isolés les uns des autres, privés non seulement du lien civique, mais même des solidarités de classe, et n'ayant plus pour les unir que la pure force du nombre, autour d'émotions élémentaires,

1. D. Rousset, *L'Univers concentrationnaire*, Le Pavois, 1946 ; rééd. U.G.E., 1971. *Les Jours de notre mort*, Le Pavois, 1947, coll. Le Chemin de la Vie ; rééd. U.G.E., 1974.

2. E. Kogon, *Der SS Staat, Das System der deutchen Konzentrationlager*, Francfort, 1946. Trad. américaine Farrar Strauss, New York, 1950 : *The Theory and Practice of Hell ; The German Concentration Camps and the System behind them* ; trad. française : *L'Enfer organisé*, La Jeune Parque, 1947 ; rééd. : *L'Etat SS*, Le Seuil, 1970.

3. *The Dark Side of the Moon*, préface de T.S. Eliot, New York, 1947.

4. *Cf. supra*, p. 684.

investies sur un démagogue. C'est le terme pathologique de l'individualisme bourgeois, retourné en violence anti-bourgeoise. La politique n'y existe plus que sous la forme primitive d'un besoin d'unité ; patrie du citoyen, lieu naturel de la liberté, elle est devenue l'instrument d'un asservissement sans exemple, non seulement consenti, mais réclamé à grands cris. Une fois instaurée par les masses, la dictature totalitaire consolide le terrain sur lequel elle s'est élevée, en ôtant à la société tout ce qui pourrait lui rester de moyens d'autonomie. Hitler a détruit les Länder, les partis, l'aristocratie, les associa-tions indépendantes ; à ce qu'il n'a pas détruit, il a super-posé l'appareil du parti unique. Staline, lui, héritier d'un régime où est proscrite la propriété privée, a pu liquider même la paysannerie, pour ne rien dire des classes, des partis et du reste : le Parti bolchevique règne souverain sur une plèbe universelle d'individus atomisés. Mais les deux régimes jouissent jusqu'à la fin de leur appui envoûté et terrorisé tout ensemble.

Ce par quoi l'homme de la démocratie de masse abdique son destin aux mains du Guide est donné par l'idéo-logie [1]. Le terme ne désigne pas chez Arendt un ensemble d'idées et de représentations partagées par telle société ou telle époque, mais un système fermé d'interprétation de l'histoire qui dénie tout sens à l'action créatrice de l'homme. Dans la société totalitaire, l'ordre n'est plus organisé par des conventions qui règlent les rapports sociaux ou politiques, en fonction d'une loi naturelle ou de principes philosophiques dont elles sont dérivées. La loi de cette société ne fait qu'un avec celle de l'histoire, abolissant tout écart avec son fondement, et n'ayant d'autre objet que d'épouser à chaque moment le sens du

---

1. Bien que l'idée se trouve déjà dans l'édition de 1951 des *Ori-gins*, l'analyse la plus précise d'Arendt sur le caractère « idéologi-que » des régimes totalitaires paraît deux ans après, dans le numéro de juillet 1953 de la *Review of Politics*, sous le titre : « Ideology and Terror. A Novel Form of Government ». Le texte, présenté d'abord sous forme de conférence à l'université de Notre-Dame, formera le treizième et dernier chapitre de la réédition de 1958 des *Origins*. *Cf.* Young-Bruehl, *op. cit.*, chap. 6, p. 251.

mouvement historique, dont le Parti et, à l'intérieur du
Parti, le Guide sont les interprètes. Aussi la Terreur est-
elle son instrument naturel. Elle n'est pas circonstancielle, comme dans la tyrannie, mais essentielle, totale,
couvrant le domaine entier des lois politiques et des lois
civiles que l'histoire ne distingue pas dans sa marche à
l'homme nouveau. Elle est moins destinée à briser des
oppositions, rapidement inexistantes, qu'à les inventer
pour en faire l'illustration de son cours. Acharnée à
conjurer la division du corps social, et à abolir jusqu'à
l'espace le plus privé qui sépare les individus, elle est
exercée au nom de tous, par tous, sur tous, seule force de
la Loi dans ce monde sans lois. Les camps de concentration dévoilent l'essence du totalitarisme [1].

Ainsi va ce livre important, et pourtant écrit à la diable,
fait de pièces et de morceaux, étiré sur trop d'années, mal
composé ; commencé pour analyser le nazisme et fini sur
une théorie politique mieux ajustée au communisme ;
affirmant la nouveauté radicale du phénomène totalitaire, tout en consacrant plus de la moitié de l'ouvrage à
une recherche des origines, bornée d'ailleurs au côté
allemand ; mêlant comme Neumann la vieille critique de
la démocratie de masse à la généalogie capitaliste du
fascisme, tout en renouant avec l'inspiration de Gurian

---

1. La première discussion approfondie, en Europe, du livre de
Hannah Arendt est conduite par Raymond Aron : « L'Essence du
totalitarisme », *Critique*, 1954 (étude reprise pour l'essentiel dans
« Raymond Aron. Histoire et politique », *Commentaire*, p. 416-
425). Raymond Aron devait revenir sur la question dans des cours
à la Sorbonne publiés sous le titre *Démocratie et totalitarisme*,
Gallimard, 1965. Il admet les similitudes de fait des deux régimes
hitlérien et stalinien, sans accepter d'en faire deux versions d'un
même genre, puisqu'ils diffèrent sur le plan de l'intentionnalité
éthique.
Sur ce qui sépare Hannah Arendt et Raymond Aron en matière
d'épistémologie de la connaissance historique : Luc Ferry, « Stalinisme et historicisme. La critique du totalitarisme stalinien chez
Hannah Arendt et Raymond Aron », in *Les Interprétations du stalinisme*, Ed. Evelyne Pisier-Kouchner, P.U.F., 1983, p. 226-255.
Sur l'accueil fait en Occident au concept de « totalitarisme », *cf.*
Pierre Hassner, « Le totalitarisme vu de l'Ouest », in *Totalitarismes*,
Ed. Guy Hermet, Economica, 1984.

sur l'inhumanité fondamentale des régimes « idéologiques », sans y opposer comme lui la transcendance divine [1]. Confus, péremptoire, contradictoire, le livre fait pardonner pourtant sa longueur et ses détours par la sombre violence qui l'habite tout entier et par l'éclat de sa troisième partie. On y entend la sombre cantilène de l'après-guerre, les crimes allemands, le génocide juif, les catastrophes de la liberté, les camps soviétiques survivant aux camps nazis, et la guerre à la guerre. Antinazie, antibourgeoise, antisoviétique, et même antisioniste, Arendt assume avec une violence provocatrice la figure du paria. Et l'époque donne un dernier coup de main à son personnage en confisquant, au moins provisoirement, « sa » République américaine, intimidée par un démagogue, et tombée elle aussi sous la coupe de la « populace ».

Déracinée de tout, Hannah Arendt n'est pas plus un écrivain politique de la guerre froide qu'un auteur de « droite » ou de « gauche ». Elle approuve la politique étrangère américaine, tout en détestant le maccarthysme ; elle n'est pas allée à Berlin en juin 1950 ; elle se veut « radicale », au sens américain du terme, tout en mettant le communisme soviétique au ban de l'humanité. C'est qu'elle a une ambition d'un autre ordre, qui est de penser l'expérience politique du XXe siècle. Aux Etats-Unis, la discussion sur le régime soviétique s'emboîte dans celle du régime nazi, qui a déjà ses lettres de noblesse. Elle s'appuie sur un essor de l'histoire russe et soviétique dans les grandes universités [2]. Dès mars 1953, deux ans après la publication du livre d'Arendt, se tient à Boston un colloque universitaire consacré au « totalitarisme », qui sera suivi par bien d'autres. Placé sous la présidence de Carl Friedrich , il ne réunit pas la droite

1. Pour Gurian, de même que pour Eric Voegelin, autre philosophe allemand émigré, le totalitarisme est le produit de l'athéisme moderne, plus que d'un processus socio-politique. *Cf.* la discussion Arendt-Voegelin, dans la revue de Gurian, *The Review of Politics*, 1952, XV. Quant à Gurian, voir sa contribution au colloque sur le totalitarisme, organisé en mars 1953 à Boston, « Totalitarianism as Political Religion », *in* C.J. Friedrich (éd.), *Totalitarianism*, Harvard University Press, 1954, p. 119-129.

2. Notamment à Harvard.

intellectuelle américaine, mais plutôt la gauche, et se situe délibérément en dehors de l'anticommunisme hystérique du moment. D'ailleurs Hannah Arendt y assiste et y intervient, sans toutefois y présenter de rapport. Mais la troisième partie de son livre est souvent citée et discutée. Car, si tous les participants sont d'accord pour accepter l'extension du concept de « totalitarisme »à l'Union soviétique, ils se bornent à l'analyse des régimes une fois constitués, sans entrer dans la question de leurs « origines ». Comme le dit Friedrich, dans une formule heureuse, qui justifie et borne à la fois la comparaison Hitler-Staline :« Les sociétés totalitaires sont fondamentalement comparables, et elles sont chacune historiquement uniques ; pourquoi elles sont ce qu'elles sont, nous ne le savons pas [1]. » Leurs « antécédents » particuliers, qui n'ont rien du caractère inévitable d'une causalité, ont finalement conduit, à travers les hasards de l'histoire, à des sociétés qui se ressemblent. Mystère qui rend l'idée totalitaire indispensable et difficile à penser.

La gauche intellectuelle européenne, si on la prend dans son ensemble, ne s'y essaie même pas [2]. Elle est antifasciste, elle n'est pas antitotalitaire. La formule d'Orwell est plus juste que jamais au moment où le vieux gauchiste rebelle publie son *1984*, en 1949 [3]. C'est l'histoire elle-même qui va donner à la question de Hannah Arendt un éclat inévitable, avec la mort de Staline et l'ouverture de sa succession.

---

1. C.J. Friedrich (éd.), *Totalitarianism. Proceedings of a Conference Held at the American Academy of Arts and Sciences*, mars 1953. Harvard University Press, 1954. Carl J. Friedrich (1901-1984), né en Allemagne, émigra aux Etats-Unis en 1922, où il fut naturalisé en 1938. Professeur de science politique à Harvard, il fut après la guerre un des animateurs de la recherche sur l'Allemagne nazie et sur le totalitarisme.

2. La plus éclatante exception à ce conformisme si répandu est, bien sûr, Raymond Aron. Le philosophe des limites de la compréhension historique est aussi l'écrivain politique qui a possédé la plus vaste capacité analytique dans l'intelligence de l'époque. *Cf.* Nicolas Baverez, *Raymond Aron, op. cit.*

3. George Orwell, *1984*, Londres, Secker et Warburg, 1949.

12

LE COMMENCEMENT DE LA FIN

Raymond Abellio a fait de la mort de Staline un événement d'ordre astral. « La mort de Staline, écrit-il dans
La Fosse de Babel, se produisit en mars 1953, sous la
conjonction de Saturne et de Neptune. Par cette mort, la
Russie perdait bien plus qu'un chef hiératique, elle aban-
donnait la prêtrise cachée qu'elle exerçait jusque-là sur
les masses en marche. Et de même que jadis, aux Indes,
les veuves et les serviteurs du roi étaient jetés en holocauste dans le bûcher funèbre, les cadavres des ouvriers
de Berlin-Est, déchiquetés le 17 juin suivant par les tanks
russes, accompagnaient le cercueil du dernier dictateur
d'Europe, pour marquer la fin du règne et la scission des
temps [1]. »

La scission des temps, n'exagérons pas, l'Union soviétique survivra à Staline. Mais la fin d'une époque, certainement. La mort du Guide fait voir une fois de plus le
paradoxe d'un système prétendument inscrit dans les
lois du développement social, et dans lequel tout dépend
tellement d'un seul homme que, cet homme disparu, le
système a perdu quelque chose qui lui était essentiel.
Dans l'espèce de panique collective qui accompagne ses
funérailles à Moscou, et qui fait plusieurs centaines de
morts, on peut deviner cette double angoisse sur le passé

1. Raymond Abellio, *La Fosse de Babel*, Gallimard, 1962, p. 15,
rééd. coll. L'Imaginaire.

et sur l'avenir. Car la mort de Staline n'est pas la mort de Hitler. Le dictateur allemand, qui s'est inventé lui-même en même temps que son régime, s'est suicidé une fois vaincu, sans rien laisser après lui, que des ruines. Au contraire, Staline était un héritier, un vainqueur, un fondateur d'Empire ; il est mort plus puissant qu'il n'a jamais été, quelques années après avoir été fêté, lors de son soixante-dixième anniversaire, comme un génie universel.

Successeur de Lénine, il était enveloppé dans la gloire du fameux prédécesseur. Il n'avait pas été le seul prétendant à cette filiation, mais, l'ayant conquise par la ruse et par la force, il en avait fait un titre presque incontesté, éclipsant ses rivaux de son formidable pouvoir avant de les réduire par l'assassinat et par l'exil, ou les deux ensemble, comme dans le cas de Trotski. D'ailleurs son droit à la succession repose sur du solide. Le parti unique, l'idéologie bolchevique, la terreur, la police politique sont des héritages léninistes. Lui les a liés en système de gouvernement « asiatique », qu'il couronne par l'extermination de la paysannerie comme « bourgeoise » : si bien qu'il peut aussi bien qu'un autre se réclamer de l'idée originelle. Aussi bien, et peut-être mieux : car son principal atout est d'avoir fait simplement durer ce régime si peu fait pour durer ; d'en avoir prolongé, et même relancé, l'illusion révolutionnaire tout en le constituant en chaîne d'autorité primitive, mais obéie. Trotski, trop homme de lettres pour ce qu'il avait de terroriste, eût presque sûrement fait naufrage. Le gentil Boukharine eût dilapidé le trésor de famille dans un retour bien tempéré vers le capitalisme. Lui a fait fructifier l'héritage, en lui superposant son génie politique propre, domptant l'un avec l'autre.

Ensuite, il a gagné la guerre, transformé l'Union soviétique en Empire et en superpuissance, et donné à l'idée communiste un rayonnement sans précédent. Son gouvernement y a trouvé la respectabilité que donnent la victoire et la force ; son personnage est l'objet d'une révérence universelle, craint partout, même chez ceux qui l'idolâtrent. L'Etat soviétique a trouvé une assiette plus régulière. Non qu'il soit moins arbitraire ou moins despotique, non que la répression de masse ait cessé, puisqu'elle a repris au contraire : mais la tribune du Kremlin fait voir les mêmes dirigeants à chaque anniversaire d'Octobre, et la machinerie bureaucratique possède un vernis « moderne » que n'avait pas avant la guerre un parti tout-puissant et pourtant soumis à une décimation systématique par un groupe changeant d'affidés autour d'un chef de bande imprévisible.

Ainsi, tout pouvait porter à croire qu'au jour de la disparition de Staline la transmission du pouvoir soviétique se passerait de manière moins dramatique, et moins conflictuelle, qu'après la mort de Lénine. D'ailleurs, la situation extérieure de l'U.R.S.S. en faisait obligation aux successeurs. Pourtant Staline ne s'en préoccupe pas. A aucun moment n'apparaît dans les dernières années de son règne le moindre souci d'organiser sa succession. Sa seule obsession est de conserver son pouvoir et d'abord sa vie, en déjouant les complots que sa méfiance paranoïaque ne cesse de présenter à son imagination. Dans sa vieillesse de potentat, il a gardé les habitudes du conspirateur et de l'aventurier, renforcées par celle du pouvoir absolu : vivant entouré de gardes et de soldats, ne parlant quasiment plus en public [1], changeant de résidences et d'itinéraires, faisant goûter par d'autres, avant de manger, les plats qui sortent de sa propre cuisine. Même son entourage le plus proche, et le plus ancien, qu'il soit politique ou familial, n'échappe pas à ses soupçons [2]. Le fidèle des fidèles, Molotov, dont la femme est déjà arrêtée, apparaît comme la prochaine victime. La dénonciation du complot des médecins

---

1. Il ne fait qu'une brève intervention au XIXe Congrès du P.C.U.S. — le premier depuis 1939 — en octobre 1952.
2. Svetlana Alliluyeva, *Twenty Letters to a Friend*, Londres, 1967 ; trad. : *Vingt lettres à un ami*, Le Seuil-Paris-Match, 1967.

juifs [1], en janvier 1953, illustre la permanence des ressorts du régime : l'idéologie et la terreur.

Ce n'est donc pas assez d'écrire que Staline n'a pas pensé à organiser sa succession. Il a délibérément agi comme si cette succession ne devait pas s'ouvrir, transportant dans la vie publique une passion commune à la vieillesse ; ou encore, comme si sa mort, inévitable, devait nécessairement fermer une époque. Faute d'être immortels, les grands monstres de l'histoire doivent se contenter de n'avoir pas de continuateurs. A sa mort, Staline laissait par force dans le monde un vide immense : il avait gagné la guerre contre Hitler, et il était le chef universel du communisme. Mais il lui fallait encore être sûr que personne n'hériterait de son rôle et de sa puissance, puisque aucun n'en était par définition digne. Je soupçonne que, s'il n'a pas, comme Lénine, fait de « testament », ce n'est pas seulement parce qu'il connaissait de première main la vanité de ce type de disposition en matière politique ; mais surtout parce qu'il s'imaginait, à lui tout seul, « faire époque ». Ce qui, d'ailleurs, dit assez bien ce qui différencie les deux chefs successifs et les deux périodes du bolchevisme.

De fait, la mort de Staline a créé, au moment où elle est survenue, une émotion universelle où se mêlent les souvenirs de la guerre et les craintes de l'avenir : curieusement, dans l'opinion non communiste, on ne rend pas seulement hommage au maréchal vainqueur, mais aussi à la prudence et à la modération de sa politique exté-

---

1. Jean-Jacques Marie, *Les Derniers Complots de Staline. L'affaire des blouses blanches*, Bruxelles, Complexe, 1993. Le « complot » dit des « blouses blanches » a été monté par le ministère de la Sécurité d'Etat, et l'affaire a été suivie de près par Staline. Neuf médecins soviétiques éminents — dont six Juifs —, chargés de soigner les plus hauts dirigeants de l'Etat, furent arrêtés sous l'inculpation de complot ayant pour but d'assassiner ceux dont ils avaient la charge médicale. Ils avouèrent tout sous les coups, y compris le meurtre de Jdanov en 1948. Le « complot » fut révélé à l'opinion le 13 janvier 1953 et donna lieu à une agitation antisémite à laquelle il est probable que Staline, s'il eût vécu, aurait voulu donner une vaste ampleur. Les médecins furent relâchés et réhabilités un mois après sa mort.

rieure [1]. Tant sa disparition, alors que s'éternise la guerre
de Corée, crée d'anxiété pour la paix du monde : prix de
la substitution de l'inconnu à du connu, dans une
U.R.S.S. où le pouvoir est sans limites. Mais la vérité —
un début de vérité — sur l'« époque » de Staline viendra
non pas de l'Occident, mais de là où elle a été vécue : du
monde communiste en général et du Parti communiste
de l'Union soviétique en particulier. C'est de la dialectique interne d'une impossible « succession » que va naître la première définition de la période stalinienne.

Les détails de cette bataille sont inutiles à mon propos,
et d'ailleurs l'histoire n'en est pas vraiment faite ; elle
appartient à des travaux futurs. Ce qui m'importe est ce
qu'elle a dévoilé, en quelques années, du communisme
soviétique : au point qu'elle a réussi à convaincre des
millions d'hommes dont les ouvrages critiques les mieux
documentés ou les témoignages les plus sûrs n'avaient
pas entamé la croyance. La bataille pour la succession
de Staline a comme première victime la mythologie
soviétique.

C'est d'abord, tout simplement, parce qu'elle a lieu.
Car une des séductions du totalitarisme est celle d'un
ordre parfait. Le régime stalinien en était un, formé
d'une pyramide d'équivalences : une économie planifiée
selon la raison sociale, une société sans antagonismes de
classe, un parti unique la guidant et la représentant à la

1. A la mort de Staline, les autorités des pays démocratiques
louangent le dictateur en rappelant la victoire soviétique sur le
nazisme. Par exemple, Edouard Herriot déclare à la tribune de
l'Assemblée nationale : « Il est un souvenir dont nous ne pouvons
nous affranchir : celui du rôle joué par Staline dans la fin de la
guerre et la préparation de la victoire. On s'en rend compte dans les
ruines de Stalingrad ou en étudiant cette bataille de Moscou [en
vérité dirigée par le général Joukov (F.F.)] où le génie militaire de
Staline éclate de façon évidente. » Le Quai d'Orsay fait une déclaration qui crédite Staline d'une surprenante modération en politique étrangère : « Si le gouvernement soviétique avait assumé la
responsabilité d'un certain nombre d'entreprises dangereuses pour
la paix, on ne pouvait pas perdre de vue que Staline avait paru
désireux de limiter la portée de ces entreprises lorsqu'elles menaçaient de créer l'irréparable. »

fois, un Présidium dudit Parti, un secrétaire général. La
condition politique de l'homme s'est éteinte dans le mensonge omniprésent de l'idéologie. Or, le corps de Staline
à peine froid, la politique renaît dans un cercle très étroit,
sous sa forme la plus primitive : la toute petite oligarchie
des héritiers n'a pas attendu une minute pour entrer
dans une lutte précoce pour le pouvoir. Réédition de ce
qui avait commencé avec la première paralysie de
Lénine, en 1922, et s'était terminé par le triomphe de
Staline sur ses rivaux, entre 1927 et 1929. Mais, à l'époque, le système soviétique se trouvait encore dans
l'enfance, proche de l'immense anarchie qui avait formé
son berceau ; l'avenir de la révolution, c'est-à-dire de la
société nouvelle, offrait un cadre naturel aux désaccords
politiques des compagnons de Lénine. En 1953, une
génération après, le monde soviétique a trouvé son
assiette sociale et son gouvernement, proclamés *urbi et
orbi* comme les deux faces d'une même raison historique. Sur quoi dès lors peuvent s'affronter les compagnons de Staline ?

Les textes publics le font tout de suite apparaître : sur
la politique économique, et plus encore sur la terreur.
Soit deux questions sur lesquelles ils remettent implicitement en cause l'homme qui vient de mourir, et qu'ils
ont servi en l'adulant. Les héritiers de Lénine s'étaient
battus entre eux pour lui succéder, mais tous blottis dans
l'ombre du père fondateur, et tous d'ailleurs, Staline y
compris, au nom d'une interprétation défendable de ce
qu'il aurait fait s'il avait vécu. Au contraire, les héritiers
de Staline s'affrontent autour d'une succession sous
bénéfice d'inventaire, au nom d'une critique de l'homme
qui les a précédés. Cette critique est d'abord plus oblique
qu'ouverte, pour des raisons qui tombent sous le sens. Le
personnage de Staline a occupé une telle place dans
l'incarnation du communisme, au-dedans et au-dehors
de l'U.R.S.S., que le déboulonnage de sa statue comporte
de gros risques ; et les Malenkov, les Beria, les Khrouchtchev et les autres ne sont pas le mieux placés pour l'entreprendre, puisqu'ils ont été les grands exécutants de la
politique stalinienne. Pourtant, un certain désaveu de

l'ancien chef tout-puissant se fait entendre tout de suite, proféré en langue de bois, mais très clair à qui sait entendre. L'accent mis dès la mi-mars par Malenkov sur la satisfaction « maximale » des besoins du peuple constitue comme une première reconnaissance de la pauvreté générale, surtout à la campagne. Le mot d'ordre de « direction collective », accompagné d'un premier partage des fonctions [1], sonne comme une rupture avec la pratique précédente. Et puis vient le coup de tonnerre du 4 avril : un communiqué du ministère de l'Intérieur annonce sans commentaire que le « complot » des médecins révélé en janvier n'avait été qu'une provocation manigancée par l'ex-ministère de la Sécurité d'Etat.

Date fondamentale, il me semble, que ce communiqué laconique, non seulement parce qu'il est, par ses implications, ouvertement antistalinien, mais surtout par ce qu'il indique du débat fondamental en cours chez les successeurs de Staline. Ceux-ci sont des rescapés de la vieille garde, menacés déjà depuis 1949-1950, comme Molotov ou Vorochilov. Les autres — Malenkov, Khrouchtchev — ont fait leurs classes pendant la grande terreur de la deuxième moitié des années trente, et ils ont été cooptés par Staline dans le cercle étroit du pouvoir absolu sur les ruines du Parti bolchevique antérieur. Or ils ont craint, après la guerre, dans l'atmosphère de la guerre froide, un recommencement de la grande Purge, dont ils lisent les signes dans la lourde atmosphère de soupçon et de répression qui baigne les dernières années de Staline [2]. Le meilleur témoignage en sera donné par Khrouchtchev lui-même un peu plus tard, dans son fameux discours au XXe Congrès du P.C.U.S. Dans ce climat, où beaucoup d'entre eux s'attendent d'un jour à l'autre à être arrêtés, l'affaire des médecins est apparue

---

1. Malenkov abandonne le 14 mars ses fonctions au secrétariat du Comité central du Parti pour se consacrer à la présidence du Conseil des ministres ; Khrouchtchev domine désormais le secrétariat du Comité central, et devient en septembre premier secrétaire en titre.

2. *Cf.* M. Heller et A. Nekrich, *L'Utopie au pouvoir, op. cit.*, chap. 9, p. 375-426, « Le crépuscule de l'ère stalinienne ».

comme le signal de ce qu'ils craignent. De là leur hâte à
en prononcer l'annulation, comme un signal qu'ils ne
veulent plus avoir peur. Mais, ce faisant, ils ouvrent forcément la voie non seulement à des espoirs, mais aussi à
des révisions du passé : si les docteurs du Kremlin sont
innocents, *quid* des millions de condamnés politiques
qui les ont précédés ?

Mutatis mutandis, les héritiers de Staline se trouvent
placés dans une situation « thermidorienne ». Ils n'ont
pas eu, comme leurs prédécesseurs français, la force ou
la volonté de tuer le tyran — incomparablement plus
ancien, plus puissant, plus sanglant, plus légitime, plus
national que le malheureux Robespierre. Ils n'ont pas
non plus d'indépendance idéologique par rapport à lui,
même après sa mort. Mais deux choses les rapprochent
de la situation française de l'été 1794 : ils veulent abolir
la terreur au moins entre eux, comme moyen d'arbitrer
leurs querelles ; et ils entendent garder le pouvoir. Les
deux objectifs ne sont pas faciles à marier, puisqu'en
proscrivant la terreur des luttes pour le pouvoir il est,
d'une part, impossible d'en empêcher la condamnation
rétrospective, au détriment de l'idéologie, d'autre part
difficile d'en conserver l'avantage contre la société, et au
profit d'un seul parti. Si bien que l'enjeu principal de ce
type de situation tient dans l'ampleur et les rythmes à
donner à la rupture avec ce qui l'a précédée.

Les révolutionnaires français de 1794 avaient accepté,
en quelques mois, la logique du 9 Thermidor, sous la
pression de l'opinion [1] : ils avaient démantelé la législation terroriste, restauré la liberté, sacrifié ceux des leurs
qui étaient le plus compromis dans le robespierrisme —
quitte à maintenir leur pouvoir en truquant les élections.
Mais les successeurs de Staline sont des bolcheviks ; des
bolcheviks de deuxième génération, pour la plupart,
mais enfin des bolcheviks, qui ont sucé avec le lait de leur
mère la haine de Thermidor. Le précédent français de
1794 a été le cauchemar d'Octobre 1917 : car la révolu-

---

1. Bronislaw Baczko, *Comment sortir de la Terreur : Thermidor et
la Révolution*, Flammarion, 1989.

tion soviétique n'a cessé de vouloir conjurer l'idée qu'elle pourrait un jour finir — sinon avec l'histoire elle-même. Le spectre de Thermidor l'a accompagnée tout au long, au moment de Kronstadt, au début de la N.E.P., dans les batailles d'appareil ouvertes par la paralysie puis la mort de Lénine. Staline a encore vaincu son dernier rival, Boukharine, au nom de cette cause inusable, puisqu'elle est consubstantielle au projet révolutionnaire lui-même : la collectivisation des campagnes et l'industrialisation à marche forcée viennent en renouveler la matière. Après lui, ses successeurs, qui viennent d'avoir grand-peur pour leurs vies, doivent rejeter sa tyrannie tout en continuant son régime. L'accent mis sur la « direction collective » traduit un compromis sur le dosage délicat entre les deux aspects de cette gestion successorale. Il exprime aussi l'accord provisoire d'une oligarchie sur le caractère anonyme de cette gestion : car il importe à chacun qu'aucun d'entre eux ne puisse se prévaloir de la « fin » de la terreur, ce qui lui donnerait un avantage probablement décisif dans la lutte pour le pouvoir. La « conspiration » contre Robespierre, en juillet 1794, avait obéi aussi, même après la victoire, et pour les mêmes raisons, à cette contrainte d'anonymat.

Une exception apparente, pourtant, à la règle : la liquidation de Beria. En réalité, cet ultime assassinat au sein du groupe dirigeant scelle la résolution de mettre fin aux assassinats mutuels. Les raisons en sont obscures faute de témoignages et de documents, au moins à ce jour. Beria était le grand patron du N.K.V.D. depuis 1939 : ce qui à la fois le faisait craindre de ses collègues, et risquait aussi de le rendre plus populaire qu'eux, puisque sa fonction semblait en faire l'inspirateur naturel du décret disculpant les médecins du Kremlin et du relâchement de la terreur dont cette décision apparaissait comme le symbole. De fait, celle-ci avait été précédée par l'amnistie d'un million de prisonniers, préparée par ses soins, et elle fut suivie d'un tournant visant à donner plus d'espace aux droits des non-Russes dans les Républiques allogènes, mesures qui portaient aussi sa marque. Enfin, s'il

faut en croire des recherches récentes [1], les intentions
« libérales » de Beria s'étendaient à la politique extérieure : il aurait été le premier à proposer une rencontre
secrète avec Tito, et il aurait rédigé un document, non
moins secret, tendant à rétablir l'entreprise privée en
République démocratique allemande, de manière à préparer les conditions d'une négociation sur la réunification de l'Allemagne. Arrêté dès juin 1953, il fut liquidé
dans des conditions qui ne sont pas connues ; disparaissant non seulement de la direction du Parti, mais de
l'histoire soviétique, selon la procédure consacrée.

Ainsi le dernier assassinat politique typiquement stalinien a-t-il frappé sans doute le plus actif des déstalini-
sateurs. Comme l'homme avait été aussi un des plus
flatteurs parmi les sycophantes du Guide, et le plus
féroce parmi ses exécutants, l'opération a pu passer sans
trop de peine pour la liquidation du dernier stalinien.
Elle remettait en tout cas les organes de sécurité sous le
contrôle du Parti, ce qui rassurait les conjurés provisoires de la direction collective. Mais elle a surtout pour
intérêt d'illustrer l'étroitesse du canal dans lequel Malenkov, Khrouchtchev et quelques autres cherchent à faire
avancer la chaloupe qui contient l'héritage du bolchevisme : les membres de cette direction collective ne sont
contraints de se tolérer que du fait de leur faiblesse individuelle respective, et du souvenir des crimes partagés,
que le sang de Beria ne peut exorciser. Tous sont encore
les enfants de Staline au moment où ils se démarquent de
lui avec des prudences ecclésiastiques, incapables d'imaginer un univers politique véritablement autre que le
sien, et condamnés à marcher ensemble sous peine de
tout perdre, alors qu'ils rêvent chacun de tout gagner.

Pourtant, la logique de la déstalinisation, jointe à celle
de la succession, va les pousser en avant. C'est leur seule
ligne de partage. Pour la définir, ils prennent tous le plus
grand soin à célébrer les fondements du régime : légiti-
misme inscrit en tout état de cause dans sa nature et son

---

1. Amy Knight, *Beria, Stalin's First Lieutenant*, Princeton University Press, 1993 ; trad. : *Beria, premier lieutenant de Staline*,
Aubier, 1994.

fonctionnement, et d'autant plus indispensable qu'on s'apprête à en critiquer des modalités. La deuxième dévolution du pouvoir bolchevique — après celle qui avait conduit de Lénine à Staline — s'opère donc, comme la première, dans la vénération de Lénine, mais, à la différence de la première, sous le signe d'un *retour* au père fondateur. Elle implique le soupçon que le Parti, sous son deuxième chef historique, a pu se tromper, méconnaître les lois de l'histoire. Dans quelle mesure ? Comment ? Pourquoi ? Ces questions ne viennent plus de Trotski, ou de Tito. Les voici surgies du saint des saints, débattues à l'intérieur des murailles du Kremlin, inévitables et pourtant vertigineuses.

Une fois ouvertes, elles s'infiltrent un peu partout, comme des fissures dans l'univers totalitaire : c'est la rançon du rôle qu'y joue l'idéologie. La critique de Staline, implicite dès les mesures de mars-avril, comment ne serait-elle pas reprise, comme une interrogation anxieuse, par les centaines de milliers de prisonniers libérés du Goulag dans l'été ? Comment la réhabilitation des « blouses blanches » n'entraînerait-elle pas celle de cette multitude d'ex-ennemis du peuple arbitrairement condamnés, ou sommairement exécutés ? Comment les millions de zeks restés dans les camps accepteraient-ils d'y rester passifs, après avoir entrevu la liberté [1] ? La désacralisation de Staline mort, succédant si vite à l'adulation du Staline vivant, donne à l'entreprise d'assouplissement du régime le caractère d'une faille de terrain. Elle porte malgré eux ses artisans à l'alternative inconfortable du retour en arrière ou de la fuite en avant.

Il en va de même à l'extérieur. Contrairement à ce qu'ont cru tant d'augures du monde occidental dans les jours qui ont suivi la mort de Staline, sa disparition met

1. L'épisode le plus important de la révolte du Goulag est celui du camp qui dépendait des mines de cuivre du Kinguir, au printemps de 1954. Il a été raconté par Soljénitsyne, *L'Archipel du Goulag, op. cit.*, vol. III, chap. 12 : « Les quarante jours de Kinguir », p. 234-269.
Cf. M. Heller et A. Nekrich, *op. cit.*, chap. 10, p. 433.
Cf. Nicolas Werth et Gaël Moullec, Rapports secrets soviétiques 1921-1991, Gallimard, 1994, p. 417-424.

fin à la période la plus aiguë de la guerre froide, révélant par là le rôle essentiel qu'il y avait joué. Mais si l'U.R.S.S. de l'après-Staline peut signer assez vite un armistice en Corée, puisqu'elle possédait depuis l'origine les clés du conflit, l'ébranlement imprimé à son régime intérieur par les premières mesures du printemps 1953 touche tout le communisme international, à commencer par les satellites de l'Empire, en Europe centrale et orientale.

Les événements de cette année 1953 au sein du monde communiste préfigurent assez bien, sur un mode mineur, le scénario qui sera celui de l'écroulement du communisme, trente-six ans plus tard. Au centre du système, à Moscou, l'état-major politique entreprend de réformer le régime construit par Staline ; d'en éliminer la terreur au sein du Parti, et d'en réduire les contraintes militaires au profit de la consommation. Programme difficile à mettre en œuvre et quasiment impossible s'il fait l'objet de surenchère. Au moins tout ou presque se passe-t-il au sommet, à l'intérieur de l'appareil, conformément à l'esprit du régime. Dans les pays satellites, au contraire, les oligarchies communistes sont d'installation toute récente, et leur domination n'a que cinq ou six ans d'âge ; placées sous le contrôle étroit de Moscou, et aux mains de vétérans du Komintern, elles sont pourtant assez anciennes pour subir de plein fouet la critique du stalinisme qui leur arrive de l'Est, et qui les expose, elles, au soulèvement des populations. Arrière les grands mots d'ordre d'industrialisation accélérée et de collectivisation rurale à tout prix ! Voici le temps d'oublier ce plagiat stalinien, pour se mettre à l'école Malenkov-Khrouchtchev : ralentir le rythme, donner plus à la consommation, réduire la peur, libérer ou réhabiliter les victimes de la terreur. En Europe centrale et orientale, ni les oligarchies staliniennes ni l'idée communiste elle-même ne survivent facilement à ce changement de cap.

Les premiers signes de la crise se manifestent en Tchécoslovaquie, dès juin. Ils font voir déjà ce mélange instable de sentiments populaires anticommunistes qui va désormais dominer les opinions publiques des pays de

cette partie de l'Europe : grèves ouvrières contre le bas
niveau des salaires, frustrations nationales provoquées
par la domination-occupation russe, revendications
libérales et démocratiques contre le système du parti
unique. En juin toujours, exactement le 16 et le 17, se lève
la première grande révolte populaire contre le communisme depuis Kronstadt : celle du tout Berlin-Est
ouvrier, qui proteste contre l'augmentation des normes
de production, demande des élections libres et conspue
le trio Ulbricht-Pieck-Grotewohl. Le 18, l'intervention
des chars soviétiques brise l'insurrection ; le 19, dix-neuf
« meneurs » sont condamnés à mort par des tribunaux
militaires soviétiques et tout de suite exécutés. L'aspect
paradoxal de toute l'affaire tient à ce que les successeurs
de Staline à Moscou, tout occupés à s'approprier chacun
la critique de Staline, renforcent malgré eux à Berlin
l'homme de Staline, Ulbricht. En liquidant Beria, ils suppriment le personnage sur lequel comptaient les opposants au secrétaire général à l'intérieur du S.E.D. ; en
faisant tirer leurs chars sur les manifestants, ils redon-
nent tout le pouvoir au plus stalinien du Bureau politique. En 1933, le communisme de la « troisième
période » avait pris fin à Berlin. Vingt ans après, c'est
encore à Berlin que les hommes du nouveau cours ont
rencontré leur premier échec. C'est dire les limites étroites dans lesquelles s'inscrit leur volonté réformatrice.

   Pourtant, le caractère ultra-centralisé du système,
joint à la fonction toute-puissante qu'y joue l'idéologie,
ne peut empêcher que les premiers signes d'une « déstalinisation » à Moscou mettent en péril l'ordre communiste tout entier ; et d'abord dans les Républiques satellites où il est récent, et où les sociétés, en dépit de la
terreur des années 1948-1952, n'ont pas été assez « soviétisées » pour simplement subir les changements venus
d'en haut. Conformément à la tradition, les dirigeants de
Moscou veulent installer leurs hommes partout. Ils limo-
gent Rákosi, à Budapest, pour lui substituer Imre Nagy ;
ils font sortir de prison Gomulka, en Pologne, un peu
plus tard. Mais, ce faisant, ils s'exposent à un double
danger. Ils compromettent d'avance le tournant qu'ils

préconisent en lui donnant la forme d'un ordre de Moscou. Et, en ouvrant la porte à la dénonciation des « erreurs » du passé, ils affaiblissent à la fois la dictature des partis frères chez eux et l'autorité absolue qu'ils ont sur eux.

La fin de la terreur ébranle donc tout le système communiste international. Non qu'il soit menacé de l'extérieur : au contraire, l'Ouest ne cherche à aucun moment à tirer parti des circonstances. C'est de la mise en cause de ses deux passions mères que le communisme est atteint : la crainte et la croyance. L'affaiblissement de la première conduit à critiquer les fondements de la seconde, à la fois parce qu'elle libère la réflexion et parce qu'elle oblige à faire retour sur la nécessité de la terreur. Pourtant, c'est sur ce terrain dangereux que Khrouchtchev a décidé d'avancer pour y trouver l'occasion d'éliminer ses rivaux, avant d'affronter l'heure des échéances. Il obtient en février 1955 le remplacement du « libéral » Malenkov par Boulganine au poste de président du Conseil des ministres ; de l'autre côté, il humilie Molotov — et la vieille garde de Staline — en allant en mai présenter ses excuses publiques à Tito pour la rupture de 1948. Mais ce n'est pas assez. Sa vraie prise du pouvoir s'opère au XXᵉ Congrès du P.C. de l'U.R.S.S., en février 1956.

*

Le discours « secret » de Khrouchtchev au XXᵉ Congrès constitue probablement, pour l'historien de l'idée communiste, le texte le plus important qui ait été écrit au cours du siècle. Sur le sujet, il est pourtant loin d'être le plus profond, le plus complet, ou le plus neuf : malgré le formidable secret qui a entouré le régime soviétique depuis 1917, et la haute barricade de mensonge dressée pour en protéger la mythologie, l'histoire de l'U.R.S.S. a fait l'objet d'un certain nombre d'excellents livres. Les meilleurs, comme le *Staline* de Souvarine, ont été écrits par les dissidents, pour des raisons faciles à comprendre : seuls les ex-communistes possèdent à la fois l'expérience intérieure du système et la

possibilité de l'analyser de l'extérieur. Cet « extérieur »
doit s'entendre au double sens spirituel et matériel, puisque la capacité de connaissance n'a été acquise qu'au prix de la rupture, et que celle de publier est subordonnée à une vie hors d'U.R.S.S. Mais ces anciens communistes, devenus témoins à charge de la cause qu'ils avaient servie, ont payé le prix fort de leur retournement : comment les croire, puisqu'ils ont soutenu naguère le contraire de ce qu'ils écrivent ? Comment ne pas penser qu'ils ont tort dans les deux cas, et que leur jugement s'est laissé égarer par la passion à l'aller et au retour ? A ce soupçon intellectuel se joint l'accusation morale d'avoir changé de camp et d'amis : accusation capitale, dans un siècle où les passions politiques ont eu si souvent un caractère de guerre civile. Ainsi la littérature des ex-communistes sur l'Union soviétique n'a-t-elle jamais eu une grande crédibilité. Quant à l'autre, qui s'écrit à l'Université, elle commence à peine dans les années cinquante, et d'abord aux Etats-Unis, portée par la situation internationale d'après-guerre [1].

Or voici que le « rapport secret » de février 1956 bouleverse d'un coup, aussitôt qu'il est connu, le statut de l'idée communiste dans l'univers. La voix qui dénonce les crimes de Staline ne vient plus d'Occident, mais de Moscou, et du saint des saints à Moscou, le Kremlin. Elle n'est plus celle d'un communiste en rupture de ban, mais du premier des communistes dans le monde, le patron du Parti de l'Union soviétique. Au lieu donc d'être atteinte par le soupçon qui frappe le discours des ex-communistes, elle est revêtue de l'autorité suprême dont le système a doué son chef. Elle en tire une force universelle, aussi bien chez les communistes que chez les

---

1. Par exemple : Richard Pipes, *The Formation of the Soviet Russia*, Cambridge, Harvard University Press, 1954. Merle Fainsod, *How Russia is Ruled*, Cambridge, Harvard University Press, 1953 ; éditions révisées et complétées en 1963 et 1979 ; trad. : *Comment l'U.R.S.S. est gouvernée*, Editions de Paris, 1957. *Smolensk under Soviet Rule*, Cambridge, Harvard University Press, 1958 ; trad. : *Smolensk à l'heure de Staline*, Fayard, 1967. Leonard Schapiro, *The Origins of the Communist Autocracy*, Harvard University Press, 1954.

non-communistes. Les premiers ont une longue habitude de croire leurs dirigeants sur parole, et d'ailleurs la critique de Staline leur est versée à petites doses depuis mars 1953. Les seconds n'ont aucune raison de révoquer en doute les « révélations » du premier secrétaire du Comité central. S'ils sont hostiles au communisme, ils y trouvent confirmation de leur opinion, ou de ce qu'ils savent déjà. S'ils se méfient de l'anticommunisme, comment refuseraient-ils pourtant le témoignage d'un homme qui a traversé toute l'époque aux côtés de Staline, et a choisi librement d'assombrir la cause qu'il sert ? L'extraordinaire pouvoir du « rapport secret » sur les esprits vient de ce qu'il n'a pas de contradicteurs. Le débat, quelques semaines, porte sur son authenticité, tant la nouvelle est surprenante ou gênante [1]. Mais une fois celle-ci sans conteste, le contenu du texte fait partie pour tous de l'histoire du communisme, réunissant autour de ce qu'il révèle, pour la première fois depuis 1917, adversaires et partisans du régime soviétique.

Pourquoi Khrouchtchev a-t-il provoqué cette unanimité dangereuse autour de la critique de Staline ? Pourquoi a-t-il pris le risque d'affaiblir l'ensemble de l'univers communiste ? Comment n'a-t-il pas considéré davantage les ravages inévitables d'une dénonciation des crimes de Staline, sur un mouvement dont l'idéologie

---

1. Dans la nuit du 24 au 25 février 1956, Nikita Khrouchtchev donne lecture de son rapport sur les crimes de Staline. Le document est communiqué aux secrétaires des délégations étrangères qui assistent au XXe Congrès. Le 16 mars, le *New York Times* donne une première information à son sujet. Le 4 juin, le Département d'Etat américain le publie. Celui-ci lui est parvenu de Pologne où les communistes l'ont diffusé très largement. Le 6 juin, le P.C. américain admet l'authenticité du rapport. Par contre, Togliatti le qualifie (en privé) de « racontars sans importance » ; Thorez et le P.C. français s'en tiennent à la formule « rapport attribué au camarade Khrouchtchev », et défendent l'« œuvre » de Staline. Ce rapport est cependant authentifié indirectement par le compte rendu même du XXe Congrès qui fait référence à la séance secrète de la fameuse nuit de février. Dans les Etats communistes, ce sont les communistes polonais qui, les premiers, ont l'audace de le publier intégralement (*Polityka*, 27 juillet 1988). Voir Branko Lazitch, *Le Rapport Khrouchtchev et son histoire*, Le Seuil, 1976.

forme la raison d'être et le culte de Staline, la religion
unitaire ? Il a donné plus tard, dans ses *Souvenirs* [1], ses
propres réponses à ces questions, et elles ne sont pas
invraisemblables. L'atmosphère politique au Présidium
du Parti, telle qu'il la restitue, est bien celle d'un après-
Thermidor. La liquidation de Beria n'a pas suffi à exorciser le fantôme de Staline, qui hante toujours ses successeurs : Tito s'est un peu moqué d'eux en 1955, quand
ils ont prétendu mettre sur le seul compte de l'ancien
chef de la police la rupture russo-yougoslave de 1948. Ils
en ont dit trop, ou trop peu. Lui, Khrouchtchev, veut aller
plus loin, malgré les résistances des vieux de la vieille,
Vorochilov, Molotov, Kaganovitch, et les réticences de
Malenkov [2]. Mikoïan n'est pas contre. Finalement, ils
décident de former une commission d'enquête, dirigée
par Pospelov, un des « théoriciens » du Parti, directeur
de l'Institut Marx-Engels-Lénine dans les années 1949-
1952. Mais une fois le dossier constitué contre le tyran
mort, qu'en faire ? Comment l'utiliser, et même faut-il
l'utiliser ?

C'est la vraie question du XXe Congrès, mais elle se
débat dans les coulisses. En apparence, rituel classique :
rapport-fleuve, direction collective, délégués unanimes.
Mais Khrouchtchev veut aller plus loin, et donner aux
camarades la substance du dossier constitué par la commission Pospelov. Il entre sûrement dans cette volonté
des éléments politiques, liés à la lutte pour le pouvoir : en
s'affirmant devant le Parti — une des grandes victimes
des purges de 1936-1939 — comme à la pointe de la
« déstalinisation », le premier secrétaire pense consolider sa position, à la fois contre la veille garde et contre
son principal rival, déjà en recul, Malenkov. Il met en
avant un excellent argument, impossible à réfuter : que
de toute façon les crimes de Staline ne pourront restés
cachés, puisque des centaines de milliers de prisonniers
libérés du Goulag vont rentrer et raconter ce qu'ils ont
vécu. Malgré les protestations de Molotov, Vorochilov,

---

1. N. Khrouchtchev, *Souvenirs*. Introd., commentaires et notes
de E. Crankshaw, Robert Laffont, 1970.
2. Je suis ici les *Souvenirs* de Khrouchtchev, chap. 9, p. 327-331.

Kaganovitch, le Présidium cède à la logique de ce qui a commencé en 1953. Libérer les prisonniers n'est rien ; il faut encore se préparer à les entendre, et à leur répondre.

Khrouchtchev se trouve, dans la dévolution du pouvoir soviétique, entre deux générations de dirigeants [1]. Trop jeune pour avoir servi près de Staline pendant la guerre civile, comme Kaganovitch ou Molotov, trop vieux pour être un pur produit du stalinisme, comme Brejnev. En plus, il a fait l'essentiel de sa carrière non pas à Moscou, au cœur de l'appareil du Parti, comme son contemporain Malenkov, mais sur le terrain, en Ukraine. Ces traits de son existence ne suffisent pas à le rendre crédible, quand il se prétend, dans ses *Souvenirs*, largement ignorant des massacres commis sous Staline. Mais ils peuvent expliquer qu'il se soit senti moins coupable que Molotov ou Malenkov, et qu'il ait été moins cynique que Brejnev. Adhérent au Parti bolchevique quelques mois après Octobre 17, simple soldat de la guerre civile, il est né à la politique avec les temps héroïques du bolchevisme, et comme un enfant de Lénine. Trente-cinq ans après, il semble que ce feu brûle encore en lui, malgré toutes les catastrophes qu'il a entraînées ; et que le « retour à Lénine », mot d'ordre quasiment obligé, soit plus dans son esprit qu'un recul tactique de politicien : l'expression d'un véritable espoir. La passion dominante du bolchevisme stalinien en Russie a été la crainte. Mais même à cette époque tardive, celle-ci n'a pas ôté à l'idéologie le renfort de la croyance. Khrouchtchev croit à ce qu'il dit. C'est ce qui lui permet d'incarner avec tant de force, et le premier, la figure qui va dominer désormais les représentations imaginaires du communisme, celle d'une reprise générale de l'édifice. Et c'est aussi ce qui donne à son personnage ce côté attachant qu'il a gardé au-delà de l'échec.

Que dit-il dans ce fameux discours ? Qu'est-ce qui s'est passé, dans cette nuit du 24 au 25 février 1956, dans la salle du Grand Palais du Kremlin ? Quand le premier

---

1. J'emprunte cette observation au livre de Martin Malia, *The Soviet Tragedy*, The Free Press, 1994, chap. 9, p. 319-320.

secrétaire monte à la tribune, il est impossible qu'il n'ait pas dans la poche son discours écrit : les chefs bolcheviques n'ont pas l'habitude d'improviser, et la matière est si délicate qu'elle le permet moins que jamais. Khrouchtchev a raconté dans ses *Souvenirs* que Pospelov a été chargé de remanier son rapport pour lui donner la forme d'un discours [1], mais le texte a dû être l'objet d'une mise au point finale, en petit comité, sans qu'on puisse savoir à ce jour la part personnelle de l'orateur, que j'imagine importante. Toute la difficulté de l'exercice consiste à cerner au plus juste la part de vérité bonne à dire, de façon à ne mettre en cause ni les successeurs de Staline, ni le Parti, ni le régime. Rompre et pourtant continuer, révéler et pourtant cacher, le secret du « rapport secret » est dans ce dosage subtil, dans la bouche d'un orateur porté pourtant aux effets.

C'est Staline la cible du discours [2]. Malenkov est bien cité une ou deux fois, mais comme exécutant, et en passant. L'ensemble des membres du Présidium est collectivement tenu hors d'affaire, puisqu'ils ont tous été mis hors d'état de peser sur les décisions. Beria a payé pour eux tous, et il figure à nouveau, dans l'entourage de Staline, le seul méchant de la distribution, qualifié d'ailleurs d'« agent d'un service d'espionnage étranger » : signe que les habitudes du terrorisme survivent dans la voix même qui les dénonce. De fait, le procès posthume de Staline est conduit de manière très sélective. Il prend appui sur le fameux testament de Lénine, enfin réintégré dans le patrimoine bolchevique, mais légitime l'élimination de Trotski et de Boukharine. Il accuse l'ancien secrétaire général d'innombrables liquidations arbitraires, mais n'a pas un mot sur les atrocités qui ont accompagné la collectivisation de l'agriculture. Deux préoccupations l'expliquent. La première est que le retour à Lénine ne porte pas condamnation de la construction du « socialisme dans un seul pays », dont tous les dirigeants du XXᵉ Congrès sont les enfants. Il s'agit plutôt d'un retour

1. N. Khrouchtchev, *op. cit.*, chap. 9, p. 333.
2. N. Khrouchtchev, Rapport in A. Rossi, *Autopsie du stalinisme*, postface de Denis de Rougemont, éd. P. Horay, 1957, p. 128.

à l'esprit de Lénine à l'intérieur du régime édifié par Staline : l'ambiguïté de cette formule traduit assez bien celle de l'entreprise. Le deuxième souci se déduit du premier : à travers les délégués au Congrès, Khrouchtchev s'adresse au Parti, et non pas à la société. Il est difficile de croire qu'il a pu penser que son discours resterait secret ; d'ailleurs il en a fait très vite communiquer la teneur, ou le texte, à différentes instances diplomatiques soviétiques et aux partis frères. Mais il l'a conçu comme un document interne au mouvement communiste. Staline y est accusé non d'avoir martyrisé des peuples de l'U.R.S.S., mais d'avoir terrorisé, torturé, assassiné ses camarades, à partir de l'assassinat de Kirov, en 1934.

Pourtant, dans la deuxième moitié de son discours, après qu'il a dit tant de choses horribles, devant une salle médusée, Khrouchtchev déborde ce cadre, quand il entreprend la critique de Staline pendant la guerre. Non content d'avoir déboulonné la statue du secrétaire général, il s'attaque au maréchal : touchant à son titre de légitimité non plus dans l'oligarchie du Parti, mais dans l'ordre de la nation. Il refuse de lui laisser la page la plus glorieuse écrite par le régime dans l'histoire de la Russie. Lâcheté, incompétence, vantardise : telles sont les « vertus », selon son successeur, du fameux chef de guerre qui s'est tant autocélébré, en écartant à l'heure de la victoire tous ceux qui auraient pu lui faire de l'ombre. Pis encore : Staline a utilisé la conjoncture de guerre pour aggraver sa tyrannie. Il a fait déporter en masse des petites nations, en dehors de toute justification tirée de la situation militaire. Khrouchtchev n'avait rien dit des massacres de paysans ukrainiens dans les années de la collectivisation. Mais il parle de la déportation, en 1943-1944, des Kalmouks, des Tchétchènes et des Balkars ; les Ukrainiens, ajoute-t-il, mi-plaisant, mi-tragique, ont évité ce destin à cause de leur nombre. Il est le dernier homme à pouvoir parler d'un pouvoir totalitaire. Mais il en évoque là le spectre, comme pour arracher au souvenir de Staline la période la plus mémorable de son règne : même de la grande guerre patriotique, le tyran tirait occasion pour forger de nouvelles chaînes aux peuples de l'Union soviétique.

L'intérêt capital du rapport secret se trouve précisément dans cet élargissement de son objet initial. Comme les thermidoriens français, Khrouchtchev a voulu faire la part du feu ; manière de rendre solennel le renoncement à la terreur par ce qui en est avoué. Mais il a fait cette part si large qu'il ne peut fermer les questions qu'il a ouvertes : les thermidoriens ne l'avaient pas pu davantage. L'histoire dira peut-être un jour si l'interprète est resté fidèle au livret original, ou s'il en a forcé le trait. Toujours est-il qu'au jour où le rapport secret devient public, le monde communiste a davantage perdu ses marques qu'il n'est entré dans une époque nouvelle.

Khrouchtchev a baptisé le mal qu'il a dénoncé : le « culte de la personnalité ». Mais la formule, purement descriptive, n'explique rien du surgissement de ce mal inédit dans un parti dont les militants sont supposés être les serviteurs d'une cause qui les enveloppe et qui les dépasse. Le mouvement de l'histoire peut avoir ses artisans ou ses adversaires ; mais non pas ses usurpateurs. À sa manière un peu primitive, le premier secrétaire a mis le doigt sur la principale contradiction du bolchevisme, déjà claire sous Lénine, éclatante sous Staline : la place qui y est faite à la volonté politique ne s'accorde pas au rôle dévolu aux lois du développement social ; elle constitue fort bien, par contre, le berceau du « culte de la personnalité ». Mais, faute de pouvoir présenter la question en d'autres termes que ceux du marxisme-léninisme, Khrouchtchev l'abandonne aux militants dans son état brut et dans son mystère intact : comment penser ensemble une société « socialiste » et le pouvoir absolu d'un seul, fondé sur la police et la terreur.

La contradiction serait vivable, sans doute, si elle était restée enfouie. Mais le rapport secret lui a donné l'éclat d'une négation radicale. Car ce qu'il a dénoncé avec tant de violence est tout juste ce qui était célébré *urbi et orbi*. L'homme dont il énumère les assassinats, l'arbitraire et l'incompétence a été fêté comme un génie incomparable par ceux qui l'accablent aujourd'hui : les faits eux-mêmes ont changé de sens. Et voici qu'ils doivent être désormais présentés dans leur signification nouvelle, sans avoir reçu d'explication véritable, par les spécialistes de leur signification antérieure. La manipulation de l'histoire, vieille technique stalinienne, trouve ses limites à s'exercer en sens inverse, comme une médication de rajeunissement : A remonter la chaîne des mensonges, où s'arrêtera-t-on ? à transformer en paranoïaque criminel l'homme qu'on a célébré comme un génie universel, comment être cru ? Staline a occupé une place trop centrale dans le mouvement communiste pour qu'il puisse faire l'objet d'une simple opération de délestage, même publique. Ses héritiers, compagnons ou enfants infidèles, ne peuvent le tuer sans se blesser.

*

Le XXᵉ Congrès du P.C. de l'U.R.S.S. et le rapport secret ont donc confirmé avec éclat ce qui se dessine depuis 1953 : que la question de la « déstalinisation », selon la formule d'époque, est au cœur des luttes de succession à Moscou. Le mot comporte un renoncement, au moins partiel, à la terreur, et les héritiers ont juré sur le cadavre de Beria de ne plus se tuer entre eux, en même temps qu'ils commençaient à rendre la liberté à des centaines de milliers de zeks. Mais il signifie aussi un « nouveau cours » économique, plus favorable aux biens de consommation. Enfin et surtout, il implique la révision d'une très longue période de l'histoire de l'Union soviétique et du mouvement communiste international. En un quart de siècle, Staline n'avait pas seulement inventé une société et un régime, il en avait fixé la généalogie et la doctrine canoniques. Privé de légalité, ce qu'il est par définition, le communisme avait gardé à travers le personnage historique de son chef un extraordinaire degré de légitimité : c'est au fond le principal mystère de la Russie stalinienne que d'avoir prolongé, au profit d'un territoire et d'un Etat, en l'incarnant dans un homme, le charme puissant mais fugace de l'idée révolutionnaire.

En attaquant rétrospectivement cet homme, comment ne pas atteindre ce charme ? La question est d'autant plus inquiétante que le mouvement est plus étendu et plus divers. Celui-ci a toujours été international ; mais, avant la guerre, il ne comportait, hors l'U.R.S.S., que des partis, dont les cadres étaient soigneusement choisis en fonction de leur fidélité inconditionnelle au « centre », quels que soient les tournants de la politique et de l'idéologie. Depuis 1945, il englobe aussi des gouvernements étrangers, par communistes interposés. Comme on l'a vu dans la scission titiste de 1948, ceux-ci peuvent être tentés par l'indépendance nationale. Et, au-delà d'eux-mêmes, ils ont à tenir compte de leurs opinions publiques, qui se souviennent encore de leurs brèves retrouvailles avec la nation et la liberté, à la fin de la guerre. Les peuples de l'U.R.S.S., habitués au joug russe, et sans tradition libérale, sont de vieux intoxiqués du despotisme, et le stalinisme y a eu une longue vie. Les Polonais, les Tchèques, les Hongrois, héritiers d'une histoire moins orientale, n'ont connu que cinq ou six ans d'asservissement quand Staline meurt.

La marge de manœuvre des hommes du Kremlin s'est donc réduite en même temps que leur puissance a crû. Car la déstalinisation, inscrite dans les nécessités de la succession, atteint à la fois leur légitimité et celle du système communiste tout entier. A la pousser trop loin, et trop fort, le risque est grand de mettre en péril l'unité du mouvement, encore organisé comme une armée idéologique ; et, au-delà, celle de l'Empire soviétique. La rupture avec Tito a été mise en 1955 sur le compte des soupçons maladifs de Staline ; mais si unanime et si véhément a été le chœur des dénonciateurs de Tito depuis 1948 que la réconciliation peut créer plus de tension qu'elle ne restaure d'unité. De même, l'exportation brutale, à l'ancienne mode, de la nouvelle ligne politique du Kremlin dans les partis communistes crée d'inévitables dissensions internes, particulièrement dangereuses quand ceux-ci sont au pouvoir.

L'appareil international est habitué aux retournements et il en a vu d'autres. Celui-là est pourtant d'un type particulier puisqu'il met en cause non pas la tactique ou la stratégie du mouvement, mais son mensonge constitutif ; qu'il retrouve les accents de Trotski ou de Souvarine ; et qu'il est le fait d'une direction nouvelle, dont les connaisseurs n'ont pas de mal à deviner qu'elle est divisée. Plutôt que d'avoir à prendre leur part de la terreur stalinienne, ceux-ci peuvent être tentés de faire le dos rond en attendant que reviennent des jours moins difficiles pour leur identité politique. Compter sur Molotov pour résister à Malenkov ; sur Vorochilov pour faire pièce à Khrouchtchev. Reste que le rapport secret, proféré par la plus haute autorité communiste d'Union soviétique, invite plutôt les nostalgiques de Staline à la retraite en bon ordre qu'au démenti et à la contre-offensive.

Par ailleurs, dans les pays d'Europe centrale et orientale où les partis communistes sont maîtres du pouvoir depuis 1947-1948, la libéralisation promise à Moscou dès le printemps 1953 provoque dans les opinions publiques des attentes qui vont au-delà de ce qu'elle permet d'espérer. On l'a vu tout de suite en Allemagne de l'Est, où les ouvriers ont manifesté contre les normes de production du plan, mais aussi contre Ulbricht et pour des élections libres. Un peu partout, dans les années qui séparent la mort de Staline du XXᵉ Congrès, le « nouveau cours » a trouvé ses symboles dans la superposition de nouveaux dirigeants aux anciens ; mais il a aussi suscité des mouvements d'opinion qui remettent en cause non plus les modalités du régime communiste, mais ses fondements : paysans contre les coopératives, ouvriers contre les bas salaires, intellectuels contre la censure.

Cette conjoncture d'incertitude et d'instabilité peut avoir été une des raisons qui ont incité Khrouchtchev à trancher dans le vif en février 1956 : après le rapport secret, personne ne pourra plus se réclamer de Staline. Pourtant, on ne voit pas que le premier secrétaire ait pu craindre à cette époque un retour en force des fidèles du dictateur mort ; à moins qu'il n'ait pensé que le limogeage de Malenkov, remplacé l'année précédente par Boulganine, rendait nécessaire un coup de l'autre côté. Peut-être, tout simplement, a-t-il eu en vue avant tout la situation soviétique, comme il le dit dans ses *Souvenirs*.

Les rescapés des camps vont rentrer, raconter. Arracher le culte de Staline de l'histoire russe peut apparaître comme une entreprise plus difficile que d'en critiquer le rôle à l'intérieur du communisme international. Il y faut des moyens plus radicaux. Mais c'est dans les pays où Staline n'a régné qu'indirectement, et seulement quelques années, que la dénonciation de ses crimes à l'intérieur de l'U.R.S.S. va provoquer les effets les plus immédiats.

Là — de la Pologne à la Hongrie — les peuples viennent de connaître, à une échelle bien moindre, l'arbitraire et la terreur inséparables du « culte de la personnalité ». Ils ont vu, eux aussi, le portrait de Staline partout. Mais leurs sociétés n'ont pas encore été « soviétisées », et la condition politique de l'homme n'y a pas été, faute de temps, complètement éteinte. La paysannerie y existe toujours, malgré les progrès forcés de la collectivisation. Les ouvriers n'y ont pas oublié la tradition de l'action collective. Les anciennes classes dirigeantes se cachent ou s'adaptent, elles n'ont pas été exterminées comme dans la Russie de Lénine. L'ancien monde est proche, et celui d'avant la guerre embelli par l'après-guerre. Les Polonais restent fiers d'avoir gardé la frontière catholique de l'Europe, en face des Russes. Les Hongrois, d'avoir été les vieux partenaires des Autrichiens et des Allemands contre les Slaves. Les Tchèques ont connu le temps de leur splendeur dans l'Europe de Versailles. Tous ont souvenir d'avoir été indépendants, et de s'être si longtemps battus pour l'être. L'oppression russe unifie provisoirement contre elle leurs sentiments collectifs.

C'est pourquoi la « déstalinisation » prend sur ces marges récentes de l'Empire soviétique un caractère plus dramatique qu'en U.R.S.S. Elle y déborde très vite les enjeux intérieurs au mouvement communiste. Elle y pose la question du régime et celle de la nation. Khrouchtchev n'a pas eu trop de mal, devant les délégués du XXe Congrès, à distinguer entre la construction de la société socialiste et la terreur, c'est-à-dire entre l'action bénéfique et l'action néfaste de Staline. Mais à Varsovie ?

mais à Budapest ? Ce que le vieil apparatchik ukrainien
ne voit pas est de la même nature que ce que son successeur lointain Gorbatchev ignorera, un peu plus de trente
ans plus tard : la force de l'opinion. Tous les deux serviteurs d'un régime où le phénomène n'a pas d'existence
autonome, ils n'en mesurent pas la puissance ailleurs, a
fortiori si cet ailleurs est dans la mouvance de leur pouvoir. En 1956 comme en 1989, tout se passe comme si les
deux grands, et les deux seuls réformateurs de l'histoire
soviétique, à peine vainqueurs chez eux d'une bataille
interne au Parti, découvraient à leurs frontières, mais
encore dans leur Empire, un autre paysage : ce qu'ils ont
entrepris à Moscou dans le calme produit à Varsovie, à
Berlin ou à Prague des effets subversifs si on en laisse
s'accomplir la logique. Le régime soviétique est d'autant
plus impossible à réformer qu'il est plus récent et plus
européen. La structure impériale du système compromet à sa périphérie occidentale ses capacités d'évolution.

Khrouchtchev avait en tout cas pris d'avance des assurances sur l'héritage territorial : en mai 1955, le pacte dit
de Varsovie avait scellé l'unité politique et militaire du
bloc soviétique, jusqu'à rendre possible, en cas de
besoin, une aide mutuelle « fraternelle ». Mais son rapport secret agit en sens inverse. Le Parti yougoslave, qui
lui fait un accueil chaleureux, l'interprète dans un sens si
décentralisateur que Khrouchtchev, tout en procédant à
la dissolution du Kominform, en avril 1956, doit réaffirmer peu après le rôle dirigeant du P.C. de l'U.R.S.S. [1].
Après ces délicatesses d'appareil, en hors-d'œuvre, vient
le grand test du khrouchtchévisme, en deux vagues :
l'affaire polonaise, la révolution hongroise. Encore des

---

1. En réponse à l'interview de Togliatti publiée le 20 juin 1956 par
la revue italienne *Nuovi Argumenti*, et mettant en avant l'idée de
« polycentrisme » dans le mouvement communiste, une déclaration du Comité central du P.C. de l'U.R.S.S., publiée le 30 juin dans
la *Pravda*, appelle au contraire au renforcement de l'unité idéologique du communisme international. C'est cette même déclaration
qui reproche à Togliatti d'avoir parlé de « la dégénérescence de
la société soviétique » comme d'une cause du « culte de la personnalité ».

affrontements d'appareil, mais auxquels les peuples donnent ce qui a fait leur importance historique.

A l'origine, en effet, on trouve une crise interne des partis communistes, ouverte dès 1953 par la mise en cause, à Moscou, des arrestations arbitraires, la libération massive de prisonniers, le début des réhabilitations. Chaque République satellite a connu en miniature, et sur une période courte, la terreur politique, sous une forme publique ou secrète. Chacune doit donc, à l'exemple de l'U.R.S.S., s'en expliquer, réhabiliter des morts encombrants et relâcher ceux qu'elle a emprisonnés par erreur — dont certains deviennent des candidats tout trouvés au pouvoir. En Pologne, il n'y a pas eu de grands procès publics façon Rajk ou Slánský. Mais le secrétaire général du Parti, Gomulka, a été écarté en 1948, exclu du Parti en 1949, puis emprisonné en 1951 pour déviation nationaliste de droite : imputation qui, au jour de sa libération devenue inévitable, en 1954, fait de lui le symbole d'un communisme à la fois libéral et national. Faute d'un système politique pluraliste, c'est à l'intérieur du Parti communiste que passe la pression de la société. Dès cette époque, le « nouveau cours » amène au jour les questions refoulées ou défendues, de l'extermination des chefs du Parti polonais en 1938 [1] jusqu'aux tortures pratiquées par les organes de la Sécurité d'Etat sur les prisonniers politiques. *Mutatis mutandis*, il n'en va pas autrement en Hongrie, où depuis juin 1953 Rákosi, l'homme lige de Staline, le grand scénariste du procès Rajk, a dû partager le pouvoir avec son rival Imre Nagy, hostile à sa politique économique d'industrialisation à outrance. Le compromis a été imposé à Moscou : Rákosi a réussi à rester chef du Parti, alors que Nagy est devenu chef du gouvernement. Ainsi le Parti hongrois est-il aussi le siège de deux politiques. La différence avec la Pologne est que Rákosi réussit à ressaisir tous les pouvoirs en 1955, et à reculer les échéances à l'heure où elles vont se précipiter.

1. Ils seront « réhabilités » par un communiqué du 19 février 1956 publié en même temps à Moscou et à Varsovie.

A considérer la courte période qui va de la mort de Staline au discours secret de Khrouchtchev — moins de trois ans — l'historien est pris d'un double sentiment. D'une part, tout continue comme avant, dans le sens où tout prend sa source à Moscou, les décisions politiques aussi bien que le choix des hommes. Mais comme, d'autre part, Moscou n'est plus Moscou, l'ensemble du monde communiste flotte, comme incertain de l'avenir. Par sa mort, Staline a fait la même démonstration que par sa vie : sa volonté disparue, l'univers qu'il a créé a perdu quelque chose de fondamental. Lui seul pouvait porter, par la peur et l'adoration mêlées qu'il inspirait, la lourde charge de mensonge et de terreur qu'il a léguée à ses successeurs. Ceux-ci en héritent sans vouloir en supporter le poids et les risques, et sans pouvoir s'en libérer complètement, moins encore se les répartir entre eux. De là vient que la question des procès, des purges, de la terreur soit au cœur de ces années où tremble l'identité communiste. Elle n'est plus posée par l'ennemi, ce qui la rendait inoffensive, mais de l'intérieur, et par les compagnons de Staline, ce qui lui imprime une force incomparable : car les victimes de la paranoïa stalinienne étaient aussi des communistes.

Au XX⁰ Congrès, le plus courageux et le plus intelligent des successeurs de Staline a ouvert l'abcès. Il a voulu faire la part du feu, tracer la ligne qui sépare l'héritage assumé de l'héritage condamné. Exercice qui, tenté à petites doses depuis 1953, n'avait pas trop bien réussi ; et qui, entrepris cette fois comme une grande peinture d'histoire, n'a guère plus d'effet stabilisateur.

Le rapport secret n'est pas un grand texte d'analyse politique : ce qui lui sera reproché de bien des côtés, notamment de la part des marxistes. Mais il a quelque chose qu'un ton plus philosophique lui eût ôté : une qualité d'indignation et une clarté de langage qui en font un document unique dans toute la littérature communiste. Etranger à la langue de bois, et comme échappé par miracle à cette planète du mensonge, il tire de ce contraste un effet universel, qui s'étendra bien au-delà des circonstances où il a été écrit ; les circonstances dans lesquelles il a été reçu le font très vite voir.

La deuxième partie de l'année 1956 appartient dans l'histoire du communisme aux Polonais et aux Hongrois. C'est avant tout l'expérience de ces deux peuples qui met un point final, un peu partout en Europe, à la grande époque mythologique du soviétisme. Je n'en reprendrai pas par le menu le récit, qui a fait l'objet de bons livres [1]. Ce que ces deux histoires parallèles ont de neuf est de montrer l'intervention des opinions et des peuples dans la politique nationale, bien que celle-ci y soit toujours un monopole du Parti. Dans les deux pays, la frustration est visible dès après la mort de Staline, et l'agitation latente. En 1955, les intellectuels — journalistes, écrivains, professeurs, étudiants — forment des noyaux d'opposition organisés, disposant le plus souvent des institutions officielles du régime destinées à les enrégimenter, Unions des écrivains, magazines littéraires, journaux, écoles, associations d'étudiants. Bientôt naît une multitude de clubs qui font revivre les grandes heures de 1848. A Budapest, le cercle Petöfi [2] fait la guerre à Rákosi. A

1. Sur les événements de Pologne et Hongrie en 1956, *cf. 1956, Varsovie-Budapest. La deuxième révolution d'Octobre* (sous la direction de Pierre Kende et Krzysztof Pomian), Le Seuil, 1978 ; Pierre Broué, Jean-Jacques Marie, Bela Nagy, *Pologne-Hongrie 1956*, E.D.I., 1966 ; réed. 1980. Sur la Hongrie : François Fejtö, *1956, Budapest, l'insurrection*, Bruxelles, Complexe, 1981 ; Miklos Molnar, *Victoire d'une défaite, Budapest 1956*, Fayard, 1968 ; *La Révolte de la Hongrie d'après les émissions des radios hongroises octobre-novembre 1956*, P. Horay, 1957 ; *La Révolution hongroise. Histoire du soulèvement d'Octobre* (précédée de « Une révolution antitotalitaire » par R. Aron), Plon, 1957 ; « La révolte de Hongrie », *Les Temps modernes*, janvier 1957. Sur la Pologne : André Babeau, *Les Conseils ouvriers en Pologne*, Armand Colin, 1960 ; « Le socialisme polonais », *Les Temps modernes*, février-mars 1957. Krzysztof Pomian, *Pologne : défi à l'impossible ?*, Editions ouvrières, 1982 ; Terera Toranska, *Oni. Des Staliniens polonais s'expliquent*, Flammarion, 1986.

2. Le cercle Petöfi (du nom de Sandor Petöfi [1823-1849] — poète qui souleva la jeunesse hongroise en 1848 pour l'indépendance) rassemblait les écrivains et les journalistes. Dans les semaines précédant le soulèvement du 23 octobre, le cercle joue un rôle considérable à Budapest sous l'influence des événements polonais.

Varsovie, la jeunesse oppositionnelle se rassemble autour de l'hebdomadaire *Po Prostu*, avant de parvenir à constituer, en avril 1956, une fédération nationale de clubs.

Dans cette foule croissante de jeunes manifestant au nom de la liberté, beaucoup, au moins parmi les plus actifs, avaient été hier des partisans de la dictature du prolétariat. Ils réclament la démocratisation du régime après avoir condamné la démocratie comme une illusion bourgeoise. Dans le bolchevisme vainqueur, ils avaient vu, à la fin de la guerre, un espoir national et une émancipation sociale ; mais dans le bolchevisme régnant, quelques années plus tard, ils voient leurs patries asservies par l'Armée rouge et leurs sociétés surveillées par le N.K.V.D. La déstalinisation en route à Moscou offre une deuxième chance à leurs pays et à leur foi, pourvu qu'eux aussi sachent dénoncer et mettre hors jeu les hommes et les institutions qui ont collaboré avec les agents de Staline. D'ailleurs, la révolution n'avait pas eu lieu en 1945, ou en 1947 : la voici qui se rachète en 1956, parée des couleurs éclatantes de la nation.

Elle illustre la résurrection — et la plasticité — d'un certain optimisme révolutionnaire, une fois brisée la fascination ou la force qui en avait fait le sous-produit du marxisme-léninisme. Les révoltés de l'été 1956 ont grandi dans ce mensonge obligatoire ou consenti. Sa disparition libère plus encore ceux qui s'en étaient convaincus que ceux qui s'y étaient pliés, et l'habitude militante fait le reste, qui donne à tout l'épisode l'allégresse des retrouvailles avec un discours vrai. En se dressant contre l'oppression soviétique au nom de leurs espoirs trompés ou de leurs libertés bafouées, ces jeunes gens n'entendent pas revenir au passé, et restaurer quoi que ce soit. Ils veulent sauver l'idée socialiste du naufrage où l'a entraînée l'histoire de l'U.R.S.S., et renouveler l'esprit d'Octobre contre la tyrannie née d'Octobre. Pour les stigmatiser, les bureaucrates au pouvoir ont ressorti de leurs tiroirs un vieux mot tiré du vocabulaire d'excommunication du socialisme marxiste : ce sont des « révisionnistes ».

Révisionnistes. L'adjectif a été forgé au tournant du
XIXᵉ et du XXᵉ siècle, dans la polémique entre Bernstein et
Kautsky [1], pour condamner les thèses de Bernstein
comme contraires au marxisme. Il est plus gentil que
« renégat », qui sera le terme utilisé un peu plus tard par
Lénine contre Kautsky [2] : entre-temps, la terminologie
du désaccord a viré à l'insulte. Mais, même sous sa première forme, elle implique l'idée d'une interprétation à la
fois nouvelle et fausse de la doctrine de Marx. Le « révisionniste » est un hérétique surgi du sein de la croyance
orthodoxe, dont il propose une version inédite, différente de celle des interprètes autorisés. Pourtant, le mot
a perdu en 1956 ce sens clair, tiré de l'analogie avec la
religion. Il désigne un ensemble d'idées politiques qui
possèdent en commun le caractère d'appartenir plus ou
moins à la tradition socialiste, mais auquel on serait bien
en peine d'attribuer un auteur unique, ou même un
esprit identique. L'accent libertaire de la révolte constitue une revanche posthume de Rosa Luxemburg sur
Lénine, mais l'appel au sentiment national n'appartient
ni à l'un ni à l'autre. Le procès du stalinisme conduit tous
les esprits à rejeter la « dictature du prolétariat », grosse
de celle du Parti ; mais il redécouvre les dilemmes du
pluralisme démocratique, que Lénine avait enfouis plutôt que résolus. Faut-il les traiter à la manière réformiste,
comme les sociaux-démocrates d'Occident, ou sur le
mode révolutionnaire, en réinventant l'avenir ?

Ici reparaît l'idée des « Conseils ». Morte depuis
Kronstadt, elle resurgit dans les décombres du bolchevisme polonais et hongrois pour remplir de frayeur les
descendants du bolchevisme russe. Les deux mouvements ne la tirent pas seulement de la tradition révolutionnaire ; elle a surgi de quelques usines, d'abord à
Varsovie, au printemps, puis reprise à Budapest, à
l'automne. Elle est moins surprenante qu'il n'y paraît,
puisque après tout elle parle aux deux seules classes

1. *Cf. supra*, p. 49.
2. *Cf. supra*, p. 50.

urbaines que le régime ait laissées sinon debout, du moins un peu conscientes d'exister : les ouvriers et les intellectuels. La cocasserie de la situation tient à ce que les deux ailes marchantes du communisme — ou supposées telles — sont devenues les deux ailes marchantes du mouvement contre la dictature communiste, en reprenant au régime qu'elles veulent détruire son mot d'ordre fondateur. En fait, ces « Conseils ouvriers » nouvelle manière de 1956 ressemblent assez peu aux Soviets de Pétersbourg de 1917. Comme leurs prédécesseurs, ils se battent pour le pain et pour la justice ; mais aussi, en Pologne, pour la liberté de l'Eglise catholique et, dans les deux pays, pour celle de la nation. Les hymnes patriotiques y sont plus fréquents que *L'Internationale*. Les professeurs et les étudiants fêtent le peuple des usines non comme l'avant-garde de la lutte des classes mais comme le soldat de la liberté et de la renaissance nationale.

Dans les deux pays, l'Union soviétique réduit la révolte presque à la même époque, fin octobre début novembre, mais par des moyens différents. En Pologne, le Parti communiste, divisé, privé de son leader stalinien mort providentiellement à Moscou juste après le XXᵉ Congrès, n'a pas perdu tout contact, à travers ses éléments libéraux, avec l'agitation démocratique et nationale. Il garde en réserve Gomulka, qui se révèle l'homme de la situation au point culminant de la crise : dans ces fameuses journées du 19 et du 20 octobre 1956 où Khrouchtchev, Mikoïan, Molotov, Kaganovitch, accompagnés du maréchal Koniev et d'une pléiade de généraux, acceptent finalement comme un moindre mal, et contre des assurances en matière diplomatique et militaire, de lui faire confiance pour canaliser le mouvement révolutionnaire. Ce qui s'avère dès l'année suivante un risque bien calculé.

A Budapest, les Russes n'évitent pas l'intervention armée. Le Parti, sous Rákosi, le plus détesté des chefs staliniens, y était tout entier coupé de l'opinion. Le pays n'y avait pas les mêmes raisons historiques que la Pologne d'accepter un compromis avec la Russie par peur de l'Allemagne. En juillet, la direction soviétique ne trouve pour remplacer Rákosi qu'un de ses pareils, Ernö Gerö. Changement tout juste suffisant pour donner du cœur à l'agitation. La situation est incontrôlable dès le début octobre, quand tout Budapest fait des obsèques nationales à Rajk. Elle s'aggrave dans la deuxième quinzaine du mois, quand les Conseils ouvriers, les étudiants, les clubs, et toutes sortes d'organisations nées d'un jour dominent la rue, où la foule détruit le monument de Staline, occupe la Radio, massacre des agents de la police politique. Il est trop tard même pour Imre Nagy, le Gomulka hongrois, pris dans la surenchère des révolutions : de la demande d'un communisme national et démocratisé, l'insurrection passe en quelques jours au départ des troupes russes, à la fin du parti unique et au rétablissement du pluralisme démocratique, alors que Nagy, privé de toute force matérielle, négocie péniblement avec les Soviétiques pour élargir les limites de ce qu'il peut faire. Sans prise sur les insurgés, il n'a pas de poids auprès des Russes. En fin de compte, ce sont les chars de l'Armée rouge qui écrasent la révolution populaire à partir du 4 novembre, à la demande du secrétaire général du parti, Kádár, substitué à Gerö le 24 octobre. Kádár a d'abord marché avec Nagy, pour faire volte-face dans cette matinée du 4 novembre, juste avant de partir en secret en U.R.S.S. pour y former un nouveau gouvernement « ouvrier et paysan ». L'apologue de l'histoire aurait pu être conçu par Staline : quand « l'ordre » est revenu en Hongrie, au prix d'une répression méthodique [1], Nagy est attiré dans un guet-apens par les troupes

1. Déclenchée le 2 octobre 1956, la révolution hongroise atteint un paroxysme le 22 octobre lorsque les manifestants réclament un gouvernement dirigé par Imre Nagy qui est institué le lendemain. Dès le 25, des heurts éclatent entre les troupes soviétiques et les « Combattants de la liberté », garde nationale formée spontanément. Le 28, un cessez-le-feu est ordonné par le gouvernement, et les Soviétiques se retirent aux abords de Budapest. Le 30, le Présidium du P.C.U.S. adopte une résolution décidant l'écrasement militaire de la révolte. Le 1er novembre, trois mille chars soviétiques envahissent la Hongrie. Nagy tente de négocier mais, le 3, le commandant des forces hongroises, le général Maleter, est kidnappé. Le 4, Budapest est bombardée par l'artillerie. La résistance capitule au

soviétiques ; arrêté, emmené à l'Est, il sera jugé en secret et tué avec trois de ses compagnons en juin 1958 [1].

Ainsi la révolution hongroise écrasée semble-t-elle ramener aux plus sombres jours du stalinisme. Pour que l'impression soit complète, l'opération est habillée en pur langage orwellien : aide fraternelle à la classe ouvrière hongroise pour qu'elle puisse triompher de la contre-révolution. Pourtant, le contraste est trompeur qui oppose en apparence la solution « libérale » de la crise polonaise et l'issue catastrophique de l'insurrection hongroise. Non seulement parce qu'il s'agit dans les deux cas d'un succès de la géopolitique soviétique : les fron-tières du « camp du socialisme » sont intactes. Mais sur-tout parce que les deux régimes communistes qui sortent des événements d'octobre 1956 vont devenir très vite plus comparables entre eux que ne l'auraient laissé croire les conditions de leur naissance : Gomulka s'avère moins libéral, et Kádár moins stalinien que ceux qui les ont mis respectivement au pouvoir. L'un et l'autre sont de vieux militants formés à la dure école de la fidélité incon-ditionnelle à l'U.R.S.S. ; emprisonnés tous les deux (et même torturé, dans le cas de Kádár) par le pouvoir tota-litaire qu'ils avaient contribué à instaurer dans leurs pays respectifs, ils sortent de l'épreuve, après la mort de Staline, inchangés dans leurs convictions essentielles, mais praticiens d'une « dictature du prolétariat » moins féroce pour ses enfants. Ils incarneront son nouveau genre, autoritaire, policier, sinistre, mais vivable, à condition qu'on prenne le mot dans son sens le plus élémentaire : la société y récupère un petit espace d'au-tonomie par rapport à l'Etat. Pourvu qu'elle ne mani-feste pas d'hostilité publique au Parti, elle n'est plus contrainte de croire ce qu'il dit, ou d'applaudir ce qu'il

bout de trois jours mais continue jusqu'au 14 novembre en pro-vince. La répression fait des milliers de victimes, elle est suivie par des milliers d'arrestations ; deux cent mille Hongrois émigrent.

1. Réfugié à l'ambassade yougoslave le 4 novembre, avec quel-ques compagnons, dont Lukács, Nagy avait accepté de quitter son abri contre une promesse d'impunité donnée par Kádár. Son auto-car fut intercepté par des officiers soviétiques.

fait. Après avoir déclenché la plus grande crise de l'histoire du communisme, la déstalinisation révèle à travers ses prosaïques vainqueurs les limites de ses ambitions, accordées à celles de ses possibilités.

*

Les questions qu'elle a ouvertes, d'ailleurs, l'ont été plus par les implications du texte que par son contenu littéral, purement descriptif et historique. En ajoutant le « culte de la personnalité » au vocabulaire du mouvement communiste, Khrouchtchev a mis une étiquette de plus au répertoire de ses déviations ; en nommant celle-ci, qui a entaché l'action de Staline, il l'a par là même conjurée, selon la bonne règle. Mais en l'occurrence, ce nominalisme n'a pu suffire à contenir l'histoire révélée par le premier secrétaire. Son « rapport » s'est trouvé écartelé entre ce qu'il racontait et ce qu'il expliquait : Staline a joué un rôle trop central dans l'histoire du communisme, et il a été trop célébré comme incarnation de l'histoire universelle pour finir simplement, dans la mémoire révolutionnaire, sous les traits par lesquels l'avaient peint, pendant sa vie, ses pires ennemis.

Car le culte de la personnalité selon Khrouchtchev ne renvoie qu'à la paranoïa particulière de celui qui s'en était fait un moyen de domination arbitraire. Il concentre sur un seul homme, et sur sa psychologie, tout ce qu'un régime a eu d'inhumain. Dénonciation du stalinisme en termes staliniens, il fait la double économie de la difficulté de l'analyse et de la peine de l'aveu. Claude Lefort l'a très bien dit, à l'époque : « ... La nouvelle direction, en stigmatisant vigoureusement le culte de la personnalité, ne se demande même pas comment il lui fut possible de se développer ; d'ordinaire un culte est l'œuvre de ceux qui le pratiquent, mais le culte stalinien est présenté comme l'œuvre de Staline lui-même... De toute évidence, les dirigeants actuels, par ce mode d'explication, ne se sont pas affranchis du fameux culte, ils sont seulement passés, pourrait-on dire, du rite positif au rite négatif [1]... » Démarche qui non seulement dispense de tout effort d'interprétation, mais interdit tout particulièrement une analyse marxiste. Le rapport de Khrouchtchev, tout en dévoilant comme vrais, par la bouche de la plus haute autorité communiste, une multitude d'actions et d'épisodes atroces jusque-là secrets ou niés, n'a rien dit qui permette de penser à nouveaux frais le passé du mouvement et son avenir. Sur le passé, ce qu'il a confirmé ou révélé suffit à disqualifier tous les militants ou les admirateurs du communisme dans le monde, sans leur offrir aucun élément explicatif : comme si l'U.R.S.S., patrie supposée de la classe ouvrière et terre d'élection d'une science de l'histoire, pouvait tomber quasiment par hasard sous l'autorité meurtrière d'un tyran. Quant à l'avenir, le retour à Lénine, ou même aux principes de Lénine, est une formule privée de sens, et simplement incantatoire ; elle a d'ailleurs fait partie du répertoire de Staline. Elle ne définit aucune politique.

En réalité, le sort du XXᵉ Congrès et du rapport secret ne se joue pas par rapport à l'héritage de Lénine, mais sur

---

1. C. Lefort, « Le totalitarisme sans Staline », in *Socialisme ou Barbarie*, n° 14, juillet-septembre 1956. Article republié dans *Eléments d'une critique de la bureaucratie*, Gallimard, coll. Tel, 1979, p. 155-235. La citation se trouve p. 168. A noter, en contraste avec ces lignes de Lefort, la prudence quasiment cléricale de Sartre, commentant ainsi le rapport Khrouchtchev, au lendemain du désastre hongrois : « Oui, il fallait savoir ce qu'on voulait, jusqu'où l'on voulait aller, entreprendre des réformes sans les claironner d'abord, mais les faire progressivement. De ce point de vue, la faute la plus énorme a probablement été le rapport Khrouchtchev, car, à mon avis, la dénonciation publique et solennelle, l'exposition détaillée de tous les crimes d'un personnage sacré qui a représenté si longtemps le régime, est une folie quand une telle franchise n'est pas rendue possible par une élévation préalable, et considérable, du niveau de vie de la population [...]. Mais le résultat a été de découvrir la vérité pour des masses qui n'étaient pas prêtes à la recevoir. Quand on voit à quel point, chez nous, en France, le rapport a secoué les intellectuels et les ouvriers communistes, on se rend compte combien les Hongrois, par exemple, étaient peu préparés à comprendre cet effroyable récit de crimes et de fautes, donné sans explication, sans analyse historique, sans prudence... » *L'Express*, 9 novembre 1956 (cité par Branko Lazitch, *Le Rapport Khrouchtchev et son histoire*, Le Seuil, 1976).

la gestion de l'univers légué par Staline. Aucun texte de Lénine, et pour cause, ne peut servir de guide sur la manière de diriger l'Empire soviétique. Car, malgré les apparences, cet Empire lui-même, créé par Staline, a obéi à une logique postérieure et étrangère au léninisme, celle du « socialisme dans un seul pays ». Il a en effet été conçu et organisé tout entier comme un vaste rempart autour de l'Union soviétique, formé de pays dotés de régimes identiques au sien, et soumis étroitement à son autorité, même en matière de politique intérieure. Jamais l'extrême centralisation du mouvement communiste n'a été plus impitoyable que dans ces années d'après-guerre où le « socialisme » s'est étendu à plusieurs pays, mais partout comme un décalque du système soviétique et un prolongement de sa prépondérance militaire. L'U.R.S.S. y figure à la fois la forteresse assiégée et la superpuissance mondiale, jouant plus que jamais sur les deux tableaux de la faiblesse et de la force.

L'autocritique spectaculaire de Khrouchtchev à Belgrade, en mai 1955, suivie par le rapport secret (où Tito est à nouveau « réhabilité »), la dissolution du Kominform et la déclaration soviéto-yougoslave de juin 1956 [1] font paraître la volonté de renoncer aux rapports de dépendance des partis et des pays communistes à l'égard de Moscou. Au point que Togliatti, comme on l'a vu [2], parle déjà de « polycentrisme », dans une interview qui paraît le même jour que le texte signé à Moscou par Tito et Khrouchtchev. Mais, une semaine après, sans doute sous la pression des nouvelles inquiétantes de Pologne [3], marche arrière : Togliatti est critiqué par la *Pravda* qui reparle du « rôle dirigeant » de l'U.R.S.S. dans le mouvement communiste.

1. La déclaration, signée en commun par Khrouchtchev et Tito le 20 juin 1956, à l'occasion du voyage du chef de l'Etat yougoslave à Moscou, parle de l'autonomie pour chaque pays socialiste de ses voies de développement, et de l'indispensable égalité dans l'échange de vues entre eux.
2. *Cf supra*, p. 736.
3. Le 28 juin a lieu la grande émeute ouvrière de Poznan, que l'armée polonaise réussit à écraser, mais qui, à partir de revendications de salaires, a entraîné des mots d'ordre anti-soviétiques.

L'épisode est significatif des ambiguïtés ou des incertitudes de la déstalinisation en matière d'organisation du système communiste international. Il illustre le pouvoir de dislocation, plus que de remodelage qu'a possédé là aussi l'intervention de Khrouchtchev au XXe Congrès. D'un côté, Togliatti prend appui sur les retrouvailles avec Tito pour tenter de constituer un pôle relativement indépendant de Moscou. De l'autre, les partis les plus réticents vis-à-vis du rapport secret craignent plutôt un affaiblissement ou un éclatement du monde communiste : Thorez et Ulbricht en tête, ils font pression sur Khrouchtchev pour que celui-ci n'abandonne pas trop des prérogatives internationales de Staline. Paradoxalement, la déstalinisation, qu'ils n'aiment pas, donne pourtant plus de force que jadis à leurs avis. Car, en desserrant la centralisation de l'univers communiste international, elle a permis aussi aux partis plus ou moins nostalgiques de la grande époque de peser plus lourd dans les conclaves ou les consultations internes. Au moment même où ceux-ci regrettent la discipline du Komintern ou du Kominform, ils bénéficient pourtant du surcroît d'influence qu'ils ont acquis de son relâchement.

Le Parti chinois, enfin, a gagné aux événements du XXe Congrès une place essentielle dans le dispositif communiste international. Place que lui promettaient à la fois le poids de la Chine dans le monde, l'autonomie de la victoire révolutionnaire de 1949 et l'éclat de la personnalité de Mao Tsé-toung. Mais Staline, à l'époque, accapare à lui tout seul la gloire d'être aux commandes du mouvement. Pourtant, le Parti chinois n'est pas trop heureux de la condamnation du culte de la personnalité au XXe Congrès. Car Mao, sous Staline, a eu son culte « secondaire », comme tous les chefs nationaux ; et depuis Staline, il peut espérer le premier rôle du répertoire. Qui pourrait le disputer au chef de la « Longue Marche » ? La fin de la guerre de Corée, en 1954, a diminué la dépendance de la Chine vis-à-vis de l'Union soviétique. Et les chefs du Parti chinois, Mao et Chou En-lai en tête, pèsent d'une autorité accrue sur les décisions du mouvement. Khrouchtchev est allé les voir dès l'automne 1954. Ils ont encouragé l'autonomie polonaise, soutenu Gomulka à l'automne, mais poussé à l'intervention des chars soviétiques à Budapest (en même temps d'ailleurs que les partis tchèque, roumain, bulgare et est-allemand). À la fin de l'année, ils font publier dans le *Quotidien du peuple* du 29 décembre, sous un titre qui dit l'ambition « théorique » du texte, les « Nouvelles considérations sur l'expérience historique de la dictature du prolétariat ». Il s'agit de riposter à un discours de Tito, prononcé le 11 novembre, dans lequel le chef yougoslave, tout en concédant la triste nécessité de l'intervention soviétique en Hongrie, regrettait que Kádár n'ait pas su s'appuyer sur les « Conseils ouvriers ». À quoi le quotidien chinois répond que l'« impérialisme » a été la cause fondamentale de l'insurrection hongroise, avant de réduire la critique de Staline à des proportions contrôlables. S'il y a bien eu, de sa part, tendance au « chauvinisme de grande puissance », donc à la domination du voisin et même du frère, il reste que, « si l'on veut absolument parler de stalinisme, on peut dire que le stalinisme, c'est avant tout le communisme, c'est le marxisme-léninisme [1] ».

L'invasion soviétique de la Hongrie a donc été suivie de commentaires qui vont jusqu'à mettre en cause, plus ou moins explicitement, ce qu'a dit Khrouchtchev au XXᵉ Congrès. Nulle surprise à cela, puisque l'insurrection hongroise avait finalement posé à tout le mouvement communiste, stalinien et antistalinien, une question de vie ou de mort. Elle avait débordé son lit, ou plutôt le lit qui lui était assigné d'avance par le XXᵉ Congrès : celui du communisme régénéré. Car ce communisme-là devait encore rester attaché à l'ensemble du camp, alors que Nagy avait fini par évoquer un statut de neutralité. Et il devait encore conserver le pouvoir dans les seules mains du Parti communiste ou de ses associés, alors que Nagy avait fini par faire resurgir le pluralisme politique. Pour la première fois depuis 1917 était apparu à Budapest le spectre de la réversibilité du

1. F. Fejtö, *op. cit.*, t. II, chap. 6, p. 143.

communisme [1] en capitalisme. Tito, en 1948, même
exclu, même séparé du camp, n'avait jamais renoncé au
monopole du Parti ; or Nagy avait illustré ce précédent
plus redoutable encore qu'un communisme national :
un communisme suicidaire.

La démonstration faite par les événements de 1956
tient donc dans l'incapacité où se sont trouvés Khrouchtchev et ses amis à redéfinir une autre politique dans leur
propre camp à partir des révélations faites au
XXᵉ Congrès. La « déstalinisation » n'est ni une philosophie, ni une stratégie, ni une idée, ni un programme. Le
mot n'a et n'a eu qu'une force de dissolution, un potentiel
de désordre. Entendu comme un réexamen du passé, il a
mis en cause les deux ressorts du régime soviétique,
l'idéologie et la terreur. Le système a exposé aux colères
de l'opinion — de ce qu'il en reste — ses acteurs principaux, formés à dure et longue école, au moment où une
certaine liberté est rendue à leurs victimes. Situation
beaucoup plus délicate que celle d'un régime autoritaire
cherchant à se libéraliser, puisque ce régime-là fait tout
autre chose : il renie ce qu'il a adoré, et il donne la parole
à ceux qu'il a frappés, à condition pour ceux-ci de faire
un nouveau bail exclusif au Parti dont ils ont été victimes. Cette clause, qui implique le maintien d'un minimum de terreur, interdit à la critique de Staline de renouveler le répertoire du mouvement communiste.
L'insurrection de Budapest a montré l'impasse, rétréci le
chemin. Mao Tsé-toung a fermé le ban.

Le bilan de cette année capitale dans l'histoire du communisme est double : début de la désagrégation du bloc,
et fin du mythe unifié dont il était porteur.

Khrouchtchev avait souhaité un élargissement.
Comme prix de sa réconciliation avec Tito, il avait envisagé d'établir entre les partis communistes des relations
plus égales et des échanges plus vrais ; et même, d'agréger au « camp de la paix et du socialisme », au-delà d'une

---

1. L'idée est discutée par F. Fejtö, *Histoire des démocraties populaires, op. cit.*, t. II, chap. 5, p. 127.

Yougoslavie redevenue amie mais restée sourcilleuse sur l'originalité de son régime, une nébuleuse d'Etats du Tiers-Monde au socialisme d'une orthodoxie plus qu'incertaine. Comme la déstalinisation devait renforcer l'autorité morale de l'Union soviétique, la coexistence pacifique allait en faire le centre de la dynamique de progrès appelée à réduire comme une peau de chagrin la partie du monde qui reste sous le joug de l'impérialisme. Hypothèse doublement illusoire, puisque la dénonciation de Staline étend le soupçon de l'accusé aux accusateurs, et que le recul de la menace de guerre tend à enlever une de ses plus grandes raisons d'être à la centralisation, sans lui en apporter de nouvelles.

Fin 1956, ces logiques associées ont porté leurs fruits. Le monde communiste s'est trouvé écartelé entre les ultras et les adversaires de la déstalinisation. Les premiers ont fini par mettre en cause, en Hongrie, les fondements mêmes du régime communiste. Les seconds, par leur résistance au nouveau cours de Moscou, ont compromis cette tradition d'extrême centralisation dont ils regrettent en secret l'époque et l'inspirateur. Les deux camps ont creusé ensemble le sillon du « polycentrisme ».

Sur cet affaiblissement général de l'autorité de Moscou est venu se greffer le rayonnement croissant de la Chine révolutionnaire et du personnage de Mao — le seul communiste, avec Tito, mais à une autre échelle, qui ait depuis Lénine conquis le pouvoir par ses propres moyens. Les autres Républiques satellites l'ont reçu de l'Armée rouge. Tito l'avait pris tout seul, dès avant l'effondrement nazi, et malgré Staline [1]. Mao avait tout au long

---

1. Dirigeant le Comité antifasciste de libération nationale, Tito et ses partisans échappent à l'anéantissement grâce à la capitulation des Italiens en septembre 1943. A l'automne il reçoit le soutien des Britanniques qui abandonnent le monarchiste Mihailović et ses Tchetniks qui ont ménagé les Allemands et les Italiens. Dans chaque commune libérée, un comité populaire chargé de l'administration est mis en place, et chaque région est dirigée par un conseil antifasciste contrôlé par les communistes. Cette structure est doublée

de son action orienté la stratégie du P.C. chinois indépendamment de Moscou : la dimension de la Chine donnait à cette indépendance une formidable puissance de
désunion potentielle. Les successeurs de Staline l'ont
compris, mais ne pourront en conjurer la menace bien
longtemps, sauf à renoncer à leur prérogative dans le
mouvement communiste international. Mao les a soute-
nus dans l'affaire hongroise, mais non sans quelques
rappels de doctrine, qui ont donné à cet appui un caractère implicitement conditionnel. La Chine est de toute
façon trop immense, trop peuplée, trop centrale pour
être un partenaire asservi de la politique mondiale de
l'U.R.S.S. La déstalinisation à la Khrouchtchev lui four-
nira l'espace idéologique de son indépendance comme
Etat.

C'est donc la fin du « socialisme dans un seul pays ». Le
système avait survécu, malgré le schisme yougoslave, à
l'absorption des Etats-nations d'Europe centrale et
orientale à l'intérieur d'un Empire presque aussi centralisé que l'était l'Union soviétique elle-même. Mais la disparition de Staline, suivie de la « déstalinisation », a
donné du champ aux forces centrifuges, par le double
effet du relâchement de la terreur et d'une certaine
marge de jeu à l'intérieur de l'idéologie. Mouvement qui
commence, assez naturellement, à la périphérie européenne de l'Empire, et qui y trouve assez vite ses limites,
mais non pas sa fin : les révoltes de 1953-1956 ont laissé
à cette partie du monde communiste, y compris à l'intérieur des partis communistes, des souvenirs qui ne
s'oublient pas. Les sentiments nationaux, la demande de
démocratie, le désir de vivre mieux nourriront un peu
partout, à doses variables, des forces centrifuges que
l'U.R.S.S. pourra contenir mais non pas éteindre ; tolé-
rant mieux, d'ailleurs, des communismes « nationaux »

par celle des commissaires politiques qui font la jonction entre
l'armée de libération et les autorités civiles. Tito devient le maître du
pays avec l'arrivée de l'Armée rouge qui aide les partisans à prendre
Belgrade le 20 octobre 1944. La guerre se poursuit jusqu'en
mai 1945, l'armée populaire se livrant à des massacres en Slovénie
où se sont réfugiés des Croates et des Oustachi.

du type Ceausescu que des communismes « libéraux » du type Dubček. Enfin, la dissidence ouverte de la Chine, incarnée jusqu'en Europe par la minuscule Albanie, dès 1960, montre que même l'hostilité commune à l'« impérialisme » n'a pas suffi à maintenir l'unité d'un camp qui se réclame non seulement de la même doctrine mais de la même interprétation léniniste de ladite doctrine.

Ainsi s'effrite avec la situation nouvelle le mythe soviétique, attaqué des deux côtés du marxisme-léninisme, par les Chinois et par les Yougoslaves, par les Albanais et par les Italiens ; ainsi recule l'idée communiste, menacée par la pluralité. Trotski n'avait jamais réussi à donner une vie politique à un antistalinisme de gauche. Après les Polonais et les Hongrois, Tito et Mao, associés au moins par l'objet de leurs critiques, donnent corps, mais une fois Staline mort, à un communisme antisoviétique. L'idée communiste reste puissante dans le monde, mais son incarnation territoriale est contestée. Rome n'est plus dans Rome.

L'heure est au « révisionnisme » : c'est le mot qui exprime le mieux ce tremblement de la statue sur son socle. Il évoque, pour le mythe soviétique, le commencement de la fin, sans désigner pour autant de figure de remplacement : à la différence de son emploi premier, qui visait à rejeter un dissident hors de l'orthodoxie, il est désormais à la disposition d'un peu tout le monde, à l'intérieur d'une chaîne d'accusations réciproques, comme si s'était dissoute jusqu'à l'idée d'un modèle. Khrouchtchev s'est bien gardé d'employer le terme, préférant à l'idée dangereuse d'une « révision » l'affirmation rassurante d'un retour au léninisme, comme si la révolution n'avait plus que la tradition pour guide. L'incohérence du propos tient à ce qu'il est, malgré lui, successeur plus que restaurateur. Il est légataire d'un héritage gigantesque, qui comporte la ruine agricole, l'industrialisation bureaucratique, une société nouvelle, l'Empire soviétique étendu jusqu'à Prague, la course aux armements, le mouvement communiste glacé par la servitude. Il n'a pas plus le choix de revenir à Lénine que Louis XVIII ne l'avait, en 1814, de restaurer l'Ancien

Régime. En attaquant Staline, il a en réalité, sans le savoir, moins encore le vouloir, ouvert le chemin de la révision.

Les Yougoslaves s'y étaient engagés les premiers, en 1948, et le voyage de réconciliation de 1955 leur en a reconnu le droit. Droit dont ils ont usé, d'ailleurs, avec modération, puisque Djilas [1] et, après lui, Kardelj [2] sont condamnés par Tito pour avoir critiqué le monopole politique du Parti. L'année suivante, les événements polonais et plus encore hongrois ont montré l'inconsistance d'une simple « correction » des erreurs passées. Au-delà de la terreur, ils ont mis en cause la misère des ouvriers, l'absence de démocratie politique, l'asservissement national. En Hongrie, la « révision » est allée jusqu'à menacer le régime lui-même. Dans les deux cas, son ampleur s'est heurtée aux seuls impératifs de la géopolitique et de la raison d'Etat soviétique. Par là, l'idée d'un socialisme réconcilié avec la démocratie et avec la nation survit à son échec avec d'autant plus de force qu'elle a reçu l'appui spectaculaire des intellectuels et des ouvriers. Elle ne cessera plus de travailler les sociétés d'Europe centrale et orientale, jusqu'à l'intérieur de leurs partis communistes.

En sens inverse, dans les années qui suivent, Mao et les communistes chinois s'acharnent à conjurer cette menace désormais constante sur l'idéologie du mouvement : d'abord en aidant les Soviétiques à colmater la brèche, en 1956-1957, puis en revendiquant pour eux-mêmes le privilège de l'orthodoxie. L'unité n'est plus compromise principalement par les débordements au-delà des digues tracées par le XXe Congrès. Elle est

---

1. Milovan Djilas a souligné, dès 1953, la contradiction entre l'idée d'une autonomie de gestion des entreprises et des administrations et l'existence d'un parti unique à discipline léniniste. *Cf. Anatomy of a Moral*, New York, 1959.
2. Edouard Kardelj, vice-président de l'Etat yougoslave, a souligné l'importance des « Conseils ouvriers », révélés par la révolution hongroise comme les meilleurs instruments politiques d'une société socialiste.

battue en brèche par la critique des hommes du XXe Congrès. Voilà Khrouchtchev devenu lui-même le « révisionniste » par excellence, dans le sens le plus classique du terme : fossoyeur du communisme. Le lancement du Spoutnik n'effacera pas ce début de désagrégation idéologique, à laquelle ne manque même pas le côté farce, par la constitution de l'Albanie en pôle européen du marxisme-léninisme « orthodoxe ». L'idée communiste n'a pas survécu longtemps intacte à l'Empire communiste et à la mort de son fondateur.

L'effet de dissociation provoqué par le rapport secret peut enfin être observé dans le communisme occidental aussi, sur l'exemple de ses deux plus grands partis, l'italien et le français. Ceux-ci n'ont jamais eu vraiment d'atomes crochus ; mais ils ont eu en gros, depuis la fin de la guerre, des vies parallèles et des politiques comparables, puisque les unes et les autres obéissent au même centre, partis frères par force plus que par amour, livrant la même bataille sur les arrières de l'adversaire.

Mais la mort de Staline a créé une situation nouvelle [1]. Thorez et Togliatti, plus encore, sont des vétérans du Komintern, chefs prestigieux non seulement chez eux, mais à Moscou. Disciples inconditionnels de Staline, ils n'ont pas les mêmes raisons d'incliner leurs passés devant Malenkov ou devant Khrouchtchev. Ils sont assez bons connaisseurs de la langue de bois pour comprendre ce qui se mijote à Moscou depuis 1953, derrière les slogans de la « direction collective » et l'accent mis sur la coexistence pacifique. Le rapport secret de février 1956 désigne le vainqueur, au moins provisoire, de la bataille de succession, et le prix à payer pour être dans son camp : la dénonciation du culte de Staline. Le mouvement communiste s'est décentralisé *de facto* au moment où il offre à ses grands barons le choix le plus difficile de leurs vies, puisqu'il s'agit de leur identité même.

Thorez et Togliatti ont eu tôt connaissance du rapport secret, à Moscou. Ils sont à la tête de partis trop puis-

---

1. Marc Lazar, *Maisons rouges. Les partis communistes français et italien de la Libération à nos jours*, Aubier, 1992.

sants, trop implantés dans chacun des deux pays pour qu'une révision, même de cette ampleur, en menace l'existence, comme dans le cas de ce qui reste du communisme américain [1]. Mais comment manœuvrer, pour minimiser le dommage, tout en dissociant leur charge et leur personne de ce « culte de la personnalité » dont ils ont été à la fois les instruments, les imitateurs et les bénéficiaires ? Comme l'a montré Marc Lazar, les deux leaders adoptent pendant deux mois, au printemps 1956, une tactique comparable, faisant par avance la part du feu, car le texte complet du rapport secret n'est pas encore connu, mais rappelant aussi les mérites de Staline dans la construction et la victoire du socialisme soviétique. Ils partagent un même mépris pour l'amateurisme de Khrouchtchev, qui les expose, eux et tout le mouvement, à des risques si inconsidérés ; mais ils empruntent pourtant, dès juin, quand les « révélations » du premier secrétaire, désormais publiées *in extenso*, ont atteint le public, des chemins différents. Togliatti donne alors sa fameuse interview à *Nuovi Argumenti*, qui le situe dans l'aile « révisionniste » du communisme, à côté de Tito ; il esquisse une interprétation du « culte de la personnalité » moins étroite que celle de Khrouchtchev, mettant en cause une dégénérescence bureaucratique du régime soviétique ; il soutient l'idée d'un « polycentrisme » du mouvement [2]. Thorez, lui, continue de parler du rapport « attribué au camarade Khrouchtchev », et cherche à refermer, à peine ouvert, le dossier Staline. Il prend appui sur la réaction négative de la direction soviétique à l'interview de Togliatti. Une délégation du Parti français envoyée aux nouvelles à Moscou en revient porteuse de la résolution soviétique du 30 juin [3], en retrait déjà sur le rapport secret quant aux « erreurs » de

---

1. David A. Shannon, *The Decline of American Communism. A History of the C.P. of the United States since 1945*, Harcourt, Brace, 1959.

2. L'idée est au départ soviétique, avancée par le XXe Congrès. Mais elle est abandonnée par Khrouchtchev entre février et juin 1956.

3. *Cf. supra*, p. 736.

Staline, et soulignant contre Togliatti le rôle dirigeant de l'U.R.S.S. au sein du communisme international.

Les deux partis, l'italien et le français, approuveront tous les deux en novembre l'intervention des chars russes à Budapest : le premier avec résignation, le second avec soulagement. Dans l'insurrection hongroise, le second n'a vu qu'un complot de l'impérialisme, le premier incrimine aussi les fautes des communistes hongrois. Tous les deux connaissent la fronde de leurs intellectuels ; le premier donne plus d'importance au débat public, le second à l'argument d'autorité dans les procédures d'exclusion. Sur le fond, les positions respectives ne sont pas très différentes, puisque Togliatti rejette avec autant de fermeté doctrinale que Thorez l'idée des libertés « bourgeoises » et célèbre avec autant d'intransigeance le « centralisme démocratique » au sein du Parti. Mais dans un système d'orthodoxie, les moindres nuances prennent un caractère de signal. Il suffit qu'au VIIIe Congrès du Parti italien, en décembre, Togliatti ait ressorti des oubliettes la vieille antienne de la « voie italienne au socialisme » pour que les camarades français y dénoncent par la voix de Roger Garaudy un risque de déviation opportuniste [1]. Moins d'un an après le rapport secret, tout se passe donc, à l'Ouest aussi, comme si l'effet le plus clair de la déstalinisation avait été non pas un regard plus vrai sur le passé mais une nouvelle disposition des forces. Depuis la mort de Staline, le communisme est moins émancipé de ses mensonges que de la poigne de fer qui en maintenait ensemble les différents rameaux.

Par là il révèle un trait qui sera beaucoup plus visible trente et quelques années après, à l'heure de Gorbatchev : son inaptitude à la réforme. Il autorise des bricolages à l'intérieur de l'idéologie, de quoi permettre des concessions à la diversité nationale du mouvement. Mais le rôle que continue de jouer en son sein l'orthodoxie « doctrinale » restreint la portée réelle de ces bricolages

1. Marc Lazar, *op. cit.*, chap. 3, p. 101.

en même temps qu'elle en rend absurdement significative la moindre nuance : de sorte que l'univers communiste est devenu plus divisé sans cesser d'être fondé sur un mensonge universel. Il existe désormais un communisme russe et un communisme chinois, un communisme est-allemand et un communisme yougoslave, un communisme italien et un communisme français, etc. Enfants plus ou moins proches d'une même famille, mais revendiquant tous le patrimoine, et unis par ce qui les sépare : Staline mort, les « révisionnistes » sont un peu partout, c'est-à-dire un peu nulle part. Ils offrent des sursis et même des occasions de rebond à l'affaiblissement du mythe central.

*

Quand commence cet interminable ravaudage, qui va occuper la gauche occidentale jusqu'à la disparition des régimes communistes, un écrivain soviétique a fait, lui, dans son pays, le travail du deuil. Je l'ai déjà cité. Il s'agit de Vassili Grossman. Personne ne le connaît, à l'époque, en Occident, où ses livres n'ont pas été traduits. Personne ne saura non plus, sur le moment, même en Union soviétique, la profondeur de la crise morale qui va le séparer du communisme et même de la Russie, entre 1952 et 1960. Car le livre qu'il écrit dans ces années [1], et qui signe ce drame intérieur, ne sera publié que tardivement, et à l'Ouest, en 1980. Grossman n'a donc exercé aucune influence, intellectuelle ou politique, sur ses contemporains, russes ou occidentaux. Ce qui le rend important à mes yeux tient moins à la reconnaissance posthume de son talent qu'à la transformation apparemment si rapide d'un auteur soviétique en écrivain antisoviétique : le premier de l'après-guerre, si l'on songe à Soljenitsyne, qui le suit de peu, mais, lui, avec éclat.

Vassili Grossman est un Juif russe, né à Berditchev, au cœur juif de l'Empire russe, en 1905. Après des études techniques à Kiev, puis à Moscou, il travaille quelques

---

1. Vassili Grossman, *Vie et destin*, Lausanne, Julliard-L'Age d'homme, 1980.

années comme ingénieur avant de céder à sa vocation littéraire, encouragé par Gorki. Il entre dans le métier en 1935 avec un premier recueil de récits, dont l'un intitulé *Dans la ville de Berditchev* [1], publié séparément l'année précédente. Le titre annonce une histoire juive, mais c'est tout le contraire : dans l'une des vieilles capitales du hassidisme, Grossman met en scène, comme pour conjurer le génie du lieu, une militante bolchevique, Vavilova, commissaire politique dans l'Armée rouge au moment où la contre-offensive polonaise de 1920 menace l'Ukraine occidentale. Celle-ci est enceinte, et elle accouche entre deux combats d'un Aliocha, déchirée dès lors entre l'amour maternel et sa passion à reprendre le combat. Les Juifs ne donnent à son histoire que la couleur locale : les criailleries des femmes, l'hésitation des hommes à prendre parti, l'étroitesse familiale du *shtetl*. L'inspiration de la nouvelle est conforme à l'esprit du régime, en même temps qu'à ses directives : Grossman n'est pas un écrivain judéo-russe, c'est un écrivain soviétique.

Situation assez confortable, une fois fait le sacrifice de l'indépendance. C'est une « situation », tout justement : à tout membre de l'Union des écrivains, la vie matérielle est relativement facile. Grossman d'ailleurs n'a rien d'un cynique ; professionnel des thèmes du Parti, apôtre de la bonne cause, il veut encore ennoblir ces sujets obligés d'un véritable travail littéraire, inspiré de la tradition tolstoïenne. La guerre civile, la guerre d'intervention, la guerre russo-polonaise, la production, les kolkhozes, la révolution, l'héroïsme militaire et civil des bolcheviks : fond et forme, Grossman est un bon ouvrier du réalisme socialiste [2]. A l'inverse de Soljenitsyne, il n'entre pas

1. Vassili Grossman, *La Route*, (Nouvelles), Julliard-L'Age d'homme, 1987, p. 11-26.
2. Son grand roman d'avant-guerre, *Stepan Koltchouguine*, trilogie dont il n'a écrit que les deux premiers volumes, raconte l'histoire d'un jeune orphelin, ouvrier dès son plus jeune âge, devenu militant bolchevique clandestin et déporté en Sibérie dans la Russie des tsars. Il devait devenir, dans le volume non rédigé, un des chefs du Komintern. *Cf.* Simon Markish, *Le Cas Grossman*, Julliard-L'Age d'homme, Paris, 1983, p. 46-47.

dans la littérature par la révolte. Il y est installé comme dans un métier protégé que l'esprit de révolte va peu à peu investir.

La guerre aurait dû sceller l'appartenance soviétique de cet enfant juif des confins polono-ukrainiens. En fait, elle commence à la mettre en cause. Grossman suit l'Armée rouge pendant quatre ans, en qualité de correspondant du principal journal de l'armée, la *Krasnaïa Zvezda*. Il est un des hommes qui ont le mieux connu ce lieu d'apocalypse qu'a été le front germano-russe, la terrible retraite de l'Armée rouge, Stalingrad, et les coups de boutoir successifs de la contre-offensive qui portera en deux ans les drapeaux soviétiques jusqu'à Berlin. En même temps que du patriotisme russe, il a pris la mesure des crimes nazis, tout au long du territoire reconquis. L'une de ses chroniques de guerre essaie de peindre « l'enfer de Treblinka [1] ». L'écrivain est arrivé sur les lieux du camp nazi avec l'armée soviétique, au début de septembre 1944, un peu moins d'un an après que les Allemands l'ont « fermé » en tentant d'en effacer les traces. Mais lui regarde, soupçonne, s'informe alentour et devine la dimension industrielle du crime. Son article, publié en novembre dans *Znamia*, constitue un des premiers grands textes sur les camps d'extermination de l'Est polonais, Treblinka, Sobibor, Belzec, Birkenau [2].

---

1. Un recueil des chroniques de guerre de Grossman, consacrées à la bataille de Stalingrad, a été publié en français dès 1945, aux éditions France d'abord : *Stalingrad, choses vues*. Parallèlement, à la même époque, a paru en brochure son long article sur Treblinka, *L'Enfer de Treblinka*, B. Arthaud, 1945. Tout récemment, un nouveau recueil plus substantiel a été mis à la disposition du public français, sous le titre *Années de guerre*, Ed. Autrement, 1993, postface d'Alexis Berelowitch. L'ensemble est malheureusement expurgé de passages jugés aujourd'hui trop « staliniens », ce qui est dommage. Ce traitement posthume est d'autant moins justifié que Grossman a investi dans la guerre antinazie des espoirs de libéralisation du régime soviétique (*cf.* Simon Markish, *op. cit.*, p. 54-56).

2. Grossman « devine » l'enfer de Treblinka plus qu'il ne l'observe, puisque le camp a été détruit par les Allemands à la suite de l'insurrection, le 2 août 1943, des membres des Kommandos travaillant au fonctionnement de la machine de mort. Son article

Aucun journaliste autorisé n'a dit mieux que Grossman le caractère des enjeux de la guerre antinazie. Aucun écrivain soviétique n'a eu, comme lui, l'imagination du malheur juif et le courage d'en parler.

Un autre texte le donne à comprendre, un peu antérieur. Publié en 1943, le récit [1] se passe en juin 1942 dans une bourgade d'Ukraine comme celle qui l'a vu naître, au moment où les Allemands arrivent et font régner l'ordre de l'occupant. Il raconte l'histoire de la liquidation des Juifs de la localité, conduits et exécutés en masse un peu plus tard au bord d'un ravin ; le vieux professeur, héros de la nouvelle, stoïque et sage comme un rabbin, explique à ses compatriotes qui vont mourir « ce qui se passe dans le monde » : « Les fascistes ont créé un grand bagne universel, paneuropéen, et pour se faire obéir des bagnards ils ont construit une immense échelle de l'oppression. Les Hollandais vivent plus mal que les Danois, les Français vivent plus mal que les Hollandais, les Tchèques plus mal que les Français ; pire est le sort des Grecs, des Serbes et des Polonais, pire encore est celui des Ukrainiens et des Russes. Voilà les degrés de l'échelle du bagne. Plus on descend, et plus il y a de sang, d'esclavage et de sueur. Et tout en bas de cette immense prison à plusieurs étages se trouve un gouffre auquel les fascistes ont condamné les Juifs. Leur destin doit terroriser l'ensemble du bagne européen, pour que chaque destin, aussi effroyable soit-il, paraisse un bonheur comparé au sort des Juifs. Et il me semble que les souffrances des Russes et des Ukrainiens ont maintenant atteint un tel degré que le temps est venu de leur montrer qu'il est un sort encore plus terrible, encore plus atroce. Ils diront : "Ne vous plaignez pas, soyez fiers, soyez heureux de ne pas être juifs [2] !" »

est extraordinaire moins par la précision documentaire que par l'intuition horrifiée de ce qui s'est passé dans ces lieux redevenus « naturels ».

1. « Le vieux professeur », in *La Route, op. cit.*, p. 169-198 ; et « Le vieil instituteur », in *Années de guerre, op. cit.*, p. 29-66.

2. *Op. cit.*, p. 183.

L'argument du vieux professeur vaut ce qu'il vaut. Il montre au moins que Grossman est un des tout premiers écrivains, dans le monde de l'époque, à s'interroger sur le génocide juif : sur la férocité des bourreaux mais aussi sur l'angoisse des victimes. « Que faire ? dit Mendel le fumiste. C'est la destinée. Une voisine a dit à mon fils : "Iachka, tu n'as pas du tout l'air d'un Juif, sauve-toi au village." Mon Iachka lui a répondu : "Je veux avoir l'air d'un Juif ; là où l'on conduira mon père, j'irai moi aussi [1]." » Grossman est comme cet enfant. Il veut « avoir l'air d'un Juif », malgré l'orthodoxie soviétique [2].

Pourtant, il n'est pas devenu judéo-russe, comme Babel. Il voudrait être un écrivain russe, comme Tchekhov, comme Tolstoï, ses modèles. Et la question de sa vie reste la grandeur du peuple russe, au milieu d'une des plus grandes épreuves de son histoire. Grossman a suivi l'Armée rouge à Stalingrad, où est né l'ouvrage qui allait occuper le reste de ses jours. C'est un livre conçu sur le modèle de *Guerre et paix*, roman fleuve à cent personnages et aux intrigues croisées, construit pourtant autour d'une famille centrale, qui met en scène le peuple en guerre. La bataille de Stalingrad en est l'épreuve de vérité, et la ville martyre devait donner son

---

1. *Op. cit.*, p. 193.
2. Quelques mois après la publication du « Vieux professeur », Grossman reviendra sur les massacres des Juifs en Ukraine, par un essai du 12 octobre 1943, intitulé *Ukraine*, et publié dans *Krasnaïa Zvezda (L'Etoile rouge)*. A cette époque, l'écrivain ne parle plus à travers des sources indirectes. Dans le territoire reconquis par l'offensive de l'armée soviétique dans l'arc Oural-Koursk, il a pu voir les massacres de Juifs commis par les nazis sur la rive gauche du Dniepr, notamment à Babi Yar, près de Kiev. Mais il n'en parle qu'en passant, pour ne pas s'exposer à la censure : car la ligne officielle est de ne pas faire un sort particulier aux crimes commis contre les Juifs, sous prétexte de ne pas alimenter en U.R.S.S. l'idée d'une guerre conduite pour défendre les Juifs. Des informations systématiques sur le génocide juif seront par contre publiées dans le journal *Einikeit (Unité)*, organe du Comité juif antifasciste, publié en yiddish, et diffusé en Angleterre et aux Etats-Unis. Grossman y fera paraître en novembre-décembre 1943 un essai, « L'Ukraine sans Juifs ».

nom à l'ouvrage, qui fut changé sur intervention du pouvoir en *Pour une juste cause*. Titre à la fois plus terne et plus « soviétique », par lequel après la guerre les autorités font rentrer dans le rang un auteur devenu suspect. Le gros manuscrit traverse, en effet, une période difficile avec la censure entre 1945 et 1952 ; d'abord publié sous forme d'extraits alors qu'il est encore inachevé, il est ensuite longtemps bloqué parce qu'on n'y parle pas assez de Staline et trop des Juifs [1]. Il paraît finalement, mais par morceaux échelonnés, en 1952, bien accueilli par le public, mais aussi l'objet d'une violente attaque de presse, téléguidée d'en haut, à la mode soviétique. L'affaire est racontée en détail dans les deux livres consacrés à Grossman sur lesquels s'appuie mon récit [2].

L'écrivain est-il sauvé par la mort de Staline, qui survient tout juste après ? Oui et non. Oui, si l'on songe qu'elle lui permet sans doute d'éviter le Goulag. Non, si l'on veut dire par là qu'il se trouve, par la publication de son livre en 1954, réintégré dans la littérature soviétique. Car il fait le choix inverse. Isolé, il s'enfonce dans la solitude. Quand paraît enfin *Pour une juste cause*, à l'époque de la « direction collective », il a commencé à reprendre son ouvrage. Sous prétexte d'en écrire un second volume, consacré à la bataille de Stalingrad elle-même [3], il en fait une autre version : même sujet, mêmes personnages, même ambition, mais cette fois libérée des prudences et des concessions, avec un vrai titre tolstoïen, *Vie et Destin*. « Comme nous l'enseigne la tradition russe, dit Grossman à un ami, les deux substantifs doivent être reliés par la conjonction *et* [4]. »

Que s'est-il passé qui sépare le Grossman de *Pour une juste cause* du Grossman de *Vie et destin* ? Le Grossman

---

1. Sémion Lipkine, *Le Destin de Vassili Grossman*, L'Age d'homme, Lausanne 1989, p. 28.

2. Simon Markish, *Le Cas Grossman*, *op. cit.*, p. 90-94. Sémion Lipkine, *op. cit.*, p. 32-35.

3. Le récit de *Pour une juste cause* se situe entre juin et septembre 1942.

4. Sémion Lipkine, *op. cit.*, p. 44-45.

d'après-guerre, auteur déjà suspect mais auteur soviétique encore, faisant le tour des revues autorisées pour faire publier son livre, passant des compromis avec la censure ; et le Grossman d'après Staline, qui en apparence a gagné la partie, mais qui entre alors dans un exil intérieur, récrit un autre livre, redevenu un écrivain russe ? *Pour une juste cause* a finalement paru, par livraisons successives, sous Staline. Le manuscrit de *Vie et destin* est saisi par le K.G.B. sous Khrouchtchev, en février 1961 [1]. Contraste paradoxal qui dit tout et sur le travail de la liberté chez Grossman et sur les contradictions du khrouchtchévisme.

En réalité, le sujet du livre indique assez où a pris sa source le désenchantement de l'écrivain : dans la guerre, et son cortège de sacrifices et d'espoirs. En mobilisant le courage primitif et stoïque du peuple russe au service de la patrie, celle-ci l'a mis aussi au service de la liberté, puisque l'ennemi à vaincre est l'Allemagne de Hitler [2]. En même temps qu'une croisade antinazie, elle est ainsi apparue comme un rachat démocratique du régime, conjurant les mauvais souvenirs au nom de lendemains

---

1. Grossman a confié son manuscrit à plusieurs revues. De là, celui-ci est parvenu entre les mains de Souslov qui, recevant l'auteur quelques semaines après le raid du K.G.B., l'assure qu'il doit « oublier » son roman et ajoute : « Peut-être sera-t-il édité dans deux·cents ou trois cents ans. »

2. Ce sentiment a été exprimé de façon très subtile, en inversant le rapport traditionnel Russie-Allemagne, par Pasternak dans un reportage effectué sur le front, en septembre 1943, auprès de la IIIᵉ armée soviétique, qui vient de libérer Orel. Ce reportage a été expurgé par la censure avant de paraître dans le journal des syndicats, *Troud*, en novembre 1943. La citation est extraite d'un passage censuré : « Ce qui est frappant dans l'hitlérisme est la perte de la supériorité politique de l'Allemagne. La dignité de la nation a été sacrifiée, pour ne plus jouer qu'un rôle secondaire. Le pays a été réduit par la force à rien de plus qu'un commentaire réactionnaire de l'histoire russe. Si la Russie révolutionnaire a jamais eu besoin d'un miroir déformant qui travestit ses traits en une grimace de haine ou d'ignorance, le voici ; l'Allemagne était destinée à le produire. » *Cf.* Boris Pasternak, *A Journey to the Army*, trad. par Halina Willens, in *Novy Mir, A Selection 1925-1967*, Editions Michael Glenn, Londres, 1972, p. 247. J'ai retraduit le texte de l'anglais.

plus libres. L'espérance de Pasternak ou de Grossman n'est pas différente de l'illusion de Roosevelt sur Staline : ils ont tous pensé que la guerre contre Hitler possédait une imparable logique. Mais les choses se passent autrement, et le régime de Staline sort inchangé de sa victoire. Encore n'est-ce pas assez dire : il ajoute les Juifs à sa panoplie de haine et de persécution, ou du moins ceux qui sont sortis vivants du génocide hitlérien. L'antisémitisme soviétique est plus fort après la guerre, et plus encouragé par le pouvoir, qu'à aucune autre période de l'histoire de l'U.R.S.S., et il va culminer dans la grande campagne « antisioniste » entre 1949 et 1953 ; comment Grossman, ce Russe juif témoin délibéré du malheur juif, serait-il autorisé à s'approprier Stalingrad, ce monument à la gloire du régime stalinien ?

Ainsi la guerre a aggravé le sort de la nation. Gagnée au prix d'extraordinaires vertus par un peuple naïf qui s'est fié à Staline, elle conduit au renforcement d'un pouvoir totalitaire comparable à celui du vaincu. Les Russes, et les Juifs russes parmi eux, ont eu tort de renoncer à haïr leurs chefs ! La guerre a été un sacrifice inutile. Tel est l'esprit désespéré de *Vie et destin*, un des livres les plus tristes du siècle.

En effet, la guerre y est jugée sur l'esclavage qu'elle a permis de vaincre mais aussi sur celui qu'elle a consolidé : guerre admirable par l'héroïsme simple qu'y déploie le peuple russe, et pourtant sans issue, puisqu'elle ne peut avoir que des vainqueurs déplorables, Hitler ou Staline. Le dilemme Grossman est plus insoluble que le dilemme Stauffenberg [1]. Dans le cas du jeune aristocrate allemand, le choix se trouve être entre la défaite de la patrie, qui pourtant la libérera, et sa victoire, qui la rendra définitivement captive, avec toute l'Europe, de l'aventurier nazi : choix dramatique, mais choix possible. La voie de la liberté et du bien passe par un calvaire national, mais elle existe. Pour l'auteur de *Vie et Destin*, la captivité du peuple russe est scellée dans les deux hypothèses, sous Hitler ou sous Staline. Dès lors

---

1. Principal acteur du complot du 20 juillet 1944 contre Hitler.

que faire ? Aider Hitler, il n'en est pas question. Grossman comprend ce qui a fait agir Vlassov, mais ne l'approuve pas. Les atrocités commises par les troupes nazies en Russie et en Ukraine rendent encore plus impérieux le devoir naturel de combattre pour la patrie. Mais en défendant sa terre russe, le peuple serre le nœud coulant qui l'étrangle ; il apporte toutes ses forces à la dictature, et il menace de l'exporter dans toute l'Europe... Il n'y a donc pas de bon choix, seulement un choix moins mauvais, mais mauvais aussi, en dépit du courage qui lui fait cortège. Il y a un peuple malheureux, élu par le malheur d'époque, condamné à river son boulet même par ses vertus.

Ce malheur forme la toile de fond du roman, et comme le murmure constant des personnages, soldats et civils. Tous viennent de si loin, dans cet ordre, que la guerre donne au moins un mérite à leurs souffrances. Témoin cette vieille paysanne ukrainienne, Krysta Tchouniak, qui recueille un jour dans son isba providentielle le chauffeur Semionov, évacué mourant d'un convoi de prisonniers faits par les Allemands à Stalingrad. Il a été affamé par l'ennemi. Elle se remémore l'avoir été par les siens. Elle y a perdu son mari, douze ans avant : « Le village était empli de gémissements doux et plaintifs ; de petits squelettes, les enfants, rampaient par terre, dans les isbas, en geignant. Les hommes, les pieds gonflés d'eau, erraient dans les cours, incapables du moindre effort. Les femmes cherchaient quelque chose à cuire, tout avait été cuit, tout avait été mangé : orties, glands, feuilles de tilleul, sabots, vieux os, cornes qui traînaient dans les arrière-cours, peaux de mouton... Et les gaillards venus de la ville allaient de maison en maison, passant devant les morts et les agonisants, ouvraient les caves, creusaient des trous dans les granges, sondaient le sol avec des tiges de fer : ils cherchaient et réquisitionnaient "le grain que cachaient les koulaks". Par une journée d'été étouffante, Vassili Tchouniak cessa de respirer. Juste à ce moment-là, les gars de la ville étaient de nouveau entrés chez eux, et un garçon aux yeux bleus, roulant les "r" à la russe, tout comme Semionov, dit en regardant le mort : "Ils résistent, ces koulaks, jusqu'à en crever. [1]" »

L'autre année noire, sommet de la terreur d'avant-guerre, est 1937, où ont eu lieu tant d'arrestations, et de si imprévisibles, dans le Parti bolchevique : l'épuration de tous les cadres de la nation. *Pour une juste cause* avait fait une large place aux bolcheviks, mais non pas à leur part maudite. On retrouve dans *Vie et destin* les mêmes personnages, alourdis de leur tragédie. Le plus complexe est Krymov, le secrétaire du comité régional de Stalingrad, vétéran du Komintern et de la langue de bois, bien qu'il ait frôlé l'arrestation en 1937-1938. Solitaire, plaqué par sa femme, il retrouve un rôle à Stalingrad, où il est pourtant dépaysé parce que le peuple y renaît : « Les relations entre les gens étaient belles à Stalingrad. L'égalité et la liberté vivaient sur cette rive de glaise arrosée de sang [2]. » Internationaliste abstrait, il a perdu l'usage du langage de la nation. Finalement il n'échappe pas à l'arrestation en pleine guerre : signe que le règne de le dénonciation reste en vigueur dans le Parti, et que la bureaucratie de Staline n'a rien perdu de son pouvoir absolu. Qu'elle va gagner la guerre, drapée dans le nationalisme, à la place des vrais vainqueurs.

De là vient que l'antisémitisme, objet partout, après la guerre, d'un interdit moral, survit et même prospère, encouragé par l'Etat, dans l'Union soviétique de Staline. Patriote russe, Grossman est obsédé par le massacre des Juifs par les nazis : personnage rare, et même exceptionnel, dans un pays où la langue officielle ne connaît que les victimes du nazisme en général, et où ce qui existe d'opposition « russe » au soviétisme a tendance à reprocher aux Juifs leur participation au mouvement communiste. Lui tient le génocide antisémite pour l'événement distinctif du premier demi-siècle, « période de l'extermination totale d'énormes masses de la population juive, extermination qui s'est fondée sur des théories sociales

---

1. *Vie et destin, op. cit.*, p. 530.
2. *Ibid.*, p. 213.

ou raciales [1] », et il ajoute : « Le monde actuel le tait avec une discrétion fort compréhensible. » Observation vraie un peu partout, mais par excellence en U.R.S.S., où l'antisémitisme bat son plein après la guerre, sous la même forme étatique qu'il a eue en Allemagne : « Dans les Etats totalitaires, où la société civile n'existe pas, l'antisémitisme ne peut être qu'étatique. L'antisémitisme étatique est le signe que l'Etat cherche à s'appuyer sur les idiots, les réactionnaires, les ratés, sur la bêtise des superstitions, la vindicte des affamés. A son premier stade, cet antisémitisme est discriminatoire... Puis l'antisémitisme étatique passe à l'étape de l'extermination [2]. »

Ainsi le livre de Grossman est organisé tout entier autour de la comparaison des deux totalitarismes en guerre l'un contre l'autre, privant ainsi de victoire le peuple russe, puisque leur affrontement ne comporte pas de camp de la liberté. Combattant le communisme, Hitler promet une servitude comparable, peut-être pire. Combattant le nazisme, Staline cherche à étendre son pouvoir absolu. Tous les deux veulent détruire ce qu'il y a de plus noble en l'homme, l'instinct de liberté. Ils condamnent celui-ci à un *destin* d'esclave, alors que la *vie* humaine consiste à être libre ; libre comme les soldats qui défendent Stalingrad.

D'où l'importance du thème des camps, l'institution commune aux deux régimes, par où Grossman retraite sur le mode romanesque le thème de Hannah Arendt (qu'il ne semble pas avoir lue). Son récit ne cesse de passer et de repasser des camps de concentration allemands aux camps soviétiques et vice versa : du monde des zeks dans la taïga sibérienne à celui des prisonniers, russes et non russes, encadrés par les miradors nazis. Un soir de 1943, derrière l'un de ces miradors, au bloc spécial où sont confinés de vieux bolcheviks qui sont l'objet d'un intérêt spécial de la part de la Gestapo, l'un d'entre eux, un commandant soviétique fait prisonnier à Stalin-

1. *Vie et destin*, p. 197.
2. *Ibid.*, p. 459.

grad, ne trouve plus pour définir le sens de la guerre que la haine portée au communisme par le fascisme. Il reprend à destination des camarades l'argument de Staline : « Il a raison, notre père, la haine des fascistes doit nous réjouir. Nous les haïssons et eux nous haïssent. Tu comprends ? Et maintenant pense ce que ça représente de se retrouver dans un camp tenu par les siens. Prisonnier des tiens. Ça, c'est un malheur. Tandis qu'ici, ce n'est rien. Nous sommes des gars solides, on leur en fera encore voir, aux Allemands [1] ! »

Un peu plus tard dans le livre, dans le même camp, Grossman met en scène la même idée sous une forme différente, puisque la comparaison entre Hitler et Staline est tissée cette fois par un officier nazi. Le commandant du camp, Liss, un SS grand teint, a fait venir dans son bureau un vieux militant bolchevique, Mostovskoï, emprisonné sous le tsarisme, pilier du Komintern, inconditionnellement fidèle, et pourtant mis à l'écart, avant la guerre, pour avoir aimé Boukharine. Il lui parle du caractère interchangeable de leurs rôles : « Vingt heures de vol et vous voilà chez vous, en Union soviétique, à Magadan, installé dans le fauteuil d'un commandant de camp. Ici, chez nous, vous êtes chez vous, mais vous n'avez tout simplement pas eu de chance... Quand nous nous regardons, nous ne regardons pas seulement un visage haï, nous regardons dans un miroir. Se peut-il que vous ne vous reconnaissiez pas en nous ? Que vous ne retrouviez pas votre volonté en nous ? Le monde n'est-il pas pour vous, comme pour nous, volonté ? Y a-t-il quelque chose qui puisse vous faire hésiter, ou vous arrêter [2] ? » De sorte que la guerre livrée par les nazis n'a aucun sens intellectuel ou moral, en dépit du surinvestissement idéologique dont elle est l'objet. Elle ne se nourrit que des haines nationales, des deux côtés, alors qu'elle met aux prises « des formes différentes d'une même essence : l'Etat-parti ». Si l'Allemagne de Hitler est victorieuse, elle restera toute seule en face des peu-

1. *Ibid.*, p. 40.
2. *Ibid.*, p. 371.

ples, sans partenaire pour partager le poids de cette
haine. Si elle est battue, le nazisme continuera à vivre
caché dans le triomphe du communisme : même la
haine des Juifs, Staline pourra la reprendre à son
compte.

Mostovskoï, décontenancé par la situation, est un instant pris dans le vertige où l'entraîne l'ennemi. Il entre-
voit que, pour réfuter le discours de l'officier SS, il lui
faudrait réhabiliter les idées et les hommes qu'il a appris
lui aussi à détester, redonner une dignité philosophique
à la moralité ou à la religion, donner raison aux chrétiens, ou aux tolstoïens, et même aux mencheviks, bref
désavouer Lénine et Staline. Mais cet égarement fugitif
fait place à la réalité de la situation, qui le ramène dans sa
foi politique, condition de son assiette psychologique et
morale. Mostovskoï pense à l'histoire, qui est de son côté.
Mais il trouve son refuge le plus sûr dans le rapport
ami/ennemi, par où il peut retrouver intacte sa haine de
l'adversaire.

Je ne crois pas qu'il faille interpréter cette scène de *Vie
et destin* comme une manière d'illustrer l'équivalence
dans le mal des deux régimes dont les armées s'affrontent à Stalingrad. Le discours de l'identité est mis par
l'auteur dans la bouche de l'officier SS, qui le tient par
esprit de provocation, et pour sonder le moral de l'adversaire [1] : ce qui est une première manière d'en relativiser
la portée. Par ailleurs et surtout, aux yeux de Grossman,
la bataille de Stalingrad ne met pas aux prises deux
ennemis également détestables ; au contraire, les soldats
russes y combattent pour défendre leur terre, venir au
secours de la patrie, sauver la liberté : même les communistes, puisqu'ils gouvernent le pays, sont enveloppés
dans cette juste cause, ne fût-ce que temporairement.
L'héroïsme de l'Armée rouge sert la morale et la justice,
sauvant les bolcheviks des conséquences de leur propre
doctrine. Ainsi s'explique le paradoxe apparent, selon

1. *Vie et destin*, p. 444 : « Liss ne voulait rien de plus que vérifier
quelques hypothèses dans l'espoir d'écrire un travail sur "l'idéologie de l'adversaire et ses leaders". »

lequel l'écrivain russe qui a été le plus obsédé par le massacre des Juifs européens entre 1941 et 1945 est aussi celui qui retravaille constamment le parallèle entre nazisme et communisme. Si le martyre juif est omniprésent dans *Vie et destin*, de la reconstitution des ghettos à la chambre à gaz, c'est qu'il définit le crime nazi comme inouï ; et qu'il donne aussi par là son sens le plus éclatant au combat du peuple russe. Mais ce que le massacre des Juifs a de particulier ne supprime pas ce que conservent de comparable et les philosophies du pouvoir et la négation de la liberté dans les deux régimes. La juste guerre du peuple russe n'enlève rien au nihilisme bolchevique, qui se dissimule mieux que jamais sous la haine du nazisme. Et la victoire du peuple russe sonnera aussi l'heure d'une captivité sans recours. Les vaticinations de Liss sont aussi des prophéties *post factum* de l'auteur [1].

Il y a du Soljenitsyne chez Grossman. Même amour du peuple russe, même compassion pour son malheur injuste et sa bonté trahie, même condamnation radicale du régime soviétique et de l'idéologie bolchevique, même sens du religieux, désaffecté chez l'un, chrétien chez l'autre. Et Soljenitsyne est arrêté sous l'uniforme, quelques mois avant la fin de la guerre, comme s'il incarnait d'avance par sa vie le pessimisme absolu de *Vie et destin*. Mieux encore : à son arrivée au Goulag, il est accueilli, avec ses codétenus, par le cri « Voilà les fascistes [2] ! ». Cri de joie, car il signifie la liberté pour les délinquants de droit commun, amnistiés par Staline en l'honneur de la fin de la guerre. « Les droit commun, qui nous avaient toujours haïs ou méprisés, à présent nous contemplaient avec amour, car nous étions leur relève. Et ces mêmes prisonniers de guerre qui avaient appris en captivité chez les Allemands qu'il n'est pas sur cette terre de nation plus méprisée, plus abandonnée, plus étrangère et plus inutile que la russe, à présent, sautant de

---

1. L'argument est développé par Simon Markish, *op. cit.*, p. 111-112.
2. Alexandre Soljenitsyne, *L'Archipel du Goulag, 1918-1956, essai d'investigation littéraire*, Paris, Le Seuil, 1974, t. II, p. 143, IIIᵉ partie, chap. 6, « V'là les fascistes ».

leurs wagons rouges et de leurs camions sur le sol russe, découvraient qu'au sein même de ce peuple de réprouvés ils étaient la tribu la plus infortunée, la plus misérable [1]. » Ainsi Soljenitsyne écrit un peu la suite de *Vie et destin*. Les héros de Grossman, devenus les zeks de l'Archipel, sont marqués d'infamie par le pouvoir qu'ils ont sauvé ; et stigmatisés à travers l'idéologie de l'ennemi qu'ils ont vaincu. Preuve que Staline a plus que jamais besoin, contre l'évidence, du fascisme après le fascisme, tant l'antifascisme est devenu la figure indispensable au mensonge de son pouvoir. C'est un des ressorts les plus profonds de *Vie et destin* que ce dévoilement subtil de la connivence secrète qui lie nazisme et communisme, même par la guerre.

Grossman n'a pas survécu longtemps à la confiscation de son manuscrit. Il mourut en 1964, pauvre et désespéré, pensant à son livre perdu [2]. Des six catégories d'enterrement auxquelles pouvaient prétendre les écrivains soviétiques, il obtint de justesse la cinquième, grâce aux démarches de son ami, le poète Sémion Lipkine [3], et par égard à ce qu'il avait été avant *Vie et destin*. Privilège infime et pourtant excessif, puisque Grossman n'était plus un auteur soviétique. Le monde découvrira en lui, vingt ans plus tard, un grand écrivain russe d'origine juive, qui est aussi un des plus profonds témoins du siècle. Dans la période ouverte par le XXe Congrès, le roman russe par lui a réinventé sa tradition.

---

1. Alexandre Soljenitsyne, *L'Archipel...*, *op. cit.* p. 142.
2. Il eut pourtant le temps d'écrire *La paix soit avec vous*, issu d'un voyage en Arménie, qu'il acheva en 1963, et un admirable récit, *Tout passe,* terminé aussi à la veille de sa mort, et publié dès 1970 en Occident (à Francfort-sur-le-Main). Editions françaises : *La paix soit avec vous, notes de voyage en Arménie*, préface de Simon Markish, Paris, Ed. de Fallois-L'Age d'homme, 1989. *Tout passe,* Paris, Julliard-L'Age d'homme, 1984.

Quant à *Vie et destin*, un exemplaire du roman, tapé à la machine, qui avait échappé à la perquisition du K.G.B., parvint en Occident en 1974 grâce à Andreï Sakharov, qui en avait fait des microfilms et les fit passer, « à l'Ouest », à Efim Etkind. Le texte complet ne fut publié, en russe et en français, qu'en 1980.
3. Sémion Lipkine, *Le Destin...*, *op. cit.*, p. 123-126.

ÉPILOGUE

Il y a une part d'accidentel dans la dénonciation de Staline par son successeur. Khrouchtchev y met une telle flamme qu'on sent passer dans le « rapport secret » au XXᵉ Congrès plus qu'un calcul politique : la voix d'un homme qui brise un tabou, et qui, emportée elle-même par le scandale de ce qu'elle dit, perd le sens de son propre effet. L'espace d'un soir, ce jour-là, Khrouchtchev a aboli les lois de la langue de bois.

Pourtant, son discours s'est inscrit aussi dans une logique de la nécessité, ou, si l'on préfère, de la succession. Il n'existe pas dans l'histoire de régimes fortement identifiés à l'existence d'un homme qui aient survécu intacts à la mort du seul détenteur de l'autorité. Le cas de Staline n'échappe pas à la règle. D'un pouvoir aussi exorbitant que le sien, la dévolution sur une seule tête n'est acceptable par aucun des héritiers présomptifs. De là à la déclarer illégitime, la distance est d'autant plus facile à franchir que le mot d'ordre d'une « direction collective » sonne mieux dans les annales du marxisme que les proclamations de dévouement à un Guide. Si la doctrine n'est guère utilisable pour interpréter ce qui s'est passé, elle est toujours indispensable pour s'approprier le présent et le futur.

La partition de l'après-Staline était donc pour une large part écrite d'avance, sur une musique classique : changement et continuité. Ce qu'y apporte Khrouchtchev est le talent le plus improbable chez un apparatchik formé à l'école du silence et de la peur : le sens de la dramatisation et le goût du risque. Mais, du coup, il

donne à cette première crise de succession l'avant-goût
d'une fin. Il dénonce la terreur, dont il a été un des bras.
Il abaisse Staline, qu'il a célébré. Il touche trop brutalement au passé du régime pour ne pas atteindre sa
légende. Il a eu besoin de la déstalinisation pour opérer
à son profit la dévolution du pouvoir soviétique. Mais en
choisissant d'assumer cette succession sur le mode de la
discontinuité, il en a mis en cause le fondement idéologique. De par l'autorité suprême du mouvement, les
communistes, en U.R.S.S. et dans le monde, ont été
dépossédés d'une part essentielle de leur passé, dont ils
restent pourtant les fils. Rien ne sera plus comme avant.

Non que le système ait tremblé sur ses bases à l'intérieur de l'Union soviétique. Les rivalités entre chefs n'ont
pas le moins du monde ébranlé la dictature du Parti sur
le pays. L'exécution à la sauvette de Beria n'a pas provoqué plus de réactions que celles de Zinoviev ou de
Boukharine, à la grande époque des procès ; l'éviction de
Molotov, Malenkov, Kaganovitch, du Comité central, en
juin 1957, ou celle du maréchal Joukov, en octobre, n'ont
pas davantage touché une « opinion » naissante. Et, dès
mars 1958, Khrouchtchev cumule sur sa tête, comme
Staline, les deux postes clés de Premier ministre et de
premier secrétaire du Parti. Le voici nanti à son tour du
pouvoir absolu, à travers le contrôle du Parti, et bientôt
célébré comme un homme d'Etat d'une sagesse incomparable, quel que soit le caractère de ses initiatives ou de
ses lubies.

La nouveauté de son règne ne se trouve donc pas dans
une transformation des institutions politiques du
régime : le Parti communiste reste le maître unique et
tout-puissant, le K.G.B. ne tolère aucune opposition.
Elle ne tient pas davantage dans les réformes économiques : la socialisation de toute la production et des
échanges dans les mains du pouvoir et la gestion bureaucratique de l'économie demeurent les pierres d'angle de
la société, comme en témoigne l'échec des vastes projets
agricoles du premier secrétaire. Enfin, sa politique
étrangère descend en droite ligne de celle de Staline :
renforcer le camp du socialisme, et si possible l'étendre,

aux dépens de l'impérialisme, au prix d'un formidable effort technique en matière militaire. Ou, à défaut, d'une véritable férocité politique : le mur de Berlin, cette invention si extravagante qu'on la croirait sortie d'un autre âge de l'humanité, date de 1961. Khrouchtchev proclame un peu partout dans le monde qu'il est fidèle plus que jamais à l'ambition de tout bolchevik : enterrer le capitalisme.

Qu'est-ce qui a donné, dès lors, à son action ce style iconoclaste, et à son personnage historique sa réputation durable ? Simplement ceci, qu'il a incarné la fin des assassinats politiques et de la terreur de masse. Il a battu ses rivaux, mais il ne les a pas liquidés, et d'ailleurs ils prendront leur revanche sur lui, en 1964, en lui rendant la monnaie de sa pièce. Il n'a rien fait pour réduire l'arbitraire de la police d'Etat, et même il a institué en 1957 la chasse aux « parasites », offrant ainsi une cible aux dénonciations et un prétexte au K.G.B. Mais le pays ne sera plus soumis à des répressions comparables au martyre de la paysannerie ukrainienne, à la terreur des années 1936-1938 ou à la déportation massive de petits peuples. D'ailleurs, qu'a dit d'autre le rapport secret ? Khrouchtchev n'y a pas fait de profession de foi libérale ; il n'a pas présenté d'idée politique nouvelle ; il n'a pas imaginé un autre socialisme ; dans Staline, il n'a pas attaqué le système, ni même toutes les méthodes, mais simplement ce que la terreur a eu à la fois d'horrible, d'universel et de presque fou.

L'Union soviétique, sous son règne, passe du stade totalitaire au stade policier. J'utilise les deux adjectifs moins pour définir avec une précision illusoire deux états d'une société politique que pour marquer son évolution en lui fixant des termes. Il est clair que sous Khrouchtchev, et après lui aussi bien, l'U.R.S.S. conserve des traits totalitaires : par exemple la volonté du pouvoir de contrôler la pensée à travers le langage, et d'avoir un peuple qui ne puisse parler qu'à travers le vocabulaire et les mots d'ordre imposés d'en haut. Mais si cette volonté continue à être inséparable de la dictature du Parti, puisque celle-ci s'exerce aujourd'hui comme hier au nom du

marxisme-léninisme, elle n'est plus universellement
obéie. Elle laisse passer même en public des voix étranges, qu'on avait crues à jamais perdues. Elle a perdu le
pouvoir presque parfait qu'elle a eu sur cette vaste
rumeur d'autocélébration qui sort d'U.R.S.S. depuis plus
d'un quart de siècle. D'autres citoyens soviétiques commencent à se faire entendre, pour raconter une autre
histoire.

Pour faire de l'U.R.S.S. un espace absolument étanche
dont rien ne pût sortir, et où rien ne pût entrer qui ne fût
connu d'avance par sa police, Staline avait mis un soin
particulier à asservir l'intelligentsia ou à la liquider : il
avait enrôlé Gorki, et fait assassiner Mandelstam [1].
Khrouchtchev au contraire a besoin de son soutien. Il la
laisse non pas renaître, mais refaire surface, avec la dé-
stalinisation. Il lui laisse un petit espace public. Gorbatchev fera la même chose, dans d'autres circonstances,
trente ans plus tard, mû sans doute par des intentions
comparables, et par un même diagnostic sur les moyens.
Ni l'un ni l'autre n'ont eu l'embarras du choix, dans une
société dont les ressorts étaient brisés. D'ailleurs, bien
des interlocuteurs de Gorbatchev seront encore, Sakharov en tête, ceux qui sont nés à l'opposition sous
Khrouchtchev. Par eux, la société russe a retrouvé un filet
de voix, et montre le chemin d'une renaissance morale et
politique.

Non qu'ils aient une vraie liberté de langage, et moins
encore de publication. Lors de ses premières tentatives
pour alerter Khrouchtchev sur son opposition croissante aux expériences de la bombe à hydrogène, à la fin
des années 1950, Sakharov se fait rabrouer et entame le
parcours du suspect. A la même époque éclate le « scandale » Pasternak. Terminé en 1955, *Le Docteur Jivago*
paraît en novembre 1957, mais en Italie [2]. L'Union des

---

1. Nadejda Mandelstam, *Contre tout espoir*, Paris, Gallimard,
3 vol., 1972-1975 ; Vitali Chentalinski, *La Parole ressuscitée. Dans
les archives littéraires du K.G.B.*, op. cit.
2. Aux Editions Feltrinelli. Sur toute l'affaire, voir *Le Dossier
de l'affaire Pasternak. Archives du Comité central et du Politburo*,

écrivains, fidèle interprète des volontés du pouvoir voir, s'est opposée à sa publication à Moscou. Moins d'un an après, c'est le prix Nobel. La consécration du livre en Occident provoque en U.R.S.S. un déferlement d'insultes à l'égard de l'écrivain, accusé de trahir son pays au moment où il lui rend son histoire : campagne orchestrée par la presse et les organisations du Parti, si puissante que le malheureux Pasternak doit revenir sur son acceptation du prix et exprimer sa soumission dans la *Pravda* [1].

Mais ce que l'« affaire Pasternak » révèle de sinistre sur le monde soviétique ne doit pas cacher ce qu'elle annonce de neuf. D'abord, Pasternak est vivant, alors qu'il eût été vingt ans plus tôt emprisonné, déporté et finalement tué ; ensuite, son livre est publié, alors que le manuscrit en eût été saisi et détruit ; enfin son cas est porté sur la place publique, alors qu'il eût été enterré. Le torrent de boue que le Parti canalise contre lui est fait de passions basses, mais de passions fortes : l'égalitarisme, le nationalisme. Il suscite en face des prises de position courageuses et des dévouements pour la liberté, l'esquisse d'un tout petit mouvement libéral, où figurent souvent des rescapés du Goulag récemment libérés. Ainsi, bien que l'affaire Pasternak se termine tristement, par la solitude de l'écrivain dans son pays [2], elle inaugure pourtant une nouvelle période dans les rapports du régime et de la société. La persécution, quand elle ne tue plus, rend visible celui qu'elle poursuit. Quand elle ne détruit pas la littérature d'opposition, elle la fait lire. De cette littérature, Khrouchtchev, en plus, a besoin dans une certaine mesure : ce qui donne un statut politique même aux romans ou à la poésie. La dénonciation du

trad. du russe par Sophie Benech, préf. de Jacqueline de Proyart, Gallimard, 1994.

1. Le 1er et le 6 novembre 1958. Sur le caractère de ces deux textes, qui mêlent aux inévitables concessions (l'écrivain craint d'être expulsé d'U.R.S.S.) la réaffirmation de son intégrité intellectuelle, *cf.* Lazar Fleishman, *Boris Pasternak, The Man and his Politics*, Harvard University Press, Cambridge, 1990, chap. 12, p. 296-300.

2. Pasternak mourra d'ailleurs peu après, le 30 mai 1960.

culte de la personnalité a placé l'intelligentsia dans le rôle clé du témoin privilégié, qu'elle ne cessera plus de tenir.

De là une modification capitale, bien que progressive, dans les rapports qu'entretiennent avec l'image de l'U.R.S.S. les intellectuels de l'Ouest. Jusque-là, ceux-ci n'ont vu ou connu, en matière de littérature en Union soviétique, que les écrivains favorables au régime, et le plus souvent en mission auprès d'eux. Gide a entretenu une correspondance avec Gorki avant d'aller lui rendre visite [1]. Malraux, à l'époque où il est l'un des grands personnages de l'antifascisme kominternien, entre 1934 et 1939, est l'objet de tous les soins de Koltsov et d'Ehrenbourg [2]. C'est peu de dire que l'idée d'un intellectuel soviétique qui soit antisoviétique est ignorée ; elle est à peine pensable. Le cas de Victor Serge, une fois réglé, n'a pas porté à s'inquiéter davantage. La décimation de l'intelligentsia soviétique dans les années trente est passée presque inaperçue à l'ouest de l'Europe. La droite n'en a pas parlé, faute d'intérêt. Et la gauche, faute de lucidité.

Cette situation se retourne avec Pasternak, Sakharov, Soljenitsyne, et tous ceux qui vont les accompagner ou les suivre. L'intellectuel soviétique n'est plus un témoin du socialisme ; c'est un écrivain dissident. Dans ce renversement, il faut faire la part de la situation nouvelle, créée par la mort de Staline, la fin de son mythe, l'affaiblissement de la dictature et la réapparition de voix individuelles. Selon la triste loi du genre, c'est au moment où les intellectuels soviétiques ne sont plus exterminés qu'ils recouvrent la possibilité d'être plaints. Mais, dès lors, leur qualité retrouvée d'hommes de pensée et de plume leur rend ce privilège d'influence que la terreur leur avait arraché au profit des célébrateurs du régime. Les voici qui substituent à ceux-ci l'image de l'écrivain ou

1. *Cf. supra*, p. 470-473.
2. *Cf. supra*, p. 468-469.
Jean Lacouture, *André Malraux, op. cit.*, p. 181-182, 197-198, 231-233.

du savant persécutés pour leurs idées, combattants de la liberté et de la démocratie : figures familières à l'Occident, que libère le début de désagrégation de la mythologie soviétique, et par où cette désagrégation s'accélère et s'élargit. Car, par ce relais, elle étend la critique du régime de Moscou à l'opinion tout entière, jusqu'à la gauche. Kravchenko n'était qu'un fonctionnaire qui avait abandonné son pays. Pasternak est un écrivain frappé par la censure, et empêché par son gouvernement d'aller recevoir un prix Nobel. Interdit à Moscou, *Le Docteur Jivago* a été publié en Italie, puis à travers toute l'Europe, par une maison d'édition d'extrême gauche. La droite anticommuniste n'a plus besoin de livrer bataille autour du livre. La gauche d'obédience communiste elle-même a pris les devants.

Sans doute ne faut-il pas forcer le trait. Il s'agit en l'occurrence du communisme italien, le plus disposé au « polycentrisme », et d'ailleurs d'une initiative éditoriale dont le Parti n'a pas eu à trancher. Bien que salué un peu partout comme une résurrection de la grande littérature russe, le roman-fleuve de Pasternak fait aussi grincer bien des dents chez les communistes, habitués à des textes soviétiques plus roboratifs, et peu portés à admirer l'indépendance de l'auteur, puisqu'elle est saluée par l'adversaire de classe. L'écrivain, c'est vrai, n'a pas caché son peu de goût pour l'effondrement d'Octobre 1917. Pourtant toute l'affaire constitue d'autant plus un tournant dans la vision de l'U.R.S.S. par l'Ouest qu'elle vient comme une confirmation imprévue du rapport secret. Le surprenant de la situation vient de ce que l'opinion occidentale tend désormais à percevoir le sort de Pasternak à travers les termes dans lesquels Khrouchtchev a inculpé le despotisme stalinien. Ce qui a rendu possible le retour du poète sur la scène littéraire est aussi ce qui rend scandaleux le retour de sa persécution. Le peu de liberté retrouvée suffit à faire sentir ce que le totalitarisme permettait de cacher : la distance qui sépare le régime soviétique de la liberté. Au lieu de réduire le soupçon, la dénonciation de Staline l'a rendu universel ; elle a privé

l'U.R.S.S. de son mensonge immunitaire, et elle a ressus-
cité les témoins. Si Staline a fait tant de crimes, comment
croire ses héritiers, qui ont été ses serviteurs ? Au temps
du dictateur, la disparition d'un certain nombre d'écrivains — Pilniak, Babel, Mandelstam — était passée
comme une lettre à la poste dans l'opinion occidentale.
Sous ses successeurs, l'interdiction d'un roman — couronné à Stockholm il est vrai — est devenue un scandale
universel.

La visibilité nouvelle de la persécution frappe d'autant
plus que Khrouchtchev a semblé en promettre la fin,
dans son discours au XXᵉ Congrès, et qu'il a besoin d'un
minimum de soutien dans la société pour faire contre-
poids à l'hostilité de ses rivaux dans la vieille garde bolchevique. Ainsi, pendant quelques années, la logique qui
a conduit à la dénonciation frontale de Staline continue
à produire ses effets au profit des intellectuels, à la fois
bénéficiaires, témoins et acteurs de cette libéralisation :
si l'homme du rapport secret cesse d'avancer dans cette
direction, il donne des gages à ses rivaux. Il a dû les suivre
dans l'affaire Pasternak, mais il n'entend pas pour autant
mettre fin à la « déstalinisation », devenue son titre à
gouverner le Parti et le pays, et par où se fait jour une
renaissance morale et littéraire de l'opinion. De là cette
politique en zigzag, alternant concessions et répressions, selon l'humeur du nouveau maître et sa situation
politique. Les quelques années qui précèdent et qui suivent le XXIIᵉ Congrès (1961) voient naître le *samizdat*, la
littérature « concentrationnaire », la poésie contesta-
taire, la lutte pour les droits civiques, la réflexion libre
sur l'expérience soviétique — Vassili Grossman, Varlam
Chalamov, Evguenia Guinsbourg, Vladimir Boukovski,
Alexandre Soljenitsyne, Andreï Sakharov. Elles comportent aussi leur lot d'arrestations, d'internements en hôpi-
tal psychiatrique et de condamnations exorbitantes. La
lutte reste à court terme extraordinairement inégale
entre des poignées d'hommes et le régime soviétique.
Mais, par la dénonciation de Staline, celui-ci a mis en
cause lui-même la légitimité des arrestations faites en
son nom. De sorte que, privée de son fondement idéolo-

gique, la répression l'affaiblit, alors qu'elle lui demeure indispensable.

Il n'y a pas de meilleur témoignage sur ces années que celui de Soljenitsyne ; l'écrivain a raconté, dans un livre de Mémoires [1], comment il y a trouvé et saisi l'occasion de sa vie. Il a quarante ans en 1958, assez vieux pour être rescapé du Goulag. Il a été repéré et arrêté dès février 1945 ; la guerre n'est pas finie, il est sous l'uniforme ; il « prend » huit ans de camp pour mauvais esprit. Le N.K.V.D. lui offre l'expérience capitale de son existence : elle ajoute à sa passion d'écrire le sens d'une mission providentielle. Libéré en 1953, autorisé à rentrer chez lui en 1956 [2], réhabilité en 1957, le hasard de la déstalinisation vient à la rencontre de son génie. Il a écrit en secret ses premiers livres, et il se sent déjà le nouveau Tolstoï du Goulag quand reviennent les survivants et que leur malheur a cessé d'être tabou.

Ainsi peut-il entrer dans la gloire littéraire par la porte officielle, ce qui va donner un éclat inespéré à sa prédication antisoviétique. Grand écrivain, combattant inusable, personnalité prophétique, il eût été de toute façon vite connu comme tel. Mais que sa grande voix trouve une tribune provisoire, à la faveur d'un malentendu gigantesque, dans une publication du régime, c'est le cadeau des circonstances. Au moment où Soljenitsyne soumet *Une journée d'Ivan Denissovitch* [3] à la revue *Novy Mir*, Khrouchtchev, en butte aux intrigues hostiles de ses rivaux, a donné un nouveau tour antistalinien au XXIIe Congrès, à l'automne de 1961. Quelques années auparavant, il avait couvert de son autorité la persécution de Pasternak, moins sans doute à cause de la substance de son œuvre qu'à cause de la publication du *Docteur Jivago* à l'Ouest, suivie de l'intrusion d'un prix Nobel dans le système étroitement gardé de la littérature sovié-

---

1. Alexandre Soljenitsyne, *Le Chêne et le veau. Esquisse de la vie littéraire*, Paris, Le Seuil, 1975.

2. Soljenitsyne a eu à purger, après ses huit ans de déportation, trois années supplémentaires d'exil au sud du Kazakhstan.

3. Julliard, 1963.

tique. Mais, cette fois, le voici qui intervient personnellement auprès de *Novy Mir* pour donner droit de cité au personnage du déporté dans ladite littérature !

Sans doute a-t-il voulu éviter le renouvellement d'une « affaire » Pasternak, au moment où il a plus que jamais besoin du soutien de l'intelligentsia. Mais il s'est trompé d'homme et d'œuvre. Un des derniers écrivains rescapés des beaux jours passés, le poète avait repris avec *Le Docteur Jivago* le flambeau de la tradition romanesque ; il n'avait pas montré trop d'égards pour la révolution d'Octobre, mais enfin il avait pris soin de ne pas aborder dans son roman les temps les plus tragiques de l'histoire nationale. Ce fils de l'Ancien Régime possédait encore les grâces de l'*understatement*, qui lui formaient une sorte de prudence. Soljenitsyne, lui, n'a rien connu de la vie sociale que la « construction du socialisme ». Il y a nourri un tempérament de révolté, dont les retrouvailles avec une puissante foi chrétienne n'ont pas apaisé la violence. En cherchant un allié, le premier secrétaire est tombé sur le plus implacable antisoviétique de l'univers. En voulant mettre la littérature de son côté, il a fait soudain du déporté le personnage central et quasiment l'unique « héros positif » des lettres en U.R.S.S. A l'« homme nouveau » de carton-pâte que célébraient dans les années trente et quarante les Congrès d'écrivains « antifascistes », il a substitué sans le vouloir un héros véritable, vieux comme le monde, mais dont l'histoire du siècle a renouvelé la condition : le persécuté, le prisonnier, le déporté, bref le zek. Le public russe fait un triomphe à *Une journée d'Ivan Denissovitch*. Soljenitsyne est subitement célèbre en Russie, avant de l'être en Occident : priorité assez éclatante pour donner à sa gloire un caractère incontestable, puisque celle-ci n'est pas soupçonnable d'avoir été le produit d'une intrigue antisoviétique. Le livre de l'ancien zek bénéficie du même privilège que le rapport secret du premier secrétaire, quelques années avant : le témoin n'est pas récusable à l'Ouest, s'il est écouté et acclamé à Moscou. Encore Khrouchtchev, en dénonçant Staline, a-t-il pris soin de limiter les dégâts, et de séparer le principe de son pouvoir des crimes de son prédécesseur. Soljenitsyne, lui, est entré en guerre contre le principe.

Mais le régime n'a pas moins à craindre d'un de ses enfants privilégiés. Sakharov est son physicien le plus brillant, choyé très jeune pour son utilité, membre de l'Académie des sciences à trente-deux ans, en 1953, et l'un des artisans de la bombe à hydrogène soviétique. Or le voici lui aussi pris à sa manière dans la déstalinisation, à partir de 1957 : tout comme ses collègues occidentaux et américains dix ou quinze ans auparavant, il s'inquiète des dangers que font courir à l'humanité les tests nucléaires et le risque d'une guerre de cette nature. A partir de là s'enchaîne la série de notes confidentielles et de rebuffades qui conduit Sakharov à une opposition de plus en plus ouverte. « La question atomique, a-t-il expliqué plus tard, a toujours été moitié scientifique, moitié politique. Elle a frayé naturellement la voie à des questions politiques. L'important était d'avoir abandonné le conformisme, sur un problème ou sur un autre. Après cette première rupture, tout est venu naturellement [1]. » Le pouvoir lui-même contribue à cette évolution en agrégeant peu à peu le physicien, par la persécution, aux petits cercles de l'opposition intellectuelle. Il va lui donner, à côté de Soljenitsyne, une figure morale d'un autre type, mais non moins prestigieuse, et non moins familière au monde civilisé que celle de l'écrivain prophète maudit : celle du savant combattant pour la paix et la liberté au nom de la science et du progrès.

Quand Khrouchtchev est chassé du gouvernement, à l'automne 1964, pour l'avoir exercé de façon trop imprudente, il n'est au pouvoir d'aucun de ses successeurs de revenir à l'époque où l'Union soviétique a formé un territoire hermétiquement clos, d'où ne sortait que la voix du pouvoir, hurlée en écho par des dizaines de millions d'assujettis. Elle est désormais un Etat qu'aucun mot, dans aucune langue, ne peut qualifier, et qu'on peut,

---

1. Andreï D. Sakharov, « How I came to dissent », *New York Review of Books*, 21 mars 1974, p. 11-17 ; et *Mémoires*, Le Seuil, 1990.

faute de mieux, définir en termes chronologiques comme « post-totalitaire » : assez répressif pour remplir les prisons et les hôpitaux psychiatriques avec les mal-pensants, mais incapable désormais d'inspirer la peur universelle qui est la condition du silence universel. Ce qu'il retrouve de fidélité au despotisme stalinien se heurte à ce qu'il doit conserver de la dénonciation de Staline. Ce qu'il a de terroriste n'a plus le soutien de ce dieu mystérieux qu'on appelle l'« esprit du temps ». Les meurtriers n'ont plus la foi ; les voici cyniques. Les vic-times n'ont plus peur ; les voici protestataires.

L'époque de Brejnev, à partir du milieu des années soixante, a été sans doute en termes matériels la moins malheureuse de l'histoire soviétique de la Russie. Mais elle est aussi la moins légitime. L'Union soviétique enva-hit la Tchécoslovaquie et occupe l'Afghanistan. Elle exile, emprisonne, déporte ses dissidents. Elle est aux mains d'une bureaucratie de vieillards corrompus. Les noces de l'idée révolutionnaire avec son territoire tirent à leur fin. Elles auront duré un demi-siècle.

Alors commence à l'Ouest l'enterrement de l'idée com-muniste, qui va durer trente ans. Il sera entouré d'une foule immense, et accompagné de larmes. Même les jeu-nes générations participeront au cortège, en tentant de lui donner, ici et là, des airs de renaissance. J'aurais aimé le suivre pas à pas, si ce livre n'en eût reçu une dimen-sion déraisonnable. Je me contenterai d'en marquer les étapes.

*

A l'heure où l'Union soviétique cesse de constituer un exemple révéré, au point que ses dissidents commencent à être écoutés même dans la gauche européenne — écou-tés, non pas approuvés —, l'idée communiste exploite plusieurs territoires de substitution. Elle trouve des vitri-nes de rechange, comme on l'a vu, à l'intérieur du vieil Empire idéocratique stalinien, dans les Etats émancipés moins par la mort du despote que par la dénonciation de ses crimes : soit qu'ils se libèrent de la tutelle de Moscou par une défense de Staline, comme la Chine de Mao, soit

qu'ils gagnent un peu d'indépendance par une surenchère de khrouchtchévisme, comme le premier
Gomulka ou le second Kádár. Le rapport secret de 1956
a inévitablement ouvert les deux voies, qui vont elles-
mêmes se démultiplier : en matière d'hérésie idéologique, il n'y a que le premier pas qui coûte, et il a été fait par
Khrouchtchev. Depuis, d'ailleurs, à travers les dissidents, l'U.R.S.S. elle-même laisse entendre bien des voix
discordantes, dont plus d'une se réclame encore d'un
autre communisme.

L'idée communiste a gagné en étendue ce qu'elle a
perdu d'unité. Elle a avancé au-delà même de ce qui
constituait l'héritage de Staline, à travers les mouvements d'indépendance du Tiers-Monde. L'extrême gauche intellectuelle française a cru l'apercevoir un moment
dans le F.L.N. algérien comme partenaire retrouvé d'une
politique de « défaitisme révolutionnaire » : manière
d'appliquer le schéma léniniste de 1914 à la situation
créée par la lutte du nationalisme algérien contre la
« bourgeoisie » française. D'une façon plus générale, les
combats et les guerres liés à l'émancipation des peuples
colonisés vont donner une nouvelle jeunesse aux thèses
de « l'impérialisme, stade suprême du capitalisme », en
leur ouvrant des espaces nouveaux, plus lointains encore
que la Russie ne l'avait été en 1917 par rapport à
l'Europe. A l'époque, cette distance avait été effacée par
l'effet de familiarité produit par les circonstances de la
guerre et l'idée de révolution socialiste. Un demi-siècle
plus tard, d'autres facteurs, d'ordres très différents,
contribuent à la réduire : l'universalisation rapide du
monde par le progrès technique et la tribune des Nations
unies, le sentiment de culpabilité de l'homme blanc, la
simplification bipolaire de l'échiquier politique mondial. La théorie de l'impérialisme vient comme à point
nommé désigner le maillon principal du système capitaliste, l'ennemi omniprésent de l'émancipation des peuples : les Etats-Unis. Peuple né d'une révolte coloniale,
mais aussi peuple fils de la civilisation européenne, c'est
dans ce deuxième rôle que les Américains offrent à ce
léninisme tardif une image unifiée de l'adversaire.

La haine des Etats-Unis donne une forme universelle à la haine du capital. Mais elle n'a plus de point d'application privilégié dans l'adoration ou l'imitation de l'U.R.S.S. Elle nourrit des mouvements ou des régimes divers, plus ou moins bien canalisés par la diplomatie soviétique, parfois noyautés, souvent aidés matériellement, mais non plus soumis à l'obligation de calquer leur gouvernement ou leur langage sur Moscou. Khrouchtchev a tenté de redessiner le « camp socialiste » sur ces bases élargies ; au prix d'un affadissement de l'idéologie, qu'il a payé d'avance au XXᵉ Congrès. L'Union soviétique y a gagné un espace politique supplémentaire dans le Tiers-Monde, mais elle a par là même pris le risque d'abandonner la surenchère révolutionnaire à des rivaux. La Chine est le premier d'entre eux, comme on l'a vu. Khrouchtchev a plus ou moins réintégré Tito dans la famille, mais il y a perdu Mao Tsé-toung.

Du coup, le président chinois est tout naturellement amené à capter à son profit la même fascination qu'a exercée Staline. Les circonstances ont changé, et le leader chinois n'est plus porté par la grande vague de l'antifascisme. L'histoire de la Chine, même récente, même dans ce qu'elle a partagé avec l'Ouest pendant la Seconde Guerre mondiale, reste un mystère pour les opinions publiques des démocraties : aussi bien celles-ci ne se passionneront-elles jamais pour ce qui se passe si loin de ce qu'elles peuvent saisir. D'ailleurs, les partis communistes veillent au grain. A la différence du stalinisme, le maoïsme restera limité à de petits groupes d'étudiants et d'intellectuels, incapables même de former des partis. Il ne remobilise qu'à une petite échelle la passion idéologique désaffectée depuis le XXᵉ Congrès soviétique.

La Chine de Mao, on l'a vu, s'est rapidement séparée de la « déstalinisation ». Elle a habillé son conflit de pouvoir avec l'Union soviétique dans l'ancien langage universel prostitué par Khrouchtchev : le marxisme-léninisme, dont le magistère est vacant. Les orphelins du stalinisme vont le reparler dans sa version chinoise. Contre les « révisionnistes » du Kremlin, Mao réincarne la fidélité à la tradition ; Trotski avait accusé Staline d'avoir trahi Lénine, lui accuse Khrouchtchev d'avoir trahi Staline. D'ailleurs, il ne manque pas de titres à la succession. Il a voulu, comme Staline, faire une révolution dans la révolution : son grand « bond en avant » peut être comparé à la marche forcée des premiers plans quinquennaux, et sa « révolution culturelle » au « socialisme dans un seul pays ». Tous les deux ont voulu détruire le Parti dont ils restent les chefs, Staline à travers sa police, et Mao grâce à ses « jeunes gardes ». Tous les deux ont été les grands maîtres successifs d'un catéchisme marxiste-léniniste, présenté en formules simples et sacramentelles : *Les Questions du léninisme*, *Le Petit Livre rouge* — deux grands best-sellers mondiaux.

Ce déplacement de la passion révolutionnaire de Staline à Mao Tsé-toung est masqué par l'affrontement entre l'U.R.S.S. et la Chine populaire, qui emplit de son tumulte les décennies soixante et soixante-dix : la violente hostilité à l'U.R.S.S. du Parti communiste chinois cache ce qui l'apparente à l'adversaire détesté, qui lui a fourni son langage, ses passions, et ses pratiques de domination terroriste. Le maoïsme est cette chose curieuse, un stalinisme antisoviétique, dont Khrouchtchev a offert l'occasion, non la substance. Mao combat l'Union soviétique dans le langage qu'elle a inventé, et qu'il discrédite en prétendant le parler mieux : car si l'« impérialisme » a désormais comme vecteur principal le « révisionnisme » de Moscou, quel sens peuvent encore garder les mots de l'idéologie ? C'est un signe de l'extraordinaire pouvoir conservé sur les imaginations que ceux-ci puissent ressusciter en Occident, dans des cercles étudiants, le fanatisme des grands jours, au service cette fois de Mao. Mais ce fanatisme possède l'exaspération d'une hérésie millénariste plus que les traits d'une religion de l'histoire. Il dessine le crépuscule du marxisme-léninisme, et non pas sa renaissance. Il surenchérit sur le stalinisme, mais comme une illusion sur une illusion. Enfant venu trop tard au magasin des idéologies du siècle, comme un décalque antisoviétique du soviétisme, il n'est pas né pour durer.

Le « castrisme » constitue à la même époque l'autre incarnation de l'idée révolutionnaire en Occident. Il a en commun avec la Chine de Mao la présence d'un chef charismatique, figure de l'intellectuel élu par l'histoire, menant une armée populaire à la victoire. Castro aussi a sa « longue marche », moins longue, mais plus récente : il n'a conquis le pouvoir, à la tête de ses guérilleros, qu'à la fin de 1958. Il est trop jeune, trop exotique, et dans ses tout débuts trop neuf pour être pris dans le contentieux qui désunit l'univers communiste ; il n'a pas, comme Mao, à subir les foudres de Khrouchtchev, ni, comme Khrouchtchev, celles de Mao. Et son marxisme a le charme des tropiques, au lieu de l'austérité des dures plaines eurasiatiques. Le pèlerinage idéologique à Cuba peut quasiment être mis au programme des agences de voyages [1].

L'image de Fidel Castro, redoublée par celle de Che Guevara, vient donc ajouter ses traits particuliers au kaléidoscope révolutionnaire qui succède au monolithisme stalinien. Comme pour Mao, la gauche européenne élabore un culte mineur du dictateur barbu, dans une version moins hiératique, mieux ajustée à la dimension du théâtre cubain et à la douceur de la vie à l'Ouest. Car, si le culte de Mao a été un des derniers éclats du messianisme communiste pur et dur, celui de Castro permet aussi des investissements moins puritains et moins autoritaires. La Chine maoïste incarne à Paris pour les disciples d'Althusser l'utopie d'un univers pauvre, austère et juste. Cuba sous Castro représente pour les étudiants californiens le paradis latin de la chaleur communautaire. Comme on est loin des années trente, et de l'enthousiasme provoqué par les plans quinquennaux soviétiques ! L'idée de la croissance économique n'est plus rien, comparée à celle d'égalité ou à celle de communauté. L'Occident est riche, de plus en plus riche,

---

1. Jeannine Verdès-Leroux, *La Lune et le caudillo. Le rêve des intellectuels et le régime cubain (1959-1971)*, Gallimard, coll. L'Arpenteur 1989, ; Paul Hollander, *Political Pilgrims, Travels of Western Intellectuals to the Soviet Union, China and Cuba*, New York, Harper Colophon Books, 1981.

emporté par le progrès économique et la société de consommation. Contrairement aux pronostics unanimes de l'entre-deux-guerres, le capitalisme occidental, loin d'être enterré, vit ses plus beaux jours. L'utopie communiste s'est repliée sur l'imagination de la pauvreté ; mais celle-ci ne touche plus que les enfants des riches.

C'est un des traits d'époque que ce déplacement social. On peut l'observer sous sa forme la plus visible dans les pays d'Occident où les partis communistes conservent leur emprise sur une partie des ouvriers — en France, en Italie —, et où ils se trouvent sans grande influence sur les mouvements étudiants, qui vont chercher leur inspiration ailleurs qu'en U.R.S.S. Ceux-ci, en effet, quand ils sont étrangers à la tradition politique marxiste, n'ont pas de raisons d'exclure l'Union soviétique de leur critique de l'oppression bureaucratique moderne. Et, quand ils réutilisent le marxisme pour incriminer plus précisément le capitalisme, ils lui cherchent un habit neuf, hors du vestiaire moscovite. Même le marxisme occidental s'émancipe. Le voici rendu à une fonction moins risquée que celle d'une philosophie d'Etat, s'il ne sert plus qu'à dénoncer la société bourgeoise, et s'il se réclame de Marcuse ou Gramsci plutôt que de Jdanov ou Casanova [1]. La crise du marxisme-léninisme permet au marxisme tout court de retrouver l'apparence d'un second souffle, au prix d'une interprétation éclectique, selon qu'il conduit à la reprise d'un radicalisme révolutionnaire ou à la revendication plus fréquente d'un individualisme antibourgeois. L'agitation étudiante de la fin des années soixante fait voir tous ces marxismes ensemble, dans une photographie de famille d'où a disparu l'unité d'une fidélité commune à une patrie d'élection. C'est que le mouvement a pour source et pour centre quelque chose de beaucoup plus diffus que le sentiment de classe ou une stratégie internationale : il marque une nouvelle époque politique, où la classe ouvrière perd son rôle messianique en même temps que l'Union soviétique est peu à peu

1. Laurent Casanova a été, pendant les années de l'immédiat après-guerre, chargé des intellectuels à la direction du Parti communiste français.

dépossédée de son mythe. L'heure appartient à une bohème intellectuelle partagée entre la haine de soi et le culte de soi, que réunit l'inculpation de la société présente, plus que l'invocation d'une société modèle. La tentative épisodique d'une rencontre avec les bataillons ouvriers des usines ne traduit plus que la survivance du passé dans le présent : les étudiants trouvent porte close. En réalité, la critique du capitalisme et de la démocratie bourgeoise a changé d'acteurs, de référence et de registre.

Tout conspire ainsi en Occident à affaiblir le mythe de l'Union soviétique. Les sociétés européennes sont entrées dans une époque de transformation rapide, poussées en avant par cette même économie capitaliste qu'elles avaient déclarée condamnée à mort un quart de siècle auparavant. Elles intègrent leurs ouvriers mieux que leurs étudiants ; elles affaiblissent les solidarités de classe tout en aiguisant les attentes et les frustrations. De l'époque qu'elles terminent, elles gardent l'idée communiste au répertoire de leurs représentations politiques, mais elles en ont éteint la magie. Soit que celle-ci se survive à elle-même dans les vieux partis du Komintern, buttes témoins d'un autre âge. Soit qu'elle se promène au hasard de petits groupes, à l'instar de ce qu'elle a été sous sa forme trotskiste ; mais la pluralité des modèles dont elle se réclame comme les politiques contradictoires qu'elle recouvre expriment pareillement l'épuisement de l'incarnation soviétique. L'U.R.S.S. est plus que jamais une superpuissance militaire dans le monde [1] quand elle a déjà beaucoup perdu de sa fonction utopique.

---

1. L'U.R.S.S. semble avoir rattrapé et peut-être dépassé les Etats-Unis en matière d'armement nucléaire à la fin des années soixante. La politique de « détente » lui permet en outre de bénéficier de prêts importants de la part des établissements financiers occidentaux, tout en restant fidèle à l'interprétation bolchevique du terme « détente » : celle-ci n'est qu'un autre moyen d'élargir les conquêtes du socialisme aux dépens du capitalisme. Ce qui, d'ailleurs, se passe au cours de la décennie soixante-dix, au Viêt-nam, au Laos, au Cambodge, en Angola, en Afghanistan enfin. A l'heure (1972) où Brejnev et Nixon scellent par un traité leur nouvelle « coopéra-

Aucune des images relais ne la remplacera vraiment dans l'ordre imaginaire où elle a tenu une place si fondamentale depuis Octobre 1917. L'activisme maoïste ne nourrira que des groupuscules terroristes, sans vrai espace d'opinion. Castro vieillira beaucoup plus vite qu'Octobre 17, jeune héros révolutionnaire devenu en quelques années un tyran stalinoïde. Ce que le communisme conserve d'attraction en Europe tient encore pour une part à ce qu'il réussit à garder de l'éclat des grandes années philosoviétiques : héritage géré par les partis de l'ex-Kominform avec un certain talent d'ajustement aux circonstances. Il ne s'agit plus de célébrer l'U.R.S.S. avec des accents triomphalistes, mais d'en protéger l'image au prix de concessions inévitables. La patrie du socialisme n'est plus ce régime idéal où s'épanouissent ensemble le progrès matériel et moral, la liberté et l'égalité. C'est un pays qui a connu le « culte de la personnalité », dont toutes les conséquences n'ont pas encore été surmontées. Cette litote permet d'étendre à Brejnev la bénédiction générale dont la révolution d'Octobre doit rester enveloppée, même quand ses héritiers commettent des fautes. Elle est assez abstraite pour donner aux partis communistes une liberté minimale de désaveu, indispensable au maintien de la thèse principale, selon laquelle l'Union soviétique incarne le sens de l'histoire, c'est-à-dire la supériorité essentielle du socialisme sur le capitalisme.

Cette marge de manœuvre permet de sauver l'essentiel, tout en donnant un peu d'espace à l'idée d'un communisme moins autoritaire, qui pourrait joindre à plus de souplesse dans la gestion de l'économie davantage de liberté dans le débat politique et la dévolution du pouvoir. Ainsi se dessine une sorte d'utopie dégradée, tirée de sa forme pure et destinée à enrayer son déclin : quelque chose qui serait encore un dérivé du « genre » soviétique sans en présenter le déficit en matière de libertés indivi-

tion », l'Union soviétique et ses satellites sont au centre de la logistique terroriste dans le monde.

duelles [1]. Cette quadrature du cercle philosophique —
réconcilier le marxisme avec l'idée des « droits de
l'homme » — est tout aussi insoluble dans l'ordre historique, puisque la dictature du parti unique constitue
l'instrument commun de tous les régimes communistes
existants. Pourtant elle forme le fond des espoirs investis
dans la modération relative du gouvernement Kádár en
Hongrie, avant d'expliquer l'enthousiasme de l'Occident
pour le « printemps de Prague ». L'opinion y aime moins
la marge d'indépendance retrouvée vis-à-vis de Moscou
que l'apparition tardive d'images « libérales » du communisme : un des secrets de la popularité de Dubček
dans la gauche européenne en 1968 est d'incarner le
resurgissement de la liberté à l'intérieur du parti unique,
sans laisser ainsi de place à de nouveaux partis « bourgeois ». L'épisode tchèque illustre bien les limites dans
lesquelles se meut toujours même le « révisionnisme » le
plus libéral. L'intervention militaire soviétique n'en
change d'ailleurs pas la nature, puisque la brève tentative
de l'« eurocommunisme », dans les années soixante-dix,
reste fondée sur le projet d'une modalité « douce » du
communisme soviétique. Douce, pacifique, occidentale
pour tout dire, et pourtant appartenant à la même
famille, fille aussi de la souche d'Octobre.

Tel est l'habit sous lequel l'idée communiste décline à
l'horizon de l'histoire ; taillé dans le double souci de la

---

1. La « détente », dont les accords d'Helsinki ont été le symbole
trompeur, a favorisé l'image d'une U.R.S.S. sur la voie de la liberté.
L'acte final de la Conférence sur la sécurité et la coopération en
Europe, signé le 1ᵉʳ août 1975 par trente-trois pays européens, les
Etats-Unis et le Canada, consacrait, en même temps que le *statu
quo* territorial et le développement des relations économiques, la
libre circulation des idées et des personnes. Il a donné une arme aux
dissidents soviétiques dans leur lutte pour les droits de l'homme,
mais il n'a rien changé à la répression impitoyable qui les frappait.
Le grand nombre d'internements dans les asiles psychiatriques
date de ces années-là où l'opinion occidentale croyait voir, au
contraire, une libéralisation du régime. *Cf.* Vladimir Boukovski,
« Plaidoyer pour une autre détente », *Politique internationale*,
automne 1985.

faire revivre autrement, et pourtant de la garder fidèle à ses origines. Débarrassée du lit de Procuste stalinien, celle-ci a perdu en force et gagné en souplesse. Elle a fait au plus juste la part du feu, de façon à réunir encore ceux que leurs souvenirs attachent à l'ancienne image, et ceux qui veulent lui faire une nouvelle jeunesse. Les uns et les autres partagent au moins la même hostilité aux hommes qui veulent déshonorer ce passé ou empêcher cette renaissance. De là vient que, si le communisme est devenu ici et là une foi moins fanatique, par contre l'anticommunisme reste plus que jamais une hérésie damnable.

Ce vieil interdit est depuis l'origine le plus fidèle allié de l'idée communiste, puisqu'il défend d'en faire la critique. Il joue un peu le même rôle que l'antifascisme dans sa version kominternienne, en assurant à l'expérience soviétique une protection d'autant plus étanche que les raisons en sont étrangères à son cours, et donc indépendantes de l'observation. L'immunité ainsi garantie à l'U.R.S.S. avait trouvé un de ses points d'appui dans le combat contre Hitler. Mais elle avait eu un fondement plus ancien, indépendant des circonstances, et d'ordre primordial : toute critique de la révolution d'Octobre est sujette depuis 1917 à l'accusation de combattre l'émancipation ouvrière, en même temps que le sens de l'histoire. Et c'est peu d'écrire que cette accusation a été un moyen constant de l'agit-prop communiste ; elle a été, de Lénine à Brejnev, martelée avec une violence d'excommunication. Il est difficile d'imaginer, aujourd'hui qu'elle a disparu, comment et pourquoi elle a tant intimidé les esprits et les courages. Mais il n'est pour s'en faire une idée que de repenser à l'enchantement qu'a exercé sur les esprits, dans notre siècle, la divinité « histoire ». Or les communistes ont réussi à en capter le charme à leur profit, au nom de la « classe ouvrière ». De là leur puissance d'interdire.

Le curieux est qu'elle survit à leur affaiblissement, et qu'elle y trouve même des forces et des raisons supplémentaires. Khrouchtchev a détruit le mythe de Staline, mais il croit dur comme fer au sens de l'histoire. Il a atteint l'image de l'Union soviétique, mais il a étendu celle du socialisme. La société qui doit succéder au capitalisme n'a rien perdu de sa nécessité à posséder désormais des modèles divers, dont certains sont encore à inventer. Les étudiants de Paris, Berlin ou Rome qui critiquent en 1968 la bureaucratie soviétique pensent à d'autres versions du socialisme. Même ces enfants du capitalisme d'abondance vouent le capitalisme aux poubelles de l'histoire, tout comme l'avait fait, trente-cinq ans avant, la génération de la Grande Dépression. Les pères avaient conçu de la crise mondiale des sentiments d'admiration pour l'Union soviétique, et les fils n'ont plus cette ressource dans la prospérité. Mais comme ils gardent, pour des raisons inverses, la même détestation de l'économie marchande, l'idée du socialisme, même gâtée par l'Union soviétique, sert encore à leur révolte, puisqu'elle est débarrassée de ses mauvais bergers. Dans toutes ses modalités, chinoise, cubaine, albanaise, italienne, tchèque, soviétique, cambodgienne, sandiniste, le communisme conserve son privilège historique de fossoyeur du capitalisme [1].

C'est pourquoi le feu rouge mis devant l'anticommunisme n'a rien perdu, à cette époque, de son caractère obligatoire. Il donne forme à cette orthodoxie minimale qui unit des pensées vagues et des politiques rêvées autour d'un refus partagé. Les partis communistes y veillent naturellement comme autour d'une tradition ouvrière : diminués, vieillis, mais debout, fidèles à leur navire qui prend l'eau, et tirant encore d'importants dividendes de leur capital mythologique [2]. Ils restent assez

---

1. La dernière manifestation d'enthousiasme d'une partie de la gauche occidentale à l'égard d'une terreur d'inspiration néo-stalinienne (ou néo-maoïste) a eu lieu à propos de la révolution khmer-rouge, entre 1975 et 1977.

2. A qui voudrait se faire une idée de l'idéalisation du passé et du présent de l'Union soviétique, il suffirait de consulter les manuels scolaires d'histoire et de géographie du secondaire et du supérieur, sur le sujet, en France en particulier, pendant toute la période d'après-guerre, et jusqu'à une période récente. *Cf.* Diana Pinto, « L'Amérique dans les manuels d'histoire et de géographie », in *Historiens et géographes*, février 1985, n° 303. A noter, ce qui n'est

forts pour penser récupérer à terme les hérétiques marginaux du maoïsme ou du castrisme, et sont devenus assez faibles pour ne plus discuter sur les virgules.

Plutôt que des inconditionnels de la révolution, l'agitation étudiante produit de son côté en quelques années une vaste classe moyenne de gauche, fille de la démocratisation universitaire et des idées de 1968. Le legs le plus massif des « événements » survenus à la Sorbonne, à l'Université libre de Berlin, à l'Ecole normale supérieure de Pise ou à Oxford, n'est ni le maoïsme ni le castro-guévarisme, étoiles éphémères, mais un nouveau progressisme bourgeois, plus vaste que l'ancien, et d'esprit différent. Les anciens soixante-huitards ont vite fait la paix avec le marché, la publicité, la société de consommation, où ils nagent souvent comme poissons dans l'eau, comme s'ils n'en avaient dénoncé les tares que pour mieux s'y adapter. Mais ils tiennent à conserver les bénéfices intellectuels de l'idée de révolution au milieu de leur établissement social. Chez les auteurs qu'ils aiment, Marcuse, Foucault, Althusser, le totalitarisme n'est encore que celui de l'ordre bourgeois. On y chercherait en vain une analyse critique du « socialisme réel » au XXe siècle.

Il est vrai qu'en France les « nouveaux philosophes » mettent fin à cette immunité en donnant enfin droit de cité au concept de totalitarisme appliqué à l'histoire de l'Union soviétique [1]. Mais, d'une part, le cas français est

pas étonnant, que l'enthousiasme des auteurs de manuels pour l'Union soviétique retarde sur l'événement et sur l'évolution de la vie intellectuelle. Il est particulièrement vif dans les décennies qui suivent la mort de Staline. *Cf.* la communication présentée par Jacques Dupâquier à un Colloque qui s'est tenu en 1987 au Sénat sur « La perception de l'U.R.S.S. à travers les manuels français ». Cit. *in* Jean-François Revel, *La Connaissance inutile*, Pluriel, 1989, p. 437-438.

1. André Glucksman, *La Cuisinière et le mangeur d'hommes. Essai sur l'Etat, le marxisme, les camps de concentration*, Le Seuil, 1975. Bernard-Henri Lévy, *La Barbarie à visage humain*, Grasset, 1977. *Cf.* Pierre Rigoulot, *Les Paupières lourdes*, *op. cit.*, chap. 15, p. 131-150.

unique à l'Ouest, lié à l'exceptionnel accueil qu'y reçoit la publication de *L'Archipel du Goulag* [1]. D'autre part, l'antistalinisme tardif n'y empêche pas la floraison d'un « révisionnisme » compensatoire, destiné à faire revivre une tradition marxiste-léniniste épurée. Dans ces mêmes années où Soljenitsyne fait un tabac dans l'édition française, la gauche socialiste prend comme moyen de sa renaissance l'union avec le plus vieux parti stalinien de l'Ouest autour d'une ambition commune de « rupture avec le capitalisme ». Mariage anachronique mais fécond, puisqu'il porte à la présidence François Mitterrand, coincé pour un temps dans le dernier programme néo-bolchevique de l'histoire universelle. Le mythe soviétique est mort dans l'opinion intellectuelle, mais il survit dans le public sous une forme dégradée, à travers l'idée révisionniste [2], et négativement, par la condamnation de l'anticommunisme.

Il n'y a pas de lieu où ce dernier phénomène soit plus visible, à la même époque, que dans les universités américaines, qui forment un laboratoire privilégié à l'observateur de ce tabou, si typique des générations postérieures à la décennie soixante. Aux Etats-Unis, l'anticommunisme est depuis les années d'après-guerre un sentiment largement partagé par les milieux intellectuels, à l'unisson du pays. La révolte étudiante des années soixante, plus longue et plus vaste qu'en Europe, casse ce consensus de guerre froide. Les jeunes mêlent à leur mal-être dans la société de consommation la dénonciation de la guerre au Viêt-nam. Ils ont désormais pour

---

1. L'ouvrage fut tiré à près d'un million d'exemplaires, aux éditions du Seuil.
2. Le meilleur document où mesurer cet espace de bolchevisation abstraite du parti socialiste français à cette époque est le communiqué commun signé en mai 1976 par une délégation du parti français, conduit par Mitterrand, et par la direction du Parti socialiste ouvrier hongrois. L'étonnant n'est pas dans l'échange de gracieusetés qui est conforme à la loi du genre, mais dans le langage qui les habille : « La délégation du parti socialiste français a été favorablement impressionnée par les succès obtenus dans la construction du socialisme par le peuple hongrois sous la direction de la classe ouvrière et de son Parti. »

cible au moins provisoire leur propre pays, dans une version à fronts renversés du défaitisme léniniste ; les enfants privilégiés des universités se trouvent du côté de la révolution, et les syndicats ouvriers du côté de l'ordre. Les idées et les passions que les premiers manifestent sont beaucoup plus complexes que la haine de classe où le fondateur du bolchevisme avait cru voir, après Marx, le moteur de l'action révolutionnaire, et je n'entreprendrai pas même d'en esquisser un inventaire. Ce qui importe à mon propos est qu'il en émerge, porté par une compassion théâtrale à l'égard du Viêt-nam, un regain d'illusionnisme sur le monde communiste. Un regain ? Mieux vaudrait écrire une vague nouvelle, différente de l'ancienne, et possédant une surface d'opinion beaucoup plus large.

Avec le XXᵉ Congrès avait sombré ce qui restait du Parti communiste américain après la persécution maccarthyste. Ce qui renaît d'un activisme révolutionnaire avec la révolte étudiante n'est plus sous obédience soviétique. Comme à Paris, Rome ou Berlin, les références ont changé : Mao, Hô Chi Minh, Castro, Guevara et même le plus tardif, Ortega, l'homme du Nicaragua « sandiniste ». Mais ces resurgissements de fanatisme exotique ne touchent que de petites minorités, et d'ailleurs ils passent vite. La part durable, par contre, du mouvement étudiant est d'avoir réinventé une culture politique « radicale » au tribunal de laquelle l'Amérique est moins démocratique qu'elle ne le prétend, et l'Union soviétique plus que ses adversaires ne le disent. Les philistins de Washington ont voulu voir dans les deux camps deux types de sociétés, distincts comme la liberté de la servitude, et le bien du mal. En réponse, les « radicaux », une fois venu leur tour de monter dans les chaires universitaires, enseigneront aux générations qui les suivent la responsabilité des Etats-Unis dans la guerre froide [1], et les circonstances atténuantes dont peut se prévaloir l'Union soviétique, pour peu qu'on l'examine à frais nouveaux.

1. *Cf. supra*, p. 646-647.

C'est l'heure des sciences sociales : elles permettent de donner à cette tentative un air d'objectivité, en ratifiant d'avance l'ambition du « *social scientist* » à trouver les causes réelles du fonctionnement social, cachées sous l'interminable commentaire que chaque société fait d'elle-même. A ce jeu, le caractère idéologique de la société soviétique perd son importance, puisqu'il ne lui est pas particulier. L'Union soviétique est une société « pluraliste », comme toutes les sociétés complexes. L'adjectif « totalitaire », devenu classique depuis Hannah Arendt, perd sa pertinence et son emploi, par rapport non seulement à l'U.R.S.S. de Brejnev, mais aussi à celle de Staline. Il a d'autant moins de sens qu'il s'agit d'étudier désormais les acteurs sociaux plus que l'Etat. Car les sciences sociales ajoutent à leurs qualités « scientifiques » la vertu démocratique ; elles cumulent l'approche par l'« infrastructure » et la préférence donnée au « *little man* » ; elles travaillent la matière sociale de bas en haut. L'U.R.S.S. rentre par leur intermédiaire dans le droit commun des sociétés.

Le lecteur aura reconnu dans ces lignes les traits d'une soviétologie nouvelle manière, qui occupe aux Etats-Unis et en Europe de l'Ouest le devant de la scène universitaire, pendant les vingt dernières années du régime soviétique. Comme toutes les écoles historiographiques, celle-là charrie du bon et du mauvais, au hasard des sujets et des auteurs [1]. Mon ambition ici n'est pas d'en établir une bibliographie critique, mais d'en cerner l'esprit commun, souvent affirmé comme une solidarité de génération, surtout aux Etats-Unis, où la crise sociale et morale des années soixante a été la plus profonde. Les aînés — Fainsod, Schapiro, Pipes, Ulam, Malia, Besan-

---

1. Le livre le plus caractéristique — non pas le meilleur — de cette « école », si le terme n'est pas excessif, est celui de J. Hough, *The Soviet Union and Social Science Theory*, Harvard University Press, 1977. De la même inspiration relèvent par exemple : Moshe Lewin, *The Making of the Soviet System*, New York, Pantheon Books, 1985 (trad. française : *La Formation au système soviétique*, Paris, Gallimard, 1987) ; Leon Haimson, *The Politics of Rural Russia (1905-1914)*, Bloomington, 1979. Stephen Cohen, *Rethinking the Soviet Experience*, Oxford University Press, 1985.

çon, Conquest [1] — sont suspects d'avoir écrit une soviétologie de guerre froide. Les cadets, plus portés à incriminer leur propre pays, sont pris par un rejet inverse de l'anticommunisme. Il s'agit de démontrer que le stalinisme est une période non seulement distincte, mais différente de l'histoire du bolchevisme, en amont et en aval ; il y a bien eu d'affreux moments dans l'histoire ouverte par la révolution d'Octobre, mais ceux-ci ne condamnent pas l'ensemble de cette histoire car ils n'en sont pas une conséquence nécessaire. Version savante de l'idée, si puissante à l'époque, que le communisme, y compris celui de Brejnev, doit être sauvé des crimes commis par Staline ; ou encore, sous une forme plus générale, que le régime fondé en octobre 1917 est bon malgré les désastres qui ont suivi sa naissance, alors que le capitalisme est mauvais malgré les richesses qu'il a engendrées.

Par un curieux retournement de situation, les professeurs américains détestent le concept de totalitarisme après l'avoir élaboré, au moment où les intellectuels français l'étudient après l'avoir ignoré. Mais ce sont les universités américaines qui expriment l'esprit le plus

---

1. Parmi les livres qui ont donné le ton à cette soviétologie : Merle Fainsod, *How Russia is Ruled*, Cambridge, Harvard University Press, 1953 ; *Smolensk under Soviet Rule* (*id.* 1958), trad. française : *Smolensk à l'heure de Staline*, Fayard ; Karl Friedrich et Zbigniew Brzezinski, *Totalitarian Dictatorship and Autocracy*, Harvard University Press, 1956 ; Leonard Schapiro, *The Origins of the Communist Autocracy*, Harvard University Press, 1954 ; *De Lénine à Staline : histoire du parti communiste de l'Union soviétique*, Gallimard, 1967 ; A. Ulam, *Les Bolcheviks*, Fayard, 1973 ; Robert Conquest, *The Great Terror*, MacMillan, 1968, trad. française : *La Grande Terreur : les purges staliniennes des années 1930*, Paris, Stock, 1970 ; Alain Besançon, *Les Origines intellectuelles du léninisme*, Calmann-Lévy, 1977.

Après avoir été à la pointe du « gorbatchévisme », qui semblait valider la thèse d'une Union soviétique « pluraliste » en marche vers la réforme, l'école révisionniste a été mise sur la défensive par l'implosion du régime. *Cf.* « The Strange Death of Soviet Communism », in *The National Interest*, n° 31, printemps 1993, IIe partie : *Sins of the Scholars*, by Richard Pipes, Martin Malia, Robert Conquest, William Odom, Peter Rutland.

général du temps, lisible aussi en Italie, en Angleterre ou en Allemagne : dans les deux dernières décennies de son existence, l'Union soviétique, si elle a perdu à jamais le privilège extravagant de modèle universel, reste protégée par ce qui subsiste un peu partout de sa promesse d'origine. La faillite de l'ambition d'Octobre, reconnue par tous, n'a pas tout éteint de l'idée communiste. Celle-ci a trouvé d'autres patries provisoires. En Union soviétique même, son héritage reste à l'abri de l'éclat qu'elle conserve : sa part de tragique tient plus aux circonstances de son histoire qu'à Lénine ou Staline. D'ailleurs la société moderne qui s'est bâtie en son nom est susceptible de rachat, pour peu qu'elle retrouve, sortie de la pauvreté, l'étoile qui a illuminé son berceau. La patrie du marxisme-léninisme se trouve elle aussi sous la protection paradoxale de l'idée « révisionniste ».

Dans cette période, l'image du communisme à l'Ouest subit ainsi une évolution contradictoire : au déclin de la mythologie soviétique dans sa version dure correspond une extension de sa version molle. Les temps de l'après-guerre sont révolus, et l'U.R.S.S. a perdu à jamais ce caractère de pays modèle que célébraient dans le monde les partis communistes. Ses partisans sont devenus moins exigeants et se contentent d'un bilan « globalement positif », assorti d'un espoir de lendemains brillants. De là vient qu'à n'être plus que la matrice imparfaite d'un ordre social meilleur le régime soviétique offre moins de prise à ses adversaires, soupçonnés d'appartenir à un âge révolu des passions politiques. Tout épuisé qu'il soit, il peut servir plus que jamais de support aux passions anticapitalistes ou anti-impérialistes. Si nul n'est plus contraint, même les communistes, de justifier ou de bénir la moindre de ses actions, l'idée qui lui sert de drapeau s'en trouve plus universellement disponible. Libérée de son obligation d'infaillibilité, la révolution d'Octobre retrouve des traits affadis, mais aussi rajeunis.

Ce retour à la promesse d'origine s'opère d'autant plus facilement qu'il croise les penchants politiques des jeunes générations étudiantes, si influentes dans la formation de l'esprit public. Ces générations ont ramené les Droits de l'homme sur le devant de la scène publique, à la place de la lutte des classes. Ce faisant, elles anticipent la fin de l'U.R.S.S., puisqu'elles prétendent soumettre le régime né d'Octobre au tribunal de principes que Marx et Lénine avaient dénoncés comme des mensonges bourgeois. Mais elles ne le savent pas. Ce qu'elles veulent faire est tout différent : elles cherchent à redonner un coup de neuf à l'affrontement des idéologies de l'universel et du particulier, à travers une surenchère d'abstraction démocratique. A ce jeu, les communistes ne sont pas bien placés, puisqu'ils sont à contre-courant de leur doctrine, et que leur bilan, en matière de droits, même tard dans le siècle, reste effrayant. Mais, dans le monde de finalités morales que forme l'universalisme des Droits de l'homme, ils peuvent encore plaider leurs intentions ; ils trouvent un rempart contre leur histoire dans la parenté idéale qui les rattache, quant aux fins, à l'utopie libérale et démocratique. Jusqu'au bout, l'Union soviétique aura abrité son image dans ce qu'elle a voulu détruire. A la veille de l'implosion du régime fondé par Lénine, l'anticommunisme est sans doute plus universellement condamné à l'Ouest qu'aux beaux temps de l'antifascisme victorieux.

*

Que le communisme réformé, le socialisme « à visage humain », soit la forme la plus universelle de l'investissement politique dont j'ai tenté de faire l'histoire, le dernier épisode de l'histoire soviétique en fournit l'ultime démonstration. Gorbatchev ferme le ban des chefs communistes acclamés par l'Occident.

La manière dont s'est décomposée l'Union soviétique, et par suite son Empire, reste mystérieuse. La part qu'y ont prise les volontés est la plus difficile à cerner. Celle des facteurs objectifs est plus facile à établir. Le prix sans cesse accru de la puissance mondiale et notamment la course aux armements ont fini par exténuer l'économie soviétique, à laquelle il fallait rendre du tonus. Peut-être les historiens diront-ils un jour que la politique de Reagan a été sous ce rapport plus efficace qu'on ne le reconnaît généralement dans la presse internationale. Reste que le délabrement intérieur de l'Union soviétique avait atteint, à la fin des années Brejnev, un degré tel que non seulement la puissance du pays, mais sa santé physique et morale, son ravitaillement, son habitat, ses hôpitaux, bref la capacité des autorités publiques à satisfaire des besoins sociaux élémentaires étaient en cause. Au point qu'un des observateurs à avoir prévu, après Amalrik [1], la crise générale du régime s'est trouvé être un jeune démographe, Emmanuel Todd [2], qui avait découvert, dans les années soixante-dix, la hausse du taux soviétique de mortalité infantile.

Les individus peuvent bien vivre un peu mieux que par le passé, ce qui n'est pas encore beaucoup dire, le régime est à bout de souffle, le Parti gangrené par la corruption, le cynisme, l'ivrognerie, la paresse partout. C'est la vulnérabilité particulière d'un système à parti unique tout-puissant sur la société, que cet affaissement général induit par celui du Parti. Pourtant, ce bolchevisme de crépuscule aurait pu, sans doute, survivre encore, peut-être aller jusqu'au bout du siècle. S'il n'avait plus de vraie croyance, il avait encore une vaste police, veillant à ce que chacun parle le langage mort de l'idéologie. Sakharov était sous bonne garde à Gorki. Les hôpitaux psychiatriques prenaient soin des dissidents.

Mais les successeurs de Brejnev — surtout Andropov,

---

1. Andreï Amalrik, *L'Union soviétique survivra-t-elle en 1984 ?* Paris, Fayard, 1970, rééd. Le Livre de Poche-Pluriel.

2. Emmanuel Todd, *La Chute finale. Essai sur la décomposition de la sphère soviétique*, Robert Laffont, 1976. L'argument se trouve aussi dans deux communications données par le démographe américain Murray Feshback, en avril 1978 (*Population and Manpower Trends in the USSR*) et en juillet 1983 (*Soviet Population, Labor Force and Health*). Ces communications sont citées et commentées *in* Seymour Martin Lipset et Bence György : *Anticipations of the Failure of Communism*, contribution présentée au congrès de l'Association américaine de sociologie à Pittsburgh, en août 1992.

avant Gorbatchev [1]— ont à se différencier de Brejnev :
logique dont Khrouchtchev déjà a illustré les risques, et
point faible de la dictature du Parti depuis la mort de
Lénine. Dans quelle mesure s'y mêle cette fois un plan
concerté de réforme, formant comme un contrat tacite
entre Andropov, puis Gorbatchev et une majorité du
Comité central, nous ne le savons pas. Cette histoire reste
à écrire, et tout simplement à connaître, car, même à la
veille de se défaire, l'Union soviétique reste enveloppée
de secret. Ce qui est sûr au moins est qu'elle a commencé
comme une classique crise de succession, par l'exercice
obligé de chaque nouveau patron du Parti : prendre le
contrôle de l'appareil. Andropov ou Tchernenko
n'étaient pas restés en fonction assez longtemps pour
offrir des cibles à leur successeur ; c'étaient encore les
hommes de Brejnev qu'il fallait soumettre ou éliminer
pour être le maître. Gorbatchev a donc fait comme
Khrouchtchev après Staline, comme Brejnev après
Khrouchtchev : il a accumulé entre ses mains le maximum de pouvoir.

Mais il l'a fait de manière inédite. Avant lui, le Parti a
constitué l'unique moyen de la puissance. Le secrétaire
général pouvait à l'occasion se retourner contre lui, en
détruire l'ossature pour la refaire, comme Staline dans
les années trente ; mais personne n'était le maître de
l'Union soviétique sans avoir l'autorité absolue sur
l'appareil communiste. Quand Khrouchtchev avait
perdu cette autorité, en 1964, il était tombé. Or Gorbatchev, pour s'imposer, a pris un autre chemin. Il ne lui a
pas suffi de remodeler les hautes sphères du Parti comme
les moyens de son règne. Il a pris appui sur des éléments
externes au Parti. La libération de Sakharov, en 1986,
indique qu'il a changé les règles du régime.

Tactique qui, au fond, n'était pas si éloignée de celle de

---

1. Mort le 10 novembre 1982, Brejnev a été remplacé au secrétariat général du Parti par Andropov, l'homme du K.G.B., entouré
d'une réputation de « modernisateur ». Mais Andropov meurt le
9 février 1984, et c'est un vieil apparatchik de type brejnévien,
Tchernenko, qui lui succède. Lequel meurt à son tour le
10 mars 1985.

Mao Tsé-toung lançant les jeunes contre l'appareil du Parti : il s'agissait à la fois de réinventer un enthousiasme communiste et d'affaiblir les dirigeants communistes, ses rivaux ouverts ou potentiels au Bureau politique. Mais l'affaire tourne autrement. Les commandes ne répondent plus. La modeste ouverture vers la société et la relative suspension de la terreur policière laissent voir non pas une surenchère de communisme, mais une vague aspiration à la démocratie, sur quoi Gorbatchev a peu à peu pris appui, à la fois par choix et par la force des circonstances. Khrouchtchev n'avait jamais mis en cause le monopole politique du Parti. Son lointain successeur enfreint cette règle fondamentale [1] ; menacé comme lui d'être mis en minorité au Comité central, il a réanimé le Parlement et dû prendre appui sur des fragments d'opinion publique, comme l'intelligentsia. Mais de ce fait, en affaiblissant ses adversaires, il s'affaiblit aussi, détruisant la source de sa légitimité, offrant un terrain neuf à des rivaux imprévus et supprimant, avec la peur de parler, le principe de l'obéissance. Même le désordre croissant de l'économie y trouve une de ses sources, dans la mesure où il est inséparable de l'anarchie dans l'Etat : « En supprimant la Terreur, m'a dit à l'époque un membre du Parlement soviétique, Gorbatchev a aussi supprimé la confiance. » Mot terrible mais mot profond, qui cerne bien le caractère fragile et ambigu du premier et du dernier « président de l'Union soviétique », trop communiste pour ce qu'il a ouvert de liberté.

Sans doute est-il trop tôt pour savoir au juste ce qu'il voulait faire. La seule réponse sûre à cette interrogation est qu'il n'a pas voulu faire ce qu'il a fait. Car il n'y a aucune raison de supposer que Gorbatchev ait été un anticommuniste masqué, ou même un mauvais communiste, avant et après son accession au pouvoir. Tout porte à croire sur parole cet enfant élevé dans le monde clos du soviétisme quand il ne cesse, pendant toutes ces années,

---

1. La libération de Sakharov, en 1986, constitue le premier pas fait dans cette direction ; le vote par le Comité central, en février 1990, de la fin du monopole politique du Parti, le dernier.

de prêcher la renaissance du communisme par la réforme. S'il a ouvert la voie à la liquidation des régimes communistes est-européens, en automne 89, c'est par refus de verser le sang et non par volonté délibérée. Dans la patrie du bolchevisme, il reste fidèle à l'idée originelle, qu'il veut rajeunir et renouveler, et non pas trahir. Même l'abandon du monopole politique du Parti s'inscrit sans doute à ses yeux dans une stratégie : regrouper autour de lui, avec le gros des communistes, un grand parti du président, qui aurait sur ses flancs une droite et une gauche marginalisées. Quelque chose comme le Parti révolutionnaire institutionnel mexicain, gardien fidèle d'une légitimité révolutionnaire perdue dans la nuit des temps. Que le projet ait très vite paru sans substance ne prouve pas qu'il n'ait pas été entretenu.

Le plus remarquable de l'histoire n'est d'ailleurs pas que Gorbatchev ait voulu donner un nouveau souffle à l'idée communiste ; c'est que l'Occident l'ait cru sur parole, et se soit pris d'enthousiasme pour lui. Dans la popularité du dernier leader soviétique à l'Ouest, il faut bien sûr faire la part de la prudence des gouvernements : aucun pouvoir établi n'aime les ruptures brusques dans les situations et les habitudes, et l'U.R.S.S. fait depuis si longtemps partie du mobilier international que personne n'en souhaite la disparition, même parmi ses adversaires les plus constants [1]. Gorbatchev, en plus, pousse à la détente et à la réduction des armements : l'aide financière de l'Occident, qui n'a jamais fait défaut à l'U.R.S.S., devient massive quand il s'agit non plus de lui permettre de joindre les deux bouts mais d'en empêcher la fin [2].

---

1. Jacek Kuron, un des grands dissidents polonais, devenu ministre, dira plus tard : « Je perçois chez certains d'entre eux (les hommes politiques occidentaux) une nostalgie à l'égard de l'ancien ordre mondial et de l'Union soviétique. Certains seraient même prêts à reconstruire cette dernière pour pouvoir de nouveau avoir des commandes gouvernementales », in *Polityka*, 26 mars 1993. Traduction dans la *Nouvelle Alternative*, n° 34, juin 1994.

2. La meilleure description du « gorbatchèvisme » inconditionnel des gouvernements et des opinions publiques en Occident se trouve dans Jean-François Revel, *Le Regain démocratique*, Fayard, 1992, deuxième partie.

Mais si le désir d'aider est si fort de la part des Etats capitalistes, que dire de l'opinion occidentale ! Celle-ci fête dans les mots vagues mais prometteurs de *glasnost* et de *perestroïka* la promesse d'une Union soviétique enfin conforme à l'obsession fin de siècle des « droits de l'homme » : une société qui serait moins le paradis des travailleurs, comme dans les années d'entre les deux guerres (car le messianisme ouvrier n'existe plus guère), qu'un monde d'individus à la fois protégés contre l'inégalité et libres. L'Union soviétique de Gorbatchev conserve toujours de l'Octobre originel la bénédiction d'avoir rompu avec le capitalisme, et elle y joint celle de la redécouverte des « Droits ». Ce qui s'était appelé à Prague, au printemps 1968, « le socialisme à visage humain » est désormais incarné par la nation mère du communisme, ralliée enfin à une ambition que l'Armée rouge avait détruite dans l'œuf vingt ans plus tôt.

Ainsi vont les derniers temps de la mythologie soviétique, enveloppés dans cette synthèse fictive entre les principes du bolchevisme et ceux du pluralisme libéral-démocratique. Car le bolchevisme est compatible avec le nationalisme, comme Staline l'a montré tout au long ; et même avec une part d'autonomie rendue au marché, comme Lénine l'avait imaginé — à titre d'expédient provisoire, il est vrai — avec la N.E.P. Mais il n'a aucune souplesse en matière d'idéologie et de liberté politique ; il ne peut régner que par le mensonge et la peur. Même Khrouchtchev a dû tuer Nagy. Brejnev a toléré Ceausescu, et Kádár, mais non pas Dubček. Or Gorbatchev reprend la partition de Nagy, et celle de Dubček, sur un plus vaste théâtre, au centre de l'Empire : la réforme-renaissance du bolchevisme mêlée aux principes que le bolchevisme avait voulu détruire en Octobre 17. Il prétend rénover le régime communiste, et il n'a d'autres idées que celles qu'il emprunte à la tradition occidentale ; d'autres moyens que ceux qu'il mendie auprès des grandes démocraties capitalistes. Ce qu'il fait contredit ce qu'il dit vouloir faire. Quand la référence à l'Occident est peu à peu devenue une pensée qu'il partage avec Sakharov, unissant nomenklatura et opposition intellectuelle, il ne reste rien de l'idée communiste, que ce qu'elle a détruit. Une société a été brisée jusques et y compris dans ses ressources de reconstruction à l'occidentale, alors qu'elle n'en a pas d'autres à sa disposition.

Les peuples des nations centre-orientales de l'Europe l'ont tout de suite compris, qui ont rompu leur enchaînement à Moscou pour retrouver aussi vite que possible les sources de leur histoire. En Russie même, Gorbatchev est encore haï comme leader communiste quand il commence à l'être comme politicien vendu à l'Occident. Il fait comme s'il gouvernait encore son pays, mais seule l'opinion publique occidentale le croit, fidèle à sa crédulité constante sur l'Union soviétique. Les Russes ont senti qu'il préside à une désagrégation générale, sans avenir prévisible, comme pour démentir encore une dernière idée du marxisme, selon laquelle les sociétés ne meurent qu'au moment où sont prêts les éléments de la relève, formés au sein de l'ancien monde. Ici, rien de semblable. Le communisme soviétique se meurt d'une décomposition interne, dont Gorbatchev n'a été que l'accélérateur, avant que son rival Eltsine en devienne le liquidateur. Né d'une révolution, il disparaît dans une involution. Mais son dernier chef, détesté en Russie, reste jusqu'à la fin adoré par l'Occident, qui se résigne mal à sa chute, puisqu'elle entraîne aussi par force la fin d'une illusion qui a rempli le siècle. L'Union soviétique quitte la scène de l'histoire avant d'avoir épuisé la patience de ses partisans hors de ses frontières. Elle laisse dans le monde beaucoup d'orphelins.

La faillite du régime né d'Octobre 1917 et peut-être plus encore le caractère radical qu'elle a pris privent en effet l'idée communiste non seulement de son territoire d'élection, mais aussi de tout recours : ce qui est mort sous nos yeux, avec l'Union soviétique de Gorbatchev, englobe toutes les versions du communisme, des principes révolutionnaires d'Octobre jusqu'à leur histoire, et jusqu'à l'ambition d'en humaniser le cours dans des conditions plus favorables. Comme si venait de se fermer la plus grande voie jamais offerte à l'imagination de l'homme moderne en matière de bonheur social. Le communisme n'a jamais conçu d'autre tribunal que l'histoire, et le voici condamné par l'histoire à disparaître corps et biens. Il aurait pu perdre la guerre froide, et survivre comme régime. Ou donner naissance à des Etats rivaux, sans mourir comme principe. Ou présider au développement de sociétés diverses, qui l'eussent pourtant conservé comme référence originelle. On peut lui imaginer d'autres destins, où il se fût usé sans sombrer comme corps d'idées. Mais celui qu'il a rencontré n'en laisse rien. Les régimes communistes ont dû céder la place en quelques mois aux idées que la révolution d'Octobre avait cru détruire et remplacer : la propriété privée, le marché, les droits de l'homme, le constitutionnalisme « formel », la séparation des pouvoirs — la panoplie entière de la démocratie libérale. En ce sens, l'échec est absolu, puisqu'il efface l'ambition d'origine.

Mais il n'atteint pas uniquement les communistes et les communisants. Au-delà d'eux, il oblige à repenser des convictions aussi vieilles que la gauche occidentale, et même la démocratie. A commencer par le fameux « sens de l'histoire », par lequel le marxisme-léninisme avait prétendu donner à l'optimisme démocratique la garantie de la science. Si le capitalisme est devenu l'avenir du socialisme, si c'est le monde bourgeois qui succède à celui de la « révolution prolétarienne », que devient cette assurance sur le temps ? L'inversion des priorités canoniques défait l'emboîtement des époques sur la route du progrès. L'histoire redevient ce tunnel où l'homme s'engage dans l'obscurité, sans savoir où conduiront ses actions, incertain sur son destin, dépossédé de l'illusoire sécurité d'une science de ce qu'il fait. Privé de Dieu, l'individu démocratique voit trembler sur ses bases, en cette fin de siècle, la divinité histoire : angoisse qu'il va lui falloir conjurer.

A cette menace de l'incertitude se joint dans son esprit le scandale d'un avenir fermé. Il est habitué à investir la société d'un espoir illimité, puisque celle-ci lui promet qu'il est libre comme tous et égal à tous. Encore faut-il, pour que ces qualités prennent leur plénitude de sens, qu'il puisse un jour dépasser l'horizon du capitalisme, aller au-delà de l'univers où il existe des riches et des pauvres. Or la fin du communisme le ramène au contraire à l'intérieur de l'antinomie essentielle de la démocratie bourgeoise. Elle redécouvre comme s'ils étaient d'hier les termes complémentaires et contradictoires de l'équation libérale, les droits de l'homme et le marché ; par là elle compromet le fond même de ce qui a constitué le messianisme révolutionnaire depuis deux siècles. L'idée d'une *autre* société est devenue presque impossible à penser, et d'ailleurs personne n'avance sur le sujet, dans le monde d'aujourd'hui, même l'esquisse d'un concept neuf. Nous voici condamnés à vivre dans le monde où nous vivons.

C'est une condition trop austère et trop contraire à l'esprit des sociétés modernes pour qu'elle puisse durer. La démocratie fabrique par sa seule existence le besoin d'un monde postérieur à la bourgeoisie et au Capital, où pourrait s'épanouir une véritable communauté humaine. On l'a vu tout au long de ce livre sur l'exemple de l'Union soviétique : l'idée du communisme n'a cessé de protéger à toutes ses époques l'histoire du communisme, jusqu'à ce moment ultime où la seconde, par l'arrêt pur et simple de son cours, a entraîné la première dans sa disparition, puisqu'elle l'avait si longtemps incarnée. Mais la fin du monde soviétique ne change rien à la demande démocratique d'une autre société, et pour cette raison même il y a fort à parier que cette vaste faillite continuera à jouir dans l'opinion du monde de circonstances atténuantes, et connaîtra peut-être un renouveau d'admiration. Non que, sous la forme où elle est morte, l'idée communiste puisse renaître : la révolution prolétarienne, la science marxiste-léniniste, l'élection idéologique d'un parti, d'un territoire et d'un Empire ont sans doute terminé leur course avec l'Union soviétique. Mais la disparition de ces figures familières à notre siècle ferme une époque, plutôt qu'elle ne clôt le répertoire de la démocratie.

INDEX DES NOMS CITÉS[1]

ABELLIO, Raymond : 711.
ABETZ, Otto : 545.
ADENAUER, Conrad : 574, 651, 679.
ADORNO, Theodor : 510.
AKHMATOVA, Anna : *654.
ALAIN : 82-86, 88-90, 382, 385, 465, 468, 480, 483-484, 492.
ALEXANDRE *, Jeanne : 480.
ALEXANDRE, Michel : 382, 480, 484, 496.
ALEXANDRE II : 165.
ALLILUYEVA, Svetlana : *713.
ALTHUSSER, Louis : 175, 788, 795.
AMALRIK, Andreï : 802.
ANDERS, Wladislaw : *540.
ANDRADE, Juan : *419.
ANDROPOV, Iouri : 802-803.
ARAGON, Louis : 18, 454, 468-469, 472-473, 481, 506, 682.
ARAQUISTAIN, Luis : 425.
ARENDT, Hannah : 56, 264, 266-267, 301, 316, *338, 700-710, 768, 798.
ARISTOTE : 261.

ARMAND, Inès : 178.
ARON, Raymond : 96-97, 511-514, *628, 681, 698, *708, *710.
ARON, Robert : 250.
ATTLEE, Clement : 673.
AUDRY, Colette : 481.
AULARD, Alphonse : 109, 112-121, 131, 133, 248.
AVKSENTIEV N. : 111, 113.
AZAÑA, Manuel : 425, 429.

BABEL, Isaak : *697, 762, 780.
BABEUF, Gracchus : 116-117.
BAINVILLE, Jacques : 98.
BAKOUNINE, Mikhaïl : 414, 422, 429.
BALABANOVA, Angelica : 189, 214, 478.
BALBO, Cesare : 280.
BALZAC, Honoré de : 29.
BARBÉ, Henri : 377-378.
BARBUSSE, Henri : 453-454, 456, 468-469, 477.
BARRÈS, Maurice : 71, 79.

1. L'astérisque renvoie aux notes de la page indiquée.

BASCH, Victor : 109, 114, 390, 481, 491-496, 513.

BATAILLE, Georges : 492, 508, 510-511.

BATAILLON, Marcel : 481, 484.

BAUER, Otto : 266.

BAVEREZ, Nicolas : *710.

BAYET, Albert : 481, 492.

BEBEL, August : 143.

BECHER, Johannes : 468.

BECK, Josef : *615.

BELLOW, Saul : 200.

BENDA, Julien : *495, 510, *697.

BENEŠ, Edvard : *644.

BENJAMIN, Walter : 510, *700.

BENTHAM, Jeremy : 444.

BERDIAEV, Nicolas : 339.

BERGERY, Gaston : 387, 397, 481, 496, 499.

BERGSON, Henri : 79.

BERIA, Lavrenti : 716, 719-720, 723, 727, 729, 732, 774.

BERLING, Zygmont : *540.

BERNANOS, Georges : 430.

BERNSTEIN, Eduard : 143, 146, 741.

BERNSTEIN, Leonard : *697.

BERZIN (général) : 420.

BESANÇON, Alain : 165, *246, *355, 798-799.

BISMARCK, Otto von : 36, 96, *98, 610-611.

BLANC, Louis : 28, 109.

BLANQUI, Auguste : 109.

BLOCH, Jean-Richard : 454, 472, 481.

BLÜCHER, Heinrich : 700.

BLUM, Léon : 49, 142, 157-159, 163, 236, 386, 389, 397-398, 401, 405, 408-410, 486, *516, 673.

BLUNT, Anthony : *419, 445, 449.

BOLLOTEN, Burnett : *417, 419.

BONALD, Louis : 25, 28, 48.

BONAPARTE, Napoléon : 32, 71.

BONTE, Florimond : *516.

BORKENAU, Frank : 698, *702-703.

BOSSUET, Jacques-Benigne : 176.

BOUGLÉ, Célestin : 109, 512.

BOUKHARINE, Nicolas : 190, 195-196, 237-239, 244, 327, 352, *394, 454, 458, 464, 473, 712, 719, 729, 769, 774.

BOUKOVSKI, Vladimir : 780, *792.

BOULGANINE, Nikolaï : 724, 734.

BOURBON-PARME (Sixte de) : *95.

BRANDLER, Heinrich : 192, *322, 700.

BRECHT, Bertolt : 468, 697.

BREJNEV, Léonid : 192, 728, 784, *790-791, 793, 798-799, 802-803, 806.

BRETON, André : 469, 481, 492, 506, 510.

BRIAND, Aristide : 374.

BRISSOT, Jean-Pierre : 122.

BROWDER, Earl : 688.

BROWN, Irving : 697, 699.

BRUHAT, Jean : *185, 394-395.

BUBER-NEUMANN, Margarete : *364, 542.

BUCHEZ, Philippe : 28, 109, 179, 275, 503.

BUISSON, Ferdinand : 113-114.

BULLOCK, Alan : *304, *552.

BUONARROTI, Filippo : 109.

BURGESS, Guy : *419, 445, 447, 449.

BURKE, Edmund : 239, 255, 458.

BURNHAM, James : *451, 698.

CABALLERO, Largo : 414, 418, 420, 425-426.

CACHIN, Marcel : *156, 162, 188, *516.

CAIRNCROSS, John : *445.

CAMBON, Jules : *95.

CAMUS, Albert : *195, *635.

CARLTON HAYES, J.H. : *702.

CASANOVA, Laurent : 789.

CASTRO, Fidel : 127, 788, 791, 797.

CATHALA, Jean : *541.

CAVOUR, Camillo : 36.

CEAUSESCU, Nicolas : 753, 806.

CÉLINE, Louis-Ferdinand : 18.

CELOR, Pierre : 377.

CERETTI, Giulio : 367.

CÉSAR, Jules : 66.

CHALAMOV, Varlam : 780.

CHALLAYE, Félicien : 492, 494, 496.

CHAMBERLAIN, Neville : 62, 249, 317, 521.

CHAPLIN, Charlie : *697.

CHARLES, d'Autriche : 95.

CHARLES Ier, d'Angleterre : 255.

CHATEAUBRIAND, Alphonse de : 25, 36, 71.

CHIAPPE, Jean : *367.

CHLIAPNIKOV, Alexandre : *181, 191.

CHOSTAKOVITCH, Dimitri : 654.

CHOU EN-LAI : 748.

CHURCHILL, Winston : *137, 546-547, 556, 566-568, 590, 592, 600, 610, 612, 617, 621, *646, 670, 672-673, 685, 691.

CILIGA, Anton : 474, 490.

CITRINE, Walter : 476.

CLAUDIN, Fernando : *424.

CLEMENCEAU, Georges : 42, 71, 93, *98, 99, 101, 109, *137, 153, 155, 404, 567.

CLEMENTIS, Vladimir : *668.

COMTE, Auguste : 64, 67.

CONDORCET, Marie, Jean : 507.

CONQUEST, Robert : *244, 245, 559, 799.

CONSTANT, Benjamin : 64, 67-68, 92, 149, 292.

CONTI, Dr. : *539.

COT, Pierre : 332, 379, 453.

COUTHON, Georges : 120.

CROCE, Benedetto : 290, 698.

CROMWELL, Oliver : 255.

CURZON, Lord : 567.

CUSTINE, marquis de : 247.

DABIT, Eugène : 471-472.

DAHLEN, Franz : *649.

DALADIER, Edouard : *367, 521, 685.

DANDIEU, Arnaud : 250.

D'ANNUNZIO, Gabriele : 44, 281, 283.

DANTON, Georges : 120-121, 131, 395.

DAWES, Charles : 331.

DÉAT, Marcel : 250, 387, 534.

DE FELICE, Renzo : *283, 291, 298.

DELAISI, Marc : 484.

DELEVSKY, Jacob : 111.

DELMAS, André : 481.

DENIKINE, Anton : *137.

DEUTSCHER, Isaac : *613.

DEWEY, John : *452, 463, 698.

DIAZ, José : *424.

DILTHEY, Wilhelm : 511.

DIMITROV, Georgi : *346, 353, 356, 364, 366, 368-370, 374, 461, 471, 524, 528, 531, 545, *667.

DJILAS, Milovan : 754.

DOBB, Maurice : 447.

DORIOT, Jacques : *377, 378, 386-387, 478.

DOSTOÏEVSKI, Féodor : 202, 204, 321.

DREISER, Theodore : *697.

DREYFUS, Alfred : 109, 115, 456, 480, 493, 704.

DRIEU LA ROCHELLE, Pierre : 18, 387, 499-501, 510.

DUBČEK, Alexandre : 10, 753, 792, 806.

DUCLOS, Jacques : 377, 655, 688.

DUMAS, Charles : 110.

DUMOURIEZ, Charles : 395.

DURKHEIM, Emile : 79, 510.

DURRUTI, Buenaventura : 421.

EBERT, Friedrich : *102, 145, 329.

EHRENBOURG, Ilya : 468, *697, 778.

EINSTEIN, Albert : *697.

EISENHOWER, Dwight : 574, 682, 695.

EISNER, Kurt : 102, 331.

EJOV, Nicolas : 419, 423.

ELTSINE, Boris : 10, *540, 807.

ENGELS, Friedrich : 12, 146, 207, 330.

ETKIND, Efim : *772.

FAINSOD, Merle : 798-799.

FAURE, Paul : 485.

FEBVRE, Lucien : 481.

FEJTÖ, François : 662.

FERDINAND d'Autriche : 61.

FERNANDEZ, Ramon : 481, 487.

FERRY, Jules : 404.

FIELD, Noël : *650.

FISCHER, Louis : 478.

FISCHER, Ruth : 227, 232, 364, 670.

FLAUBERT, Gustave : 31.

FOCH, Ferdinand : 66, 627.

FORSTER, Edward Morgan : 468.

FOUCAULT, Michel : 795.

FRACHON, Benoît : 377.

FRANÇOIS-JOSEPH : 200, 493.

FRANCO, Francisco : 407, 410-413, 415-416, 422, 424-425, 428-429, 431-433, 451.

FRANK, Hans : 553.

FREUD, Sigmund : 79, 507.

FRIED, Eugen : *356, 367-368, 377, 380.

FRIEDMANN, Georges : 475, 478.

FRIEDRICH, Carl : 709.

FROSSARD, Louis : *156, 157, 162, 188, 194, 198.
FUMET, Stanislas : *185.

GARAUDY, Roger : 757.
GAULLE, Charles de : 574, 588, 600, 627-630, 634, 638, 672, 674-675, 681.
GENTILE, Giovanni : 290.
GEORGE, Llyod : *137.
GEORGE, Stephan : 79, 201.
GERÖ, Ernö : 743.
GIDE, André : 18, 454-456, 459, 468-471, 473-478, 489, *697, 778.
GIDE, Charles : 109.
GIOLITTI, Giovanni : 44, 281, 297.
GIONO, Jean : 481, 492.
GIRAL, José : 414, 418.
GITTON, Marcel : *377.
GODWIN, William : 444.
GOEBBELS, Joseph : 264, 323, 326, 333, 362-364, *604.
GOERING, Hermann : 364.
GOETHE, Johann Wolfgang von : 201.
GOMULKA, Wladislaw : 618, *668, 723, 737, 742-744, 749, 785.
GORBATCHEV, Mikhaïl : 10, 12, 736, 757, 776, 801, 803-807.
GORKIN, Julian : *424.
GORKI, Maxime : 234, 454, 457, 473, 759, 776, 778.
GOTTWALD, Klement : 368, 380.
GRAMSCI, Antonio : 789.
GRENARD, Fernand : 110-111.
GRENIER, Fernand : 475.

GRIAULE, Marcel : 480.
GROSS, Babette : *359.
GROSSMAN, Vassili : 568-569, 758-772, 780.
GROTEWOHL, Otto : 565, 723.
GUÉHENNO, Jean : 454, 481, 484.
GUESDE, Jules : 109-110, 153.
GUEVARA, Ernesto : 788, 797.
GUILBEAUX, Henri : 184.
GUILLAUME II : 75, 79, 87, 91, 99, *102, 138, 219, 485, 569.
GUILLOUX, Louis : 468, 472.
GUINSBOURG, Evguenia : 780.
GUIZOT, François : 24-25.
GURIAN, Waldemar : 338, 340-344, 347, 705, 708.

HABSBOURG (monarchie) : 501.
HALDER, général : *552.
HALÉVY, Élie : 83-86, 88, 90, 265, 267, 269, 338, 347, 497, 512.
HAVEL, Vaclav : 10.
HEGEL, Georg-Friedrich : 24, 201, 204, 207-209, 507.
HEIDEGGER, Martin : 17-18, 271, *310, 700.
HEINE, Heinrich : 31.
HELLER, Michel : *238, 607.
HERBART, Pierre : 472-473.
HERNANDEZ, Jesus : *428.
HERRIOT, Édouard : 246-247, 249, 317, 332, 360, 379, 386, *397, 453, *516, *715.
HILFERDING, Rudolf : 705.

HIMMLER, Heinrich : 552, *605.

HINDENBURG, Paul von : 93, 277, 323, 376.

HITLER, Adolf : 16-19, 38, 40, 44-47, 53, 55-56, 61-63, 93, 217, 232, 248-249, 254, 256, 264, 266-267, 269, *271, *272, 273, 277-278, 282, 296-298, 301-304, 308-320, 322-327, 329-330, 334-337, 339-347, 350-354, 356, 359-362, 364, 367, 369, 371-376, 379, 384-389, 392-395, 399, 407-410, 412, 416, 423, 426-428, 431, 434, 439, 442-445, 447-448, 451, 453, 455, 458, 460-462, 464, 468, 471, 474, 477, 479-480, 482-486, 488, 490, 493, 495-496, 500-501, 505, 508, 511-513, 515-521, 523, 525-535, 542-552, 554-558, 561-564, 566-567, 569-578, 583, 589-592, 595-596, 599, 601, 607-611, 613, 616, 622, 624-625, 635-636, 639, 641, 643, 647-649, 651, 654, 657, 670, 672, 679, 681-684, 686-688, 690, 700-702, 707, 710, 712, 714, 764-766, 768-769, 793.

HÔ CHI MINH : 797.

HODJA, Enver : 660.

HOHENZOLLERN (monarchie) : 75, 501.

HÖLDERLIN, Friedrich : 31.

HOOK, Sidney : *450, *451-452.

HORKHEIMER, Max : 598.

HOWE, Irwing : *451.

HUGENBERG, Alfred : 361.

HUGO, Victor : 510.

HUMBERT-DROZ, Jules : 190.

HUXLEY, Aldous : 468, *697.

IAGODA, Heinrich : *394, *457.

IBSEN, Henrik : 201.

ISAAC, Jules : 484.

ISTRATI, Panait : 233-234, 237, 454, 469.

JACKSON, Robert : *574.

JASPERS, Karl : 698, 700-*701.

JAURÈS, Jean : 39, 68-69, 110, 117, 153, 158, 404, 493.

JDANOV, Andreï : 524, 612, 654-656, 658, 662, 670, *714, 789.

JEFFERSON, Thomas : 252.

JELEN, Christian : 381, 397.

JODL, Alfred : 554.

JOFFRE, Joseph : 627.

JOLIOT-CURIE, Frédéric : 481.

JOUHANDEAU, Marcel : 18.

JOUKOV (général) : *715, 774.

JOUVENEL, Bertrand de : 387.

JUDT, Tony : 635.

JÜNGER, Ernst : *92-93, 264, *310.

KÁDÁR, Janos : 210, 743-744, 749, 785, 792, 806.

KAGANOVITCH, Lazare : 727-728, 742, 774.

KAMENEV, Léon : 162, 190, 218, 319, *394-395, 416, 433, 457, 464.

KANT, Emmanuel : 201.

KAPP, Wolfgang : 216.
KARDELJ, Édouard : 754.
KÁROLYI, Mihály : *103.
KAUTSKY, Karl : 12, 39, 49-50, 106, 129, 142-144, 146-151, 153, 158, 163, 170, 236, 245, 248, 266, 329, 338, 741.
KEITEL (général) : 543.
KENNAN, George : *592.
KERENSKI, Alexandre : 101, 111, 120, 122, 128, *220.
KERSTEN, Krystina : *617- *618.
KEYNES, John M. : 98, 257- *258.
KHROUCHTCHEV, Nikita : 9, 12, 127-128, 547, 587, 716-717, 720, 722, 724, 726-731, 734-736, 738, 742, 745-750, 752-753, 755-756, 764, 773-777, 779-783, 785-788, 793, 803-804, 806.
KIENTHAL (Conférence) : 140.
KIERKEGAARD, Søren : 201.
KIROV, Serguei : *235, 336- 337, 373, 457, *654, 664, 730.
KISSINGER, Henry : *98, 592.
KNAB, Otto : *338.
KOESTLER, Arthur : 357, 363, 478, 678, 697.
KOGON, Eugen : 706.
KOJÈVE, Alexandre : 507.
KOLAKOWSKI, Leszek : 209.
KOLLONTAÏ, Alexandra : *181, 191.
KOLTCHAK (amiral) : 111, 113, *137, *238.
KOLTSOV, Mikhaïl : 420, 778.
KONIEV (maréchal) : 742.

KORNILOV (général) : 220.
KOSTOV : *668.
KOUDACHEVA, Marie : 454.
KRAVCHENKO, Victor : 490, *684, 706, 779.
KRIEGEL, Annie : 154, 631.
KRIVITSKY, Walter : 427.
KUN, Béla : 103, 139, 190, 206-207, 377.
KURON, Jacek : *805.
KUUSINEN, Otto : 366, 518.

LACROIX, Maurice : 484.
LAMARTINE, Alphonse de : 31.
LA MENNAIS, Félicité-Robert : 28, 175.
LANGEVIN, Paul : 109, 480- 481, 483-484.
LA ROCQUE (colonel de) : 387, 482.
LASSALLE, Ferdinand : 275.
LAST, Jef : 471-472.
LAVAL, Pierre : 354-355, 368, 383, 385, 486.
LAZAREVITCH, Nicolas : 194.
LAZAR, Marc : *755, 756.
LE BON, Gustave : 284.
LEFEBVRE, Raymond : *156, 499.
LEFORT, Claude : *319, 745.
LEGAY, Kléber : 476.
LEIRIS, Michel : 480.
LÉNINE, Vladimir Ilitch : 7-9, 12, 16-19, 40-41, 43, 47, 49-52, 68, 93, 101-102, 106-107, 109-111, 115, 117-118, 121-124, 126- 128, 130-138, 140, 142- 145, 147-151, 154-158, 160-162, 166-169, 171- 173, 175-178, 180, 182- 184, 186, 188, 190-193,

195, 197-199, 203, 205, 207-208, 213-215, 218-220, 222-235, 237-238, 240, 242, 248-249, 252-254, 256, 269, *271, 273, 277-279, 281-282, 284, 286-289, 291, 293, 299, 302-305, 310, 319, 321, 326-328, 332, 337, 339, 341, 343, 347, 349, 357-358, 371, 373, 382, 392, 399, 429, 460, 462, 466-467, 491, 494, 521, 527, 534-535, 538, 603, 658, 661, 680, 712-714, 716, 719, 721, 728-731, 735, 741, 746-747, 751, 753, 770, 787, 793, 800-801, 803, 806.

Léon, Xavier : 84, 86-90.
Leonhard, Wolfgang : 565.
Lepetit, Jules : *157.
Le Play, Frédéric : 503.
Lévi, Paul : *322.
Lévy-Bruhl, Lucien : 109.
L'Hermite, René : *548.
Liebknecht, Karl : 103, 652.
Lincoln, Abraham : 252, 451.
Lindenberg, Daniel : 503.
Lipkine, Sémion : 772.
Litvinov, Maxime : 356, 374-375, 519.
Longuet, Jean : *156.
Loriot, Fernand : 188.
Louis XIV : 72.
Louis XVIII : 753.
Louis-Philippe : 71.
Lounatcharski, Anatole : 253.
Lovestone, Jay : *451, *699.
Löwinger, Joseph : 200.
Ludendorff (général) : 66, 93, 217.

Lukács, Georg : 174, 199-200, *202, 203-211, 444, *744.
Luxemburg, Rosa : *102, 142-146, 149, 161, 214, 219, 232, 613, 652, 741.
Lyons, Eugen : *450.

MacDonald, Dwight : *451, 689.
MacLean, David : *419, 445, 449.
Maistre, Joseph de : 292.
Malaparte, Curzio : *501.
Malenkov, Georges : 716-717, 720, 722, 724, 727-729, 734, 755, 774.
Maleter, Pal : *743.
Malia, Martin : 798-799.
Malraux, André : 18, 434-435, 437, 454, 468, 472, 478, 498, 681, *697, 778.
Mandelstam, Nadejda : 776, 780.
Mandelstam, Ossip : 776, 780.
Mann, Heinrich : 468, *697.
Mann, Thomas : 74, 79, 344-347.
Manouilski, Dimitri : 352, 356, 375, 377, 379, 524.
Mao Tsé-toung : 127, 660, 748, 750-754, 784, 786-788, 797, 804.
Marcel, Gabriel : 465.
Marcuse, Herbert : *598, 789, 795.
Marie, Jean-Jacques : *714.
Marinetti, Emilio : 290.
Marion Paul : 478.
Maritain, Jacques : 698.
Marshall, George : 643.

MARTY, André : 377, *378, *530.
MARX, Groucho : 205.
MARX, Karl : 12, 24-25, 28-29, 32, 35, 37, 47-48, 50, 106-107, 130, 137, 144, 146, 148, 150, 159, 179, 204-209, 220, 223-225, 230, 255, *270, 310, 321, 339, 350, *351, 368-369, 398, *399, 422, 429, 458, 503, 505, 507, 652, 741, 797, 801.
MASLOW, Arkadi : 227, *322.
MATHIEZ, Albert : 120-123, 126-127, 131, 133, 155, 395.
MATSUOKA, Yosuke : 546.
MATTEOTTI, Giacomo : 297, 336.
MAURIAC, François : 430.
MAURIN, Joaquin : *419, 478.
MAURRAS, Charles : 275-276, *338, 579.
MAUSS, Marcel : 347.
MAZZINI, Giuseppe : 280.
McCARTHY, Joseph : 682, *692, 694-695.
MEINECKE, Friedrich : 318.
MERCIER, Ernest : 251.
MERKER, Paul : *649.
MÉTRAUX, Alfred : 480.
MIAJA, José : 420, *429.
MICHEL de Roumanie : *621, *667.
MIDOL, Lucien : 188.
MIHAILOVIĆ, Draha : *751.
MIKOÏAN, Anastase : 727, 742.
MIKOLAJCZYK, Stanislaw : 568, 615, 618.
MILIOUKOV, Paul : 90, 101.

MILL, John Stuart : 444.
MILTON, John : 625.
MIRABEAU (comte de) : 120, 167.
MIRKINE-GUETZEVITCH, Boris : 492.
MITTERRAND, François : 796.
MOLOTOV, Viatcheslav : 352, 515-519, 524, 530-531, 533, 537, 544-547, 566-567, 608, 713, 717, 724, 727-728, 734, 742, 774.
MONATTE, Pierre : 184, 188, 196, 401, 478.
MONMOUSSEAU, Gaston : 188.
MONTESQUIEU, Charles, Louis de : 261, 263.
MONZIE, Anatole de : 379.
MOUNIER, Emmanuel : 250, 503-504.
MÜNZENBERG, Willy : 356, 358-359, 362-364, 376, 430, 454, 465, 697, 699.
MUSSOLINI, Benito : 38, 40, 43-44, 47, 232, 256, 263, 265-267, 269-270, 273, 277-284, 286-289, 291, 293-300, 302-303, 308, 311-312, 317, 323, 335, 343, 347, 350, 395, 407, 409, 412, 420, 428, 431, 434, 443, 452, 458, 461, 470, 484, 487, 497, 500, 505, 512-513, 550, 573-574, 577, 608, 670, 676-677.

NAGY, Imre : 210, 723, 737, 743, 749-750, 806.
NAPOLÉON Ier (voir également Bonaparte) : 8, 36, 66, 71, 82, 91, 167, 543.
NAPOLÉON III : 91.

NAVILLE, Pierre : *471.
NEGRIN, Juan : 420-421, 424-426, 428-429.
NEKRICH, Aleksandr : *238, 607.
NENNI, Pietro : 279, 678.
NEUMANN, Franz : 264, *702-703, 705, 708.
NEUMANN, Heinz : *322.
NICOLAS Ier : 288.
NICOLAS II : 89, 100, 105, 128, 138, 246.
NIEKISCH, Ernst : 331-332.
NIETZSCHE, Friedrich : 54, 201-202, *270, 287, 311, 470, 505, 507.
NIN, Andrés : *419, 423, 431.
NIXON, Richard : *790.
NIZAN, Paul : 454, 478, 481.
NOLTE, Ernst : 270, *271, *272, 294.
NOSKE, Gustav : *102.

ORLOV, Alexandre : 419, 423.
ORTEGA (commandant) : 797.
ORTEGA Y GASSET, José : 55.
ORWELL, Georg : 244, 421, 432, 437, 475, 625-627, 640, 710.
OUSTRIALOV, Nicolas : *237-238.

PAINE, Thomas : *363, 444.
PANNÉ, Jean-Louis : *185-*186, *469.
PAPAIOANNOU, Kostas : 684.
PAPEN, Franz von : 317, 323.
PASCAL, Pierre : 174-185, 192-194, 198-199, 203-204, 206, 210, 214, 233-234, 254, 265, 299-300, 469, 478, 489.
PASTERNAK, Boris : 559, *654, *697, *764-765, 776-782.
PATOUILLET, Marius : 110.
PAUKER, Anna : 379-380, *668.
PAUL-BONCOUR, Joseph : 382.
PAZ, Magdeleine : 469-470, 484, 492, 496.
PAZ, Maurice : 492.
PÉGUY, Charles : 79, 180.
PEIGNOT, Colette : *508.
PÉTAIN, Philippe : 633, 641, 677.
PETIT, Eugène : 110.
PETKOV, Nikolas : 664.
PETŐFI, Sandor : 739.
PHILBY, Kim : *419, 445, 449.
PHILIP, André : 481, 698.
PIATAKOV, Iouri : *394, 492.
PIECK, Wilhelm : 723.
PIERRE LE GRAND : 130, 288.
PILNIAK, Boris : 780.
PILSUDSKI, Josef : 369, *567, *613, *615.
PIOCH, Georges : 492, 496.
PIPES, Richard : 798-799.
PLEKHANOV, Georges : 148.
PLISNIER, Charles : 470.
POINCARÉ, Raymond : *95.
POSPELOV : 727, 729.
POTEMKINE, Grigori : 247.
POULAILLE, Henri : 470.
PRIETO, Indalecio : 420, 425.
PRIMO DE RIVERA, Miguel : *412.
PRIMO DE RIVERA, José Antonio : *412, 429.
PROUDHON, Pierre-Joseph : 288.
PSICHARI, Ernest : 174.
PUCHEU, Pierre : 387.

QUINET, Edgar : 176.

RADEK, Karl : 190, 221, 305, 319, *321, 394, *430, 464, 492.
RAJK, László : 662, 665, 684, 737, 743.
RÁKOSI, Mathias : 723, 737, 739, 742-743.
RAMADIER, Paul : *674.
RAMETTE, Arthur : *516.
RAPPOPORT, Charles : 186.
RAUSCHNING, Hermann : 312, 319.
REAGAN, Ronald : 802.
REALE, Eugenio : 655.
REGLER, Gustav : 433.
RIBBENTROP, Joachim von : 515-517, 544, 567.
RIVET, Paul : 480, 483-485.
ROBESON, Paul : *697.
ROBESPIERRE, Maximilien : 17, 32, 72, 120-123, 125-126, 128, 131-134, 149-150, 155, 167, 214, 394-395, 676, 718-719.
ROBRIEUX, Philippe : 377.
RÖHM, Ernst : *323, 336, *367.
ROKOSSOWSKI, Konstantine : 559.
ROLLAND, Romain : 453-459, 464, 468-470, 472-473, 477, 481.
ROMANOV (monarchie) : 501.
ROOSEVELT, Franklin : 247, 250-252, 254, 449, 451, 566-568, 589-590, 592, 601, 617, 621, 636, *646, 647, 686-689, 695, 765.
ROSENBERG, Alfred : *604.
ROSENMARK, Raymond : 491-493, 495.

ROSMER, Alfred : *156, 182, 184, 196, 469, 478, 489.
ROUDENKO (procureur) : *539.
ROUSSAKOV (famille) : 469.
ROUSSEAU, Jean-Jacques : 21, 28, 34-35, 123, *130, 510.
ROUSSET, David : 706.
ROY, Claude : 210.
ROY, Jules : 628.
RUSSELL, Bertrand : 162, 164, 259, 698-699.

SADOUL, Jacques : 154, 177-178, 184, 187, 193.
SAINT-JUST, Louis, Antoine, Léon : 120, 395.
SAKHAROV, Andreï : 10, *772, 776, 778, 780, 783, 802-804, 806.
SALVEMINI, Gaetano : 470.
SANGNIER, Marc : 502.
SARTRE, Jean-Paul : *746.
SAVINKOV, Boris : 111.
SCHAPIRO, Leonard : 798.
SCHELER, Max : *338.
SCHIFFRIN, Jacques : 472.
SCHLAGETER, Léo : 305, 321, 333.
SCHLEICHER, Kurt von : 323, *367.
SCHMIDT, Carlo : 698.
SCHMITT, Carl : 264, 338.
SCHOPENHAUER, Arthur : 201.
SEDOV, Léon : *419.
SEIGNOBOS, Charles : 109.
SERGE, Victor : 180, 206-208, 233-235, 259, 456, 469-470, 476, 489, 778.
SHAW, George, Bernard : *253, 255-258, 260, 443.

SILONE, Ignazio : 454, 478, 489, 698-699.

SLÁNSKÝ, Rudolf : *650, *668-669, 684, 737.

SLONIM, Marc : 110.

SMITH, Adam : 584.

SOLJENITSYNE, Alexandre : 195, 475, 563, 607, *721, 758-759, 771-772, 778, 780-783, 796.

SOLOVIEV, Vladimir : 174.

SOREL, Georges : 155, 287-288, 429.

SORGE, Richard : 546.

SORLIN, Pierre : *185.

SOUKHOMLINE, Vassili : 110.

SOUSLOV, Mikhaïl : 764.

SOUVARINE, Boris : 111-112, 155, 174, 185-189, 192-198, 203-204, 210, 213, 227, 233, 235-236, 245, 259, 352, 401, 454, 464-467-469, 478, 489, *508, 670, 724, 734.

SPENDER, Stephen : 444-445.

SPENGLER, Oswald : *310-311, 321, 325, 339.

SPERBER, Manès : 357, 359, 478.

STALINE, Joseph : 7, 9, 12, 50, 53, 62-63, 93, 126, 128, *171, 174, 183, 191, 195, 199, 205, 207-209, 222-225, 227-233, 235, 237, 239-240, 242-244, 247-249, 252-254, 256-260, 265, 267, 269-*271, 277-278, 298, 301-304, 308, 310, 316-320, 322, 327-337, 342-343, 346, 349-357, 359, 361, 364, 366, 368, 371-375, 379, 383-386, 392-394, *399, 407-410, 415-417, 419-421, 423, 426-428, 442-443, 448, 451, 453-454, 456-458, 460-462, 464-468, 470, 474, 476-479, 483-486, 488, 490, 495, 497, 500-501, 508, 515-534, 537-548, 551-552, 555-557, 559, 561-568, 570-*574, 576, 587-593, 599-601, 603-608, 611, *613, 615, 617, 620, 622, 629, 637, 643, *646-648, 651, 653-654, 657, 659, 661-662, 664-665, 669, 672, 674, 683-684, 687-688, 690, 694, 696, *702, 707, 710-735, 737-740, 743-758, 763-765, 767-776, 778-780, 782, 784-787, 793, *795, 798-800, 803, 806.

STAUFFENBERG, Claus Schenk von : 765.

STAVISKY, Serge : *367.

STENDHAL, Henri : 29, 31, 33, 71.

STRASSER, Otto : 333.

STURZO, Don : 282.

SUN Yat-sen, *399.

SUVOROV, Victor : 547.

TABOUIS, Geneviève : 247.

TASCA, Angelo : 265, 299-300, 478.

TCHANG Kaï-chek, *399.

TCHEKHOV, Anton : 762.

TCHERNENKO, Konstantin : 803.

TCHERNICHEVSKI, Nikolaï : 130.

THÄLMANN, Ernst : 322, 327, 333, 361, *472, 477.

THALHEIMER, August : *322.

THOMAS, Albert : *177.

THOMAS, Hugh : 424, 427-*428.

THOMAS, Norman : 449.

THOREZ, Maurice : *356, 361, 367-368, 377-379, 477, *535-*536, *640, 655, *726, 748, 755-757.

TITO, Josip : 612, 658-663, 665, 668-671, 720-721, 724, 727, 733, 747-751, 753-754, 756, 786.

TOCQUEVILLE, Alexis de : 21, 24, 26, 54, 263.

TODD, Emmanuel : 802.

TOGLIATTI, Palmiro : *356, *367, 368, 380, 655, *726, *736, 747-748, 755-757.

TOLSTOÏ, Alexis : 468.

TOLSTOÏ, Nicolas : 607.

TOLSTOÏ, Léon : 762, 781.

TOUKHATCHEVSKI, Mikhaïl : 395, 423, 609.

TREINT, Albert : 191, 194.

TREVOR-ROPER : 698-699.

TROTSKI, Léon : 101, 111, 118, 128, 137, 149, 174, 190-197, 199, 205, 207, 214, *215, 223, 227-229, 233, 244, 252-253, 256-257, 319, 328, 331, 349, 419, 423, 454, 457, 462-463, 466, 489, 494, 506, 661-662, 665, 712, 721, 729, 734, 753, 787.

TRUMAN, Harry : *574, 588, 647-648, 670, 682, 688, 690-691, 695.

ULAM, Adam : 798-799.

ULBRICHT, Walter : 565, 651, 723, 734, 748.

UNGARETTI, Giuseppe : 290.

VAILLANT-COUTURIER, Paul : 471.

VALENTINOV, Nicolas : *238.

VALOIS, Georges : 497.

VAN DEN BRUCK, Möller : 321.

VAN DER LUBBE, Marius : *362-364.

VASSART, Albert : *377-*378.

VASSART, Cilly : *378.

VERGEAT, Marcel : *157.

VILDRAC, Charles : 454, 468.

VLASSOV, Andreï : 604, 607-608, 766.

VOEGELIN, Eric : *709.

VOROCHILOV, Kliment : 519, 717, 727, 734.

VYCHINSKI, Andreï : 243, 395, 491, *667.

WAGNER, Richard : 311.

WALLACE, Henry : 689-690.

WEBB, Sidney et Beatrice : 253, 259-260.

WEBER, Max : 79, 202-203, 261, 511, 514.

WEIL, Simone : 401-403, 465, *508.

WEIZMANN, Chaim : *272.

WELLS, Herbert, George : 252-258.

WILSON, Edmund : *451.

WILSON, Woodrow : 95, 98-99, *592.

WITTORF, Karl : *322.

WOOLF, Virginia : 444.

WURMSER, André : 481.

YOUNG-BRUEHL, E. : *700, *707.

YVON : 476.

ZIMMERWALD, (conférence) :
139-140.

ZINOVIEV,   Gregori :   50,

*171, 183, 190-191, 195-
196, 199, 207, 218, 223,
227, 238, 319, 328, 352,
*394-395, 416, 457, 464,
774.

Du même auteur :

La Révolution française (avec Denis Richet), Paris, Hachette, 2 vol., 1965.

Lire et écrire, l'alphabétisation des Français de Calvin à Jules Ferry (avec Jacques Ozouf), Paris, Éditions de Minuit, 2 vol., 1977.

Penser la Révolution française, Paris, Gallimard, 1978.

L'Atelier de l'Histoire, Paris, Flammarion, 1982.

Marx et la Révolution française, Paris, Flammarion, 1986.

La Gauche et la Révolution au milieu du XIXe siècle, Edgar Quinet et la question du jacobinisme, 1865-1870, Paris, Hachette, 1986.

La Révolution (1770-1880), Paris, Hachette, 1988.

Dictionnaire critique de la Révolution française, (en collaboration avec Mona Ozouf), Paris, Flammarion, 1988.

La République du Centre (en collaboration avec Jacques Julliard et Pierre Rosanvallon), Paris, Calmann-Lévy, 1988.

Les Orateurs de la Révolution, t. I : *Les Constituants,* (avec Ran Halévi), Paris, Gallimard, « La Pléiade », 1989.

Dans la série du Livre de Poche
RÉFÉRENCES

*Histoire. Philosophie. Sciences humaines. Économie. Politique.
De grandes synthèses. Des ouvrages d'initiation inédits.*

BLUCHE *François*
L'Ancien Régime. Institutions et
  Société *(Inédit)*
BRAUDEL *Fernand*
La Méditerranée et le monde
  méditerranéen à l'époque de
  Philippe II :
1. La Part du milieu
2. Destins collectifs et mouvements
  d'ensemble
3. Les Événements, la Politique et les
  Hommes
Civilisation matérielle, économie et
  capitalisme XVᵉ-XVIIIᵉ siècle :
1. Les Structures du quotidien
2. Les Jeux de l'échange
3. Le Temps du monde
BREDIN *Jean-Denis*
Bernard Lazare, le premier des
  Dreyfusards *(Inédit)*
CAHM *Eric*
L'Affaire Dreyfus *(Inédit)*
CASANOVA *Jean-Claude*
L'Économie politique *(Inédit)*
CHARLOT *Jean*
La Politique en France *(Inédit)*
CORIAT *Benjamin-***WEINSTEIN** *Olivier*
Les Nouvelles Théories de
  l'entreprise *(Inédit)*
DELUMEAU *Jean*
L'Aveu et le Pardon
DEMONT *Paul et* **LEBEAU** *Anne*
Introduction au théâtre grec antique
DOV ZERAH *Michel*
La Monnaie
DUBY *Georges-***MANDROU** *Robert*
Histoire de la civilisation française :
1. Le Moyen Age – XVIᵉ siècle
2. XVIIᵉ – XXᵉ siècle
DUCOS *Michèle*
Rome et le Droit *(Inédit)*
FAVIER *Jean*
Les Grandes Découvertes
GOUBERT *Pierre*
Mazarin

GRIMAL *Nicolas*
Histoire de l'Egypte ancienne
GRIMAL *Pierre*
L'Empire romain *(Inédit)*
HAZARD *Paul*
La Crise de la conscience
  européenne (1680-1715)

HISTOIRE DE LA FAMILLE :

BURGUIÈRE *André-*
KLAPISCH-ZUBER *Christiane-*
SEGALEN *Martine-*
ZONABEND *Françoise*
1. Mondes lointains
2. Temps médiévaux Orient/Occident
3. Le Choc des modernités

HISTOIRE DE FRANCE :

WERNER *Karl Ferdinand*
1. Les Origines
FAVIER *Jean*
2. Le Temps des principautés
MEYER *Jean*
3. La France moderne
TULARD *Jean*
4. Les Révolutions
CARON *François*
5. La France des patriotes
RÉMOND *René*
6. Notre siècle de 1918 à 1991

HISTOIRE DE LA PENSÉE :

JERPHAGNON *Lucien*
1. Antiquité et Moyen Age
DUMAS *Jean-Louis*
2. Renaissance et siècle des Lumières
3. Temps modernes
INSEE
L'Économie française 1994 *(Inédit)*
L'Économie française 1995 *(Inédit)*
L'Économie française 1996 *(Inédit)*
JUNG *Carl Gustav*
L'Âme et la Vie
Présent et Avenir
Les Racines de la conscience
Métamorphoses de l'âme et ses symboles

Psychologie de l'inconscient
L'Energétique psychique
LAMBOTTE Marie-Claude
(sous la direction de)
1. La Psychologie et ses méthodes (Inédit)
2. La Psychologie et ses applications
   pratiques (Inédit)
LE GLOANNEC Anne-Marie
La République fédérale d'Allemagne
LÉVÊQUE Pierre
Empires et Barbaries
LOTTMAN Herbert
L'Epuration
MAIRET Gérard
Les Grands Textes politiques (Inédit)
MAJNONI D'INTIGNANO Béatrice
La Protection sociale (Inédit)
MAYR Ernst
Histoire de la biologie (2 volumes)
OHNET Jean-Marc
Histoire de la décentralisation
   française

PORTELLI Hugues
La Ve République
Les Régimes politiques européens
   (Inédit)
RUSS Jacqueline
Les Théories du pouvoir (Inédit)
SOLNON Jean-François
La Cour de France
SUHAMY Henri
Shakespeare (Inédit)
TOULEMON Robert
La Construction européenne (Inédit)
VINCENT Catherine
Introduction à l'histoire de l'Occident
   médiéval (Inédit)
WEBER Eugen
Une histoire de l'Europe :
1. De la Renaissance au XVIIIe siècle
2. Des Lumières à nos jours
ZINK Michel
Introduction à la littérature française
   du Moyen Age

RÉFÉRENCES / ART

AVERY Charles
La Sculpture florentine de la
   Renaissance

FERMIGIER André
Picasso
PINELLI Antonio
La Belle Manière

La Pochothèque

Une série du Livre de Poche
au format 12,5 × 19

Le Petit Littré

1946 pages

Cet « abrégé », connu sous le titre de « Petit Littré » et de
« Littré-Beaujean », offre l'essentiel de ce que les étudiants et un
grand public cultivé peuvent rechercher dans la version complète
et développée.

Encyclopédie géographique

1200 pages - 64 pages hors texte

L'inventaire actuel complet des unités nationales du monde
contemporain, de leurs institutions, de leur histoire, de leurs ressources naturelles, de leurs structures économiques, des courants
d'échanges.

Encyclopédie de l'art

Illustré en couleurs. 1400 pages

Un inventaire des grandes créations artistiques *de la Préhistoire
à nos jours*. Les artistes, les styles. Toutes les époques, toutes les
régions du monde, toutes les disciplines.

Encyclopédie de la musique

Illustré en couleurs. 1144 pages

Le point des connaissances sur toutes les cultures musicales —
européennes ou extra-européennes — *de l'Antiquité à nos jours*.
Les principaux compositeurs.

La Bibliothèque idéale

Présentation de Bernard Pivot　　　　　　　　1000 pages

Réalisé par l'équipe de *Lire*, ce « guide de lecture » unique en
son genre, comporte la sélection commentée de 2500 livres.

Dictionnaire des lettres françaises :
Le Moyen Age

1506 pages

Une documentation approfondie sur la production littéraire du
Ve au XVe siècle.

Le XVIIᵉ siècle

Sous la direction du Cardinal Georges Grente, mise à jour par Patrick Dandrey   1280 pages

Des milliers d'articles pour découvrir toutes les faces du Grand Siècle.

Le XVIIIᵉ siècle

Sous la direction de François Moureau   1372 pages

En plus de 2000 articles, un tableau aussi complet que possible de la production intellectuelle de notre pays au XVIIIᵉ siècle.

Dictionnaire des personnages historiques

Sous la direction de Jean-Louis Voisin   Illustré en couleurs 1168 pages

Les grands moments de l'aventure humaine à travers ses témoins privilégiés. Le *Who's who* d'hier et d'aujourd'hui...

Dictionnaire étymologique et historique de la langue française

Emmanuèle Baumgartner et Philippe Ménard   864 pages

L'ensemble du vocabulaire usuel et de nombreux termes techniques et rares dans un dictionnaire conçu dans une double perspective : origine des mots et mise en valeur de leur évolution sémantique.

Dictionnaire de rhétorique et de poétique

Michèle Aquien et Georges Molinié   768 pages

Un ouvrage complet sur deux aspects fondamentaux du langage et de la littérature.

Le Théâtre en France

Sous la direction de Jacqueline de Jomaron   1225 pages

Une histoire du théâtre français du Moyen Age à nos jours. Des essais personnels d'auteurs animent les grands débats esthétiques.

L'Art de la préhistoire

L.-R. Nougier   Illustré en couleurs. 540 pages

Un panorama mondial de l'art préhistorique, en Chine, en Amérique, en Europe, en Afrique.

L'Art égyptien

S. Donadon   iIlustré en couleurs. 672 pages

3000 ans d'histoire de l'art égyptien, des temps archaïques à l'époque ptolémaïque et romaine.

L'Art grec

R. Martin — Illustré en couleurs, 736 pages

Une nouvelle synthèse de ce phénomène dynamique sans exemple qu'a constitué l'art grec pendant près d'un millénaire et demi.

L'Art du XVᵉ siècle, des Parler à Dürer

J. BiaLostocki — Illustré en couleurs. 526 pages

Les artistes, les styles, les types inonographiques liés aux bouleversements politiques et religieux dans l'Europe du XVᵉ siècle.

L'Art du Gandhāra

M. Bussagli — Illustré en couleurs. 544 pages

Pour la première fois, le tableau de l'extraordinaire civilisation artistique du Gandhāra.

L'Art du Japon

Miyeko Murase — Illustré en couleurs. 416 pages

L'histoire des traditions artistiques japonaises, de l'arrivée du bouddhisme à la première moitié du XIXᵉ siècle.

Atlas de la biologie

G. Vogel, H. Angermann — 297 planches couleur. 642 pages

Un ouvrage de référence à l'usage des étudiants et un guide clair pour tout lecteur curieux des plus récents progrès de la biologie.

Atlas de l'astronomie

J. Herrmann — 168 planches couleur. 288 pages

Une vue d'ensemble sur les méthodes et les résultats de l'astronomie. Des tableaux en couleurs en regard de textes explicatifs.

Atlas de l'écologie

D. Heinrich, H. Hergt — 123 planches couleurs 284 pages

Une initiation approfondie au fonctionnement des grands écosystèmes. Les problèmes de pollution industrielle et urbaine.

Atlas de la philosophie

P. Kunzmann, F.P. Burkard, F. Wiedmann
2000 notions, 750 tableaux et schémas couleur. 288 pages

De Confucius à Foucault et Deleuze, les principaux penseurs et l'exposé des doctrines. Des schémas explicatifs figurent en regard des textes.

Atlas de la psychologie

Hellmuth Benesch — *200 planches couleurs 512 pages*

Une présentation complète de toutes les spécialité qui constituent aujourd'hui la psychologie.

IMPRIMÉ EN FRANCE PAR BRODARD ET TAUPIN
Usine de La Flèche (Sarthe).
LIBRAIRIE GÉNÉRALE FRANÇAISE - 43, quai de Grenelle - 75015 Paris.

ISBN : 2 - 253 - 14018 - X   ✦ 31/4018/3